中华古村落

云南卷

顾问 陈志华
主编 李秋香 李玉祥
杨大禹 张婕 唐黎洲 著

江蘇鳳凰教育出版社
Phoenix Education Publishing, Ltd

顾　问

陈志华

主　编

李秋香

李玉祥

编　委（按照姓氏笔画排序）

王瑞书

李玉祥

李秋香

吴　宁

吴正光

陆　琦

陈志华

周　晨

顾华明

戴志坚

主摄影

李玉祥

杨大禹

总序

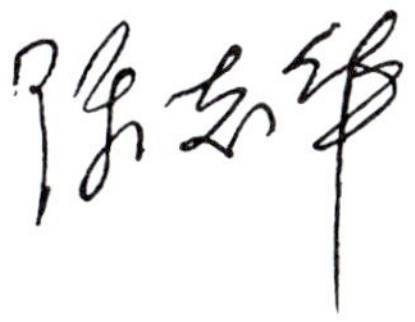

中国有着非常漫长的自然农业历史，传统的中华文明，基本上是农业文明。农业文明的基础是乡村的社会生活。在广阔的乡土社会里，以农民为主，加上小手工业者、小商贩、在乡知识分子和少数退休还乡的官吏，一起创造了像海洋般深厚瑰丽的乡土文化。比起庙堂文化、士大夫文化和市井文化来，乡土文化是绝大多数人创造的文化，为绝大多数人服务。乡土文化依赖于土地，是一种地域性文化。它不像庙堂文化、士大夫文化和市井文化那样有强烈的趋同性，它千变万化，更丰富多彩，是中华民族文化遗产中还没有被充分开发的宝藏。没有乡土文化的中国文化史是残缺不全的，不研究乡土文化就不能真正了解我们这个民族。

乡土建筑是乡土生活的舞台和物质环境，它是乡土文化最普遍存在的、信息含量最大的组成部分。它的综合度最高，紧密联系着许多其他乡土文化要素，甚或是它们的重要载体。不研究乡土建筑就不能完整地认识乡土文化，甚至可以说，乡土建筑研究是乡土文化系统研究的基础。

乡土建筑当然也是中国传统建筑最朴实、最率真、最生活化、最富有人情味的一部分，不仅有很高的历史文化价值，对建筑工作者来说，还可能有一些直接的借鉴价值。没有乡土建筑的中国建筑史是残缺不全的。

在一个漫长的历史时期，中国的经济、文化中心在农村。农村里建筑品类之多样胜过一般的城市，连书院、藏书楼、寺庙也大多在农村，更不必提路亭、磨坊、水碓房、畜舍之类了。雕梁画栋、琐窗朱户也并不次于城里。但是今天，乡土建筑优秀遗产的价值还远远没有被正确而充分地认识。一个物种的灭绝是巨大的损失，一种文化的灭绝岂不是更大的损失？大熊猫、金丝猴的保护已经是全人类关注的大事，我们的乡土建筑却正在以极快的速度、极大的规模被破坏着，我们正无可奈何地失去它们。

我们无力回天，但我们决心用全部的精力立即抢救性地做些乡土建筑的研究工作。

我们的乡土建筑研究从聚落着手。这是因为，绝大多数的乡民生活在特定的封建宗法制的社区中，所以，乡土建筑的基本存在方式是形成聚落。作为与乡民们社会生活的各个侧面相对应的物质条件，聚落中的乡土建筑包含着许多种类：有居住建筑，有礼制建筑，有寺庙建筑，有商业建筑，有公益建筑，也有文教建筑；当然更有农业、手工业所必需的建筑，例如磨坊、水碓房、染坊、畜舍、粮仓之类。几乎每一类建筑都构成一个或大或小的系统。例如宗庙，有总祠、房祠、支祠、香火堂和祖屋；例如文教建筑，有家塾、义塾、书院、文昌（奎星）阁、文峰塔、进士牌楼、功名桅杆、戏台；生产性建筑则有陶瓷窑、抄纸作坊、竹木店、染坊、铁匠铺、油坊。这些建筑系统在聚落中形成一个有机的大系统，这个大系统规定着聚落的结构，使它成为功能完备的整体，满足一定社会历史条件下乡民们物质的和精神的生活需求，以及社会的制度性需求。打个比方，聚落好像物质的分子，分子是具备了某种物质的全部性质的最小的单元，聚落就是乡土社会的这种最小单元。我们以完整的聚落作为乡土建筑研究的对象。这个研究目标本身规定了研究的基本方法，即以田野调查为主，结合文献考察。

乡土生活赋予乡土建筑丰富的文化内涵，我们力求把乡土建筑与乡土生活联系起来研究，因此便是把乡土建筑当作乡土文化的基本部分来研究。聚落的建筑大系统是一个有机整体，我们力求把研究的重点放在聚落的整体上，放在各种建筑与整体的关系及建筑之间的相互关系上，放在聚落整体及它们的各个部分与自然环境和历史环境的关系上。乡土文化不是孤立的，它参与形成庙堂文化、士大夫文化、市井文化的共同基础，和它们都有千丝万缕的关系。乡土生活不是完全封闭的，它与一个历史时代整个社会的各个生活领域也有千丝万缕的关系。我们力求在这些关系中研究乡土建筑。例如，明代初年“九边”的乡土建筑随军事形势的张弛而变化，明代末年江南和晋中的乡土建筑随着商品经济的发展而有很大的变化。聚落是在比较长的时期里定型的，这个发展过程蕴含着丰富的历史文化内容，我们也希望有足够的资料可以让我们对聚落做动态的研究。总之，我们的研究方法综合了建筑学、历史学、民俗学、社会学、文化人类学的各种方法。方法的综合性是由乡土社会和建筑固有的复杂性与外部联系的多方位性决定的。

因为我们的研究是抢救性的，所以我们不选已经名闻天下的聚落作为研究课题，而去发掘一些默默无闻但很有历史价值的聚落。这样的选题很难，要求聚落要发育得成熟一些，建筑类型比较完全，建筑质量好，有家谱、碑铭之类的文献资料。当然聚落最好还保存得相当完整，老的没有太大的损坏，新的又没有太多的增加。从系列化的研究来说，更希望聚落在各个层次上都有类型性的变化：有纯农业村，有手工业村，有从农业向商业、手工业转化的村；有窑洞村，有雕梁画栋的村；有山头村，有河边村；有马头墙参差的村，也有吊脚楼错落的村；还有不同地区、不同民族的村……这样才能一步步接近中国乡土建筑的全貌，虽然这个路程非常漫长。选题的时候，要区分各个层次上的类别和性质。我们使用了细致的比较法，就是要找出各个聚落的特征性因子，这些因子相互之间要有可比性，要在聚落内部有特殊性，要在类型之间或类型内部有普遍性。我们不仅尽可能选取不同的角度和重点，还力求写出每个聚落的特殊性，而不是去把它纳入一般化的模子里。只有写出每个题材的特殊性，才能多少写出一点点中国乡土建筑的丰富性和多样性。所以，挖掘题材的特殊性，是我们着手研究的切入点，必须下比较大的功夫。类型性和个体性的挖掘，也都要靠细致运用比较的方法。

虽然我们只能从汪洋大海中取得一勺水，但这勺水毕竟带着海洋的全部滋味。希望我们的书能够引起读者们对乡土建筑的兴趣，有更多的人乐于来研究它们，进而能有选择地保护其中最有价值的一部分，使它们免于被彻底毁灭。

2013 年夏日

目录

概述

一、云南古村落的自然人文环境

1. 云南的历史发展概况

云南是一个多民族的山区边疆省，地处我国西南边陲。北接四川省、西藏自治区，东及东南连贵州省和广西壮族自治区，西、南两面与邻国（缅甸、老挝、越南）接壤。现在云南省境内居住着汉、彝、白、哈尼、傣、壮、苗、瑶、回、佤、拉祜、景颇、布朗、布依、纳西、普米、傈僳、阿昌、基诺、德昂、蒙古、独龙、藏、怒、水、满这26个人口在5000人以上的民族。少数民族占全省总人口的三分之一。除白族、回族、傣族等少数民族有一部分人居住在坝区之外，其他80%的少数民族同胞居住在山区。

云南是中国古人类的发源地。早在170万年前，元谋人就在这片土地上生存繁衍。云南的社会历史发展较为缓慢。战国时，楚人庄蹻入滇，在晋宁一带定居，“变服从其俗”，与当地民众相处，建立了古滇国。当时云南的大部分地区尚处于“皆编发，随畜迁徙”的原始部落社会。到了秦汉，在滇池、洱海地区，以及曲靖、昭通等滇中、滇东部分地区，中央政府设置了益州郡、永昌郡等郡县。此时当地民众虽已“耕田，有邑聚”，然而在腹地坝区以外的边地和广大山区，民众生活仍然十分落后。唐宋时期，云南地区先后建立了南诏国和大理国。元代，中央政府开始设置云南行中书省。一直到明清时期，虽云南各地的路、府、州、县、卫、所等行政设置已趋于完备，但仍然还有一些少数民族的百姓“岩居穴处，或架木为巢”，社会经济还停留在以狩猎、采集为主的阶段，如佤族、德昂族、布朗族、独龙族、拉祜族等民族的部分民众。还有一些少数民族则停留在以原始农耕或畜牧为主的阶段，如佤族、德昂族、布朗族、景颇族、哈尼族、拉祜族、苗族、瑶族、基诺族等民族的部分民众。

由于种种历史原因，云南各民族的社会、经济发展形成了极端不平衡的状态。这种不平衡，不仅反映在各个民族之间，甚至不同地区的同一

澜沧翁基布朗族古村（张雁鸰　拍摄）

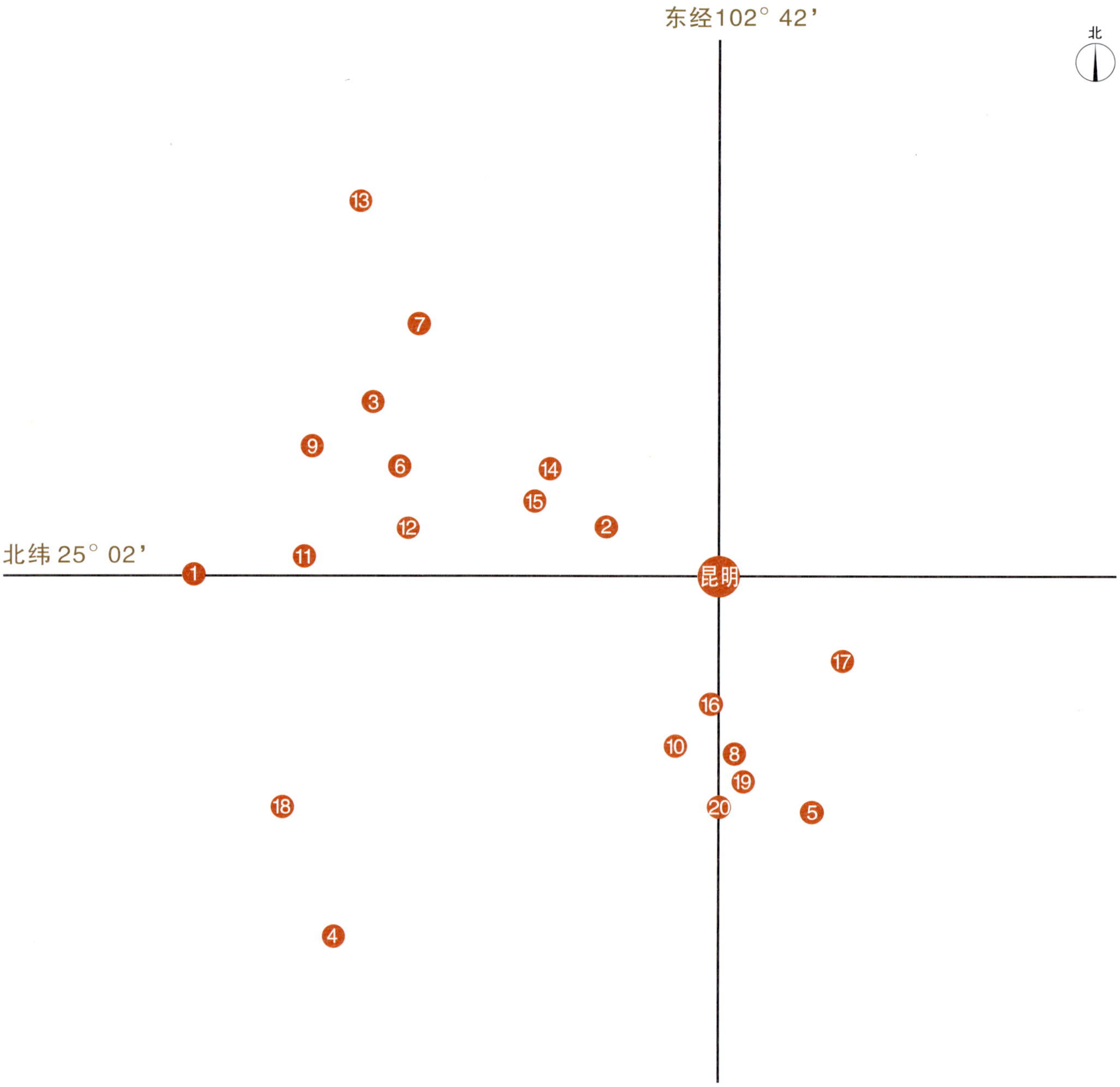

本书所收录云南省古村落分布示意图

① 保山市腾冲市和顺镇
② 楚雄彝族自治州禄丰市黑井镇
③ 大理白族自治州剑川县沙溪镇
④ 普洱市孟连傣族拉祜族佤族自治县娜允镇
⑤ 红河哈尼族彝族自治州蒙自市新安所镇
⑥ 大理白族自治州大理市喜洲镇
⑦ 丽江市古城区束河村
⑧ 红河哈尼族彝族自治州建水县西庄镇团山村
⑨ 大理白族自治州云龙县诺邓镇诺邓村
⑩ 红河哈尼族彝族自治州石屏县宝秀镇郑营村
⑪ 保山市隆阳区金鸡乡金鸡村
⑫ 大理白族自治州巍山彝族回族自治县永建镇东莲花村
⑬ 迪庆藏族自治州香格里拉市建塘镇
⑭ 楚雄彝族自治州大姚县石羊镇
⑮ 楚雄彝族自治州姚安县光禄镇
⑯ 玉溪市通海县河西镇
⑰ 红河哈尼族彝族自治州泸西县永宁乡城子村
⑱ 临沧市沧源佤族自治县勐角傣族彝族拉祜族乡翁丁村
⑲ 红河哈尼族彝族自治州建水县西庄镇新房村
⑳ 红河哈尼族彝族自治州建水县官厅镇苍台村

丽江纳西族石头城村落（张雁鸰　拍摄）

民族亦是如此。直到中华人民共和国成立初期，云南都还同时并存着原始公社、奴隶社会、封建社会等多种社会经济形态。

总体而言，云南各个民族在经济、文化和社会发展等方面，与内地和发达地区相比，仍处于滞后的状态。这种状况的存在，与其生存环境的制约，以及较低的社会发育层次影响下所形成的传统生活模式，有着密切的关系。山地和坝区自然生态的种种不利因素，限定了地方经济、文化等方面的发展；传统的生产、生活方式，以及制约传统生活方式的居住行为、建构行为和意识形态，也导致了各民族社会发展水平的极端不平衡。正因如此，当地民众创造出了许多不同形态的古村落，以满足彼此不同的生活模式与居住要求。

2. 云南的自然环境

（1）云南的地理环境

云南的地理环境十分复杂，大致分为三个部分：滇东和滇中是云贵高原的西部范围，地势呈波状起伏；滇南属中南半岛的北部边缘，为中低山宽谷盆地区域；滇西则属横断山脉的南端，高黎贡山、怒山、云岭等山脉呈南北走向，平行纵列。全省海拔相差很大，最高点为德钦县境内的梅里雪山主峰卡瓦格博峰，海拔6740米；最低点为河口瑶族自治县境内的南溪河与元江（又称红河）汇合处，海拔仅有76.4米。整个云南的地势由西北向东南倾斜，江河顺着地势呈扇形分别向东、南及东南方向流去，所形成的地貌特征如下。

①高原地形呈现波涛状。大面积的土地高下参差、纵横起伏，但在一定范围内又有起伏缓

澜沧拉祜族南段老寨（李剑峰　提供）

和的高原平面，形成一系列云南本地称之为“坝子”的山间盆地。

②高山、峡谷相间并存。这个地形特征在滇西北的“三江并流”地区表现尤为突出，从而形成著名的滇西纵谷区。从地图上看，高黎贡山是恩梅开江（位于缅甸境内）与怒江的分水岭，怒山是怒江与澜沧江的分水岭，云岭是澜沧江与金沙江的分水岭。各大山脉与江水均由北往南，强烈下切，形成气势磅礴的怒江峡谷、澜沧江峡谷和金沙江峡谷。在这三个大峡谷当中，谷底是亚热带气候，干燥酷热；山腰则清爽宜人；山顶却终年被冰雪覆盖。因此，在几千米的垂直海拔高度范围内，其气候现象与自然景观的变化之大，相当于从广东到黑龙江所跨过的纬度。

③全省地势自西北向东南分为三大阶梯，依次降低。德钦、中甸一带为最高一级，滇中高原为第二级，南部及东南、西南部为第三级。平均每千米高度递降6米。

④因自然地质断陷所构成的山间盆地星罗棋布。这些所谓的“坝子”，有的成群成带、连片分布，有的则孤立地镶嵌在重峦叠嶂的高原山地中。相对而言，每个坝子地势平缓，气候温和，雨量充沛，河流蜿蜒其间，比较适宜传统的农耕生活。

⑤省内江河纵横，天然淡水湖泊较多。除了滇西北著名的怒江、澜沧江与金沙江三江之外，云南还有大盈江、龙川江、把边江、元江（又称红河）、牛栏江、南盘江等。同时，在这片红土高原上，还分布着滇池、洱海、程海、阳宗海、抚仙湖、星云湖、杞麓湖、异龙湖、泸沽湖等30多个大小不同的天然湖泊。

（2）云南的气候环境

云南的气候环境多种多样，这主要是印度洋季风、太平洋季风以及地形地貌的影响而造成的。其气候特点如下。

①年温差小，日温差大。云南地处低纬度高原，空气干燥且较为稀薄，各地所得到的太阳光热能量随太阳高度角的变化而增减。

②干湿季节界限分明，雨量充沛而分布不均。年降水量在不同季节和地域的差别很大。在较小的范围内，“地形雨”对局部地区的影响也很大。往往表现为在山脉的迎风坡降水量大，而背风坡降水量小；或形成“东边日头西边雨”的气候景象。

③气候垂直变化十分显著。由于水平方向纬度的增加与垂直方向海拔的增高相吻合，在云南呈现出寒、温、热三带共存的气候类型。所谓“一山分四季，十里不同天”，就是对这种立体

⊙ 维西傈僳族同乐村（张雁鸰　拍摄）

气候类型的真实写照。

省内地形、地貌和气候条件的显著差异，使云南的经济形态也显得十分多样。这里既有高原湖泊周围的农耕、平坝农耕、山区半农半牧和高山游耕等经济形态，也有河谷稻作农耕，以及以采集渔猎为主、刀耕火种为辅的原始经济等多种经济形态。这些不同的经济形态，对当地人的衣食住行、家庭结构、社会结构、民族性格和行为心理等方面都具有深刻的影响，对云南各民族不同形态的古村落的形成和发展也具有决定作用。

二、云南古村落的发展演变

1. 云南古村落发展的生态因素

（1）政治因素

在实行“土流兼治”或“改土归流”的明清时期，云南的一部分村落因受到汉文化的深入影响，得到了快速的发展，成为传承至今的历史文化名镇、名村。

（2）经济因素

经济的发展是维持村落生命的基本要素，对于村落的分布、格局及功能起着重要的生态作用。在云南历史上的南诏时期，已经显露出这样一个基本事实，即凡有大型村落分布的地区，都是云南经济条件较好，农业、手工业生产比较发达，人民生活较为富裕的地区，例如滇池地区、洱海地区、永昌地区等。

（3）人口因素

自从南诏地方势力崛起之后，其军队四处长途奔袭，加之数十万人从滇池到洱海，又从洱海到滇池的大迁徙运动，促使当地的人口结构发生了根本性的改变。居住环境的变更，使不同民族相互杂处，于是人们的眼界变宽了，不再安于自我崇拜了。新的环境带来新的刺激，新的刺激又带来竞争意识，而竞争更能激发新的创造能力，并汇集到村落建设中去，成为村落建设中最活跃

⊙ 德钦藏族奔子栏村

⊙ 大理龙首关聚落（杨荣彬　提供）

的因素。历史上人口迁徙波及面最大的地区，往往后来都是最富有生机的地区，这无疑是一个很好的例证。

（4）文化因素

古村落是人类文化发展的结晶，同时又是文化的载体。凡是人们的生活方式、传统习俗、宗教信仰、环境意识等文化要素，无一不在村落的物质空间中留下深深的印记，是形成古村落特色风貌最活跃的因素。云南自然环境复杂，少数民族构成多样，社会历史发展极不平衡，从而导致不同时代、不同地域、不同民族的村落呈现出明显的差异，其主要根源也就在于彼此之间的民族文化差异。

（5）技术因素

建筑工程技术，是古村落实体空间的塑造中不可缺少的支撑。技术体系既有对环境的适应性，也有其自身的稳定性，在合适的条件下，可以经过适当的改造，为新的村落建设需要而服务。由于云南本土的传统建筑技术在应用上有它的局限性，因此仅仅靠它不可能完全满足古村落兴建的需要，向外借鉴和引进先进技术已成为时代的要求。中原地区的建筑技术成就，为云南古村落的建设提供了示范。以木构架体系为精髓的中国传统建筑技术，到唐代已发展到高峰阶段，通过南诏的社会媒介传入云南，首先被应用在古镇大型建筑的修建上，从而引发了云南本土建筑的“中原化”转变过程。

⊙ 大理龙尾关聚落

大理三塔

2. 云南古村落发展的历史进程

历史上，云南一些古村落的出现，既是社会权力聚合的阶段性结果，又是促进社会权力聚合的新的开始。它们既是一个宝库，容纳了各地方民族历史文化遗产中最宝贵的财富；又是一个先锋，突破了许多民族古老社区的孤立和封闭状态，不断吸收新的生活方式。

云南古村落发展的演变进程，可大致划分为三次大的历史性飞跃。在每一次的飞跃发展中，都形成了前所未有的新局面。具体表现如下。

（1）第一次飞跃：从游动到定居的飞跃，产生了原始村落。如沧源岩画展示的原始村落构成。

（2）第二次飞跃：在广大乡村的包围中间，一个个古代集镇脱颖而出，这可称为古代的城市化过程。如南诏时在洱海地区兴建的太和城、羊苴咩城、龙尾城、龙首城、大厘城等。

（3）第三次飞跃：由古代集镇向近代城市转化的飞跃。主要是云南省省会昆明在抗战时期的发展。

经考证，云南是迄今所知我国古人类频繁活动最早的地区之一。在元谋县大墩子发现了新石器时代的村落遗址；在沧源县发现的一批岩画中，保留着一幅完整的远古村落图。这幅村落图，像是在我们眼前打开的一扇窗子，使我们窥见了云南古村落的原初面貌。

据文献记载，到西汉时期，云南本土民族的先民，一部分已进入“耕田，有邑聚”的阶段，

大理古城的南城门（刘学　提供）

巍山古城的拱辰楼（杜晓红　提供）

巍山古城的星拱楼

一部分还停留在“随畜迁徙，毋常处，毋君长”的阶段。这说明当时云南各地区、各民族的社会发展存在不平衡性。这种不平衡性，在社会发展程度上和城镇建设的表现形式上都有所差异，其后也一直存在。

3. 云南城镇历史的营建高潮

从汉代开始，中央政府在当时所称的“西南夷”地区（大致包括现在的四川、贵州、云南地区）推行“初郡制”，其中益州郡的治所就设在滇池之滨的晋宁。这对云南古代城镇的出现起到了催化作用，并促使云南在后来出现了三次城镇营建的高潮。

（1）第一次高潮

云南最早的城镇出现在南诏时的洱海地区。而城镇营建的第一次高潮正是由云南的地方政权南诏推动起来的。南诏建立，其首领受唐王朝赐封为“云南王”之后，又“西开寻传”，东受“两爨”，南达“墨觜之乡”。其疆域之广，已东接贵州，南括西双版纳，西抵今缅甸北部，北达大渡河，东南接越南边界，西南界骠国（今缅甸中部），西北与吐蕃的神川（今丽江北）为邻，东北达戎州（今四川宜宾）。为了巩固这一地盘，南诏大规模扩建、兴建城镇。除了扩建、兴建了洱海地区的太和城、羊苴咩城、龙尾城、龙首城、大厘城、邓川城、宁北城、白崖城和云南城之外，又扩建、兴建了洱海以外地区的弄栋城（今姚安）、铁桥城（今丽江巨甸附近）、昆明城（今四川盐源附近）、永昌城（今保山）、银生城（今景东附近）等城镇。其中著名的太和城（现今只有遗址尚存）、羊苴咩城（今大理古城）、拓东城（今昆明古城）、南诏城（今巍山古城）、惠历城（今建水古城）等一批古城镇的涌现，开创了云南城镇发展的先河，为后来云南城镇的发展奠定了重要的基础。到元代，云南地区的一些主要城镇，其发展水平已基本赶上了当时中原的城镇，并具有自己鲜明的地域特色。例如，建筑与自然山水的巧妙融合，灵活的平面布局，热闹繁华的街市景观，优美怡情的家园环境，技艺精湛的标志性建筑等。这些都作为历史的记忆，流传后世，成为今天不可多得的珍贵历史文化遗产。

（2）第二次高潮

从明代到清代初年，出现了云南城镇营建的第二次高潮。随着路、府、州、县各级政权治所的建立，又有一批新兴城镇纷纷登上了历史舞台。而原有城镇也随之旧貌换新颜，形成规模宏大的砖石城垣。文庙、书院、寺观等各类大型建

建水古城的玉皇阁

建水古城的东城门迎晖楼（张雁鸰　拍摄）

筑的大量修建，极大地丰富和强化了支撑城市空间的物质骨架和文化骨架，同时也极大地开拓了城市居民的世俗生活和精神生活领域。

城镇数量的增加、规模的扩大、分布地区的更加广泛，是云南第二次城镇营建高潮带来的又一个显著变化。与此同时，还有另外一个不可忽视的显著变化，即在城镇的空间形态构成上，更加着意于追随带有方形根基和母题的中原城镇营建模式，这也是封建皇权统治和礼制思想在云南得到进一步强化的象征。

（3）第三次高潮

从18世纪末到20世纪30—40年代，作为云南省省会城市的昆明，由于特殊的地理区位和历史机遇，其人口迅速增加，并拥有了现代公路、铁路交通，以及现代文化、教育、医疗卫生机构，从而步入了全国新兴近代城市的行列。旧城的种种框限被突破，传统的建筑形式和城市功能结构发生解体，各式的“洋风”建筑成为一时流行的风尚。新的工业区、商贸区、金融区、居住区逐渐形成，新的街道景观和各类公共建筑成为城市发展的新标志。这在云南建筑史中虽然只是一个特例，但它是云南城镇营建的第三次高潮和云南聚落发展第三次飞跃的典型代表。

以上是对云南古村落发展中的一条主线的简要追溯。总体来说，由于社会经济发展欠发达，地区间的发展差异明显存在。就云南全省而言，以传统的自给自足的农业经济为基础的广大乡村，仍然像汪洋大海，而城镇只是在这个汪洋大海中浮现着的一些岛屿。而且云南历史上产生并得以发展的大多数城镇，在社会、经济、文化等方面，与乡村的关系都十分密切，只能算是一种乡村型的城镇，或者是在从乡村向城市转化过程中的一种过渡型城镇。

英国历史学家汤因比在其《历史研究》一书中评价说：“中国原是一个和谐而安静的人文世界，有高明的天生理趣，有深刻的生命情操，也有弥漫的尘世乐趣。虽然也有一治一乱的循环与反复扰攘的战争，却撼动不了中国人文世界内在的和谐性。”用这段话来描述云南的古村落环境，是再确切不过的了。

三、云南古村落的分类

1. 从村落的构成模式分类

云南各民族的先民，面对不同的自然生态环境和不同的社会文化环境，曾经创造了种种带有“理想国”色彩的古村落模式。在历史岁月的荡涤中，这几种古村落模式的功能虽然也发生了重

元阳哈尼族村落

大的变化，但其基本结构却被长久地保持下来。具体的村落构成特点如下。

（1）佤族的“设险防非”模式

这种模式正如沧源岩画的原始村落图中显示的那样，村落有明显的边界划分，这个界限把大小不同的房屋全部围合在内。这个界限就是人们为了防止野兽袭击或外族入侵，甚至是为了防止“妖魔鬼怪”窜入村落内部作祟的必要安全屏障。这种空间界定，反映出佤族先民从游动散居过渡到定居后，依托自然环境来保证村落安全防御的一种聚居意识。这种村落模式，其关键就是选择一处具有天然险阻的环境，稍加人工改造就能满足安全需求。保存至今的许多村镇，都能体现这种模式特点，如选择在苍山与洱海之间定居的白族传统村落。

（2）傣族的“桑木底”模式

“桑木底”模式是傣族进入定居农耕时代的代表模式。在傣族著作《谈寨神勐神的由来》中记载，傣族村落的创始者帕雅桑木底，在建寨之初就为“盖房建寨、定居种瓜”定下了五条规矩：第一，立寨心——寨心不烂，村寨的人就不能分散；第二，设寨门（四道）——所有人都要从寨门出入；第三，划边界——寨与寨之间以河为界，田与田之间以埂为界；第四，限出入——村寨人员迁移出入之前，都要经首领批准，并举行祭祖仪式；第五，共劳动——居住在寨内的所有成员，都要参加公益劳动，并可平均分到食物。此外，人们还要在村寨旁选一片树林，在中央高大的树下放置相应的象征物，宣告寨神勐神的诞生。通过这些，形成强化磁性中心的权威和引力作用。在“桑木底”村落模式下，“寨心”就是“权威”和“磁极”的标志象征。

（3）哈尼族的“惹罗普楚”模式

在哈尼族长篇迁徙史诗《哈尼阿培聪坡坡》中记载，当哈尼族先民向南迁徙到“惹罗普楚”这个地方时，做出了两个历史性创举：一是安寨定居，二是开发大田。其中的安寨定居形成了一套垂范后世的建寨规矩，成为哈尼族建村立寨的“惹罗古规”。按照“惹罗古规”，哈尼族建村寨必须“认同大环境，选择寨基地，立贝壳卜吉凶，举行安寨大典。然后栽竹子，栽棕树，盖房子，找水源，修水井，开大田，祭寨神”。这些环节包含着建寨的程序，也体现了对村落空间的分化、对文化生态的尊崇。“惹罗普楚”村落建构模式，体现了“林、田、水、寨”四素同构，形成了“头人、贝玛（巫师）、工匠”三位一体的权力中心。

（4）彝族的“兹兹蒲武”模式

彝族历史上重要的“六祖分支”，就发生在“兹兹蒲武”这个地方。彝族从游动到定居，在兹兹蒲武建立了最初的村寨。其村寨的构成为“屋后有山能放羊，屋前有坝能栽秧，中间人畜有住处。坝上有坪能赛马，沼泽地带能放猪。寨内要有青年玩耍处，院内要有妇女闲谈处，门前还有待客处”。这已把村落建设的环境与功能需求表达得十分清楚。

2. 从村落的构成形态分类

从古村落的构成形态来看，中国古代营建的城市平面形态，自古就分为“方形根基”的观念形态和“因天才，就地利”的自然形态两种，即表现为以《考工记·匠人》为代表的“礼制”城建思想和以《管子》为代表的“有机”城建思想。后者不受“礼制”观念的约束，以生命为本，以人为本，崇尚自然的机理和环境的功能。

云南早期的古村落，更多地体现了自然形态的传统。究其原因，一是云南山多，地势起伏变化较大，“方形根基”的观念形态不像在平原地区那样易于实现；二是云南远离京城，不受礼制思想的严格约束。许多古村落的规划布局，不论是在方位朝向的选择上，还是在对方形城镇形态的借鉴应用上，大多决定于本地区、本民族的文化取向，从而营建出一批具有鲜明地域特点和民

石林彝族糯黑村

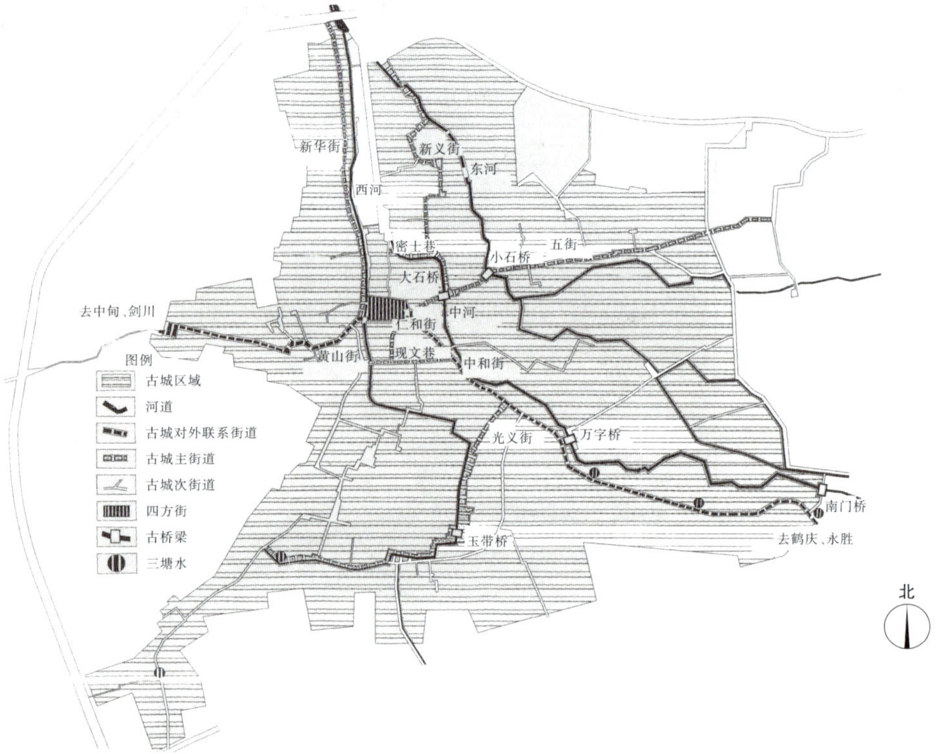

丽江古城平面示意图

族文化特色的历史文化名村名镇。当然，云南许多地方有着较为温和的气候条件，也为这种自然形态的古村落的奠定和发展，提供了良好的建设环境。

另外，就村落的平面形态而言，有机自然形态出现得较早，如洱海地区的太和城；到明代以后，观念形态普遍流行，占据了统治地位，当时著名的云南六大府城，无一不是如此。这一观念的转变，明显是受到中原汉文化影响的结果。由此，云南的古村落大致沿着这两种类型不断发展：一种是自然形态的古村落，以丽江大研古镇为代表；另一种是观念形态的古村落，以建水临安古镇为代表。这两种城镇是两种文化的象征。正因有了不同文化的交融互渗，才会有云南古村落多样的形态和风貌。

（1）自然形态的古村落

云南许多古村落的自然形态，容易给人造成无序的错觉，其实秩序正蕴含在这看似无序的自然形态之中。比如以“三山为屏，一川相连，三河穿城”的环境来进行灵活布局的大研古镇，最终形成“三山万户巷盘曲，百桥千街水纵横。随山顺水错结庐，因地就势巧安排”的格局。或许这就是丽江古城所体现的一种看似无序却有序的自然形态平面秩序，它尊重自然，又亲和自然。而这种灵活自然的形态格局，在选址上充分利用了周边的环境和水系，完美地将山、水、城结合在一起，形成山、水、路、桥、院的有机融合。

（2）观念形态的古村落

明代的临安古镇（即建水古城），是有大量汉族移民迁入并由中央集权直接管辖的地区。古镇在平面形态上的选择，必然不可能完全脱离礼制思想的轨道。可以说，明代形成的建水古城平面形态，是中原模式在云南边地的具体应用。其平面形态虽不十分规整，但对方形母题的追求和对皇权的效忠，却显而易见。它那高大的城垣、

⊙ 丽江大研古镇（张雁鸰　拍摄）

宏伟的城门楼的象征意义，远远高于它的防卫意义。而从明代到清代，临安古镇真正面临战争威胁的次数并不多，古城在数百年间经常发挥的作用倒是对皇权的宣扬。

衙署、文庙的居中布置，在建水古城的布局中很明确。特别是于元世祖至元二十二年（1285）兴建的文庙，明清两代又不断增扩，不仅位置居中，而且规模宏敞、形制壮丽，在古城内堪称第一；作为全城接受外来知识的中心场所，更是没有其他建筑可以与之相比。作为“文献名邦”的建水，不愧为“一方总号诗书郡，六诏咸称礼乐邦”。建水不仅人才出类拔萃，更有广泛意义的是，在文庙的中心作用之下，读诗书、尊孔孟的风气已遍及乡里，“不异中土”。从每年一次的祭孔典礼仪式可以看出，求科举、求入世的城市眼光，已经代替了求饱食、求生育的古村落传统。这是一个“质”的转变。如果没有这种“质”的转变，即使有再多“量”的积累，传统村落也不会转变为城市。

⊙ 建水文庙的“洙泗渊源”坊

3. 从村落的自然环境分类

根据村落所处的不同自然环境，云南古村落的类型大致可分为山地型、平坝型和滨水型。再按照不同自然环境的地形现状特点，又可细分为陡坡型、缓坡型、台地型、集聚型、分散型、带状型（沿山地等高线和沿河流走向）、自由型等多种古村落形态。每一种古村落的类型都贴切地反映出

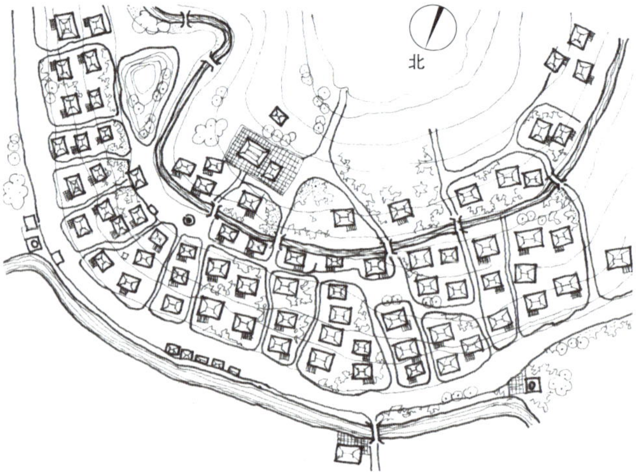

傣族村落平面示意图

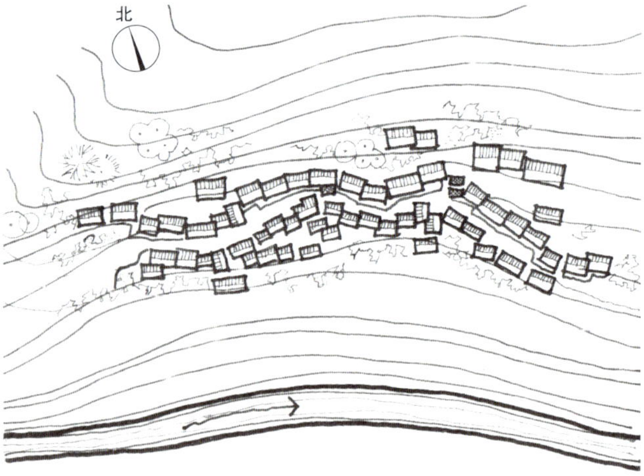

带状型村落平面示意图

台地型村落

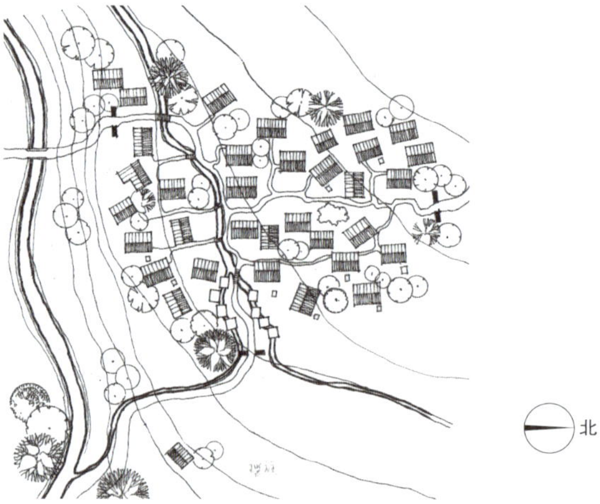

集聚型村落平面示意图

各民族民众对自然环境的认知和选择，他们最终建造成了适合于自己生产生活需要的村落模式。

另外，在探讨云南古村落的生态环境时，不能忽视一些重要的特点。例如，这里由于山峦、河流、森林的阻隔，人们的活动范围相对分散而狭小。不仅各个分区之间气候差异很大，即使在同一个分区之内，随着海拔高度的变化，自河谷至山顶，因坡向、坡度及距海洋远近的不同，气候也呈明显差异。一般在山麓河谷地带，气候炎热，雨量较少；在山腰地带，气候温和，降水较多；在山顶地带，气候寒冷，降水量多。人们形象地称此为“垂直气候”。这种“垂直气候”，不仅造成了植被和自然景观、作物布局、耕作制度等方面的不同，而且在一定程度上也影响到人口和民族分布的不同。在滇东南一带曾流传着“苗族住山头，瑶族住箐头，彝族住坡头，傣族壮族住水头，汉族回族住街头”的民谣。人们把这个特征称为民族的“垂直分布”现象。

上述自然生态环境特征，促使云南形成了文化类型多样、民族性和地方性强、布局分散且规模较小的古村落特征。

和顺镇

一、历史概况

和顺镇位于保山市腾冲市。这里自然山水秀丽，人居环境和谐，文化积淀深厚，有着古人所推崇的恬静的田园生活和理想的耕读环境。镇上有超过居住人口总数的华侨，他们来自十余个国家和地区。和顺镇是云南著名的华侨之乡。

自明清以来，因地少人多，为了衣食，一批批和顺人涌入邻邦缅甸。他们以经商者居多。这一状况促使一个以农业经济为主的传统聚落逐渐发展为以侨商经济为主的侨乡。清乾嘉以后，随着侨商经济的不断发展，和顺人回到家乡买田置地，起房盖屋，营造村落设施，兴建宗祠庙宇，倡办文化教育机构，促进了和顺镇的全面发展。

清嘉庆年间，在“寸氏宗祠”首建之后，其他族姓也先后修建起各自宗族的祠堂；同时还先后修建了中天寺、元龙阁、文昌宫等许多庙宇。

纵观和顺镇的发展历程，从明代的军屯到清代的侨缅，不仅有效缓解了当地人口增长给有限土地造成的压力，而且使和顺渐趋繁荣，并加速了文化教育的发展。和顺镇由此成为闻名遐迩的华侨之乡和文化之乡。中国国民党元老李根源曾为和顺赋诗曰：“十人八九缅经商，握算持筹最擅长。富庶更能知礼义，南州冠冕古名乡。”

二、村落形态

纵览和顺镇，东山脚下，有错落有致的村舍，绿柳掩映的荷塘，还有白墙灰瓦的照壁。风岭下的鳌峰旁，有比邻而建的瓦屋，也有绕村而过的流水；有双虹飞拱的桥梁、绿树成荫的堤岸，也有幽谷丛中的楼台、波光粼粼的碧潭；有飞檐斗拱的庙宇祠堂、画栋雕梁的民居古宅，也有蜿蜒曲折的大小石巷、宁静安谧的深深庭院。

和顺镇下辖十字路、水碓、大庄三个行政村，构成形似马褂的小盆地，呈东西两小片、南面一大块的三点组合格局。这里村外是一江穿流、数溪萦绕的田园风光，村内有类型多样、闻名遐迩的书馆祠堂。远远望去，鳞次栉比的民居、宗祠从东到西，环山而建，绵延一二千米。栋栋宅院依山就势，粉墙黛瓦风格协调。长堤水榭、凉亭拱桥、闾门牌坊、月台照壁、水井方塘，有如珠串一般。荷塘内花叶盈盈，香飘数里；溪流中鹅鸭戏水，意趣盎然。李根源赋诗赞道：“烈遗浪叠起鳌峰，和顺人家图画中。花萼楼头闲徙倚，岭梅临水笑春风。”另有诗云：“远山经雨翠重重，叠水声喧万树风。路转双桥通胜地，村环一水似长虹。短堤杨柳含烟绿，隔岸荷花映日红。行过坡陀回首望，人家尽在画图中。”

和顺镇以李家巷、大石巷、尹家巷为三条南北走向的主巷，北接环村道，南与东西向横街贯通。村内沿街店铺比肩而立，晨间集市热闹非凡。村中用石块铺筑的大小街巷路面整洁，沿山形地势自然起伏曲折。每条巷至环村道口，都设一块扇形或半圆形月台，作为巷口的标志景观。人们茶余饭后在此交往闲聊，传递各种信息。月台因此成为村中最具特色的休闲空间。那一道道立于街头巷尾的闾门牌坊及“景物和煦”“道义同敦”“俗美风淳”的题额，无一不体现出中国传统道德礼仪风范和文化底蕴。

三、建筑特色

1.宗祠

“凡立宫室，宗庙为先。”人们追求聚族而居，“睦族惇宗”，祠堂最终成为中国传统村落社会宗族文化的重要载体，一切都以此为中心布局。和顺镇的每一条街巷的分布皆以姓氏来定，并在某一姓氏聚居范围内的显要位置修建祠堂，形成同姓村民的宗法文化中心。和顺现有的八姓祠堂（寸、刘、李、尹、贾、张、钏、杨），多数位于环村道旁，每座祠堂都有各自的风格特点。如寸氏宗祠还借鉴外来文化，修建了西式大门。

（1）李氏宗祠

李氏宗祠背山面田，依地形高差布置为前、中、后三个建筑空间，设踏步层层联系，有分有合，转折自如。祠堂大门前有月台，两边墙垣八字闪开，中间设三折式扇形石阶三十级。飞檐翘角的牌楼式宗祠大门高高耸立，十分气派。祠堂的核心庭院花木扶疏，园林清幽。周围由建于高台上的祠堂大殿,与两侧对称设置、带三面回廊的二层歇山式厢楼围合而成。

（2）刘氏宗祠

刘氏宗祠为前后两进院落，祠堂居中，与两边山形构成环抱之势。大门前有荷塘，荷塘上飞跨双孔石拱桥。门后为庭园和过厅，穿越过厅便是由大殿、两厢及过厅四面围合而成的天井院落。大殿为三开间五架梁、单檐硬山顶穿斗式建筑，明间设神台，台上有暖阁，阁内置祖宗牌位。

（3）张氏宗祠

张氏宗祠前临田园河道，因地形所限，主体院落坐东南向西北，为四合院带花厅的格局；而祠堂大门却与主院落转了近50度角，设在北侧厢房外面。这一朝向转变使祠堂内部空间产生变化：从门外宽敞的扇形月台进入大门，迎面是一道粉墙照壁；右转经狭小的过道，由厢房进入祠堂内院，空间豁然开朗。这巧妙地缓解了置大门于中轴线上导致的不便，也避免了与环村路产生交通冲突。

2.民居

和顺镇的民居院落多为晚清民国时建盖，主要有两种类型。一类是“門”形的“一正两厢房”。三开间两层的正房居中；底层堂屋前后皆向内凹进1.6米，形成室内外过渡空间；两次间分别隔为前后卧室。左右厢房进深略比正房次间面宽小，在与正房连接处设楼梯至二层。正房对面是照壁，中为天井，地面以条形或方形石板铺砌。室内木构门窗不施彩绘，朴实无华。还有一类是“日”形的“三间四耳下花厅”。即在正房与照壁之间加设一个倒座过厅，形成前后两个院落。过厅兼具起居、会客功能，并为大门的空间方位变化提供便利。早期的正房均为一层，且在正房廊子边缘设置“天地笆”，既能增加空间层次，又起到安全防护作用。

这两种类型还可有多种组合形式，均以家庭经济、用地大小、使用要求来确定，形成一个可有限增殖的有机平面体系，显示出极大的灵活性和广泛的适应性。

建于1918年的艾思奇故居，是一座中西合璧式的二层砖木结构四合院，由正房、客堂、居室、书房和庭院组成，建筑面积约626平方米。正房为两面带檐廊的四坡顶楼房，前厅有一座石砌圆拱门，将天井庭院分隔为两部分。门顶上为带栏杆的露天平台，是二层两厢及正房“走马转角楼”回廊的交通枢纽。

和顺镇的这些深宅旧院，总有一种自然舒适的韵味。不论是端庄典雅的檐廊、门脚，还是做工考究的格子门窗、木雕梁枋，每个细部皆是精美的艺术品。而高耸的宅院外墙，以及利用当地火山石砌成的“石榴米”清水墙基，则更加古韵盎然。“石榴米”清水石墙是用敲凿得极为严整的石头直接镶拼起来的，不抹一点石灰。石与石之间相叠得严丝合缝，连一根头发丝都吹不进去。很难想象这些石头是当地匠人用手工一锤锤打出来的。

3.庙宇

和顺镇的庙宇有元龙阁、文昌宫、土主庙、魁星阁等多座，每座建筑都巧妙地结合周边地形环境，形成了各自的特点。

（1）元龙阁

元龙阁是一组儒道佛三教合一的建筑群，原址为观音殿，清乾隆二十七年（1762）在殿前塘边兴建楼阁，取名“元龙阁”，有水源龙首之意。元龙阁由山门、龙王殿、三官殿、观音殿、魁星阁、百尺楼及厢房等组成。进门后分左右上到龙王殿，龙王殿与三官殿及左右厢房对称布置。设置在两个不同平台上的魁星阁，为六角重檐攒尖顶阁楼。底层前半部架空；二层从后半部地面进入室内，在空间上有“起承转合”的作用。最高处的观音殿是一组门阙式房屋，主殿和两厢均为二层，但地面高差有一层。重檐歇山顶的主殿向后凹进，增加了殿前的檐廊平台。

（2）文昌宫

文昌宫为对称布置的三进院落，大门两侧围墙八字展开。经牌楼式大门进到第一院，左右为二层厢房，中间为开敞的过厅。经过厅到第二院，左右设两栋精巧的朱衣阁和魁星阁；大殿为三开间重檐歇山顶，面宽约12米，平面近似正方形。大殿后的第三院空间相对较窄，建在高台上的后殿形式格局与大殿相同，尺度略小。

（3）土主庙

土主庙紧邻文昌宫西侧，现存两殿一院及山门前的“一”字形照壁，整体格局风貌尚存。土主庙是和顺镇最早的宗教场所，曾供奉着摩诃迦罗（大黑天神）。

（4）魁星阁

位于和顺镇西南石头山顶的魁星阁，为六角重檐攒尖顶楼阁。造型端庄灵秀，雕刻细腻，彩绘精美。建筑体量不大，但因形借势，大有直通天际之感。

4.标志性建筑

（1）和顺图书馆

始建于1924年的和顺图书馆，坐南向北，依山而建，是侨乡著名的“知识殿堂”。整个馆舍占地1450平方米，分大门、二门、馆楼和后厅四个部分。

大门为三滴水式歇山顶木构建筑，门上悬挂“和顺图书馆”匾额；二门系仿苏州原东吴大学门面而建的三孔西式砖石铁门，门后经小花园即达图书馆主楼；主楼为五开间二层硬山顶屋面，在第二、四两开间各向前伸出半个六边形亭台。整个图书馆巧妙结合坡地高差，利用平台转折来组织前后建筑空间，把三种不同的建筑形式有机组合在一起；空间上层层递进，造型上错落有致、相互衬托。

（2）双虹桥

坐落在村前溪河上的双虹桥，为两座单孔双圆心尖券石拱桥。桥面近于双坡面，桥边有石栏围护。靠环村道一端各设有门坊，可通小型车辆。两桥相距约50米。作为和顺镇的入口标志景观，双虹桥可谓造型别致，做工精美。

（3）洗衣亭

在绕村而过的溪河上，有六个洗衣亭沿河而建，亭内在露出水面处安置石条井格，河水触手可及。村民在这里浣衣洗菜，晴天遮阳，阴天避雨。这些外形不同的洗衣亭，可以说是外出的和顺男子专门为在家女人修造的“公益”，它们也成为和顺镇独特的田园建筑景观。

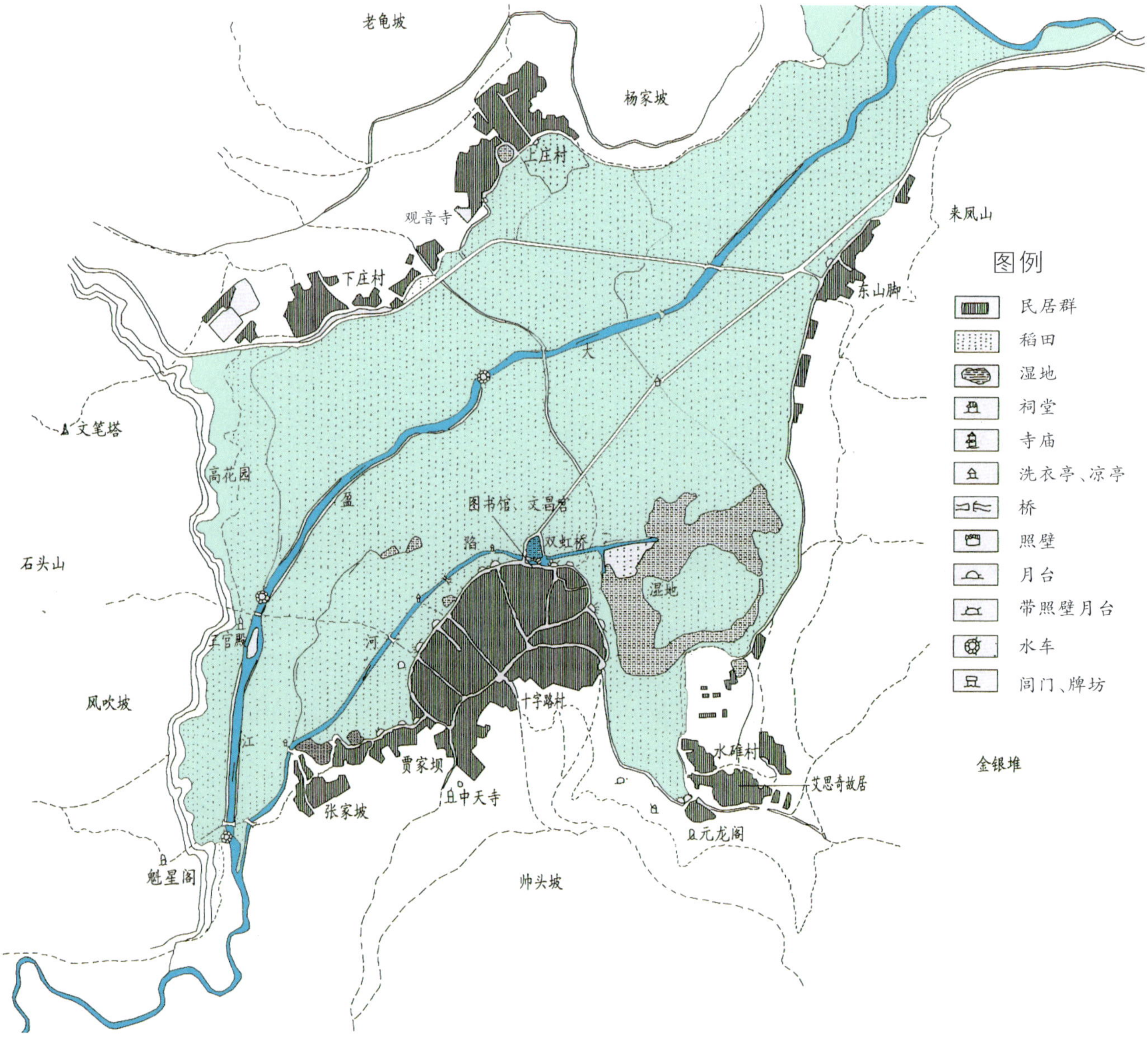

和顺镇总平面示意图

鸟瞰和顺镇（杜晓红　提供）

村口的闾门牌坊

月台

李氏宗祠

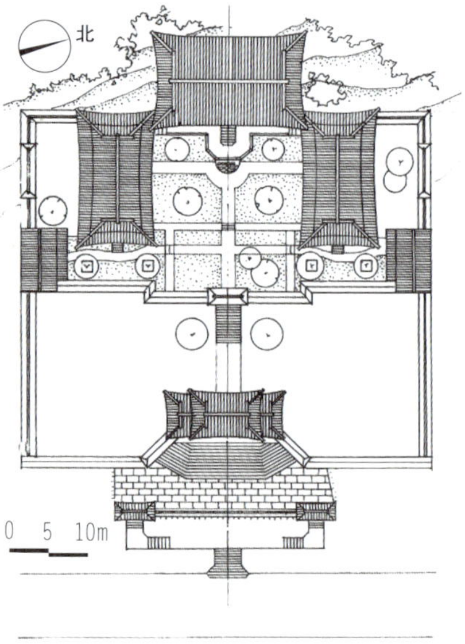

李氏宗祠总平面图

张氏宗祠

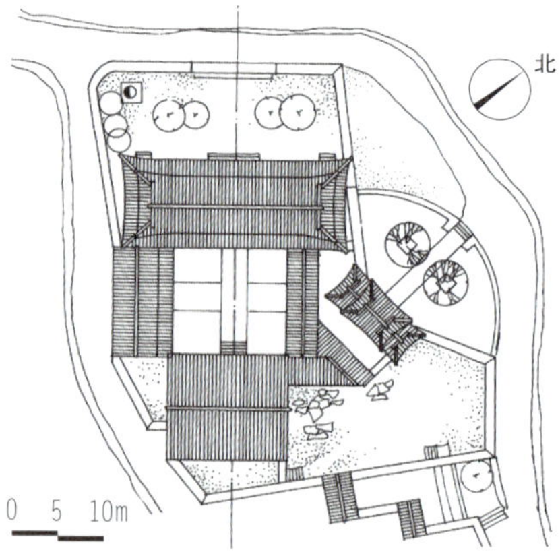

张氏宗祠总平面图

刘氏宗祠

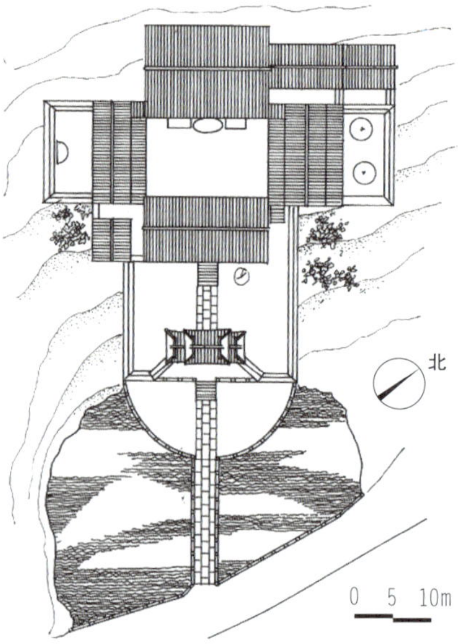

刘氏宗祠总平面图

魁星阁

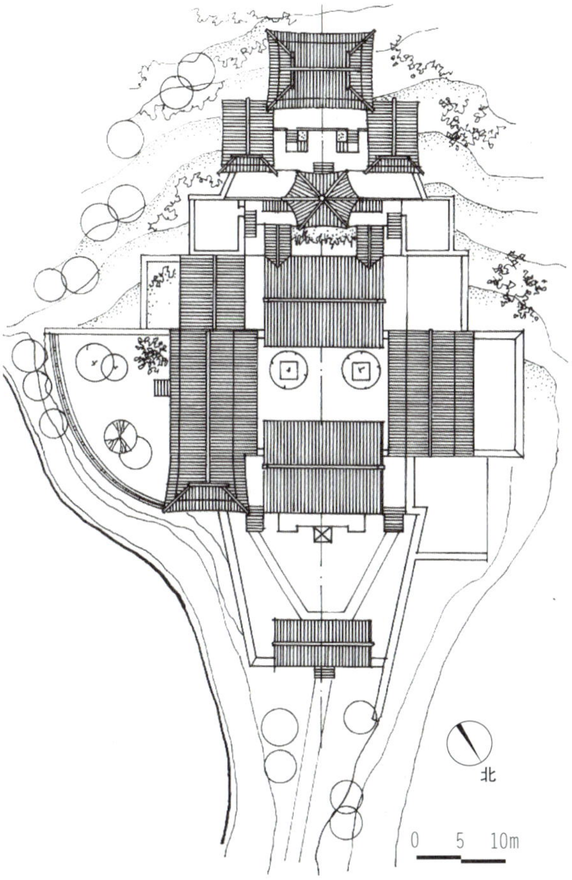

元龙阁总平面图

元龙阁建筑群

民居

寸氏宗祠过厅

弯楼子的厅堂

民居二楼窗外的田园

⊙ 弯楼子外观

⊙ 民居

⊙ 民居

⊙ 新屋的家堂

沿河修建的洗衣亭

洗衣亭

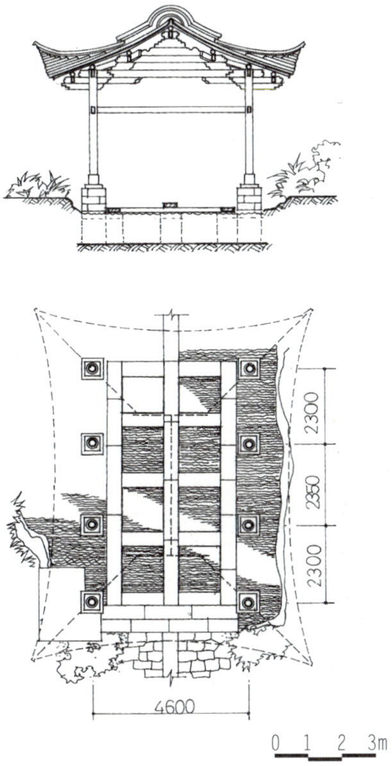

洗衣亭剖面、平面示意图

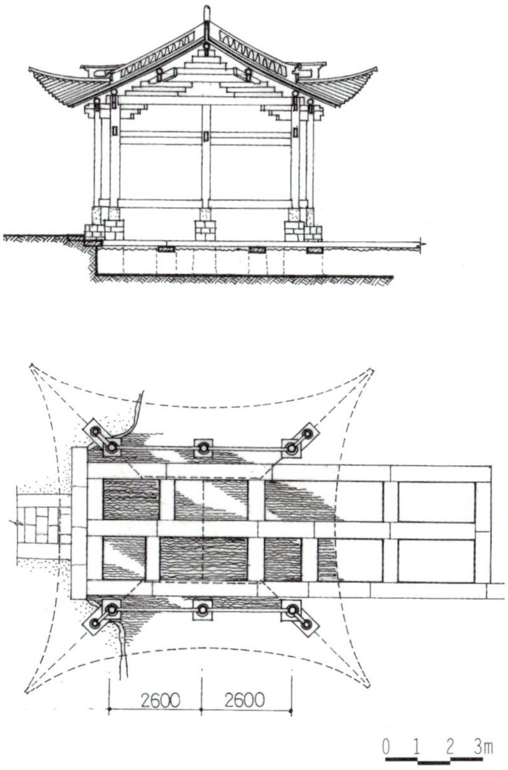

洗衣亭剖面、平面示意图

洗衣亭立面示意图

文昌宫大门北立面

文昌宫大门南立面

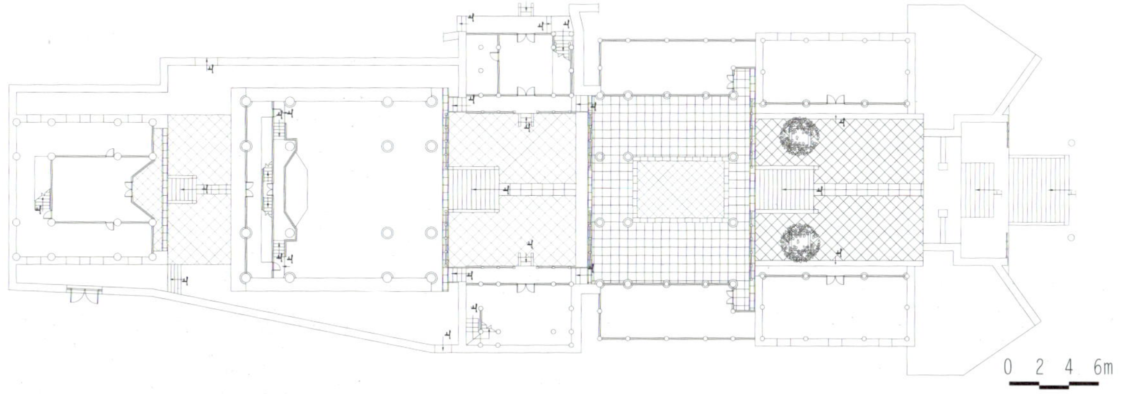

文昌宫一层平面示意图

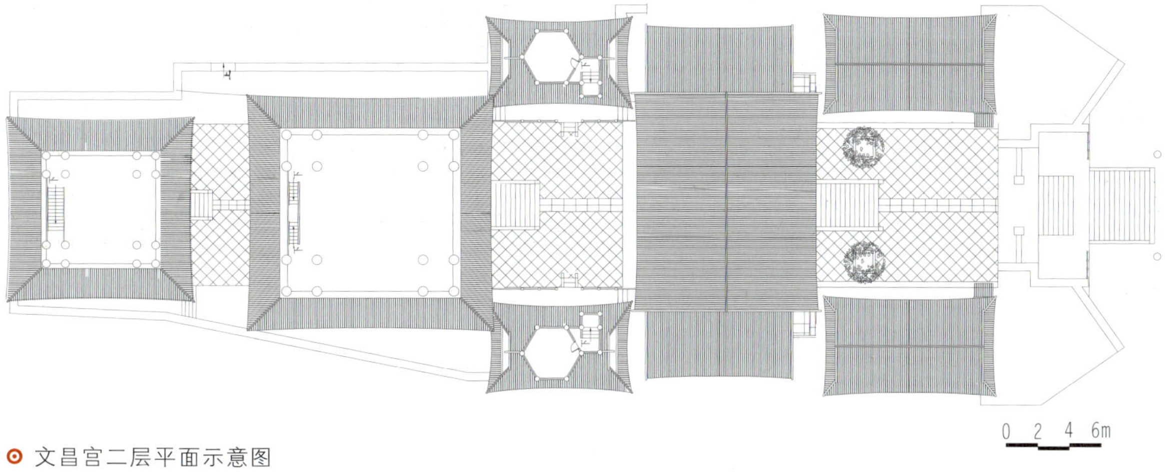

文昌宫二层平面示意图

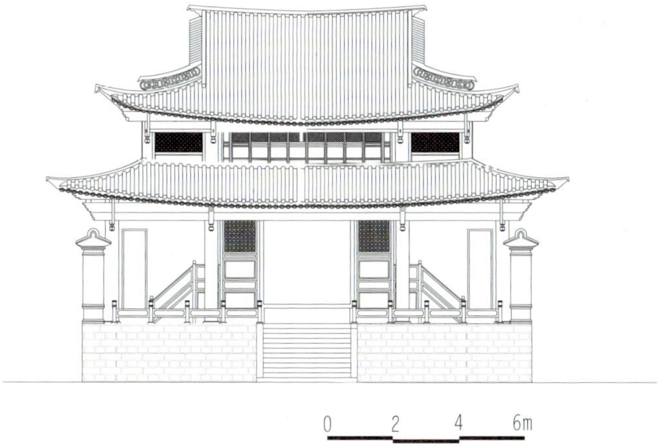

文昌宫主殿立面图

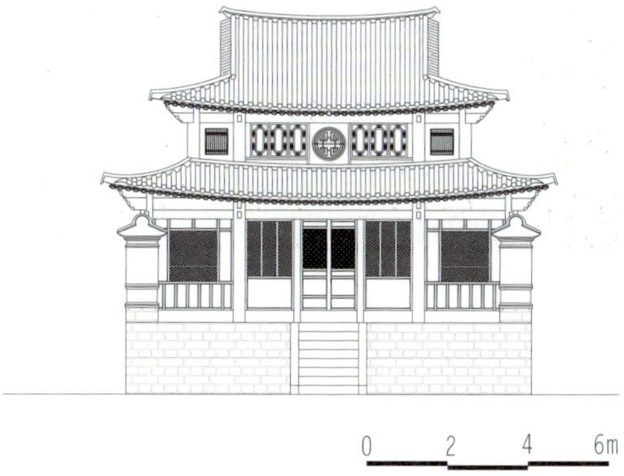

文昌宫后殿立面图

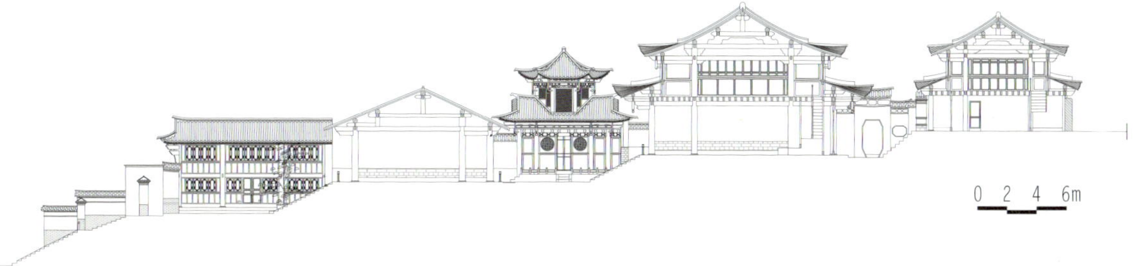

文昌宫剖面图

⊙ 和顺图书馆大门

⊙ 和顺图书馆主楼

⊙ 和顺图书馆组合立面图

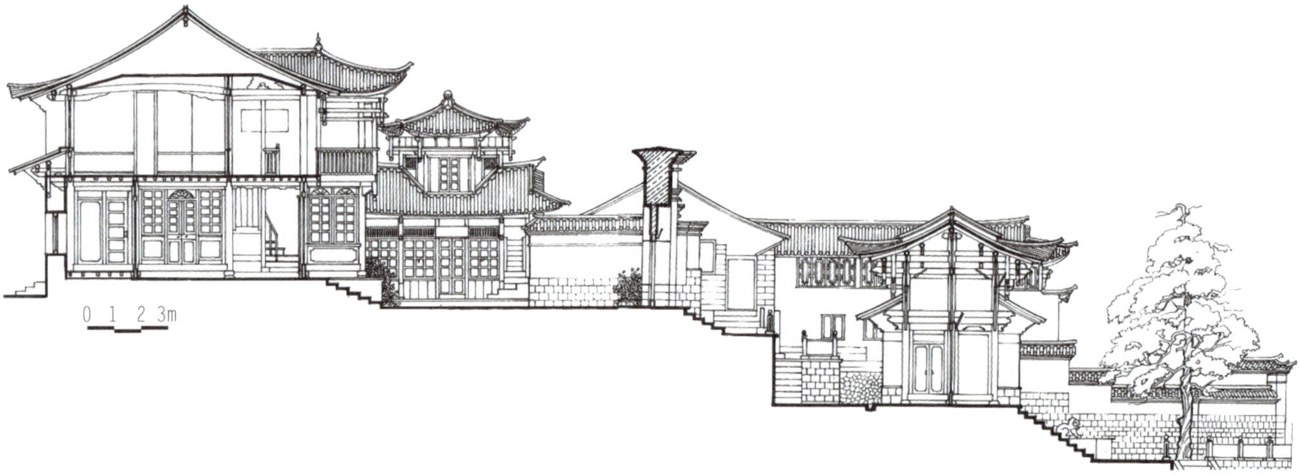

⊙ 和顺图书馆剖面图

黑井镇

一、历史概况

黑井镇位于楚雄彝族自治州禄丰市，历史悠久，自古就是生产贡盐的地方。据《黑盐井志》记载："土人李阿召牧牛山间，一牛倍肥泽。后失牛，因迹之，至井处，牛舔地出盐。"为纪念这头黑牛的功绩，遂称此地为"黑牛盐井"，后简称为"黑井"。其所产盐虽名为"黑盐"，实则"洁白味美"（唐·袁滋《云南记》），素有"西迤名卤第一泉"的美誉。

自发现山脚有卤泉溢出之后，黑井先民便采卤而食。南诏时人们掘池汲卤，用釜煎盐，黑井盐成为专供王室的贡盐。元代，中央置"威楚路提领"管黑盐井盐运使司。明洪武年间，黑井设正五品盐课提举司，直隶于省；还从应天府迁来64名身份非同一般的灶丁，大力开发黑井。经过数百年发展，到清朝，黑井盐业达到鼎盛时期，其盐税竟占到云南盐税的64%。盐业的发展兴盛，以及盐在古代经济生活中的重要地位，给黑井的发展和辉煌提供了深厚的物质基础，让偏居一隅、交通闭塞的黑井成为名闻遐迩、富甲一方的峡谷古镇。在这两山夹峙的弹丸之地，汇聚了大龙祠、文庙、节孝总坊、诸天寺、飞来寺、武家大院、文笔塔等众多古建筑，以及古碑、石雕，具有较高的历史文化和艺术价值。

二、村落形态

历经千年的"盐都"，尽管已无昔日的辉煌，却风貌依旧，特色鲜明，历史文脉清晰。这里至今仍保留着较为完整的古镇格局，留下了古色古香的传统坊巷、众多明清风格的民居，以及大量木雕石刻、石牌坊、古寺古塔、古戏台，还有古盐井、煮盐灶户、古驿道等遗迹。

深藏于峡谷的黑井镇，东有玉璧山万仞插云，西有金泉山壁立苍天，构成南北长而东西狭窄的人居环境；横穿其间的龙川江将古镇分为东西两片。当地人用"山出屋上，水流房下，四塞险固"来形容其地形地势的险要狭窄。1274年赛典赤主滇时，派提举司长官完者兀驻黑井，督井造盐以补军需。完者兀带领一批回民，先沿河修筑了五条街坊，分别命名为德政坊、安东坊、新附坊、归化坊、太平坊，并在安东坊内建衙门，后又建庆安堤，奠定了黑井最初的格局与规模。

初期的小镇，等级森严。回民住东岸，俨然皇亲国戚，极有身份，却富不过住西岸的汉商。明洪武二十三年（1390），来自内地省份的53户有功名或技艺的汉族人，奉旨迁居黑井，后又引来大批汉族移民，使元代所建的五条街坊明显拥挤。为适应古镇人口的快速云集和发展，镇上的居民又跨过龙沟河，开发石龙村，使原来的“五坊”变为“十三坊”。黑井镇的发展达到鼎盛时期，也因此而成为“盐都”。其中扩建的利润坊、上凤坊、白衣坊、锦绣坊，分别从不同驿道通往琅井、大姚、昆明及川西地区，每条驿道上常回荡着“山间铃响马帮来”的繁荣景象。走进黑井，每当驻足凝视那些遗存的古建筑时，总会让人意识到历史的延伸。

黑井依山傍水，狭窄的街巷全由石板铺成，经长年累月的人踩马踏，显得更加沧桑久远。八尺宽的街巷两侧全是比邻的店铺，檐下1米高的铺台上摆着各色商品。由红砂石垒砌的墙面上泛出的盐卤印迹，承载和见证着古镇的商贸历史。构成古镇的东西两个片区，每个片区都由一条主街和几条支巷交织组成。如东片区的第一条街道利润坊，街面相对短而狭窄，自然弯曲的街道古韵犹存；街的尽头便是黑井的标志性建筑“节孝总坊”。这座红砂石牌坊是为表彰黑井、琅井、元永井三地的87位贞节女子而建的。

穿过横跨龙川江的五马桥，就进入了西片区的主要商业街，街道上到处是林立的旅店、饭馆和商铺。在西片区，街面上杂然并陈的“一颗印、三坊一照壁、四合五天井、前店后宅”等多种合院形式纷纷亮相。不论是精巧气派的传统风格，还是华丽别致的西洋风格，都各自彰显出不同的风貌特色。

三、建筑特色

黑井的文物古迹甚多，有史前新石器文化遗址、元代的摩崖石刻和古盐城桥、明清的护城堤及788米长的顺河桥。既有唐宋遗风的坊巷、明清风格的民居院落，又有大龙祠、文庙、诸天寺、飞来寺、香山寺等宗教建筑，还有许多石牌坊、古塔、古墓、古戏台、古碑、石雕等。不论是古镇街巷、传统民居，还是宫祠寺庙，均以当地的红砂石砌筑，使古镇的景观风貌与材质的气韵非常协调统一。

1.庙宇

因黑井地形狭窄险峻，众多寺庙不得不建在古镇东西两侧的山崖陡坡上。一座座高耸于山崖上的寺观祠庙、楼台殿阁在河谷水汽和炉灶烟气之中，若隐若现，如出红尘。

（1）大龙祠

具有明代风格的大龙祠是黑井遗存的古建筑精品。祠内戏台精美的木雕及清朝雍正皇帝题写的匾额，都是前人留下的珍贵财富。大龙祠坐南向北，依山而建，由大门、戏台、正殿和两厢组成合院。坐落在高台上的正殿为三开间歇山屋顶，两端山面设有耳房漏角。殿内悬挂的“灵源普泽”匾额上雕有九个龙头。“灵源普泽”四个字，正是清朝皇帝对当时黑井卤水惠泽天下的评价。

（2）黑井文庙

据清康熙年间的《楚雄府志》记载，黑井文庙始建于明万历四十五年（1617），当时是黑井提举司设立的学宫。文庙坐北向南，依山就势逐渐升高，与对面玉璧山上的文笔塔遥相呼应。康熙四十六年（1707）重修时，凿泮池，架拱桥，使其建制宏大、规模齐备。现仅存棂星门、泮池、大成门、大成殿和两庑。

棂星门又称太平坊，为四柱乌头门形式，全由红砂石构成。宽9米，高5.7米。门下须弥座上有四狮护基，四鼓（抱鼓石）拱卫。在三开间的横梁上加设有尺度小巧的歇山顶石雕，与其下的两组石雕斗拱连为一体。

棂星门后是半圆形泮池及三开间单檐硬山顶大成门，仅在明间开圆拱形门洞。大成门两山外各设一间耳房，耳房与两侧对称布置的厢房形成自然叠落与过渡。

大成殿为单檐歇山顶。通面阔五间，15.4米；通进深五间，17.2米；高12米。平面布置为六排柱列，两梢间的后金柱被减省。大殿前檐出挑六层象鼻与凤头形斗拱；两侧山墙基的须弥座上有浮雕六幅，其中的“九狮戏珠”构思别致，极为独特。

（3）诸天寺

位于古镇东片区半山腰的诸天寺，是一座建筑尺度小巧的四合院。它紧密结合山地，灵活布置而成。

寺院依山势坐北向南。主殿一层居高临下，为三开间硬山顶；通过殿前走廊及不同标高的平台转换，与两侧厢房二层和室外院落相联系，方便上下交通。院落以西厢房一层明间为入口；东西两侧厢房和倒厅均为二层，与主殿共同围合，构成三面环廊的建筑空间。

（4）飞来寺

飞来寺位于西片陡峭的半山腰处。从下向上看，整个庙宇像一只盘踞于山峦之上的大鸟，仿佛振翅欲飞；又好像一只大鸟刚从天空降落，停歇在山腰上。“飞来寺”由此而得名。从飞来寺往下看，龙川江从深深的峡谷中穿过，古镇建筑有序地分布在沿江两岸。

2.民居

（1）武家大院

武家大院建于清道光十六年（1836），咸丰七年（1857）扩建。院落依山就势，呈横三纵一的“王”字形布局，由四个天井分前后两台组成建筑内外空间，楼上楼下四通八达，是云南罕见的大型合院之一。该合院还隐含有“六位高升、四通八达、九九通久、王隐其中”的设计意境。

（2）沿街店铺

黑井现存商店铺台160多个，有一部分仍在使用。所谓铺台，就是当地住家在临街的一面用石板砌成的一个平台。他们将各种商品摆在台上出售，买卖一目了然，赶马人牵着马也方便购买。有的店铺还在铺台上放一罐水和木瓢，供顾客解渴。

3.牌坊

节孝总坊建于清朝光绪二十七年（1901），是一座四柱三间牌楼式的红砂石牌坊。明间面宽3.6米，高6米；两次间宽2.8米，高4.2米。正中额枋上镶嵌的大理石板镌刻着“节孝总坊”四字，左右额枋上分别刻有“雪操”“霜筠”二字。作为古镇的标志性建筑，这座牌坊构造复杂，造型庄重，雕刻精巧，为云南之最，在全国也堪称精品。牌坊周身布满高浮雕及圆雕装饰。中间为四龙戏珠，四条栩栩如生的游龙喷云吐雾，张牙舞爪，仿佛要腾空而起。左右四个巨鳌和四条锦鲤沉稳地护托住榫头卯眼。三道门楣上用三层龙头和象鼻斗拱构成十二座石阙，将牌坊顶部高高托起。共计有龙头68个，象鼻54个。斗拱之间雕刻着“唐僧取经”“牛郎织女”“八仙过海”“二十四孝”等经典故事和丰富的花鸟图案，将整个牌坊装饰得玲珑剔透，光彩照人。节孝总坊上还刻着87位贞节烈女的名字。

4.堤坝

位于龙沟河和龙川江交汇口的庆安堤，始建于清康熙五十五年（1716），在清道光年间完工。南堤长362.5米，高10米，宽6—7.4米；北堤长98.4米，高5米，宽4米。这座红砂石建成的大坝，是历史上第一个主要用于防治泥石流的水利工程，从古至今一直发挥着护卫古镇安全的作用。有专家认为，庆安堤是仅次于都江堰的古代水利工程。

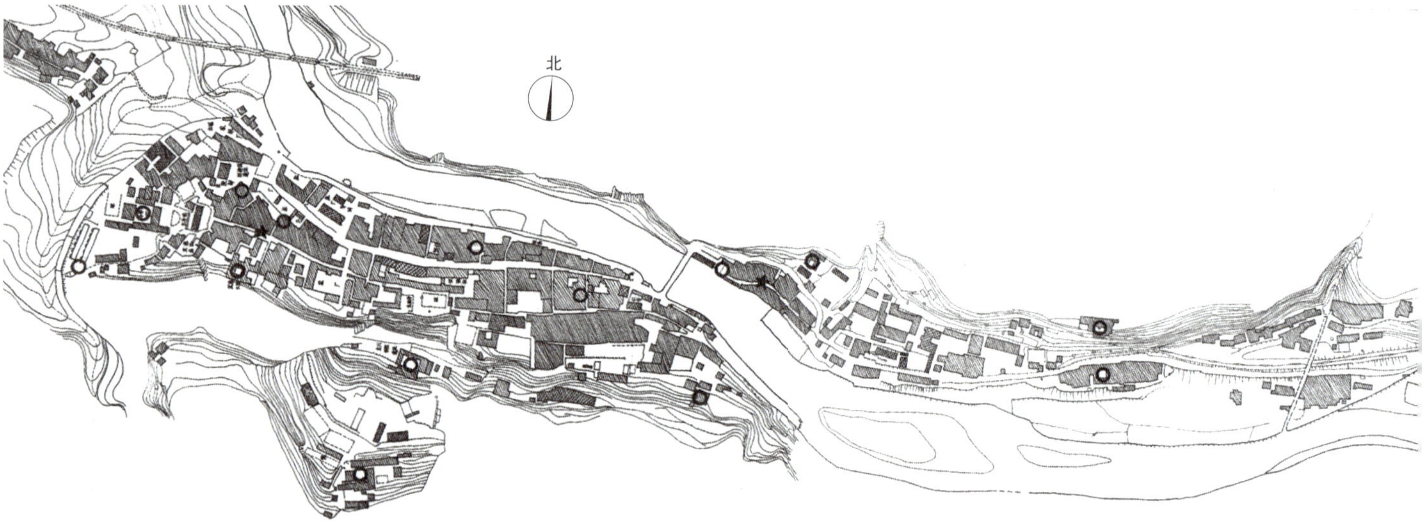

⊙ 黑井镇总平面示意图

⊙ 鸟瞰黑井镇

⊙ 黑井镇西片区

古巷里的老店铺

古巷里的老店铺

沿街店铺

西洋风格的民居大门

沿街店铺

巷道两侧以红砂石垒砌的厚实高墙

⊙ 武家大院的院门

⊙ 武家大院内景

⊙ 鸟瞰“王”字形格局的武家大院

武家大院的庭院

武家大院通往戏台的廊道

武家大院内的戏台

⊙ 节孝总坊

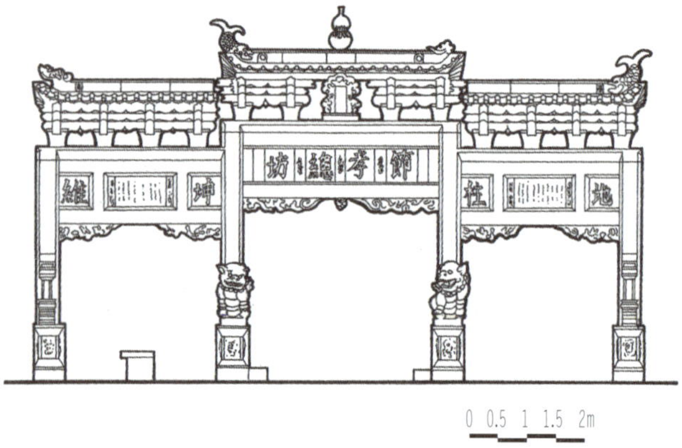

⊙ 节孝总坊正立面图

⊙ 节孝总坊背立面图

⊙ 节孝总坊剖面图

五马桥

黑井文庙的大成殿

黑井文庙的棂星门

黑井文庙的泮池

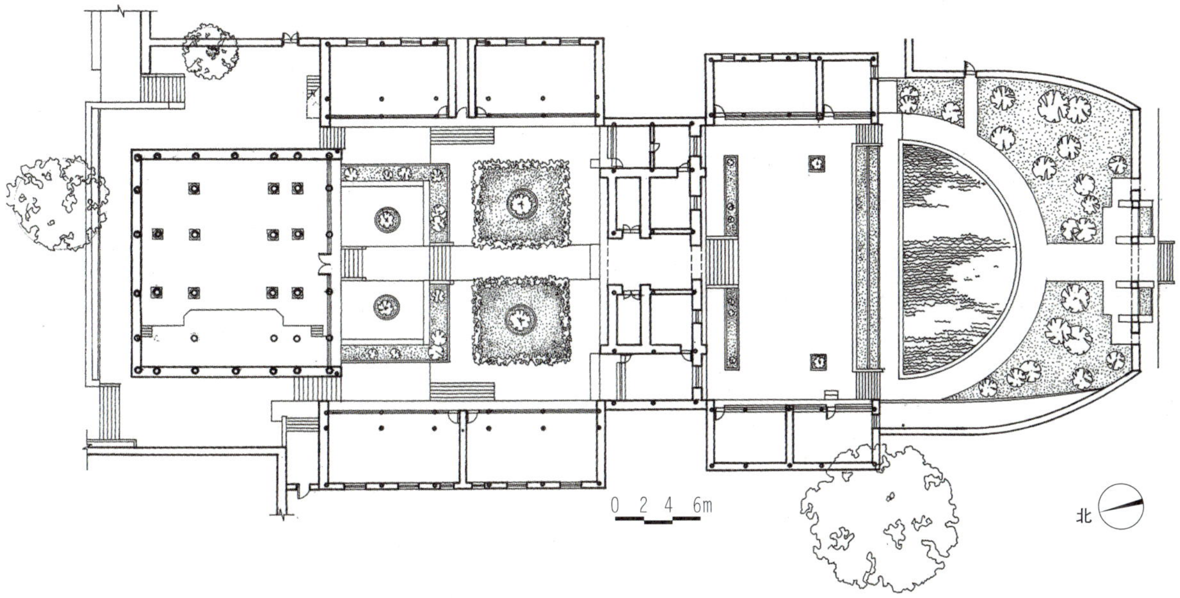

黑井文庙总平面图

黑井文庙棂星门立面图

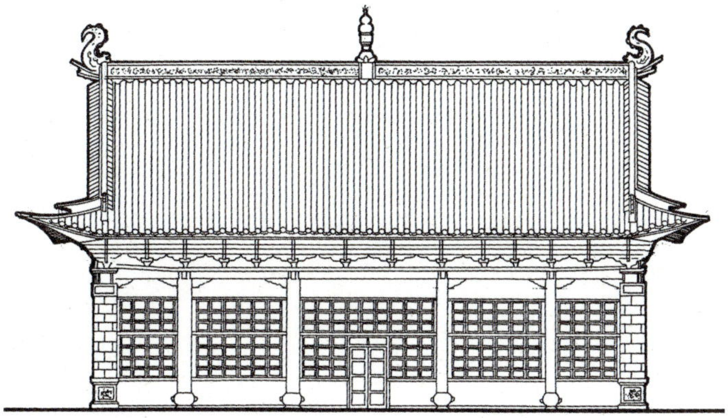

黑井文庙大殿立面示意图

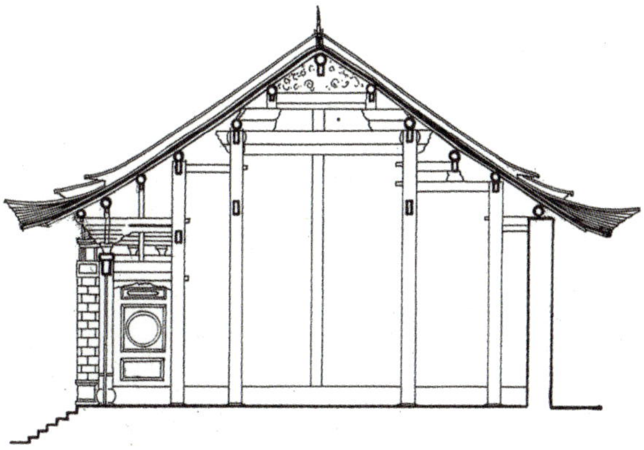

黑井文庙大殿剖面示意图

诸天寺山门

诸天寺大殿

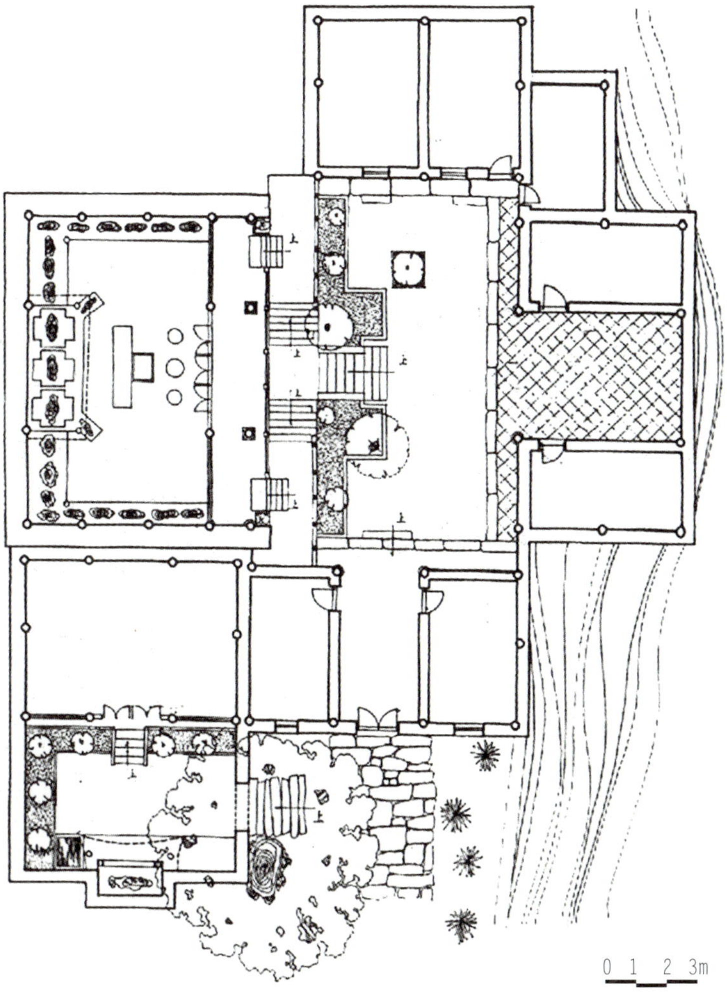

诸天寺一层平面示意图

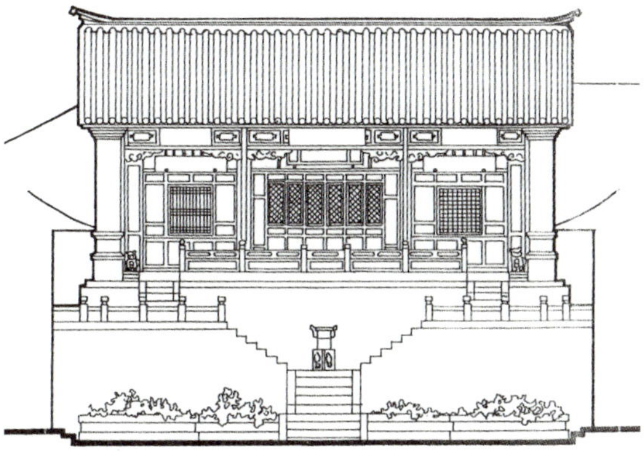

诸天寺大殿立面示意图

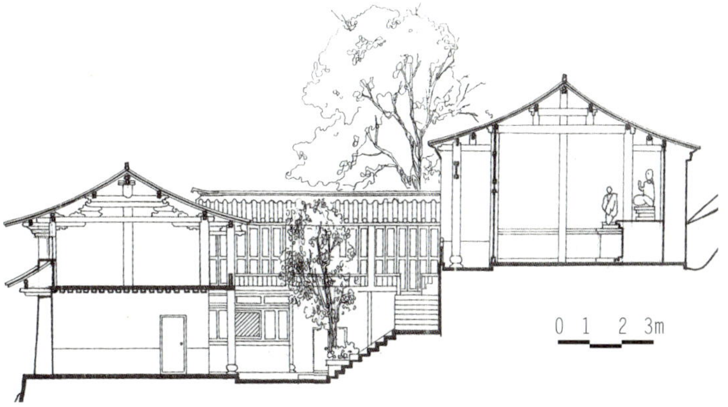

诸天寺剖面图

大龙祠的大门

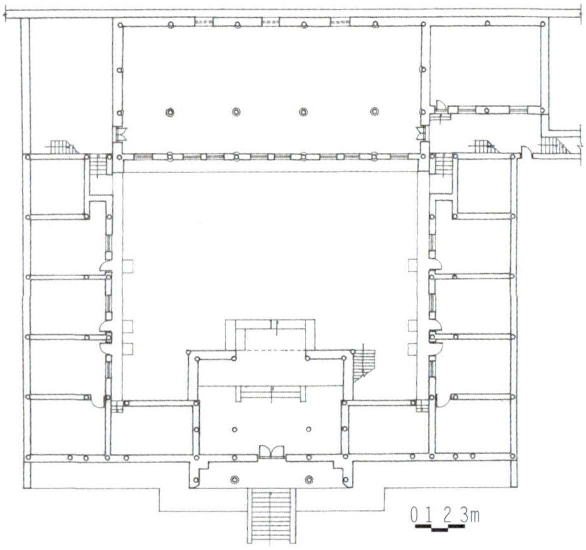

大龙祠平面示意图

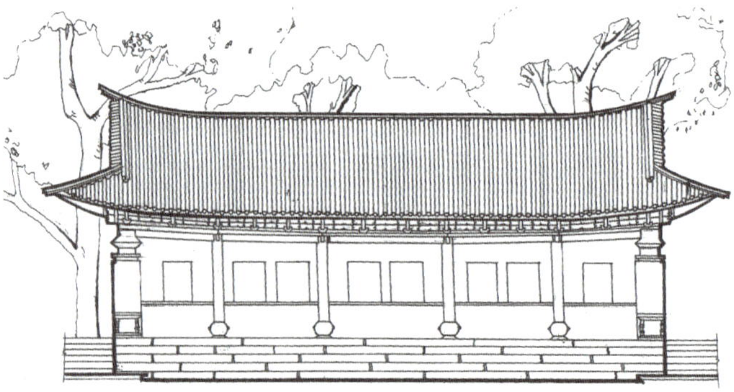

大龙祠大殿立面示意图

沙溪镇

一、历史概况

沙溪镇位于大理白族自治州剑川县西南部的沙溪坝子内，自古就是一个以白族为主的多民族聚居地。明代旅行家徐霞客在他的游记中写道："沙溪之坞，辟于东麓。所陟之峰，与东界大山相持而南，中夹大坞，而剑川湖之流，合驼强江出峡贯于川中，所谓沙溪也。其坞东西阔五六里，南北不下五十里，所出米谷甚盛，剑川州皆来取足焉。"可见沙溪是一片富饶之地，也一直是茶马古道上一个繁盛的集市。从相关考古资料可以得知，早在公元前400多年，沙溪就有了频繁的人类活动。随着沙溪西面的傍弥潜井（现在的弥沙盐井）、云龙诺邓盐井，西北部的古兰州啦鸡盐井，南面的乔后盐井这"滇西四大盐井"的开采，至迟到唐代，沙溪就已经成为茶马古道上一个重要的食盐集散地。

经济的繁荣，必然带来文化的发展。早在南诏、大理国时期，紧挨着沙溪的石宝山已有石窟开凿，历时300多年。石宝山石窟群是目前云南现存规模最大、保存较完好的石窟群，既是研究南诏、大理国时期社会历史、政治、经济、军事、宗教、民俗和文化艺术的珍贵实物资料，也是我国与东南亚、南亚国家进行文化交流的历史见证。还有建于明代的沙溪兴教寺，也是云南现存为数不多的明代建筑。大殿内现存20多幅非常珍贵的大型壁画，均出自沙溪甸头村古代白族画匠张宝之手。其中的《太子游苑图》等，生动地描绘了南诏、大理国宫廷生活的场景，弥补了史书中缺载的在中国西南地区盛极一时的南诏、大理国宫廷生活的实况，成为研究南诏、大理国的重要历史物证之一。

从唐代至民国的1200多年间，云南的"茶马古道"孕育和促进了古镇的繁华。然而，随着公路交通的发展、茶马互市的衰落，在这个古道上曾经繁盛的集市开始变得安静下来，往昔的历史逐渐淡出了人们的视线，因此沙溪这个古镇才得以很好地保存至今。沙溪镇因有着完整无缺的古戏台、马店、寺庙、寨门、四方街等，被认为是茶马古道上保存最为完整的古集市。

二、村落形态

沙溪镇因盐而兴，因茶马古道而日渐繁盛。它在茶马古道上具有典型的驿站性质。在那个依靠骡马为主要交通工具的年代，沙溪镇具有一个完整而便利的交通系统。元末明初，沙溪就逐渐形成了以盐为主，茶、马为辅，附带丝绸、手工艺品贸易的向四周辐射的古道网络。往东，经东卡——大折坡哨，南下大理，而后分成两股路：一路南下昆明，直至中原地区；一路西经保山地区，直至南亚、西亚。往南，沿黑澧江而下，经南卡——大树关，直通乔后盐井。往西，经马坪关，通傍弥潜井（现在的弥沙盐井），西连云龙诺邓盐井，北沿弥沙河而上，过兰州（今马登镇），连啦鸡盐井。往北，经明涧哨，过古剑川州，经梅子哨，过白汉场、丽江、香格里拉，直通西藏。

为了应对繁忙的集市贸易，古镇内部开设了数量众多的马店，供过往的商旅休憩调整，并在古镇外围设置防御性的寨门，以保护商队和当地居民的安全。至今在沙溪还能看到三道寨门：东寨门通往大理地区，南寨门连接古镇南面与西面的滇西盐井，北寨门通往西藏地区。西边因紧靠鳌峰山而无寨门。这些措施极大地促进了当地商贸的发展，使得沙溪镇真正成为茶马古道上一个让人备感温暖而安全的家园。

沙溪镇有三条主道构成了它的骨架：直通东寨门的东巷，以及分别通往南北寨门的南古宗巷和北古宗巷。三条主道的节点就是四方街。四方街位于古镇的中心，是平日集市贸易和举行重要活动的地方。在四方街上东西相对布置的古戏台和兴教寺，则是整个古镇最为重要的公共建筑，它们共同构成了整个古镇的灵魂与核心。主道两侧密集排布的是典型的白族民居。它们大多坐西朝东，为两层楼房。规模稍大的是“四合五天井”，小一点的是“三坊一照壁”，还有一些临街的店铺。这些民居大多造型朴拙，基本保持了传统的式样。它们共同构成了沙溪最为厚重、古朴、典雅的建筑风貌。

三、建筑特色

1.兴教寺

兴教寺是云南仅存的一座明代“阿吒力”密宗寺院。从殿宇瓦件所刻写的字样“永乐十三年乙未岁次四月初四日”可以得知，兴教寺的建造年代至迟不晚于明永乐十三年（1415）。

位于四方街西侧的兴教寺坐西向东，与古戏台两两相望。寺院由三进院落组成：大殿及宽大的正院、中殿及狭长局促的第二进院落、山门及前院。清乾隆年间曾于山门内增建三层观音楼。民国十二年（1923），观音楼连带山门一并被土匪烧毁。

兴教寺中殿与大殿的外观形制具有鲜明的明代建筑特征，梁架斗拱细部的风格统一。中殿面阔五间，进深五间，面积为19米×16.5米；单檐悬山顶带前后檐廊，出檐平缓深远。正殿面阔五间，进深五间，面积为18米×14.5米；重檐歇山顶带副阶周匝；殿内无柱，空间宽敞，为内外柱同高的殿堂式建筑。大殿两侧两层高的厢房及山门虽为近代重建，但依然保持了兴教寺三重院落的完整格局。一条长120余米的轴线纵贯其中，直达四方街对面的古戏台。

2.古戏台

建于清嘉庆年间的古戏台，位于四方街东面，坐东向西，与兴教寺一起，成为古建筑群的中心。戏台的形制可以说是沙溪地区的一种典型代表，即将魁星阁与戏台合二为一的建筑形式。魁星阁为三层重檐歇山式建筑，在此基础上，在魁星阁的前端又加建了两层高的戏台，与魁星阁形成一个统一的整体，在建筑平面上呈现出“凸”字形。

3.马店

马店是茶马古道上最为典型，也最为普遍的一类建筑。沙溪镇的马店具有典型的白族传统民居的特征，主要以“三坊一照壁”和“两坊一院”为主。建筑多为两层，外墙以夯土墙为主，兼以土坯砖砌筑。屋顶以悬山居多，少数大院采用硬山做法。其中保存较为完整的是四方街西北侧的欧阳大院。欧阳大院建于民国初年，由马锅头（茶马古道上马帮的首领）欧阳佑忠建盖完成，是典型的“三坊一照壁”建筑。大门为白族传统的“三滴水”式样，采用当地特产的红砂石砌筑。屋檐用青砖逐层叠涩而成。整个大门坚固结实，显得朴实硬朗。进入大门，有一条小路向北延伸到二门。二门是欧阳大院的主门，同样为“三滴水”式样，只是整体为木结构，为三柱落地式门楼，出檐更为深远、更加秀丽。进入正院，正房与厢房均为三间五架落地厦。正房南北两侧的“护耳”为厨房，均有后门通向正房后面的花园。正房二楼居中的一间，有一个在建房时期雕刻完成的、与墙壁连在一起的大型神龛，是供奉欧阳先祖的。该神龛雕工精美，具有极高的艺术价值。

北厢房北面是欧阳家的北花园，再北有四房合围成一个小院落，构造相对简单，是通过马圈门进去的马圈房。这两个院落就是欧阳家的马店。两个院落之间有小门相连，供马帮人进出。北厢房居中的明间一层有一个面向北花园的家庭式小戏台，其余房间和东西边小耳房为马帮人的住房。在二层楼上设有类似柜子的床铺，可以掀开存放东西。它专供马帮人在里面存放货物，晚上人在上面睡觉。这样就不用提心吊胆，担心自己的货物遗失了。在东西面小耳房二层阁楼上有过道和小房间，并有窗子可下望戏台。这就是专供马锅头住的房间，马锅头在这里一开窗就能看戏。这就是沙溪较为典型的民居形式。

4.玉津桥

玉津桥位于寺登街东南面，是一座横跨黑潓江的单孔大跨石拱桥。跨度为12米，高6米。桥长35.4米，宽5米，石柱石板护栏。玉津桥始建于明末清初，后数次毁于战火而又重建。立于桥头的大理石碑《桥引》忠实记载了这一过程。其中有著名白族学者赵藩、杨益谦所撰《募修玉津桥引》，劝世人“广募善资，以便交通”，颇有文采，值得一赏。

沙溪黑潓江景观

杨家大院
本主庙
原北寨门
北
寨
古
巷
老欧阳大院
欧阳大院
赵家大院
三家巷客栈
东
巷
东
巷
老马店
沙溪兴教寺
古戏台
博物馆
东寨门
四方街
南
寨
古
巷
南寨门
黑
潓
江
玉津桥

沙溪镇总平面示意图

途经沙溪的茶马古道

远眺寺登村

玉津桥

鸟瞰沙溪镇

东寨门

古道上昔日的老店铺

传统工艺夯土墙

民居大门

欧阳大院入口的门楼

欧阳大院入口的门楼

欧阳大院门楼的雕饰

欧阳大院屋檐的彩绘装饰

欧阳大院屋檐的彩绘装饰

欧阳大院内景

欧阳大院内景

欧阳大院的照壁

欧阳大院的天井

欧阳大院墙壁上的题诗及彩画

欧阳大院墙壁上的彩画

⊙ 兴教寺山门(修复前)

⊙ 兴教寺山门(修复后)

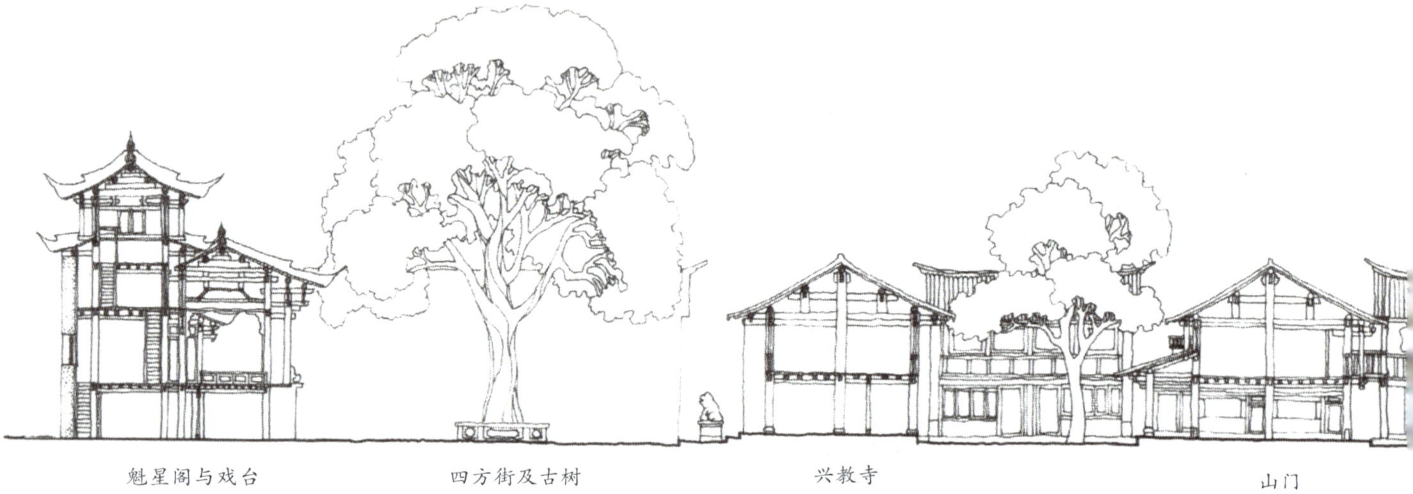

⊙ 兴教寺及周边建筑剖面示意图(引自宾慧中《云南剑川兴教寺木构技术研究》)

兴教寺大殿正面

兴教寺大殿山面

中殿　　　　　　　　　　　　　　　　大殿

四方街上的古戏台

古戏台正立面

古戏台

娜允镇

一、历史概况

在“地处极边，界连外域”的滇西南边境口岸，普洱市孟连傣族拉祜族佤族自治县县城西部，坐落着一座始建于公元1289年的傣族古城——娜允，它是我国现存最完整、最典型、最古老、最具傣族特色的古城。它保存着我国规模最大而又最真实的傣族封建礼制建筑、宗教建筑和民居建筑，蕴藏着极为丰厚的土司文化、宗教文化、民俗文化、生态文化和建筑文化。其独特的城池格局、建筑形态构成和风格，全面、集中地反映着古代傣族封建土司制的社会性质、傣族传统观念及文化特征。

娜允镇地处竜山山麓。“娜允”为傣语，意为“内城”。始建于公元1289年的娜允镇，自元代起就是孟连宣抚司署的驻地，也是云南建立土司制度最早的地区之一。据《孟连二十八代土司传》记载，元至正二十六年（1366），元朝设立了“木连路军民府”（元朝时期称“孟连”为“木连”）。元朝廷曾派使臣前来巡行安抚，催索贡赋。《明史·云南土司传》载：“孟连长官司，永乐四年（1406）四月设。”清康熙四十八年（1709），第十四代土司刀派鼎贡象归附，清王朝改封“孟连长官司”为“孟连宣抚司世职”，并赐予金印、蟒袍、旌旗等。此后，孟连宣抚司一直传袭到1949年。至此，孟连傣族刀氏世袭土司家族，共统治了四个时期、二十八任，历时长达660年之久。这在中国土司史上是极少见的。娜允镇一直是当地的政治、经济、文化中心，至今已走过了700多年的沧桑岁月。

二、村落形态

娜允镇的选址东邻南垒河，北靠省级自然保护区竜山。古镇坐北向南，反映了古代傣族先民在城市建设方面的理念。古城内道路因循自然地貌，不拘一格。一幢幢干栏式傣族传统民居灵活自由地顺道路走势布置，起伏错落，星罗棋布，与自然有机相融，洋溢着温馨的傣家生活气息。

娜允镇具有“三城两寨”的结构格局，它是孟连傣族等级森严的封建领主制在空间环境中的有形表征。“三城两寨”有明确的界线划分，由上城、中城、下城、芒方岗寨和芒方冒寨五部分组成。上城过去是孟连土司及其家族居住的地方，以位置显赫、规模宏大的孟连宣抚司署和上城佛寺为核心；中城是宣抚司署官员及其家属的居住地，现存土司岳父和部分其他官员的住宅；下城是宣抚司署中总揽内外政务的官员议事庭长和部分其他官员的居住地。芒方岗、芒方冒两个寨子，分别为宣抚司署的护林人和猎户们的居住地，他们过去专为土司守林、打猎、养马、养象、供奉野味。娜允镇“三城两寨”的布局，既反映出旧时孟连傣族土司至高无上的权威性，也充分满足了以孟连刀氏土司家族为核心的社会组织结构的需求。

在娜允镇的“三城两寨”中都有各自的“寨神”，傣语为“丢拉曼”，他是全村寨的保护神。村民的生老病死、建新房、婚嫁、农事劳作等，都要举行祭祀“寨神”的活动。

除寨心外，城内还有许多受傣族村民献祀的古树巨木和林地。傣族村民多选择枝繁叶茂的大榕树或菩提树作为村寨的神树，把对神的崇拜寄托在所选定的神树上，村寨的兴盛安宁、五谷丰登、六畜兴旺，都仰仗着神灵的“保佑”。“三城两寨”格局的古镇还有一个共同的神灵——允神，傣语为“发烘罕”，以城中的一棵大榕树为其象征。它是全城精神与灵魂之所在，备受傣族村民的保护与敬奉。

此外，城内还有一片受娜允傣族民众世代保护的神林——“竜林”，它是祖先崇拜和丧葬之所。林中一棵棵参天大树遮荫蔽日，给人一种苍凉和神秘之感。

三、建筑特色

1.寺院

傣族笃信南传上座部佛教。“三城两寨”中的上城、中城、下城都建有自己的佛寺，是过去供土司家族及官员进行宗教活动的重要场所。

（1）上城佛寺

上城佛寺是土司家族专用的佛寺，它既是土司家族的象征，又是其公共活动的中心，在组织城内外宗教文化活动等方面有着举足轻重的作用。旧时国外的傣族人到娜允镇朝拜，大都住在上城佛寺。上城佛寺始建于清同治八年（1869），在“文革”期间遭到严重破坏。寺院占地约5000平方米，大殿通面阔20米，通进深29.4米，为抬梁式木结构，三重檐歇山顶。金柱上端有雕龙，檐枋雕刻花草图案等。佛寺东北角建有佛塔。

（2）中城佛寺

中城佛寺是居住在中城的土司官员及家属们的专用佛寺。建筑平面基本由佛殿、经堂、僧舍、寺门、前廊、八角亭组成。佛殿为抬梁式结构，三重檐歇山屋顶，屋面为青灰色方形缅瓦。纵向墙身为土筑，两面山墙为板壁。佛殿内部布局为纵向，须弥座上置释迦牟尼塑像。室内外饰吉祥莲花图案和佛教壁画图案，施金涂粉，造型典雅。中城佛寺至今仍是傣族村民举行赕佛等宗教活动的唯一的公共建筑。

此外，下城佛寺于20世纪60年代毁于火灾。

2.衙署

孟连宣抚司署，傣语称“贺罕”，意为金色的王宫；土司，傣语称“召贺罕”，即为金殿之王。孟连宣抚司署是云南清代土司衙署的代表，也是云南唯一的一座傣汉建筑合璧的大型建筑群。宣抚司署曾在清代被焚毁，1878—1919年重建，占地一万多平方米。整个建筑由大门、议事厅、正厅、东西厢房、粮仓、厨房、监狱、奴仆住房组成（后两项现已无存），是云南18座土司衙署中保存最好的一座，现为孟连县民族历史博物馆。宣抚司署内有清代朝廷赏赐的蟒袍官服、印章、旌旗及仪仗等物，有贝叶经和土司的记田户簿，有历代土司遗留的汉、傣两种文字的公文，有用傣哪、傣绷两种文字记载的故事、诗歌、经文、历史、法规等，有兵器、刑具，还有祭神的器具及土司的家庭用具等。这些文物都是研究孟连傣族土司制度的珍贵实物，具有重要的历史价值。

3.民居

与云南西双版纳、德宏等地区的傣族民居一样，孟连的娜允镇傣族传统民居也属于干栏式建筑体系。建筑的上层住人，下层为架空层，圈养牲畜和堆放杂物。然而，由于人们生活习惯的不同，各地区民居的形制也存在差异。娜允镇傣族传统民居鲜明的形态特征与民族艺术特色，充分折射出其多姿多彩的民俗文化内涵。

娜允镇傣族传统民居平面一般呈“一”字形或“L”形。在空间上，沿竖向由下而上，在平面上，沿纵向由外而内，依次划分为矮平台、前厅、堂屋与卧室，各区域在使用性质上存在着严格的公共与私密的界限。普通客人只能到达前厅，亲友、贵客可进入堂屋。卧室与堂屋之间的出入口虽不设门，仅以布帘遮挡视线，但卧室是极其隐秘的地方，只有自家人方可入内。与卧室这种神圣不可侵犯的私密空间相比，矮平台却是公共性极强的空间，它是楼层与底层的过渡。楼梯在此分为两段，并转折90度，犹如一个放大的折角楼梯。此平台不光具有交通功能，更重要的是具有交往功能，它是傣族民众日常聊天、纳凉的地方。这种从公共、半公共、半私密到私密的空间组织模式，给民居结构赋予了丰富的含义。民居各家各户的门、廊之上，屋檐之下，常吊挂着棱形的篾编小饰物，这源于孟连傣族“驱邪避凶”的传统居住习俗。人们置身于这种空间环境中，能获得最大的精神与情感的满足。

传统民居中从细部构件到室内陈设还有许多与民俗相关的禁忌。室内最重要的构件是两根中柱，傣语称“少召”（男柱）、“少南”（女柱）。建房前，由家族中的长辈亲自挑选这两根中柱，并隆重祭祀。制作“少召”与“少南”的树木必须笔直、枝繁叶茂，以预示主人今后子孙繁荣。中柱不能靠人，否则就是对神灵不敬。孟连傣族传统民居室内的陈设很少，但无论贫富，每个家庭都会供奉“家神”，傣语为“丢拉很”。一般是在房屋的一角设置供奉的祭台。火塘也是傣家堂屋内的重要组成部分，它不仅是人们煮食、取暖和照明的地方，也是家庭成员商议重大事件或举行仪式的场所。火塘也有很多禁忌，例如，不能跨越，不能随意掀动火塘上的三脚架，不能在火塘上烧不洁之物等，都表现出对火塘的敬重。

孟连傣族传统民居由内而外都反映出傣族民众对吉祥的追求，寄托着他们对美好生活的向往。民居的形式美构成了建筑的审美内涵，体现出傣族源远流长的民俗文化。

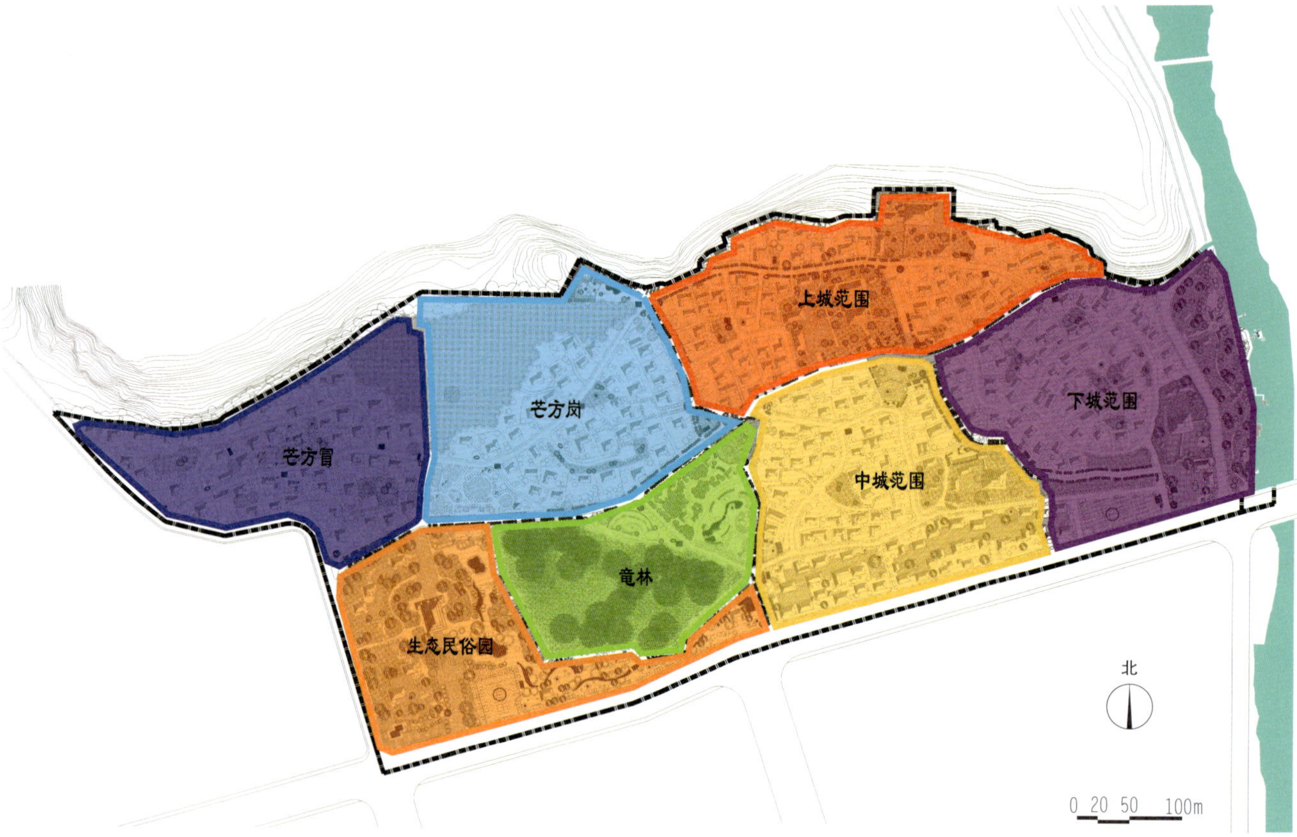

三城两寨格局图

民居院落

⊙ 民居

⊙ 民居

孟连宣抚司署大门

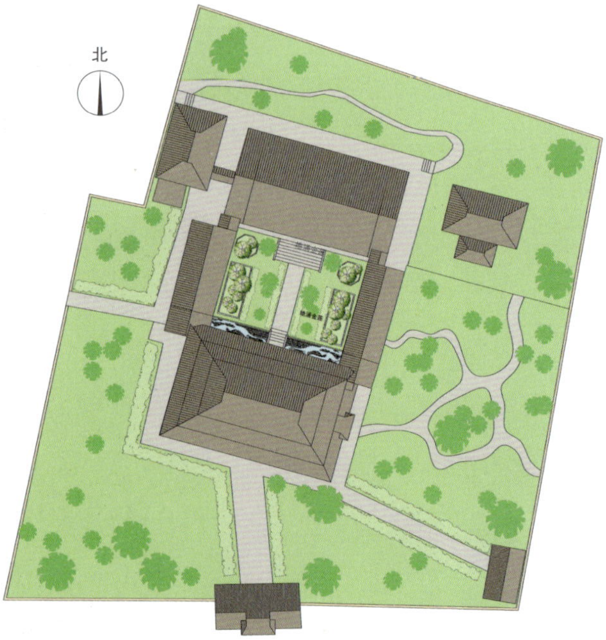

孟连宣抚司署总平面示意图

孟连宣抚司署的粮仓

孟连宣抚司署的议事厅

孟连宣抚司署的正厅

孟连宣抚司署东厢房的过道

⊙ 鸟瞰上城佛寺大殿

⊙ 上城佛寺大殿南立面

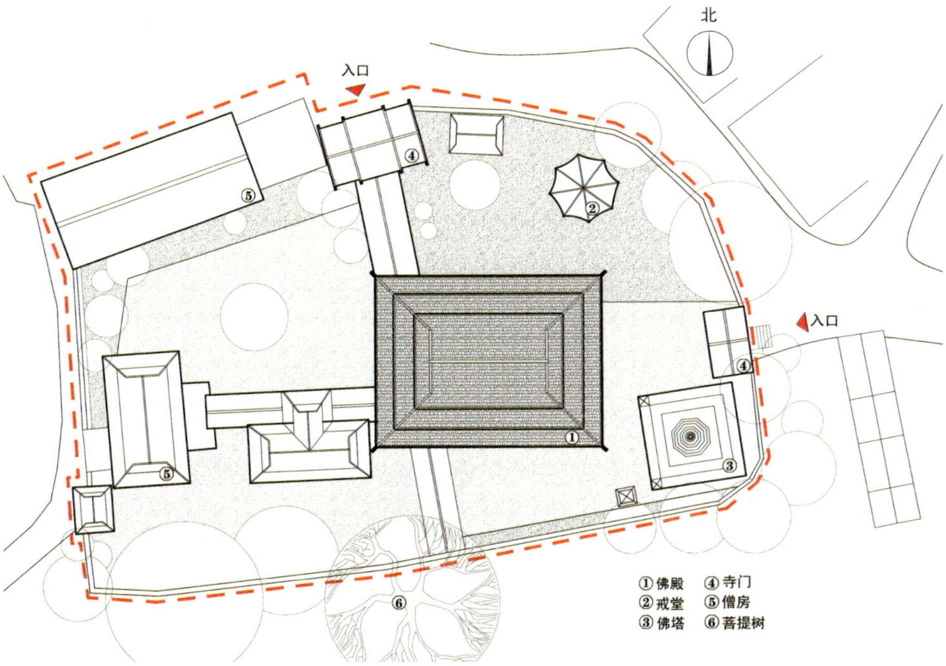

中城佛寺总平面示意图

中城佛寺北面山门

中城佛寺的大殿

孟连总佛寺

◎ 民居

◎ 民居

“一条枪”式传统民居

“一条枪”式传统民居

民居

西式风格的段尔源宅

民居

三进院的民居

民居

民居挑廊的花枋（局部）

民居天井

民居天井

民居正房堂屋“五福堂”的牌位

民居檐下的垂花吊柱

民居檐下的垂花吊柱

民居花窗

民居通往二楼的楼梯

民居内部结构

关圣庙山门

修复后的文庙大成殿

诸天寺山门正面

诸天寺山门背面

诸天寺大殿

城隍庙

城隍庙

观音寺

观音寺的前大门

喜洲镇

一、历史概况

喜洲镇地处大理白族自治州大理市的洱海之滨，南距大理古城18千米。西汉时，随着蜀滇先民开通“蜀身毒道”，这里曾商帮林立。隋朝时，史万岁曾驻兵于此，因称史城。南诏时期，唐朝支持南诏的皮逻阁统一洱海周围的六诏，并封其为“云南王”，驻大厘城。据《大理县志》载，南诏王异牟寻曾一度定都大厘城，在境内设六节度、二都督和十睑（睑就是州）。喜洲为大厘睑，人口繁盛，超过了其他睑，是当时南诏的贸易中心。

南宋宝祐年间，大理国被元军所灭，朝廷在大理设都元帅府。1274年设云南行省后，政治中心始移至昆明。大厘城属于太和县（今大理古城），更名为喜洲。

明清两朝，喜洲镇均属太和县，先后称“史城镇”“五台镇”。清末随着交通的发展和喜洲商帮的崛起，喜洲成为大理地区工商业的发源地。喜洲的商号遍及西南各省及东南亚各国，并有“四大家”“八中家”“十二小家”之称。喜洲也因此成为滇西的主要侨乡。近代以来，中学、图书馆、医院、云南农村的第一座水电站等也在喜洲镇出现，喜洲镇成为云南第一个用电的集镇。

中华人民共和国成立后，喜洲属大理县，先后设乡、人民公社，今改为喜洲镇，仍然保持着积淀深厚的民族文化特色。

二、村落形态

喜洲镇坐落于苍山与洱海之间，土地肥沃，其村落的整体空间形态与街巷格局保存极为完整。喜洲镇内最繁华的“四方街”是整个村落的核心枢纽空间。由四方街向外发散出四条主大街，即市上街、富春里、市坪街、市户街，加上大界巷、彩云街、染衣巷，一共七条主要街道。由这七条主街还衍生出诸多巷道，它们向外交错延伸，共同构成喜洲镇以主街为脉、巷道呈“丰”字形交错分布的整体格局。主街宽约3—5米，巷道宽约2—3米。镇中的公共空间与各家各户的院落空间，通过线形街巷井然有序地联系在一起。

三、建筑特色

喜洲历史悠久，人文荟萃，经济发达，一直是白族聚集的重要城邑。在长期的发展中，喜洲的传统建筑形成了自己独特的风格。其中以方形的平面布局，灰瓦白墙、二层重檐的“三坊一照壁”“四合五天井”合院民居为典型格局。正房东向或南向，三间或五间，土木砖石结构，由一院或数院组合，连成一个整体。喜洲传统民居建筑群堪称白族民居建筑的博物馆，是白族民居建筑技艺发展历史的缩影和集中体现。

1.祠堂

祠堂在白族村落中占有十分重要的地位。白族村落大多由几个不同血缘的家族组成。受人神分离观念的影响，祠堂一般建于村外西北或东北向，以坐西向东为主。祠堂的建筑规模不大，平面布局都是中轴对称的一进两院。外院为过渡空间，由三间牌楼大门和两厢组成；内院由祠堂、两厢和照壁组成，照壁两端设有通道。喜洲镇的杨氏、董氏、尹氏三大家族的祠堂均位于喜洲镇西北角，三者紧紧相邻。

2.民居

喜洲白族传统民居的平面可分为“三坊一照壁”“四合五天井”和“组合式”合院几类。其中“三坊一照壁”是主流形式，大小适中，配置精致，由正房、两侧厢房及对面的照壁围合而成。正房与厢房均为两层，彼此以走廊连通，出入方便。两房相交处形成一个漏角天井，靠正房山墙建1—2层耳房，作为厨房或杂用。照壁是白族传统民居中的点睛之笔，一可以挡风，二可以“驱邪避灾”。在照壁墙面上通常有各种书法、山水花草图案等。也有的照壁会镶嵌直径约1米的圆型大理石，既可作装饰，又被称为“照妖镜”；在大理石边缘刻有“渔樵耕读”之类的人物雕饰，形态惟妙惟肖。

“四合五天井”也是喜洲典型的民居平面布局之一，由四坊房屋组成。与常见的“满角式”四合院不同的是，它除了当中一个大庭院外，四个漏角各有一个小院，故称“四合五天井”。喜洲镇的“四合五天井”合院民居，习惯以一个漏角天井为大门入口，在厢房山墙上开两扇门通达内院。“四合五天井”的四坊房屋之间，以“走马转角楼”相连，其余布置与“三坊一照壁”相同。

“组合式”院落在喜洲镇内一般为大户商贾人家居住。如由“三坊一照壁”和“四合五天井”组合成的“六合同春”院落，建筑规模较大，房屋均为两层，体现了喜洲商帮富甲一方的形象。连接两个天井的房屋为“一照两面”的过厅，前后均有走廊，结构与其他房屋稍有不同。多数人家还在天井里砌有花坛，种上几株山茶、缅桂、石榴等花果树，或放置一些盆花。

喜洲镇的典型民居主要有以下几处：

（1）严家大院

始建于1907年的严子珍大院，又称严家大院，为一进四院，分别由两个“六合同春”院落组成。整个院落占地约2500平方米，建筑面积2000多平方米，自北而南由四个院落以“走马转角楼”的方式连为一体。1936年，在第四院的小花园处，又单独建了一栋西式别墅。整个大院集白族院落文化、滇西商帮文化和西方建筑文化于一体，见证了“茶马古道”上商帮的兴衰历史及中国传统贸易的发展历程，被誉为“茶马古道文化博物馆”。

严家大院楼房多为三间二层的木制构架，少数为三层，筒板瓦盖顶；房屋的梁柱、横披、裙板、栏杆等精雕细琢。整个大院内部环境优雅整洁，花木扶疏。每进院落的匾额、对联都透露着浓厚的书卷气，也彰示着显赫的家世，而“保我黎民”等匾额更显示出强烈的责任意识。

（2）杨家大院

位于喜洲镇东南方的杨品相宅，又称杨家大院（即如今的喜林苑），建成于1947年，从南至北共由四院组成，占地面积为1841平方米，建筑面积为1621平方米。主体建筑为正中两院并连的“三坊一照壁”院落。前院主房居西，照壁在东；后院主房居北，照壁在南。大门北向，二门东向。整个院落以木雕精致、门楼华丽为其特色。

（3）董家大院

位于喜洲镇东北角的董澄农大院，又称董家大院，建于20世纪40年代，自东向西分为两组建筑。第一组为一进两院的白族传统合院民居，坐西向东。前院为“三坊一照壁”，后院为“四合五天井”，过厅一坊为两面照。楼上楼下均有回廊，可通到各个房间。大门楼设在院落东北角。第二组在第一组建筑西侧，为独立的三层西式别墅楼房，坐北向南，周围辟花园、植花木。占地面积为6742平方米，建筑面积为3814平方米。现为大理董苑迎宾馆。

（4）赵家大院

赵家大院曾是参加过“公车上书”的大理近代著名白族学者赵甲南的旧宅院。这座在喜洲镇比较特别的建筑，十分精巧。它将四个相对独立且彼此相通的四合院通过南边的过道相连，使之浑然一体。院落始建于清嘉庆年间，平面布局为纵向排列的“一进四院”（含有“进士”之意）合院民居，四个院落沿中轴线从东向西递进排列。每个院落住房都采用较古老的“倒座房”做法，正面墙面上贴六角形青砖，背面为上下重檐，前后都设门。同时在住房南北山墙两侧各开一扇侧门，贯通四个院落，作为平时出入的主要通道。整个院落占地面积约3000平方米，建筑面积约2000平方米。

3.书楼

七尺书楼位于喜洲镇大界巷8号，是明代著名文人杨士云于嘉靖五年（1526）前后建成。书楼坐东向西，由三大间房屋呈长方形布置，整座院子很窄。三间房屋均为两层，各设独立的楼梯，门窗板壁雕刻的图案十分精美。房屋组合为“三坊一照壁”的建筑格局。书楼曾多次重修，但整座建筑仍保存着明代建筑风格。

4.门楼

正义门是喜洲镇现存唯一的门楼，位于镇西面入口处。正义门面对苍山，进门后通过笔直的主街可直达四方街。平面近似方形，面阔三间，进深三间，为二层重檐歇山顶木构建筑。正脊两端以一对巨大的鳌鱼作装饰，正脊和檐口起翘生动，二层檐口曲线圆润。底层明间较宽，内开双扇板门；左右两间用夯土墙封实，对外不开门窗，楼梯间设在右边。墙面下部用条石砌筑，中间开窗位置作浮雕，上部施以彩绘。朝向村内的底层三间对外全部开敞，不设门窗。二层空间较矮，内部供奉有魁星，故正义门也称“魁星阁”。

5.建筑装饰

喜洲白族传统民居特别重视对照壁、门窗、山墙等部位的装饰。照壁是装饰的重点，其墙面正中以石灰粉刷，书以四言题字或嵌大理石屏，四周镶勾出扇面形、长方形、圆形等图案，以水墨或粉彩绘画。特别是正房堂屋的格子门窗，多为红椿、楸木、云杉等名贵木材，雕刻“金鸡富贵”“喜上眉梢”“麒麟呈祥”等透雕图案。山墙则以白灰粉刷，在三角形山尖上用水墨绘以云纹、如意纹、莲花纹等吉祥纹样。大门为木质门楼，常选用将青石精凿成麻花点、砌得棱角分明的基座；上架结构严谨，雕刻精细；斗拱出挑，飞檐翘角。

⊙ 喜洲镇村落形态及街道网络示意图

⊙ 西倚苍山的喜洲镇

巷道

巷道

鸟瞰喜洲镇（局部）

严家大院入口大门

严家大院的天井

严家大院的匾额与雕花门扇

⊙ 严家大院的“走马转角楼”

⊙ 严家大院的“走马转角楼”

⊙ 严家大院的“保我黎民”匾额

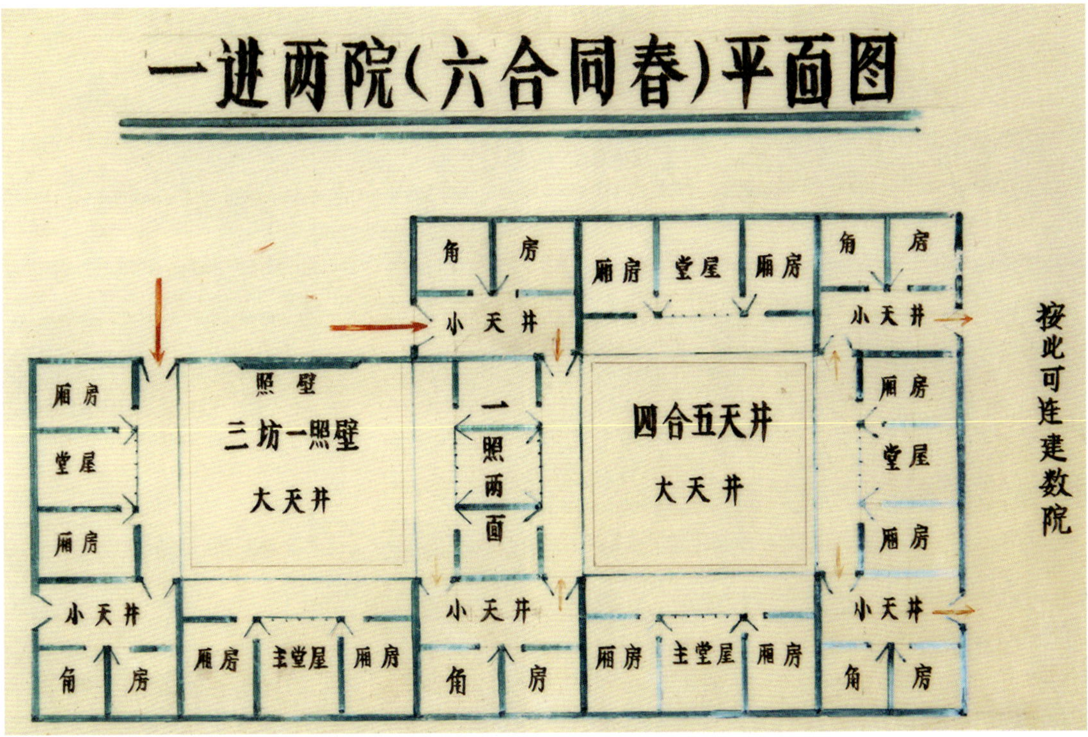

⊙ 严家大院“六合同春”形制示意图

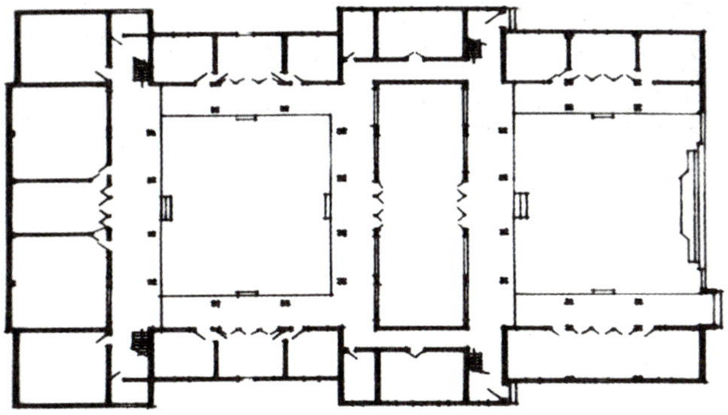

⊙ “六合同春”平面示意图

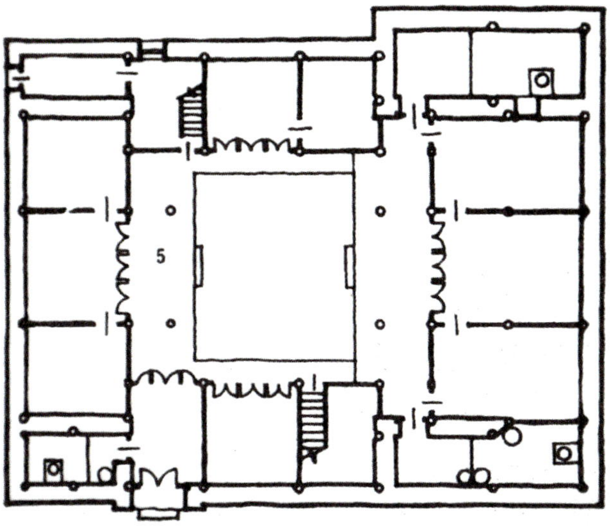

⊙ “四合五天井”平面示意图

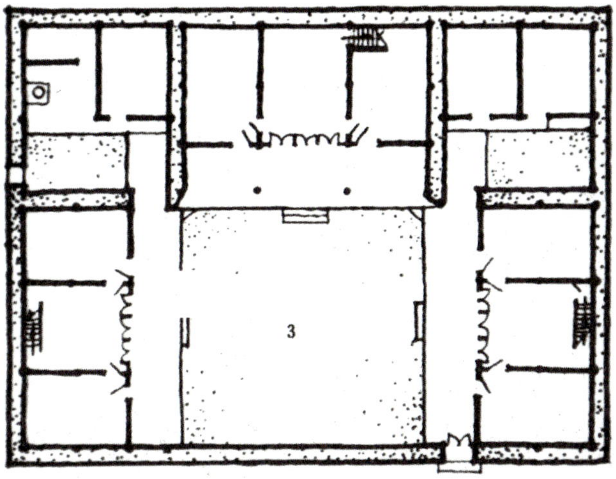

⊙ “三坊一照壁”平面示意图

◎ 严家大院西式风格的二门

◎ 严家大院的二门门头与山花

◎ 严家大院二楼的转角马头墙

◎ 严家大院的小洋楼

◎ 严家大院的小洋楼

杨家大院的照壁及主入口外观

杨家大院次入口

杨家大院的漏角天井

杨家大院的天井

杨家大院二楼的外廊

董家大院入口与照壁

董仁民宅

董家祠堂

苍逸图书馆

七尺书楼

正义门

束河村

一、历史概况

“束河村”是一个有着悠久历史的传统村落（现为束河街道），它位于云南省西北部的丽江市古城区，村址即现在的束河古镇核心区——龙泉村，是纳西族世代聚居的主要地区。群山环抱、南北狭长的丽江坝子海拔2460米，面积约198平方千米。在坝子北端巍峨矗立的玉龙雪山终年积雪，山下泉眼较多，为当地带来了丰富的水源。作为丽江坝中的一条主要河流，青龙河的河水从北端的玉湖村、玉龙村流至南端，汇入文笔海。纳西族早期形成的白沙村、束河村就在这条绿色的生命线上，位于这条蜿蜒的母亲河的上游和中游。

束河村是丽江纳西族较早的聚居地。它位于丽江坝西边的聚宝山脚下，距离丽江大研古镇约8千米，与北端的白沙古镇相距3千米。关于束河的最早文献记载，出自明代的《徐霞客游记》。书中所提及的西临于中海之上的大聚落“十和院”，就是现在的束河村。在不同历史时期，束河有不同的称谓，如十和院、束河里等，也有不一样的行政区划。束河村曾经包括龙泉、开文、中济三个行政村。在龙泉村四方街广场一带，至今还保留着昔日传统的村落格局，而其周边的开文村、中济村已有较多变化，故传统的束河村主要就是指龙泉村。龙泉村由仁里、街尾、文明、中和、松云、庆云、红山这七个自然村组成。其中，仁里村地段的传统村落空间格局和民居建筑形式保留较为完整。

历史上的束河村是传统的手工业生产地，在纳西语中称束河为“绍窝希日奔”，意为束河皮匠村。自明代以来，束河村大多数的人家都以从事皮革业为生，缝制的皮鞋、皮靴等产品远销至西藏一带。除了皮革业，束河的铁匠行业也很有名。束河村北端就有个村称为铁匠村，据说是清代从中原请来的李姓铁匠后代的聚居地。束河的皮革加工业、铁加工业等手工业的兴旺发达，促进了商业和经济发展，商业贸易又推动了马帮运输业的兴盛，促使束河逐渐成为“茶马古道”运输线上的一个驿站。

二、村落形态

束河村依山傍水，背靠石莲山、聚宝山、龙泉山三座小山，村前环绕着青龙河、九鼎河、疏河三条河流。整个村落房屋依山就势而建，毗邻相接，层层叠落。村前有绿色的田野围绕，村后的林木郁郁葱葱。环村绕宅的河水清澈见底，形成一幅“三水共三山”的优美画卷，束河也由此得名“清泉之乡”。束河村营建了一种可居可游的园林般的美好居住环境。古人总结出束河八景——“萤火夜市、平桥烟柳、石莲夜读、断碑敲音、龙泉望月、雪山倒影、鱼水亲人、西山红叶”，这八景至今尤在，处处令人流连忘返。

束河的仁里村、街尾村，街巷采用以四方街为中心向外发散的路网结构，这是纳西族传统村落固有的布局形态，白沙古镇和大研古镇亦是如此。“四方”大概有两层意思，一是平面形状近方形，二是由此小广场辐射向外的道路通向四面八方。“街”是“集市”的一种地方化语言。“四方街”就是进行各种赶集交易的公共场所。束河的四方街广场西枕疏河，河边垂柳飘舞，掀起阵阵绿意，给广场带来无限的生机活力。街面铺有五花石，并用疏河水定期冲洗，非常整洁。广场地势为东北高，西南低。清扫时，把广场西侧的疏河水堵住，于是水渐渐上涨，漫至街面。四周居民家家出来，人手一帚，就把街道清扫得干干净净了。

束河仁里村的主街道平行于山地等高线，入户街巷与主街垂直，道路网架形似鱼骨。一条南北向的主街像是鱼的脊骨，把村子分为上下两部分。整个村落呈现中间大、两头小的梭形平面形态。

水是束河村的灵魂。清澈的河水穿屋绕巷，是村落最显著的景观特征。束河村有青龙河、九鼎河和疏河三条环绕村子的河流，河水源自村头的九鼎龙潭和疏河龙潭。山脚岩缝中的泉眼不断冒出的泉水，使河水流速很快，只要有一点杂物飘落水中，就会被流水冲走，因此河水一直保持着很好的清洁度。水带给村落无限的活力和乐趣。环境优美的龙潭边，人们悠闲漫步，欣赏美景；沿街穿巷的流水边，村民们在洗菜洗衣时还不忘打招呼、聊天。水流之处皆是村民最活跃的公共空间。

三、建筑特色

1.民居

纳西族传统民居在平面组合上灵活自由，在建造中比较注重与坡地和水体的紧密结合；善于在不规则和有高差变化的地形中，因地制宜地创造出既满足功能使用要求，又与周围环境相协调的居住建筑。

束河村传统民居基本上都是两坊或三坊的合院建筑，平面布局不拘泥于对称布置，而是根据宅基地的实际情况，在保证正房具备一定尺度、合适位置、合理朝向的前提下，来灵活安排厢房等辅助用房。正房一般为三开间，坐西朝东，略偏南向，与村后聚宝山的等高线基本平行，既顺应山势，又取得最佳日照方向。正房底层明间为堂屋，是家人起居和待客的地方，左右两间为卧室。正房前带有进深较大的廊道厦子，吃饭休息、接待客人、晾晒杂物、副业加工等都在廊内完成，是宅院最活跃的生活空间；正房二层是三间连通的大储物间，家中的粮食、腌制肉类和咸菜的大罐、农耕工具等杂物都储藏在这里。

正房北侧的厢房为三间，坐北朝南，底层为卧室或储物间，二层也是三间连通的大储物间。正房与厢房之间有漏角，一般作为厨房。正房南侧的厢房为牲畜圈房或柴房。一个宅院就由这三坊加围墙组合而成。这种组合形式能保证正房获得最好的日照朝向，北厢房又可挡住北面吹来的寒风，由此获得一个温暖的小院空间。

束河村传统民居外墙的墙身向上有收分，为横向三段式建造：下段为毛石或条石墙基，中段为土坯墙或砖墙墙身，上段是可开窗的木板壁。通常做法是把木板壁安放在承托挑檐檩的四方柱上，后檐墙外露出的四方柱从房檐下垂落至二层层高处。四方柱和木板壁的出现，使轻质的木板与厚重的土坯墙形成对比，竖向的四方柱与横向水平延展的木板壁形成对比，淡化了后墙厚重封闭的观感，形成一定的外向性特点。山墙面的做法，则将土坯墙身砌至后檐挑檐檩的底部，上面用木板壁封至屋顶或者开窗。悬山屋顶悬挑出际较长，端头用两条宽大的博风板封住挑出的檩条。博风板相交处的正中垂挂一块长约1米的木板条“悬鱼”装饰，它是纳西族传统民居的明显标志。“悬鱼”简洁朴实，没有烦琐精细的雕饰。还有的用“蝙蝠”板来盖住博风板的接缝。“悬鱼”和“蝙蝠”寓意为“吉庆有余”和“福气”。阳光照射下，出挑的屋檐在山墙面投下一道深深的阴影，使宽大的博风板和下垂的“悬鱼”更加醒目。光影之间，房屋形态更显轻盈和灵动。

束河村传统民居的木构架基本为三间五架，前后设挑檐檩，并喜用方柱承托出挑的檐檩。梁架形式主要有明楼、骑厦和蛮楼三类。明楼屋架建造年代最早，束河村里建造年代久远的房屋都采用明楼屋架形式。骑厦，顾名思义，就是指二层的边柱出挑架跨在底层的檐柱与金柱之间，出挑的长短随意，使二层的面积大于底层面积。出挑柱子架跨的位置恰好在底层厦子之上，故称骑厦。这种形式保留了明楼中有宽敞厦子的优点，又使二层的使用面积增大，受到村民的欢迎。它后期逐渐取代了明楼，成为村落正房普遍采用的木构梁架形式。蛮楼是后期产生的一种梁架形式。与明楼和骑厦不同的是，蛮楼的前檐柱高至二层。根据厦子结构形式的不同，蛮楼又分为冲天蛮楼、蛮楼吊厦、蛮楼骑厦和两面厦等。

2.庙宇

束河村范围内的庙宇原有不少，史书记载的有中海寒潭寺、龙泉寺、石莲寺、三圣宫、大觉宫、文昌宫等。但这些历史建筑大多已毁，唯有大觉宫、三圣宫尚存。

（1）大觉宫

大觉宫为佛教建筑，建于明代。佛教谓领悟真理为觉悟，《南本大般涅槃经》有言：“佛者名觉，即自觉悟，复能觉他。”大觉宫由土司木东建造，据说是木东召见他的女婿（任束河酋长）的地方。

大觉宫现位于茶马古道博物馆内，是由北向的正殿、倒座配殿及东西两厢房组合成的小四合院。大觉宫正殿面阔三间，进深三间，外带一间檐廊，上为单檐歇山顶。建筑尺度不大，小巧精致，其外的围护结构曾多次翻修，已无原貌。正殿原塑有如来佛的坐像，殿内两壁尚存明代的壁画，用笔流畅，画风朴实凝重，内容均为汉传佛教和道教的神祇形象。有专家认为该壁画的绘制年代早于著名的白沙琉璃殿和大宝积宫的壁画，属于风格朴实的云南地区早期壁画。

（2）三圣宫

三圣宫建于清乾隆六十年（1795），1948年、1983年、1988年多次重修。三圣宫依山临水而建，位于龙泉山山脚的九鼎龙潭旁，由西面的佛殿、东面的观景楼及南北两厢房组成。建筑依山就势，与周围的青山绿树、清泉幽潭相映成趣，是人们观花赏景的好地方。

坐西向东的正殿凿岩开窟，利用山岩为壁，供奉着观音菩萨。南厢房供奉着皮匠祖师爷孙膑，北厢房则供奉着龙王。村中居民常来此祈求消灾降福。而在三圣宫供奉的皮匠祖师爷像，也证明了历史上束河皮匠村的存在。

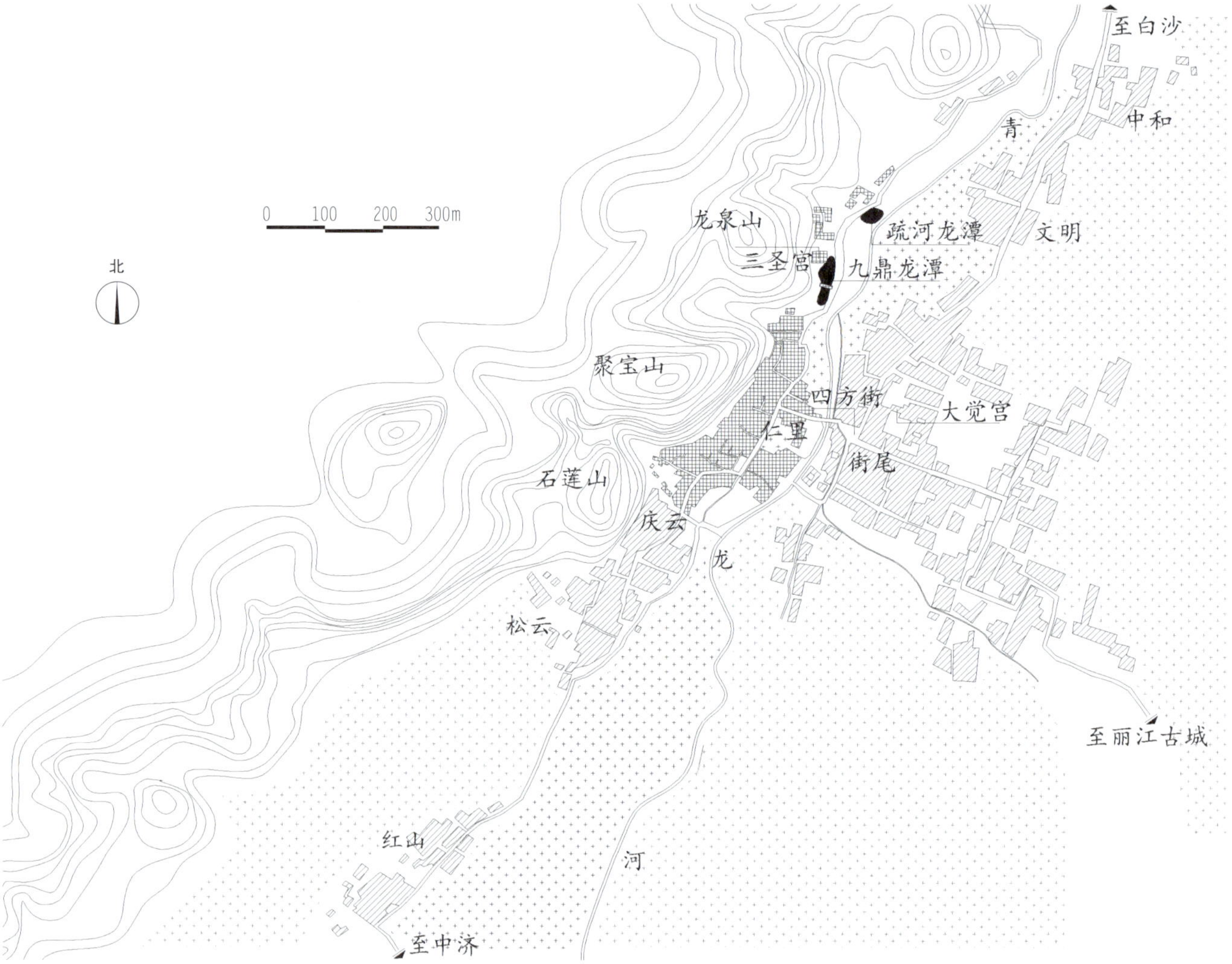

束河古镇聚落平面图

鸟瞰束河古镇聚落

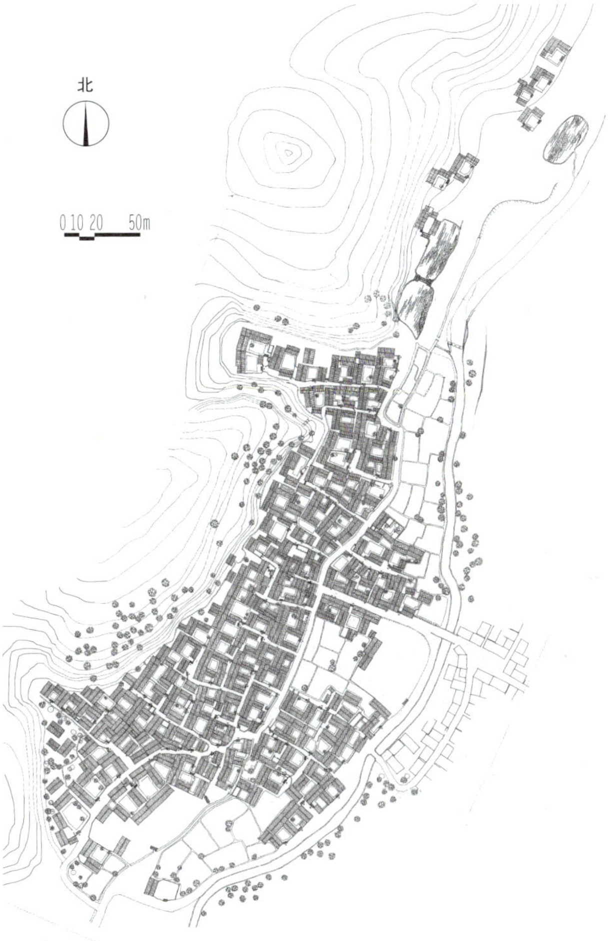

⊙ 束河龙泉仁里村总平面图

⊙ 束河龙泉仁里村路网骨架示意图

⊙ 束河仁里村

青龙河

疏河

从青龙桥看村落

⊙ 九鼎龙潭

⊙ 绕宅穿巷的河水

⊙ 沿街的河水边洗菜洗衣的村民

纳西族传统民居外立面

纳西族传统民居外立面

纳西族传统民居外立面

纳西族传统民居外立面

纳西族传统民居外立面

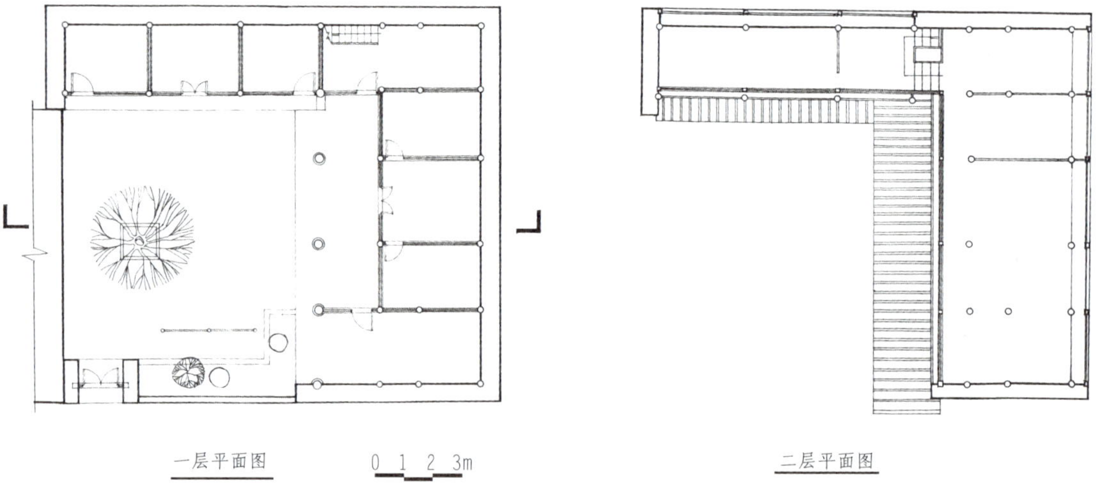

⊙ 110 号传统民居平面示意图

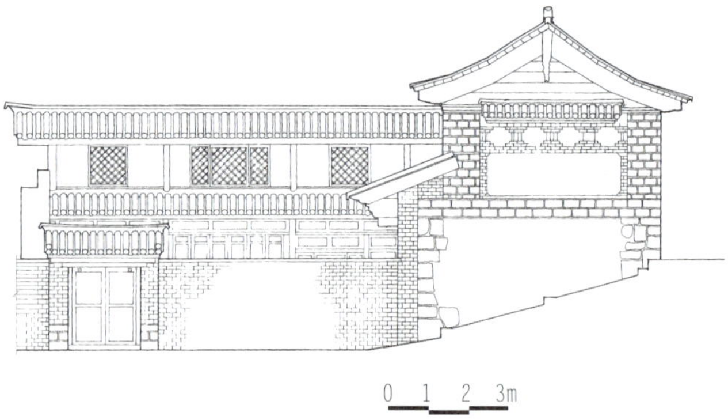

⊙ 110 号传统民居立面图

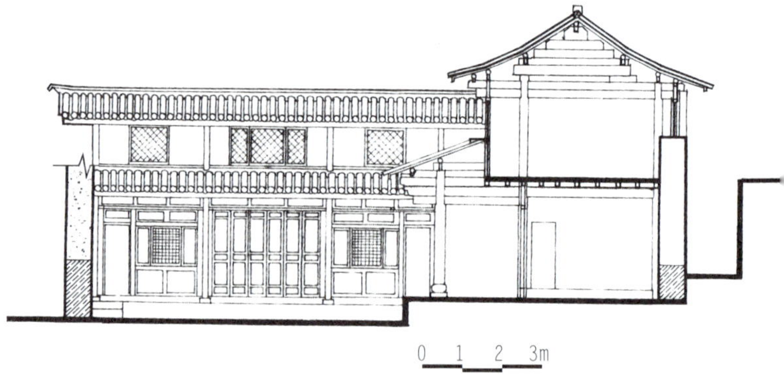

⊙ 110 号传统民居剖面图

⊙ 传统民居的院落

⊙ 四方街广场

⊙ 四方街的店铺

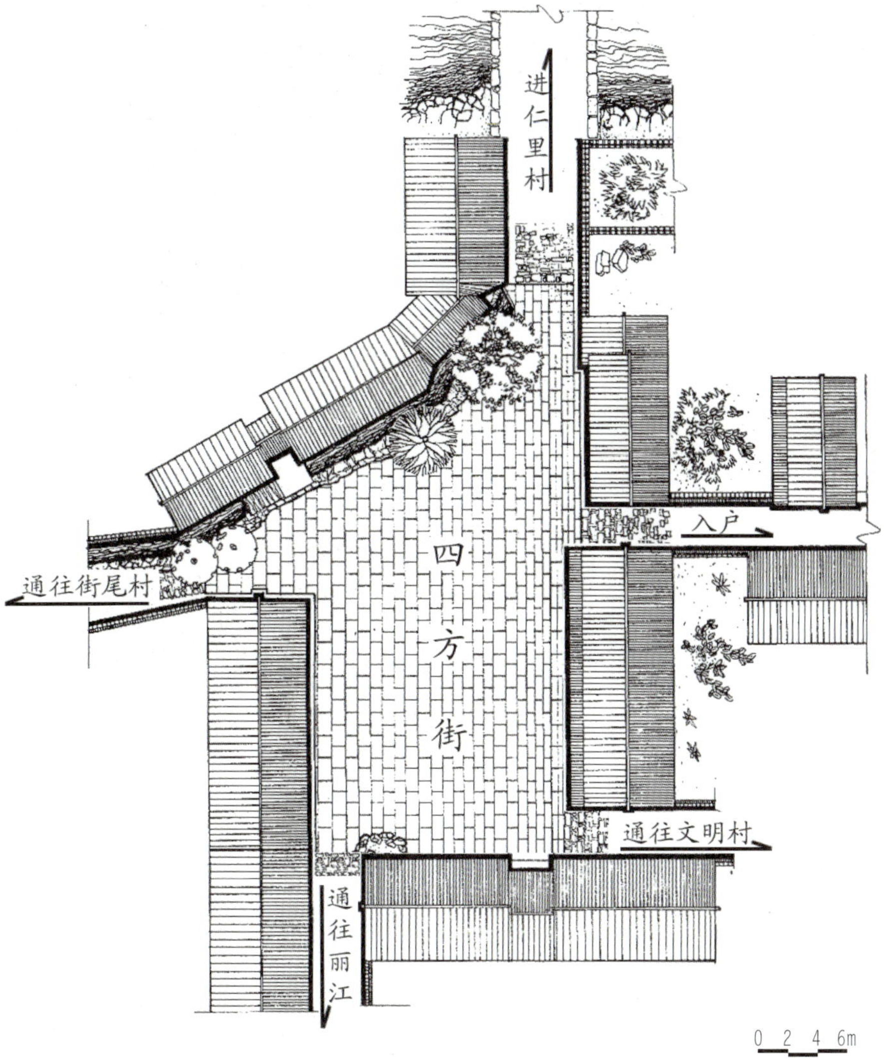

⊙ 四方街总平面示意图

传统民居山墙面的“悬鱼”装饰

传统民居山墙面的“蝙蝠”板

传统民居山墙面的“蝙蝠”板

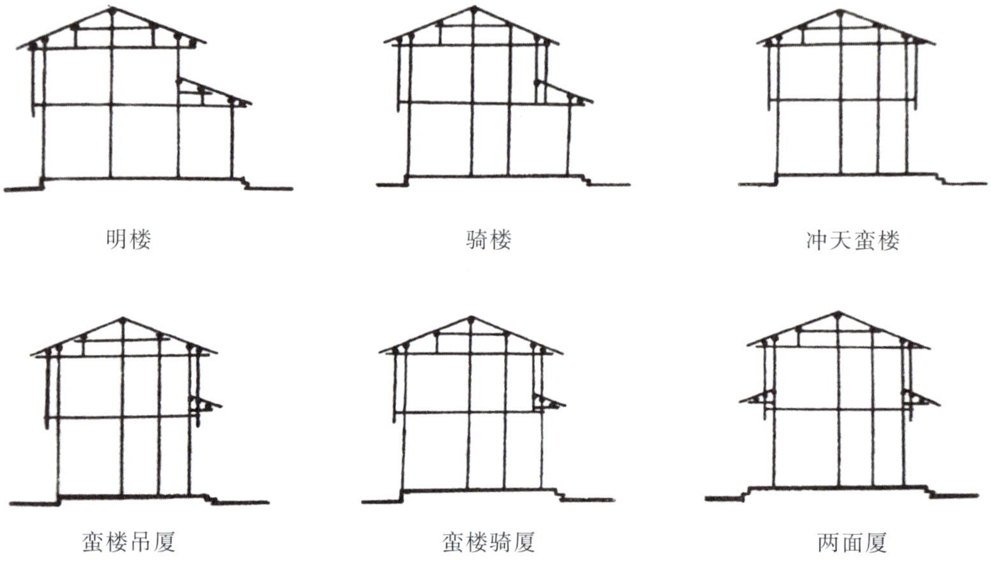

束河纳西族传统民居构架类型示意图

⊙ 紧邻九鼎龙潭的三圣宫

⊙ 三圣宫入口

⊙ 三圣宫内院

大觉宫内院

大觉宫梁枋的彩绘

团山村

一、历史概况

团山村位于红河哈尼族彝族自治州建水县西面13千米的西庄镇，背靠青山，面朝平坝，建于一个圆形的小山包上，故得名“团山”。在《张氏族谱序》中记载：“溯我始祖讳福，系江西饶州府鄱阳县许义寨原籍。自大明洪武朝贸易至临安，遂家焉。始居于西关外蓝头坡，继迁泸江河上流张宝石寨；其后见团山之地，山川形势甲于他境，复移而居之。迄今五百余年，子孙繁衍，彬彬然而成巨族。”张氏迁入后的数百年中，团山已由一个家族居住地发展成一个大的村落。现在村里有200多户人家，近800人，其中张姓居民大约有180户。村落一直保持着同姓氏同宗族的聚居形式，村民之间彼此有血缘关系，是一个典型的靠血缘纽带联结的汉族移民村落。

清朝末年，团山村民结伴外出到附近的个旧地区挖山开矿谋生，随后纷纷走上发家致富的道路，有些还逐渐发展为采选、冶炼兼及营收的大商家。当他们积累了足够的财富后，就回到家乡建盖深宅大院，于是团山村矗立起一栋栋雕梁画栋的精美房屋。致富后的团山人还积极致力于铺桥修路，修建寨门，建盖寺庙、学堂等村中公共事务，促进团山村的繁荣兴盛。

二、村落形态

团山村东面为平坝，西面紧靠山岗，在东、南、北三个方向各建有一座寨门以护卫村落，并顺应着村落的山坡地势设置街巷道路。主要街巷的设计为一纵二横，即一条东西向的主道和与之垂直的两条南北向主街。在村落整体分布上，民居建筑坐西朝东，大户人家的宅院基本都位于村落主入口的南北向主街道，其余小院和土掌房合院则顺应山势居于后方。张姓宗族共同修建的张氏宗祠位于村落中心区。宗祠前有四方广场，内植一株高大茂盛的古树，带给村民一片绿荫。这里是以往族人集聚，举行祭祀和奖惩活动的地方，如今还是村民们的早市交易点和午后休闲的活动中心。村中的公共古建大成寺位于村的西南端，是村民烧香祈福之地，上庙和下庙分别建在村落的西北角和东北角。

三、建筑特色

1.庙宇

团山的公共古建有“一寺三庙”之说，皆是村民的精神庇护所。“一寺”指大成寺，“三庙”分别是上庙、下庙和家庙（张氏宗祠）。

（1）大成寺

大成寺处在全村较高的位置，按照汉传佛

教寺院建筑的布局方式，在中轴线上依次设置山门、中殿、后殿等，顺应山势逐步抬高。大成寺始建于清雍正年间，一直是村民祈福还愿的地方。寺院中供奉的不仅是佛像。民间各行业都信奉关帝（关公），认为他公正无私，能够护佑平安，团山村的村民也不例外。随着村里人纷纷外出挖矿、做工、跑生意，关公被村民们“请”进寺院来，同时供奉的还有刘备、张飞和诸葛亮。寺院门前有一眼直径约4米的古井，一直是村民饮用水的主要水源。

（2）上庙和下庙

村中庙的名称与地势高低相关，地势较高者称为“上庙”，地势较低者称为“下庙”。上庙靠近村子的北门楼，建于清光绪年间，是一进两院的合院建筑。下庙建于清康熙年间，也为合院建筑。而今这两座寺庙已不再供人烧香拜佛。上庙变成村落的公共活动场所，每当村民举办红白大事，就在此宴请宾客。因团山村村民自古崇尚耕读治家，民国时期上庙曾作为学堂用地，如今在上庙高大的砖砌门头上还保留着“高等学校”字样。而曾做过仓库的下庙，现在已经荒凉破败，逐渐被人们遗忘。

2.宗祠

张氏宗祠建于清乾隆四十八年（1783），宗祠内的对联、石碑，记载了张姓家族自江西迁往建水团山，子孙繁衍的历史。宗祠入口处的门头悬挂“张氏宗祠”匾额，三开间的正房檐柱上写一副对联，联曰：“张姓始祖，发籍江西鄱阳许义寨，先辈正宗；氏族兴旺，迁移云南建水团山村，后世立祠。”横批“百忍家风”。“百忍”是张姓门宗的祖训，靠着“忍”，族人得以立足他乡，繁衍发展。村子里许多传统民居内都贴有与“忍”相关的楹联，如“百忍传家，积金莫如积德；一经教子，恒产不外恒心”，“兵书三卷桥边授，忍字百篇家内存”，等等。这些楹联强调家族后人要代代依循“百忍”的为人处世态度。

3.民居

（1）民居类型

团山村的传统民居在类型上有土掌房合院和汉式合院两种。

①土掌房合院

土掌房是红河流域一带彝族居民善建的一种生土建筑，多建在偏远的山间村落，基本为独户独栋。团山村的土掌房经过不断的发展，形成合院的形制，基本为“三坊一照壁”的平面布局。土掌房从外观看是土坯砌筑的墙体，密梁夯土铺实的平屋顶，但在院落天井的檐口处加设青瓦屋檐，入口大门采用瓦檐屋顶，故外形虽与汉式合院大相径庭，而内院空间则已趋同于汉式合院。

②汉式合院

团山村保留了较多典型的传统汉式合院民居，如张家花园、秀才府、皇恩府、司马第、将军第、保统府、营长府等，它们拥有共同的建筑空间特征。

从平面布局看，汉式合院民居均采用“三间六耳下花厅”的基本形制。正房面阔三间，左右两厢共六耳，正房对面是“下花厅”。在基本形制的基础上，院落平面可根据需要有机增加组合，形成各自的宅院空间。

宅院的大门别具特色，称为“八字墙门”。有些宅院还在大门前设有影壁，形成入户前导空间。大门的细部装饰处理非常精彩，檐下多层木梁枋的雕刻彩绘、门墩基座的砖石雕饰、门墩顶上设形如花篮的“八方交”梁头斗拱，以及门头匾额、两侧对联等要素，共同构成一曲装饰的乐章，把大门点缀得绚丽多彩。

双进线路的入户设置方式匠心独具。由大

门进入宅院后，不同的成员有各自不同的入户方式，充分体现了内外有别、尊卑有序的礼制宗法观念。一条进线是由宅院大门进入花厅前院，是来客访友的入户路线。花厅有客厅及书房的功能，读书写作、琴棋书画、待客宴饮、坐憩观赏等皆在此间。另一条进线则是进宅院大门后直入后院，这是家人的入户路线。后院为家眷住所，是最为私密的场所，有一定的封闭性。前后院相对独立，互不干扰。当家里有红白大事，须宴请宾客时，则可把花厅门扇打开，使之成为过厅；前后院相互连通，共同作为举行活动的场所。

从建筑立面的外观看，在后檐墙和山墙面的三段式做法的基础上，底部自下而上砌筑约一米高的白色条石勒脚；中段以土墼砌筑墙体，墙面粉刷土黄色面浆；上段的山墙处采用本地产的大青砖饰面（为“金包玉”做法）。后檐墙多以青砖外挑线脚完成与屋檐的连接。黄墙、青砖、青灰瓦面的色彩对比，以及以不同材质进行砌筑的精良工艺，是团山村民居建筑外观的共同特征。

从细部装饰看，民居建筑的木板壁、窗楣、廊檐下的梁枋、天花吊顶等处，皆留有丹青笔墨，尽显宅院浓郁的文化氛围。雕刻装饰包括木雕、砖雕和石雕。木雕分实雕、浮雕和透雕，通常用于屏门隔扇、柱头梁枋、斗拱挂落等部位。砖雕为浅浮雕形式，常用于照壁、山墙、槛墙的美化和装饰。石雕多为浮雕式，在柱础石墩、水池石栏、条石花台等部位都有体现。它们是不可多得的民间艺术珍品，充分展示了民间匠师的精湛技艺。

这些细部装饰的设计还体现了一定的审美思想。团山村的本土文化与中原汉文化存在着一脉相承的关系，其以德行修养为安身立命之本、以耕读传家为根本治家之道的传统文化特征，在装饰图案题材上有着直观的表现，目的是营建一个具有修身齐家的文教氛围的家宅空间。象征平安吉祥的传统纹样，诸如蝙蝠（谐音福）、梅花鹿（谐音禄）、鱼（谐音余）、大象（谐音祥）等图案，以及渔樵耕读、八仙拱寿等内容，也在不同部位不断重复出现。

（2）典型民居

张家花园是团山村规模最大、最具代表性的一户民居，建于清光绪三十一年（1905），占地面积约3500平方米。它是由三部分相对独立的空间横向组成的民居建筑群。主体为“三间六耳下花厅”的三进套院，右侧是一个“三坊一照壁”的三合院，左侧为花园祠堂。全院共有大小天井21个，内部空间形态丰富。

庭院宽敞的花园祠堂是该宅院的特色所在。祠堂正房为五开间卷棚顶建筑，坐落在2米多高的台基上，尊贵而威严。两层三开间的绣楼厢房侧立两旁。绣楼采用开敞通透的挑廊与祠堂敞廊相呼应。祠堂正前方有一方宽阔的水池，院内广植花草树木，一派生机盎然的景象。

张家花园院内建筑的梁枋、花格门窗、柱础、须弥座台基等细部装饰，形式繁多、做工考究，各种诗词楹联、书法绘画、雕刻装饰比比皆是，共同营造出浓郁的文化氛围。

4.门楼

在团山村的东面、南面和北面均建有二层的门楼。东门楼为中间高两侧低的三开间门楼，是进入村落的主入口。北门楼名曰“锁翠楼”，得此名皆因北门楼外的山上遍布苍翠的树木，环境优美。南门楼为单开间的碉楼，形式比前两座门楼简单。考虑到村落防御护卫的需要，在这三座门楼内部均设有用于射击的枪眼。

鸟瞰团山村(张雁鸰　拍摄)

团山村总平面图（王冬　提供）

北寨门

东寨门

⊙ 大成寺山门

⊙ 大成寺山门前的水井

⊙ 大成寺殿内的塑像

⊙ 大成寺中的大雄宝殿

将军第大门

留苑大门

皇恩府大门

⊙ 皇恩府正房的彩绘额枋

⊙ 皇恩府的檐廊

⊙ 皇恩府的木雕花窗

司马第

司马第中的隔扇门

秀才府大门

秀才府

秀才府

秀才府

张氏宗祠大门

张家花园的方形水池

张氏宗祠的大殿

张家花园祠堂的厢楼

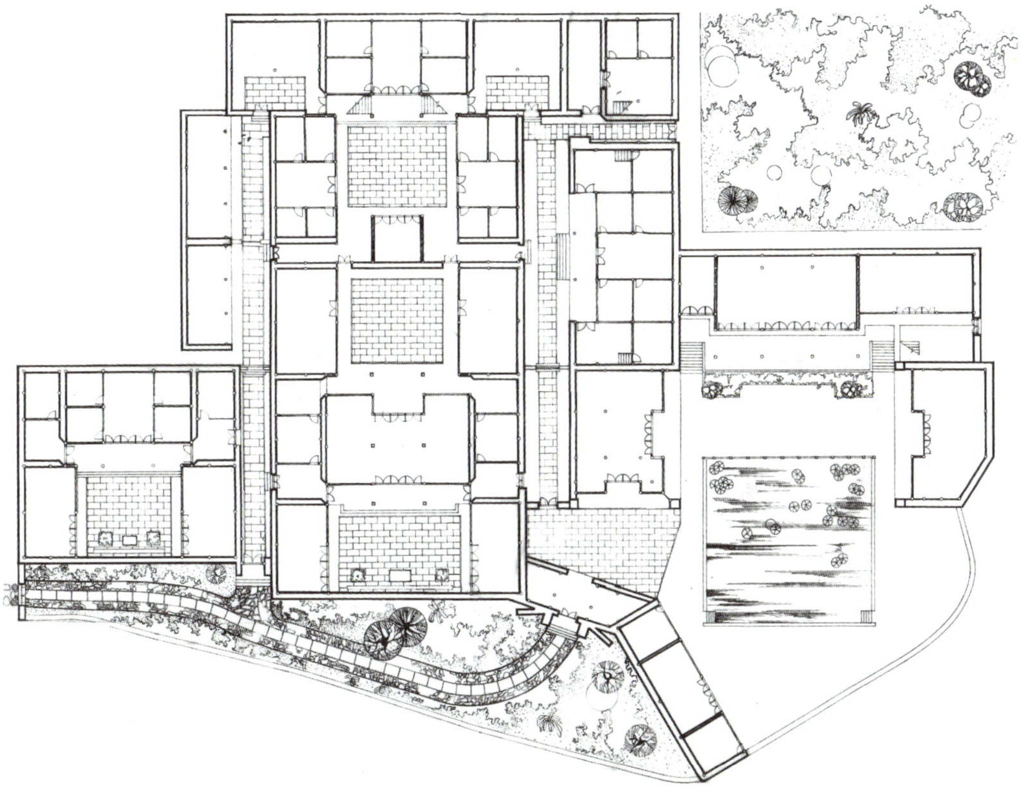

张家花园平面示意图

张家花园祠堂的外廊

张家花园祠堂的斗拱

张家花园祠堂的石柱础

⊙ 营长府大门

⊙ 保统府大门的彩绘木雕额枋

诺邓村

一、历史概况

诺邓村位于大理白族自治州云龙县诺邓镇，距大理市约165千米。追溯历史，据文献记载，云龙地域设有比苏县。“比苏”为白族语，意为“出盐地”，说明早在汉代，此地就开有盐井。唐时樊绰的《蛮书》载：“剑川有细诺邓井。”云南地方史研究奠基者方国瑜先生（1903—1983）认为，细诺邓井就是今天云龙的诺邓井。“诺邓”这一名称自此沿用至今，故诺邓有着“千年白族古村”的称号。这里曾是白族最早的盐业经济重镇，保留着滇西较为集中的明清古建筑群。其中有明清时期的建筑六十多处，民国时期的建筑四十多处。保留完好的古村风貌及众多百年以上的明清古建筑，在云南以至国内都是罕见的。

云龙县处于横断山南端澜沧江纵谷区，县内大部分为山地，山地村落空间形态是该地域突出的景观特征，诺邓就是这样一个典型的山地村落。崇山峻岭、群山环绕、盐井古道、层叠毗邻的屋舍，都是诺邓村最形象的代言词。

二、村落形态

1.布局形态

诺邓村隐居在云龙县延绵的群山之中，建筑布局根据地形地貌，依山就势，层层展开。从最低处村落入口直至最高点玉皇阁建筑群，垂直高差有200多米。放眼看去，蔚然壮观。正如清代云龙知州王泭在《诺邓桥碑记》中所言：“峰回路转，崇山环抱。诺水当前，箐篁密植。烟火百家，皆傍山构舍，高低起伏，差错不齐。如台焉，如榭焉，一瞩而尽在眼前。”一条诺水汇集两岸高山涓流，从西北方缓缓流出，把诺邓村分为两个部分。诺水西北岸山势陡峻，民居分布较多；诺水东南岸地势则较为平坦，同样房舍密集，毗邻相接。

诺邓村的道路依循山势坡度而定，从村主入口起，垂直于等高线设置了一条主要的纵向道路，与之相连的支巷都是平行于等高线设置的水平向街巷。诺水西北岸片区有五层不同标高的台地，修筑了五条水平向道路。东南岸片区地势稍微平坦，由村口引入一条主道贯穿其间，至尽端处架桥跨越诺水，与西北岸的民居、道路相连通。

由诺邓先民世代营建的村落巧妙利用地形，与自然环境中的山脉、溪流融为一体。街巷空间自由变化，或开敞，或隐蔽，或曲折，或直达，人在其中感受到的景观异常丰富。这也是诺邓村的魅力之一。

2.村落特征

盐是诺邓的根本，盐井制盐是诺邓村形成和发展的基本因素，盐业长期以来都是诺邓村的经济支柱。

中国历代王朝深知“盐铁之利”，高度重视盐铁的生产流通，朝廷会直接任命官员管理盐业。汉代在云龙设置比苏县，到唐代开设了细诺邓井。明洪武十六年（1383），中央政府在云南设四个盐课提举司，其中一司“五井盐课提举司”的治所便在诺邓。五井，即指在云龙境内的诺邓井、山井、师井、大井和顺荡井。到明代中后期，“五井盐课提举司”每年上缴给朝廷的盐课银高达3.8万余两。由于盐业经济的发达，诺邓村曾一度成为滇西地区重要的经济和文化中心。如今村落中尚存的“题名坊”就承载了这段历史记忆。“题名坊”是在“五井盐课提举司”官衙的遗迹上修建的。在提举司外迁别处后，原有的提举司官衙地变成了诺邓黄氏家族私宅区。清乾隆年间，族人将原提举司大门改造成登载本家科举功名的“题名坊”。到了民国时期乃至中华人民共和国成立后，诺邓村的井盐还在生产，直到1992年封井才停止生产。

保留在山脚的村落入口处的古盐井，如今已经废弃，不再产盐。盐井内还留有盐水，过往的牛、羊、马等牲畜常常在此停留，饮用盐水。

盐局是政府过去管理盐业的机构。在古代，煮盐的灶户通常将制成的食盐交到盐局，盐官再把盐分发到各地行销。络绎不绝的运盐马帮由此出发，将诺邓井盐运往各地。考虑到对外交通运输的便利，盐局选址在距离村口近且地势较为平坦的地方。盐局是一座两层高的四合院建筑，建筑面积和规模都大于其他民居，如今是村落的活动中心。

龙王庙建在距离盐井大约50米的地方。龙王庙存在的意义在于护佑盐井产盐的充足。与一般农业地区不同，诺邓村把龙王分为“卤龙王”和“水龙王”两类。卤龙王主管卤水，地位最尊，是井盐生产的保护神；水龙王主管雨水，地位低于卤龙王，是农业生产的保护神。每年的农历六月十三，诺邓都要举行“龙王会”来祭祀卤龙王，祈求卤旺盐丰。

很明显，诺邓的题名坊、村口古盐井、盐局、龙王庙等建筑物，都与村落的盐业发展息息相关，这些建筑也是村落重要的节点空间场所。

盐产业的兴旺发达离不开畅达的交通运输。现在诺邓村的周边还依稀可见当年的盐运古驿道，其中的“盐马古道”东通大理、昆明，南到保山、腾冲，西连六库、片马（以至缅甸），北接兰坪、丽江。

随着诺邓盐业经济的衰退，直至1992年完全停产，诺邓正式告别了“以井养民”的生产生活，开始了以农耕经济为主的生活。昔日盐业的繁荣已成为历史，唯有留存的这些古建筑，默默记录着那些辉煌的过去。

三、建筑特色

1.庙宇

经济的稳定发展带动了精神诉求和文化的繁荣，作为村民精神寓所的宗教文化建筑在诺邓村也颇具特色。坐落在村落最高点的玉皇阁建筑群，以及文庙、武庙、本主庙等建筑的共存，彰显了诺邓村村民的多种信仰。儒释道加上白族的地方本主信仰，形成了多教融合、共存一村的局面。

多种信仰并存，让村民有了多重的遵从和敬畏。读诗书，知礼节，重教化，敬畏大自然，不破坏生态环境……这些信仰之下的道德准则和行为方式，是诺邓村形成淳厚民风的基础和保障。

2.民居

历史上，诺邓村因盐而兴。明清鼎盛时期，村中曾有400户人家，2600多常住人口。后因盐业经济衰退，部分村民外迁，人口有所减少。在2000年时，全村仅有263户932人。目前，人口增至1200多人，村中有杨、李、黄、徐四姓，均为白族。其中，杨姓占40%，人数最多。

在诺邓村现存的民居建筑中，修建于明清以来至60年前的传统民居约有100多个。据老人介绍，在最为兴盛的时期，村中的院落曾经有200多个。

（1）平面类型：

诺邓传统民居建筑的平面形式有三合院和四合院两种。三合院基本都是“三坊一照壁”形式，留存较多，占总数的85%。三坊房屋在空间组合上多无漏角。四合院包括“一颗印”“半颗印”两种形式。大规模的套院仅有“贡爷院”。大概是受山地地形的限制，不宜多建面积和规模较大的院落。

诺邓村传统民居的建造因地制宜，高差较大的地方，把厢房建在两个不同标高的台地上，形成两个不同高度的天井院落，是极具山地特色的“台梯式合院”做法。在个别狭小的宅院，天井面积小到只有1平方米左右，当地称之为“袖珍小院”。这种小巧且因地制宜的建造特点，更能彰显出当地工匠的智慧和技艺。在诺水东南岸的平缓地带，院落的建造规模和面积稍大，其中具有代表性的建筑就是一进五院的套院——贡爷院，以及大四合院——盐局。

（2）立面形态

诺邓村虽为白族聚居地，但民居建筑的外观形式与大理白族民居大为不同。大理白族民居喜用硬山屋顶，且外檐墙较为封闭，硬山山墙面上有丰富的彩绘装饰。而诺邓村大部分民居檐墙的做法，更多与丽江纳西民居相类似，多用悬山屋面，且出檐深远。山墙檐墙材料用木板壁，显得较为轻盈。外墙为大白浆粉刷，或直接就是土黄的夯土墙基，底部砌筑高大的石墙基。不过部分民居的大门门头和照壁，在装饰细节上延承了白族民居的做法，能依稀看到大理白族民居的影响。

（3）构架及空间

诺邓民居基本都是两层建筑，房屋梁架简朴自然，为五架梁五分水直坡屋顶。其中较有地方特色的做法，一是在正房大梁上装饰有细腻的雕花纹样，二是正房廊道的顶棚装饰成卷棚形式。这在云南其他地方的传统民居中较为少见。

陡坡地形的错层建造，形成了诺邓村“台梯式合院”的独特内院空间。高差较大的台梯式院落空间形态，与平地的合院完全不同。山地的高差也使院落前后房屋之间互不遮挡，家家户户上到正房二楼都可远眺，推开窗扇便是一片绿色的开阔风景。

⊙ 诺邓村总平面示意图(引自云南方城规划设计有限公司《诺邓村旅游项目修建性详细规划》)

⊙ 村中的道路

⊙ 村中的道路

村中的道路

村口的盐井

盐局

鸟瞰诺邓村（张雁鸰　拍摄）

传统民居

传统民居院落

依山就势、层叠毗邻的屋舍

沿街巷传统民居立面示意图

传统民居院落

传统民居院落

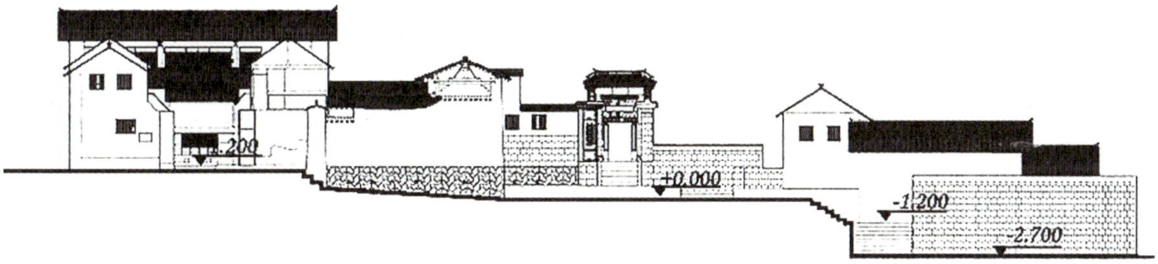

沿街巷传统民居立面示意图

⊙ 台梯式合院民居

⊙ 台梯式合院民居的内院

⊙ 台梯式合院民居的内院

⊙ 台梯式合院民居的内院

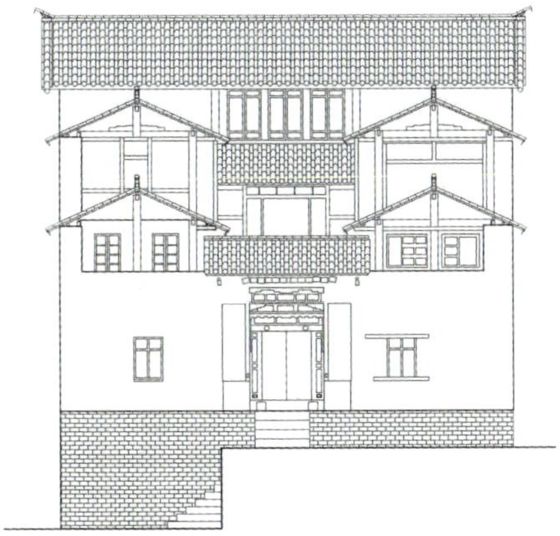

⊙ 台梯式合院民居立面示意图

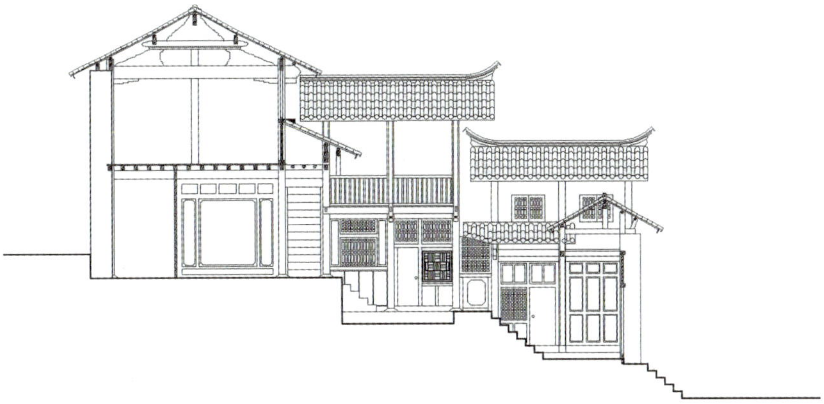

⊙ 台梯式合院民居剖面示意图

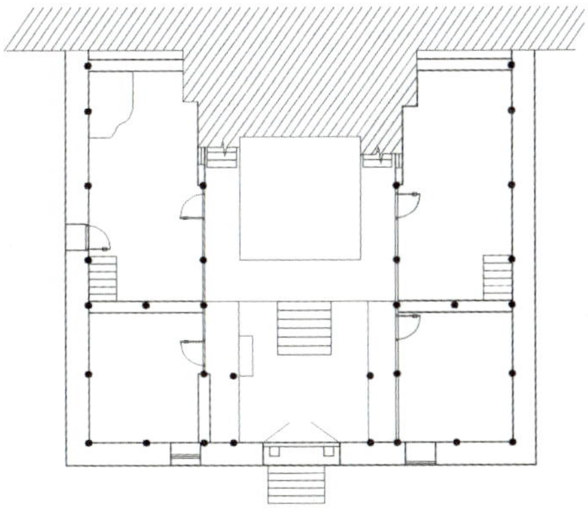

⊙ 台梯式合院民居一层平面示意图

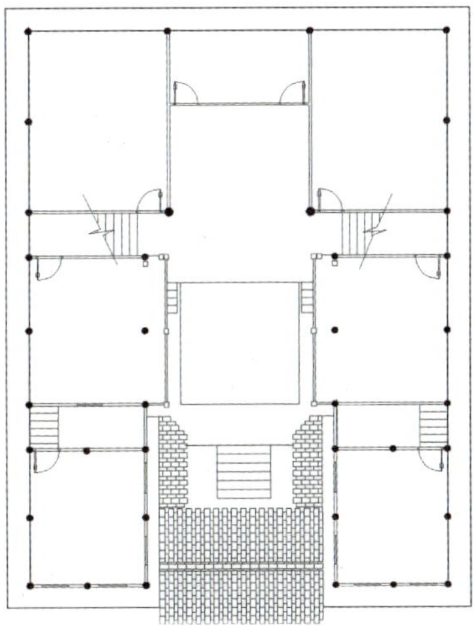

⊙ 台梯式合院民居二层平面示意图

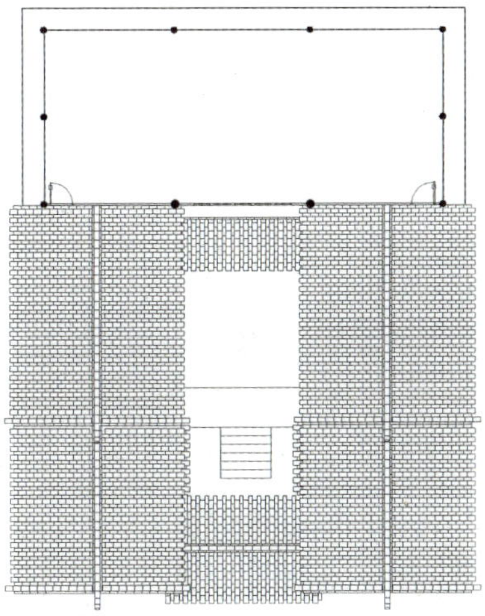

⊙ 台梯式合院民居三层平面示意图

远眺题名坊

题名坊前的小广场

三家横向拼连的合院

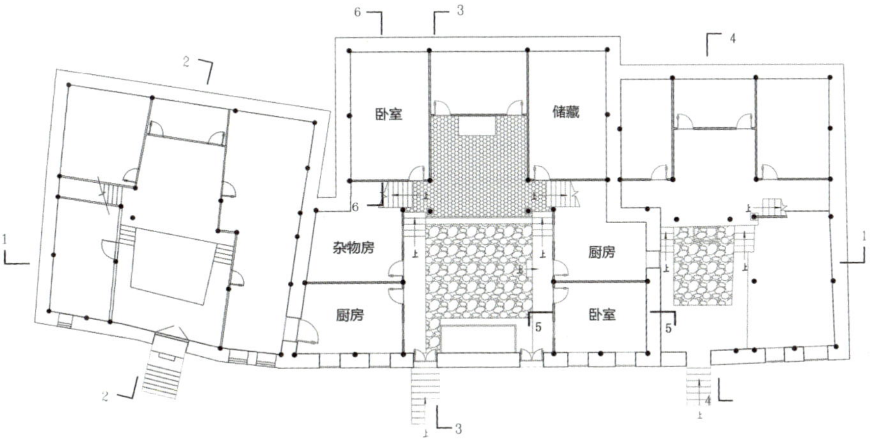

三家横向拼连的合院一层平面示意图

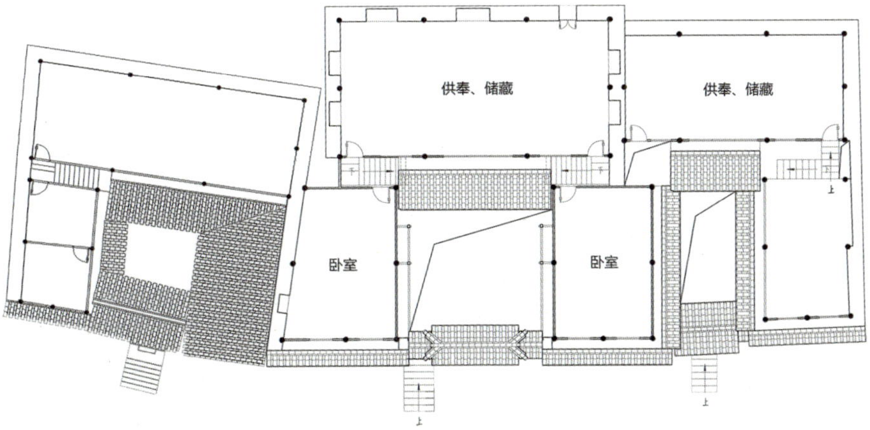

三家横向拼连的合院二层平面示意图

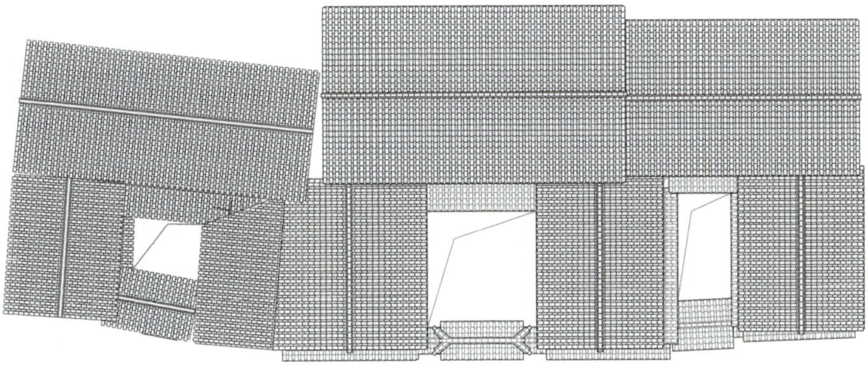

三家横向拼连的合院屋顶平面示意图

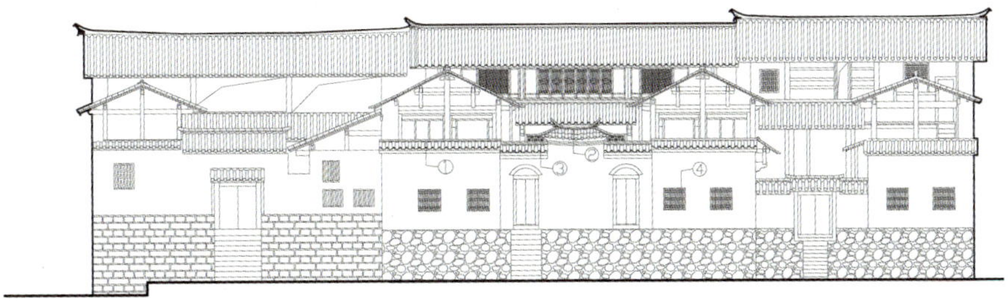

三家横向拼连的合院立面示意图

远眺玉皇阁

玉皇阁建筑群

玉皇阁建筑群

玉皇阁的大殿

玉皇阁

玉皇阁的牌坊

文庙

贡爷院

郑营村

一、历史概况

郑营村位于红河哈尼族彝族自治州石屏县宝秀镇，原名为普胜村，是农耕和聚居的一块宝地。清末特科状元袁嘉谷曾把它誉为“绿雨桑林，黄云稼稻”之地。郑营村北临赤瑞湖，南枕郑家山，西邻张向寨村、吴营村，东接张本寨村。整个村子总面积为2平方千米，呈东西向带状分布，是一个水利灌溉条件好、土地肥沃、山清水秀、生态环境极佳的宜居村落。

自西汉以来，历代王朝为巩固对云南地区的统治，都会在此屯兵戍守。

位于宝秀坝子的郑营村，便是明洪武年间由在此建立军屯的汉族移民所建。明初军队编制以“伍”为基本单位，军籍户每五户编为一伍。当时驻守宝秀坝子的十八伍，曾立有军田界碑（此石碑在20世纪80年代赤瑞湖水干涸时被发掘）。军户屯聚的地方，都以“营”为名。在宝秀坝子中，今天还有不少以“营”为名的村落，郑营就是其中之一。据《郑氏始祖公碑记》所载，郑氏祖籍为浙江金华府浦江县仁义里，始祖郑太武在明洪武十四年（1381）随军入滇，仕于临安，卒于蒙自黑波村，其子郑以顺迁至石屏。明初因异龙湖、赤瑞湖水域甚广，为避水患，便选择了地势较高的宝秀坝子，在赤瑞湖南岸山麓的普胜村定居，辟地为田，开创基业。继之而来的有武氏、陈氏、李氏等，他们相继定居郑营。

另据村中老人说，普胜村最先为傣族聚居的村落。明初，明军后裔从蒙自迁入普胜村时，傣族遂迁往元江一带，而后郑姓汉族便将普胜村改名为郑营。郑营西边为小寨，东边为大河沟，皆系彝族聚居的村落。1958年，政府将这两个小村划入郑营，合并为一个大村。如今在这个村落里居住着汉、彝、白、傣、哈尼等民族，有郑、陈、李、杨、佘、张等30多个姓氏，是一个民族杂居、姓氏繁多的村落。

上述这一切表明，郑营是一个有着悠久历史的古村落，而居住于这个村落里的居民的兴衰演变，从侧面反映了明代以来云南各民族融合的发展轨迹。

二、村落形态

郑营是个相对较大的自然村，有500多户人家，2000多人口。这里气候温和，土壤肥沃，灌溉便利，自古就是鱼米之乡，十分有利于居住。村落建在一个平缓的坡上，后枕郑家山，前临赤瑞湖。赤瑞湖旧名“菜海子”“宝秀海”等。传说在清康熙五十二年（1713），湖水赤红，“水色早晚赤如丹砂，经月余”，由此便改名为赤瑞湖。赤瑞湖在石屏坝子中是仅次于异龙湖的第二大天然湖泊。过去赤瑞湖和异龙湖相互连通，赤瑞湖地势较高，每当山洪暴发时，湖水就顺着河渠泄到异龙湖。如今这条河渠已废，留下的仅有一座明天顺年间修建的三孔石拱桥。

郑营村背山面水，在山脚依地形展开，村内主次街巷道路呈鱼骨状分布，自然有序。

三、建筑特色

1.宗祠

（1）陈氏宗祠

陈氏宗祠始建于1925年，祠门为牌坊式，砖石结构，三开间，瓦顶，门框均为砖石拱券结构。祠门正反面皆有楹联，皆用青石阴刻嵌于砖壁之上。从祠门沿中轴线而进，依次为石桥、莲池、中殿、正殿。中殿、正殿前的院子两侧均建有对称的偏殿楼阁。中殿前的莲池两侧为两层木结构楼阁，重檐歇山顶。祠门前分列石亭、石狮各一对。石桥下有莲池，三孔桥上有栏板、望柱。望柱头为石雕十二生肖，以及大象和狮子等。中殿为单檐歇山顶，抬梁式，明间和东西向台基上建有如意式踏步五级。正殿为重檐歇山顶，抬梁式，明间有垂带踏步七级，楼上有吊脚柱。明间有六抹头隔扇门六扇；次间窗棂为圆形，图案为“四蝠（谐音福）捧寿”。正殿檐檩上有墨书题记：“中华民国十四年岁次乙丑（1925）仲春月二十四日卯时吉旦，陈阖族人等统梓匠李嘉壁、泥匠王兆青鼎建。”

（2）郑氏宗祠

郑氏宗祠重建于清光绪十三年（1887）。据《郑氏宗祠重建祖祠碑记》所述，郑氏始祖太武公“原籍浙江金华浦江县人也，明洪武中以世袭武职代父从戎，入滇。先居于蒙自，至二世祖迁屏，慕西乡山水之胜，依山为屋，傍水立营，遂止居焉”。郑氏在此定居后，子孙繁衍，兴旺发达。为彰显祖宗功德，郑氏早就建有祠堂，但“旧有祠堂居山之麓，因地方僻静，移置寨东。第规模狭隘，形势不张”。至郑氏十六世，在族伯丹亭公的主持下，不辞劳苦，多方筹资，改建大门，升高享堂，使祠堂初具规模。但至咸丰九年春（1859），村中遭受一场大火，“村舍悉为丘墟，祠堂竟成灰烬”。丹亭公老当益壮，历经十载，重建三层享堂大门，使之焕然一新。至光绪十三年（1887），在丹亭公的二子咏韶的主持下，重建中厅。“由是祖祠三层，规模略备”，保存至今。

郑氏宗祠分三进，由祠门、中殿、正殿、偏殿组成四合院。祠门为穿斗式土木结构，有垂带踏步四级，两扇椿木门前有石门枕一对。檐枋上有雕花拱八攒，雕龙凤、鳌鱼。封檐板上有圆形雕刻九个，自东向西分别为“白象卷荷花”“鲤鱼跃龙门”“犀牛望月”“仙猴摘桃”“麒麟呈祥”“龙马吐珠”“仙山蓬莱”“狮子啸天”“猛虎出山”，其余为花鸟纹饰，皆镏金。

中殿为单檐硬山顶抬梁式土石结构房屋。殿前有半月形如意踏步四级，为三开间两进深结构。中殿脊檩上有墨楷书题记：“大清光绪十三年（1887）郑氏合族人等重建。”正殿为三开间，进深二架，檐柱四棵，金柱八棵，为清光绪年间重建。殿门前有如意踏步五级，青瓦铺顶，土坯墙，青石板墁地。檐枋上有雕花拱十攒、雕花枋四层，雕有香草龙、鳌鱼、麟凤、石榴、牡丹、金蟾，皆镏金。正殿西侧耳房有水井一口，井栏为青石雕刻，井旁有紫石雕的石磨和石碓各一座。

除此之外，村内比较有特点的建筑还有武氏宗祠、李氏宗祠等。

2.民居

陈氏民居是大户人家宅院的典型代表。陈氏民居与村中的其他建筑形式都不相同，其规模和形式在附近村中也属少见。陈氏为石屏县的名门望族，从陈氏墓地的墓志可以看出，陈氏始祖早在明初即随军远征云南，之后以军屯形式定居于石屏郑营。到了陈鹤亭之父陈跃星一辈，家族愈发兴旺。清朝末年、民国初年，陈跃星经商，赶马走西头（指元江、普洱、思茅至西双版纳一带），做棉花、茶叶生意，逐渐成为村中大户。陈跃星生有五子：长子陈陶斋（上京赶考时病故于北京），次子陈鹤亭，三子陈镜若（曾任富滇银行思茅分行的经理），四子陈美之，五子陈载东。其中以次子陈鹤亭名声最大。陈鹤亭系清光绪年间进士，曾受清廷委派到日本考察政治，归国后历任湖北天门、黄陂知县。民国初年，陈鹤亭任云南内务司司长、个碧（今个旧与碧色寨）铁路公司总理、云南省财政厅厅长兼盐运司司长，1919年任黎元洪总统府秘书，1922年还滇后任个旧锡务公司总理等职。陈鹤亭一生虽官居要职，却廉洁奉公，热衷于桑梓事业，并未给自己修建豪宅大院。他一生未置家产，同其三弟陈镜若一起住在其父陈跃星的老宅之中。而陈美之和陈载东则各置了一处大宅院。陈美之的宅院1996年毁于大火。如今只有陈载东宅（即陈氏民居）还保存得较为完整，这所大宅院见证了整个陈氏家族的兴衰。

陈氏民居通面阔20米，总进深54.6米，占地面积1092平方米，由三进院落组成，为土木结构的走马转角楼格局。从宅院正门进入后拾级而上，一院高过一院。这样的院落组织方式不仅顺应了地势，而且使整个空间显得高潮迭起。宅院的前后院子上下都可连通，整个院子的基本形式仍为三坊加一花厅组合而成。宅院在四个漏角的处理上颇为独特，它将漏角作为连接前院与后院、楼上与楼下的交通枢纽。这种处理方式使整个院落空间显得较为完整、紧凑，同时也提高了漏角的利用率。因为楼梯被安置在漏角，给上下楼梯的空间有了较大的回旋余地，因此这里楼梯的做法也较为讲究，是郑营村民居中仅见的“人”字形双跑楼梯。

⊙ 郑营村建筑分布示意图

⊙ 坐落在赤瑞湖畔的郑营村

⊙ 主巷道

⊙ 主巷道

⊙ 主巷道

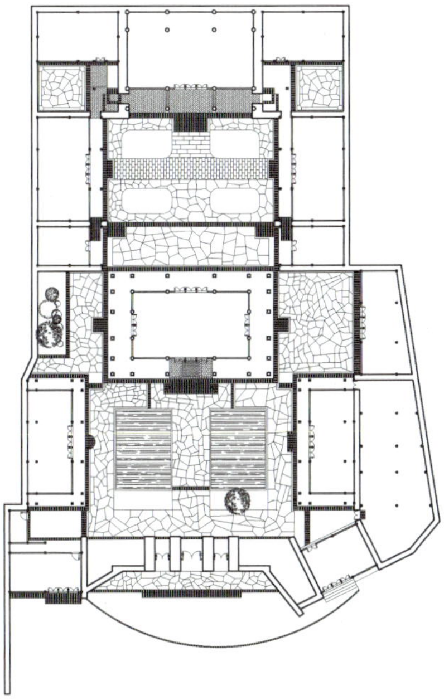

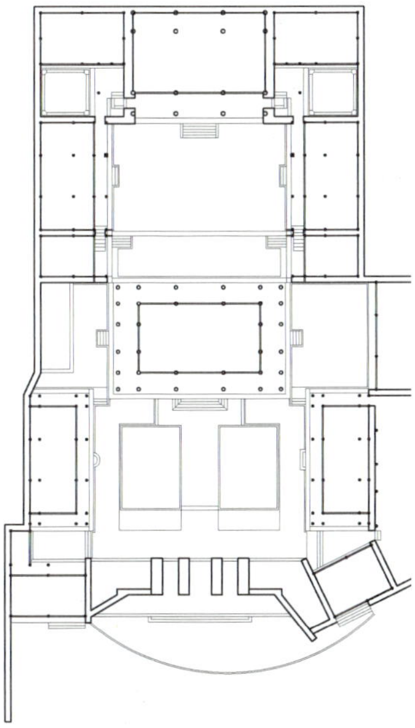

⊙ 陈氏宗祠平面示意图

⊙ 陈氏宗祠院落

⊙ 陈氏宗祠剖面示意图

陈氏宗祠

陈氏宗祠山门

郑氏宗祠大门

⊙ 郑氏宗祠的大殿

⊙ 陈氏宗祠大殿的石狮柱础

⊙ 陈氏宗祠大殿的石狮柱础

⊙ 陈氏宗祠中殿的隔扇门

陈氏宗祠东配殿与拱桥

陈氏宗祠的大殿

陈氏宗祠大殿的西厢楼

陈氏宗祠过厅

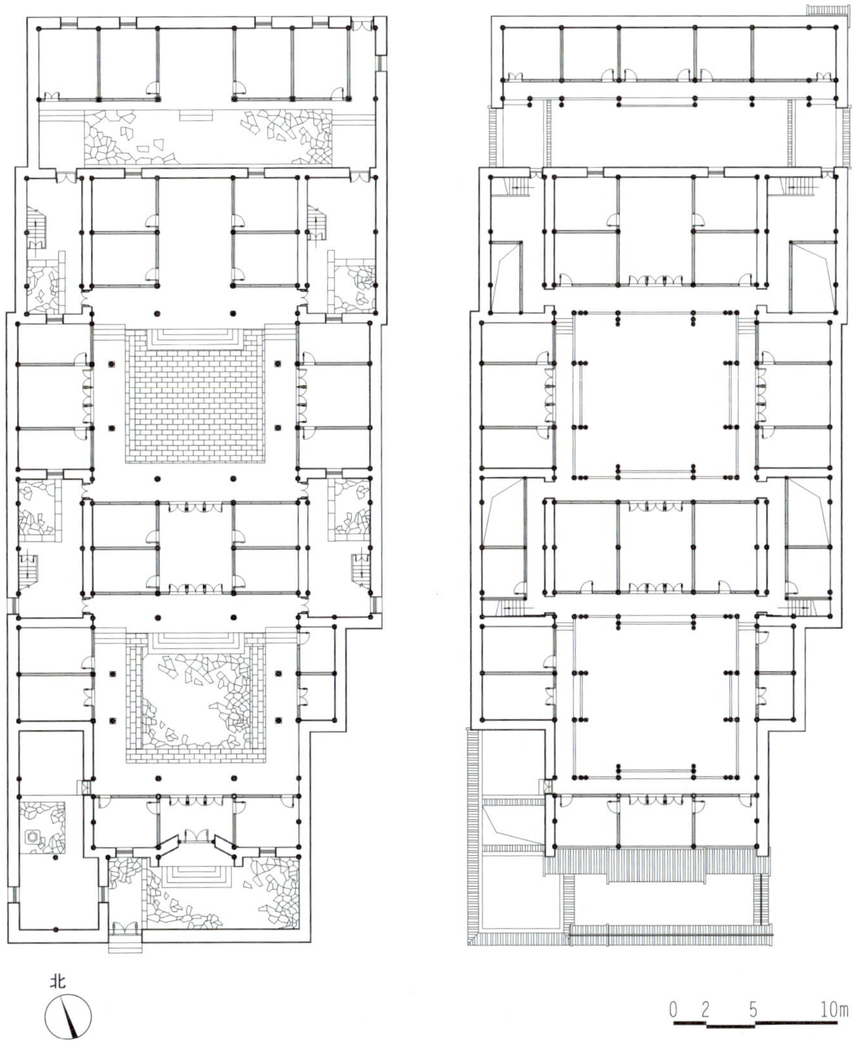

陈氏民居平面图

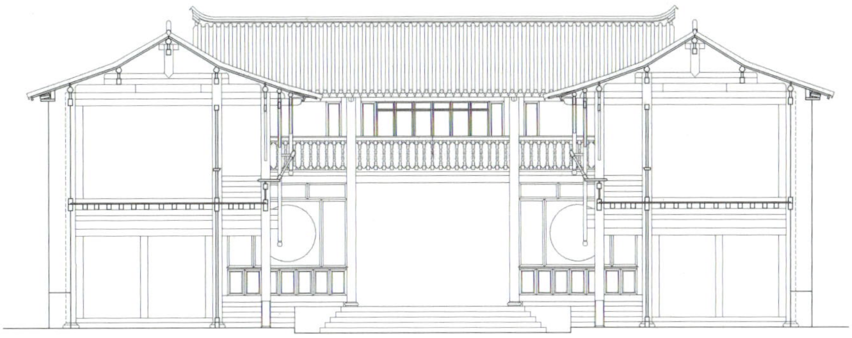

陈氏民居横剖面示意图

陈氏民居纵剖面示意图

陈氏民居院落

陈氏民居后门

陈氏民居内院天井

⊙ 陈氏民居内院

⊙ 陈氏民居正房

⊙ 陈氏民居厢房

陈氏民居屋檐下的木雕挂落

陈氏民居正房的垂花吊柱

陈氏民居的雕花门扇

陈氏民居的木雕窗花

金鸡村

一、历史概况

金鸡村位于保山市隆阳区金鸡乡，既是保山最大的传统村落，也是滇西南古丝绸之路进入缅甸的重要驿站。其历史之悠久，汉文化底蕴之深厚，在滇西保山一带首屈一指。金鸡村是蜀汉时期阳迁亭侯、云南太守吕凯的故里。育德村有不韦县城遗址，其历史可追溯到西汉元封二年（前109）。汉武帝开发“西南夷”，在今昆明置益州郡，下设二十四县，其西边的不韦县就设在了古哀牢国区域，即今天保山坝东面的金鸡村；同时把吕不韦的后裔从四川迁徙至保山坝新设县域定居，并将该县命名为“不韦”，“以彰其先人恶”。但吕氏家族为经济、文化实力雄厚的大家族，因而在保山“开文教之风”，保山地区的汉文化逐渐兴盛。东汉建初二年（77），永昌郡治从嶲唐县迁至不韦县，更扩大了不韦县对周边地区的影响。东汉末年，吕氏传至吕凯时，因抗拒雍闿的叛乱，吕凯“执忠绝域，十有余年”，受到蜀相诸葛亮的赞赏，后被升为云南太守，封阳迁亭侯。其子孙亦“世领永昌太守”。金鸡村也因以上历史原因，成为保山地区汉文化的发祥与传播地。

二、村落形态

金鸡村距保山城区十余千米，位于保山坝区东北边缘的凤溪山下。所在位置地形地势较为平坦，其发展受地形制约影响较小。整个村落占地约1.5平方千米，村内有居民约1500户。村落中的传统民居主要沿道路两侧分布。村落整体形态呈团状，类似一枚鸡蛋。村落内部的主要交通以横纵两条主要街道在街心形成的“Y”字形道路为骨架，其余道路由主街向外发散而出。街巷形态呈鱼骨状，建筑则按照发散出来的巷道沿线布局。总体分布较为规整，有明显的汉文化影响下的 “井”字形里坊格局。作为西南古丝绸之路上的重要通道口，金鸡村中保留了较多受汉文化影响的传统民居，并形成了滇西地区的传统建筑风格，同时还有许多东汉时期的遗迹。特别是在村落中部偏北的核心位置，有一片保留较好的历史街区——季平街与文庙街。街区内有文昌宫、金鸡古戏台、四方街及周边汉式风貌特点的传统民居建筑，成为该村最具特色的中心广场与地标。

三、建筑特色

1.民居

金鸡村的传统民居，主要以金鸡村中部偏北的季平街与文庙街为核心分布，也以布置在这两条街道两侧的建筑最为典型。季平街创建于汉晋时代，街道名称取自吕凯的字“季平”，以示纪念。现街道长约70米，宽7米，街道两侧分别有宽约2米的人行道。街心宽3米左右，以鹅卵石铺砌而成，中间镶有青石板。街道两侧比邻的店铺房屋即为金鸡村典型的传统民居。房屋分上下两层：下层为铺面，一直沿用至今；上层住人。在传统汉式木构瓦房的簇拥下，整体看上去，季平街具有江南水乡小镇典型的风貌特点。

文庙街呈东西走向布置，与季平街相互垂直。在街道西侧端头与季平街相交处，是金鸡村的古戏台。由于文庙街与金鸡村古戏台相连，街道空间具备了观赏功能，因此，街道西端的设置相对较宽，成为一个长梯形的四方街广场，与戏楼一起，共同组成戏楼前的一个长46米、宽21米的露天剧场。为了使后面的观众也能看到戏台上的表演，文庙街的街面采用了西低东高的处理方式，由戏台向东面逐渐升高，两侧建筑也随之抬高，空间特点十分明显。与季平街类似，文庙街两侧建筑也以二层传统汉式瓦房民居为主。

2.金鸡村古戏台

金鸡村古戏台是保山保存最完整、年代最久远的古戏台，至今仍是当地老百姓进行戏曲表演的大舞台。位于金鸡村文庙街西段与季平街交接处的古戏台，始建于明代，清光绪三年（1877）重修，现存建筑为民国三年（1914）重建。它是金鸡村主要的公共活动场所，占地面积为130平方米。古戏台为二层单檐歇山式阁楼，抬梁式结构。戏楼坐西向东，楼面呈“凸”字形布局。戏台向前伸出，面向四方街广场，两侧的耳房缩后而建。楼上为戏台，楼下为街门。主戏台前飞檐垂柱，内壁有诗画装饰，雕梁画栋，具有浓郁的艺术氛围。

3.庙宇

（1）文昌宫

文昌宫位于金鸡村内四方街右侧中部，其建筑群规模宏大，建筑形式古朴雅致。总建筑分为四层，其中第四层魁星阁最为高大，阁内塑文昌帝君、天魁星、孔子像（被毁于“文革”期间）。文昌宫是金鸡村历代的教育圣地，曾为金鸡村小学校址。抗日战争期间，国民革命军第十一集团军总司令宋希濂的指挥部曾设在此处，后又转移到金鸡寺院内。

（2）金鸡寺

金鸡寺位于保山市金鸡村后面的虎山山巅，前有王家山，左有毡帽、道人二山，右有虾蟆山。一寺耸立中央，巍峨庄严，气势磅礴，为保山地区著名的游览胜境。

金鸡寺始建于唐代玄宗与德宗年间，历史悠久，建筑工艺精湛。建筑分上下两院，画栋雕梁，宏伟轩敞。上院建筑属佛教信仰范围，塑有千姿百态的佛像。下院建筑属道教信仰范围，为清代修建，内有玉皇大帝及诸神塑像，神态肃穆，气派不凡。历代造访金鸡寺的达官显贵、文人墨客络绎不绝。寺内遍布的各类匾额楹联和名家书法真迹，又为寺院平添了儒家文化色彩。院内有精工细雕的透漏格子门八扇，每扇刻有八洞神仙，技法巧夺天工，令人赞叹不已。金鸡寺是全国少见的融合儒、释、道三教文化的寺院建筑。

⊙ 金鸡村航拍图

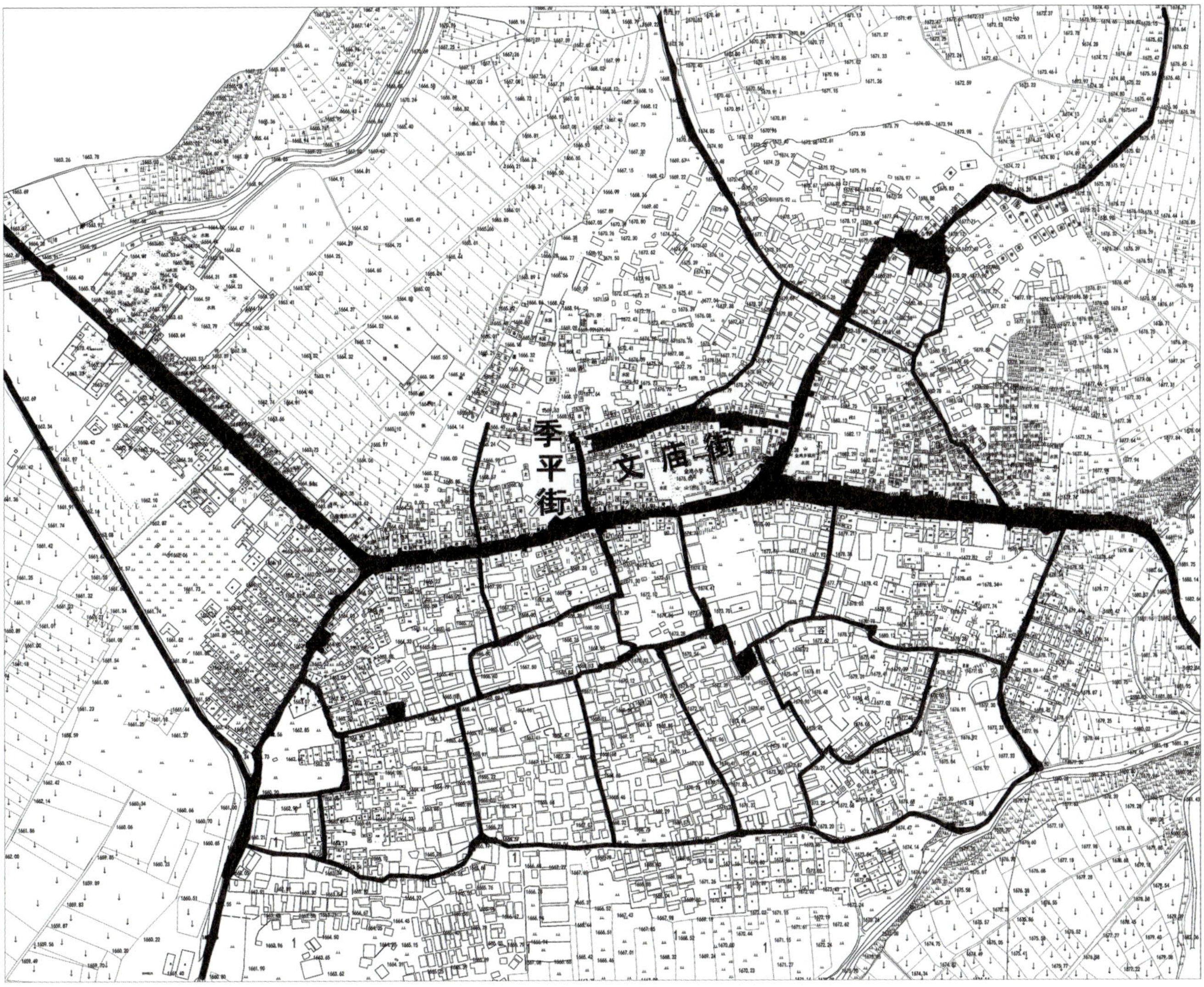

⊙ 金鸡村的“Y”字形干道和鱼骨状路网示意图

季平街街景及民居

进入戏台前的街道

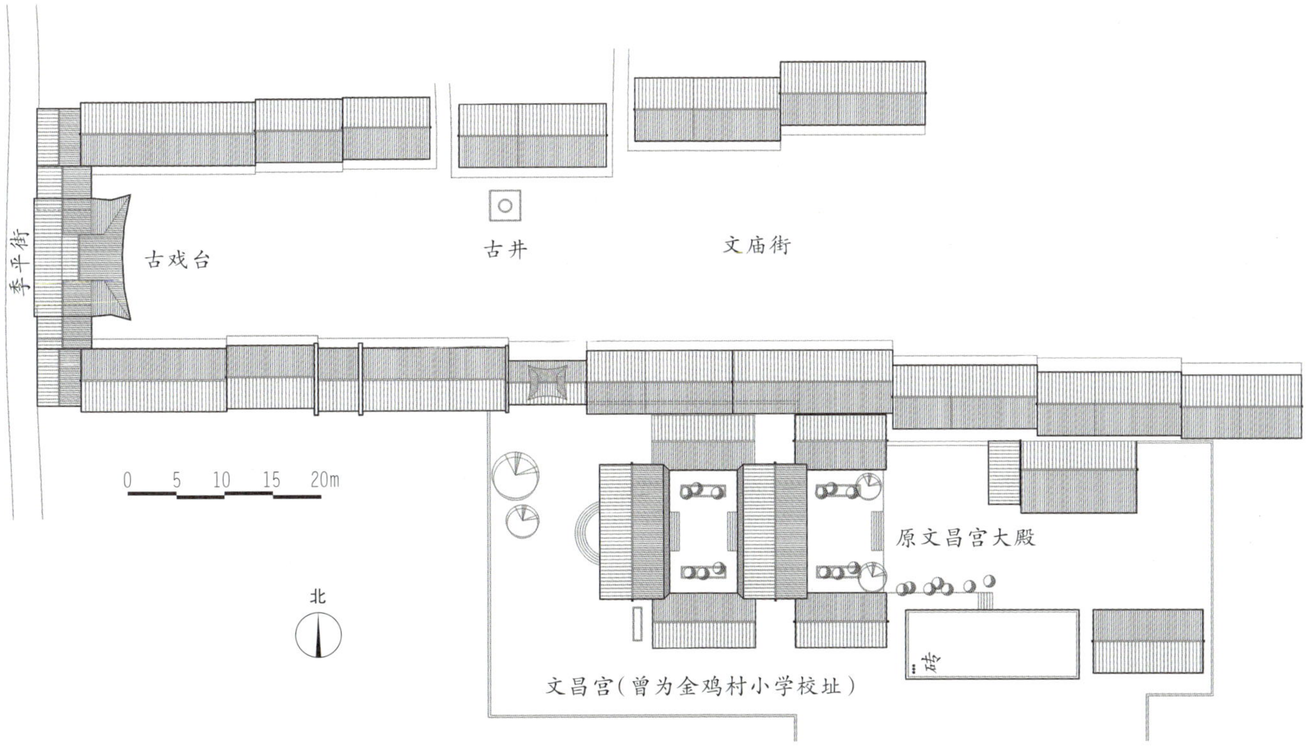

四方街广场平面图

四方街广场的东向空间

四方街广场的西向空间

⊙ 四方街东端的财神庙

⊙ 四方街西端的古戏台

古戏台

从古戏台上看广场

古戏台的木雕斗拱装饰

文昌宫大殿前的西式风格大门（文昌宫曾为金鸡村小学校址）

嚴肅

文昌宫的大殿

文昌宫的厢房

文昌宫的过厅

文昌宫的门楼

金鸡禅寺平面示意图

金鸡禅寺

金鸡禅寺的大殿

东莲花村

一、历史概况

东莲花村位于大理白族自治州巍山彝族回族自治县，地处素有“红河源头第一镇”美称的永建镇的坝子中央，距巍山县县城25千米。东莲花村始建于明初，至今有600多年的历史，是由云南行省平章政事赛典赤·赡思丁之子马德宗的后人繁衍生息，发展而成。东莲花村地势低凹，河水经常泛滥，种稻难收，因此多数村民栽莲种藕，村落也由此得名。元宪宗三年（1253），忽必烈、兀良合台率十万大军入蒙化（今巍山），明洪武十四年（1381），朱元璋令大将傅友德、蓝玉、沐英征南；班师后，留沐英镇守云南，沐英的部众分散于此屯田，与赛典赤·赡思丁的后裔及当地各民族融合，形成永建回族村。到明朝后期，永建回民在“戍守屯耕”的同时，发展商贸运输。清咸丰六年（1856），杜文秀在大、小围埂揭竿起义，东莲花村回民与众人一起参加起义。起义因遭到清政府重兵镇压而失败，全村几乎房毁人亡，幸免于难的马氏回民逃往他乡。后来清政府又下令让流亡的回民归籍，与该村的张氏先辈一起重建家园，从此东莲花村逐渐走向繁荣。

自1911年起，村民以农业生产为主，并通过马帮走南闯北，贩运糖、茶、丝麻等物品。通过几代人的艰苦努力，东莲花村出现了许多富户大院，至今不仅完好地保存着具有“三坊一照壁”“四合五天井”“走马转角楼”等式样特点的古民居28座，建于近代的碉楼5座，而且还完整地保留了回族村庄的风貌，在宗教建筑、民族饮食、风情习俗等方面保存着丰富而浓厚的文化传统。

二、村落形态

东莲花村总占地面积为5.5公顷（约合5.5万平方米），永建镇内的村间公路由东向西穿村而过，南北各有一条村间道路通向邻村。村内地势平坦，巷道一般宽4.2米，以清真寺为中心，构成方形的内环，并与公路及村间道路连通，构成“一点四方”的聚落平面形态布局。“一点”是指以清真寺为整个村落的核心，“四方”是指马氏三兄弟与张家大马锅头所建的四座大院。在村落的西侧还有一座风雨廊桥——永济桥。

东莲花村回族传统民居的建造受大理地区白族文化的影响较深，村民建房时均采用白族“三坊一照壁”的院落形制，多为两层的正房或耳房，建筑高度在6—8米之间，在高差上变化不明显，建筑外墙多采用夯土材料。由于村落街道两侧多为这种合院形制的住房，主干道形成了较为平缓连续的街道边界面。

在聚落空间的自然要素构成方面，东莲花村西侧被米汤河所环绕，北侧建有36亩（约合2.4万平方米）的储水塘——母亲塘，村东入口处以莲花塘做标识，村落南侧则是大片农田耕地，这些地景共同组成了东莲花村外部空间的自然边界。村子内部的人工要素主要有碉楼、清真寺、永济桥、马厩、马场、民居合院等。它们通过巷道与水体的穿插和联系，形成了功能清晰、秩序分明的村落空间特点。

三、建筑特色

1.寺院

清真寺是东莲花村最具代表性的建筑之一，也是整个东莲花村群众宗教活动的场所与传播伊斯兰文化的中心。始建于清末的清真寺占地约8.8亩（约合5866.7平方米），由宣礼楼、朝真大殿、讲堂、沐浴室等建筑组成。整个清真寺有一条东西向的轴线，依次是大门、宣礼楼、朝真大殿，南北两侧是讲堂、宿舍。

宣礼楼为楼阁式建筑，南北长20.6米，东西宽12.6米，建筑面积为856平方米。宣礼楼正面为四层重檐，中部厦檐较高，平身八个大斗上施如意斗拱，采用通柱式结构形式。

朝真大殿为重檐歇山式建筑，长41.2米，宽19.5米，建筑面积约为803平方米。大殿始建时面宽五开间。1921年扩建大殿，由五开间增至七开间。1987年又再次扩建，大殿由七开间增至十一开间。清真寺大殿正面檐下施清式斗拱，正面额枋下施挂落。明间及第一、二次间斗拱平身五攒，第三次间、稍间及尽间的斗拱平身五攒，均为三跳七踩偷心造。前廊两内侧均绘有麦加“天房”（又称“克尔白”）的图像。大殿正面与山墙交接处的墀头做法颇有特点，有当地白族民居三滴水屋檐的微缩形态。南北两厢对称设置，做讲堂、宿舍之用。

2.民居

东莲花村的民居院落是构成整个村落的主体建筑，其民居多为“三坊一照壁”“四合五天井”“六合同春”“走马转角楼”等格局。这些院落以马如骥大院、马如骐大院和马如清大院最具代表性。

（1）马如骥大院

建于1941年的马如骥大院，将汉族、白族、彝族等民族传统文化与回族优秀文化融合为一体，是一座包含一碉、二院、三门、四阁、五堂、六天井的豪宅大院。它以独特的建筑风格、合理的院落布局、细腻的木雕工艺、精美的照壁壁画等特点，成为东莲花村回族民居建筑群中的典型院落。

马如骥大院主要由三个建筑体组成，采用“六合同春”的平面布局，形成“一碉两院三门、四阁五堂六天井”的空间组合。以东西耳房、厅房同南面的主照壁构成南院的“三坊一照壁”，以主房、东西厢房、大门和角楼构成北院的“四合五天井”。东面建筑是主人居住的地方，北面是当时储存货物和赶马人居住的地方。南北两院的正房、厢房及耳房均为二层木构架与夯土墙砌筑，梁柱结构采用抬梁式与穿斗式相结合的方式，同时在建筑二层设置1.4米宽的外廊连接南北两院，使各个房间彼此均相互连通，成为“走马转角楼”格局。该院落最具特色的创新处理，是将南院东侧的厢房建构为四层碉楼。该碉楼面阔两间，宽8.8米；进深一间，深4.6米。整栋碉楼高12.4米，为木构重檐歇山顶，出檐深广，翼角飞扬。

（2）马如骐大院

马如骐大院坐落于东莲花村东南角，于

1945年修建完工。整个院落平面呈长方形，南北向布局，占地面积约859平方米。大院长34.4米，宽23.6米，由一道总大门、一座三层吊脚楼式碉楼、一扇照壁、两组三合院共同组成。整个院落布局合理，建筑结构保存完好，雕刻与彩绘装饰精美。

大院由南北两个“三坊一照壁”院落对拼而成，院落大门设于南院西侧厢房一层，门头正中央置一块匾额，上书“骐庐”二字。南院为赶马人及仆人的住所，院落南坊为一联四间两层的大马厩，与东南角的碉楼相连通。碉楼为三层木结构，通高11.8米，屋顶为重檐歇山顶，山面设马鞍形封火山墙。

北院为标准的“三坊一照壁”格局，由三坊两耳两天井共同围合，各坊均为三间两层木构，重檐悬山顶。南院北侧有一扇照壁，是马如骐大院的装饰重点。照壁样式为典型的白族三滴水照壁，纵横两向均为三段式划分。照壁南面正中墙面以白灰粉底，上书“彩云南现”四个青色大字；照壁北面中段书对联“福如东海大，寿比南山高”，墙面题塑“扶风世泽”。这扇照壁高大挺拔，雕塑逼真，形制优美，彩绘生动，是东莲花村中保护最为完好的一扇照壁。

（3）马如清大院

建于1945年的马如清大院，是东莲花村中占地面积最大的一座民居院落，由主人宅院、赶马人住院与大马场三个部分构成。主人宅院又分为东院、中院和西院。该院落东西向最宽65米，南北向最长74米，总占地面积约6.5亩（约合4333.3平方米）。

院落的大门是三层八角高锥形建筑，底层做通道，上面有三层锥形尖顶，大院由一道总门、两座碉楼、两坊连体成排的大马厩、三个大院组合而成。入口碉楼建筑为长方形平面，长5.8米，宽4米，有三层，高12米。底层架空，形成联系各院的入口空间；二层通过西院东厢房尽端楼梯而上；三层平面为六边形，人在内部可以从不同的方位看家护院。

西院是主要居住大院，为“四合五天井”院落。中院的角楼坐北向南，为三层建筑，连接东西两院，侧面连着六间马厩。中院最重要的建筑是院落北侧的三层碉楼。该碉楼平面为长方形，两进两间，屋顶为悬山顶，屋脊两侧设马鞍形封火山墙收头。东院为“三坊一照壁”的建筑格局。

赶马人住院为典型的“四合五天井”平面布局，由四坊三耳共同围合。大马场占地2.2亩（约合1466.7平方米），为马如清专门留出来训练马匹、供马群打滚休息的地方，占到整个院落的三分之一左右。

3.桥梁

明万历元年（1573）修建的永济桥，是当时永建马帮经济繁荣的见证。其主体结构为石礅长廊式木架廊桥，桥身全长15.6米，宽3.25米，高6.9米，上有木屋顶瓦。桥身两侧设有木架栏杆并置长凳，可供过往行人休息。桥体两端有斜撑柱脚埋入桥墩下，中部由一根圆木相连，两端由两根直木悬挂于中央的“人”字形木架上。整座桥梁结构严谨，造型美观，虽历经四百多年风雨，至今仍雄跨河上，造福于民。

马如骥大院右边院落的门罩

马如骥大院的外照壁

进入马如骥大院右边院落的门

马如骥大院入口

马如骥大院入口的照壁

马如骥大院内的匾额

马如骥大院的碉楼

⊙ 马如骥大院的院落与碉楼

⊙ 马如骥大院的碉楼

⊙ 马如骥大院的廊心墙

从房内看马如骥大院

马如骥大院二楼的廊道

马如清大院入口的门楼与亭阁

马如清大院的碉楼

马如骐大院入口

马如骐大院南院的照壁

马如骐大院北院的照壁

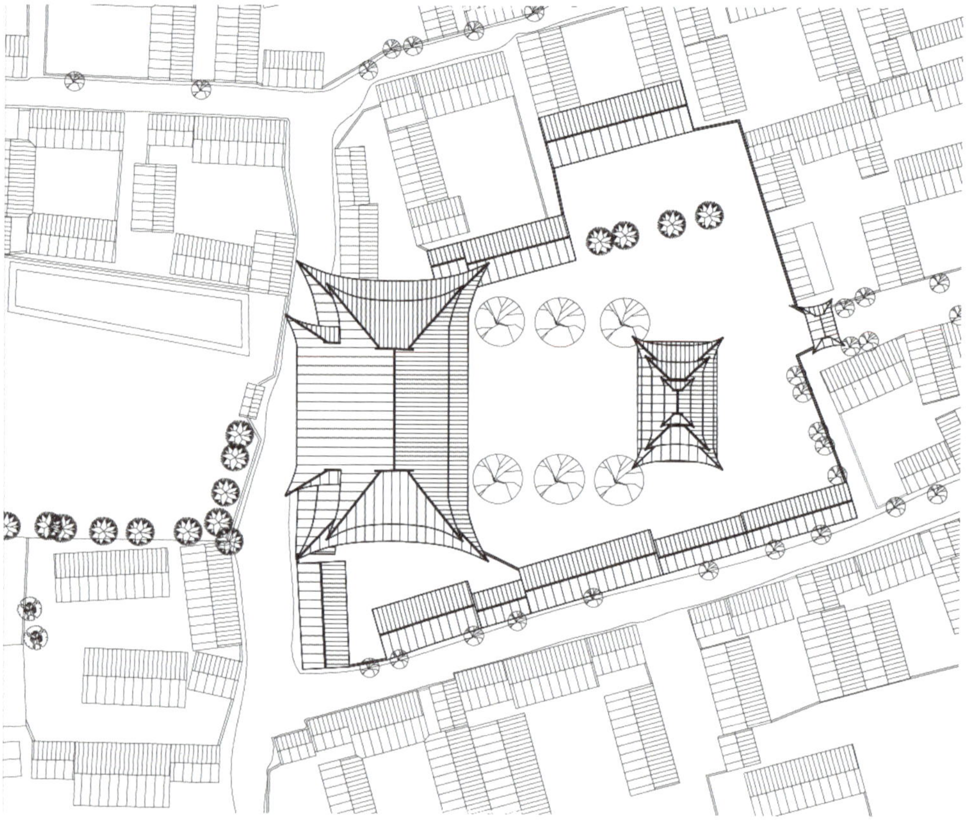

东莲花村清真寺总平面示意图

清真寺宣礼楼正立面

清真寺宣礼楼侧面

清真寺的朝真大殿

清真寺宣礼楼背立面

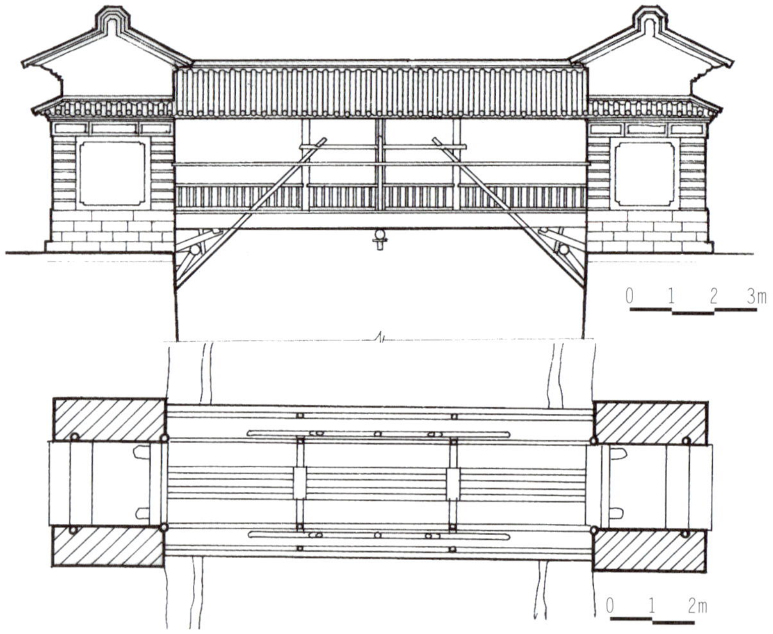

⊙ 永济桥立面图、平面示意图

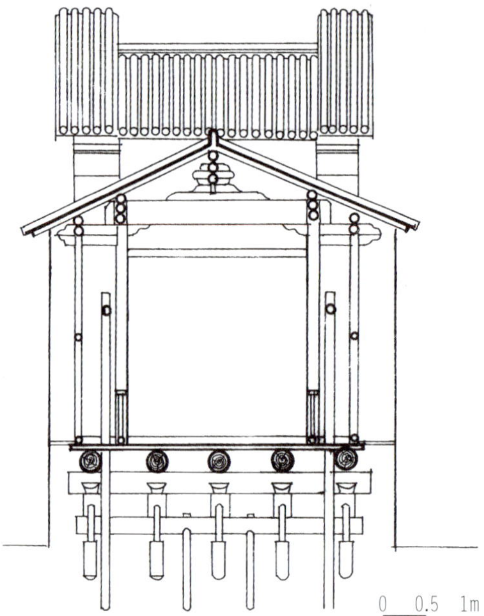

⊙ 永济桥剖面图（1）

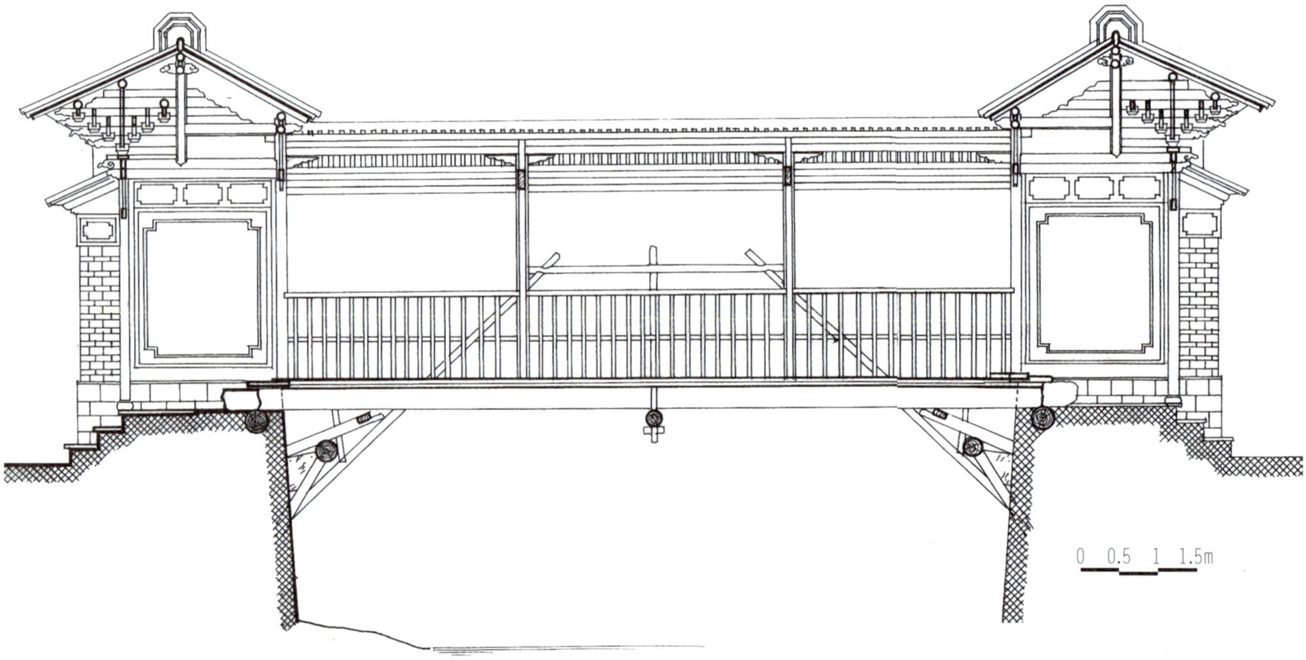

⊙ 永济桥剖面图（2）

永济桥门楼

永济桥

⊙ 民居大门

建塘镇

一、历史概况

建塘镇位于迪庆藏族自治州香格里拉市，是云南进入四川、西藏的交通枢纽，也是滇、川、藏“茶马古道”的要冲，自古以来就是“茶马古道”上的历史重镇和滇藏公路的必经之地。建塘镇四周雪峰林立，地属高寒坝区。辖区内的龙潭河、奶子河、纳赤河流经镇内，注入纳帕海自然保护区。这里有云南最大的草原牧区，还有碧塔海自然保护区、属都湖等高原景区，湖光山色，美不胜收。哈巴雪山、噶丹·松赞林寺、藏族民居，以及独特的风土民俗，共同构成了一幅理想与现实交错的“香巴拉”（藏语的音译，意为“极乐园”）图景。

建塘镇分为“独克宗”古城和新城两部分。据《建塘古城史话》载，香格里拉古城史称建塘，与巴塘、理塘并称为“三塘”。古城始建于唐仪凤至调露年间。吐蕃在此修筑城堡，建于石山之上，名曰“独克宗”，意为“建立在石头上的城堡”或“月光城”。古城自明清以来不断被改建，后期的古城设有东南西北四座城门；城墙四周筑有16个土碉楼，用于防守戍卫。古城依大龟山而建，有龟山古井、藏经堂、释迦殿、百鸡寺、陆军墓、十字街卡房、鹤庆古驿栈、旧衙门、文武庙等遗址可寻。2014年1月11日的一场火灾，导致城中许多街区房屋被毁。如今的独克宗古城，多数房屋系后来修复、重建而成。

二、村落形态

建塘镇在村落形态的归类上，可根据斯心直所著的《西南民族建筑研究》中的分类，被归为“宗教聚落”与“贸易聚落”混合的类型。

“宗教聚落”的元素体现在古城中有着宏伟壮丽的宗教建筑群，古城区域内的宗教氛围深深浸透在建筑、景观甚至人们日常的生产生活中。

“贸易聚落”的元素体现在古城的空间构成形态上。古城的空间形态具备以下四个特征。

第一，聚落多位于坝区或半山区，依山傍水，因地制宜。

第二，聚落中通常有一个面积较大、平面布局方整的广场——四方街。四方街的功能集商业贸易、互市、举行娱乐活动、召开乡镇会议等于一体，是居民的重要活动场所。

第三，建筑屋屋多朝向或围合广场而建，或沿主要街道布置，房屋间隔较小，密度较大，越接近聚落中心越集中，且沿街房屋少有树木或林荫环绕。

第四，聚落中的主要街道由广场向四周辐射，与地形地貌密切相关，呈网格、棋盘或放射状分布。

建塘镇处在群山环抱之中，街巷布局结合自然，依山就势，以大龟山为中心，西靠主山，东有印心山、五凤山，北有佛屏山，南有栏马坡、朝天阁等。东及东南面开敞，为草甸和农田。古镇内的道路、藏族民居大多以大龟山为中心，向四面八方呈放射状布置，平面空间形态犹如盛开的八瓣莲花，使古镇融入优美的自然环境之中，天人合一，情趣盎然。

建塘镇亦被称为“石寨之城”，明代曾环绕大龟山垒石为城，毁于清康熙年间的战乱。雍正二年（1724），总督云贵部院中协副总兵孙宏本驻兵香格里拉，于百鸡寺东面山腰筑土城一座，安设四座城门楼，无垛口、炮台；周围顺筑土墙，墙外也无壕沟；内建兵房数十所，作为兵寓。后于乾隆二十四年（1759）重修。咸丰三年（1853）又重修四座城门楼。同治二年（1863），回民起义攻陷香格里拉，将土城及城内的文武官衙署、独克宗藏经堂、陕西与山西会馆等建筑焚毁殆尽。民国初年，旧城又屡遭乡城、东旺地区的土匪抢劫烧杀，几被夷为平地。民国十年（1921），因嫌旧城狭隘，又缺水，故在旧城之东筑建新城。新城与旧城基为连环形，县政府即在连环套中（原为守备衙门遗址）。城墙覆木为檐，盖以草饼，以御风雨。

新城平面形状不方不圆，设东南西北四门及小东门，建有城堡八座，城外无壕。在城中大龟山的山顶建有大佛寺，山前有清泉涌出，水源充沛，全城用水皆取于此。整个古镇民居围绕大龟山而建，以石块铺筑街巷道路。此城名为“本寨村”，即今日“独克宗”古城之雏形。现今的建塘镇，就是以“本寨村”为基础发展演变而来的。古城道路以大龟山为中心呈放射状展开，城中主要街道有北门、金龙和仓房三街，还有众多的巷道，形似蛛网。城中心有1亩多（约合666.7平方米）的四方街，历史上是居民公共活动和商贸交易的中心。

三、建筑特色

1.庙宇

（1）藏经堂

藏经堂又名藏公堂，建于清雍正二年（1724）。藏经堂大殿平面为正方形，面阔、进深各14米，三重檐歇山顶。外形为汉藏结合的建筑风格；堂内构架为藏式建筑结构；有藏传佛教壁画170平方米；东西两侧厢房为藏式建筑。藏经堂原名“本寨经堂”（藏名为“独肯纯巴西康”），为全城藏族民众集会、议事、举办佛事活动的场所，也供群众办理婚丧宴会之用。清咸丰三年（1853）重新修缮，同治八年（1869）毁于战乱，光绪八年（1882）又由民众捐资重建。1936年，中国工农红军第二方面军长征经过迪庆时，贺龙、萧克将司令部设于藏经堂内，并在此召开重要军事会议。1983年修复后成为“红军长征纪念馆”。

藏经堂主殿高三层，其建筑外形为汉式的重檐歇山顶殿堂，内部却是典型的藏式佛殿，室内墙上保留有清代藏族艺人所绘的壁画。大门两边的墙壁上绘有藏传佛教四大金刚，绘工精美。它以藏式宗教画为主体，兼收汉、白、纳西各民族绘画特色，体现了藏地罕见的文化交融现象。

（2）大龟山朝阳楼

清康熙年间，大龟山的山巅曾建有大佛寺，内供释迦牟尼佛金身。同治二年（1863）遭兵乱之毁。光绪元年（1875）重建，规模不如以前。1950年迪庆和平解放时，第一面五星红旗在此升起，历史意义深远。“文革”期间遭到严重破坏，仅留下断壁残垣。1986年于原址重建今朝阳楼，为古城中大龟山制高点之景观。位于古镇内最高点的朝阳楼高三层，为汉式楼阁建筑。登高远望，全城及周边景观尽收眼底。

2.民居

建塘镇的藏族传统民居，主要根据当地的气候特点、地形地貌及生产生活需要而建，体现了因地制宜的地方文化。其中，典型的传统民居形式主要有两种：一是分布在雨雪较多的高寒地区的“闪片房”，二是在干热或干冷的河谷台地的平顶“土库房”。

建塘镇现存的大量藏式房屋，包括民居、商铺、宗教与纪念性建筑，以及历史遗留的马店、驿站、客栈等。城中建筑多为二层或三层土木结构双坡屋面的“闪片房”。按蒋高宸编著的《云南民族住屋文化》所述，“闪片房”属于“板屋”系住屋，多以杉木板覆盖屋顶，屋面为双坡样式，且坡度较缓。这既与此处的降雨量偏小有关，也是为了减少覆盖闪片的滑移。房屋平面布局多采用“一”字形，进深大，窗少而小。窗口设为“喇叭口”，以应对高寒气候特点。建筑主体的木构架相对粗放。带有中柱的堂屋为二层平面的核心。中柱在堂屋中心，用材粗大。当地常以中柱用材的粗细来体现房主人的财富地位。堂屋则是家庭活动的核心空间。堂屋的面积较大，其中设有火塘、神龛、水亭。火塘正面墙上多绘有“吉祥八宝”等主题彩画。建塘镇的藏式民居最明显的建造特征还有围护结构的墙体。其外墙多为厚实的夯土墙，向上有明显的收分；主要施以粉白色，体现了藏族尚白的传统。

虽然建塘镇的民居以“闪片房”为主，但在噶丹·松赞林寺周边及河谷台地，采用的则是平顶“土库房”。该“土库房”与“邛笼”（羌语音译，意为碉房）更为接近，是“邛笼”的变异形式，建筑外形立面收分较大。其平面格局基本为“凹”字形或“回”字形空间，常结合不同坡地高度，设为2—3层的退台式平顶建筑。室内以分层设置的木梁柱承重，四周以夯土墙围护，上覆厚实的屋顶，墙底部以块石筑墙基，土墙上的窗口也是呈“喇叭”状。这种住屋形式可以满足隔热防寒的需求。

3.茶马古道遗迹

茶马古道是在特定自然环境和社会环境下形成的大型商贸交通体系，沿线的各类文化遗存，蕴含着丰富的自然和人文信息，在亚洲文明的传播中起到了重要作用。茶马古道沿途各类遗存反映了古代当地居民生产生活方式和文化传统，见证了延续千年的马帮文化。云南茶马古道主要包括两条主线和三条支线。两条主线是，滇藏东线由大理过丽江，经过中甸（即现在的香格里拉），到达西藏昌都市；滇藏西线从大理过怒江，到西藏昌都市。三条支线是，以云南三大茶区为起点，西藏为目标消费区，途经地大理为主要集散地，形成自易武过景洪、普洱到大理的易大线，自临沧过凤庆到大理的临大线，自腾冲经保山过永平到大理的腾大线。作为藏族聚居区与内地经贸交往的纽带和“茶马古道”的要冲，建塘镇的部分街巷，其石板路上还保留着当年马帮的马蹄印迹。这种以茶马互市为主要内容、以马帮运输为主要方式的重要线性文化遗产，在我国西南地区具有独特的历史文化价值。

建塘镇总平面示意图

建塘镇全景

⊙ 街巷与民居

⊙ 街巷广场与新建的喇嘛塔

⊙ 茶马古道遗迹

⊙ 街巷

⊙ 街巷中的村民

⊙ 街巷

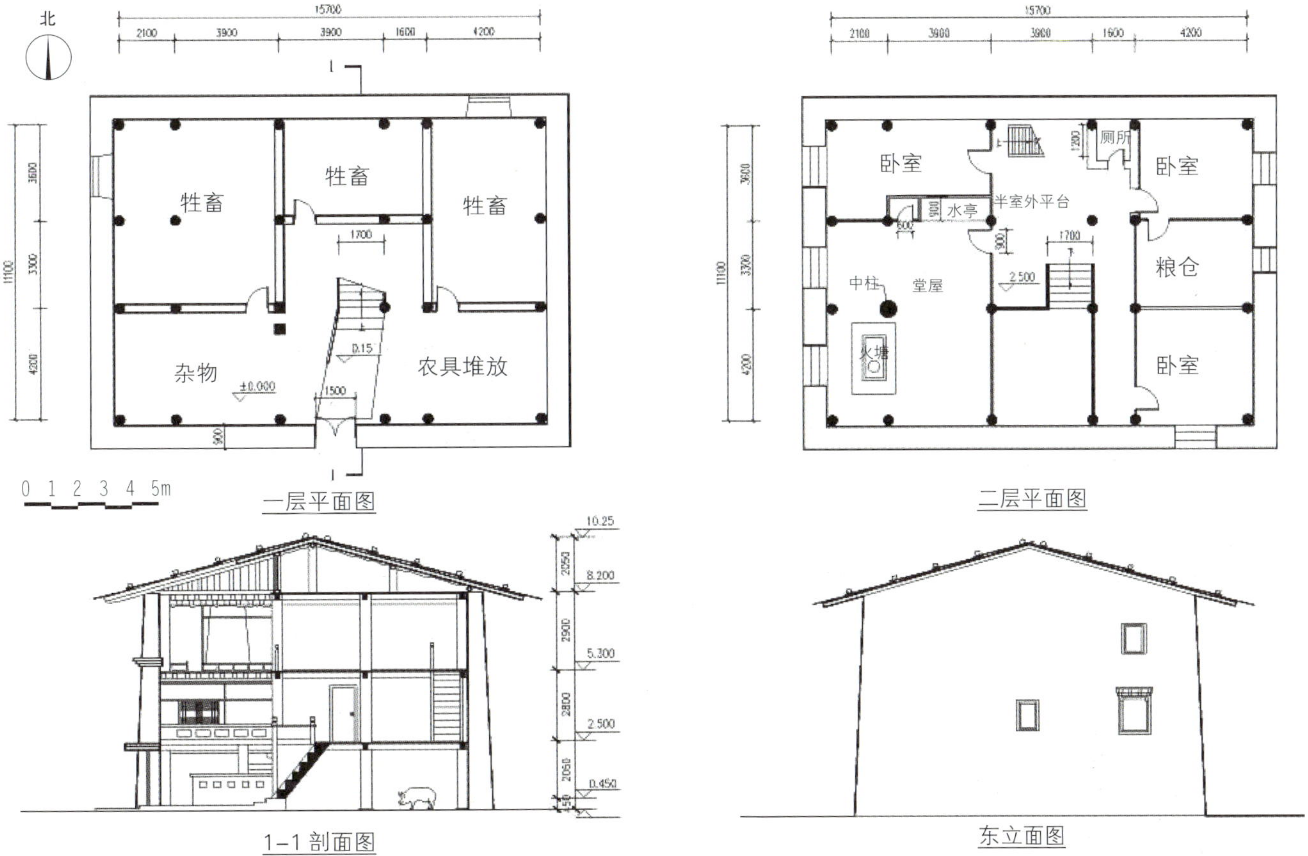

⊙ “闪片房”民居平面图，剖面、立面示意图（引自吴艳博士论文）

⊙ 鸟瞰建塘镇(局部)

⊙ 建塘镇街巷旧貌

⊙ 鸟瞰建塘镇的“闪片房”民居

⊙ 建塘镇街巷旧貌

⊙ "闪片房" 民居外形

⊙ "闪片房" 民居外形

⊙ "闪片房" 民居室内

⊙ 噶丹·松赞林寺(局部)

⊙ 噶丹·松赞林寺(局部)

噶丹·松赞林寺(局部)

远眺藏经堂

修缮后的藏经堂大殿

庆丰古盐井

晒盐棚

晒盐棚

⊙ 盐文化博物馆

⊙ 龙女牧羊发现盐井图

⊙ 制盐的鸡窝灶

⊙《封氏节井》大型石刻浮雕壁画（局部）

石羊文庙立面示意图

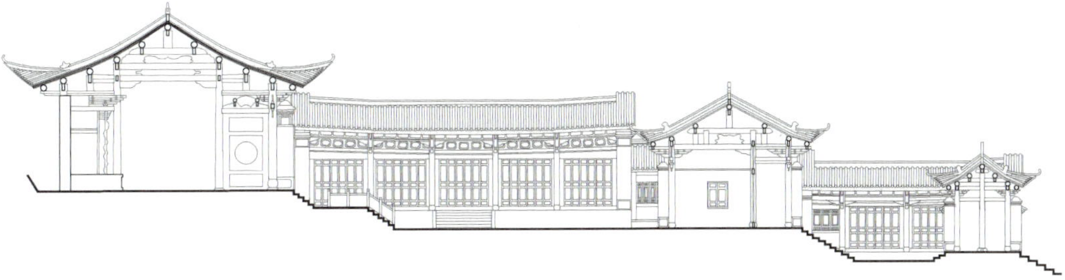

石羊文庙剖面示意图

石羊文庙的大门

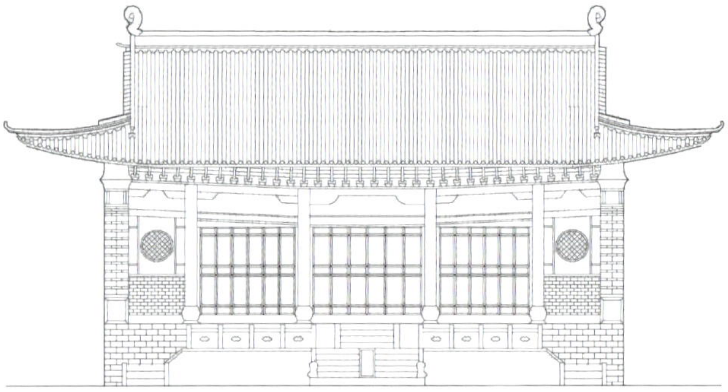

石羊文庙大成殿立面示意图

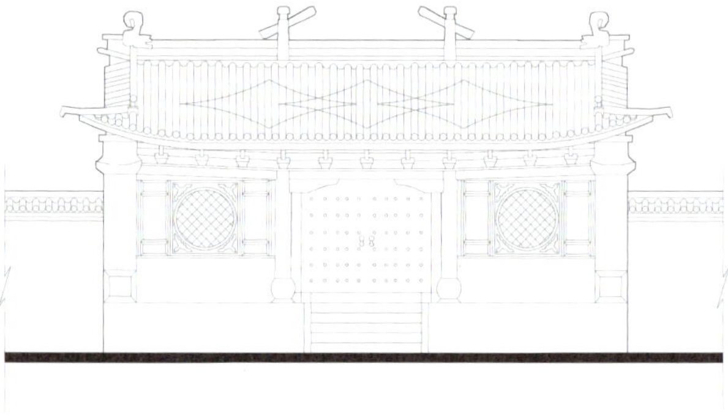

石羊文庙棂星门立面示意图

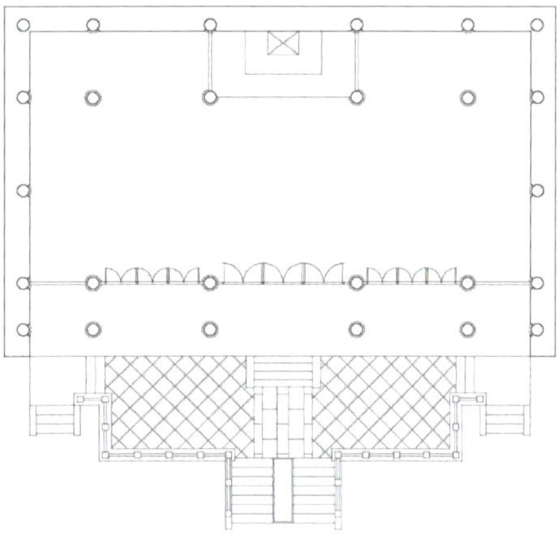

石羊文庙大成殿平面示意图

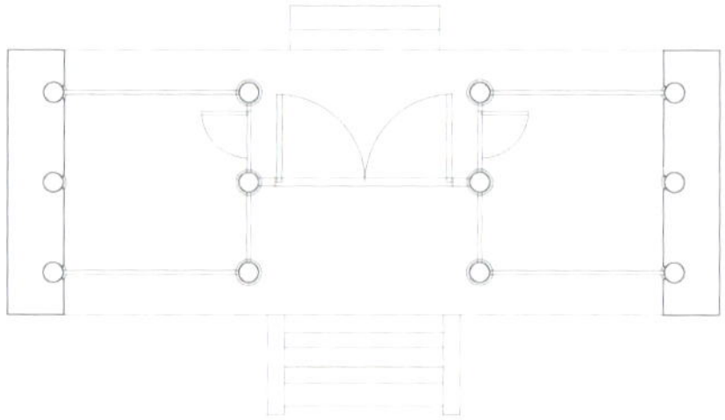

石羊文庙棂星门平面示意图

石羊文庙的大成门

石羊文庙的大成殿

石羊文庙的大成殿(殿内)

石羊文庙大成殿旁孔子弟子的塑像

⊙ 石羊文庙的泮池与棂星门

⊙ 石羊文庙的棂星门

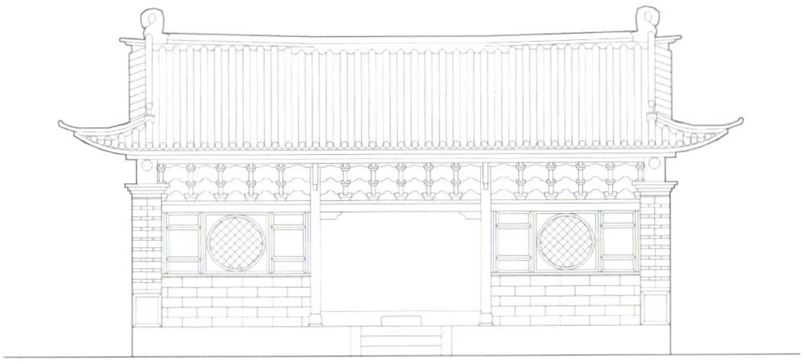

石羊文庙明伦堂立面示意图

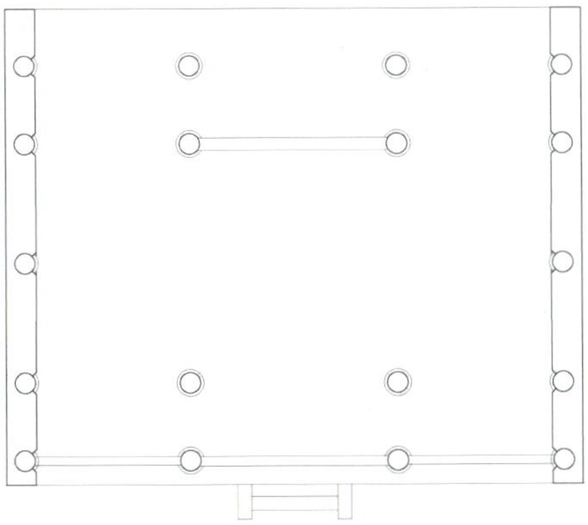

石羊文庙明伦堂平面示意图

石羊文庙的明伦堂

石羊文庙的魁星阁

石羊文庙的仓圣宫

故圆通楼及后轩仍为明代建筑。

龙华寺坐西向东，在中轴线上依次设有山门、照壁、钟鼓楼、天王殿、水池、碑亭、两厢和正殿，此外还有两耳、后轩、圆通楼及大小房屋百余间。寺内环境幽胜，建筑庄严雄伟；寺外古柏参天，青翠碧绿。山门为“冂”形牌楼式建筑。山门后迎面是一块照壁，照壁前后都是长方形小院，由照壁两端的小门进入第二院，格局就像白族传统的“三坊一照壁”合院形式。整个山门造型独特，内院空间尺度宜人，极具白族传统民居特色。

在照壁后对称布置了三开间三重檐厢房与钟鼓楼。建筑极为巧妙地利用了地形的高差变化，将天王殿通过两山面另加建的单层耳房，与钟鼓楼二层连通，共同组成紧凑的“冂”形平面空间组合。在天王殿后，隔水池居中靠墙壁处，安置一座佛龛，龛内塑“菩提女”（即高泰祥之女）。再沿水池两侧上至正殿前的院落，又在院落靠水池边对应佛龛处设置碑亭，借助地形高差，与“菩提女”佛龛合为一体。碑亭内塑韦陀像，两侧立碑以记载龙华古刹的毁建历史与传说。

正殿大雄宝殿为面阔五间、进深四间、高15米的厅堂式木构建筑，殿前檐廊宽敞，以大理石雕屏栏镶边。整个大殿屋宇高敞，巍峨壮观。殿内居中三间塑有高大的三世佛，佛像盘坐莲台；胁侍的文殊、普贤菩萨像，均为清代遗物。寺内木雕、砖雕、石雕遍布各处，为省内其他建筑所罕见。

（2）文昌宫

在光禄镇光禄山东侧有座凤岫山，俗称小团山。清乾隆年间，乡人鲁印姬等在凤岫山山麓倡建文昌宫。同治十三年（1874），赵子骧、马驷良重建文昌宫。

文昌宫依山就势，层叠而上，为三重堂组合的建筑群。第一重为魁星阁，楼中有魁星塑像；第二重为大成殿，匾额题“鱼跃鸢飞”，殿内有孔子及其四配塑像；第三重为正殿，匾额题“经纬天地”，有文昌帝君塑像，阶边有大理石围栏。北厢外有个小花园，建于悬崖上。赵鹤清在园西叠置一假山，盘曲如龙，引山泉水由假山上流出，俨如瀑布。园内有高丈余的“飞来石”，赵鹤清集乡人将其竖立在园内，马驷良书“飞来石”三字镌其上，并镌赵子骧题诗，诗曰：“此石闻飞来，从前在何处？到此几多年？胡不他山去？”

4.衙署

姚安路军民总管府，俗称“高土司衙门”。据载，蜀汉时期，高氏始祖高翔随武侯入滇，沟通了内地和西南少数民族的政治、经济与文化交流，功绩卓著；二十世祖高义和任南诏弄栋军演习一职，其后代世居光禄，历唐宋元明清各代，世有其地。元代姚安先置“州”，后升级为“路”，朝廷置姚安路军民总管府于光禄，高氏袭职受州、路两级土职，故其衙署俗称“高土司衙门”。大理国段氏避位，国人推高升泰为帝。两年后，高升泰寻段氏子孙复国。高升泰则被称为“国让公”，该地也被称为“高让公故里”。高氏素为南诏、大理权臣，有“九爽七公八宰相，三王一帝五封侯”的政坛佳话。

作为元代西南军事和古姚州地方政治的合署办公区，姚安路军民总管府坐西朝东，系“三重堂”格局，为三横一竖的“王”字形结构。总管府由仪门、一重堂、二重堂、三重堂、古戏楼、过厅和两厢组成。仪门分为生门、死门和正门，分别为官员日常出入、死刑犯人专用和中央王朝官员视察使用。一重堂“勤勉堂”，为地方行政办公区，左右两厢分设六房（吏、户、礼、兵、刑、工），前方建有戏楼；二重堂“思补堂”，为军事议事要地，左右两侧设会文馆和会武馆，分别接待文武官员。此二堂均为面阔五间，进深四间，单檐歇山顶，青瓦屋面。三重堂“玉振堂”，原为大唐军王殿，面阔七间，进深四间，重檐歇山顶，青瓦屋面，建筑规模宏大。

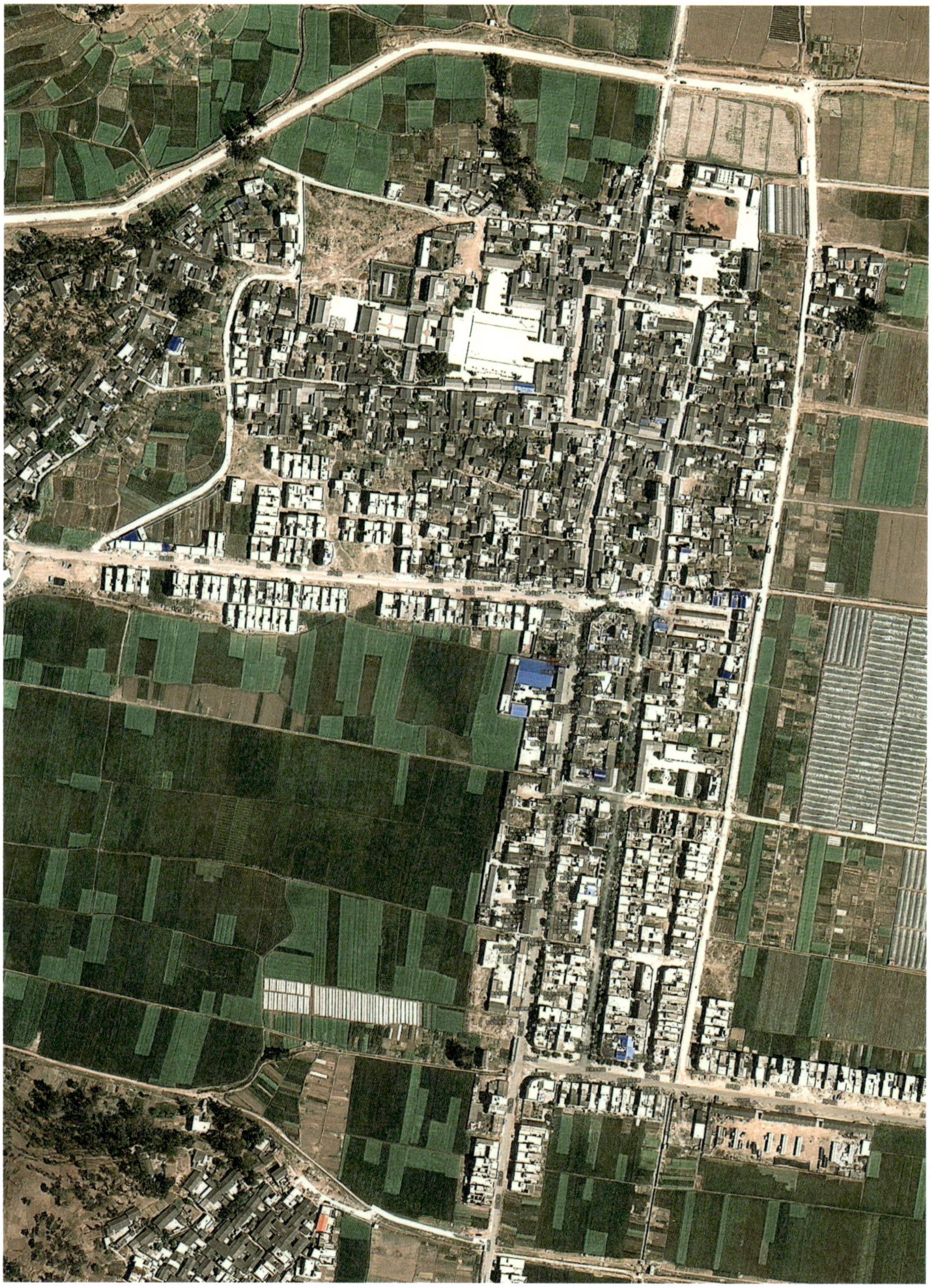

光禄镇卫星图

老街

巷道

民居

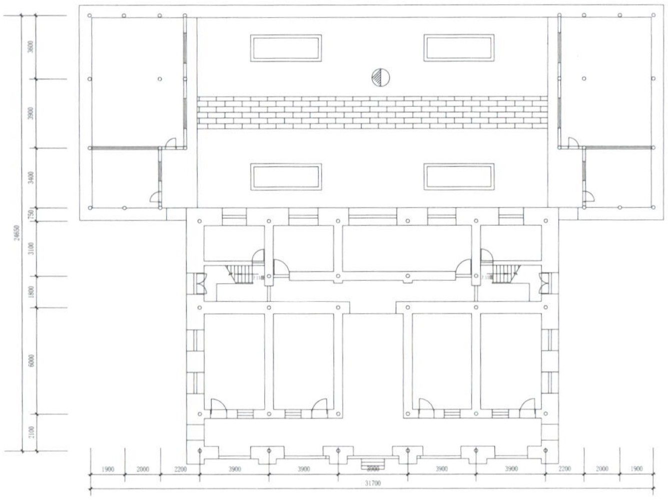

高雪君祠一层平面示意图

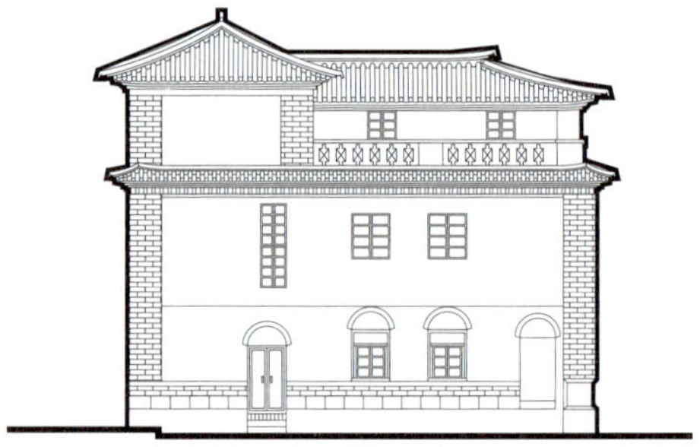

高雪君祠侧立面示意图

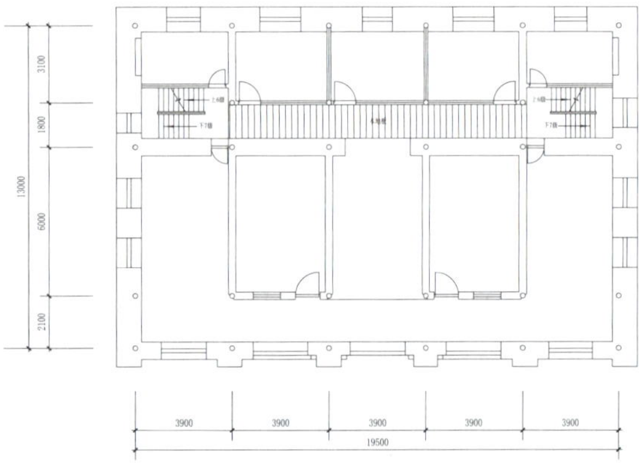

高雪君祠二层平面示意图

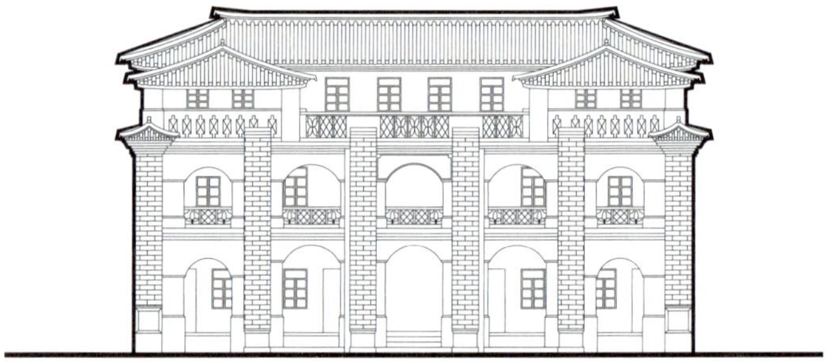

高雪君祠正立面示意图

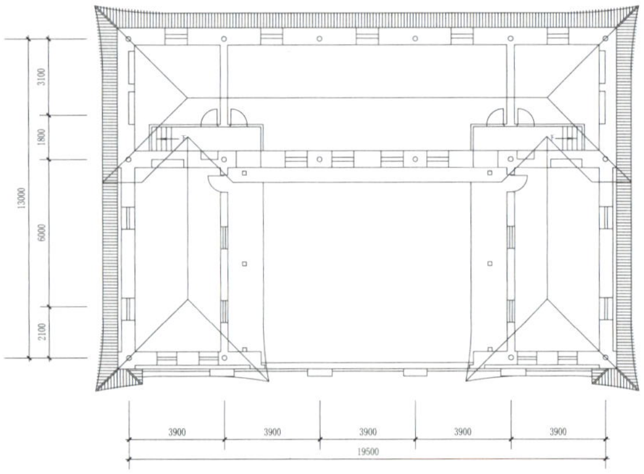

高雪君祠三层平面示意图

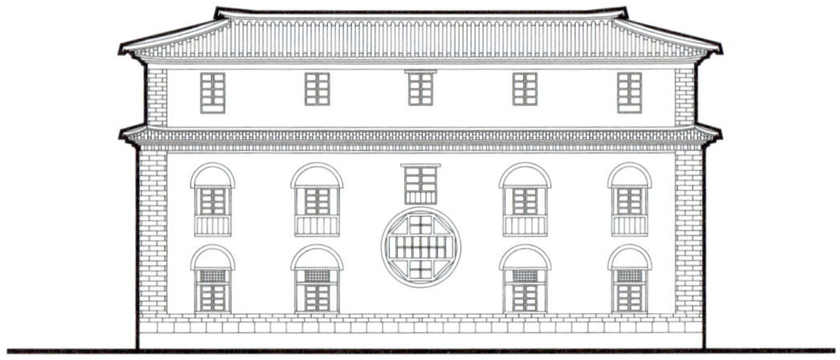

高雪君祠背立面示意图

法式风格的高雪君祠（又名高氏土衙）正面

法式风格的高雪君祠（又名高氏土衙）侧面

姚安路军民总管府(俗称高土司衙门)

⊙ 龙华寺的大雄宝殿

⊙ 福禄广场入口的宣化坊

⊙ 文昌宫平面示意图

⊙ 文昌宫山门入口

河西镇

一、历史概况

河西镇位于玉溪市通海县。作为通海县的四大古城之一，河西镇东与四街镇、兴蒙蒙古族乡接壤，南连九街镇，西与峨山彝族自治县、红塔区交界，北与江川县毗邻。镇中居住有回、彝、哈尼、蒙古等少数民族，并有多条公路连通周边地区。

河西古称“休腊”，大理国时期，河西先民进一步开荒种地，引水铺路，构筑城墙和庙宇祠堂。元世祖至元十三年（1276）为河西州，后降为河西县，至明万历四十年（1612）基本形成现有格局。河西是“通海城路”古驿道的重要集散地，商贾云集，店铺林立。明清两代在外做官或经商的河西人，返乡后纷纷修屋建宅，兴办教育，倡修祠堂庙宇。至今古镇仍保存有大量明清时期的古建筑，如河西文庙、大兴福寺、圆明禅寺等。清代改河西县为县中区、第一区。民国时期改为台山镇，后改称普应镇。中华人民共和国成立后称城关镇，1956年通海、河西两县合并为西城镇，1983年改为河西镇至今。

河西文教发达兴盛，元泰定二年（1325）建河西县学宫，清康熙年间建螺峰、乐育和杏林三大书院。这里一直具有读书求学、重视教育的浓厚氛围，仅明清两代，河西就有文武进士13人，举人279人，素有“绝学名儒之邦”的美誉，是一个汉、蒙古、回等多民族杂居的文化古镇。

二、聚落形态

坐落于通海坝子正西面的河西镇，以普应山做枕，凤凰山为屏，左拥琉璃山之壮伟，右享螺峰山之雄峙，前临浦泽之滨湖，后汲高山之泉源，孕千顷良田，育一方生灵，可谓理想的生活之所。

古镇整体布局呈叶片形状，镇内道路以叶脉状肌理自然延伸布局。其主干为北街、中街、南街、东街四条街道，宽度为4—6米，两侧建筑为二层或三层，多为前店后宅。次巷较窄，宽度为2—4米，部分地面仍保留石板铺筑。由于古镇街道蜿蜒曲折，开合变化自然，因此构成的街道空间也显得亲切宜人。

古镇的叶片形状边缘，原有城墙围合，建有东南西北四道城门，于墙外凿沟蓄水为卫，现仅存北门和部分河段。整个古镇南北向纵深较长，并以文庙、古衙门、大兴福寺等建筑为核心，其他民居紧密围绕它们布置，形成以文庙广场为中心的多节点布局。在广场中心，往西可远眺圆明禅寺，沿路出北门至永济桥；往东、南皆可通达广袤的田野。镇内至今所遗存的古建筑数量众多，类型也很丰富，大部分为明清风格，少数保留了宋元遗构。

三、建筑特色

1.宗祠

祠堂是河西镇最具代表性的建筑之一，有精雕细琢的门楼、布局典雅的前厅、高大宽敞的厅堂，还设有字斟句酌的匾额、精心培育的盆景。现存祠堂有王氏宗祠、葛家宗祠与李氏宗祠等，以苏氏宗祠最具代表性。

苏氏一族随元军入滇后，定居苏家营，于元末建造了河西镇最早的祠堂。苏氏宗祠坐西向东，一进两院，由大门、前厅、大殿、两厢和四个躲间组成，占地面积为850平方米。宗祠建筑格局严谨，特别是牌楼式大门，外挑五层斗拱并设藻井，门内外有石狮、石象，明台基座高起，八字闪墙嵌云峨石，显得气派庄严。

2.民居

河西镇保存较好的传统民居有100余座，多以清代民居为主。平面布局可分单进院和多进院两种。单进院以“一颗印”和“三坊一照壁”平面形式居多，规模较小。多进院规模较大，形式多样，并以纵向组合的“日”字形两重院格局为主，且以杨保图和王礼廷民居最具代表性。

（1）杨保图民居

杨保图民居建于清代末年，坐西南向东北，为两进院落，占地面积为300平方米。主院落是典型的“一颗印”形制，布局紧凑。杨保图民居集木雕、石雕于一体，技艺精湛。尤其是门楼上的花鸟鱼虫木雕，刻画细致，栩栩如生，具有很高的艺术价值。

（2）王礼廷民居

王礼廷民居始建于清乾隆年间，坐西向东，为纵深感较强的一进两院，建筑面积约450平方米，占地面积约280平方米。大门正对西南街，两侧原为柜台式店铺。进门后绕过屏风，穿过天井与过厅，到达“三间四耳”格局的主院落。大门内侧设走廊，与正房、厢房的檐廊相接，便于雨天通行。正房面阔三间，两层悬山式瓦顶；厢房各为两开间两层，各设单跑楼梯一部。王礼廷民居规格严谨，做工精细，从木构架技术到细部装修皆有清代遗风，不失为河西传统民居的杰出代表。

3.庙宇

河西镇的庙宇有圆明禅寺、大兴福寺、河西文庙、观音阁、财神庙、北极宫、关圣宫、翠微寺、竹林寺和祠山庙等十几座，各具特色。

（1）圆明禅寺

圆明禅寺始建于元至正年间，明洪武、宣德、景泰年间多次扩建修葺，清光绪十四年（1888）重建。现为四进院落，分别由照壁、山门、鱼池、雨花台、涤尘楼、天王殿、天井及月台、南北客堂、大雄宝殿等构成主体建筑。其他建筑还有后面的玉皇阁，左侧的娘娘殿、瑞莲池、琼阁寺。整个寺庙坐西北朝东南，依山就势，叠层布局，规模宏大，占地面积约7000平方米。院内松柏合抱，亭台错落，古碑林立，有“滇南无双寺，西宗第一山”之称。

最高处的大悲阁为五开间，重檐歇山顶，黄绿色琉璃瓦面；面阔19.1米，进深11.7米；檐下斗拱密集，雕梁画栋。前檐由六棵3米多高的圆柱支撑，明间两柱立于带须弥座的石狮之上。雕刻精美的石狮身高1米，长1.4米，宽0.5米，姿态威猛，气势昂扬，为通海各寺石狮之冠。

大雄宝殿为五开间，单檐歇山顶，黄绿色琉璃瓦面；面阔20.1米，进深13.1米。大殿明间的六扇门木雕精巧细腻，层层镂空，布满奇山异水与传奇故事。其中有仙凡道释人物百余，虽小如豆，但须眉皆现，神态各异，令人叹为观止。殿前院落环境清幽，绿树掩映，盆景众多。

（2）大兴福寺

坐落在河西镇中街的大兴福寺，始建于元至正年间，在明天顺、清康熙年间曾多次修葺。现存的寺院为清光绪年间重修。大兴福寺坐西朝东，一进院落，由大门、两厢、大殿组成，占地面积约800平方米。大门面阔三间，进深三间；门前明间两柱有明代石狮柱础一对，门后明间两柱下亦有一对。左右两厢均为三开间，单檐悬山顶，琉璃瓦屋面；面阔12.5米，进深7.3米。院内东北角有600多年的侧柏一株，高约12米，树围约两人合抱，四季常青。

大殿面阔五间，进深三间；为重檐歇山顶，琉璃瓦面。面阔16.2米，进深14.3米。明间前檐两柱立于石狮柱础上。大殿檐下斗拱用材粗大，檐枋柱顶无装饰，梁柱斗拱和屋面瓦片都保留着元代的风格，是通海县现存最早的古建之一。殿前保存的一尊石雕山羊，也是元代遗物。

（3）河西文庙

据清乾隆《河西县志》载："学治在县东，元泰定乙丑（1325）建，洪武二十九年（1396）重建。"现今的河西文庙为明成化七年（1471）迁此兴建，清光绪十六年（1890）重修。文庙坐西向东，由文明坊、大成门、大成殿、南北两庑和明伦堂等建筑组成，整个建筑群占地约9000平方米。文明坊为四柱三间，砖石木构混合；宽13.5米，高8米。牌坊为三叠式单檐歇山顶，琉璃瓦面，檐下斗拱密集，明间两木柱被立于须弥座上的前后两对狮子夹住。

河西文庙大成门设置十分独特，为五开间，单檐歇山顶，黄绿色琉璃瓦面，屋身高敞。从平面柱网布置看，大成门并非分心开设，而是以前金柱与后檐柱构成一跨室内空间，形成前檐廊宽敞、无后檐廊的空间变化。门内存有明洪武至嘉靖各年代的碑记数块。大成门南面山墙外还有一株苍劲的古柏，称为龙树。树下段盘根错节，上段树枝形如苍龙昂首欲飞，蔚为壮观。据《续修河西县志》载：此古柏约植于唐初，明代建庙时，古人为保护此树，不忍砍伐，宁使南庑缺一角。

大成殿为五开间，单檐歇山顶，琉璃瓦面；面阔19.2米，进深11.3米。大殿前檐由六个3米多高的方形石柱支撑，柱顶上接高约1米的木柱，与梁头交接，梁上设九踩象鼻形斗拱。因屋身高敞，把外露的檐柱做成石柱，能抵御风吹日晒，有效延长其使用寿命。明间两柱的柱础是蹲在须弥座上的石狮，相互对望。次间两柱的柱础是高约1米的石雕花瓶。左右两庑面阔七间，廊檐下均设美人靠。

4.桥梁

永济桥始建于明弘治年间，清康熙四十五年（1706）重修。永济桥为单孔红砂石拱桥。桥长34米，宽5.3米，高7米，跨度10米。桥形如虹，美似弯月。古为商旅通往迤南（思茅、景洪等地）之津梁，至今仍保存完整，是通海县古代桥梁建筑艺术中的珍品。

5.牌坊

节孝坊建于清嘉庆二十四年（1819），坐西朝东，为三开间牌楼式建筑，由青石支砌，占地面积约12平方米。节孝坊面阔6.1米，进深2.1米，通高5.6米，明间面宽2米。中间石柱前后各置石狮一对，坊额支承石坊主体屋面，长条石斗拱抬梁，飞檐挑角，结构雄伟坚实。节孝坊造型美观，雕刻技艺精湛，是通海县少数保存完好的牌坊之一。

⊙ 河西镇的叶脉状路网结构示意图

⊙ 民居大门

⊙ 民居大门

⊙ 何氏民居花坛上的红砂石雕“八马图”

⊙ 永济桥

民居大门

民居大门

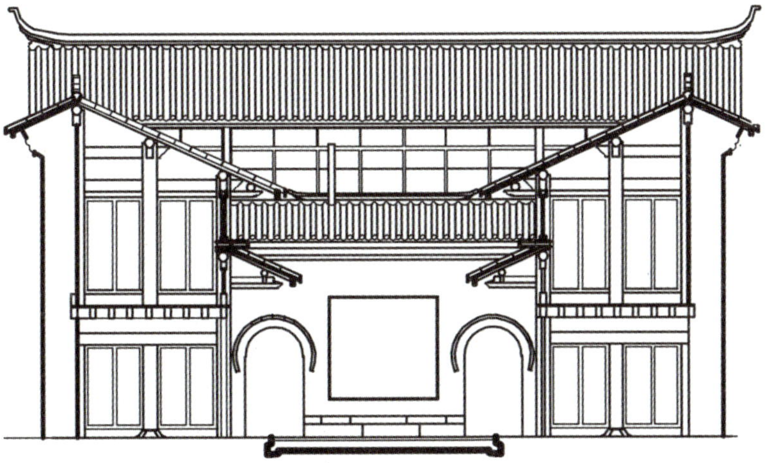

王礼廷民居 B–B 剖面示意图

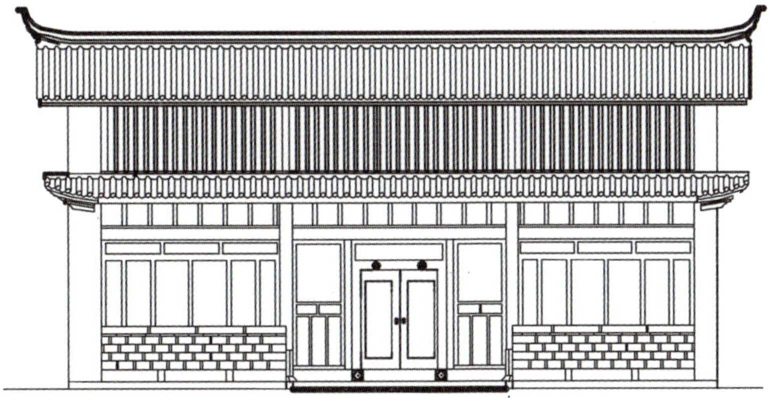

王礼廷民居入口立面示意图

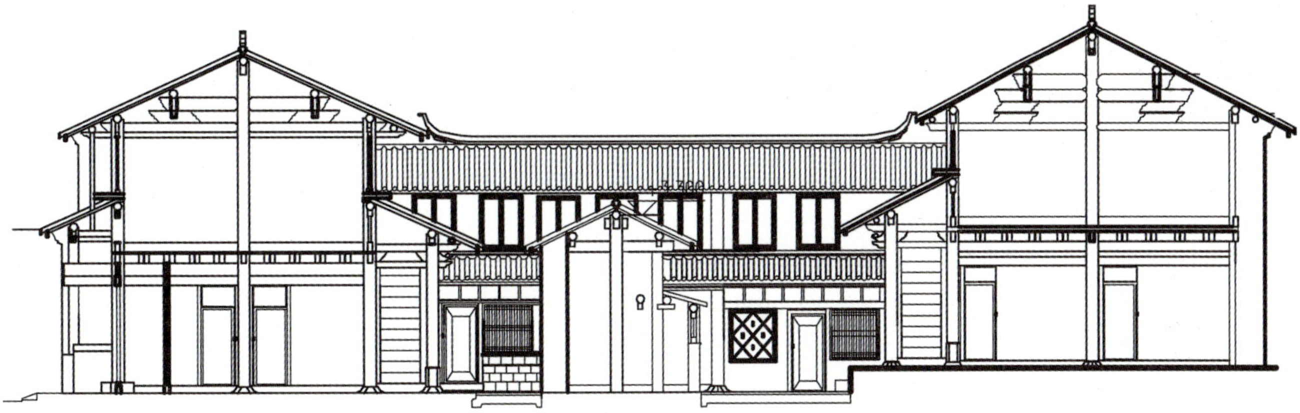

王礼廷民居 A–A 剖面示意图

杨保图民居大门

杨保图民居内景

⊙ 大兴福寺山门入口

⊙ 大兴福寺正殿

⊙ 大兴福寺内大悲阁的石狮

⊙ 大兴福寺内大悲阁的石狮

河西文庙的大成门

河西文庙的“道冠古今”坊

河西文庙的文明坊

河西文庙大成殿的石柱础

河西文庙的大成殿

圆明禅寺瑞莲池畔的琼阁

⊙ 城子村总平面示意图（从左至右分别为小龙树、中营、小营三个组成部分）

⊙ 依山而建的城子村民居

层层叠落的土掌房屋顶

土掌房屋檐下悬挂的玉米、辣椒

不同平面组合的土掌房

不同平面组合的土掌房

不同平面组合的土掌房

土掌房屋檐下悬挂的玉米、辣椒

⊙ 土掌房平台上的移动楼梯

⊙ 不同平面组合的土掌房

小龙树二十四户连体房总平面示意图

小龙树二十四户连体房群体

小龙树二十四户连体房(局部)

小龙树二十四户连体房(局部)

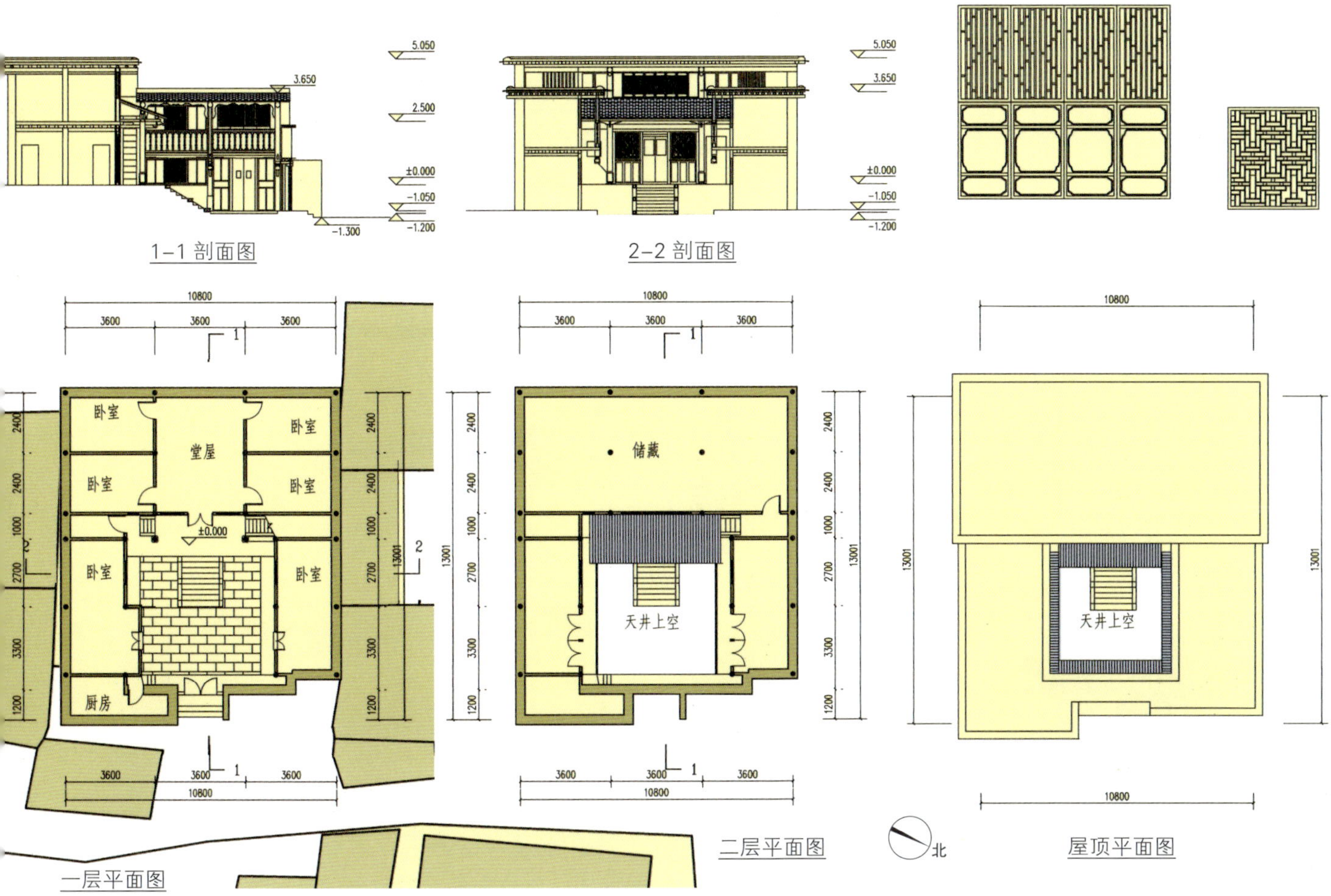

张冲将军童年旧居平面、剖面示意图

张冲将军童年旧居

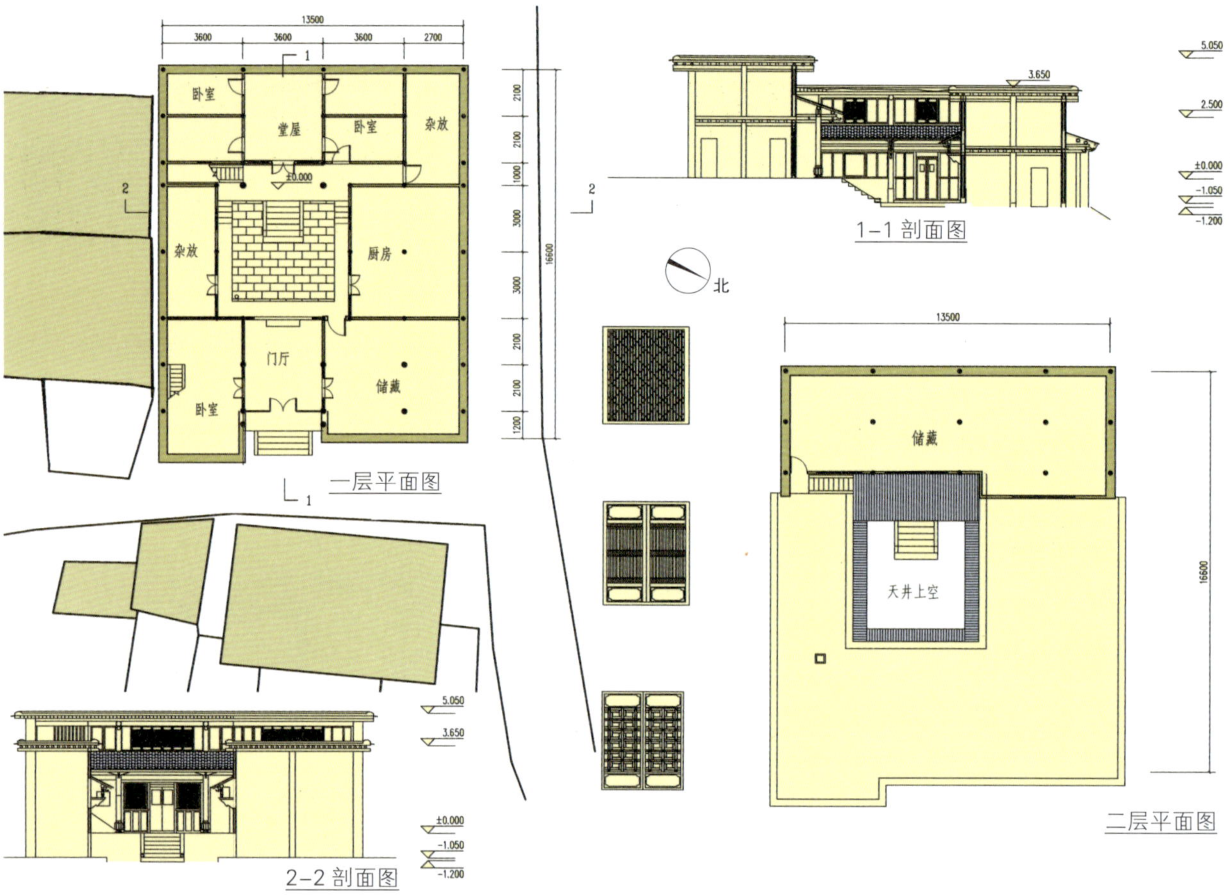

泸西县第一次党代会旧址平面、剖面示意图

泸西县第一次党代会旧址

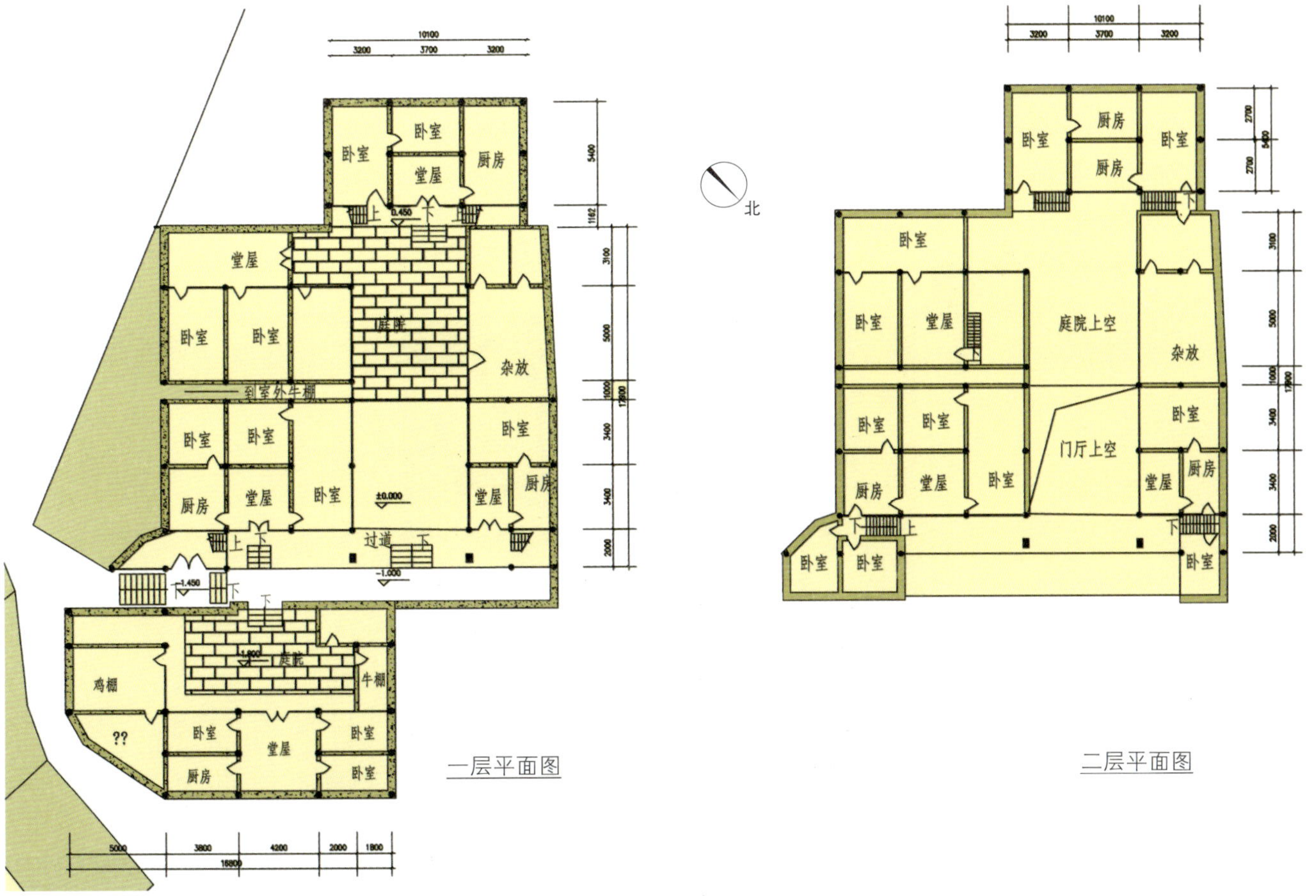

将军第平面示意图

将军第大门

鸟瞰将军第院落

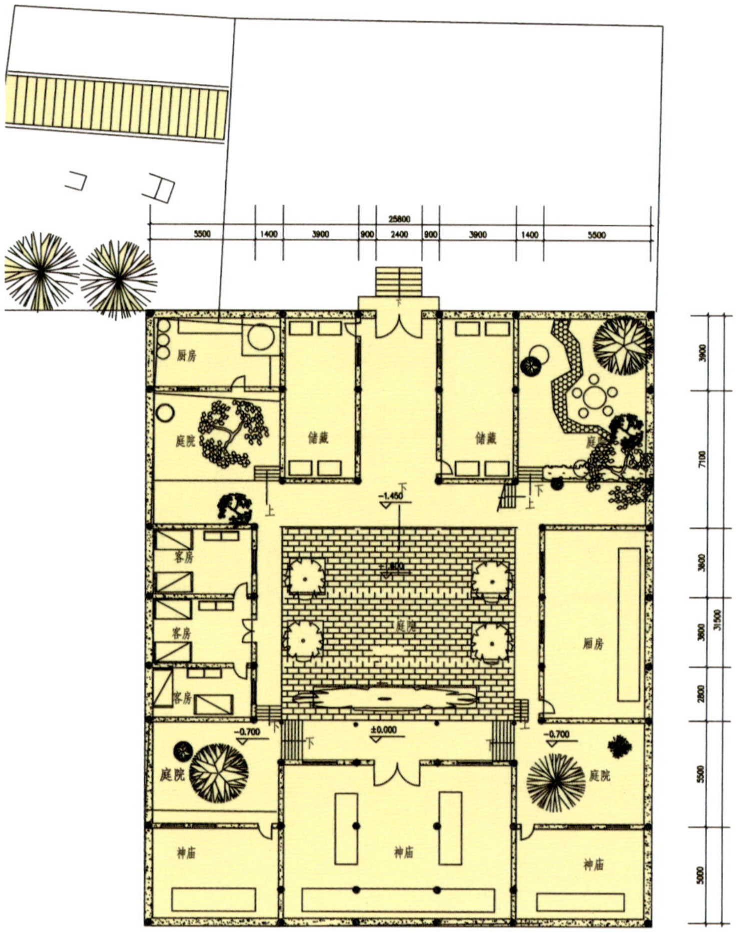

灵威寺平面立意图

灵威寺山门立面示意图

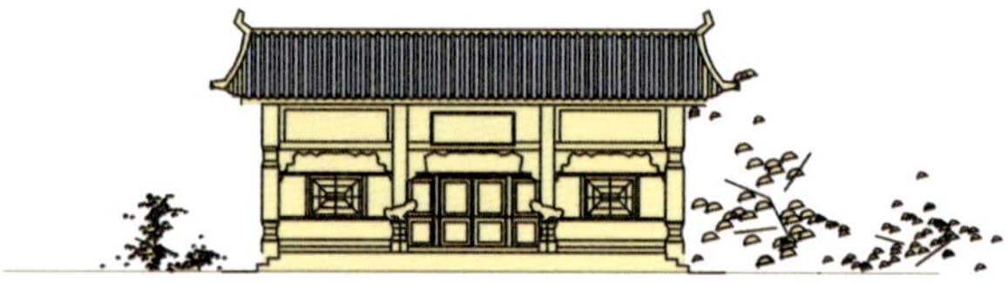

灵威寺大雄宝殿立面示意图

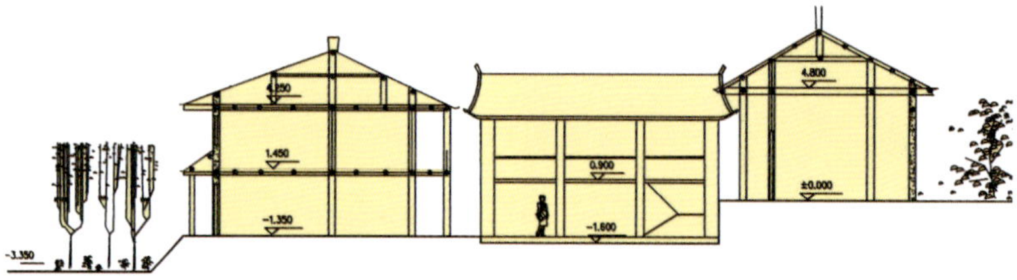

灵威寺剖面示意图

⊙ 居于山顶的昂贵土司府旧址（现为灵威寺）

⊙ 居于山顶的昂贵土司府旧址（现为灵威寺）

灵威寺大门

灵威寺大殿

灵威寺大殿檐柱的石狮柱础

灵威寺两厢

灵威寺大殿檐柱的石狮柱础

翁丁村

一、历史概况

翁丁村位于临沧市沧源佤族自治县县城西北方向约40千米处的勐角傣族彝族拉祜族乡。这一区域山势雄奇，植被茂密，历史上被称为阿佤山区，一直是佤族最为重要的聚居地。佤族属濮系民族，也是孟-高棉语系民族，主要分布于云南西南边陲地带，以沧源、西盟为主要聚集地。佤族的主要分布地区，山峦重叠，平坝极少，气候炎热，雨量充沛，民居形式为典型的干栏式建筑。

“翁丁”一词，在佤语中的意思就是“云雾缭绕的地方”。由于地处阿佤山区，位置偏远，交通不便，翁丁村迄今为止依然较为完整地保留了佤族村落的原生形态，为研究佤族干栏式建筑的演变和佤族传统聚落的发展历史提供了典型例证。

二、村落形态

翁丁村位于阿佤山区的核心位置。整个村寨地势东南高、西北低，所有房屋因山就势、紧密有序地分布在位于山间朝阳的一块凹地上。寨桩位于整个村寨的中心，是村寨的灵魂与核心。村寨的建造就是以寨桩为起点，环绕着寨桩建设的。村寨里所有房屋正门的门向，都要朝向寨桩，对寨桩形成百屋拱立之势。村寨的道路系统也是如此，所有的道路都是以寨桩为起点，向四周放射开去。除此之外，整个村寨在北面、东面、西面各有一道寨门，更早以前还有寨墙环绕，以此来划分村寨的边界。20世纪90年代以后，陆续又在村寨北面地势较高的地方修建了佤王府、翁丁公社和民族陈列馆等旅游建筑设施，并平整出面积较大的一块场地，用于平时旅游接待和民族歌舞表演。

从整个翁丁村的总平面布局来看，村寨中主要干道的整体形态像一个葫芦，这与佤族自身的文化与生活是息息相关的。佤族人有一个流传久远的神话，传说人是从“司岗”里出来的，“司岗”即佤语“葫芦”之意。葫芦在佤族的生活中不可或缺。葫芦生长繁殖旺盛，可食用，可制成器皿，还可用于制作乐器。此外，由于葫芦形似女性母体，佤族先民便将葫芦跟母体联系起来。正是葫芦与佤族人们生活的息息相关，使得有母体崇拜的佤族先民创造出了内涵丰富的关于人类起源的葫芦神话。

遗憾的是，在2021年2月14日傍晚，翁丁村老寨发生火灾，且未及时得到有效控制和救援，致使整个村落原有的109户传统民居，被烧毁了104户。如今所看到的翁丁村，是在两年后按照村落原有格局和佤族传统民居的建筑特色，进行重建的。村落在保持传统风貌品质的基础上，加强了消防安全措施。

三、建筑特色

翁丁村较为完整地保留了传统的干栏式建筑形态，并有了进一步的发展与演变。主要的建筑类型有如下几类。

1.谷仓

谷仓是翁丁村储粮专用的房屋，是佤族干栏式建筑最基本的结构和最基础的形式，通常为双坡屋顶，有井干式墙体。体量较大的谷仓用于储存人粮，较小的用于装猪粮，各户合用，平均2—3户一口谷仓，在部分民居中还建有小型储粮仓。在佤族人的传统观念里，人和粮食不能在一起。翁丁村初建时有杨家、李家、肖家。肖家因属于大户，良田多，粮食吃不完，因此用竹子编成大笼子装粮食。后来发现这种大笼子存在不方便取粮、老鼠偷粮等缺点，遂请村旁的拉祜族人制作谷仓，一直延续到今天。

2.民居

（1）地棚式民居

地棚式民居是一种直接落地的居住建筑形态。关于这种建筑形式的出现，当地人说 “佤族人有尊老的传统，在分家后只能住比父母住房高度更低、体量更小的房屋”，因此地棚式建筑应运而生。翁丁村现存最古老的地棚式建筑屋顶坡度为40度，纯茅草顶，竹篾围合墙体。室内可看见两根通高大柱，边柱与横梁采取抬接等方式连接，主柱与纵梁相互脱开。构架基本都不规整，各构架彼此的连接都以绑扎为主。

从建筑形制与构造来考察，可以看出地棚式民居实际上反映了当地佤族更为古老的一种居住形态，这种居住形态和干栏式建筑之间的关系还有待进一步深入研究。

（2）传统大柱式民居

传统大柱式民居与地棚式一样，同为佤族最原始的民居形式，为传统架空、无“人”字架形式。柱桩入地约一臂长，木构件连接以绑扎、少量开槽穿插为主。屋面坡度很陡，达到45度至60度。檐口离地面很近，是典型的“鸡罩笼”式民居。披挂式全茅草屋面，顶部即是围合墙体。但柱子粗细不均，各个构件的加工比较粗犷。

（3）大梁式民居

大梁式民居是当地工匠为改善居住条件而引进的一种新的民居结构形式。早期的大梁式民居为架空圆顶式，柱子入地约一臂长。木构架连接以榫卯、开槽穿插为主，有“人”字架。屋面坡度为40度，以木板围合墙体，纯茅草屋面。构件尺寸规整，墙体较高，室内也较为宽敞明亮。

大梁式民居最早出现于1996年的赵兵家。当时工匠引入了石棉瓦等新材料，但苦于传统大柱式民居屋面的坡度都比较陡峻，不好安放石棉瓦。后来工匠肖军荣到外地看到了区别于传统大柱式的“人”字架结构，于是回到村寨后取消了传统的边柱，加高了墙体，放缓了坡度，这才使石棉瓦得以盖上屋顶。由于取消了较短的边柱并加高了墙体，室内变得宽敞，室内层高也更加合理了。后来出现的纯茅草顶的样式延续了大梁式结构，且不盖石棉瓦，因此坡度都比较陡。大梁式是佤族民居的一次创新和提升，它增大了室内空间的舒适度。但由于新式大梁式民居柱子不入土，以及靠近祭祀空间处的原有柱子缺失等特点，与佤族传统观念不符，因此，许多老人对大梁式都抱有抵触态度。

（4）新大柱式民居

与大梁式民居几乎同时出现的新大柱式民

居，是对翁丁传统礼制的大胆突破。这种形制为新八大柱架空圆顶式，石柱础，木构架以榫卯结构穿插，木板墙体，中通开槽，插入“人”字架。“人”字架上开槽，使主柱、边柱相互插入。有横梁、圈梁和贯通梁，结构稳定。

过去的翁丁村，礼制不能随便逾越。作为等级最高的八大柱民居，一般只有寨主等人家才能建。而新八大柱的出现，打破了这样的传统。从此以后，只要是经济条件好的人家，都能建八大柱民居。新大柱式民居沿用了大梁式民居的“人”字架结构，稳定可靠，又保留了大柱等佤族传统崇拜物，因此当地的民居大部分都演化为新大柱式民居。该建筑形式广受当地村民的欢迎。

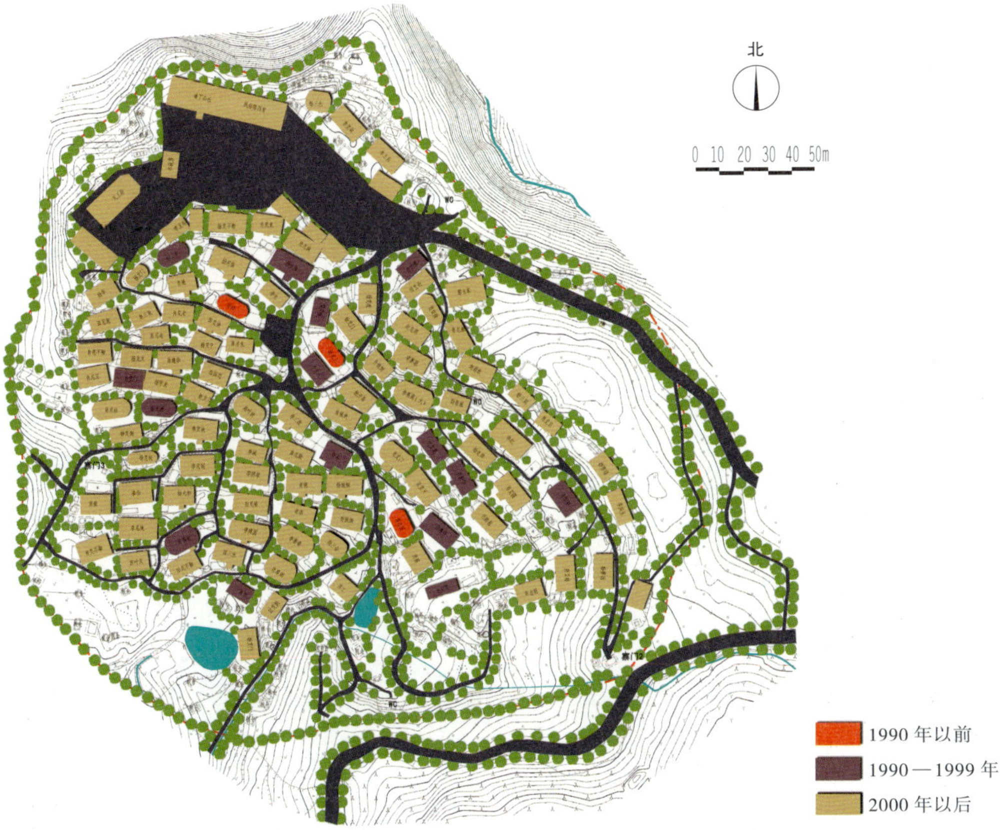

⊙ 翁丁村总平面图

⊙ 翁丁村总平面图

⊙ 鸟瞰翁丁村

鸟瞰翁丁村

谷仓结构示意图

谷仓

谷仓

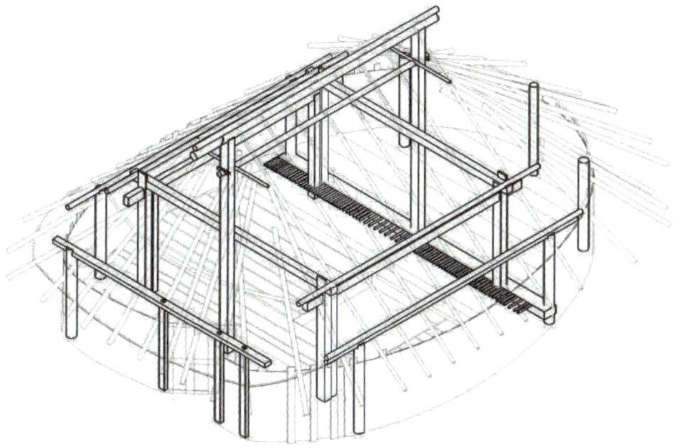

⊙ 地棚式民居的构架

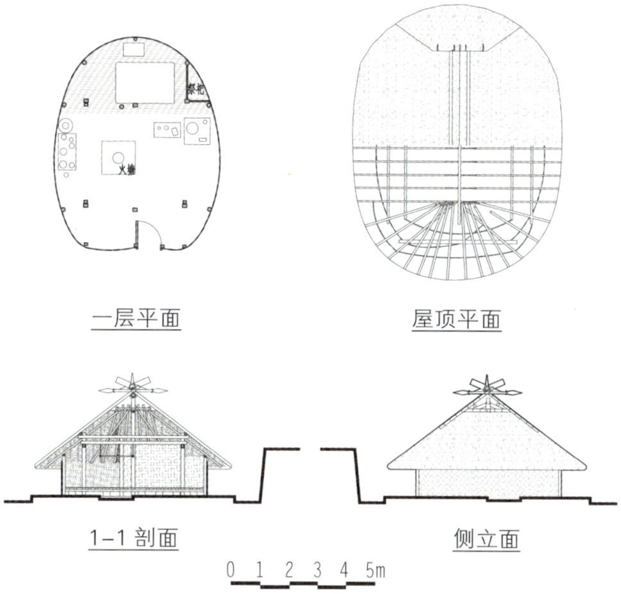

⊙ 地棚式民居平面示意图，剖面、立面图

⊙ 地棚式民居外形

⊙ 地棚式民居室内的火塘

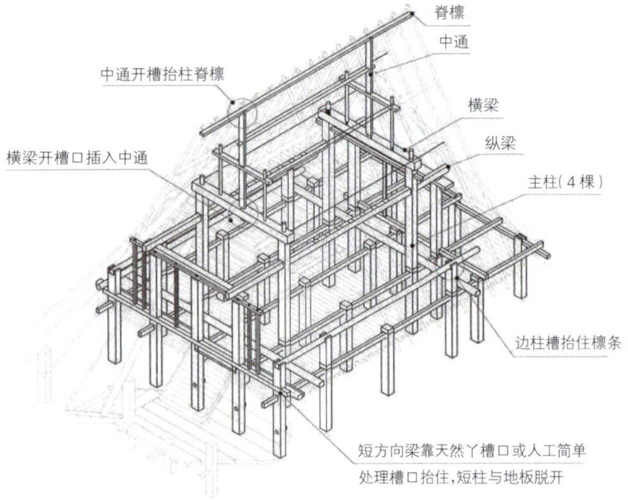

⊙ 传统大柱式民居的构架

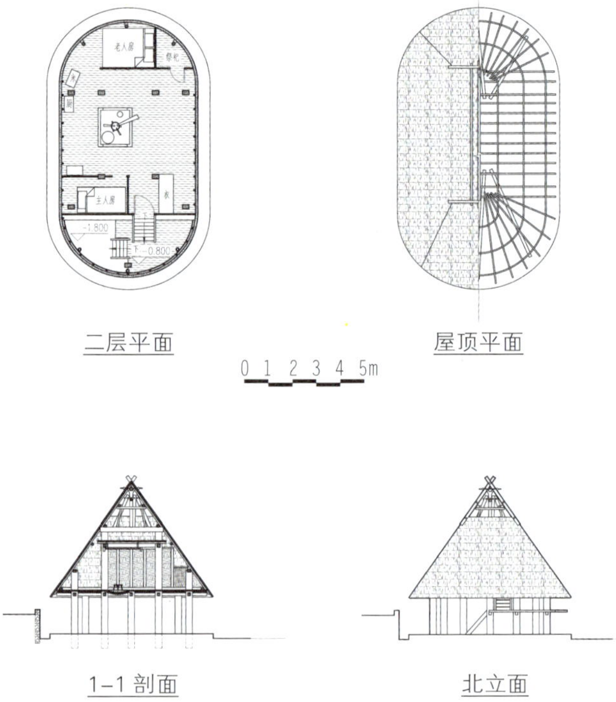

⊙ 传统大柱式民居平面示意图,剖面、立面图

⊙ 传统大柱式民居外形

⊙ 传统大柱式民居一端的入口

⊙ 传统大柱式民居室内

⊙ 传统大柱式民居梁柱的节点

新大柱式民居入口的楼梯

新大柱式民居梁柱的节点

新大柱式民居架空的底层

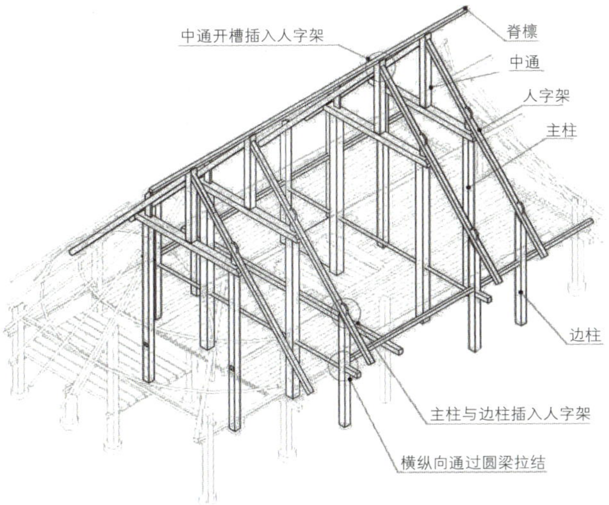

新大柱式民居的构架

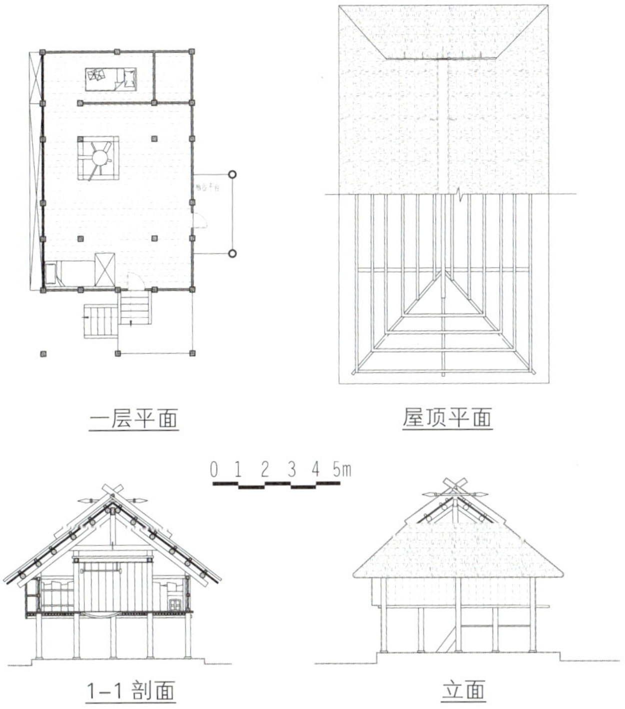

新大柱式民居平面示意图，剖面、立面图

新大柱式民居外形

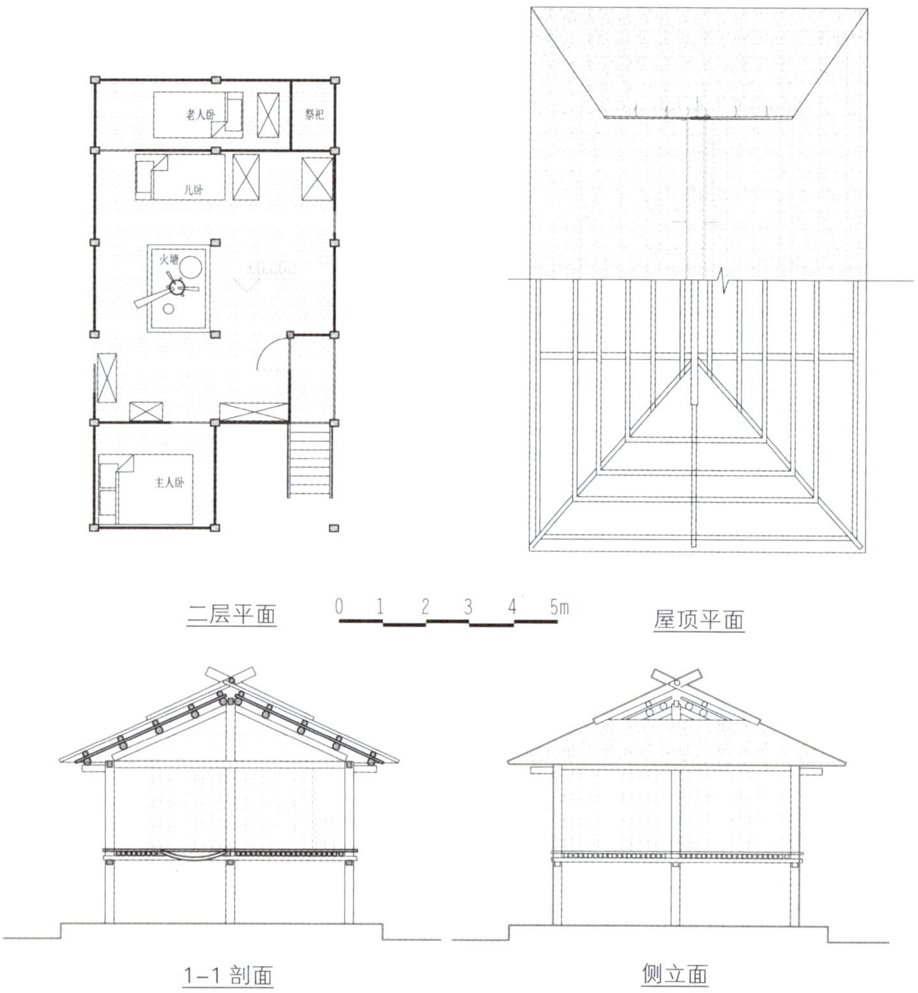

大梁式民居平面示意图，剖面、立面图

大梁式民居外形

大梁式民居架空的底层

大梁式民居室内的火塘

新房村

一、历史概况

新房村位于红河哈尼族彝族自治州建水县西庄镇南面的泸江河畔，东至荒地村，南临高营村，西倚青龙镇，北靠马家营村和团山村，距黄龙寺、镇政府4千米。蒙自到石屏宝秀的铁路、国道323线都从村旁经过，交通十分便利。新房村居住着汉、彝、傣、哈尼、壮、回、纳西这七个民族。

新房村建于清代中晚期至民国初期，迄今有近400年历史，有不少保存完好的历史建筑，如传统民居32座、寺庙3座、宗祠1座、古石拱桥1座、米轨火车站1个、牌坊1座、古井6口。其精湛的建筑技艺，散发着浓厚的传统文化气息，历史文化和艺术价值较高。新房村传统民居由汉式合院民居、彝族土掌房、汉彝结合的瓦檐土掌房、中西合璧建筑这四类组成，体现了多元文化特色。村中的传统民居大多以坐西向东为主，有一至三进院等多种不同庭院形式，涵盖了云南传统民居中的“三坊一照壁”“四合五天井”“走马转角楼”形式。新房村民居大多规模宏大，外部简朴，内部精致，木雕、石雕、砖雕遍布于房屋的梁枋、斗拱、隔扇门窗，以及槛墙和柱础等部位，其风格不一、形式多样、精品迭出，充满艺术魅力。如石柱两侧的“二龙抢宝”“双凤朝阳”，以及民居大门额枋上的“松鹤延年”“麒麟吐玉书”“鲤鱼跃龙门”等吉祥图案，无论雕刻还是绘画都十分精美。不仅手法细腻、工艺奇巧，而且寓意吉祥、生动逼真，让人赞叹不已。据统计，新房村传统民居建筑中有书法作品489幅，绘画作品480幅。其书画内容丰富，构图严谨。纵览这些民居，俨然是一座座小型的民间艺术博物馆。

二、村落形态

新房村东临泸江河，整个村落沿着河流自北向南呈带状分布。整个村落地势平缓，周边被农田与河流包围。村中以宗祠为中心的周边传统民居，皆自由灵活布置，有少部分民居取南北朝向。建筑基本沿村中一条南北向的街道依次排开，由这条主要街道可以通向村中大多数地方；而村落中央的另外一条东西向街道则将村子分成两个部分，同时也连接着外部道路。

三、建筑特色

1.宗祠

黄氏宗祠位于新房村南面，坐西北向东南，为乡绅黄鸿年于清光绪十八年（1892）所建的家族祠堂。占地约5000平方米，建筑面积约2500平方米。

黄氏宗祠呈“横三竖二”的对称布局。现存门楼为1913年重建，为对开实榻门。门前一对形象逼真的石狮驮着歇山式门楼檐柱，两个石鼓分立大门两侧。门楼高大宽敞，雕刻精美，未施彩绘。与大门同处于中轴线上的二进庭院建筑，共有天井六个。正殿、中殿和前殿均为三开间单檐歇山顶抬梁式结构，瓦屋面。两边侧殿为卷棚顶，厢房为单檐硬山顶。前院左右两边各有一面花墙。整个祠堂气势宏伟，各种装饰雕刻精美，建筑级别很高。

2.庙宇

（1）新房村大庙

位于新房村北面的大庙，原名“关圣庙”，坐北朝南，占地面积约900平方米。现存建筑为重建于清同治十一年（1872）和宣统元年（1909）的两个院落。前院由门楼、前殿、两庑和天井围合而成。前殿为三开间两进间、带前后廊的单檐歇山顶抬梁式建筑。后院由正殿、两庑、两耳和天井构成。正殿为三开间两进间、带前后廊的单檐歇山顶抬梁式建筑，通面阔15米，通进深11米，檐下枋板和如意斗拱雕刻精细，未施彩绘和油饰。

（2）刘家庙

刘家庙位于新房村的北端，坐北朝南，始建于清末，为一进四合院，占地面积约1100平方米。现存大门、前殿、正殿、两厢及山耳。大门为青砖支砌，青瓦屋顶，枋板雕刻精致美观。前殿为三开间单檐硬山顶抬梁式建筑，附左山耳。两厢均为三开间二层单檐硬山顶抬梁式建筑，楼上设美人靠。正殿为三开间单檐硬山顶抬梁式建筑。走马板布满诗词彩画、名言警句，充满浓郁的文化气息。整座建筑结构严谨，布局合理，用材粗大，历经百余年沧桑仍保持着原有风貌。

3.民居

（1）倪学全民居

倪学全民居始建于清末，位于新房村北部，坐西南朝东北，为两进院落。建筑面积为897.76平方米，占地面积为551.04平方米，现存大门、正房、厢房四栋和耳房两栋。其中大门为双坡青瓦铺砌，前坡长于后坡。厢房为两开间的平顶土掌房，檐口用青瓦铺砌，为汉彝结合的乡土建筑。

后院为“走马转角楼”的四合院格局。正房为三开间两进间，重檐硬山顶抬梁式结构，灰瓦屋面，连廊两侧有楼梯上二楼。正房额枋上雕刻着“松鹤延年”“双凤朝阳”“麒麟吐玉书”等精美图案。两侧厢房为三开间两进间重檐硬山顶抬梁式建筑。倒座为三开间重檐硬山顶建筑。

（2）刘朝忠民居

刘朝忠民居位于新房村北部，建于清末，现住四户人家，占地面积约600平方米。其北侧和其他民居相连，并列为一道大门内的两个院落。此为建水典型的四合院带甬道建筑形式。正房为三开间两进间二层走马转角楼重檐硬山顶，倒厅为三开间一进间，天井用长方形石块铺设。檐下斗拱檐枋、雕刻彩绘等装饰保存基本完好。

（3）新房村52号民居

新房村52号民居坐西北朝东南，始建于清末，占地面积为1134平方米，为两进院落布局。现存大门、过厅、倒座、正房、四厢、两耳。大门为青砖须弥座三段式，接两侧八字墙。一进院为“三坊一照壁”样式。正房为三开间单檐硬山顶抬梁式结构，左右厢房为两开间单檐硬山顶抬梁式结构。二进院为“走马转角楼”格局，厦廊环绕。正房为三开间单檐硬山顶抬梁式结构，通面阔12米，通进深10米。倒座及两厢均为三开间单檐硬山顶抬梁式结构。其木雕、石雕、砖雕精致美观，花枋、走马板上有诗词名言书法、山水花鸟绘画数幅，文化艺术气息浓郁。整组建筑规制宏整，布局科学合理，结构严谨，基本保持了原有风貌。

4.水井

四方井位于新房村185号民居大门正前方10米处，始建于清朝中期，后又多次重修。四方井由四块完整的青石砌成，边长1.3米，井栏高50厘米，厚12厘米。井旁有龙王神位碑和重修四方井碑记。井水清澈甘甜，水质较好，和刘家井一同哺育了新房村居民。

5.桥梁

乡会桥位于新房村委会老易屯村，横跨泸江河东西两岸，占地面积约700平方米。乡会桥是建水古桥中唯一的廊桥。在科举盛行的年代，此桥是建水的学子参加乡试、会试的必经之地，因此而得名“乡会桥”。

据道光元年（1821）《重修乡会桥碑记》载：桥的建盖经历了三次变化。初建时为石桥，后改为木桥，再后来又建成了石拱桥。现存的桥梁建于清嘉庆十九年（1814），为三孔尖拱石桥。桥身由青石砌筑而成，全长80.6米。主桥跨河30米，西端引桥长25.3米，于中部向南弯曲。桥面宽7米，由两层楼阁全部覆盖。一层桥面为通道，两侧设有桥廊。廊长7米，供人车通行，兼具避风雨、防日晒和供人休息的功能。二层供人观景和居住。乡会桥的楼阁建筑布局，为东西对称的横向重檐硬山顶，以纵向单檐卷棚屋顶建筑，过渡到重檐硬山顶建筑——文星阁，体现了文星阁“居中为尊”的地位。乡会桥与文星阁共同形成的一高二低、两横三纵、大者居中和主次分明的外观特色，使桥与楼阁浑然一体。

6.车站

始建于民国的乡会桥车站，为“个碧石铁路”石屏至建水段八个车站的停靠点之一。站房建筑坐西向东，建筑面积为238平方米。站房建筑面阔五间，进深两间，其中明间进深为三间。整座站房采用中西合璧的营造方式。除了屋顶为歇山式，其余部分，如门窗的小木作装饰等，全部采用欧式风格。整个建筑通身均为青石砌筑，体现了欧式建筑的风格特征。

7.牌坊

旌表节孝坊位于新房村的田坝间，建于清宣统元年（1909），是为本村村民刘傅氏守节而建。牌坊为四柱三间五叠式歇山顶的青石建筑，呈东西向布局。牌坊面阔6米，进深2.2米，高约8米，石刻斗拱装饰。正中额枋上阴刻“旌表节孝”四字。牌坊前后的须弥座上立有石狮石象，石柱两侧雕刻着“二龙抢宝”“双凤朝阳”等图案纹饰。牌坊顶部有宝顶和吻兽。整个石牌坊造型别致，工艺精湛，庄重大方，是建水石牌坊中的精品之作。

俯瞰黄氏宗祠（张雁鸰　拍摄）

黄氏宗祠大门

⊙ 黄氏宗祠正殿的花枋

⊙ 黄氏宗祠正殿的斗拱

⊙ 黄氏宗祠的照壁(张雁鸰　拍摄)

⊙ 黄氏宗祠正殿

黄氏宗祠过厅

黄氏宗祠侧殿

黄氏宗祠左院

黄氏宗祠右院

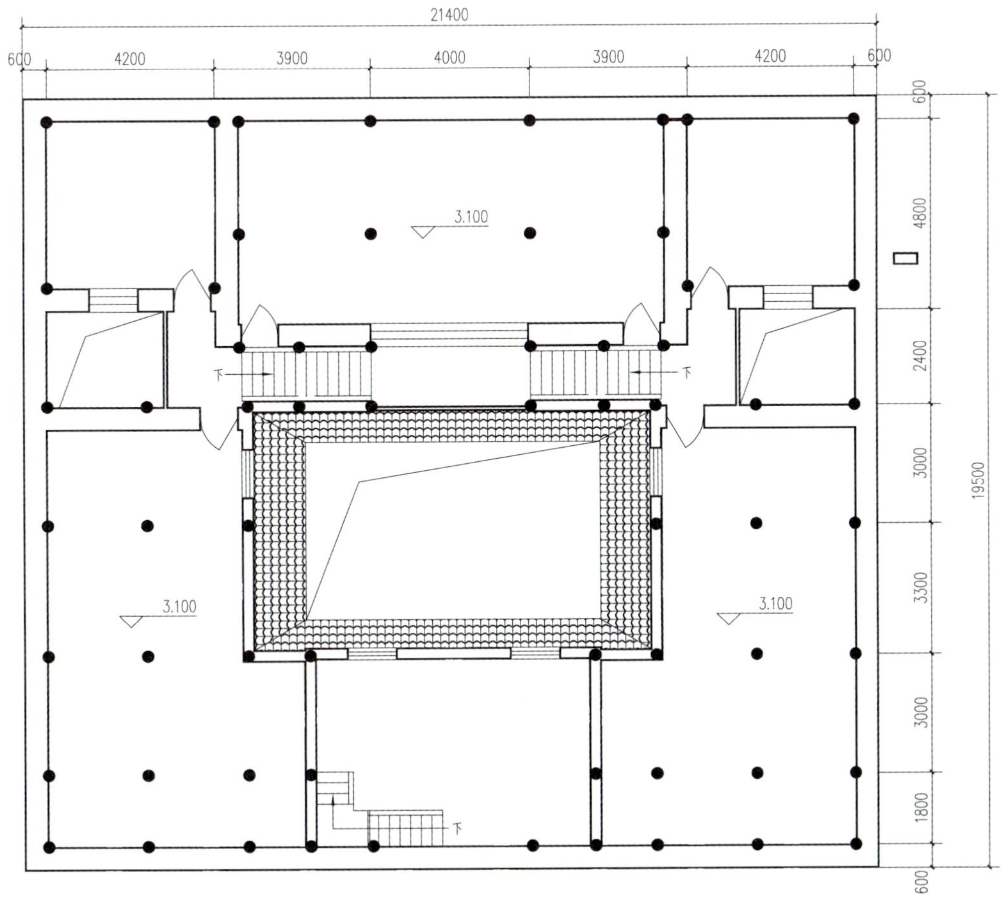

⊙ 新房村 52 号民居二层平面示意图

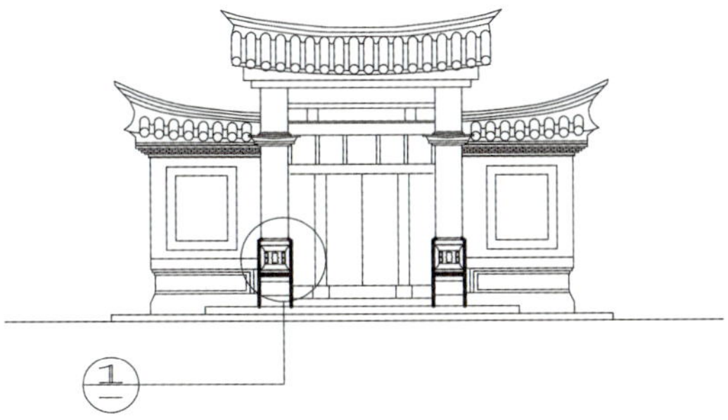

⊙ 新房村 52 号民居大门立面示意图

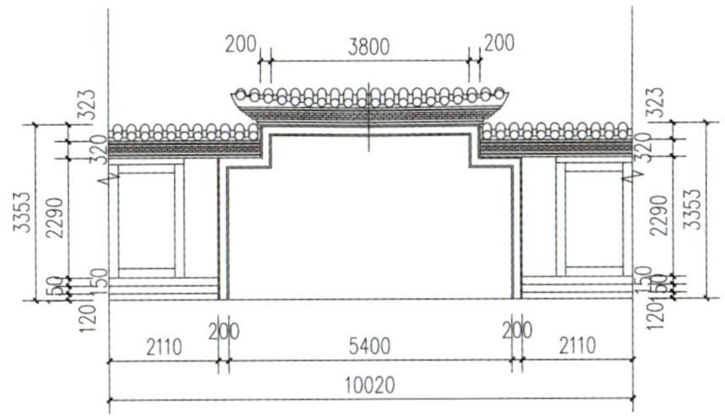

⊙ 新房村 52 号民居三叠水照壁立面示意图

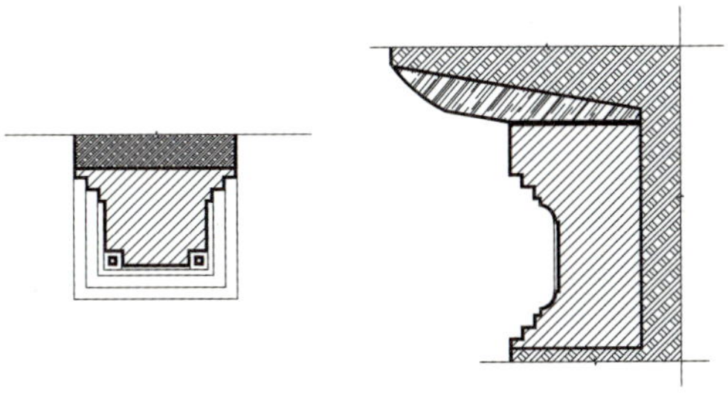

⊙ 新房村 52 号民居大门柱础大样剖面示意图

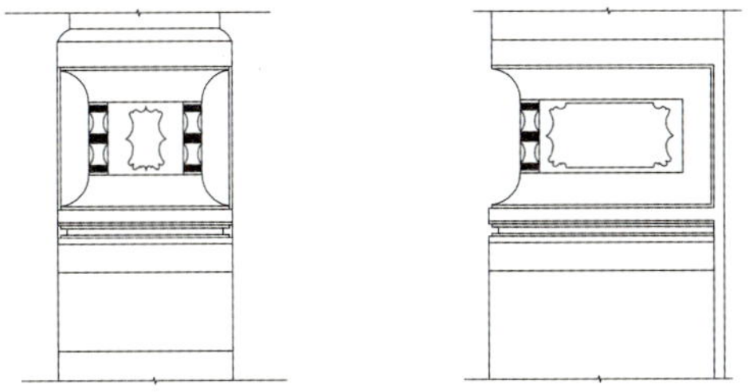

⊙ 新房村 52 号民居大门柱础大样立面示意图

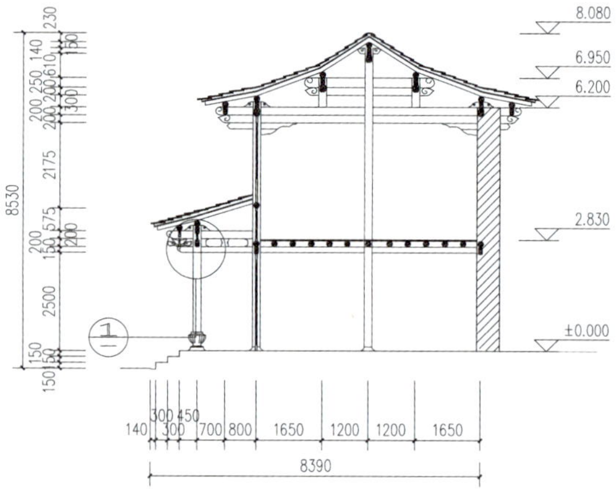

新房村 52 号民居剖面示意图

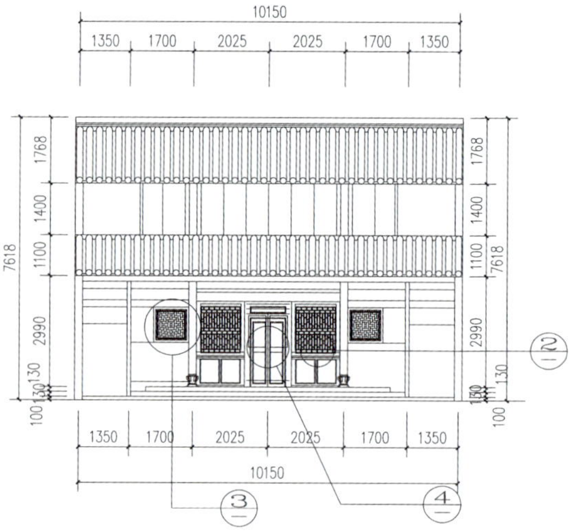

新房村 52 号民居主屋立面示意图

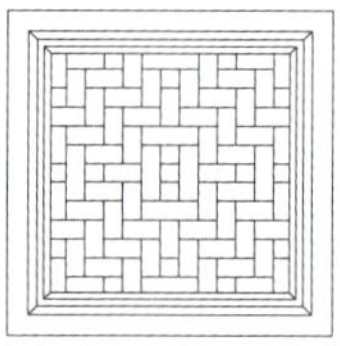

新房村 52 号民居主屋
窗户大样立面示意图

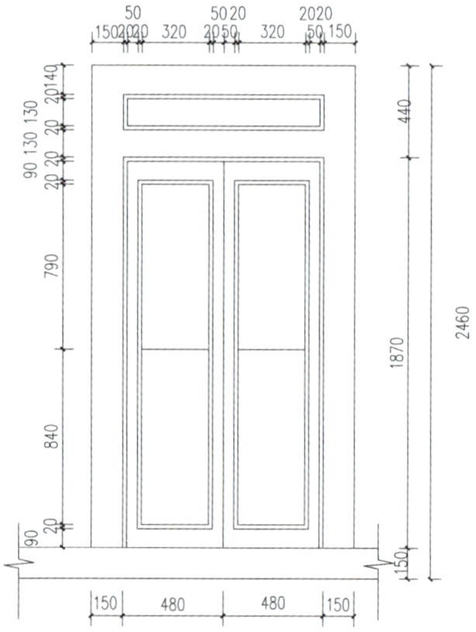

新房村 52 号民居主屋大门大样
立面示意图

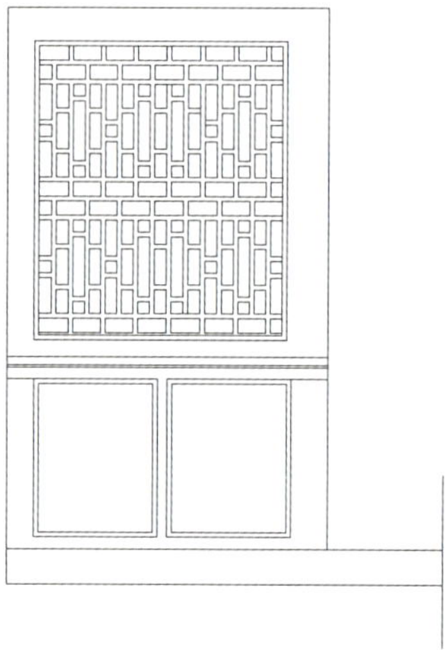

新房村 52 号民居主屋窗户大样
立面示意图

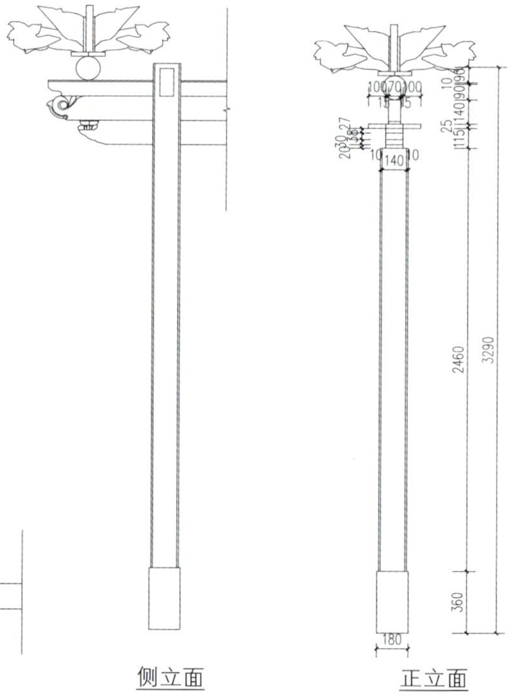

新房村 52 号民居檐柱大样侧立面、
正立面示意图

新房村 52 号民居入口大门

新房村 52 号民居的照壁

新房村 52 号民居大门的石雕

新房村 52 号民居一进院的正房

新房村 52 号民居一进院的厢房

新房村 52 号民居的倒座

新房村 52 号民居二进院的正房

新房村 52 号民居二进院的厢房

新房村 52 号民居二进院的转角

⊙ 乡会桥上的文星阁

⊙ 乡会桥

乡会桥的桥廊

乡会桥的桥面通道

乡会桥的二层

旌表节孝坊

乡会桥车站

新房村大庙入口大门

新房村大庙内院

苍台村

一、历史概况

苍台村位于红河哈尼族彝族自治州建水县官厅镇，距离镇驻地25千米，面积为16.31平方千米，地处哀牢山山脉的红河北岸，坐落在大龙山山崖背面的南坡，与红河水遥遥相望。苍台村海拔1300米左右，气候温和，雨量充沛，全年无霜。全村均为彝族尼苏人。

南诏和大理政权时期，东爨乌蛮三十七部之一的纳楼部即为官厅彝族部落。元代在官厅设置纳楼千户所，当时的官厅彝部族首领是李氏、车氏家族，苍台村一直受其统治。当时的苍台村首领主要由龙氏家族世袭。明洪武十五年（1382）改设纳楼茶甸副长官司，亦称“土司”，由普氏家族统治。清代初期，随着彝族纳楼土司权势的增强，苍台村成了纳楼土司统治下的官厅通往红河南岸的重要驿站。自此，在历代土司统治红河南岸的历史时期，苍台一直作为驿道和途中上供聚粮的转粮（仓库）地点，故名“仓（苍）”台。土司制度始于元代，完备于明代，终止于民国末年。

民国十八年（1929），官厅的普家仁被民众保荐为区团长。官厅后改设为建水县第八区，普家仁仍为区长，管辖苍台村。民国中期，官厅末代土司普钧堂的旁系家族由于深受封建帝制的影响，对当地以普家仁为代表的新式政权极为不满。他勾结苍台村的王明闹独立，企图以木桥箐为界，划界统治红河两岸地区，继而发动了一场暴乱，给当地带来深重的灾难，后被普家仁平定。

1950年官厅解放。2000年5月撤乡建镇，“官厅乡”改称为“官厅镇”，原村公所改为村民委员会自治，苍台村成为村民委员会驻地至今。

二、村落形态

苍台村整体位于大龙山山崖背面之上，境内地势北高南低，与红河遥遥相望。苍台村的建筑被层层梯田环绕，土掌房依山而建，层层升高，紧密相连，从坡脚呈梯田形式一直延伸到山顶。远远望去，自下而上的土掌房似长长的台阶。近220幢传统土掌房均为土木结构建筑，形成了彝族土掌房民居建筑群。它们整体连接，犹如一座巨大的土筑古堡，因而有着“哀牢山中的布达拉宫”的美誉。地面标高近似、相互紧邻的房屋，大多屋顶相连。层叠的房屋上下相接。这家的屋顶，便是那家的晒场，上下相通，左右互连。村内道路四通八达，路面宽2米左右。

这一藏匿于深山中的彝族土掌房传统村

落，以其壮观的气势和独特的历史价值，引起了建筑学家、历史学家、民俗学家的重视，被称为“中国西南地区彝族传统民居的典型范例”。

三、建筑特色

1.土掌房民居

纳楼土司统治区等级制度严格，一般村民没有砖瓦房，民房大多是土木结构的“土掌房”。苍台村土掌房紧密结合自然地形地势，取用当地密实防水的黏土建盖而成。建筑群平面布局紧凑，用地节约，形成方形或“回”字形布局。厚重的土墙土顶保温隔热性好，住屋冬暖夏凉，适应于干热和干冷气候地区。屋顶层层叠落交错，与环境融为一体，平稳凝重，敦厚朴实。民居一般由楼房及平房两部分组成，屋顶是晒场，房屋之间相互连通，形成空中平台体系。

从平面造型上看，“土掌房”分为两种形式。第一种是无内院的形式，由正房、厢房（耳房）、晒台等部分组成。正房一般起楼二层；厢房则不起楼，用作卧室或厨房。楼上一般用来收藏粮食，晒台是用来晒粮食的。第二种是有内院的形式，正房和厢房围成较大的院子。它与无内院的形式相比，更有利于通风、采光。其式样、规格是正三间加耳房，旁留四尺巷。有能力的人家会盖成楼房加四耳房的式样。房屋的构造特点是屋顶梁上搭架适当距离的单数悬挑（木工师傅规定只使用“单数”，如梯子横档、窗户档等都是单数），悬挑上铺上高密度的劈柴或细竹，接着铺上一层松针或晒干的茇草，涂一层稀泥，顶端铺上适当厚度的凝固性较好的细土，之后锤紧夯实。房顶四周捏有土护边。

土掌房住屋从墙体到屋面皆就地取材，夯土建造，既方便又经济。墙有四种，分别为夯土筑成的墙、土墼墙、石头垒砌的墙、篱笆上涂抹泥巴做成的板条墙等。土掌房的特点是冬暖夏凉，其质量和寿命是由土质来决定的。各村的土质有别，苍台村土掌房的质量较优。土平顶及空中平台连通体系的创造性设置，克服了地形限制，适应山地农耕，满足了必需的作物晾晒及室外活动空间的需求。

苍台村建造最早的传统土掌房是清代中期的建筑。至今保存完整的土掌房共有216幢，其中有单体式11幢，组合式205幢，均为土木结构建筑。

2.古驿道

苍台村古驿道渡口位于距本村以南5千米左右的红河边，此处的红河水湍急凶险。自纳楼土司在苍台村设立粮仓以来，就随之产生了马帮，红河两岸各村寨都有不同规模的马帮队伍。南岸马帮队是将各村寨的粮食等物资运往苍台村，北岸马帮队是从苍台村运往官厅镇。代代相继的土司马帮队一直持续到中华人民共和国成立。苍台村几乎家家养马，马也几乎成为每户村民的命根子。重踏古驿道，当年马帮留下的蹄迹至今尚存，马铃声声似乎还在山间回荡。

梯田

俯瞰苍台村（局部）

苍台村全貌（张雁鸽　拍摄）

⊙ 土掌房与巷道

⊙ 土掌房与巷道

⊙ 休憩的村民

⊙ 过街楼

⊙ 土掌房下的过道

⊙ 土掌房屋顶结构

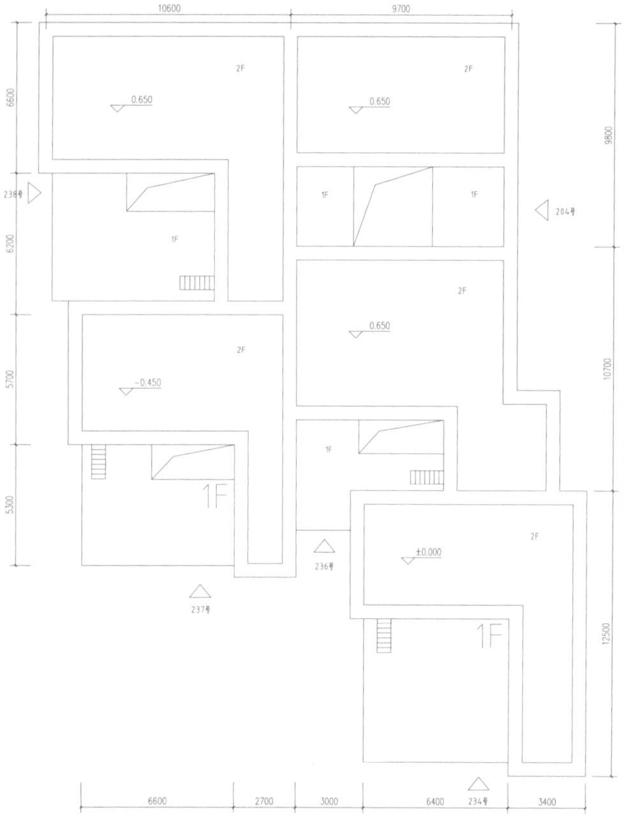

⊙ 土掌房建筑群屋顶平面示意图

⊙ 土掌房的墙体

⊙ 土掌房

土掌房

土掌房边的靠椅

土掌房

土掌房的平面屋顶（用于晾晒谷物）

序号	名称	地点	文保级别
321	霞给村	迪庆藏族自治州香格里拉市建塘镇红坡村	●
322	尼汝村	迪庆藏族自治州香格里拉市洛吉乡	●●
323	汤堆村	迪庆藏族自治州香格里拉市尼西乡汤满村	●●
324	白地村	迪庆藏族自治州香格里拉市三坝乡	●●
325	陡岩村	红河哈尼族彝族自治州个旧市贾沙乡	●
326	白黑村	红河哈尼族彝族自治州河口瑶族自治县桥头乡桥头村	●
327	大羊街村	红河哈尼族彝族自治州红河县大羊街乡	●
328	大妥赊村	红河哈尼族彝族自治州红河县大羊街乡妥赊村	●
329	小妥赊村	红河哈尼族彝族自治州红河县大羊街乡妥赊村	●
330	八哈村	红河哈尼族彝族自治州红河县垤玛乡曼培村	●
331	树落村	红河哈尼族彝族自治州红河县垤玛乡曼培村	●
332	腊约村	红河哈尼族彝族自治州红河县垤玛乡牛红村	●
333	阿撒村	红河哈尼族彝族自治州红河县甲寅镇	●
334	甲寅村	红河哈尼族彝族自治州红河县甲寅镇	●
335	作夫村	红河哈尼族彝族自治州红河县甲寅镇他撒村	●●
336	哈冲上寨	红河哈尼族彝族自治州红河县驾车乡架车村	●
337	妥女村	红河哈尼族彝族自治州红河县驾车乡扎垤村	●
338	马龙村	红河哈尼族彝族自治州红河县浪堤镇浪堤村	●
339	坝美村	红河哈尼族彝族自治州红河县乐育镇	●
340	桂东村	红河哈尼族彝族自治州红河县乐育镇	●
341	龙车村	红河哈尼族彝族自治州红河县乐育镇	●
342	尼美村	红河哈尼族彝族自治州红河县乐育镇	●
343	玉古村	红河哈尼族彝族自治州红河县乐育镇	●
344	朋洛村	红河哈尼族彝族自治州红河县洛恩乡	●
345	东门街村	红河哈尼族彝族自治州红河县迤萨镇	●●
346	他竜村	红河哈尼族彝族自治州红河县迤萨镇	●
347	王凤庄村	红河哈尼族彝族自治州建水县岔科镇	●
348	双见峰村	红河哈尼族彝族自治州建水县岔科镇岔科村	●
349	高楼寨村	红河哈尼族彝族自治州建水县甸尾乡	●
350	泥冲村	红河哈尼族彝族自治州建水县甸尾乡	●
351	期租碑村	红河哈尼族彝族自治州建水县甸尾乡	●
352	苍台村	红河哈尼族彝族自治州建水县官厅镇	●●
353	柑子树村	红河哈尼族彝族自治州建水县官厅镇牛滚塘村	●
354	马占户村	红河哈尼族彝族自治州建水县李浩寨乡	●
355	温塘村	红河哈尼族彝族自治州建水县李浩寨乡	●
356	小暮阳村	红河哈尼族彝族自治州建水县利民乡	●
357	碗窑村	红河哈尼族彝族自治州建水县临安镇韩家村	●
358	谷家山村	红河哈尼族彝族自治州建水县面甸镇红田村	●
359	钱家湾村	红河哈尼族彝族自治州建水县南庄镇小龙潭村	●
360	本善村	红河哈尼族彝族自治州建水县盘江乡苏租村	●
361	回新村	红河哈尼族彝族自治州建水县坡头乡	●
362	咪的村	红河哈尼族彝族自治州建水县坡头乡	●
363	炭山村	红河哈尼族彝族自治州建水县坡头乡	●
364	黄草坝村	红河哈尼族彝族自治州建水县坡头乡坡头村	●
365	龙岔村	红河哈尼族彝族自治州建水县普雄乡	●
366	上纸厂村	红河哈尼族彝族自治州建水县普雄乡	●
367	塔瓦村	红河哈尼族彝族自治州建水县普雄乡	●
368	藤子寨村	红河哈尼族彝族自治州建水县普雄乡	●
369	欧营村	红河哈尼族彝族自治州建水县曲江镇	●
370	阿瓦寨村	红河哈尼族彝族自治州建水县西庄镇	●
371	贝贡村	红河哈尼族彝族自治州建水县西庄镇	●
372	东者村	红河哈尼族彝族自治州建水县西庄镇	●
373	荒地村	红河哈尼族彝族自治州建水县西庄镇	●
374	马坊村	红河哈尼族彝族自治州建水县西庄镇	●
375	马家营村	红河哈尼族彝族自治州建水县西庄镇	●
376	绍伍村	红河哈尼族彝族自治州建水县西庄镇	●
377	汤伍村	红河哈尼族彝族自治州建水县西庄镇	●
378	团山村	红河哈尼族彝族自治州建水县西庄镇	●
379	新房村	红河哈尼族彝族自治州建水县西庄镇	●●
380	小红杏村	红河哈尼族彝族自治州泸西县白水镇	●
381	嘉乐村	红河哈尼族彝族自治州泸西县金马镇	●
382	黑舍村	红河哈尼族彝族自治州泸西县旧城镇	●
383	大阿定村	红河哈尼族彝族自治州泸西县三塘乡	●
384	普泽村	红河哈尼族彝族自治州泸西县午街铺镇	●
385	小沙马村	红河哈尼族彝族自治州泸西县向阳乡	●
386	城子村	红河哈尼族彝族自治州泸西县永宁乡	●●
387	牛孔村	红河哈尼族彝族自治州绿春县牛孔镇	●
388	碧色寨村	红河哈尼族彝族自治州蒙自市草坝镇	●
389	老寨村	红河哈尼族彝族自治州蒙自市老寨乡	●
390	冯家寨村	红河哈尼族彝族自治州蒙自市冷泉镇	●

序号	名称	地点	文保级别
391	鸣鹫村	红河哈尼族彝族自治州蒙自市鸣鹫镇	●
392	新安所村	红河哈尼族彝族自治州蒙自市新安所镇	●●
393	三道水村	红河哈尼族彝族自治州弥勒市西二镇四道水村	●
394	乐多上寨、乐多下寨	红河哈尼族彝族自治州弥勒市西二镇矣维村	●
395	可邑村	红河哈尼族彝族自治州弥勒市西三镇	●
396	腻黑村	红河哈尼族彝族自治州弥勒市西三镇	●
397	滥泥箐村	红河哈尼族彝族自治州弥勒市西一镇	●
398	红万村	红河哈尼族彝族自治州弥勒市西一镇起飞村	●
399	黑路丫二村	红河哈尼族彝族自治州弥勒市西一镇中和村	●
400	洒卡村	红河哈尼族彝族自治州屏边苗族自治县白河镇	●
401	坝心村	红河哈尼族彝族自治州石屏县坝心镇	●
402	白浪村	红河哈尼族彝族自治州石屏县坝心镇	●
403	陆来村	红河哈尼族彝族自治州石屏县坝心镇	●
404	石缸村	红河哈尼族彝族自治州石屏县坝心镇	●
405	新街村	红河哈尼族彝族自治州石屏县坝心镇	●
406	龙港村	红河哈尼族彝族自治州石屏县坝心镇老街村	●
407	小高田村、苏家寨村	红河哈尼族彝族自治州石屏县坝心镇芦子沟村	●●
408	关上村	红河哈尼族彝族自治州石屏县坝心镇新街村	●
409	宝秀村	红河哈尼族彝族自治州石屏县宝秀镇	●
410	吴营村	红河哈尼族彝族自治州石屏县宝秀镇	●
411	郑营村	红河哈尼族彝族自治州石屏县宝秀镇	●●
412	小冲村	红河哈尼族彝族自治州石屏县宝秀镇哥白孔村	●
413	大杨营村、盘营村	红河哈尼族彝族自治州石屏县宝秀镇许刘营村	●
414	张本寨村	红河哈尼族彝族自治州石屏县宝秀镇郑营村	●
415	白洒坟村	红河哈尼族彝族自治州石屏县宝秀镇朱洼子村	●
416	大寨村	红河哈尼族彝族自治州石屏县龙朋镇	●
417	龙朋村	红河哈尼族彝族自治州石屏县龙朋镇	●
418	桃园村	红河哈尼族彝族自治州石屏县龙朋镇	●
419	坡头甸村	红河哈尼族彝族自治州石屏县龙武镇	●
420	迭亩龙村	红河哈尼族彝族自治州石屏县牛街镇	●
421	老旭甸村	红河哈尼族彝族自治州石屏县牛街镇	●
422	他腊村	红河哈尼族彝族自治州石屏县牛街镇	●
423	邑黑吉村	红河哈尼族彝族自治州石屏县牛街镇	●
424	龙黑村	红河哈尼族彝族自治州石屏县哨冲镇	●
425	莫测甸村	红河哈尼族彝族自治州石屏县哨冲镇	●
426	曲左村	红河哈尼族彝族自治州石屏县哨冲镇	●
427	撒妈鲊村	红河哈尼族彝族自治州石屏县哨冲镇	●
428	哨冲村	红河哈尼族彝族自治州石屏县哨冲镇	●
429	水瓜冲村	红河哈尼族彝族自治州石屏县哨冲镇	●
430	慕善村	红河哈尼族彝族自治州石屏县哨冲镇水瓜冲村	●
431	大水村	红河哈尼族彝族自治州石屏县异龙镇	●
432	豆地湾村	红河哈尼族彝族自治州石屏县异龙镇	●
433	李家寨村	红河哈尼族彝族自治州石屏县异龙镇	●
434	冒合村	红河哈尼族彝族自治州石屏县异龙镇	●
435	松村	红河哈尼族彝族自治州石屏县异龙镇	●
436	太岳村	红河哈尼族彝族自治州石屏县异龙镇	●
437	朱冲村	红河哈尼族彝族自治州石屏县异龙镇	●
438	小瑞城村	红河哈尼族彝族自治州石屏县异龙镇大瑞城村	●
439	罗色湾村	红河哈尼族彝族自治州石屏县异龙镇豆地湾村	●
440	岳家湾村	红河哈尼族彝族自治州石屏县异龙镇冒合村	●
441	符家营村	红河哈尼族彝族自治州石屏县异龙镇陶村村	●
442	太阳老寨村	红河哈尼族彝族自治州元阳县大坪乡	●
443	大顺寨村	红河哈尼族彝族自治州元阳县牛角寨镇	●
444	垭口村	红河哈尼族彝族自治州元阳县攀枝花乡一碗水村	●
445	阿者科村	红河哈尼族彝族自治州元阳县新街镇	●
446	大鱼塘村	红河哈尼族彝族自治州元阳县新街镇	●
447	箐口村	红河哈尼族彝族自治州元阳县新街镇	●
448	全福庄中寨村	红河哈尼族彝族自治州元阳县新街镇	●
449	禄脿村	昆明市安宁市禄脿街道	●
450	汤丹镇	昆明市东川区	●
451	汪家箐村	昆明市东川区铜都街道	●●
452	平地村	昆明市富民县赤鹫镇	●
453	福安村	昆明市晋宁区晋城镇	●
454	干海村	昆明市晋宁区六街镇	●
455	新寨村	昆明市晋宁区六街镇	●
456	双河营村	昆明市晋宁区双河乡	●
457	打黑村	昆明市晋宁区夕阳彝族乡	●
458	木鲊村	昆明市晋宁区夕阳彝族乡	●
459	田坝村	昆明市晋宁区夕阳彝族乡	●
460	一字格村	昆明市晋宁区夕阳彝族乡	●

序号	名称	地点	文保级别
461	雷响田村	昆明市晋宁区夕阳彝族乡保安村	●
462	大摆衣村	昆明市晋宁区夕阳彝族乡田房村	●
463	鸭打甸村	昆明市晋宁区夕阳彝族乡新山村	●
464	撒老乌村	昆明市禄劝彝族苗族自治县撒营盘镇	●
465	糯黑村	昆明市石林彝族自治县圭山镇	●
466	马鞍山村	昆明市嵩明县牛栏江镇	●
467	白石岩村	昆明市西山区团结街道	●
468	乐居村	昆明市西山区团结乡	●
469	墩子村	昆明市宜良县匡远街道	●
470	大东村	丽江市古城区大东乡	●
471	五坝里村	丽江市古城区金安镇义新村	●
472	贵峰村	丽江市古城区金山乡	●
473	漾西村	丽江市古城区金山乡	●
474	启良村	丽江市古城区金山乡良美村	●
475	西关村	丽江市古城区七河镇	●
476	东关村	丽江市古城区七河镇共和村	●
477	南溪村	丽江市古城区七河镇共和村	●
478	中排村	丽江市古城区七河镇五峰村	●
479	新民上村	丽江市古城区七河镇新民村	●
480	新民下村	丽江市古城区七河镇新民村	●
481	金安村	丽江市古城区七河镇羊见村	●
482	九子海村	丽江市古城区束河街道	●
483	龙泉村	丽江市古城区束河街道	●
484	忠信村	丽江市古城区束河街道黄山社区	●
485	普济村	丽江市古城区束河街道中济社区	●
486	向阳村	丽江市古城区文化街道东江居委会	●
487	培德村	丽江市宁蒗彝族自治县翠玉乡	●
488	油米村	丽江市宁蒗彝族自治县拉伯乡	●
489	落水村	丽江市宁蒗彝族自治县永宁镇	●
490	瓦拉别村	丽江市宁蒗彝族自治县永宁镇温泉村	●
491	青草湾村	丽江市永胜县程海镇	●
492	蒲米村	丽江市永胜县程海镇海腰村	●
493	妈知务岜啰村	丽江市永胜县东山乡河东村	●
494	双河二村	丽江市永胜县六德乡双河村	●
495	谷宇村	丽江市永胜县期纳镇	●
496	果园南村	丽江市永胜县期纳镇	●
497	清水村	丽江市永胜县期纳镇	●●
498	翠湖村	丽江市永胜县三川镇	●
499	看牦牛村	丽江市永胜县松坪乡下啦嘛村	●
500	白沙村	丽江市玉龙纳西族自治县白沙镇	●
501	玉湖村	丽江市玉龙纳西族自治县白沙镇	●
502	石头城村	丽江市玉龙纳西族自治县宝山乡	●
503	吾木村	丽江市玉龙纳西族自治县宝山乡	●
504	营盘村	丽江市玉龙纳西族自治县大具乡培良村	●
505	吉来村	丽江市玉龙纳西族自治县黄山镇白华村	●
506	文华中村	丽江市玉龙纳西族自治县黄山镇文华村	●
507	夏禾下束河村	丽江市玉龙纳西族自治县黄山镇五台村	●
508	拉市坝村	丽江市玉龙纳西族自治县巨甸镇	●
509	海南村	丽江市玉龙纳西族自治县拉市镇	●
510	吉余村	丽江市玉龙纳西族自治县拉市镇	●
511	均良村	丽江市玉龙纳西族自治县拉市镇	●
512	美泉村	丽江市玉龙纳西族自治县拉市镇	●
513	南尧村	丽江市玉龙纳西族自治县拉市镇	●
514	柏木村、木瓜村	丽江市玉龙纳西族自治县黎明乡中兴村	●
515	土官村	丽江市玉龙纳西族自治县龙蟠乡新联村	●
516	宏文村	丽江市玉龙纳西族自治县龙蟠乡兴文村	●
517	竹园村	丽江市玉龙纳西族自治县石鼓镇大新村	●
518	石支村	丽江市玉龙纳西族自治县石鼓镇仁和村	●
519	海螺村	丽江市玉龙纳西族自治县石鼓镇石鼓村	●
520	龙华村	丽江市玉龙纳西族自治县石头乡	●
521	桃园村	丽江市玉龙纳西族自治县石头乡	●
522	拉市落村	丽江市玉龙纳西族自治县塔城乡	●
523	嘎多村	临沧市沧源佤族自治县单甲乡	●
524	湖广村	临沧市沧源佤族自治县芒卡镇	●
525	永点村	临沧市沧源佤族自治县勐懂镇芒摆村	●
526	永让村	临沧市沧源佤族自治县勐懂镇芒摆村	●
527	翁丁村	临沧市沧源佤族自治县勐角傣族彝族拉祜族乡	●●
528	丁来村	临沧市沧源佤族自治县勐来乡	●
529	老议山村	临沧市凤庆县鲁史镇	●
530	鲁史古集村	临沧市凤庆县鲁史镇	●●

序号	名称	地点	文保级别
531	先锋村	临沧市凤庆县鲁史镇	●
532	沿河村	临沧市凤庆县鲁史镇	●●
533	石洞寺村	临沧市凤庆县洛党镇箐头村	●
534	古墨村	临沧市凤庆县诗礼乡	●
535	学堂村	临沧市凤庆县诗礼乡	●
536	永兴村	临沧市凤庆县诗礼乡	●
537	中兴村	临沧市凤庆县诗礼乡清华村	●
538	平坦村	临沧市凤庆县新华乡	●
539	芒团村	临沧市耿马傣族佤族自治县孟定镇	●
540	勐准村	临沧市临翔区博尚镇	●
541	上永和村	临沧市临翔区博尚镇	●
542	碗窑村	临沧市临翔区博尚镇	●
543	南楞田村	临沧市临翔区南美乡	●
544	东岗村	临沧市临翔区平村乡	●
545	斗阁村	临沧市临翔区圈内乡	●
546	勐旺大寨村	临沧市临翔区章驮乡	●
547	冰岛村	临沧市双江拉祜族佤族布朗族傣族自治县勐库镇	●
548	班卡村	临沧市永德县班卡乡	●
549	大忙简村	临沧市永德县大山乡	●
550	纸厂村	临沧市永德县大山乡	●
551	二道桥俐侎部落村	临沧市永德县乌木龙彝族乡	●
552	旧城村	临沧市永德县永康镇	●
553	文丰村	临沧市云县大寨镇	●
554	后箐村	临沧市云县后箐乡	●
555	茂兰社区	临沧市云县茂兰镇	●
556	哨街村	临沧市云县茂兰镇	●
557	邦信村	临沧市云县幸福镇	●
558	小落水村	临沧市镇康县凤尾镇芦子园村	●
559	甲生村	怒江傈僳族自治州贡山独龙族怒族自治县丙中洛镇	●
560	秋那桶村	怒江傈僳族自治州贡山独龙族怒族自治县丙中洛镇	●
561	高轩井村	怒江傈僳族自治州兰坪白族普米族自治县河西乡共兴村	●
562	玉狮场村	怒江傈僳族自治州兰坪白族普米族自治县河西乡箐花村	●
563	黄松村	怒江傈僳族自治州兰坪白族普米族自治县通甸镇	●
564	新华村	怒江傈僳族自治州兰坪白族普米族自治县营盘镇	●
565	中元村	怒江傈僳族自治州泸水市老窝镇	●
566	鲁祖村	怒江傈僳族自治州泸水市鲁掌镇	●
567	金满村	怒江傈僳族自治州泸水市洛本卓白族乡	●
568	博别寨村	普洱市江城哈尼族彝族自治县国庆乡么等村	●
569	城子三寨村	普洱市江城哈尼族彝族自治县整董镇	●
570	曼稼村	普洱市江城哈尼族彝族自治县整董镇	●
571	曼景湾村	普洱市江城哈尼族彝族自治县整董镇	●
572	曼宽村	普洱市江城哈尼族彝族自治县整董镇	●
573	曼畔村	普洱市江城哈尼族彝族自治县整董镇	●
574	曼坡村	普洱市江城哈尼族彝族自治县整董镇	●
575	曼滩村	普洱市江城哈尼族彝族自治县整董镇	●
576	三营村	普洱市景东彝族自治县大街镇	●
577	文山村	普洱市景东彝族自治县大街镇	●
578	黄草岭村	普洱市景东彝族自治县锦屏镇	●
579	回营村	普洱市景东彝族自治县林街乡	●
580	梁家村	普洱市景东彝族自治县文井镇	●
581	纪家村	普洱市景谷傣族彝族自治县景谷镇	●
582	芒景村	普洱市澜沧拉祜族自治县惠民镇	●
583	糯干村	普洱市澜沧拉祜族自治县惠民镇	●
584	翁基村	普洱市澜沧拉祜族自治县惠民镇	●
585	勐根村	普洱市澜沧拉祜族自治县酒井哈尼族乡	●
586	龙塘老寨村	普洱市澜沧拉祜族自治县南岭乡勐炳村	●
587	老迈寨村	普洱市澜沧拉祜族自治县糯福乡阿里村	●
588	老街村	普洱市澜沧拉祜族自治县上允镇	●
589	糯董老寨村	普洱市孟连傣族拉祜族佤族自治县公信乡	●
590	笼帅村	普洱市孟连傣族拉祜族佤族自治县芒信镇	●
591	芒畔村	普洱市孟连傣族拉祜族佤族自治县芒信镇	●
592	芒街村	普洱市孟连傣族拉祜族佤族自治县娜允镇	●
593	勐外村	普洱市孟连傣族拉祜族佤族自治县娜允镇	●
594	娜允镇	普洱市孟连傣族拉祜族佤族自治县	●
595	碧溪古镇村	普洱市墨江哈尼族自治县联珠镇	●
596	大寨村	普洱市墨江哈尼族自治县联珠镇	●
597	勐嘎村	普洱市墨江哈尼族自治县那哈乡	●
598	蚌扎村	普洱市宁洱哈尼族彝族自治县勐先镇	●
599	上宣德村	普洱市宁洱哈尼族彝族自治县勐先镇	●
600	磨黑镇	普洱市宁洱哈尼族彝族自治县	●

序号	名称	地点	文保级别
601	困鹿山村	普洱市宁洱哈尼族彝族自治县宁洱镇宽宏村	🔴
602	那柯里村	普洱市宁洱哈尼族彝族自治县同心乡	🔴
603	南本村	普洱市思茅区龙潭乡	🔴
604	永老寨村	普洱市西盟佤族自治县岳宋乡	🔴
605	文仆村	普洱市镇沅彝族哈尼族拉祜族自治县勐大镇	🔴
606	英德村	普洱市镇沅彝族哈尼族拉祜族自治县勐大镇	🔴
607	杨家村	普洱市镇沅彝族哈尼族拉祜族自治县振太镇	🔴
608	紫马街村	普洱市镇沅彝族哈尼族拉祜族自治县振太镇太和村	🔴
609	大蒿地小组	曲靖市会泽县大井镇里可村	🔴
610	白雾村	曲靖市会泽县娜姑镇	🔴🟤
611	雍家村	曲靖市陆良县芳华镇	🔴
612	良迪村	曲靖市陆良县马街镇	🔴
613	富乐村	曲靖市罗平县富乐镇	🔴
614	腊者村	曲靖市罗平县鲁布革布依族苗族乡	🔴
615	白古村	曲靖市罗平县钟山乡	🔴
616	黄土坡村	曲靖市马龙县旧县镇	🔴
617	咨卡村	曲靖市马龙县马鸣乡	🔴
618	潦浒大村	曲靖市麒麟区越州镇	🔴
619	箐口村	曲靖市麒麟区珠街街道	🔴
620	大冲村	曲靖市师宗县竹基镇	🔴
621	淑基村	曲靖市师宗县竹基镇	🔴🟡
622	宁营村	曲靖市宣威市落水镇	🔴
623	关上村	曲靖市宣威市杨柳乡	🔴🟡
624	河尾大村	曲靖市沾益县大坡乡	🔴
625	松林村	曲靖市沾益县花山街道	🔴
626	汤拿村	文山壮族苗族自治州广南县坝美镇	🔴
627	旧莫乡	文山壮族苗族自治州广南县	🟡
628	蚌古村	文山壮族苗族自治州广南县者太乡	🔴
629	上米哈村	文山壮族苗族自治州广南县者太乡	🔴
630	下米哈村	文山壮族苗族自治州广南县者太乡	🔴
631	板江村	文山壮族苗族自治州广南县者兔乡	🔴
632	里夺村	文山壮族苗族自治州广南县者兔乡	🔴
633	马碧村、革里村	文山壮族苗族自治州广南县者兔乡	🔴
634	那坝村	文山壮族苗族自治州广南县者兔乡	🔴
635	上者偏村	文山壮族苗族自治州广南县者兔乡	🔴
636	西牙村	文山壮族苗族自治州广南县者兔乡	🔴
637	下者偏村	文山壮族苗族自治州广南县者兔乡	🔴
638	者妈村	文山壮族苗族自治州广南县者兔乡	🔴
639	城寨村	文山壮族苗族自治州麻栗坡县董干镇新寨村	🔴🟡
640	街脚村	文山壮族苗族自治州马关县八寨镇	🔴
641	马洒村	文山壮族苗族自治州马关县马白镇	🔴
642	老寨村	文山壮族苗族自治州丘北县腻脚乡	🔴
643	革雷村	文山壮族苗族自治州丘北县平寨乡	🔴
644	石别村	文山壮族苗族自治州丘北县温浏乡	🔴
645	河边村	文山壮族苗族自治州丘北县曰者镇	🔴
646	平坝镇	文山壮族苗族自治州文山市	🟤
647	批洒村	文山壮族苗族自治州砚山县者腊乡	🔴
648	勐满村	西双版纳傣族自治州景洪市大渡岗乡大荒坝村	🔴
649	曼景保村	西双版纳傣族自治州景洪市噶洒镇曼掌宰村	🔴
650	巴卡老寨村	西双版纳傣族自治州景洪市基诺族乡	🔴
651	巴坡村	西双版纳傣族自治州景洪市基诺族乡	🔴
652	巴亚中寨村	西双版纳傣族自治州景洪市基诺族乡	🔴
653	洛特老寨村	西双版纳傣族自治州景洪市基诺族乡	🔴
654	扎吕村	西双版纳傣族自治州景洪市基诺族乡	🔴
655	曼春满村	西双版纳傣族自治州景洪市勐罕镇	🔴
656	曼景村	西双版纳傣族自治州景洪市勐罕镇	🔴
657	曼远村	西双版纳傣族自治州景洪市勐罕镇	🔴
658	曼乍村	西双版纳傣族自治州景洪市勐罕镇	🔴
659	曼飞龙村	西双版纳傣族自治州景洪市勐龙镇	🔴🟡
660	勐景莱村	西双版纳傣族自治州勐海县打洛镇	🔴🟡
661	章朗村	西双版纳傣族自治州勐海县西定哈尼族布朗族乡	🔴🟡
662	曼旦村	西双版纳傣族自治州勐腊县勐腊镇	🔴
663	曼龙勒村	西双版纳傣族自治州勐腊县勐腊镇	🔴
664	十字街村	西双版纳傣族自治州勐腊县易武镇	🔴
665	易武镇	西双版纳傣族自治州勐腊县	🟡
666	石门村	玉溪市澄江县海口镇松元村	🔴
667	安居村	玉溪市峨山彝族自治县岔河乡	🔴
668	青龙村	玉溪市峨山彝族自治县岔河乡	🔴
669	大塔克冲村	玉溪市峨山彝族自治县大龙潭乡迭所村	🔴
670	八字岭村	玉溪市峨山彝族自治县甸中镇	🔴

序号	名称	地点	文保级别
671	甸尾村	玉溪市峨山彝族自治县甸中镇	🔴
672	栖木塀村	玉溪市峨山彝族自治县甸中镇	🔴
673	雨果村	玉溪市峨山彝族自治县富良棚乡	🔴
674	大西村	玉溪市峨山彝族自治县塔甸镇	🔴
675	戈嘎村	玉溪市峨山彝族自治县塔甸镇大西村	🔴
676	伙枇杷村	玉溪市峨山彝族自治县塔甸镇亚尼村	🔴
677	玉碗水村	玉溪市红塔区春和街道黄草坝村	🔴
678	冲麦村	玉溪市华宁县宁州街道	🔴
679	碗窑村	玉溪市华宁县宁州街道	🔴
680	海镜村	玉溪市华宁县青龙镇	🔴
681	来保康村	玉溪市华宁县青龙镇落梅村	🔴
682	海门村	玉溪市江川区江城镇	🔴
683	克呆村	玉溪市通海县高大傣族彝族乡高大社区	🔴
684	大回村	玉溪市通海县河西镇	🔴🟤
685	河西村	玉溪市通海县河西镇	🔴🟤
686	大黑冲村	玉溪市通海县里山彝族乡	🔴
687	小荒田村	玉溪市通海县里山彝族乡	🔴
688	北阁下村	玉溪市通海县兴蒙蒙古族乡	🔴
689	桃家嘴村	玉溪市通海县兴蒙蒙古族乡	🔴
690	大平掌村	玉溪市新平彝族傣族自治县戛洒镇	🔴
691	南薅村	玉溪市新平彝族傣族自治县漠沙镇	🔴
692	旧县村	玉溪市易门县六街街道	🔴
693	十街村	玉溪市易门县十街彝族乡	🔴
694	歪头山村	玉溪市易门县小街乡	🔴
695	核桃箐村	玉溪市易门县小街乡甲浦村	🔴
696	它克村	玉溪市元江哈尼族彝族傣族自治县甘庄街道	🔴🟠
697	者嘎村	玉溪市元江哈尼族彝族傣族自治县澧江街道	🔴
698	二掌村	玉溪市元江哈尼族彝族傣族自治县那诺乡	🔴
699	坡桎村	玉溪市元江哈尼族彝族傣族自治县洼桎乡	🔴
700	邑慈碑村	玉溪市元江哈尼族彝族傣族自治县洼桎乡	🔴
701	羊街村	玉溪市元江哈尼族彝族傣族自治县羊街乡	🔴
702	车坪村	昭通市巧家县大寨镇	🔴
703	老店村	昭通市巧家县老店镇	🔴
704	拖车村	昭通市巧家县小河镇	🔴
705	半箐村	昭通市巧家县药山镇	🔴
706	南岸村	昭通市绥江县南岸镇	🔴
707	石坝子村	昭通市威信县高田乡新华村	🔴
708	后房村	昭通市威信县双河乡	🔴
709	湾子苗寨村	昭通市威信县水田镇	🔴
710	老街村	昭通市威信县扎西镇	🔴
711	豆沙关	昭通市盐津县豆沙镇	🟠
712	牛街镇	昭通市彝良县	🟠
713	大兴村	昭通市永善县大兴镇	🔴
714	白雕村	昭通市永善县大兴镇滨江社区	🔴
715	巡龙村	昭通市昭阳区洒渔镇	🔴
716	发达村	昭通市镇雄县罗坎镇	🔴
717	凤翥村	昭通市镇雄县罗坎镇	🔴

注：

🔴 中国传统村落

🟤 中国历史文化名村（镇）

🟠 云南省历史文化名村（镇）

🟢 全国重点文物保护单位

后记

本书是在昆明理工大学建筑与城市规划学院多位作者的通力协作下完成的。虽然之前初选了30个村落，但限于篇幅要求，最终选出20个作为云南省古村落的代表。尽管不能涵盖云南所有的古村落类型构成特征，却也基本反映出云南古村落发展的历史脉络、地域风貌以及当前的整体状况。

本书各个村落古镇具体内容的撰写分别如下：

杨大禹，负责本书的总体协调工作，完成了概述，以及和顺镇、黑井镇、石羊镇和城子村四个村落的撰写，并与研究生孙朋涛共同完成了光禄镇与河西镇两个村落的撰写；

张婕，完成了东河村、诺邓村、团山村三个村落的撰写；

唐黎洲，完成了沙溪镇、郑营村、翁丁村三个村落的撰写；

杨毅，完成了新房村、苍台村两个村落的撰写；

曾巧巧，完成了建塘镇、新安所镇两个村镇的撰写；

郑溪，完成了喜洲镇、金鸡村两个村落的撰写；

李莉萍，完成了娜允镇的撰写；

余穆谛，完成了东莲花村的撰写。

另外，还有杨毅撰写的其他三个村落（官厅村、汤伍村、下坡处村）、毛志睿撰写的两个村落（翁基村、糯干村）、施润撰写的两个村落（叶枝镇、兴蒙乡）、廖静撰写的一个村落（莿村）和郑溪撰写的一个村落（糯黑村），均未能收录到本册书中。

对于云南古村落以及相关历史文化城镇的调查研究，曾得到国家自然科学基金项目（“历史文化村镇遗产及其文化生态保护的研究与示范”）的资助。本书的编写，对于古村落的保护，以及当前国家正在推进落实的乡村振兴规划，仍具有现实的参考价值。

本书的出版也得到了李玉祥先生和江苏凤凰教育出版社的关心和支持，特此感谢。

图书在版编目（CIP）数据

中华古村落·云南卷 / 杨大禹，张婕，唐黎洲著 .—南京：江苏凤凰教育出版社，2024.12
ISBN 978-7-5743-0373-7
Ⅰ .①中… Ⅱ .①杨… ②张… ③唐… Ⅲ .①村落—介绍—云南 Ⅳ .① K928.5

中国国家版本馆 CIP 数据核字（2023）第 254429 号

国家自然科学基金资助（项目批准号：51268019）

书　　名　中华古村落·云南卷
作　　者　杨大禹　张　婕　唐黎洲
责任编辑　樊曼莉
装帧设计　周　晨　孙宁宁
出版发行　江苏凤凰教育出版社（南京市湖南路 1 号 A 楼　邮编 210009）
苏教网址　http://www.1088.com.cn
照　　排　南京新华丰制版有限公司
印　　刷　上海雅昌艺术印刷有限公司
厂　　址　上海市嘉定区嘉罗公路 1022 号
开　　本　889 毫米 × 1194 毫米　1/16
印　　张　20
版　　次　2024 年 12 月第 1 版
印　　次　2024 年 12 月第 1 次印刷
书　　号　ISBN 978-7-5743-0373-7
定　　价　460.00 元
网店地址　http://jsfhjycbs.tmall.com
公 众 号　江苏凤凰教育出版社（微信号：jsfhjyfw）
邮购电话　025-85406265，025-85400774
盗版举报　025-83658579

▲ 省委教育工委副书记、省教育厅厅长赵振华来学校考察调研

▲ 学校成功承办2021年全国职业院校技能大赛高职组电子商务技能赛项

▲ 学校举行全国高校毕业生就业能力培训基地揭牌仪式

▲ 我校荣获2021年全国职业院校技能大赛高职组电子商务技能赛项一等奖

▲ 我校荣获2021年全国职业院校技能大赛高职组市场营销技能赛项二等奖

▲ 我校荣获2021年全国职业院校技能大赛高职组会计技能赛项三等奖

▲ 我校荣获2021年全国职业院校技能大赛高职组网络系统管理比赛三等奖

▲ 我校荣获2021年全国职业院校技能大赛高职组信息安全管理与评估比赛三等奖

▲ 我校翟淼、谢婧、王培、杨卫宏团队荣获2021年全国职业院校技能大赛教学能力比赛二等奖

▲ 我校与西藏职业技术学院合作团队荣获2021年全国职业院校技能大赛教学能力比赛二等奖

▲ 我校汪贞叶、李仁霞、徐诗瑶、胡计虎团队荣获2021年全国职业院校技能大赛教学能力比赛二等奖

▲ 我校与安徽师范大学2021年联合培养本科班举行开学典礼

▲ 学校开展新徽商精神与商科人才培养研讨活动

▲ 学校举办2021年春季留学生开班典礼

目录

一、学校基本情况

（一）学校概况

【概 况】 安徽商贸职业技术学院是2000年经安徽省人民政府批准、教育部备案，由安徽省商业学校和安徽商业职工大学合并建立的公办全日制专科层次的高等职业院校，隶属于安徽省教育厅。学校是中国特色高水平高职学校和专业建设计划建设单位、国家优质专科高等职业院校、国家优秀骨干高职院校、首批安徽省示范性高等职业院校，是安徽省首批地方技能型高水平大学立项建设单位，是安徽省高职发展标杆校、技能大赛标杆校和省级线上教学示范高校，是省内唯一一所被列入安徽省高校综合改革首批试点的高职院校。同时，学校还是教育部职业院校教育类专业教学指导委员会副主任委员单位、全国商业高职教育研究会副会长单位、全国财经职业教育集团常务理事单位，安徽省财经商贸职业教育集团理事长单位、安徽省商业经济学会副会长单位、安徽省商科高职院校与企业合作教育联盟首轮轮值主席单位。

学校坐落在具有“长江巨埠、皖之中坚”美誉的国家级开放城市——芜湖，至今已有118年的办学历史，前身是1903年创办于湖南长沙的安徽旅湘公学。1904年，安徽旅湘公学迁回芜湖，更名为安徽公学，李光炯与邓绳侯先后担任监督，礼聘刘师培、陈仲甫（即陈独秀）、柏文蔚、陶成章、苏曼殊、谢无量、周震鳞、江彤侯等知名人士来校任教和讲学。多年来，学校始终秉承“厚德弘商 笃学砺能”校训，不断发扬“创新超越 诚信图强”的安徽商贸精神，励精图治，改革创新，办学水平与人才培养质量不断提高，百年老校焕发出新的生机与活力。

学校占地面积44.92万平方米，校舍建筑面积28.02万平方米，图书（含电子图书）达149.49万册，办学条件优良，基础设施完善，达到省内同类院校一流水平。学校现有全日制在校生12000余人，在职教职工598人，专职教师中具有副高级以上职称127人，“双师”素质专业教师占专业课教师总数90%以上，拥有国家级职业教育教师教学创新团队1个，省级教学团队16个，省级专业带头人13人。获国家级教学成果二等奖1项，省级教学成果奖104项；先后承担省部级教科研课题100余项，主持建设文秘专业国家级教学资源库，5门国家教学资源库课程。教师参加全国职业院校技能大赛教学能力比赛共计获全国一等奖2项，二等奖2项，三等奖2项，省赛一等奖22项。

教职工在省级以上刊物公开发表论文2560余篇，出版教材、专著730余部，其中国家级精品教材1种，国家规划教材40种，安徽省规划教材50种。《安徽商贸职业技术学院学报》两次荣获全国优秀社科期刊和全国高职院校优秀学报，三次蝉联“武汉大学中国科学评价研究中心（RCCSE）核心学术期刊”。

学校目前设有电子商务学院、会计学院、国际商务与旅游学院、信息与人工智能学院、金融科技学院（迪科金服学院）、文化与法律学院、艺术设计学院等7个二级学院以及马克思主义学院、基础教学部等2个二级教学单位，形成了学校—学院—专业教研室等3个层级的布局框架。学校共开设37个专业，其中，有国家级高水平建设专业群1个，国家级重点建设专业4个，国家级骨干专业9个；省级高水平建设专业群2个，省级重点建设专业24个。近年来，学校面向现代服务业，着眼大流通，瞄准新商业，着力打造电子商务、会计、金融管理、移动应用开发与云计算等优势专业(群)，重点服务安徽和长三角现代服务业高素质人才需求，形成以电子商务与物流管理为主的商贸流通、以会计和金融管理为主的财经管理类专业群。拥有国家级课程思政示范课程2门，省级大规模在线开放课程(MOOC)、精品资源共享课程和课程思政示范课程等131项，其中省级大规模在线开放课程(MOOC)示范项目76项，省级精品线下开放课程15门，课程思政示范课程9门。

学校积极创新工学结合人才培养模式，着力培养现代服务业高素质技术技能人才。在成立校企合作理事会的基础上，学校牵头组建了安徽省财经商贸职业教育集团，与成员单位和知名企业深化合作，形成了学校与行业、专业与企业、学校指导老师与企业指导教师"三层次双元"校企合作长效机制，合作企业有六家安徽省产教融合型企业建设培育单位，催生了以"迪科金服学院""松鼠新商业学院""金陵酒店管理学院""账道会计班""顺丰班""蓝狮工坊""三站两室一坊"等为代表的校企深度融合的优秀实例，成立了开元旅游产业学院、数智财税产业学院、物联网产业学院等6个现代产业学院，走出了一条具有引领和示范效应的产教融合、校企合作办学之路，学校"新零售虚拟仿真实训基地"入选职业教育示范性虚拟仿真实训基地培育项目，被安徽省教育厅、安徽省经济和信息化厅、安徽省人民政府国有资产监督管理委员会评定为"省级校企合作示范基地"和"省级校企合作示范学校"。目前建有设备先进、配套齐全的校内实训基地128个，其中物流管理实训基地为中央财政重点支持的国家高职高专实训基地，计算机应用实训中心、现代物流管理实训中心、会计实训中心、安徽商贸-上海晓庄校园实训基地为省级示范实验实训中心，多媒体设计与制作(动画方向)为省级校企合作人才培养模式创新试验区；建立三只松鼠股份有限公司、安徽新中天会计师事务所等校企合作紧密的校外实训基地107个，形成了融教学、培训、教科研、技能鉴定与技术开发和服务于一体的校内外实习实训体系。

学校强化高素质技能培养，强调"非商融商"，培养具有我校特色的复合型技术技能人才。近年来学生共获全国职业院校技能大赛一等奖20项、省赛一等奖109项，2017年国赛总得奖数量以及一等奖获得数量均进入全国前10名。获全国数学建模大赛、"西门子杯"中国智能制造挑战赛、全国大学生广告艺术大赛等A类比赛一等奖3项、二等奖1项、三等奖4项，其中2018年获全国数学建模大赛"Matlab创新奖"，为安徽省高校历史最好成绩。

学校坚持完善德技并修的育人体制，办学模式和人才培养模式得到同行的认可和社会的好评，毕业生深受用人单位欢迎，就业率和就业质量稳居全国同类院校前列，系全国普通高等学校毕业生就业工作先进集体，连续三年被评为安徽省普通高等院校毕业就业工作先进集体，连续六年被评为安徽省普通高等院校毕业生就业工作标兵单位。近年来，学校先后入选全国毕业生就业50强、全国职业院校实习管理50强、教育部"现代学徒制"试点单位、安徽省大学生创新创业教育改革示范校、全省普通高校毕业生就业工作激励支持高校。

学校注重多元开放，不断加强与美国、英国、泰国、马来西亚、菲律宾、韩国、新西兰等国家多所高校的交流与合作。学校与英国南埃塞克斯学院开展中英合作项目，定期与泰国泰科技集团开展短期文化交流项目。近年来，我校参加马来西亚北方大学、英国博尔顿大学交流活动的学生共计30人。目前，学校在泰国曼谷和大城分别建立了"中国语言文化交流中心"，每年派遣2—3名教师赴当地进行汉语教学，首期参加在线汉语教学的学生约550余人。学校留学生招生工作稳步推进，已通过省教育厅留学生教育备案工作，留学生招生工作同步开启。为提高师资水平、开阔视野，学校先后接待境外来访人员130余人次，派遣130余人次赴国(境)外参加各类教育教学培训，建立两个海外师资培训基地。2019年，成功举办"一带一路"人才培养国际论坛，学校国际影响力大幅提升。

时光流转，岁月更迭，新时代经济社会发展赋予百年商校新使命。站在新时代的历史新起点上，全体商贸人将以习近平新时代中国特色社会主义思想为指导，深入贯彻党的十九大和十九届二中、三中、四中和五中全会精神，深入学习贯彻习近平总书记关于教育的重要论述和全国职业教育大会精神，大力实施“职教本科、‘双高’建设、师资提升、协同育人、创新服务”五大行动计划，着力打造“人文商贸、质量商贸、特色商贸、开放商贸、幸福商贸”五大美好商贸，努力实现学校各项事业发展的新突破和新提升，为高教强省和现代化美好安徽做出更大贡献！

（二）基础数据统计

【学生情况】 学校共有各类在籍学生12188人。

【教职工情况】 学校现有教职工598人，其中正高职称21人、副高职称127人，拥有博士学位6人、硕士学位445人，专任教师472人（含行政兼课）。

【办学条件】 学校占地面积44.92万平方米，产权建筑面积28.02万平方米，其中教学及辅助用房156942平方米、行政办公用房6846平方米、生活用房116464平方米，拥有教学用计算机5452台、图书104.14万册，教科研仪器设备总值11169.88万元，拥有固定资产总值54874.62万元。

（供稿单位：学生工作处、组织人事处、科研处、办公室）

二、机构与人员

（一）学校党政领导

党委书记　章顺来　全面主持党委工作。主管组织人事处、宣传统战部。联系电子商务学院。

党委副书记、院长　李忠　全面主持行政工作。主管办公室、监察审计处、信息管理中心，协管组织人事处（人事工作）。联系会计学院、马克思主义学院。

党委副书记、纪委书记　朱光应　协助党委书记负责学校日常党务工作。分管纪律检查委员会、学生工作部（处）、招生就业处、工会、团委、党总支（直属党支部）、关工委。联系国际商务与旅游学院、文化与法律学院。

党委委员、副院长　郑承志　分管教务处、实验实训中心（校企合作处）、教学督导室、科研处、学报编辑部、教学系（部）、联系信息与人工智能学院、金融科技学院。

党委委员、副院长　王　炜　分管财务处、后勤管理处、图书馆、继续教育学院、国有资产管理办公室、校医院。联系艺术设计学院、基础教学部。

（供稿单位：办公室）

（二）中共安徽商贸职业技术学院第四届党委委员名单

书　记：章顺来
副书记：李　忠　朱光应
委　员：郑承志　王　炜　汤　飏　郑　伟　汪正法

（供稿单位：组织人事处）

（三）中共安徽商贸职业技术学院第四届纪委委员名单

纪 委 书 记：朱光应
纪委副书记：吴松飞
委　　　员：魏　力　夏名首　王锦坤

（供稿单位：组织人事处）

（四）处、室设置及负责人名单

处、室设置及负责人名单

序　号	机构名称	负责人	职　务
1	办公室	张　强	办公室主任
2	组织人事处	高道友	党委委员、组织人事处处长
3	纪委办公室（与监察审计处合署办公）	吴松飞	纪委办公室主任、监察审计处处长
4	宣传统战部	汤　飚	党委委员、宣传统战部部长
5	教务处	黄义兵	教务处处长
6	学生工作处（部）	郑　伟	党委委员、学生工作处处长
7	招生就业处	孙握瑜	招生就业处处长
8	财务处	李金传	财务处副处长
9	工　会	汤飚（兼）	工会主席
10	团　委	郑伟（兼）	团委书记
11	后勤管理处（含校医院）	汪正法	党委委员、后勤管理处处长
12	保卫处	徐明友	保卫处副处长
13	图书馆	季学芳	图书馆馆长
14	科研与校企合作处（含学报编辑部）	刘　宝	科研与校企合作处处长、学报编辑部主任
15	继续教育与社会培训学院	胡传山	继续教育与社会培训学院院长
16	创新与创业学院	王从辉	创新与创业学院院长（正科级）
17	质量保障处	汪　伟	质量保障处处长
18	信息管理中心	韩成勇	信息管理中心主任（正科级）
19	国有资产管理办公室	杨　欣	国有资产管理办公室主任

（五）二级教学单位设置及负责人名单

二级教学单位设置及负责人名单

序　号	机构名称	负责人	职　务
1	电子商务学院	夏名首	院　长
2	会计学院	丁增稳	院　长
3	信息与人工智能学院	阮进军	院　长
4	国际商务与旅游学院	孙颖荪	院　长
5	金融科技学院	胡增芳	院　长
6	文化与法律学院	王锦坤	院　长
7	艺术设计学院	吴　昊	副院长
8	马克思主义学院	杨卫宏	院　长
9	基础教学部	魏建和	主　任

（六）党总支、直属党支部设置及书记名单

党总支、直属党支部设置及书记名单

序　号	机构名称	姓　名	职　务
1	电子商务学院党总支	魏　力	总支书记
2	会计学院党总支	王珠强	总支书记
3	信息与人工智能学院党总支	郑晓明	总支书记
4	国际商务与旅游学院党总支	秦宗槐	总支书记
5	金融科技学院党总支	徐　翔	总支书记
6	艺术设计学院党总支	韩　飚	总支书记
7	文化与法律学院党总支	朱吉玉	总支书记
8	基础教学部党支部	周震宇	支部书记
9	马克思主义学院党支部	杨卫宏	支部书记
10	行政第一党总支	朱文杰	总支书记
11	行政第二党总支	黄义兵	总支书记
12	行政第三党总支	孙握瑜	总支书记
13	行政第四党总支	关进国	总支书记
14	离退休党支部	黄家珍	支部书记

三、重要文件与领导重要讲话

安徽商贸职业技术学院2021年党政工作要点

院党字〔2021〕1号

2021年学校工作的总体要求是：以习近平新时代中国特色社会主义思想为指导，深入贯彻党的十九大和十九届二中、三中、四中、五中全会精神，认真学习贯彻习近平总书记考察安徽重要讲话精神和关于教育的重要论述，全面贯彻党的教育方针，落实立德树人根本任务，秉持“质量、创新、融合、超越”的理念，以“学党史、建‘双高’”为主题，以弘扬徽商精神为主线，全面推进“双高计划”建设，推动落实提质培优行动计划，为实现“十四五”时期学校事业高质量发展开好局、起好步，以优异成绩庆祝建党100周年。

一、聚焦政治引领，持续强化党的全面领导

1.持续推进学习宣传教育。深入学习习近平新时代中国特色社会主义思想，全面贯彻落实习近平总书记考察安徽重要讲话精神和全国职业教育大会、安徽省职业教育大会精神，加大职业教育法规政策学习力度，提高党委中心组学习和教职工政治和业务学习实效。围绕迎接庆祝建党100周年，开展党史学习教育、“网上重走长征路”学习教育，巩固深化“不忘初心、牢记使命”主题教育成果，持续开展社会主义核心价值观培育践行和爱国主义教育工作。

2.进一步加强思想政治教育。牢牢把握意识形态工作领导权，加强政治建设的方向引领。实施情景式、案例式、活动式等教学方法，建设体现徽商精神特点的思政课程。充分发挥课程思政一体化共建平台作用，推动思政课程与课程思政协同育人。分专业培育“课程思政”教改项目，建设一批省级及以上示范课程。依托课程思政认证中心开展教师课程思政标准建设和资源开发。选树“课程思政”优秀教师典型，创建2个省级“课程思政”教学团队。培育省级思想政治课教学创新团队，打造省级思想政治课示范课堂，争取入选“安徽省思想政治教育实践育人基地”。

3.加强基层党组织建设。学习宣传贯彻新修订的《中国共产党普通高等学校基层组织工作条例》。深入实施“对标争先”建设计划，完成全国和全省“标杆院系”和“样板支部”建设项目验收工作。持续开展新时代党建示范创建和质量创优工作，继续实施“领航”计划，培育示范基层党组织，打造党建品牌。

4.推动全面从严治党向纵深发展。聚焦“两个维护”，认真落实党委全面从严治党主体责任清单，压紧压实责任链条。持续推进落实中央八项规定精神，加强对重点领域的监督，力戒形式主义、官僚主义，发挥纪检监督和审计监督的作用，推动形成常态化发现问题、解决问题机制。开展新一轮深化“三个以案”警示教育。

5.加强干部队伍建设。完善“黄山松”式干部选拔机制，统筹抓好干部配备和关键岗位轮岗交流工作。开展干部“黄山松”精神培养系列之“干部担当”主题培训；选派干部参加党史学习教育培训，做好“黄山松”精神培育和党史学习教育的结合。锻造一支“讲忠诚、敢担当；能抗压、善开拓”的“黄山松”式干部队伍。

6.做好群团统战工作。完成工会和教代会换届工作，建立校友总会和各地校友分会工作组织体系。做好退休老同志工作。试点校院二级团校建设。建立侨联组织,统筹做好民主党派和党外知识分子政治引领工作。

二、坚持立德树人,着力提升人才培养质量

7.加快"双高计划"项目建设进度。加强"双高"建设上位文件研究,聚焦高绩效指标和标志性成果,探索建立校领导分头抓总、部门具体实施、"双高"办指导协调、按月定期会商的项目(任务)建设管理机制,高标准完成"双高计划"建设中期验收工作。对标对表《职业教育提质培优行动计划(2020—2023年)》,归类编制项目建设方案和任务书,推动项目建设落地见效。

8.推进专业群建设。对标《本科层次职业教育专业设置管理办法(试行)》,积极谋划本科专业申报与建设工作。大力推进学校十大专业群内涵建设,瞄准高端产业和新职业岗位群,新设或调整群内专业,调整人才培养定位,推动专业优化升级。推动电子商务专业群先行示范,改革人才培养方案,优化课程设置,实现"底层共享,中层分立,高层互选",打破原专业管理体制机制的制约,统筹调配资源,服务教师教学科研和社会服务,总结经验、以点带面,引领其他专业群改革。

9.做好人才培养质量保障工作。持续深入推进内部质量保证体系诊断与改进工作,建设校本数据中心并提升应用水平,推进行业企业及社会多方参与的评价体系,建立常态化人才培养质量保障机制。

10.推进"三教"改革。继续做好与安徽师范大学普通专升本合作办学联合培养工作。以人才培养方案制(修)定为契机,将新理念、新需求、新技术和徽商精神融入人才培养全过程。完善学校"1+X"证书制度实施方案,推进学分制改革,满足学生多元化学习需求。召开教材建设工作会议,组建"工匠+专业教师"一体化教材开发团队,开发"课证融合"新型教材,为申报校企双元开发的职业教育规划教材奠定基础。推进教学方式变革,打造"课堂革命"典型案例,培育职业教育教学成果奖。组织参加教师教学能力大赛、学生职业技能大赛和"互联网+"创新创业大赛,力争国赛取得新突破。

11.强化"双基工程"建设。完善教研室管理,完成新一轮教研室设置与教研室主任聘任工作。依托省级示范教学组织和省级示范教学课程,引领教研室建设和课程改革,提升教学研究水平,积极申报省级以上精品示范课程项目,力争国家精品在线开放课程实现突破。

12.服务学生全面发展。健全学校"三全育人"工作机构,开展"三全育人"管理服务示范岗建设,加强精细化、贴心化和信息化管理与服务。争创省级和国家级"三全育人"综合改革试点院校。推动新徽商工匠职业素养评价标准融入学校人才培养方案、课程标准、课堂教学、教材建设和考核评价。开展"百千万师生聚'双高'"活动(百名管理干部、教研室主任、辅导员宣讲"双高",千名优秀学生骨干服务"双高",万名学生感知"双高"),提升学生在"双高"建设中的获得感。加强学生心理健康教育工作,加快补齐美育、劳动教育短板。推进"第二课堂"建设,推动第一、第二课堂有机衔接。

13.做好招生就业和创新创业工作。继续推进全员招生,创新宣传方式,做好各类招生工作。扎实开展毕业生就业工作,努力保持全省同类院校领先地位。高质量做好大学生"双征双退"工作。深化创新创业教育改革,系统开展感知徽商、体验徽商、践行徽商、代言徽商系列活动,催生一批标志性成果。

14.高质量推动国际化工作。实施"中文+职业技能"项目,做好首批留学生教学管理工作,努力扩大留学生招生规模。依托海外中国语言文化交流中心、短期文化交流项目,传播中华文化。引进优质资源申报新的中外合作办学项目。持续推进教师国(境)外培训,提升教师国际化教育教学水平。

三、聚焦兴教之本,提高教书育人能力

15.健全师德师风建设长效机制。强化师德师风建设主体责任落实,深入开展师德师风主题教育活动,推进新时代高校教师职业行为十项准则深化落实。开展"最美教师""新时代教书育人楷模"评选推荐工作,在教师成长和发展各重要环节全面落实师德师风第一标准,形成"立德树人、甘为人梯"的育人氛围。

16.加大引才育才力度。充分利用"双招双引"和"编制周转池"政策,坚持引育并举,实施"领军人才"工程,大力引进兼职教授、技能大师和博士人才,锻造国内有影响的专业群带头人,培育省级教学名师和国家"万人计划"教学名

师。实施现代产业导师特聘岗位计划，加大技能大师工作室创建力度，积极培育学术专项人才，提升教书育人、科研创新和社会服务水平。

17.加强“双师”共育平台建设。整合政行企校资源，打造财经类职教“双师”共育平台，共同谋划新商科“双师”标准，推进校际资源共享、校企互兼互聘，建设“双师型”教师培养培训基地和教师企业实践基地，打造高水平结构化“双师型”教师队伍，创建国家级、省级教师教学创新团队。

18.强化教师发展工作。优化教师发展中心线上平台，更新线上课程资源，完善教师培训学时认定系统。实施“精准培育”，聚焦专业（群）带头人、“双带头人”教师党支部书记等重点群体，组织高端培训项目。深入挖掘社会资源，拓展教师发展空间，开展弘扬“陶行知精神”专题培训，厚植教师教育情怀。

四、突出优质高效，增强服务发展能力

19.加强科研平台创新与发展。启动“三平台两基地”期满验收考核，整合应用研究机构，建立“弘商技术服务创新园”，建设4个一级研究中心和10个二级研究子机构。召开技术服务创新园发展规划论证会，制定技术技能服务清单。充分发挥技术技能平台服务动能，实现社会服务到账额500万元以上。实体化运行现代职业教育研究所，开展职业教育热点和重点问题研究。

20.推动政行企校共同体建设。对接地方“双招双引”战略，积极对接中国(安徽)自由贸易试验区芜湖片区建设，深入开展跨境电商直播等合作项目，筑牢区校合作基础。以培育骨干专业群为主体，启动2个以上特色产业学院建设。积极推进现代学徒制、混合所有制办学，稳步开展“协同应用技术中心”等校企合作项目，落实产教融合、校企“双元”育人。积极培育产教融合企业，实体化运行安徽财经商贸职业教育集团，力争获得省级示范职业教育集团。

21.提高科技服务水平。开展智库咨询与研究，力争研究咨询报告省市级采纳。夯实科研项目研究基础，着力孵化省部级科研项目。开展横向技术服务，全面提升服务区域经济和社会发展的能力。鼓励专利申报与转化，努力实现全年10项专利转让目标。开展校级科技成果奖的评选，培育省市级科技成果奖。选育和指导小微企业创新项目，完成新徽商创业人才和技能工匠结对帮扶工作。

22.提升社会服务能力。依托现有继续教育智慧云课堂建设，开通“学历教育+技能培训”继续教育智慧云课堂，实现年培训人次达到在校生规模的2倍。稳步推进企业大学建设，建设示范性职工培训基地，逐步树立企业大学品牌。积极推广“镜湖新城社区学院”经验，启动网上社区学院建设社区，建设示范性继续教育基地和社区教育示范基地，打造优质继续教育网络课程。拓展新型职业农民培养和新农商技能培训规模，推广“新型职业农民大专班+新农商培训”经验。实施职业教育服务终身学习质量提升行动，与各类教育机构互联互通、共建共享，形成服务全民终身学习的发展合力。

23.助力乡村振兴工作。推动巩固脱贫攻坚成果同乡村振兴有效衔接，着力构建服务乡村振兴的工作体系，进一步提升教育服务乡村振兴的能力和水平。持续做好漆铺村产业振兴帮扶指导，进一步探寻漆铺村产业发展与学校专业优势的契合点，有针对性地开展旅游、农村电商等职业培训与相关服务。做好黄山职业技术学院和西藏山南市第二中等职业技术学校等单位的对口支援工作。

五、聚焦系统思维，推升治理能力现代化水平

24.编制“十四五”事业发展规划。贯彻落实《安徽教育现代化2035》及其五年实施方案，根据我省“十四五”教育事业发展规划，科学谋划“十四五”重大建设项目，编制学校“十四五”事业发展规划及专项规划。

25.持续完善制度体系建设。抓好制度“废改立”工作，完成新一轮制度汇编，定期召开新订制度解读说明会。围绕《高职专业教学标准》《基础课程标准》《顶岗实习标准》《实训条件标准》等国家标准，开发具有校本特色的系列标准。推进重大事项合法性审核机制全覆盖，落实规范性文件备案制度。

26.做好“两级管理”后半篇文章。激发二级教学单位办学活力，推进二级教学单位目标责任制，细化岗位职责，探索标志性成果考核，夯实二级教学单位办学主体地位。推行“小机关、大服务”改革，改革公文运行事项审批等，加强机关效能建设，推动重点工作任务落实。

27.提高信息化服务水平。扩大“一网通办”事项，持续推进政务服务便利化改革，启动数据治理工作，提升信息化政务服务能力，切实让数据多跑路、师生员工少跑腿。

28.改革教师考核评价体系。落实《深化新时代教育评价改革总体方案》，编制教师岗位任职标准，完善专业技术职务评聘方案，突出师德、实绩和质量导向，坚持分级考核、分类评价，构建差异化考评方式。启动教科研工作量考核，强化结果运用。积极稳妥开展各类岗位人员的新一轮聘任工作。

29.打造具有徽商特色的大学文化。规划、建设校园人文景观，加强教学、办公、生活等场所文化建设，营造浓郁的校园育人氛围。加强徽商文化应用研究所建设，强化新徽商精神研究。完善“承徽商精神，育鸠兹工匠”校园文化标识设计，做好“新徽商”精神传承工作。持续培育书香校园，举办弘商讲坛、校园读书创作比赛和读者沙龙等系列活动，将“好读书、读好书”内化为学生的生活方式。持续开展大国工匠进校园、优秀校友事迹典型宣传、“职业教育活动周”等活动，优化育人环境，争创省级文明校园。

六、聚焦要素保障，提升发展水平

30.改善保障条件。对标本科层次职业学校设置标准，积极争取上级主管部门及地方政府支持，拓展学校发展空间。完成综合实习实训中心项目建设竣工验收，完成部分区域装饰装潢工作，确保按期投入使用。强化绿化管理职责，创建安徽省第一批绿色校园建设项目。进一步完善公务接待、学生食堂等管理，坚决制止餐饮浪费行为。提高资产管理精细化、信息化水平，完成资产管理系统与财务系统对接工作。进一步完善馆藏资源结构，加快推进文献资源建设数字化转型。加强档案信息化建设，提升档案管理应用水平。

31.做好财务管理和内部审计工作。充分发挥审计监督作用，推动审计工作全覆盖。严肃财经纪律，强化监督管理。统筹推进全面实施预算绩效管理工作，进一步提升财务治理能力。

32.加强平安校园建设。建立健全意识形态领域重大风险监测预警机制，加强对重大舆情应对处置的组织领导。推进安全管理现代化，完善校园安全隐患排查工作机制和综合治理专门机制。做好各类自然灾害防范应对工作。

33.做好常态化疫情防控。贯彻落实上级部门疫情防控部署，完善常态化疫情防控工作体系，精准掌握师生动态，加强物资储备、应急保障、校园环境消杀、卫生整洁等工作，保障师生健康安全。开展新时代爱国卫生运动。

安徽商贸职业技术学院基层党支部工作考核评价办法(试行)

院党字〔2021〕20号

第一章 总 则

第一条 为坚持和加强党的全面领导，落实党要管党、全面从严治党要求，牢固树立党的一切工作到支部的鲜明导向，全面提升党支部组织力，强化党支部政治功能，充分发挥党支部战斗堡垒作用，根据《中国共产党章程》《中国共产党支部工作条例(试行)》及党内有关法规，结合学校实际，制定本考核评价办法。

第二条 按照严实并举、以评促建、评建结合、重在建设的工作方针，严格考核程序，不断健全和完善考核评价工作机制和考核评价体系，全面推进基层党支部标准化、规范化建设。

第三条 党支部工作考核评价对象为学校党总支下属各基层党支部，直属党支部作为院级单位党组织列入学校党建工作考核。

第二章 考核原则

第四条 党支部工作考核评价遵循以下原则：

(一)坚持把政治建设作为党支部的根本性建设，突出政治功能，强化政治引领，全面提升党支部组织力，推动党支部担负好直接教育管理监督党员和组织宣传凝聚服务师生的职责。

(二)坚持围绕中心、服务大局，坚持以人为本、立德树人，坚持改革创新、求真务实，充分发挥党支部积极性主动性创造性，做到“七个有力”，确保党的路线方针政策和决策部署贯彻落实。

(三)坚持定性与定量相结合，科学设置评价内容，突出考核重点，合理确定评分权重，切实做到定性与定量相结合，通过全方位、全过程考核，准确把握党支部工作实情，考出差距、考出实绩。

(四)坚持日常管理与集中考核相结合，党支部自评、党员师生评议与上级党组织考评相结合，统筹“样板支部”创建与党支部书记抓党建述职评议相结合，简化考核考评工作，减轻基层负担。

第三章 内容标准

第五条 党支部工作考核评价内容主要包括班子建设、党员教育管理服务、党内组织生活、作用发挥、工作运行机制、工作保障等六个方面，量化总分为100分。

第六条 党支部工作考核评价重点为政治建设是否有力、支委班子是否健全、制度建设是否完善、支部战斗堡垒作用和党员先锋模范作用发挥是否充分、党员师生是否满意等。

第四章 组织实施

第七条 党支部工作考核评价在学校党委统一领导下，由各党总支负责组织实施。

第八条 学校党委每年组织开展一次党支部工作考核评价，一般在年底举行，可以和基层党支部书记抓党建述职评议考核工作一并进行。考核评价程序如下：

(一)考核评价细则制定。结合实际，各党总支研究制定党支部工作具体考核评价细则。党支部工作考核评价由党支部自评和党总支考核两个环节构成，综合成绩实行百分制。

(二)党支部自评。党支部根据要求，认真总结考核期内的工作情况。召开党员大会或组织生活会，党支部书记汇报工作，党员对党支部工作进行评议，自评分满分为100分，占综合成绩的40%。

(三)党总支考核。党总支结合基层党组织书记抓基层党建述职评议考核工作，在查阅工作台账和进行个别访谈的基础上，以党总支扩大会议形式，对党支部工作进行综合评价，满分为100分，占综合成绩的60%。

(四)评价等次确定。党总支采取定性与定量评价相结合的办法，综合平时调研了解、督促检查和述职评议等情况，确定评议等次，并形成综合评价意见。

(五)考核结果存档。各党总支将考核结果报组织人事处备案，并做好有关资料的存档工作。

第五章 结果评定

第九条 党支部工作考核分为"优秀""良好""一般""较差"四个等次,考核总分90分及以上为"优秀",80—89分为"良好",60—79分为"一般",59分及以下为"较差"。其中"优秀"等次总数不超过考核对象总数的50%。

第十条 党支部工作存在下列情形之一的,不得被评定为"优秀"等次,并可视情节直至评定为"较差"等次:党支部贯彻落实上级党组织部署任务不积极;"三会一课"落实不到位;党建工作成效不明显;在党建和意识形态领域出现突出问题,发生影响安全稳定的重大事件;党支部书记受到党纪、政纪处分;党支部成员出现违法违纪、违反中央八项规定精神、师德师风等问题。

第十一条 考核评价结果作为申报校级(含)以上先进基层党组织的重要依据。考核评价结果为"一般"的党支部,所在党总支认真分析其存在问题,建立工作台账,明确举措,压实责任,确保整改到位。对考核评价结果为"较差"的党支部,专题研究,分析原因,视情况调整党支部书记及支部委员,限期整改,跟踪问效,确保取得实效。

第六章 其他要求

第十二条 党总支要切实加强对党支部考核评价工作的组织领导,认真开展考核评价工作,使考核评价工作成为总结工作经验、分析研究问题、推动支部发展的有力抓手。

第十三条 党总支要进一步完善监督机制,加强过程管理,确保考核评价结果客观公正。考核评价结果确定后,要及时反馈所属党支部,肯定成绩、指出不足、提出要求。

第七章 附 则

第十四条 本办法自2021年1月22日起施行。

第十五条 本办法由组织人事处负责解释。

中共安徽商贸职业技术学院委员会2021年党风廉政建设工作要点

院党字〔2021〕33号

2021年，学校党风廉政工作以习近平新时代中国特色社会主义思想为指导，全面贯彻党的十九大和十九届二中、三中、四中、五中全会精神，贯彻落实习近平总书记考察安徽重要讲话指示精神，贯彻落实十九届中央纪委五次全会、省纪委十届六次全会精神，增强“四个意识”，坚定“四个自信”，做到“两个维护”，紧紧围绕学校中心工作，贯彻落实中央、省委全面从严治党新要求，坚持和加强党对教育工作的全面领导，充分发挥全面从严治党对学校“双高计划”建设和“十四五”开好局、起好步的引领保障作用，以优异成绩庆祝建党100周年。

一、旗帜鲜明讲政治，在深化学习中不断提高“政治三力”

1.强化理论武装，把准政治方向。深入学习贯彻习近平总书记考察安徽重要讲话指示精神和关于教育的重要论述，深刻领会党的十九届五中全会精神，准确把握全会的精神实质和重大部署。认真学习贯彻习近平总书记在十九届中央纪委五次全会上的重要讲话精神，深刻认识全面从严治党首先要从政治上看，不断提高政治判断力、政治领悟力、政治执行力。认真学习贯彻习近平总书记在党史学习教育动员大会上的重要讲话精神，扎实开展党史学习教育，把好传统、好作风融入党建与事业发展中，巩固深化“不忘初心、牢记使命”主题教育成果，坚持不懈用党的创新理论武装头脑、指导实践、推动工作。

2.严肃党内生活，净化政治生态。严格执行《关于新形势下党内政治生活的若干准则》，监督检查二级党组织落实“三会一课”制度、坚持民主集中制等情况。把好选人用人政治关、廉洁关、形象关，发展积极的党内政治文化。加强干部教育管理，聚焦“关键少数”，不断提高各级领导干部的政治素质。坚持正确的选人用人导向，旗帜鲜明地为敢于担当、踏实做事、不谋私利的干部撑腰鼓劲。

3.压实政治责任，加强意识形态工作。认真贯彻落实中央、省委意识形态工作部署，牢牢掌握意识形态领导权、管理权和话语权。落实意识形态工作责任制，开展领导干部听课制度落实情况的督促检查。加强意识形态工作的监督，至少开展1次专项督查，监督检查基层党组织意识形态工作责任落实情况。加强阵地建设和舆情监督，以高度的政治责任推进意识形态工作落实。

4.突出政治监督，做到“两个维护”。深入贯彻中央和省委全面从严治党新要求，紧紧围绕“两个维护”首要任务，不断强化和拓展学校政治监督工作。重点加强对贯彻落实党的十九届五中全会精神及中央决策部署、贯彻落实习近平总书记考察安徽重要讲话指示精神、贯彻落实习近平总书记关于教育的重要论述情况等监督，坚决做到“两个维护”。充分发挥全面从严治党的引领保障作用，加大对落实党风廉政建设主体责任工作的检查力度，将党风廉政建设主体责任和监督责任全面落实到位。

二、坚守底线防风险，在强化监管中持续优化政治生态

5.完善监督方式，防范廉政风险。贯彻落实《中国共产党党内监督条例》，对照党规党纪有关廉政建设要求，通过梳理岗位职责、界定权利范围，树牢底线思维，建立和完善廉政风险防控机制。充分发挥党内监督主导作用，结合纪检监督、审计监督、财务监督等监督方式，将日常监督制度化、常态化，强化“不敢腐”的震慑，扎牢“不能腐”的笼子，增强“不想腐”的自觉，切实构建一体推进“三不”体制机制。加强纪检、组织人事、财务等部门间工作联动，规范决策程序，防范廉政风险。

6.规范工作程序，加强重点领域监管。贯彻落实《党政领导干部选拔任用工作条例》，坚持党管干部原则，严格规范干部选拔任用程序，坚持“凡提四必”。紧盯“四类重点”，定期开展廉洁提醒谈话，从严监督权力运行。进一步加强对人才招聘、干部选拔、招标采购、基建工程、招生录取、职称评审、会议培训、教科研项目等重点领域关键岗位的监管，坚决纠治工作中可能存在的慢作为、不作为、乱作为问题。

三、严明纪律守规矩，在压实责任中发挥监督执纪作用

7.压紧压实主体责任，纵深推进全面从严治党。认真学习贯彻《党委（党组）落实全面从严治党主体责任规定》，召开学校2021年全面从严治党工作会议。完善基层党组织书记抓党建考核制度，明确各级党组织落实党风廉政建设责任内容。各级基层党组织要常学习、常鸣钟、常警示，常态化推进廉洁教育。加强监督检查，对履行责任不到位导致出现问题的，坚持"一案双查"，严肃追究责任，确保责任落实到位。

8.坚守政治担当，切实履行"一岗双责"。学校党委书记履行全面从严治党、党风廉政建设第一责任人职责，落实2021年全省教育系统全面从严治党工作视频会议精神，推动主体责任、监督责任贯通协同，形成合力。召开党委会会议专题研究全面从严治党和党风廉政建设工作。学校班子其他成员要按照"一岗双责"要求，通过督促检查、谈心谈话、实地调研等方式，推动各级党组织认真履行"一岗双责"，推进主体责任和监督责任一贯到底、层层落实。

9.坚持抓早抓小，深化运用"四种形态"。各级党组织要主动担负起主体责任，用好"四种形态"特别是深化运用第一种形态。严格执行党员权利保障条例，激发党员干部干事创业内生动力。综合运用提醒谈话、批评教育、诫勉谈话等方式，建立早发现、早提醒、早纠正的工作机制，让干部尽心尽责尽力干事，不让干事的干部受委屈、背包袱，形成管党治党的鲜明导向和浓厚氛围。

10.严守纪律规矩，严肃监督执纪问责。认真执行《中国共产党纪律检查机关监督执纪工作规则》《纪检监察机关处理检举控告工作规则》，认真落实重要问题集体研究决策制度、重要事项请示报告制度。持续推进信访举报事项集体研判机制，分类处理信访举报。做实做细日常监督，事前、事中、事后监督并举，规范监督执纪工作流程。坚持有权必有责、失责必追究，对存在履行职责不力的典型问题，严肃追责问责。

四、勇于担当强作风，在持之以恒正风肃纪上聚力用劲

11.扎实开展新一轮深化"三个以案"警示教育。按照省委和省委教育工委统一部署，扎实开展新一轮深化"三个以案"警示教育。深入学习习近平总书记关于加强作风建设、力戒形式主义官僚主义等方面的重要论述，认真开展党史学习教育、党的优良传统和作风教育，教育引导党员干部充分认清形式主义官僚主义的政治危害性、思想危害性、现实危害性。聚焦形式主义官僚主义新动向新表现，突出"四看四促"，按照"五紧盯五整肃"的要求，开展对照检视、举一反三，坚决破除形式主义官僚主义新动向新表现。

12.紧盯重要节点，持之以恒纠正"四风"。认真贯彻落实十九届中央纪委五次全会精神，持之以恒贯彻落实中央八项规定精神和我省实施细则。紧盯重要节点正风肃纪，发送廉洁过节提醒通知，强化作风纪律新要求。对餐饮浪费、公务用车、公务接待和值班人员到岗等情况进行明察暗访，深挖细查隐形变异问题，以钉钉子精神纠偏碰硬，驰而不息正风肃纪，不断增强党员干部和教职工的纪律意识。

13.坚持修身养德，树牢廉洁从教意识。持续加强师德师风建设，将师德师风作为评价教师素质的第一标准，加大师德师风塑造和宣传力度，教育引导广大教师把教书育人和自我修养结合起来，大力倡导以德立身、以德立学、以德施教、以德育德的良好风尚。贯彻落实《新时代高校教师职业行为十项准则》，对照学校制定的《师德师风负面清单》，严格落实师德失范行为实行"一票否决"。

14.加大党风廉政建设宣传力度。围绕学校立德树人根本任务、"双高计划"建设、课程思政等工作，深入开展丰富多彩的廉政文化宣传教育活动，构建学校廉洁教育大宣教的格局。组织开展校园廉洁文化作品征集活动，持续开展"五个一"廉洁文化教育，紧扣建党100周年重大主线开展宣传教育，不断探索廉政文化进校园的有效途径，推动校园廉政文化作品的创作和传播，全力营造良好的舆论氛围。

五、从严从实建队伍，在作风锻造中提升履职能力

15.加强自身建设，忠诚履职尽责。组织纪检干部深入学习贯彻习近平新时代中国特色社会主义思想，坚定信仰信念信心，夯实思想政治基础。选派纪检干部参加省纪委监委专题培训学习，邀请专家到校授课，对校纪委委员和各级纪检委员等纪检干部进行培训，建立健全纪检干部理论和业务学习常态化机制，不断提高纪检干部政治能力和业务素质，努力建设一支政治素质高、专业能力强、忠诚干净担当、敢于善于斗争的纪检队伍。

16.加强日常管理，强化自我监督。严格按照权限、规则、程序开展工作，完善自身权力运行机制和管理监督制约体系，构建严密、规范、高效的纪检工作流程。对纪检干部从严要求、从严教育、从严管理、从严监督，指导二级党组织纪检委员履行监督责任。严格执行监督执纪工作规则，坚决防止家人、亲属利用纪检干部影响谋取私利，持续整治“灯下黑”，以铁一般的纪律作风锻造纪检干部队伍。

中央巡视整改暨新一轮深化“三个以案”警示教育专题民主生活会的实施方案

院党字〔2021〕41号

根据《中共安徽省委教育工委关于省属高校召开中央巡视整改专题民主生活会有关事项的通知》(皖教工委函〔2021〕104号)文件精神及新一轮深化“三个以案”警示教育有关要求，现结合学校实际，就我校领导班子中央巡视整改暨新一轮深化“三个以案”警示教育专题民主生活会提出如下实施方案：

一、民主生活会主题

认真学习贯彻习近平新时代中国特色社会主义思想，持续学习贯彻习近平总书记考察安徽重要讲话指示精神，提高政治站位，保持政治定力，强化政治担当，大力弘扬党的实事求是优良作风，坚决抓好中央巡视反馈意见整改落实，完整、准确、全面贯彻新发展理念，扎实践行“两个坚持”、奋力实现“两个更大”，全面开启新阶段美好安徽建设新征程，全面推进学校“双高计划”建设上台阶。

二、时间安排和参加人员

本次领导班子专题民主生活会召开时间为2021年4月30日，会期为半天。

会议参加人员为学校党委成员。办公室、组织人事处、宣传统战部、纪委办公室相关同志列席会议。

三、民主生活会流程

(一)精心组织学习研讨。

在前期学习研讨的基础上，坚持集体学习与个人自学相结合，坚持读原著、学原文、悟原理，联系实际学、带着问题学、及时跟进学。要深入学习习近平新时代中国特色社会主义思想，持续学习习近平总书记考察安徽重要讲话指示精神，认真学习习近平总书记关于加强作风建设、力戒形式主义官僚主义的重要论述，学习领会习近平总书记在中央纪委五次全会和听取中央第六轮巡视视频反馈会议上的重要讲话精神，学习领会中央第五巡视组巡视安徽省情况反馈会议以及中央第五巡视组巡视安徽反馈意见整改暨新一轮深化“三个以案”警示教育动员部署大会精神等，进一步深化认识，增强抓好整改落实的政治自觉，打牢开好民主生活会的思想基础。

(二)深入查找突出问题。

领导班子和党员领导干部要紧扣主题，聚焦中央巡视反馈意见，紧盯形式主义官僚主义新动向新表现，按照《中央巡视组巡视我省反馈意见整改方案》《关于开展新一轮深化“三个以案”警示教育的工作方案》要求，逐条对照检查，深入查摆问题，从思想、政治、组织、作风、纪律等方面进行党性分析，深刻剖析根源，认清问题实质，主动认领责任，明确努力方向和改进措施。

会前，党委要广泛征求党员、干部和群众意见建议，如实向领导班子及其成员反馈。要深入开展谈心谈话，主要负责同志要带头开展谈心谈话，领导班子成员之间、与分管单位主要负责同志必谈，并接受党员、干部约谈。要结合思想、学习和工作实际，做到举一反三，全面开展自查，切实把问题找准查实，深入反思剖析、深挖思想根源，有针对性地制定整改措施。在此基础上，认真撰写领导班子对照检查材料和个人发言提纲，班子主要负责同志主持起草班子对照检查材料，并对每位班子成员个人发言提纲审阅把关。

(三)召开专题民主生活会。

在做好以上工作环节基础上，召开民主生活会。民主生活会由党委主要负责同志主持。在民主生活会上，领导班子成员要紧扣主题，突出重点，认真进行对照检查，真正找出自己及其他成员身上的问题。

会议议程：

1. 党委主要负责同志代表班子汇报对照检查材料；

2. 领导班子成员分别开展自我批评；

3. 领导班子成员之间开展相互批评；

4. 领导班子成员逐一作3分钟回应表态发

言，并针对查摆出来的问题，提出整改意见。

领导班子和党员领导干部要遵循“团结—批评—团结”的方针，以对党、对事业、对同志、对自己高度负责的态度，拿起批评和自我批评的武器，开展积极健康的思想斗争。自我批评要实实在在谈问题、讲不足，把自身存在的突出问题说清楚、谈透彻；相互批评要逐一进行，做到严肃认真、触及灵魂，防止以工作建议代替批评意见、以提希望代替点问题，严防搞“一团和气”、走过场。班子成员对批评意见要正确对待、虚心接受，有则改之、无则加勉。

(四)会后扎实抓好整改落实。

要统筹推进整改工作，坚持把这次民主生活会的问题整改与2020年度民主生活会问题整改贯通起来，对民主生活会上查摆的问题和相互批评意见进行再梳理再分析，形成并完善领导班子和成员整改落实“四清单”(问题、任务、责任、时限清单)，持续用力推动新老问题一起改，改到位。要坚持开门整改，整改情况要通过适当方式在一定范围内向党员、群众公开。

四、工作要求

(一)要加强组织领导。

民主生活会前期准备工作量大、内容较多、政策性强，党委要认真落实主体责任，把开好民主生活会摆上重要位置，主动作为、精心组织，抓好各项任务落实。

(二)要贯彻群众路线。

无论是征求意见还是召开领导班子民主生活会，都要坚持群众参与，听取群众意见，接受群众监督。

(三)要发挥表率作用。

领导班子成员要在征求群众意见、开展谈心活动、开展批评与自我批评等方面起带头作用，带头联系思想和工作实际，深刻查摆问题，发挥表率作用。

各党总支要参照本方案，制定各自民主生活会方案，并报组织人事处备案。各党总支进行对照检查的人员范围为副处级以上干部。

安徽商贸职业技术学院推进领导干部能上能下若干规定（试行）

院党字〔2021〕57号

为贯彻落实党中央关于全面从严治党要求，完善从严管理干部队伍制度体系，形成能上能下的选人用人机制，根据《党政领导干部选拔任用工作条例》《事业单位人事管理条例》《推进领导干部能上能下若干规定（试行）》等有关文件和法规，制定本规定。

第一条 本规定所称推进领导干部能上能下，重点是解决干部能下问题。必须坚持依法依规、积极稳妥，推动形成能者上、庸者下、劣者汰的用人导向和干事创业环境，进一步提高工作效能。

第二条 本规定所指的不适宜担任现职干部，主要指干部的德、能、勤、绩、廉与所任职务要求不符，不宜在现岗位继续任职的副科级及以上干部。

第三条 本规定主要规范对有关领导干部的组织调整。涉及违纪违法行为的，按照党的纪律规定和有关法律法规办理。

第四条 不适宜担任现职干部的认定。

领导干部存在下列情形之一的，经组织研究可认定为不适宜担任现职：

1.工作中因盲目决策或违反决策程序，给学校造成重大安全事故、重大经济损失或严重负面影响的。

2.工作不作为，敷衍塞责、庸懒散拖，长期完不成任务或者严重影响工作的。

3.受到党内警告以上处分或行政记大过以上处分，纪检监察部门建议进行岗位调整的，或被诫勉后在规定期限内仍无明显改进的。

4.领导干部年度、任期考核被确定为不合格等次或连续两年被确定为基本合格等次的，二级机构负责人连续三年年度考核排在后三名的。

5.因其他问题和原因不适宜继续担任现职的。

第五条 不适宜担任现职干部岗位调整方式。

1.辞去现任职务。个人主动向学校提出辞去现任领导职务，经学校党委研究批准后，根据其具体情况安排相应工作岗位。

2.降职或免去现任职务。学校党委根据不适宜担任现职干部德才素质、工作能力、现实表现情况，研究决定给予降职，或免去其现任职务，另行安排工作岗位。

3.待岗。经学校党委研究决定停止不适宜担任现职干部的职务，安排进入学校人才交流中心待岗，按照学校待岗相关规定进行管理。

第六条 不适宜担任现职干部调整程序。

1.组织受理。凡在干部使用、任期或年度考核中发现，或群众来信来访反映并经调查属于第四条所列情形的，由组织人事部门受理并启动干部岗位调整程序。

2.考察核实。综合分析年度考核、平时考核、巡视、审计、信访举报核实等情况，有针对性地考察核实，作出客观公正评价和准确认定。要注重听取群众反映、了解群众口碑，特别是听取工作对象、服务对象等相关人员的意见。

3.提出建议。组织人事处对拟调整对象进行分析，并征求相关领导和部门的意见，提出岗位调整建议。调整建议包括调整原因、调整方式等内容。提出调整建议前，学校党委应当安排与干部本人谈话，说明调整理由，听取其陈述意见。

4.研究决定。学校党委集体研究，做出岗位调整决定。

第七条 被调整岗位干部本人对调整决定不服的，可在30个工作日内向学校党委申请复核或按有关规定向上级组织人事部门申诉。被调整岗位干部申请复核或申诉不影响岗位调整决定的执行。

第八条 被调整岗位干部要在一周内办结工作交接手续，对拒不服从组织决定或无理由拖延交接不按时到新岗位报到的，予以严肃批评教育，情节严重并造成一定影响的，给予党纪政纪处分。

第九条 因不适宜担任现职免职的，一年内不得提拔；降职的，两年内不得提拔。影响期满后，对德才表现和工作实绩突出，因工作需要且经考察符合任职条件的，可以提拔任职。

第十条 干部因健康原因，无法正常履行工作职责一年以上的，应当对其工作岗位进行调整。恢复健康后，参照原任职务级别作出安排。

第十一条 本办法由学校组织人事处负责解释。

本办法自2021年6月24日起施行。

中共安徽商贸职业技术学院委员会师德师风建设问题专项整治工作方案

院党字〔2021〕72号

为进一步加强师德师风建设，做好师德师风建设问题专项整治工作，根据《教育部关于在教育系统开展师德专题教育的通知》（教师函〔2021〕3号）、《中共安徽省委教育工委安徽省教育厅关于印发〈全省教育系统师德专题教育工作方案〉的通知》（皖教工委函〔2021〕188号）、《中共安徽省委教育工委安徽省教育厅关于印发〈关于在师德专题教育中开展高校师德师风建设问题专项整治工作方案〉的通知》（皖教工委函〔2021〕278号）等精神，结合本校实际，特制订如下工作方案。

一、指导思想

坚持以习近平新时代中国特色社会主义思想为指导，深入学习贯彻习近平总书记关于教育的重要论述和全国全省教育大会、职教大会精神，深入贯彻落实中共中央、国务院《关于全面深化新时代教师队伍建设改革的意见》及我省实施意见，认真落实教育部等七部门《关于加强和改进新时代师德师风建设的意见》和《新时代高校教师职业行为十项准则》，坚持把师德师风作为评价教师队伍素质的第一标准，把社会主义核心价值观贯穿师德师风建设全过程，严格制度规定，强化教育警示，突出师德养成，进一步提高教师思想政治素质和职业道德水平，教育引导广大教师恪守职业“底线”，严守行为“红线”，努力成为“四有”好老师，着力培养德智体美劳全面发展的社会主义建设者和接班人。

二、总体目标

通过为期两个多月的师德师风建设问题专项整治，全校教师思想政治素质和职业道德水平得到有效提升，师德师风建设制度更加健全、师德治理体系更加完善、师德师风建设工作力量明显加强、师德建设水平明显提高，育人环境风清气正、立德树人成效更加显著，舆论氛围向上向好、尊师重教蔚然成风。

三、组织领导

学校成立师德师风建设问题专项整治工作领导小组，学校党委书记和校长任组长，副校级领导任副组长，办公室、组织人事处、宣传统战部、教务处、科研与校企合作处、学生工作处、团委、工会等相关职能处室以及各二级院部主要负责人为成员，负责专项整治工作的组织实施和各项整改任务的督促落实。

四、方法步骤

专项整治工作分为动员部署、学习教育、自查整改和总结提高四个阶段：

（一）动员部署（9月上旬）。

学校根据省委教育工委、省教育厅关于师德师风建设问题专项整治工作总体安排，结合自身实际制定《师德师风建设问题专项整治工作方案》，加强组织领导，成立学校、院部两级工作机构，做到组织健全、领导有力、目标明确、措施有效。召开学校、院部两级动员大会进行部署，统一思想认识，明确工作要求，为专项整治工作筑牢坚实的思想基础。

（二）学习教育（9月中旬至9月下旬）。

围绕“三聚焦、三抓实”要求，重点抓好三项教育活动。一是聚焦制度规定，抓实政策教育。召开党委理论学习中心组扩大会议，认真学习研讨习近平总书记关于教育的重要论述特别是关于教师队伍建设的重要讲话和指示批示精神，切实增强抓好师德师风建设的政治自觉、思想自觉、行动自觉。召开基层党组织和院部教职工学习会议，组织教师深入学习研讨习近平总书记关于教育的重要论述和师德师风建设的各项制度规定，努力让广大教师懂政策、知准则、存敬畏、守底线。二是聚焦先进典型，抓实示范教育。充分利用校园广播、网站、微信等平台广泛宣传优秀教师先进事迹，积极开展以弘扬师德师风为主题的文艺作品创作展示活动，营造浓厚氛围，涵养高尚师德。充分发挥先进典型的示范引领作用，组织模范教师、优秀教师、最美教师、师德标兵和新时代教书育人楷模等开展师德宣讲，将师德宣讲融入教师岗前培训和日常学习培养，用身边的榜样传递师德的力量，引导广大教师从“被感动”到“见行动”。三是聚焦反面案例，抓实警示教育。以教育部网站公开曝光的和我省高校出现的典型案例为反面教材，组织开展师德警示教育活动，并以此为契机，进一步明确和强调课堂教学、关爱学生、师生关系、学术研究和社会活动等方面的正面规范和负面清单，教育引导广大教师以案明纪、以案示警、以案促改。

（三）自查整改（10月上旬至10月中旬）。

对照师德师风建设要求，重点抓好“四对照、四查摆、四整治”工作。一是对照师德师风第一标准要求，查摆师德师风考核结果运用情况。重点整治教师招聘、职称评聘、推优评先、表彰奖励、项目申报等方面师德“一票否决”不落实等问题。二是对照师德师风建设主体责任、第一责任人责任、“一岗双责”要求，查摆师德师风建设责任落实情况，重点整治师德师风建设组织领导不力、工作协同不畅、人员力量不足、教育督导不够、经费保障不到位等问题。三是对照上级师德师风建设制度要求，查摆师德师风长效机制建设情况，重点整治师德宣传乏力、师德监督弱化、师德失范行为处理办法缺失、相关工作制度不够完善等问题。四是对照立德树人根本要求和职业行为十项准则，查摆师德师风表现情况，重点整治教师课堂教学言论不当、学术不端、性骚扰学生以及侵害学生利益等突出问题。对自查中发现的问题，要列出问题清单，制定整改方案，建立整改台账，逐项抓好整改。对师生及群众反映强烈的突出问题要深入研究，集中精力整治，明确时间表、责任人，防止久拖不决。对查实的问题，要依法依规严肃处理。

（四）总结提高（10月下旬至11月上旬）。

认真总结专项整治工作中好的经验和做法，深入分析存在的问题，及时补缺补差，建立健全制度机制，加强督促检查，强化制度落实，不断巩固提升。学校和院部领导班子要把专项整治工作作为年度考核述职报告的重要内容，进一步强化责任担当，巩固专项整治成果。

从2021年9月开始，专项整改工作办公室将汇总各单位整改成果，于每月15日、30日前向省委教育工委、教育厅报送阶段性工作进展情况；11月15日前报送专项整治工作总结报告，包括总体情况、开展形式、工作成效、特色案例、长效机制等。

五、工作要求

（一）加强组织领导，压紧压实责任。

师德师风问题群众关注度高、社会影响面大。学校党政主要负责人要履行好第一责任人责任，其他班子成员要履行好“一岗双责”，统筹推进专项整治工作，做到重大问题亲自研究、重点工作亲自部署、关键环节亲自协调、突出问题亲自督办。组织人事部门要发挥牵头作用，宣传、纪检、教务、科研、学生等部门和各二级单位要按照各自职责分工负责、协同配合，形成合力。

（二）坚持标本兼治，注重工作实效。

坚持学习、教育、警示和对照、查摆、整治并重，确保实效。要坚持上下联动，学校党委、院系级党组织和基层党支部要一体推进专项整治工作，同时注意创新形式，以教研室为单位组织开展对照查摆，切实把每个层级摆进去、把每位教师摆进去。防止出现“上热中温下冷”现象。要注重内外结合，既自查自纠，又开门纳谏，设立专门举报电话和信箱，认真收集师生和家长的意见建议，切实提高专项整治的针对性、实效性。要坚持标本兼治，以此次专项整治为契机，不断健全完善制度机制，努力实现师德师风建设常态化、长效化。

（三）抓好统筹兼顾，力戒形式主义。

要将专项整治工作作为师德专题教育的重要内容，要与学校工作实际相结合，坚决杜绝搞形式、走过场。要与“四史”学习教育相结合，教育引导广大教师弘扬优良传统、涵养高尚师德。要与教育教学相结合，充分发挥课堂主渠道作用，教育引导广大教师守好三尺讲台、潜心立德树人。要与厚植校园师道文化相结合，通过大力选树、宣传、表彰先进典型，通过推进尊师文化进课堂、进校园，不断激发教师工作热情，进一步营造尊师重教的浓厚氛围。

安徽商贸职业技术学院学生政治理论学习及集体实践活动管理办法(暂行)

院党字〔2021〕77号

为推进学校省级“三全育人”试点院校建设,加强对广大青年学生在德智体美劳方面的教育,促进学生政治理论学习和集体实践活动制度化、规范化、常态化,进一步提升基层班团组织活力,特制定本管理办法。

第一条 政治理论学习及集体实践活动的意义。引导广大青年学生深入学习习近平新时代中国特色社会主义思想,了解党的路线方针政策、国家改革发展成就及学校中心工作,坚持用马克思主义理论武装头脑和指导实践,争做德智体美劳全面发展的社会主义建设者和接班人。

第二条 政治理论学习及集体实践活动的人员。以团支部为组织抓手,将政治理论学习及集体实践活动覆盖到全体在校学生。

第三条 政治理论学习及集体实践活动的组织。学校建立校党委领导,学生工作部、宣传统战部及校团委指导的工作机制。各二级学院建立健全党总支总体负责,学生党支部示范引领,团总支具体落实,辅导员第一责任,全体在校学生共同参与的学习机制。各班团支部书记和班长负责具体组织好本班团组织的政治理论学习及集体实践活动。

第四条 政治理论学习及集体实践活动的计划。学生工作部、宣传统战部及校团委按照校党委总体学习安排,结合学生工作实际,制定每学期政治理论学习及集体实践活动的指导性计划,并根据党和国家的重大时事及学校阶段性工作部署,及时安排相应的政治理论学习及集体实践活动内容。二级学院团总支结合工作实际,按照学校政治理论学习及集体实践活动的指导性计划,具体落实各团支部制定每学期政治理论学习及集体实践活动计划。

第五条 政治理论学习及集体实践活动的内容。政治理论学习主要内容包括但不限于:马克思列宁主义、毛泽东思想、邓小平理论、“三个代表”重要思想、科学发展观、习近平新时代中国特色社会主义思想;党的路线、方针、政策、决议和重大会议精神;党史、新中国史、改革开放史、社会主义发展史;社会主义核心价值观;团章和团务知识;学校的管理制度、中心工作及重要决策;学校的重要会议精神、阶段性工作部署;校纪校规。集体实践活动主要内容包括但不限于:融入“厚德担当 创新超越 诚信图强”新徽商精神的艺术鉴赏、劳动实践、组织团建、素质拓展、公益活动;法治教育、安全教育、心理健康教育等;“第二课堂”系统发布的校级层面美育、劳育等“二课”活动。

第六条 政治理论学习及集体实践活动的形式。政治理论学习坚持集中学习与自主学习相结合、线下学习与线上学习相结合的原则,以团的“三会两制一课”为载体,开展精读文件、专题报告、工作交流、视频观看、考察实践等学习活动。可邀请思政课教师或课程思政专业课程教师进班领学或组织集体实践活动。线上学习要充分依托“青年大学习”“今日校园·易班”“辅导猫”“智慧团建”“学校SPOC”等网络平台。集中学习要杜绝仅照搬照抄读文件的学习方式,可采取“00后”学生喜闻乐见的方式,多途径、多渠道达到学习的效果。

第七条 政治理论学习及集体实践活动的时间。政治理论学习及集体实践活动需做到时间、地点、内容、形式“四固定”,提升学生对学习及活动的认可度。除重大活动或任务外,原则上不占用学习和集体实践活动时间。其中:

大一学生每学年政治理论学习和集体实践活动以线下为主,原则上固定安排在每周三下午2点进行,地点可安排在班级现晚自习教室或其他场所。各团支部每学年线下政治理论学习和集体实践活动次数不少于18次,辅导员到班指导不少于12次,政治理论学习、集体实践活动可各占50%,每次学习和活动时间原则上不低于1小时。

大二学生每学年政治理论学习和集体实践

活动以线上线下结合为主，可安排在每周三下午3点之后进行，地点可安排在班级原大一晚自习教室或其他场所。各团支部每学年线下或线上政治理论学习和集体实践活动次数不少于18次，辅导员到班指导不少于12次，政治理论学习、集体实践活动可各占50%，每次学习和活动时间原则上不低于1小时。

大三学生每学年政治理论学习和集体实践活动以线上为主，根据本支部学生实际情况合理安排学习活动，各团支部每学年线下或线上政治理论学习和集体实践活动次数不少于10次，辅导员到班指导不少于6次，每次学习和活动时间原则上不低于1小时。

第八条 政治理论学习及集体实践活动的要求：

1. 全体学生要严格遵守政治理论学习及集体实践活动制度，集中学习原则上不得请假，确有特殊情况不能参加的，必须提前向团支部书面请假，政治理论学习内容须事后进行补学。

2. 全体学生要坚持理论联系实际的作风，注重学以致用，坚持问题导向，增强学习的针对性和实效性，切实把政治理论学习及集体实践活动过程转化为提升个人成长成才的实际行动。

3. 各级团组织要充分发挥第二课堂的学习优势，不断丰富学习和活动的形式，注重将政治理论学习内容贯穿到德智体美劳等各类集体实践活动当中，让广大青年学生在参与各类集体实践活动中提升理论水平和政治素养，培养学生的集体荣誉感和学习获得感。

4. 在教室学习和活动期间，需遵守学校关于教室管理的有关规定。

第九条 政治理论学习及集体实践活动的考核。二级学院团总支必须注重政治理论学习及集体实践活动的档案管理，实行团的政治理论学习记录簿、团的集体实践活动记录簿“两簿”记录制度，校团委定期抽查各团支部“两簿”制度执行情况。

第十条 政治理论学习及集体实践活动考核结果应用：

1. 全体学生参与政治理论学习及集体实践活动的表现作为评选“三好学生”“优秀学生干部”“优秀团员”“优秀团干部”“品学兼优毕业生”及推优入党的重要评选条件；参与政治理论学习及集体实践活动的出勤情况、学习心得提交情况等表现，纳入学生综合素质测评考核重要指标。

2. 各级班团组织开展的学生政治理论学习及集体实践活动情况纳入“先进班集体”“优秀团支部”“五四红旗团支部（总支）”等工作考核。

3. 辅导员到班指导学习及集体实践活动情况纳入辅导员“八个一”等工作考核。

第十一条 本办法由党委学生工作部、校团委负责解释，自2021年11月4日起施行。

安徽商贸职业技术学院兼职教授聘用管理办法

商职院字〔2021〕12号

第一条 为加强我校与国内高校、科研院所以及政府机关、企事业单位的交流合作，充分发挥校外优秀专家、学者以及社会杰出人才对我校专业建设、人才培养、科学研究和社会服务工作的指导和推动作用，促进学校各项事业蓬勃发展，结合我校实际，特制定本办法。

第二条 兼职教授聘任条件。

1.拥护中国共产党的领导，热爱社会主义祖国，热爱职业教育事业。

2.遵守法律、法规及学校规章制度，道德高尚，学风严谨，为人正派，乐于奉献。

3.学术造诣高或实践经验丰富、具有正高级专业技术职务的高校或科研院所工作人员；能够在推动学校改革与发展、专业建设与创新、科学研究与社会服务、教师和学生培养等方面发挥重要作用的副总及以上大中型企业领导、副处及以上专家型公职人员；其他行业专家、社会知名人士或能工巧匠。

4.身体健康，能较好履行约定的工作职责，年龄一般不超过65周岁。

第三条 兼职教授的权利。

1.兼职教授有定期听取学校专业建设、人才培养、科学研究和社会服务开展情况及取得成绩通报的权利。

2.兼职教授具有对学校的专业建设、人才培养、科学研究、社会服务，以及学校事业发展规划和规章制度建设等方面提出意见和建议的权利。

3.学校为兼职教授在校工作提供相应条件，包括查阅图书资料、必要的实验实训和办公条件等。

4.学校可根据兼职教授的需要，将其在校工作期间取得的成果向其原单位通报，并提供相应证明材料。

第四条 兼职教授的义务。

1.积极对外介绍、宣传学校，争取各种援助，推动我校与政府、行业、企业及其他高校、科研院所的合作和交流。

2.就相关专业领域发展方向和发展重点，以及相关专业的人才培养模式改革创新等提出建议。

3.积极协助开展实验实训条件建设，推进校企深度合作，推进产业学院、现代学徒制和“1+X”证书等项目建设。

4.积极为学校推荐并协助引进各类优秀人才，积极参与对青年教师的指导，协助加强“双师型”教师队伍建设，组建具有国内领先水平的教学创新团队。

5.积极主持或参与教科研项目研究，协助开拓社会服务项目，不定期为学生开展学术或行业、企业发展前沿知识讲座。

6.积极协助做好学生培养和就业等工作。

第五条 聘任程序。

1.提出人选。各二级教学单位按照实际需要和聘任条件提出拟聘任人选并填报《安徽商贸职业技术学院兼职教授申请表》，明确拟聘任对象所要承担的专业建设、人才培养、教学科研、社会服务等具体任务。

2.审核审批。拟聘兼职教授，已有教授(或相当教授)任职资格的，应提供相关的业绩材料和代表作，送组织人事处初审后，报校长审批；无教授(或相当教授)任职资格的，经组织人事处初审后，报校学术委员会审议通过后由校长签署生效。

4.签署协议。经学校审批同意后，校长(或授权二级学院)与拟聘兼职教授签订《安徽商贸职业技术学院兼职教授聘用协议书》，明确双方权利义务。

5.聘任仪式。兼职教授由学校举行相应的聘任仪式，由校长颁发聘书。

第六条 对在相关行业、专业领域内具有特殊影响力的拟聘人员，可以根据实际情况由校长直接提名，经校长办公会议审核批准。

第七条 兼职教授待遇。

1.学校根据兼职教授与用人单位签订的协议和所作出的贡献每年给予一定报酬，具体发放按照学校相关制度执行。

2.兼职教授以我校为第一完成单位取得教科研和社会服务成果的，可以参照校内教授享受教科研奖励。

3.兼职教授可根据学校相关规定或参照校内教授报销差旅等相关费用。

第八条 管理和考核。

1.兼职教授聘用实行总量控制，聘期3年，申报、审批时间一般为每年六月和十二月。

2.各二级教学单位负责兼职教授在校期间的日常管理和服务，积极为兼职教授开展工作提供支持和便利。

3.兼职教授在校工作期间的科研成果按照国家有关知识产权法律法规的规定执行。

4.各二级教学单位每年对兼职教授的工作情况进行总结，并向组织人事处报送其履职情况，学校对于连续2年不能履行岗位职责的予以解聘。

5.对聘期即将届满的兼职教授，二级教学单位须在聘期届满1个月之前根据其履职情况提出是否续聘的意见和建议，学校将根据需要，结合被聘人员贡献决定是否续聘。

6.兼职教授因各种原因不能为人师表或工作中发生严重失职造成不良影响的，所在二级教学单位应立即上报组织人事处，经校长办公会研究，予以解聘。

第九条 本办法自2021年1月14日起执行，由组织人事处负责解释。

第十条 学校原有规定与本办法相抵触的，以本办法为准。

安徽商贸职业技术学院扩招学生优秀奖学金评选实施办法(试行)

商职院字〔2021〕13号

为全面贯彻党的教育方针,激励我校社会扩招学生勤奋学习、积极进取,在德智体美劳等方面全面发展,充分发挥奖学金的激励导向作用,结合本校实际,制定本办法。

一、评选对象

扩招学生学业优秀奖学金的评选对象为在我校学习一年以上(含一年)的全日制在籍注册社会扩招学生。

二、评选时间

社会扩招学生优秀奖学金每学年评定一次,评选时间为每年9—10月份。

三、评选条件

(一)优秀奖学金评选基本条件:

1. 热爱祖国,遵守法律,遵守《普通高等学校学生管理规定》《高等学校学生行为准则》和学校、学院各项规章制度。

2. 学习态度端正,尊敬师长,团结同学,关心集体,自觉维护集体利益,积极参加集体活动和公益活动。

3. 不无故拖欠应缴纳的学费及有关费用。

(二)下列情况之一者,不得参加评选:

1. 一年内受到警告以上(含警告)处分者或者两次以上(含两次)通报批评者。

2. 当学年课程有不及格情况。

四、奖励标准和比例

(一)标准及比例。

奖励标准和比例

等级	标准	比例(四舍五入)	成绩加权平均分	德育
一等奖	500元	4%	≥85	优
二等奖	300元	5%	≥80	优
三等奖	200元	6%	≥75	良

(二)五级记分与百分制记分的折算标准:

优秀=95分,良好=85分,中等=75分,及格=65分,不及格=40分。

(三)学年加权平均成绩:∑(课程实际考分×课程学分)÷∑课程学分

(四)学年加权平均成绩包括所有考试、考查课和实习、实训、课程设计等有学分的各类课程成绩。

(五)免修课程(不包括留级免修)达到通过要求,经教务处批准,该课程成绩按85分计(体育课免修按60分计)。

(六)缺考、考试违纪和作弊的课程以零分计入,不及格课程以首次考试成绩计入,缓考课程以缓考成绩计入。

五、评选程序

(一)符合条件的学生,向班级提交申请。

(二)班级受理学生申请材料后,组织进行民主评议,经各二级学院审核后公示5个工作日,无异议后,报送学生资助管理中心。

(三)学校资助工作领导小组根据各二级学院的推荐,组织等额评审,提出获奖学生建议名单,并在校内进行不少于5个工作日的公示,公示无异议后,报学校领导研究审定。

六、评选要求

(一)各二级学院可依据本评比办法制定实施细则。

(二)各二级学院、各班级对申请奖学金的学生要仔细审核,严格把握标准,对弄虚作假或把关不严的二级学院及班级,学校将视抽查情况予以通报批评并追究个人责任。

七、本办法自2021年1月19日起施行,未尽事宜由学生工作处负责解释

安徽商贸职业技术学院教学督导工作管理办法(试行)

商职院字〔2021〕32号

为切实加强学校教学督导工作,健全和完善教学质量管理监控体系,充分发挥教学督导在稳定教学秩序、规范教学活动、培养教师队伍、深化教学改革、提高教学质量等方面的积极作用,明确督导工作任务和要求,根据学校相关文件规定,特制定本管理办法。

第一章　总　则

第一条　教学督导是学校教学质量监控体系的一个重要环节。教学督导工作的目标是通过行使对学校教学工作指导、监督、评价、服务等职能,不断总结经验、发现问题、督促整改,促进学校教学管理水平持续提升,推动教学质量不断提高。

第二条　教学督导要坚持以学生和教师为本的工作理念,坚持“督”与“导”相结合,服务学生成才需要,服务教师提高教学水平与教学质量需要,服务学校教学改革和促进教学管理工作需要。

第二章　教学督导组织架构

第三条　学校组建安徽商贸职业技术学院教学督导团。教学督导团是对全校的教学秩序、教学质量、教学管理及教学工作状态进行指导、监督、检查和评估的常设组织。

第四条　教学督导团下设财经类专业、商贸类专业、电子信息类专业、文法艺术类专业和公共基础课5个教学督导组,每组成员3—4人,设组长1名,督导团总人数原则上不超过20人。督导团成员统称“教学督导员”。

第五条　质量保障处负责学校教学督导团组建、教学督导员聘任和管理工作,并对全校教学督导工作进行协调。

第三章　教学督导员聘任条件和聘任办法

第六条　校内教学督导员聘任条件。

(一)熟悉国家的教育方针、政策、法规,有较高的政策水平。

(二)熟悉高等职业教育教学规律,注重学习吸收先进的职业教育思想,具备先进的职业教育教学理念。

(三)具备较高的教学水平和丰富的教学管理经验,熟悉教学环节,有丰富的专业知识和较强的教学研究能力,教学效果优秀。

(四)一般具有副高及以上专业技术职称,对于在省级以上教学能力大赛获奖或获得省级以上教学荣誉称号的专业教师,职称要求可放宽至讲师。

(五)热爱教育事业,关心学校发展,作风正派,工作认真,有较强的事业心和责任心,能深入教学一线,切实履行督导职责。

(六)身体健康。

第七条　校外教学督导员聘任条件。

(一)从事相关专业领域工作3年以上,具有副高及以上专业技术职称或企业高级管理职务。

(二)热爱教育事业,坚持原则,诚信公正,具有较强的责任心。

(三)熟悉学校相关专业面向的职业岗位及岗位技能需求,了解相关岗位群工作过程及相关职业资格要求。

(四)身体健康,年龄在65周岁以内。

第八条　教学督导员聘任办法。

(一)教学督导团成员由二级教学单位推荐,质量保障处会同相关部门审核,学校聘任,颁发聘书和工作牌,聘期为3年。

(二)根据工作需要教学督导团成员可以调整或续聘;在聘期内,因个人特殊情况可提出解聘申请;对责任心不强、不能履行工作职责者,学校有权解聘。

(三)行政人员和教研室主任,原则上不聘任为教学督导员。

第四章　教学督导员工作职责

第九条　教学督导员工作职责。

(一)加强学习,更新观念,掌握现代职业教育思想和理念,宣传学校教学管理、教学改革相关文件精神。

（二）统筹规划、组织实施学校的教学督导工作。制定教学督导工作规划、年度工作计划并组织实施，做好工作总结，开展经验交流，充分发挥督教、督学、督改等各项职能。

（三）对全校的教学及教学管理工作进行指导、监督、检查、评价和提出建议。

（四）深入课堂、实训室、实习基地教学一线，开展经常性听课，了解和分析教师教学和学生学习情况，及时向授课教师反馈听课评价并提出指导性建议。

（五）组织开展期初、期中、期末常规教学检查以及人才培养方案、课程标准、实践教学、期末试卷等专项检查。

（六）督查各二级教学单位教学运行及管理工作开展情况，教学文件的制定和执行情况等。

（七）参加学校教学改革、专业建设、课程建设相关咨询、论证工作，为学校教学管理决策提供参考意见。

（八）定期参加教学督导团会议，搜集、汇总、分析、研究各类教学反馈信息，并形成分析报告提交相关部门。

第五章　教学督导工作制度

第十条　根据教学质量监控的运行特点，教学督导工作方式主要有以下三种：

（一）常规督导。指教学督导员以听课、教学工作常规检查、抽查和巡视、组织师生座谈会、发放问卷调查等方式开展的经常性督导工作。常规督导是教学督导的主要工作方式。

（二）专题督导。指学校为加强对各教学环节与教学活动状态的了解和及时调控，组织安排教学督导员主持或参与各种专项检查、专题调研、评价等活动的督导工作方式。专题督导是学校教学评价工作的重要方式，也是教学督导工作的重要内容。

（三）教学运行信息收集。指教学督导员在督导工作中收集相关的信息，经过提炼和汇总后及时向质量保障处或主管副校长反映情况、提出建议，对教师、二级教学单位、相关职能部门的工作提供指导意见。

第十一条　教学督导组主要工作内容及要求。

（一）每学期期初，教学督导组组长根据学校教学工作督导重点和任务要求，制定教学督导工作计划（含听课计划），安排听课和检查人员，并具体组织实施。

（二）教学督导组根据工作需要定期召开教学督导工作例会，总结、交流教学督导工作开展情况，撰写教学督导情况小结。质量保障处每学期主持召开1次全体教学督导员会议，对教学督导工作开展情况进行全面总结。

（三）教学督导员每学期听课不少于30课时，每次听课要认真做好听课记录。听课后应积极主动与教师交换意见，帮助任课教师优化教学内容，改进教学方法，提高授课水平。遇到突发情况或教学事故应及时向相关部门反映。

（四）每学期组织开展期初、期中和期末常规教学检查，并根据检查情况进行总结分析，形成检查报告。

（五）每学期开展1次以上专题调研或师生座谈会等教学督导和调查活动，并根据督导调查工作需要，组织师生填写相关教学质量评价表或调查表。教学督导员要及时对调研情况进行总结分析，撰写调研报告。

（六）每学期开展1次针对考试试卷、考核现场情况的专项检查，并向质量保障处提交检查情况报告。

（七）根据需要参与学校安排的其他教学专项检查、评价等活动。

（八）每学期末教学督导组向质量保障处汇报工作，提交教学督导组学期工作总结，汇总听课记录等工作过程资料，上交质量保障处存档备查。

第六章　教学督导员的权限、考核与待遇

第十二条　教学督导员的权限。

（一）监督检查权。教学督导员有权随堂听课、检查各实践教学环节、列席有关教学工作会议，了解、察看督导对象或教学活动相关的资料。

（二）评价权。教学督导员有权在全面了解督导对象教学及教学管理情况的基础上做出客观公正评价。

（三）报告建议权。教学督导员可随时向质量保障处、教务处、二级教学单位领导报告工作情况，有权向督导对象单位负责人反映督导工作中发现的问题，并提出合理化建议。

第十三条　教学督导员的考核。

教学督导员的年度工作考核由质量保障处

负责，考核从实际完成督导工作的数量和质量两方面进行，考核结果作为续聘依据。

第十四条 教学督导员的待遇

（一）学校划拨专项经费，保障教学督导工作正常开展，根据教学督导员的工作任务完成情况和考核情况给予一定的工作报酬。

（二）校内在职教学督导员完成年度听课任务及其他工作且考核合格，按4000元/年的标准计发工作报酬；教学督导组组长按5000元/年的标准计发工作报酬。

（三）校外兼职教学督导员完成年度听课任务及其他工作且考核合格，按6000元/年的标准计发工作报酬，教学督导组组长按7000元/年的标准计发工作报酬。

（四）未完成年度工作量或考核不合格的教学督导员不计发报酬。对于因特殊原因未完成年度工作量的教学督导员，根据其实际完成工作情况，按比例计发报酬。

第七章 附 则

第十五条 教学督导员凭学校统一制作的教学督导员工作证进入教学场所履行职责。全体师生要主动接受教学督导人员的检查、监督和指导，不得干扰教学督导工作的正常进行；教务处和二级教学单位要积极支持和配合督导组做好各项督导工作。

第十六条 本规定自印发之日起执行，由质量保障处负责解释。

安徽商贸职业技术学院留学生学籍学历管理办法

商职院字〔2021〕34号

第一章 总 则

第一条 为加强我校留学生学籍管理工作,推进留学生学籍学历管理工作规范,保证教学秩序,提高教学质量,根据《学校招收和培养国际学生管理办法》《来华留学生高等教育质量规范(试行)》《安徽商贸职业技术学院学生学籍学历管理办法(修订)》《安徽商贸职业技术学院留学生工作管理办法》等文件,结合学校的实际情况,制订本办法。

第二条 本办法所称留学生是指不具有中国国籍且在我校接受教育的外国学生。

第三条 学校留学生管理的基本原则是:以人为本、规范高效、严格管理,积极稳妥地推进中外学生趋同化管理进程。

第二章 入学与注册

第四条 入学。按国家招生规定录取的留学新生,持录取通知书、有效护照、来华留学签证等相关报名材料,按学校有关要求和规定期限到学校办理入学手续。因故不能按期入学者,应向留学生管理部门请假,请假不得超过四周。未请假或请假逾期者,除因不可抗力等正当事由以外,视为放弃入学资格。

第五条 审查。新生入学后,学校按照规定进行复查,复查合格者填发留学生证,准予电子注册,取得学籍。复查不合格者,由学校区别情况予以处理,直至取消入学资格。

第六条 居留许可及体检。新生在学校报到登记后,需按照学校规定办理外国人来华居留许可、体检等手续。经体检复查不合格者,应立即办理退学或休学手续。

第七条 保险。凡在我校注册学习的留学生,必须按照国家有关规定和学校要求投保。对于拒不购买保险的,不予注册学籍,取消入学资格。

第八条 入学资格保留。对患有疾病的留学生,经学校指定的三甲以上医院诊断不宜在校学习的,可以保留入学资格一年。保留入学资格者不具有学籍,不享受在校生待遇。保留入学资格的留学生经治疗康复,可在下一学年开学前向留学生管理部门提交入学申请,由学校指定的三甲以上医院诊断,符合体检要求,经学校复查合格后,可以按当年新生办理入学手续。复查不合格或者逾期四周不办理入学手续者,取消入学资格。

第九条 注册。每学期开学时,留学生应在学校规定开学时间到校报到注册。每年秋季入学报到时需按规定缴纳学费、住宿费、教材费、保险费等费用。未按学校规定缴纳学费或者有其他不符合注册条件的,不予注册。

第三章 课程考核与学业评价

第十条 课程考核。留学生应当参加学校教育教学计划规定的课程和各种教育教学环节(以下统称课程)的考核,考核成绩记入成绩册,并归入本人档案。

第十一条 成绩评定办法。考核分为考试和考查两种。考试课程的成绩评定由平时考核成绩、期中考核成绩和期末考核成绩三部分组成,占比原则上分别为40%、20%、40%;考查课程的成绩评定由平时考核成绩和期末考核成绩两部分组成,占比原则上为60%、40%。

第十二条 语言要求。汉语是我校培养留学生的基本教学语言。学历留学生进入专业学习前须达到HSK4水平。对于未达到要求的学历留学生,学校提供必要的补习,完成要求后可转入专业学习。

第十三条 部分课程的免修。考虑到学历留学生课程的特殊性,对课程做以下调整:

(一)留学生可免修英语必修课(留学生自愿学习除外),改为汉语和中国概况学习;

(二)政治理论应当作为学习哲学、政治学专业的留学生的必修课,其他专业的留学生可以免修;

(三)考虑到留学生回国实习的困难和就业的特殊性,留学生免修职业生涯规划与就业指导课程；

（四）学校根据总体教学计划，合理安排留学生参加课程实训、校外实习等实践教学活动。校外实践教学活动内容及地点应当遵守国家有关规定。教学实习环节由相关教学单位根据专业要求可做适当调整或免除。

第十四条 学分折算。考虑到留学生的实际情况，如与中国学生同一份试卷，建制整班的学生每门课程达到60分视为及格，插班就读的留学生成绩达40分则视为及格。

第十五条 缓考、补考、旷考与重修。留学生因正当理由不能按时参加期末考核的，应提前由本人提出书面申请，并附相关材料提交所在教学单位审核（因身体原因申请缓考的需提供三甲医院证明），教务处审批，方可允许缓考。缓考留学生应与补考留学生一起参加考试，考试成绩按正常考试评分制度计分。缓考留学生取消补考机会。

对于考核不合格的课程，留学生有一次补考的机会。学历留学生补考时间安排在下学期开学初，非学历留学生补考时间安排在本学期考试周结束后一周，补考成绩按实际分数记载。学历留学生补考仍不合格的，必修课程原则上必须重修。非学历留学生补考不合格的，不安排重修。

凡无正当理由不参加考试者，该课程期末考核记为“旷考”，不得参加正常补考，相关课程必须重修。

第十六条 学分预警。学校实施学分制成绩预警机制，对留学生的学习质量和学习状态给予及时有效控制。当留学生一个学期获得的有效学分少于本学期所修课程总学分的60%时，学校给予“成绩警示”；第二次出现一个学期获得的有效学分少于本学期所修课程总学分的60%时，学校给予“退学警示”；第三次出现一个学期获得的有效学分少于本学期所修课程总学分的60%时，学校给予退学处理。

第四章 转专业及转学

第十七条 学历留学生有下列情况之一的，准许申请转专业：

（一）留学生确有某专业的特长和兴趣，转专业更能发挥其专长的；

（二）留学生因休学后复学、专业停招等原因无法在原专业学习的；

（三）学校认为有某种特殊困难，不转专业则无法继续学习的。

第十八条 学历留学生有下列情形之一的，不得申请转专业：

（一）在校期间受到各类处分；

（二）已经转过一次专业；

（三）因上级教育行政部门相关文件规定不得转专业。

第十九条 凡要求在本校内转专业学习的留学生，须在秋季开学后30天内提交申请书，并提供必要的文件和转入教学单位同意接收的证明，经留学生管理部门审核批准后，转入新申请的教学单位学习。学期中间一般不办理转学手续。

第二十条 申请由安徽商贸职业技术学院转到其他高校就读的，按退学处理。

第五章 休学、复学与退学

第二十一条 留学生有下列情形之一的，应当休学：

（一）由学校指定的三甲以上医院诊断后，经校医院证明，因病须停课治疗休养占一学期总学时三分之一以上的；

（二）根据考勤，一学期请病假、事假、旷课累计超过本学期总学时三分之一以上的；

（三）某种特殊原因，本人申请或学校认为必须休学的。

第二十二条 留学生申请休学或者学校认为应当休学的，由留学生本人填写学籍异动申请表，并由所在教学单位签署意见报学校教务处、留学生管理部门审查批准。学历留学生在校期间允许休学两次，每次休学时间最长为一年。非学历留学生在校期间允许休学一次，休学时间最长为一年。

第二十三条 留学生休学期间，应在办理完休学手续后10日内离校。休学期间，学校保留其学籍，但不享受在校学习学生待遇，不得中途申请复学。留学生休学回国往返路费一律由本人负责。学校不对休学期间发生的事故负责。

第二十四条 留学生休学期满，应提前一个月持有关证件向学校提出复学申请。因病休学的学生申请复学时必须持三级甲等以上医院出具的可以正常学习的诊断证明，证明已恢复健康并经学校复查合格，方可复学。留学生休学期满后，不办理复学有关手续者视为自动退学。

第二十五条 办理复学手续后，编入下一级原专业学习。如该专业下一级无相同专业，可转入由学校安排的相近专业学习。

第六章 退 学

第二十六条 留学生有下列情形之一的，学校应予退学处理：

（一）留学生收到"退学警示"后仍出现学期获得的有效学分少于本学期所修课程总学分的60%的；

（二）不论何种原因（含休学），学历留学生在校学习时间超过其学制两年的，非学历留学生在校学习时间超过其学制一年的；

（三）休学期满，在规定期限内未提出复学申请或者申请复学经审查不合格的；

（四）经学校指定三甲以上医院诊断，患有疾病或者意外伤残无法继续在校学习的；

（五）未请假离校或未参加学校规定的教学活动连续两周的；

（六）超过学校规定期限未注册而又无正当事由的；

（七）本人申请退学，经劝说无效的；

（八）学校规定的不能完成学业、其他应予退学情形的。

第二十七条 留学生退学由所在教学单位提出报告，学生工作处、教务处审核，报校长办公会议研究决定。对退学的留学生，由学校出具退学决定书并送达本人，无法送达的寄往家庭所在地并在校内公告，视为送达。同时报省级教育行政部门备案，报送芜湖市公安局出入境管理处注销其居留许可。

第二十八条 退学的留学生应在批准之日起10日内到留学生管理部门办理离校手续。逾期不办者，学校有权令其离校。

第二十九条 留学生主动申请退学的，从开学典礼日起算，在两星期内提出退学，填写退学申请表，经批准，退还学费的75%；在三星期内提出退学，填写退学申请表，经批准，退还学费的50%；超过三个星期，不退学费。退费时，需要交回原发票。报名费和教材费一律不退。

第七章 毕业、结业与肄业

第三十条 学历留学生在规定的修业年限内修满所在专业毕业所需的最低学分准予毕业，并颁发毕业证书。

第三十一条 学历留学生在规定的基本学制修业年限内，未修满规定毕业所需的最低学分（但未达到退学标准者），又不愿意延长学习时间的，准予结业，颁发结业证书。

非学历留学生在规定的修业年限内修满课程所需的最低学分准予结业，并颁发结业证书。

第三十二条 留学生未完成教育计划规定的课程而中途退学（被开除学籍者除外），学校可以发给肄业证书或者写实性学习证明。修满一学年以上者，可以发给肄业证书，一学年以内者，可以发写实性学习证明。

第三十三条 对违反国家招生规定入学者，学校不颁发学历证书，已颁发的学历证书，学校可予以追回。

第三十四条 毕业、结业、肄业证书遗失或损坏，经本人申请，学校核实后出具相应的证明书。证明书与原证书具有同等效力。

第三十五条 留学生毕业后须办理离校手续，并终止留学生身份，学校不办理延长居留许可手续。毕业留学生应在15日内离校。

第八章 附 则

第三十六条 本办法中未尽事宜按照国家、学校相关规定执行。

第三十七条 本办法由教务处、学校办公室负责对相应条款进行解释。

第三十八条 本办法自公布之日起实施。

安徽商贸职业技术学院留学生管理办法

第一章　总　则

第一条　为规范学校培养、管理留学生的日常行为，增进学校教育对外交流与合作，提高学校教育国际化水平，根据《普通高等学校学生管理规定》《学校招收和培养国际学生管理办法》等规章，结合我校实际，制定本办法。

第二条　本办法所称留学生是指不具有中国国籍且在我校接受教育的外国学生。

第三条　本办法是学校对留学生进行日常行为教育和管理的基本依据，是我校留学生学习、生活和从事其他活动的基本要求和指南。

第二章　日常行为管理

第四条　留学生应遵守中华人民共和国法律法规，尊重中国风俗习惯，尊重其他国家同学的宗教信仰和民族习惯，不侵犯他人权益。

第五条　留学生应遵守《中华人民共和国外国人入境出境管理条例》要求，严格遵守在中国期间的签证和居留许可期限，及时办理住宿登记，不得非法就业。根据学校要求，留学生一律在校内公寓住宿，并实行统一登记和管理，必要时统一保管护照。

第六条　留学生有宗教信仰自由，但不得在校园内任何场所（含公寓）进行传教、宗教聚会等任何宗教活动，不得请假或旷课去校外参加宗教活动。

第七条　留学生应遵守学校规章制度，自觉维护社会秩序和学校的教学、生活秩序，遵守公共场所的有关规定，文明礼貌，讲究卫生，保护环境，爱护公共财产和公共设施。

第八条　留学生应尊重他人隐私权，未经他人允许不得进入他人房间，不动他人物品，不打扰他人学习、工作和休息。

第三章　课堂行为管理

第九条　留学生应严格按照学校课程表指定时间、地点上课。上课前应提前进入课堂，不得迟到、早退、旷课，迟到15分钟者不得进入课堂。上课期间留学生应注意仪表，衣着得体。

第十条　留学生上课时不得大声喧哗、吃东西，不得看与课程无关的书籍、报纸或做其他课程的作业，未经任课教师同意不得擅自在教室走动或出入。对严重影响课堂教学者，教师可及时教育；经教育无效者，及时报留学生所在主管部门处理。

第十一条　留学生应自觉爱护教室财物及教学设施，遵守计算机房、多媒体教室等特殊场所的管理规定。不得在教室内打闹、起哄、吹口哨、大声喧哗，不得在教室内吸烟、喝酒、打牌，不得在桌椅、门窗、墙壁等处乱涂写、乱刻画，不可乱扔果皮、纸屑、烟头及其他杂物，不可随地吐痰。

第十二条　留学生在上课期间应认真听讲，按时完成作业，不得使用与教学无关的电子产品（如手机、平板电脑等）。

第四章　请假管理

第十三条　留学生请假应当有合理的理由，请假理由必须真实，学校对弄虚作假的进行批评教育，直至给予纪律处分。正常上课期间外出旅游一般不予以批准。所有学生请假，需经辅导员同意，经批准后才算完成有效程序。

第十四条　留学生请假分公假、病假、事假三种。公假即因外出参加学校组织的会议及相关活动，无法在校学习而提出的请假；病假即因身体健康原因无法参加学校课程教育教学而提出的请假；事假即因个人或家庭亲属的重大事件无法参加学校课程教育教学而提出的请假。其中，请病假需有校医院或公立医院出具的病情诊断证明书。

第十五条　在校外参加实习、竞赛、调查等学校集体活动期间，应遵守实习纪律，因特殊情况需请假者，由实习单位或带队教师批准。考试期间，一般不予请假，如有特殊情况需持证明提出书面申请，经留学生主管部门审核、教务处审批，办理有关缓考手续后履行请假手续，未经批准而擅自不参加考试者，一律按旷考处理。

第十六条　留学生应严格遵循报批原则，批假必须坚持实事求是原则，严格按审批权限和程序逐级审批。

1.请假人提交书面请假申请，说明请假的原因和时间，并报审批人审签；

2.请假三天以内（含三天），应经辅导员同意，由辅导员通知到相关任课教师；

3.请假三天以上，应经辅导员同意后报留学生管理部门审批再报学生工作处；

4.请假两周以上，须报分管院领导批准；

5.如遇突发疾病、突发事件而无法事先请假的，须请辅导员作书面证明，留学生返校一周内须补办请假手续。逾期不办者以旷课论。

第十七条 需延长假期者，须在请假期满以前说明理由，持有关证明申请续假；如本人不能亲自办理可委托他人办理，否则按旷课处理。

第十八条 请假期满后，请假人必须亲自到留学生管理部门及时办理销假手续，否则按旷课处理。未销假或未办理续假手续，按实际上课时数计算旷课，在一学期内累计旷课达到一定学时，按学校有关规定处理。

第十九条 留学生在请假期间应保管好自己的个人财物，并对自己的人身安全负责。

第五章 违纪处分管理

第二十条 留学生违纪处分分为警告、留校察看、开除学籍三种。

第二十一条 留学生有下列情形之一的，学校可给予警告处分：

故意损坏公物及他人财物，但未造成较大损失，且已照价赔偿的；

在办公场所、教室、实验场所、学生宿舍区等公共场所大声喧哗、干扰或影响他人学习、工作和休息，情节轻微的；

妨碍学校管理人员依法依规执行公务的；

教唆、组织或者策划他人打架斗殴，未造成伤害后果的；

违章用电、用火及使用其他危险品，及时发现未造成损失的；

在宿舍私自留宿非本校人员的；

未经批准夜不归宿的；

累计旷课达八学时至十六学时的（含十六学时）；

考试作弊或影响考场纪律的；

其他学校规定的不当行为。

第二十二条 留学生有下列情形之一的，学校可给予留校察看处分：

故意损坏公物及他人财物，情节严重的；

在办公场所、教室、实验场所、学生宿舍区等公共场所大声喧哗、干扰或影响他人学习、工作和休息，经批评教育不改的；

参与非法组织，或未经批准的游行、集会、示威等活动，情节较轻的；

教唆、组织或者策划他人打架斗殴，造成伤害后果的；

动手打人，未造成伤害后果的；

违章用电、用火及使用其他危险品，造成严重后果的；

在校期间酗酒的；

累计旷课达十七至三十课时的（含三十学时）；

在宿舍留宿异性或在异性宿舍留宿的；

累计受到两次警告处分的；

其他学校规定的不当行为。

第二十三条 留学生有下列情形之一的，学校可给予开除学籍处分：

触犯中国法律，构成刑事犯罪的；

受到治安管理处罚，情节严重、性质恶劣的；

在校期间有反华言行，情节严重的；

组织成立非法组织或未经批准擅自组织游行、集会、示威等活动的；

参与传教或宗教聚会等任何形式的宗教活动，造成恶劣影响的；

妨碍国家工作人员、学校管理人员依法或依据校纪校规执行公务的；

严重影响学校教育教学秩序、生活秩序以及公共场所管理秩序的；

代替他人或者让他人代替自己参加考试、组织作弊等其他严重作弊或扰乱考试秩序行为的；

毕业论文、公开发表的研究成果存在抄袭、篡改、伪造等学术不端行为的；

未请假离校或未参加学校规定的教学活动连续两周的；

累计受到两次留校察看处分的；

其他学校规定的不当行为。

第二十四条 本办法中未涉及的其他违纪行为、处分的审批程序和后续工作参照《安徽商贸职业技术学院学生处分管理办法（暂行）》处理。

第六章　附　则

第二十五条　本办法中未尽事宜按照国家、学校相关规定执行。

第二十六条　本办法由学生工作处、教务处、学校办公室负责对相应条款进行解释。

第二十七条　本办法自颁布之日起实施。

安徽商贸职业技术学院社会化考试管理规定

商职院字〔2021〕47号

为进一步规范我校社会化考试工作，明确考试流程、考务组织、工作职责和经费收支等工作规范，根据承接考试项目的考务工作要求和规定，结合学校实际情况，制定本规定。

第一章　总　则

第一条　本规定所称的社会化考试是指学校承接政府、企事业单位主办的相关职业资格类和人事类等有收入来源的考试。

第二条　教务处是学校承接社会化考试的职能部门，各二级教学单位承接的社会化考试应参照本规定执行。

第三条　社会化考试应在保证正常教育教学秩序的前提下有序承接。每场考试，应按照学校合同审核要求，与考试项目主办单位签订协议，明确考试职责及考试费用。

第二章　考试工作管理及工作职责

第四条　教务处根据社会化考试项目的具体工作要求，制定考试工作方案，指导各考务工作组完成安装软件、测试机器、考场环境和监控布置等监考准备工作。

第五条　根据考试工作方案，社会化考试设主考、副主考、巡考、考务和监考人员，全体工作人员各司其职，确保社会化考试工作顺利完成。

第六条　主考是考点的第一负责人，负责考点全面工作。每个考试项目设主考1名，副主考若干名，副主考负责协助主考做好相关工作。主要职责是：

1.指导制定考试实施方案。

2.组织检查考场布置和监考准备工作。

3.及时处理考试期间的各种问题和情况，按有关规定妥善处理应试人员违纪违规行为。遇突发事件须及时向考试机构派驻考点工作人员报告。

4.批准调剂或者替换有质量问题的试卷和答题卡（纸），并做好记录，及时向考试管理机构和考试机构派驻考点工作人员报告。

5.按照考试主管部门和考试机构的要求，处理其他主考工作事项。

第七条　巡考人员负责协助主考（副主考）做好相关考试工作，主要职责是：

1.检查考试工作人员执行考试纪律和履行职责情况，制止监考人员擅自离场、互相串门的行为。

2.指导监考人员处理考试过程中出现的各种事件，负责对违反考场规则的事件进行及时核实、处理。

3.教育、督促监考人员和考务工作人员认真履行岗位职责，严守工作纪律。

第八条　考务中心负责考点的考务管理和保障工作，根据实际考试要求，设置考务组、后勤组、保卫组、医务组、信息技术组和资金保障组。其中，考务组原则上按照15个考场为一组，每组2—3名人员。主要职责是：

（一）考务组。

1.负责考场安排，落实监考人员和工作人员，制定考试工作方案。

2.负责考前对监考人员和工作人员进行业务培训，明确其工作职责，掌握工作要点，规范操作要领。

3.负责布置考场监控、考场指示牌等考场外围环境布置。

4.负责协调各工作组相关工作。

5.负责实施考试过程中的考务工作。考试期间分发考场记录单、备用试卷封面封条，分发、收回草稿纸。统计本考点缺考情况及违纪作弊情况，考试结束后，向主考、主管部门汇报考试情况。

6.负责对接考试项目主办单位的巡考及工作人员入校及接待工作。

7.协助主考、副主考处理考试中出现的其他问题。

（二）后勤组。

1.负责宣传横幅的悬挂与摘除工作。

2.负责卫生清扫工作和考场外围环境保障工作。

3.负责考场热水供应工作。

4.负责电力保障工作。

(三)保卫组。

1.负责考点、考场的治安保卫工作,维持考点社会秩序。

2.负责考点警戒线的划定与巡视,禁止无关人员进入警戒线内,及时对考点进行清场。

3.负责考生和校外工作人员车辆的停放与管理。

4.负责考点的封场、清场工作。

5.配合公安机关对扰乱考点、考场秩序者进行处理。

(四)医务组。

1.负责考试期间考生及考点工作人员的医疗急救工作。对不能坚持答卷的考生,应及时向考务中心汇报。

2.负责考试期间必要的药品及各种防护医疗用品的准备。

(五)信息技术组。

1.负责考试期间计算机和考试系统的运行保障。

2.负责录制、保存、上交考场监控资料。

3.负责保障考试网络服务。

(六)资金保障组。

1.负责社会化考试项目考试、考务费的收缴、归集工作。

2.负责社会化考试项目预算安排、调整及资金的使用、结算工作。

第九条 监考人员是责任考场考务工作的具体组织者和直接实施者,人员数量应根据考试相关具体要求进行安排;若没有相关具体要求,原则上按照15:1(考试人数:监考人员数)标准安排。主要职责是:

1.参加考前培训,熟知监考流程,明确工作要求和纪律。

2.根据考场规则和考试相关规定完成监考任务。

3.按规定时间领取、检查、启封、发放、回收、清点和移交试卷、答题卡(纸)等考试材料;按规定要求布置考场。

4.组织应试人员入场,核查应试人员身份及考试证件。引导应试人员摆放物品,提醒应试人员不得将规定以外的物品带入座位,宣读考场规则,维护考场秩序。

5.查禁考试作弊等各类违规行为,处置突发情况,如遇重大情况应向考务中心及主考报告。在主考指导下处置应试人员违纪违规行为。

6.统计应考、实考、缺考人数,完整、准确记录缺考及违纪违规情况,及时移交考场情况记录单等相关材料和物品。

第三章 考试费用管理

第十条 监考人员与考务人员管理服务工作奖励标准为每小时80元,时长按照实际工作时间计算。负责考试安保秩序维护的治保人员(学生或保安等相关人员)、负责供应热水的物业人员的管理服务工作奖励标准为100元/半天。

第十一条 教务处负责制定社会化考试年度项目预算,考务费标准应结合实际收入执行。如果收入总额减去学院管理费和间接费用(收入总额的5%,包括水电、固定资产折旧费等)后,不足支付的,从当年社会化考试项目收入结余中调剂,调剂仍不够的则该项目考试管理服务工作奖励标准按5元/小时逐级递减执行。

第十二条 本规定由教务处负责解释,自发布之日起实施。如本规定与其他文件相冲突,以本规定为准。

安徽商贸职业技术学院校外兼课教师管理办法

商职院字〔2021〕59号

第一条 为适应学校教育教学改革的需要，规范校外兼课教师管理，切实发挥和调动校外兼课教师的积极性，不断提高教学质量，保证正常教学秩序，逐步建立一支教学水平较高且相对稳定的校外兼课教师队伍，根据教育部等四部门印发的《职业学校兼职教师管理办法》（教师〔2012〕14号），结合我校实际，特制定本办法。

第二条 本办法所称的校外兼课教师是指能够独立承担某一门课程教学或实践教学及承担其他任务，并能在时间上配合学校的教学计划安排的高校教师或校外符合任教条件的人员。

第三条 聘用原则。

根据教学需要，有下列情况之一者可考虑聘任校外兼课教师：

（一）新设学科专业，个别课程缺乏师资。

（二）虽非新设学科专业，但现有师资紧张无法满足教学需求。

第四条 基本条件。

（一）具备良好的思想政治素质和职业道德，遵纪守法，热爱教育事业，身心健康，年龄一般不超过65周岁，特殊情况可根据学校需要而定。

（二）承担理论课程教学任务的外聘兼课教师应具有大学以上学历，学士及其以上学位；具有初级以上专业技术职务任职资格（对于特殊专业或者紧缺人才在读研究生也可）。相同条件下具有高校教师资格的外聘人员优先考虑。

（三）承担实训指导教学任务的外聘兼课教师应具有高级工以上职业技能等级，或行业企业中层及以上管理职务，并具有丰富的实践经验和实习指导经验。特殊情况也可聘请具有特殊技能，在相关行业中具有一定声誉的能工巧匠、非物质文化遗产国家和省级传承人。

（四）除上述条件外，不同教学岗位的特殊条件，按实际聘用岗位另作决定。

第五条 聘用程序。

校外兼课教师由二级教学单位聘任，教务处、分管领导审批。

具体程序如下：

（一）各二级教学单位根据专业建设及开课需求，在每年5月和11月制定下学期校外兼课教师计划，填写《安徽商贸职业技术学院校外兼课教师聘用计划表》报教务处审核，并经分管领导批准后实施。

（二）各二级教学单位对推荐人选进行资格审核（审核材料包括：身份证、毕业证书、学位证书、专业技术职务任职资格证书、职业资格证书、相关专业实践经历证明等），二级教学单位组织并成立由部门专业教师、教务处和督导室参与的考核小组，对推荐候选人进行业务能力考核。

（三）各二级教学单位将填写的《安徽商贸职业技术学院校外兼课教师审批表》、审核材料复印件和考核材料报教务处、组织人事处审核，提出聘用意见报分管领导批准后执行。

（四）对于决定正式聘用的教师，二级教学单位与拟聘教师签订《安徽商贸职业技术学院校外兼课教师协议书》。

（五）校外兼课教师聘期为一个学期，续聘教师在考核评估合格后，可续签聘任协议书。

第六条 校外兼课教师应遵守学校的相关管理规定，具体工作职责：

（一）严格遵守学校的教学基本要求及相关规章制度。

（二）按照学校的教学工作要求，严格执行教学计划和课程标准（教学大纲），认真钻研教材，认真备课，掌握好重点和难点，保证教学进度和教学秩序，保质保量地完成教学任务。

（三）自觉接受学校教学管理部门的检查、监督和考核。

第七条 管理。

（一）校外兼课教师必须按照上述程序进行

审批。未经学校批准，任何单位不得擅自聘用。

(二)二级教学单位应不定期召开校外兼课教师座谈会，征求校外兼课教师教学建议，通报学校教学改革情况，总结改进教学工作。

(三)各二级教学单位负责对校外兼课教师的日常管理工作。

第八条 考核。

(一)校外兼课教师教学情况按《安徽商贸职业技术学院教师教学质量考核办法(修订)》评价(教学质量考核的分值可根据实际情况进行调整)。

(二)对学生评教意见强烈、教学效果差、造成一般教学事故和严重教学事故者，由教务处和二级教学单位协商后解除聘任。同时按照《安徽商贸职业技术学院教学事故认定及处理办法(试行)》予以处理，并做好善后工作。

第九条 辞聘与解聘。

校外兼课教师在受聘期内，教学期间原则上不得辞聘，确实由于不可抗拒原因不能坚持教学的，应提前20天向所在的二级教学单位提出书面申请，经同意后方可辞聘。在聘期内，凡有下列情形之一者，予以解聘：

(一)违反国家法律法规，违反国家政策者。

(二)传播不法或非科学信息者。

(三)道德败坏者。

(四)用不正当手段谋取私利者。

(五)损坏学校声誉和利益者。

(六)因教学不负责任造成重大教学事故者。

(七)旷教四学时以上者。

(八)教学效果不好，学生反应强烈，经教务处听课确认者。

被解除任课资格者，不得担任我校任何课程的教学工作。

第十条 校外兼课教师按协议商定的标准发放讲课酬金。学期末由教务处结算，财务处发放。其中总课时按学校教学工作量核定办法核算。单位课时的报酬按下列标准发放(税前报酬)：

(一)从科研院所及高校聘请的兼课教师。正高职称，200元/课时；副高职称，160元/课时；中级职称，120元/课时；初级及以下职称(研究生及以上学历)，90元/课时。

(二)从企业聘请的兼课教师。课酬发放标准：高级工程师或企业高管，200元/课时；工程师或硕士研究生毕业及以上学历且有三年以上企业工作经历的技术人员，160元/课时；硕士研究生毕业且有一年以上企业工作经历，120元/课时。

(三)艺术类专业工作室聘请的兼课教师。课酬发放标准：按照工作室学生人数除以25再乘以相应的课时标准进行计算。

(四)对于校企双方共建的专业，企业技术人员来校授课的课酬发放标准按校企双方签订的合作协议执行。

第十一条 聘请本校退休教师参照本办法执行。

第十二条 本规定自2020/2021学年第2学期起执行，由教务处负责解释，之前相关规定与本办法有冲突的，以本办法为准。

安徽商贸职业技术学院学术专项人才选拔与管理办法

商职院字〔2021〕63号

为加强学校学术专项人才梯队建设，培养造就一批各学术领域具有领先水平的学术技术带头人、科研领军人才和科研新星，充分发挥在各自学术领域的带头作用，加速学校科学技术进步，促进科研全面发展，提高学校的整体学术水平和教育教学质量，根据学校实际情况，制定本办法。

第一章　学术技术带头人选拔条件

第一条　学术技术带头人层次。

学术技术带头人划分为校级、市厅级、省部级和国家级，其中市厅级、省部级和国家级学术技术带头人按照上级有关文件精神执行。

第二条　校级学术技术带头人入选条件。

(一)基本条件。

1.热爱社会主义祖国，忠诚党和人民的教育事业，遵守中华人民共和国法律，思想政治素质高，具有良好的师德师风和敬业精神，爱岗敬业，为人正派。

2.有强烈的事业心、严谨的治学态度和开拓创新、拼搏奉献的精神，有能力带领梯队成员开展本学术研究方向的科研工作。

3.身心健康，能坚持正常学术技术工作。

4.学术技术带头人遴选范围。

(1)年龄：原则上不超过55周岁，获得市级及以上人才项目人员适当放宽年龄限制。

(2)任职资格：具有副高级及以上专业技术职务或博士学位(含博士生)，有3年以上高校教育教学、科研一线工作经验的“双师型”教师(公共课教师除外)。

(二)学术技术带头人遴选条件。

1.有深厚的学术造诣和丰富的教学工作经验，教学效果好，在教书育人方面有突出的表现，具有本学科(专业)坚实而系统的基础理论和专业知识，在本学科(专业)的某一研究方向上取得显著成就，并积极开展社会服务，重视应用技术的研究和开发。

2.有较强的研究、管理能力，能开辟学科(专业)新的发展方向，熟悉本专业技术领域的现状和发展动向，知识面宽，善于提出重大课题和思路。

3.近五年在教育教学改革、科学研究、技术服务方面成果较好，至申报之前至少具备下列条件：

(1)重视教学研究和教学改革，重视将科技成果转化为教学内容，积极承担教育教学改革项目，重视对学生实践能力的培养，同时符合以下条件之一：

①获得三类及以上教学成果奖前3人；

②主编教材1部；

③主持三类及以上教育教学改革项目1项。

(2)科研工作(具备下列条件之二)：

①以本人为第一作者在本专业领域刊物上发表高水平学术论文二类及以上1篇，或者三类核心论文3篇；

②主持三类及以上科研项目2项；

③作为第一著作人出版学术专著1部；

④作为第一发明人获得与本专业紧密相关的国家发明专利1项；

⑤主持横向项目(技术服务经费自然科学类30万元或人文社科类10万元以上，以到学校账户的经费为依据)1项及以上，产学结合方面业绩突出，为地方经济发展和学校的建设发展做出了较大贡献。

第二章　科研领军人才选拔条件

第一条　科研领军人才层次。

科研领军人才为校级学术专项人才。

第二条　科研领军人才入选条件。

(一)基本条件。

1.热爱社会主义祖国，忠诚党和人民的教育事业，遵守中华人民共和国法律，思想政治素质高，具有良好的师德师风和敬业精神，爱岗敬业，为人正派。

2.有强烈的事业心、严谨的治学态度和开拓创新、拼搏奉献的精神，有能力协助学术技术带头人和带领学术团队成员开展本学术研究方向的科研工作。

3.身心健康，能坚持正常学术技术工作。

4.科研领军人才遴选范围。

（1）年龄：原则不超过45周岁，获得市级及以上人才项目人员适当放宽年龄限制。

（2）任职资格：具有讲师及以上专业技术职务或博士学位（含博士生），有3年以上高校教育教学、科研一线工作经验的“双师型”教师（公共课教师除外）。

（二）科研领军人才遴选条件。

1.有较好的学术造诣和丰富的教学工作经验，教学效果好，在教书育人方面有突出的表现，具有本学科（专业）坚实而系统的基础理论和专业知识，在本学科（专业）的某一研究方向上取得显著成就，并积极开展社会服务，重视应用技术的研究和开发。

2.有较强的研究、管理能力，能开辟学科（专业）新的发展方向，熟悉本专业技术领域的现状和发展动向，知识面宽，能够提出重大课题和思路。

3.近五年在教育教学改革、科学研究、技术服务方面成果突出，至申报之前至少具备下列条件：

（1）重视教学研究和教学改革，重视将科技成果转化为教学内容，积极承担教育教学改革项目，重视对学生实践能力的培养，同时符合以下条件之二：

①参与三类及以上教学成果奖前5人；

②参编教材1部前5人；

③参与三类及以上教育教学改革项目1项前5人。

（2）科研工作（具备下列条件之一）：

①以本人为第一作者在本专业领域刊物上发表高水平学术论文2篇；

②主持三类及以上项目不少于1项；

③作为第一著作人出版学术专著1部；

④作为第一发明人获得与本专业紧密相关的国家发明专利1项；

⑤主持横向项目（技术服务经费自然科学类10万元或人文社科类2万元以上，以到学校账户的经费为依据）1项及以上，产学结合方面业绩突出，为地方经济发展和学校的建设发展做出了较大贡献。

第三章　科研新星选拔条件

第一条　科研新星层次。

科研新星为校级学术专项人才。

第二条　科研新星入选条件。

（一）基本条件。

1.热爱社会主义祖国，忠诚党和人民的教育事业，遵守中华人民共和国法律，思想政治素质高，具有良好的师德师风和敬业精神，爱岗敬业，为人正派。

2.有强烈的事业心、严谨的治学态度和开拓创新、拼搏奉献的精神，有能力协助学术技术带头人开展本学术研究方向的科研工作。

3.身心健康，能坚持正常学术技术工作。

4.科研新星遴选范围：

（1）年龄：原则不超过35周岁，获得市级及以上人才项目人员适当放宽年龄限制。

（2）任职资格：有2年以上高校教育教学、科研一线工作经验的教师。

（二）科研新星遴选条件。

1.有较好的学术造诣和教学工作经验，教学效果好，在教书育人方面有突出的表现，具有本学科（专业）坚实而系统的基础理论和专业知识，在本学科（专业）的某一研究方向上取得较好成就，并积极参与社会服务和应用技术的研发工作。

2.近五年在教育教学改革、科学研究、技术服务方面成果较好，至申报之前至少具备下列条件：

（1）重视教学研究和教学改革，积极参与教育教学改革项目，重视对学生实践能力的培养，同时符合以下条件之一：

①参与三类及以上教学成果奖；

②参编教材1部；

③参与三类及以上教育教学改革项目1项。

（2）科研工作（具备下列条件之一）：

①以本人为第一作者在本专业领域刊物上发表三类论文4篇；

②主持校级重点项目及以上项目不少于2项；

③作为第一著作人出版学术专著1部；

④获得与本专业紧密相关的国家发明专利1项；

⑤前3人参与横向项目(技术服务经费自然科学类10万元或人文社科类2万元以上,以到学校账户的经费为依据)2项及以上,产学结合方面业绩突出,为地方经济发展和学校的建设发展做出了较大贡献。

第四章 学术专项人才遴选程序

学术技术带头人的选拔。

(一)选拔周期:每年选拔一次。

(二)选拔原则:坚持标准、保证质量、严格考核、宁缺毋滥,构建教师队伍特色分类培养模式。

(三)选拔名额:市厅级、省部级和国家级以上级文件实际认定人数。重点、优势及覆盖面广或对经济、社会发展影响重大的学科(专业)可适当增加推荐数量。

(四)选拔程序:

1.个人申报。由申请人填写《安徽商贸职业技术学院学术技术带头人申请表》,同时提交评选条件所需相关佐证材料。

2.部门推荐。二级教学单位对照"学术技术带头人申请条件"对申请人进行初选、公示、推荐人选相关材料报送科研与校企合作处。

3.资格审查。科研与校企合作处对照"学术技术带头人申请条件"对申请人进行资格审查。

4.专家评审。学校组织专家对申请人进行评议、推荐,并将选定人员名单提交学校院长办公会审定。

5.公示与发文。学校对入选人员名单向全校公示,公示无异议后,由学校正式发文。

第五章 学术专项人才激励措施与管理

第一条 激励措施。

(一)按照学校相关规定,学术技术带头人等可申请建立技术技能平台研究机构或科技服务创新团队。

(二)学校授予校级学术技术带头人荣誉称号,优先推荐校级学术技术带头人申报市级及以上学术技术带头人和各类人才项目。

(三)学校设立学术专项人才项目,项目定为校级重点项目(四类)。校级学术专项人才可申请专项项目,配套专项经费,开展学术研究工作。

(四)校级学术技术带头人可申请学术工作室,学校根据需要,经相关部门审批后,配套专项经费和场地,开展学术研究工作。

第二条 科研导师。

校级学术技术带头人和科研领军人才可作为科研导师,指导科研新星和其他教师。其中校级学术技术带头人可指导1—3名科研新星和其他教师,科研领军人才可指导1—2名其他教师。

科研导师应在本学科(专业)建设中系统指导科研新星和其他教师开展科学研究,将科研转化为教育教学动能,促进本学科(专业)的发展。

第三条 学术专项人才管理。

发生下列情况之一,取消学术专项人才的称号:

1.师德师风考核不合格;

2.受到党纪政纪处分或严重违反国家法律和学校有关规章制度;

3.在工作中给学校造成不良影响和重大经济损失;

4.考核不合格或在工作中弄虚作假,经限期整改后仍达不到合格标准。

第六章 附 则

(一)本办法中的高水平学术论文是指三类核心论文(北大核心、CSSCI扩展版、CSCD扩展版)、二类论文和一类论文。

本办法自发布之日起施行。学校其他文件或规定中有关内容与本办法不一致的,按照本办法执行。

(二)本办法由学校科研与校企合作处、组织人事处负责解释。

安徽商贸职业技术学院科技成果奖励评选办法

商职院字〔2021〕64号

第一章　总　则

第一条　为奖励在我校科技进步活动中做出突出贡献的教职工，充分激发学校科技工作者的积极性和创造性，加快学校科技事业发展，根据《中华人民共和国科学技术进步法》《安徽省科学技术奖励办法》等文件精神，制定本办法。

第二条　科技成果奖励坚持尊重学术、尊重人才、鼓励创新、公开诚信的评选原则，判定的核心标准是成果的学术价值和应用价值。科技成果奖励具有客观性、公正性、权威性，其申请、推荐、评审、授予均须保持独立性，不接受任何组织或个人干预。

第二章　评奖范围

第三条　科技成果奖每年评选一次，由科研与校企合作处组织评选，评选结果经学校批准后有效。奖励范围为具有安徽商贸职业技术学院署名，申请者为第一完成人，且在本轮评选周期内产生的科技成果。

第四条　科技成果奖分为人文社会科学奖和自然科学奖。人文社会科学奖和自然科学奖分开评审，具体包括：

1.公开出版或发表的各类有较高学术水平和社会价值的基础研究成果，包括专著、译著、工具书、论文、研究报告、文学艺术作品等；

2.各类应用技术成果，包括新产品、新技术、新工艺、新材料、新设计、生物新品种、计算机应用软件以及其他通过厅（局）级以上科技管理部门正式鉴定的科学技术成果等；

3.参评的科技成果，必须是评奖时通过鉴定或正式出版或公开发表的尚未获得过同级或以上级别科研奖励的单项或系列成果；

4.同一成果取最高奖项，不重复评奖，如项目产生专利、论文、软件等。同一申报者，一次只能评选一个奖项。

第三章　评奖标准

第五条　科技成果奖将授予满足下列条件之一的组织或个人：

1.在基础研究或应用基础研究中阐明自然现象、特征、规律，有新发现，有重大学术价值；

2.在学科前沿领域、高新技术领域、科技发展、社会进步等方面有创造性，或在科技成果转化、促进高新技术成果产业化方面有突出贡献，或对学校工作（如学科建设、技术创新等）有突出贡献；

3.在科学技术研究中，做出重大科学发现或完成重大科技创新，其专利原始创新性强，技术水平高。

第六条　科技成果奖设三个等级：一等奖、二等奖和三等奖。

第七条　科技成果奖评选比例：原则上，一等奖不超过申报数量的10%，二等奖不超过申报数量的15%，三等奖不超过申报数量的20%。若因成果水平有限，一等奖等可空缺。

第四章　评奖程序

第八条　学术委员会负责科技成果奖励评选，其主要职责是：

1.确定评审方式和细则；

2.实施评选活动，确定成果等级、数量；

3.处理评选活动中出现的学术异议。

第九条　科技成果奖评选的参考指标如下：

1.学术价值；

2.对学校学科建设、科技创新以及其他工作的推动作用；

3.技术难度、复杂度以及研究的工作量；

4.行业或区域发展的作用；

5.社会效益和经费效益。

第十条　学术委员会评选出的成果应进行公示。

第十一条　公示期内，出现异议的成果，由学术委员会按规定进行审核确认。公示期外，经查实为虚假的成果，撤销奖励、收回证书、追回奖金，三年内不得申报科技成果奖，并视情节给予行政处理。

第十二条 凡获得校级科技成果奖的成果，将优先推荐申报上级和社会各界的科技成果奖评选。

第十三条 获奖成果及奖励记入主要完成人的科研档案，作为今后评优评先、职称晋升和推荐学术荣誉人选的认定依据。

第五章 附 则

第十四条 属下列情况之一者不予评奖：

1.学校科研奖励没有登记的科学技术成果；

2.弄虚作假或剽窃的科学技术成果；

3.安徽商贸职业技术学院未作为知识产权上唯一单位或第一单位的科学技术成果；

4.曾申报同级成果奖励未获奖，尚未取得新进展的科学技术成果；

5.已获得同级或以上级别成果奖的科学技术成果；

6.其他有争议的科学技术成果。

第十五条 本办法自发布之日起开始执行，具体条款由科研与校企合作处负责解释。

安徽商贸职业技术学院学生教学信息员工作管理办法(试行)

商职院字〔2021〕78号

组建学生教学信息员队伍是为了广泛听取学生对教学工作的意见和建议,及时了解教师和学生教与学的状况,完善教学质量保障体系,充分发挥学生参与学校教学管理的主体作用,提高教学质量。为加强教学信息员队伍的建设与管理,特制定本办法。

第一条 教学信息员的条件与要求。

为保证信息的全面、准确,聘任的信息员要求覆盖学校各二级教学单位、各专业、各年级,保证每个班级都有学生教学信息员。教学信息员必须具备下列条件:

(一)学校全日制在校学生;

(二)思想品德优良,有责任心,有参与教学管理的积极性,秉公办事,敢于发表意见。

(三)有主人翁精神和较强责任心,关心学校的建设与发展,热心参与学校教学管理和教学改革,善于联系老师和同学,客观公正,能代表多数同学反映意见。

(四)有较强的观察、综合分析、信息处理能力以及较好的文字表达能力。

第二条 教学信息员工作职责。

(一)参加定期召开的学生信息员会议,及时了解学校有关教学方面的文件、会议精神及有关教务教学管理方面的规章制度。

(二)及时收集教师教学、学生学习和教学管理等方面的意见和建议,客观地反馈给质量保障处。

(三)及时反馈学生对任课教师教学态度、教学水平的意见和建议、教学过程的各环节(备课、课堂教学、教学内容的更新、师生互动、板书、语言表达、辅导及批改作业、教学效果等)的意见和建议。

(四)及时反馈学生对实践教学环节(实习、实训、毕业设计等)方面的意见。

(五)及时反映学校教学基本设施(包括多媒体教室、计算机机房、语音室、实验实训室、图书资料等)的使用问题与困难。

(六)反馈学生对教学管理部门(包括教学管理制度的制定与实施、教学活动的组织、教学质量管理等)的意见和建议。

(七)及时反映学生上课、实验实习、作业、考试等教学活动中的状况。

(八)反馈其他与教学紧密相关的情况。

第三条 教学信息员的聘任、管理与工作制度。

(一)学生教学信息员团队由质量保障处负责组建,并安排专人进行管理。学校全日制在校生每班级设教学信息员1名,有教学专业的二级教学单位设教学信息员组长、副组长各1名,教学信息员组长原则上由各学院学生会干部担任,以方便协调、组织各单位教学信息员开展工作。

(二)教学信息员由各二级教学单位从优秀的学生中遴选、推荐,经质量保障处审核后聘用,聘期为1年,到期后如无特殊说明则自动续聘,学生毕业后自动解聘。

(三)教学信息员应在深入调查的基础上,全面、客观、及时地收集教学信息,通过信息员管理系统反馈与教学相关的意见和建议。每个教学信息员每学期应提交不少于10次的信息反馈,质量保障处每年组织1—2次信息员座谈会,并及时整合、汇总各类反馈信息,且转交给相关二级教学单位或职能部门处理,并将处理结果及时反馈给信息员,由信息员将处理结果传达到学生,以便对工作改进情况进行监督。

(四)质量保障处负责教学信息员的日常管理,组织教学信息员活动,根据工作需要召开工作会议,部署工作任务、总结交流工作经验。

(五)教学信息员在任期内表现不佳,不能很好履行职责,不提交或不认真填写反馈意见表或违反校纪校规造成不良影响者,取消学生教学信息员资格,予以解聘。

(六)各二级教学单位,对担任教学信息员的学生在不违背相关制度的前提下,在各项评先、评优中应优先考虑。

（七）质量保障处根据教学信息员的工作表现、提供信息的数量和质量，每学年评出“优秀学生信息员”，颁发奖励证书。

第四条 其他。

（一）建立学生教学信息员制度，是完善教学质量监控体系的必要环节，是强化教学管理的重要举措。各职能处室、二级教学单位对教学信息员反映的情况要高度重视，并及时予以答复或解决。

（二）本办法自印发之日起执行，由质量保障处负责解释。

安徽商贸职业技术学院“三全育人”综合改革试点攻坚项目管理暂行办法

商职院字〔2021〕84号

第一章 总 则

第一条 为认真学习贯彻习近平新时代中国特色社会主义思想，全面贯彻落实全国全省教育大会、高校思想政治工作会议、学校思想政治理论课教师座谈会精神，切实加强我校“三全育人”综合改革试点攻坚项目管理，提高项目建设水平，依据有关规定，制定本办法。

第二条 项目管理坚持育人导向、问题导向，推动各单位和全校教职工加强工作研究、深化实践探索、强化理论教育，促进学校“三全育人”工作质量提升。重点培育和支持一批可示范、可推广、可持续的精品项目，按照系统设计、分步实施、重点突破、全面提升的总体思路，全面推进我校新时代立德树人工作。

第二章 项目类别与申报

第三条 “三全育人”综合改革试点攻坚项目分为实践研究、队伍培育、专业课程等类别。项目申报工作由学校“三全育人”综合改革试点工作领导小组组织实施。

第四条 各单位和申报人采取自愿原则，结合工作实际进行项目申报。

1.项目负责人必须是我校教职员工或正式聘请为校内专家的专家学者，具有良好的思想政治素质、较高的理论素养和较强的工作能力，能独立开展或组织开展相关研究。为推进学生科研能力和开阔学生科研眼界，项目参与人中可吸纳有一定水平、愿意积极参与项目建设的在校学生加入项目建设。

2.申报者需填写项目申请书，提交项目文字说明材料，包括明确项目团队、前期基础、建设规划、条件保障等内容，并根据实际需要，提供支撑说明材料。

3.已承担此类项目尚未结项单位或个人，不得申报同类型项目；已获得立项的项目，不得重复申报。

第五条 项目负责人根据项目申报要求提交项目申请书和相关材料。

第三章 项目遴选与立项

第六条 按照“公平公正、标准引领、质量优先、彰显特色”的原则，通过抽取专家开展评审，提出建议名单，汇总形成专家意见提交校长办公会议后，确定项目入选名单。

第七条 对候选名单进行公示、无异议后，正式下达立项通知。

第四章 项目过程管理

第八条 “三全育人”综合改革试点攻坚项目实行项目负责人负责制。项目负责人的职责是：

1.依照项目有关要求和规定，制订项目建设规划；

2.组织项目建设工作，把握项目总体水平和项目实施进度；

3.按规定合理安排项目经费；

4.自我评价项目建设效果；

5.宣传、展示项目建设成果，推进成果应用。

第九条 为保证工作质量，采取目标管理与过程管理相结合的办法，实行中期检查制度。

1.中期检查结果作为项目考核依据。

2.中期检查内容主要包括：项目是否按计划开展，建设进度是否符合要求，是否有阶段性工作成果等。

3.对没有实质性建设进度、无故不接受中期检查或中期检查不合格的项目，将通报批评，责成整改直至撤销项目。

第十条 有下列情况之一者，做撤项处理：

1.经专家组评估，项目不具备按原计划完成项目建设任务的条件和可能。

2.未经批准擅自变更项目责任人或项目名称、基本内容。

3.项目规定周期内未完成约定任务，1次申请延期后仍未完成。

4.结项验收及延期修正均未通过。

5.项目成果存在严重政治问题或严重学术不端行为。

6.申请结项过程中违反规定弄虚作假。

凡被撤销的项目，将进行公示并通报。

第十一条 项目经批准后不得随意更改建设计划，确需变更时要履行报批手续，“三全育人”综合改革试点领导小组办公室在审查变更时应严格把关。特殊情况可申请延期，延期最多不超过1年；一个项目申请延期最多不得超过1次。

第十二条 项目应严格遵守下列各项保密规定：

1.涉及保密内容的项目，要严格按照国家有关法律法规执行。

2.所使用的未公布数据、内部文件资料仅限于内部使用，不得公开。

3.项目建设中有关涉密和敏感问题的专项调查、学术会议和其他学术活动必须经主管部门审批。

第五章 项目经费与政策支持

第十三条 项目经费专款专用，严格按照《安徽商贸职业技术学院“三全育人”综合改革试点攻坚项目经费管理暂行办法》执行，不得用于与项目无关的开支。

第十四条 项目负责人在学校财务部门的具体指导下支配和使用项目经费，学校和个人不得以任何理由和方式截留、挤占和挪用。

第十五条 以同类项目建设基础和成果申报获批省级项目后(或建设完成且经过上级主管部门认定后)，经“三全育人”综合改革试点工作领导小组论证，可作为人文社会科学研究三类同档次项目或教育教学研究二类同档次项目，纳入高校教师教学科研成果统计、职务(职称)评聘范围；获批国家级项目的，由校长办公会议另行研究。

此外，当年获批国家级“三全育人”综合改革试点院部或示范院部的，学校在下个年度上调其单位部门原预算经费20%，激励政策延续三年；当年获批省级“三全育人”综合改革试点院部或示范院部的，学校在下个年度上调其单位部门原预算经费15%，激励政策延续两年；当年获批校级“三全育人”综合改革试点院部或示范院部的，学校在下个年度上调其单位部门原预算经费10%，激励政策延续两年。

第六章 项目验收与成果转化

第十六条 项目建设期结束后进行结项验收，履行结项手续。

1.项目负责人须填写项目结项表，将工作进展情况、实践探索和理论创新情况形成项目成果报告，并提供支撑说明材料。

2.对通过验收、确认可以结项者，颁发结项证明，并将验收情况予以公布。

3.项目验收后，项目所在单位或个人仍需不断优化完善，并持续推动开展相关工作。

第十七条 建立科学合理的项目成果评价体系，注重成果质量，注重实际价值。

1.项目验收主要以项目运用创新性、引领性、标志性以及成果推广情况为主要依据，不唯依托项目发表的论文数。主要内容包括按项目任务计划书完成了建设任务和目标；最终成果与立项时批准的“最终成果形式”相符；育人体系不断完善、体制机制有所创新、师生普遍反映良好、具有一定社会影响；经费开支合理合法。咨询报告类成果须有采纳单位的证明材料，并详细注明采纳内容和实际价值。

2.项目验收分优秀、合格、不合格三个等级。对成果验收为优秀的项目，予以通报表扬并作为再次申报项目的重要参考；对成果验收不合格的项目，视完成情况可予以一次延期修正，延期最多不超过6个月，延期修正后验收仍不合格的，一律做撤项处理。

第十八条 强化成果转化，拓展转化渠道。各单位应积极采取措施，支持和资助精品项目培育建设，积极做好项目成果的宣传、推广和应用工作。有重要应用价值的工作案例、研究报告、咨询报告、调研报告等成果，在提交有关部门的同时须提交“三全育人”综合改革试点工作领导小组办公室，供全校共享。

第七章 附 则

第十九条 本暂行办法自发布之日起执行。

第二十条 本暂行办法由“三全育人”综合改革试点工作领导小组负责解释。

安徽商贸职业技术学院“三全育人”综合改革试点攻坚项目专项经费管理暂行办法

商职院字〔2021〕85号

第一章 总 则

第一条 为加强“三全育人”综合改革试点攻坚项目管理，规范资金使用，提高资金效益，依据国家和我省有关规定以及预算管理改革的有关要求，制定本办法。

第二条 “三全育人”综合改革试点攻坚项目旨在推进全校“三全育人”综合改革，构建“十大筑梦育人工程”；具有全省、全国影响的“三全育人”工作先进模范、优秀典型的培育选树；开展学校“三全育人”工作理论研究、实践探索、研讨交流；鼓励生产、创新、推广学校“三全育人”工作优秀案例、作品、成果等。

第三条 “三全育人”综合改革试点攻坚项目经费的使用和管理遵循以下原则：

1. 公开公正。项目主管部门按照客观公正的原则，根据各项目管理办法或经批准的工作方案，组织项目审核、评议遴选，确保各环节公正、透明。

2. 专款专用。项目依托单位应当将“三全育人”综合改革试点攻坚项目统一管理，单独核算，使用范围和标准要符合国家有关规定，确保专款专用。

3. 注重绩效。项目依托单位应强化绩效理念，加强可行性和科学性论证，合理确定预算需求，科学设定绩效目标，全面实施绩效管理，提高资金使用效益。

第二章 管理职责

第四条 按照职责明晰、权责匹配、全程监督、责任追究原则，明确“三全育人”综合改革试点攻坚项目经费管理使用职责。

第五条 “三全育人”综合改革试点领导小组主要职责包括：

1. 制定专项经费管理办法，研究资金执行政策；

2. 制定年度经费预算方案，待审核通过后下拨至项目依托单位或个人；

3. 建立健全经费管理使用制度，督促并指导相关单位或个人做好预算执行，组织开展监督检查；

第六条 项目依托单位是“三全育人”综合改革试点攻坚项目专项经费使用管理的责任主体，负责完善内部控制和监督约束机制，负责对经费的日常管理和监督。

第七条 项目负责人是“三全育人”综合改革试点攻坚项目专项经费使用管理的直接责任人，对资金使用的合规性、合理性、真实性和有效性负责。

第三章 使用管理

第八条 在申报项目时，项目申请单位或个人应当根据项目类别和要求，按照项目实际需要和资金开支范围，科学合理、实事求是地按年度编制项目预算、设定项目绩效目标，并对费用支出的主要用途和测算理由等作出说明。

第九条 “三全育人”综合改革试点领导小组办公室按照预算管理相关要求，加强项目库建设和管理。健全评审专家库，建立和完善评审专家的遴选、回避、信用和问责制度。重点对项目预算的目标相关性、政策相符性、经济合理性进行评审。

第十条 研究项目资金的支出范围、间接经费和结转结余资金管理参照《高等学校哲学社会科学繁荣计划专项资金管理办法》(财教〔2016〕317号)和国家有关规定执行。非研究项目资金和管理资金应当严格执行国家有关规定。

第十一条 “三全育人”综合改革试点攻坚项目专项经费应当专款专用，不得用于偿还贷款、支付罚款、捐赠、赞助、对外投资等支出，不得用于按照国家规定不得开支的其他支出。

第十二条 项目依托单位应当严格执行国家有关资金支出管理制度。凡使用“三全育人”综合改革试点攻坚项目专项经费形成的国有资产，应当按照国有资产管理的有关规定执行。

第四章　绩效管理

第十三条　项目依托单位应当加强"三全育人"综合改革试点攻坚项目专项经费管理，自觉接受审计、纪检监察等有关部门对项目预算执行、资金使用效益和财务管理等情况的监督检查。对于截留、挤占、挪用资金的行为，以及因管理不善导致资金浪费、资产毁损、效益低下的，视情节轻重，分别给予通报批评、停止拨款、撤销项目、追回已拨资金、取消项目承担者一定期限内项目申报资格等处理，涉嫌违法的移交司法机关处理。

第十四条　"三全育人"综合改革试点领导小组办公室及其工作人员在专项资金分配等审批工作中，存在违反规定分配资金以及其他滥用职权、玩忽职守、徇私舞弊等违法违纪行为的，按照《中华人民共和国预算法》《中华人民共和国公务员法》《中华人民共和国行政监察法》《财政违法行为处罚处分条例》等国家有关规定追究相应责任；涉嫌犯罪的，移送司法机关处理。

第五章　附　则

第十五条　本暂行办法自发布之日起执行。

第十六条　本暂行办法由"三全育人"综合改革试点工作领导小组负责解释。

安徽商贸职业技术学院教师赴海外攻读博士学位管理办法

商职院字〔2021〕112号

为加强国际化师资培养，拓宽教师国际化视野，提升开展国际化教学以及科研与社会服务的能力，服务“双高计划”建设，落实学校职教本科行动计划和师资提升行动计划，为开展职业教育本科试点储备高层次人才，学校决定选派优秀教师赴海外攻读博士学位。为做好相关管理和服务工作，结合我校实际，特制定本办法。

一、选派原则

（一）按需选派。

根据学校学科专业发展、师资队伍建设规划以及课程建设和国际化双语教学等实际需要，在兼顾各专业的同时，向国家级、省级重点专业（群）以及学校支持优先发展的新兴专业和重点学科倾斜。

（二）择优选拔。

选派赴海外攻读博士学位的教师应当在教学科研等方面表现优秀，具有较大的发展潜力，并能熟练运用外语进行交流和从事科学研究工作。

（三）学以致用。

选派教师赴海外攻读博士学位应当具有明确的针对性，教师所攻读专业原则上必须与其现从事专业方向一致，注重提升博士人才培养的实效。

（四）稳妥有序。

选派教师赴海外攻读博士学位工作要结合各单位发展需要和师资队伍建设情况，妥善处理好各单位教师队伍建设与教学、科研、管理任务之间的关系，确保各单位工作的正常有序开展。

二、选派类型

（一）学校海外博士专班项目。

此类项目由学校、海外高校、留学服务机构签订合作协议，以专班形式组织本校教师赴海外攻读博士学位，一般采取寒暑假在职攻读的方式。

（二）自费公派赴海外攻读项目。

申请人根据学校学科专业建设需要对口选择专业，申请以自筹经费的方式赴国外大学攻读博士学位。申请需经由所在单位和学校批准，由学校纳入师资培养计划。

（三）停薪留职赴海外攻读项目。

申请人赴海外攻读博士学位脱产超过1年的，采用停薪留职方式管理。停薪留职期间保留申请人的编制、岗位。

三、攻读时间、培养目标和要求

（一）攻读时间。

除学校海外博士专班项目攻读时间根据学校、海外高校、留学服务机构签订合作协议约定外，学校鼓励教师以在职形式利用寒暑假赴海外攻读，赴海外脱产学习时间累计不得超过1年。需要赴海外脱产学习累计超过1年的，经个人申请，学校批准后采用停薪留职方式管理，或教师辞职攻读，待完成学业后可通过高层次人才引进途径返校工作。

（二）培养目标和要求。

学校选派教师赴海外攻读博士学位旨在通过攻读国外优秀高校的博士学位，拓展教师国际化视野，提升教师学历层次和教学科研及社会服务能力和水平。

赴海外攻读博士学位教师一是要取得博士学位，且通过我国教育部留学服务中心认证；二是返校后至少能承担一门课程的双语或全外文教学；三是在返校后半年内组建科研团队，发挥教学、科研示范引领作用；四是承担派出单位派出前所设定的专业或学科建设等任务。

四、申报攻读条件

（一）拥护中国共产党的领导，热爱社会主义祖国，热爱学校，热爱高等职业教育事业，师德师风良好，工作表现突出。

（二）拥有硕士学位，硕士毕业后在本校工作满三年。

（三）专业基础好、教科研能力强，教学科研任务完成情况良好，具备较大的发展潜力。同等条件下，校级及以上专业带头人或近5年来主持过厅级以上科研项目者予以优先考虑。

（四）申请人的外语水平需达到四级及以上，或海外攻读院校的外语要求。

（五）年龄在50周岁以下，身体健康，能坚持完成海外学习。

五、攻读人员待遇

（一）攻读经费资助。

1.海外博士专班项目。

学校选派参加海外博士专班项目人员的资助标准为：博士专班全部学习费用（含签证费、学杂费、辅导费、保险费等）；每年报销一次国内至国外学习城市的往返机票（采用寒暑假赴国外攻读的根据实际情况每年可以报销2次往返机票）；在海外学习期间按照每月不超过2000元且总额不超过24000元的标准据实报销住宿费。

海外博士专班学习教师可根据海外博士专班项目实际付款进度以及机票、住宿费用实际发生情况向学校申请借支资助款项，待取得博士学位回校工作后，办理报销手续，予以冲账。

2.自费公派赴海外攻读项目。

自费公派海外学习费用，由教师自行联系外方资助或自费解决。自费公派海外攻读教师取得博士学位并通过我国教育部留学服务中心认证，按期回校报到上班后，学校以安家费的方式支付其赴海外攻读博士的资助费用，范围包括签证费（不含旅游签证、签证加急费）、攻读博士学杂费、海外学习期间的保险费，往返机票和海外学习期间住宿费（往返机票和海外学习期间住宿费报销规则同海外博士专班项目），资助总额不超过15万元。其中，结束脱产学习回校报到上班的教师可以向学校申请借支资助费用，待取得博士学位回校工作后，经个人申请，办理报销手续，予以冲账。

3.停薪留职赴海外攻读项目。

采取停薪留职方式赴海外攻读的经费资助参照自费公派赴海外攻读项目执行。

（二）工资待遇。

教师通过学校海外博士专班项目或自费公派方式赴海外脱产攻读博士学位的，工资福利正常计算，办理借款手续，以向学校借款方式发放。完成学业返校工作且服务期满后，已经领取的借款视为该教职工学习期间的正常工资福利待遇。

采用停薪留职方式赴海外脱产攻读的，停止发放一切工资福利待遇，社会保险和住房公积金由教师缴纳保证金后由学校代缴，保证金根据社会保险和住房公积金所需费用计算，一次性缴纳给学校。

停薪留职攻读人员脱产期间的工资福利待遇待取得博士学位并通过我国教育部留学服务中心认证，按期回校报到上班后，学校将以安家费的方式支付，支付标准为脱产学习第一年的工资福利按照在职期间待遇计算；脱产时间超过一年的部分只发放基本工资和基础性绩效工资。提前结束脱产学习回校报到上班的教师可以向学校申请借支上述待遇。

（三）毕业奖励。

取得博士学位并通过我国教育部留学服务中心认证返校上班的人员，毕业于QS世界排名前200学校的，给予5万元奖励；毕业于其他学校的给予3万元奖励。QS世界排名按照入学当年排名确定，下同。

六、选派程序

（一）学校海外博士专班项目选派程序。

赴海外参加博士专班学习人选采取学校下发通知、个人申请、所在部门同意、所属二级教学单位推荐（含行政兼课人员）、组织人事处审核、学校研究审批的程序进行遴选。专职行政人员由其所在部门直接推荐，名额严格控制。

（二）自费公派、停薪留职赴海外攻读项目申请程序。

自费公派和停薪留职赴海外攻读项目申请按照学校年度攻读学历学位申报程序管理。其中采用自费公派或停薪留职方式赴海外攻读的学校必须为QS世界排名1000以内的学校。

上述派出项目的选派资格有效期为一年，即自同意派出之日起12个月内，逾期未能成行的，需重新申请。

七、攻读服务与管理

（一）赴海外前。

1.学校批准赴海外攻读博士学位教师在获得国外高校或科研机构的邀请函后，应持外方邀请函等材料到组织人事处办理有关手续，学校与其签订赴海外攻读博士协议并进行公证。

教师出国前需办理登记备案手续，对未经学校批准擅自离岗出国学习的学校将与其解除聘用关系。

2.学校组织人事、外事管理部门要积极为赴海外攻读博士学位人员办理出国手续提供咨询和协助，做好出国学习的行前教育。

(二)赴海外攻读期间。

1.赴海外攻读博士学位人员必须遵守我国和攻读学校所在国的法律法规，遵守接收攻读学校的规章制度和管理规定，如违反相关法律法规和规章制度，被退学、开除学籍，或违反法律被追究法律责任的，本人须向学校退还学校所支付的攻读期间工资待遇及全部资助费用，给学校带来不良影响的，学校将视情节给予严肃处理。

2.攻读人员如无正当理由不得调整攻读计划，因特殊原因确需调整的，经由所在单位和二级院部同意并报学校批准之后，方能向接受攻读的单位提出申请。攻读人员未经学校批准改变攻读计划的，不予享受学校资助及有关工资福利待遇，已经享受的将予以追回。

3.学校组织人事部门、外事部门、攻读人员所在单位要与攻读人员保持密切联系，积极帮助其协调解决学习和生活中遇到的实际困难。

4.攻读人员要按时向其所在单位提交年度学习及表现情况的总结材料，正常参加学校的年度考核。其中，脱产超过1年的，参加年度考核，只写评语，不确定等次，薪级工资不予晋升，脱产期间不计算为现聘岗位的任职年限。

5.攻读期间，攻读人员不可将行政、工资关系和人事档案转出，不可申请国外永久居留权或外国国籍。否则，学校与其解除聘用关系，追回所发放的一切工资待遇和资助费用，并按协议及有关规定追究其违约责任。

(三)攻读结束后。

1.攻读人员在攻读结束后要及时返校报到，逾期3个月以上不回校工作的，学校将按照国家规定给予自动离职处理，并按协议及有关规定追究其违约责任。

2.进修人员回校办理报到手续，应当提交《出国进修总结表》、学历学位证书及我国驻外大使馆出具的《留学回国人员证明》、我国教育部留学服务中心出具的《国外学历学位认证书》等材料，到组织人事处办理有关费用报销及待遇兑现手续。攻读人员不能完成学习计划，无法取得相关毕业文凭的，学校不予报销任何费用，并退回所发放的除基本工资以外的工资待遇。

3.攻读人员在取得博士学位后应为学校服务满五年方可申请离校。不返校工作或服务期内因个人原因调离学校的，在追回所发放的对应服务期脱产学习期间工资待遇以及学校给予的攻读资助以外，并追究其违约责任，违约金为每年2万元。服务期从取得学位返校工作的当月起计算，实际工作满一年算一年服务期，不满一年不计算。

4.进修人员未完成其原服务期就赴海外攻读博士学位的，攻读博士学位后的服务期应当在原剩余服务年限的基础上累加计算。

八、本办法自公布之日起执行，此前有关规定与本办法不一致的，以本办法为准

九、本办法发布前已经学校批准攻读海外博士项目的，参照本办法执行

十、本办法由学校组织人事处负责解释

安徽商贸职业技术学院关于进一步加强社会培训与管理的实施细则（试行）

商职院字〔2021〕122号

第一章　总　则

第一条　为进一步规范学校社会培训工作，提高培训效率和质量，加强培训经费管理，依据《中华人民共和国公务员法》《安徽省省直机关培训费管理办法》《芜湖市市直机关培训费管理办法》和《安徽商贸职业技术学院社会服务促进与管理暂行办法》，制定本细则。

第二条　本细则所称的社会培训是指学院各部门或个人，在完成学校日常教学、科研和管理工作任务外，以学院名义或利用学校资源开展的各类社会培训活动，包括职业培训服务、资源使用服务、技术应用服务和其他服务等。

第三条　继续教育与社会培训学院是学校社会培训的指导部门。

第四条　举办培训应当坚持厉行节约、反对浪费的原则，实行内部统一管理，量入为出，增强培训的针对性和实效性。严格培训数量、时间、规模，保证培训质量，节约培训资源，提高培训经费使用效益。

第二章　收入管理

第五条　开展各类社会培训取得的收入全部纳入预算。属于非税收入的应按照《安徽省非税收入管理条例》的规定及时、足额缴入国库。

第六条　独立开展社会培训取得的收入由财务处按照合同（协议）或文件规定统一收缴，并开具非税收入票据或税务发票。未经财务部门授权，学院或个人不得向校内外单位或个人收取任何费用。

第七条　学院或个人与校外单位联合开展社会培训，如合同（协议）或文件规定由我校财务部门统一收缴相关费用并开具非税收入票据或税务发票的，应按照票据总额确认收入；如为外单位开具票据的，应按照合同（协议）或文件规定的分成金额确认收入。

第八条　学院或个人不得隐瞒、截留、转移、挪用、坐支、私分各类社会培训收入，不得私设“小金库”。发现上述违反财经纪律的行为，学院将依法依规追究相关部门及人员责任。

第三章　开支范围

第九条　本细则所称培训费，是指开展培训直接发生的各项费用，包括师资费、住宿费、伙食费、培训场地费、培训资料费、交通费以及其他费用。

（一）师资费是指聘请师资授课发生的费用，包括授课老师讲课费、住宿费、伙食费、城市间交通费等。

（二）住宿费是指参训人员及工作人员培训期间发生的租住房间的费用。

（三）伙食费是指参训人员及工作人员培训期间发生的用餐费用。

（四）培训场地费是指用于培训的会议室或教室租金。

（五）培训资料费是指培训期间必要的资料及办公用品费。

（六）交通费是指用于培训所需的人员接送以及与培训有关的考察、调研、拓展等发生的交通支出。

（七）其他费用是指现场教学费、设备租赁费、文体活动费、医药费等与培训有关的其他支出。

培训工作人员往返及异地教学发生的交通费，按照学校差旅费有关规定报销。

第四章　开支标准

第十条　各类社会培训项目编列支出预算，其标准执行《芜湖市市直机关培训费管理办法》《安徽商贸职业技术学院社会服务促进与管理暂行办法》和学校有关规定。

第十一条　师资费开支标准。

（一）常规性社会培训讲课费执行学校相关规定。对于有收入来源的社会培训，校外教师的授课费依据《安徽商贸职业技术学院校外专家劳务报酬管理办法》的精神执行，校内教师授课费按每半天不超过4学时共1000元（税前）计算，由学校财务处代扣代交个人所得税；社会服务性质培训（无收入来源）讲课费，校内、外教师执行统一标准，参照《安徽商贸职业技术学院社会化考试和职业技能培训项目费用管理办法》中“培训课时津贴标准”中“最高”级标准计发。

（二）授课老师的城市间交通费按照学校差旅费、住宿费、伙食费有关规定和标准执行，在学院收费中列支。

第十二条 劳务费开支标准。

（一）承办部门劳务费标准，根据社会培训需要，从严控制直接参与的工作人数，常规性社会培训按学校规定标准执行，拓展性培训为150元/半天。

（二）协办部门劳务标准，按承办部门授予的工作量及完成质量状况给予一定的劳务报酬，由该部门自行分配。

第十三条 超工作量奖励制度。学校对具体项目有突出贡献的工作人员按照学校相关文件精神进行奖励。

第十四条 学员户外素质拓展、培训资料、租用交通、组织企业间交流、伙食安排、开班、结业等相关费用，按培训合同（协议）统一结算，并按照学校财务相关管理制度执行。

第五章 审批管理

第十五条 社会培训项目完成后，应及时凭合法有效单证、票据或合同（协议）规定办理财务报销手续，办理项目支出结算手续，计算项目结余。

第十六条 跨年度未完成的社会培训项目只办理年度结算，不计算项目结余；下年度在项目可使用资金额度内继续安排支出预算。

第十七条 社会培训项目支出中的教职工劳务费、超工作量奖励不计入绩效工资总额。

第六章 附 则

第十八条 上述费用列支由项目承办人造表汇报，经继续教育与社会培训学院报备审批后，按学校财务制度办理报销手续；有培训合同（协议）的，按合同（协议）规定办理报销手续。

第十九条 本细则解释权为继续教育与社会培训学院。自2021年9月13日起执行。

安徽商贸职业技术学院教职工校内转岗暂行规定

商职院字〔2021〕127号

为规范人事管理，促进教职工在校内合理有序流动，优化人力资源配置，提高人才效益，结合我校实际，制定本规定。

一、校内转岗是指教职工在校内各单位(部门)之间的人事调动，或在不同岗位类别之间的流动，即教师岗位、专职辅导员岗位、其他专业技术岗位、管理岗位和工勤技能岗位等岗位间的人事调动

二、校内转岗的基本原则

(一)按编管理，统筹规划。

教职工校内转岗必须以学校整体编制为基础，根据教职工队伍整体建设发展需要统筹规划；各单位(部门)须在学校核定的岗位编制数内按需用人、按岗择人，充分调动各类岗位人员的工作积极性。

(二)合理流动，因材使用。

教职工校内转岗必须坚持合理流向原则；坚持编制、岗位、条件相统一；坚持用人所长，杜绝因人设事、因人设岗。引导人员向缺编单位和缺编的岗位类别流动，促进人岗相适，人事相宜，保障学校各项工作的平衡有序开展。

(三)规范程序，严格管理。

教职工校内转岗必须依照相应的程序，规范有序开展。必须严格按照岗位条件和工作需要进行调配，并加强对转岗人员的跟踪考核与管理。为了保证转出单位(部门)工作的延续性，转出部门可与转岗人员、转入部门约定为期1—2年的过渡期，通过借调手续安排转岗人员继续在原岗位工作。学校内通过考取编制变换岗位的人员参照执行本过渡期规定。

三、校内转岗的相关条件

(一)基本条件。

教职工校内转岗须根据转入、转出单位(部门)的空编、空岗和工作需要进行调配；转岗人员须在原岗位工作满6年方可申请转岗，采用思政课教师和专职辅导员专用编制招录的人员须在原岗位工作满10年方可申请转岗；转岗人员转岗前年度考核均为合格及以上等次，其中优秀及以上等次1次及以上。

(二)转入专任教师岗位的条件。

1.忠于党的教育事业，具备良好的职业道德，坚持教书育人、为人师表。

2.申请人须具备硕士研究生学历及学位，具备高等学校教师资格，具有与所从事学科专业相同或相近的学术背景。

3.除具备硕士研究生学历及学位外，申请人还须具备经组织人事部门会同教务、科研等部门考核通过的行政兼课资格，且年度教学质量考核均为合格及以上等次，其中良好及以上等次须1次及以上。

4.为保证师资队伍建设的质量，学校从严把握从其他岗位转至教师岗位，由用人单位会同组织人事处、教务处、科研与校企合作处、质量保障处等职能部门组织教师职业素质与能力测试，择优安排转岗。

5.满足如下条件之一的人员，经用人二级教学单位同意，可以不通过教师职业素质与能力测试，在二级教学单位当年转岗额度内直接安排转岗：

(1)具有博士学位；

(2)具有按照专任教师职称评审条件评聘的副教授及以上专业技术职务。

(三)转入专职辅导员岗位的条件。

1.中共党员，具有坚定的共产主义信念和较高的政治觉悟，拥护党的路线、方针、政策，忠于党的教育事业。

2.热心思想政治教育工作和学生管理工作，师德高尚，作风正派，善于团结协作，甘于奉献，为人师表。

3.具有事业编制，一般应具有硕士研究生学历学位。

4.具有一定理论水平，懂得教育规律，掌握教育学、心理学、管理学、社会学、美学等有关方面的知识，并能运用相关知识分析解决学生教育和管理工作中的实际问题，指导学生全面发展。

（四）转入其他专业技术岗位的条件。

1.转入实验系列技术岗位，应具有本科及以上学历，具有拟转入岗位所需要的专业背景和专业技能，经考核能胜任实验技术岗位工作。

2.转入实验系列技术岗位以外的其他专技岗位，须具备本科及以上学历，并具有拟转入岗位所需的专业、资质和其他必要条件。

（五）转入管理岗位的条件。

1.热爱本职工作，具有良好的服务意识和奉献精神，清正廉洁，具备一定的组织协调能力，具有较好的口头和文字表达能力。

2.具有本科及以上学历。

3.具有拟转入管理岗位所需的专业、资质和其他必要条件。

（六）转入工勤岗位的条件。

原则上不安排转入工勤岗位。特殊情况下转岗至工勤岗位人员应具备拟转入岗位所需的专业、资质和其他必要条件，特殊岗位需要具备所需的职业技能等级证书（或执业资格证书）。

四、校内转岗的工作程序

（一）因组织调动转岗程序。

1.党政干部调动和提拔，按照干部管理权限，经学校任命或聘任，组织人事处依据任命或聘任文件统一办理调动（转岗）手续。

2.因学校工作安排，如成立新部门、机构调整、单位减员等需要进行人员校内调动或转岗的，以及为了完成某些重大或紧急任务或其他特殊情况需要进行的人员调配，按照管理权限，经学校研究后直接由组织人事处进行调配。

因组织调动转岗的不受在原岗位工作年限要求限制。

（二）因工作需要，申请校内转岗的，应按以下程序办理。

1.申报岗位。有缺编或空岗的单位（部门）提出校内选聘申请，经分管领导审批后报组织人事处。

2.公布岗位。组织人事处根据用人单位（部门）的编制、岗位情况，结合工作需要和选聘条件进行审核，报经校长办公会研究通过后向全校公布选聘岗位和条件。

3.教职工申请。符合选聘条件的教职工在征得本部门及分管校领导同意后，填写《校内转岗申请表》报组织人事处。

4.组织选聘。用人单位（部门）根据报名情况，组织相应的校内选聘工作。

5.审批。组织人事处将选聘相关材料报院长办公会研究审批。

6.办理转岗手续。组织人事处根据院长办公会研究结果，办理具体转岗手续。

五、年度转岗计划

为了保证学校各部门工作的平稳运行，学校严格控制转岗人数，将根据各单位（部门）以及各岗位类别人员岗位情况，研究决定年度转岗计划。

六、转岗后工资待遇

（一）教职工转岗不改变原先聘用形式。

（二）转岗人员自转岗后的次月执行新岗位的工资待遇。

（三）在专技岗位之间进行转岗人员，转岗之后的2个完整自然年度可以按照原先专业技术系列兑现职称工资待遇，2年后没有完成专业技术职务转评的，不再聘任原专业技术系列职务，不兑现原专业技术职务工资待遇。

七、学校每年集中办理一次转岗工作，办理时间一般在每年的12月份

八、凡经批准办理转岗的人员，6年内不得再次申请转岗

九、未按规定办理转岗手续而擅自调动的，学院将按旷工处理

十、本规定由组织人事处负责解释，自颁布之日起执行

安徽商贸职业技术学院进一步加强和改进师德师风建设实施办法

商职院字〔2021〕140号

第一章　总　则

第一条　为构建师德建设长效机制，进一步加强和改进我校师德建设，根据《中华人民共和国教师法》《高等学校教师职业道德规范》等法律法规以及《教育部关于建立健全高校师德建设长效机制的意见》《新时代高校教师职业行为十项准则》《教育部关于高校教师师德失范行为处理的指导意见》《安徽省高等学校教师师德失范行为处理办法(试行)》等文件精神，结合学校实际，制定本办法。

第二条　坚持以习近平新时代中国特色社会主义思想为指导，围绕全面落实立德树人根本任务，积极引导全体教师做有理想信念、有道德情操、有扎实学识、有仁爱之心的“四有好老师”，做学生锤炼品格、学习知识、创新思维、奉献祖国的“四个引路人”，坚持教书和育人、言传和身教、潜心问道和关注社会、学术自由和学术规范“四个相统一”，造就一支师德高尚、业务精湛、结构合理、充满活力的高素质专业化教师队伍。

第三条　本办法适用对象为全校在职教职工(以下统称教师)和以学校名义从事教育教学、科学研究工作的兼职教师、访问学者。

第四条　师德师风体现于教师日常教学、科学研究以及服务师生和社会的全过程。师德师风是评价教师素质的第一标准。

第二章　组织架构和职责分工

第五条　学校成立师德师风建设领导小组，健全完善党委统一领导、党政齐抓共管、组织人事处牵头协调、各院部、处室分工负责的工作机制。

师德师风建设领导小组由学校党委书记、校长担任组长，其他校级领导担任副组长，组织人事处、宣传统战部、教务处、质量保障处、科研与校企合作处、学生工作处(部)、工会等相关部门负责人担任成员。师德师风领导小组下设办公室，办公室设在学校组织人事处。

第六条　师德师风建设领导小组负责学校师德师风建设的顶层设计、制度建设、整体协调、检查通报，审定师德师风建设工作方案和工作计划，审核师德师风评选(推荐)表彰名单，指导、协调涉嫌师德失范行为的调查和处理。

第七条　各院部、处室成立本部门师德师风建设工作组，由部门党政主要负责人任组长，成员为本部门领导班子成员和教职工代表，负责本部门师德师风建设日常工作，落实学校师德师风建设领导小组交办的事项以及对师德失范行为进行初步调查。各院部、处室要切实将师德师风建设工作与日常党建和业务工作紧密结合，统一谋划部署、协调推进落实。

第八条　师德师风建设领导小组各成员单位分工协作、统筹推进，形成师德师风建设合力，具体职责分工如下：

(一)组织人事处。

负责学校师德师风建设领导小组办公室日常工作，负责牵头师德师风教育、师德师风检查、教师评奖评优以及师德失范行为投诉处理等工作。

(二)宣传统战部。

负责师德师风建设的舆论引导，将师德师风教育作为学校意识形态和思想政治宣传工作的重要组成部分，做好师德师风典型选树和宣传，推进师德师风教育、宣传制度化、常态化建设。

(三)教务处、质量保障处。

负责强化师德师风监督，将师德师风建设作为教育教学质量考核和督导评估的重要内容，完善教育教学相关制度规范，加强课堂教学监管，督促教师保持正确政治方向，教学活动有礼有德，规范教师教学研究行为，加强教研经费管理。

(四)科研与校企合作处。

负责加强教师学术道德规范建设，规范教

师科学研究行为，加强科研经费管理。

（五）学生工作处（部）。

负责加强辅导员队伍的师德师风建设，引导辅导员队伍关心关爱学生，以德育德，当好学生的引路人。

（六）工会。

负责健全教师权益保障机制，充分发挥教代会在师德师风建设中的规范、引导和监督作用，牵头做好师德标兵、师德先进个人等的评选推荐工作。

第三章　师德师风教育

第九条　学校将师德师风教育摆在教师培养首位，贯穿教师职业生涯全过程，积极创新师德师风教育，引导教师树立崇高理想。

（一）完善师德师风教育培训体系。依托师德专题教育、新进教师岗前培训、辅导员培训、干部培训、行政管理人员综合管理水平提升培训等各类教师培训平台，将师德师风教育列为培训研修的必修专题。设立"师德讲堂"，定期邀请国内外学术大师、师德优秀教师、各类道德楷模来校举办讲课，指引教师坚持"德才兼备、以德为先"，把握育人航向。

（二）创新师德师风教育形式。将师德师风教育融入思想政治教育、课堂教学、科学研究、社会服务、文化传承和国际合作交流之中，创新教师思想政治工作方式方法，开辟思想政治教育新阵地，利用思想政治教育新载体，推动教师充分了解党情、国情、社情、民情、校情。举行新教师入职宣誓仪式和老教师荣休仪式，切实增强教师职业荣誉感和自豪感，提升师德师风教育效果。

（三）强化师德规范教育。加强《高校教师职业道德规范》《新时代高校教师职业行为十项准则》《安徽省高等学校教师师德师风失范行为处理办法（试行）》等师德规范教育，帮助教师树立底线思维和底线意识。强化教师对教学规范制度的学习，提高教师认真履行教学职责、严格课堂教学纪律的主动性和自觉性；加强教师对学术道德规范的学习，培养教师求真务实、勇于创新、严谨自律的治学态度和学术精神。继续举办新进教师岗前培训"校领导讲坛"，引导新进教师爱校爱生、严格自律、为人师表、潜心育人。

第十条　发挥党群组织政治优势，通过党建工作引领带动师德师风建设。各级党组织要发挥政治核心作用，通过组织生活、专题座谈会等方式开展师德师风建设教育和探讨；充分发挥教师党支部在师德师风建设中的主体作用，将师德师风教育作为教师入党积极分子培训的重要内容，引导教师党员争一流、作表率。各级工会要积极开展相关活动，推动师德师风教育。

第四章　师德师风宣传

第十一条　坚持正确舆论导向，坚持师德师风宣传制度化、科学化、常态化。系统宣讲习近平总书记系列讲话和《教育法》《高等教育法》《教师法》等法规文件中有关师德师风的要求和规定，把培育良好师德师风作为学校文化建设的核心内容，弘扬学校百年安商优良办学传统，激活文化育人资源；挖掘和提炼老一辈名家名师为人为学为师的大爱师魂，选树宣传学校建设发展过程中涌现的师德楷模、师德标兵等先进典型，全面展现学校优秀教师的良好精神风貌。

第十二条　发挥工会、团委、学生会等群团组织优势，利用教师节等重大节庆日和纪念日，通过校园网、微信公众号、校园广播等媒体，加强弘扬师德风尚宣传报道，集中宣传优秀教师的师德风范和感人事迹，努力营造崇尚师德、争创师德典型的良好舆论环境和校园氛围。

第五章　师德师风考核

第十三条　建立教师招聘和人才引进师德师风考察机制。坚持严格的政治、道德和业务标准，把思想政治素质、思想道德品质作为必要考察内容，确保引进和聘任的每一位教师政治合格、道德高尚、业务精良。对师德师风有问题或有争议的，不得引进或暂缓引进。

第十四条　将师德师风考核作为学校教师考核的首要标准。结合年度考核、聘期考核和各类专项考核对教师师德师风进行考核。师德师风考核由各单位师德师风建设工作组负责组织实施，考核标准以《高等学校教师职业道德规范》为基本依据，内容包括爱国守法、敬业爱生、教书育人、严谨治学、服务社会、为人师表等方面，采用个人自评、学生测评、同事互评、单位考评等多种形式进行，师德师风考核不合格者其年度考核应评为不合格等次。

第六章　师德师风监督

第十五条　畅通师德师风监督渠道。鼓励实名投诉举报师德师风问题，做到有诉必查、有查必果、有果必复。

第十六条　建立健全师德师风重大问题报告和师德师风舆情快速反应机制。各单位发现有师德失范情况应及时上报学校师德师风建设领导小组办公室，对隐瞒不报、不如实报告或不按时报告的，追究有关责任人的责任。

第十七条　建立师德师风问题排查制度。各单位不定期针对师德师风的热点、焦点问题以及投诉反映的相关信息进行排查，做到不良苗头及时发现、及时制定整改措施、及时纠正。

第十八条　建立健全课堂教学质量综合评价机制。教务处、质量保障处根据课程类型，构建并不断完善学生评价、同行评价、督导评价"三位"一体的课堂教学质量综合评价机制，引导广大教师树立良好教风，持续提升教书育人的质量和水平。

第十九条　构建学校、教师、学生、家长和社会多方参与的师德师风监督体系。充分发挥教职工代表大会、工会、学生代表大会等在师德师风建设中的作用。

第七章　师德师风奖惩

第二十条　完善教师表彰奖励制度，将师德师风表现作为评奖评优的首要条件，在教师职务（职称）晋升和岗位聘用，骨干教师、专业带头人和学科领军人才选培，各类高层次人才评选中，同等条件下对师德表现突出者予以优先考虑。

第二十一条　加强师德激励，构建师德荣誉体系，推进师德标兵、师德先进典型等各类先进的评选和推荐，突显师德师风典型的榜样作用和示范影响力。

第二十二条　实行师德失范"一票否决"制。教师出现师德失范行为的，视情节轻重依据有关规定给予相应处理或处分，在教师职务（职称）评审、岗位聘用、进修培训、评优奖励、干部选拔、项目申报等环节实行"一票否决"。

第二十三条　学校师德师风建设坚持分级负责、层层落实、失责必问、问责必严的原则。对于相关单位和负责人不履行或不正确履行职责的，根据职责权限和责任划分进行问责。

第八章　附　则

第二十四条　学校退休教师和其他教职工的师德师风相关事宜参照本办法执行。

第二十五条　各单位应根据本实施办法，结合本单位实际情况建立相应工作机制，确保师德师风建设工作有序有力推进。

第二十六条　本办法自发布之日起实施，由学校师德师风建设领导小组负责解释。

安徽商贸职业技术学院初任教师导师制实施办法

商职院字〔2021〕143号

为进一步加强学校师资队伍建设，完善教师发展支撑体系，帮助初任教师把握教学环节，规范教学过程，不断提高教学基本功与教科研水平，快速提升从事高等职业教育的职业适应性，结合学校实际特制定本实施办法。

第一条 本办法中所称初任教师是指新招聘进校任教的教师或经组织人事部门会同教务、质量保障、科研等部门考核通过的初任行政兼课教师。

第二条 学校根据初任教师所从教的学科专业为每位初任教师配备1名校内导师，聘期三年。

第三条 导师遴选条件：

（一）导师应具备良好的师德师风，严谨的治学态度，丰富的教学经验，良好的教学效果和较高的学术造诣。

（二）导师应为具有副教授以上职称或任讲师三年以上的教师（含行政兼课教师），且任职期内（任现职不满三年统计近三年来）教学质量考核良好以上等次达2/3以上或教学质量考核均达90分以上。

（三）近五年主持三类以上教研项目或四类以上科研项目1项。

（四）近五年公开发表三类以上论文2篇或出版专著1本或主编高职特色教材1本并公开发表三类以上论文1篇。

（五）实践经验丰富，具有三年以上本专业行业企业一线实际工作经验或学校安排的实践进修经历（含政府机关、事业单位、行业协会兼职、挂职经历，其中行业协会兼职、挂职的需为市级以上行业协会理事或省级以上行业协会会员及以上，下同），或近五年内具有6个月以上行业企业一线实际工作经验或学校安排的实践进修经历；公共课教师具有三年以上指导社团或参加社会实践经历，或近五年内具有一年以上指导社团或参加社会实践经历。

（六）省级及以上教书育人楷模、师德标兵、师德先进个人、教学名师、教坛新秀、学科专业（群）带头人、教学（创新）团队负责人，教学能力大赛国赛奖励获得者，指导学生获得职业技能大赛省赛一等奖及国赛奖励教师，二类及以上教学研究项目或三类及以上科研项目主持人，省级教学成果奖获得者以及市厅级以上科研奖励获得者，以及取得类似成果的教师优先选聘。

第四条 导师主要职责。

（一）对初任教师进行师德师风教育，传授科学的教育思想和理念，培育初任教师实事求是、严谨踏实的教学态度和敬业精神。

（二）指导初任教师做好学生思想政治教育，关心关爱学生，积极参与“三全育人”工作。

（三）指导初任教师编制授课计划和编写教案、备课笔记、教学课件，规范教学的基本环节，帮助初任教师较好地完成教学任务。

（四）每学期听被指导教师授课不少于3次（6课时），并提出教学改进建议，帮助提升课堂教学效果。

（五）指导初任教师开展实验实训、实习、毕业设计（论文）等实践教学活动。

（六）指导初任教师开展教师自我诊断与改进工作。

（七）指导初任教师开展学生相关学科竞赛指导工作。

（八）对初任教师进行教科研素养教育，培育教科研意识，传授教科研方法。

（九）指导初任教师撰写论文一篇。

（十）指导初任教师积极申报院级以上教科研项目，或将初任教师作为项目组主要成员获批三类以上教研项目或四类以上科研项目一项，并指导初任教师承担项目研究任务。

（十一）关心初任教师，帮助协调解决工作和生活中遇到的实际问题。

第五条 导师由各院部结合教师个人意愿进行安排，经组织人事处、教务处、质量保障处、科研与校企合作处审核通过后，由组织人事处予以聘任。

如本院部符合导师条件人数不足，可由组织人事处协助在全校范围内统筹安排。

第六条 为保证导师有充足精力指导初任教师，确保指导效果，每名导师同期指导的初任教师不得超过2名。

第七条 初任教师导师聘期届满，由组织人事处会同相关部门对其进行期满考核。

第八条 为了帮助初任教师尽快熟悉工作环境和教育教学工作，初任教师进校后第一年实行坐班制，学校引进的高层次人才除外。

第九条 初任教师须在导师的指导下，完成各项教学、教科研工作任务。任教第1学期原则上承担不超过一门课程教学任务且周课时不得超过8课时，同时不得兼任校外其他教学任务。

第十条 初任教师的主要任务。

（一）了解职业教育的特点，熟悉学校及二级教学单位教学管理的规定，完成岗前培训，把握教学环节，承担一定的教学任务，顺利完成向高校教师的角色转型。

（二）积极观摩听课，任教第一年每学期听课不少于16次（32课时），第二、三年每学期听课不少于8次（16课时），实现从能上课到上好课的提升。

（三）在导师指导下完成授课计划的编制，原则上每两周向导师汇报一次教案、备课笔记编写情况，反馈并反思教学过程中遇到的问题，不断改进教育教学方法。

（四）在导师指导下加强育人理念和技巧学习，深入了解学生，关心关爱学生健康成长，努力开展全过程、全方位育人实践。

（五）积极参加教研活动和教学实践活动，不断提高实践操作能力，积极参与导师教科研项目、教材编写、课件制作，积极开展课题申报、研究及论文的撰写等。

（六）每学期全面总结接受指导工作情况，归入个人发展档案。

第十一条 初任教师在转正定级考核时，须就接受导师指导、改进教学情况提交专题汇报材料。

第十二条 导师指导成效考核。导师考核实行学期检查和聘任期满考核相结合。

第十三条 组织人事处、教务处、质量保障处、科研与校企合作处和各院部相互配合，加强对导师履职情况的督促和检查，对履职不到位的导师予以批评教育，对不称职的要及时更换。因不称职被更换的导师，年度综合考核及教学质量考核不得被评为良好及以上等次，2年内不得再次申请担任导师。

第十四条 学校为每位导师发放聘书，对自本实施方案施行后新聘任的导师，聘任期满经考核合格的，按标准课时一次性予以50课时的指导工作量。

第十五条 本实施办法由组织人事处负责解释。

第十六条 本实施办法自发布之日起实施，校内其他文件如有不同规定，以本实施办法为准。

安徽商贸职业技术学院高层次人才激励管理办法(试行)

商职院字〔2021〕148号

第一条 为了激励我校现有高层次人才充分发挥自身才智和工作积极性、创造性,提升学校教育教学和科研水平,适应学校提升办学层次及学科专业发展对人才的需要,根据国家、安徽省有关规定,结合我校实际,特制定本管理办法,对学校内具有教授职称或具有博士学位的人员提供相应激励。

第二条 科研经费支持。学校现有教授原则上通过承担各级各类教科研和社会服务项目获得经费支持,不再另行安排科研支持经费,如确因研究需要可另行申请,由学校组织专家评审根据项目研究需要进行安排,总额不超过10万元。

攻读博士学位人员完成学业返校后,人文社科类专业可申请科研启动经费8万元,自然科学类专业可申请科研启动经费10万元。

教授或博士申请学校科研经费支持,必须组建核心研究团队,围绕学校发展和学科建设需要开展项目研究。学校设立高层次人才专项经费,用于对各类高层次人才开展教科研项目研究予以支持,支持经费由人才根据项目建设需要申请,由学校组织项目评审和项目中期检查通过后,按年度拨付。

第三条 编制解决。在政策许可以及学校有编制空额的前提下,学校积极通过高层次人才引进等渠道协助取得教授职称或博士学位的编外教师办理入编手续。

第四条 配偶安置。对夫妻双方年龄均未超过50周岁的教授,或夫妻双方年龄均未超过45周岁的博士副教授,或夫妻双方年龄均未超过40周岁的取得博士学位人员,需要学校帮助解决配偶工作,经所在二级教学单位考核、评议推荐,学校会议研究通过,其配偶具备本科及以上学历、学校有空缺岗位的以人事代理方式进行聘用。配偶学历达不到以上要求的,按照合同制方式进行聘用。

配偶安置政策向为学校、二级教学单位、专业及学生发展做出突出贡献的高层次人才倾斜,各二级教学单位负责组织对申请配偶安置人员进行考核和民主评议(民主评议赞成票须达应到会人数三分之二以上),重点考核、评议师德师风、工作表现和所取得的工作实绩情况,并经二级教学单位党政联席会议研究通过、公示无异议后,以报告形式向学校提出本单位意见。

高层次人才配偶安置须与学校签订相关协议,夫妻同进同出,校内人才如因个人原因丧失教师资格、教授职称、副教授职称或博士学位而不再符合上述配偶安置职称和学历条件者,或因个人原因提出调动以及因其他原因学校与其解除劳动关系的,学校与其配偶解除聘用关系。

第五条 人才使用。学校和各二级教学单位重视校内高层次人才的锻炼、培育和使用,积极为其发挥才智和示范带头作用提供机会和平台,并对于政治思想表现和道德状况优良,在教学、科研以及社会服务等方面做出突出成绩的人才优先予以提拔使用。

第六条 本办法自发布之日起执行,学校其他文件中与本办法不一致的,以本办法为准。

第七条 本办法由组织人事处负责解释。

安徽商贸职业技术学院数据管理办法(试行)

商职院字〔2021〕150号

第一章　总　则

第一条　依据《中华人民共和国网络安全法》《国务院关于印发政务信息资源共享管理暂行办法的通知》《中华人民共和国保守国家秘密法》《职业院校数字校园规范》等相关法律法规和国家政策,结合学校实际,推进数据规范管理、互联互通和共享交换,特制定本办法。

第二条　本办法所指的数据是指学校各单位(主要包括学校各二级教学单位、处、室等)履行教学管理、科研管理、行政管理等职责过程中获取的各类数字化数据资源。

第三条　数据管理是指对上述数据的采集、存储、共享、使用等环节的全过程管理,以及数据安全保护和监督、数据质量控制的管理。

数据采集是指学校各单位对数据进行收集和记录的活动,含对数据内容的编码过程。

数据质量管理是指对数据全过程管理各环节中可能产生的数据不准确、不完整、不规范问题进行识别、核实、纠偏、纠错、补全的管理活动。

第四条　数据管理的基本原则。

(一)统筹管理,各负其责。学校数据管理工作要在学校统筹管理、统一标准的基础上,由信息管理中心牵头组织,各单位各负其责、有序开展。数据提供部门应确保数据真实性、准确性、完整性和及时性;数据使用部门应确保使用合规,控制范围,保障安全;数据管理部门应加强统筹和监管,加快推进数据的标准化,确保数据在安全的环境中充分共享。

(二)一数一源,权威来源。学校明确数据的权威来源,各单位遵照"一数一源,一次采集,重复使用"原则,开展数据采集、共享和应用。

(三)数据公有,授权共享。数据是学校的公共资源,数据的所有权和使用权归学校所有,由信息管理中心统一管理。各单位在履行职责过程中各负其责,在确保数据安全的前提下,实行以共享为原则,不共享为例外的授权共享机制。

(四)规范管理,保障安全。明确学校数据各环节的管理程序、建立全过程管控体系,做到学校数据管理全过程有规可依。依托信息安全保障体系,完善数据共享机制,保护个人隐私信息,保障数据资源安全。

第二章　数据管理职责与分工

第五条　数据管理涉及的部门主体包括数据管理部门、数据提供部门、数据使用部门。

第六条　数据管理部门。

(一)信息管理中心是学校数据的归口管理部门。

(二)信息管理中心负责校级数据中心的统一规划、统一建设、统一管理,编制校级数据资源目录,根据"一数一源"原则,确定数据权威来源。

第七条　数据提供部门。

(一)数据提供部门作为权威数据来源部门,负责数据的采集、维护、发布和归档,负责确保业务系统数据的真实性、准确性、完整性和及时性。

(二)数据提供部门,根据数据管理部门的统一规划,将本部门业务数据同步至统一的校级数据中心,并提供完整的数据结构文档。

(三)数据提供部门不得通过离线方式传递数据,不得向数据使用部门直接提供数据。原则上,部门的数据使用需求,由数据管理部门统一提供。数据中心提供的数据由数据源头部门保证其有效性和权威性。

第八条　数据使用部门。

(一)数据使用部门是指校内需要使用其他部门所提供数据的使用单位。

(二)数据使用部门向数据管理部门提出数据使用申请,按照规定的流程,获得数据的使用权。

(三)数据使用部门需严格遵守数据保密规范,并保证数据用途与申请用途一致,未经许可不得将数据传播给其他单位或个人使用。

第三章　数据采集与存储

第九条　数据管理部门与数据提供部门根据“一数一源”的原则，共同确定数据权威来源。凡有权威来源的数据，必须通过学校数据中心统一获取，不得重复采集。

第十条　数据提供部门根据学校统一规划，制定数据存储方案，确保数据安全可靠。

第四章　数据共享与使用

第十一条　本办法所称数据共享，是指学校各单位之间数据的共享，分为无条件共享、有条件共享、不予共享等三种类型。具体数据属于哪种共享类型，由数据管理部门和数据提供部门共同商议确定。

（一）无条件共享：无条件共享数据是指在学校范围内，无需数据提供单位授权，经信息管理中心审核后可提供给所有单位共享使用的数据资源。原则上，涉及教职工、学生、机构、资产、项目等主要学校管理服务对象有关的具有基础性、基准性、标识性和稳定性的数据，应无条件共享。

（二）有条件共享：有条件共享数据是指在学校范围内，经数据提供部门授权，仅提供给部分单位共享使用的数据资源。

（三）不予共享：是指不宜提供给其他单位共享使用的数据资源。凡列入不予共享类的数据资源，必须有上级政策依据。

第十二条　除不予共享的数据外，有条件共享和无条件共享的数据必须通过统一的校级数据中心进行交换共享。

第十三条　共享数据的提供单位应按照“谁主管，谁提供，谁负责”的原则，及时提供、维护和更新共享数据，确保数据的及时性和准确性。在向使用单位提供共享数据时，需明确数据的共享范围和用途。

第五章　数据质量管理

第十四条　信息管理中心负责汇总各单位的数据质量检验，建立科学的监测机制，定期通报数据质量情况。

第十五条　信息管理中心负责进行日常数据质量监测，定期对数据质量问题进行分析，及时反馈给各数据提供部门，督促数据提供部门提升数据质量。

第十六条　数据使用部门对获取的共享数据有疑义，应及时反馈给数据管理部门。数据管理部门分析后将数据问题反馈给数据提供部门校核数据问题，并及时修正。

第六章　数据安全管理

第十七条　信息管理中心负责制定数据安全管理相关的策略、制度，开展数据安全培训，指导督促数据采集、存储、共享、使用过程中的安全保障工作，组织开展数据安全风险评估和安全管理审查，负责公共平台的安全防护工作，确保数据安全。

第十八条　各单位在建设信息系统过程中，均应制定涵盖数据采集、存储、共享、使用等全过程的数据安全管理规程，在信息管理中心指导下开展数据风险评估，确定数据共享类型，明确责任人，落实安全管理责任制。

第十九条　各单位应加强本单位人员安全意识和安全技术培训，对数据采集维护人员、数据使用人员等相关工作人员的数据安全教育。

第七章　附　则

第二十条　本办法由信息管理中心负责解释。

第二十一条　本办法自发布之日起执行。

安徽商贸职业技术学院留学生奖学金评审管理办法(修订)

商职院字〔2021〕163号

第一章　总　则

第一条　为进一步促进我校留学生教育事业的发展,激励在我校学习的留学生遵纪守法、勤奋学习、团结友爱,根据安徽省教育厅《留学安徽计划》和《安徽省外国留学生奖学金管理暂行办法》,并结合我校的实际情况,制定本办法。

第二条　留学生奖学金评审工作本着"公开、透明、公正、公平"的原则进行。

第三条　留学生奖学金对象是我校在籍注册的学历留学生,含我校与海外院校联合培养的留学生。

第四条　学校成立留学生奖学金评审委员会,下设办公室。评审委员会办公室设在学生工作处,负责留学生奖学金的评审工作。

第二章　奖学金标准

第五条　奖学金采取免学费、免校内住宿费、补助生活费的方式进行资助。

第六条　学校按月定期向奖学金获得者发放生活补贴,补贴标准为1000元/月。

第三章　申请时间及条件

第七条　申请时间:每学年评审一次。第一学年无需申请,学校根据入学材料确定录取名单,学生入学后自动获得奖学金。第二学年开始,学校于每学年开学后第一个月内受理留学生奖学金申请。

第八条　第二学年开始,申请奖学金的留学生需满足下列条件:遵守中国法律法规及校规校纪,尊敬老师,团结同学,热爱集体,热心助人;认真学习,刻苦努力,各门必修课成绩均合格;出勤饱满,无旷课现象,不迟到,不早退;积极参加学校组织的各类文体活动,在各方面表现良好。

第四章　评审程序和表彰

第九条　评审程序。

(一)在校生由班级负责对照评选条件推荐学生名单,并附上有关书面材料,报送所在二级教学单位。

(二)留学生所在二级教学单位根据留学生情况,初审后推荐符合条件的学生名单,并附上有关书面材料,报送学校评审委员会。

(三)学校评审委员会在广泛征求意见的基础上,根据候选学生的申请条件,经过充分讨论和研究,最终评选出符合条件的奖学金获得者名单,并面向全校公示,公示期不少于5天,评选结果经公示无异议后报相关部门备案。

第十条　表彰奖励:学校颁发荣誉证书和奖金。

第五章　发放与管理

第十一条　留学生在华学习期间,生活补贴按月发放,一年计12个月,毕业生的生活补贴截止发放到毕业当月。因疫情等原因无法到华参加教学活动时,不发放生活补贴。

第十二条　留学生出现下列情况之一的,终止其奖学金资格并停止发放奖学金:

(一)散布对华不友好言论,做出对华不友好行为;

(二)参与非法社团组织活动,非法集会、结社、传教等;

(三)严重违反校纪校规;

(四)违反我国法律法规。

第十三条　留学生奖学金获得者未能按照学校规定时间办理报到及注册手续的,不予发放奖学金。

第六章　附　则

第十四条　本办法自2021年11月17日起正式实施。

第十五条　本办法由学生工作处、办公室负责解释。

安徽商贸职业技术学院学生参加体育训练比赛奖励办法

商职院字〔2021〕159号

运动训练与竞赛是学校体育工作的一项重要内容。国家到地方各层级组织不同规模的体育竞赛为学生提供发挥特长、展现风采的舞台；学生经系统训练代表学校参加各级别的比赛，能培养学生综合能力，积极发挥学校体育特色、实现学生人才培养目标；积极宣传商贸精神、展现我校学生精神风貌。认真贯彻《国务院办公厅关于强化学校体育促进学生身心健康全面发展的意见》（国办发〔2016〕27号）等文件精神，更好地开展我校运动训练与竞赛工作，充分体现体育运动训练与竞赛特点，发挥其育人功能，经过调查，结合我校的实际情况，特制定我校体育运动竞赛学生训练优秀训练奖、参赛优秀表现奖、荣获优秀名次奖等奖励办法，具体如下：

一、奖励范围

本办法所指奖励，是指学生代表学校参加市级以上教育行政部门举办的比赛、江南片高校、芜湖市高校联赛以及校内统一组织的比赛。

二、训练期间学生奖励

（一）教育部、国家体育总局以及国家体育总局领导下的各单项协会组织的比赛。

比赛前六个月（以实际训练天数计算，但总天数不超过40天）集训，每人每天奖励30元。

（二）省教育厅、省体育局及省体育协会组织的比赛。

比赛前六个月（以实际训练天数计算，但总天数不超过40天）集训，每人每天奖励25元。

（三）芜湖市组织的比赛。

比赛前一个月（以实际训练天数计算，但总天数不超过15天）集训，每人每天奖励20元。

（四）寒（暑）假集训。

集训前须向分管领导提交专题报告，同意后开始训练，每人每天奖励40元（以实际训练天数计算）。

三、比赛期间学生奖励

参加教育部、国家体育总局及其领导下的各单项协会、省教育厅、省体育局组织的比赛，每人每天40元，以实际参赛天数为准；参加在本市举行的比赛，每人每天60元奖励，总数不得超过七天。

四、学生参赛获奖奖励

（一）教育部、国家体育总局及其领导下的体育协会组织的比赛。

参加教育部、国家体育总局及其领导下的体育协会组织的比赛获奖奖励（单位：元/人）

名次 项目	个人	集体		
		15人以上组队	10—15人组队	10人以下组队
一等奖（1—3名）	1000	600	700	800
二等奖（4—8名）	800	400	500	600
三等奖（9—16名）	600	200	300	300
优秀运动员	200	200	200	200

（二）省教育厅、省体育局及其领导下的体育协会组织的比赛。

参加省教育厅、省体育局及其领导下的体育协会组织的比赛获奖奖励（单位：元/人）

名次 项目	个人	集体		
		15人以上组队	10—15人组队	10人以下组队
一等奖（或1—3名）	800	500	600	700
二等奖（或4—6名）	600	300	400	500

续 表

名次 项目	个人	集体		
		15人以上组队	10—15人组队	10人以下组队
三等奖(或7—8名)	400	200	200	300
优秀运动员	200	200	200	200

(三)芜湖市及其领导下的体育协会组织的比赛。

参加芜湖市及其领导下的体育协会组织的比赛获奖奖励(金额:元/人)

名次 项目	个人	集体		
		15人以上组队	10-15人组队	10人以下组队
一等奖(或1—3名)	400	200	300	300
二等奖(或4—6名)	250	150	200	200
三等奖(或7—8名)	100	100	150	100
优秀运动员	100	100	100	100

(四)学校教务部门或体育部组织的全校比赛。

参加学校教务部门或体育部组织的全校比赛获奖奖励(金额:元/队)

名次 项目	个人	集体		
		15人以上组队	10—15人组队	10人以下组队
第一名	100	1200	1000	600
第二名	80	1000	800	400
第三名	60	800	600	300
第四—八名	50	500	400	200
优秀运动员	50	50	50	50

(五)在学校运动会、各单项比赛中需要学生担任裁判或工作任务的给予每人每天20—50元的奖励。

(六)破纪录的奖励参照本办法校级(教务部门或体育部组织的全校比赛)个人项目第一名计算,不重复计算。

(七)在比赛中,一次比赛的个人成绩同时计算个人名次和团体名次时,不重复奖励。

(八)学校体育运动会团体操(100人以上),一等奖3000元,二等奖2500元,三等奖2000元;学校体育运动会团体操(100—50人之间),一等奖2000元,二等奖1500元,三等奖1000元。

(九)学校体育运动会团体一等奖3000元,二等奖2500元,三等奖2000元,四—六等奖1800元,其余参赛奖1500元。

(十)新生广播操比赛(以自然班级为单位),一等奖1000元,二等奖800元,三等奖600元,其余参赛奖400元。

五、参赛服装奖励标准

运动员参加市级以上(含市级)的比赛,学校统一购置组委会规定的参赛服装,每人800元标准,超标准部分由运动员自己补齐。同年度的一项以上比赛,同一批运动员原则上不重复购置比赛服装。

六、参加训练人数限定

运动员参加市级以上训练和比赛的奖励人数在参赛通知文件规定的人数基础上增加三个替补名额;服装金额以实际参赛队员数总金额为上限;训练奖励按照实际参训人数给予奖励;比赛奖励按照文件规定人数给予奖励。

安徽商贸职业技术学院专业技能竞赛管理与奖励办法（修订）

商职院字〔2021〕173号

为进一步推进我校教育教学改革，促进各专业“以赛促学、以赛促练、以赛促教、以赛促改”，提高技术技能型人才培养质量。根据《教育部 财政部关于印发中国特色高水平高职学校和专业建设计划项目遴选管理办法的通知（试行）》（教职成〔2019〕8号）、《安徽省教育厅关于2019年安徽省大学生学科和技能竞赛工作安排的通知》（皖教秘高〔2019〕20号）、《安徽省教育厅关于进一步规范大学生学科和技能竞赛管理的意见》（皖教秘高〔2020〕67号）等精神，特修订学校学生专业技能竞赛管理与奖励办法。

一、学生专业竞赛的组织管理

（一）学校学生专业技能竞赛项目分为四类，具体如下：

一类、二类赛事：分别对应安徽省大学生学科和技能竞赛A、B类项目列表（2019年版、含艺术类）以及其他学校认定的竞赛项目，若安徽省教育厅出台新的赛事类别，将以新版的A、B类项目为准。个别专业没有对应的A、B类项目，可以申报1项全国性竞赛为专业对应的B类项目；

三类赛事：省级组织的学生专业技能竞赛项目以及其他非一、二类的专业全国性竞赛赛事；

四类赛事：市级和我校组织的学生专业技能竞赛项目以及其他非一、二、三类的专业全省性竞赛赛事。

（二）一类、二类赛事报名由各二级院部指定的赛事指导教师提出参赛队申请，经教学院部、职能部门审核后，报分管校领导批准。

（三）三类、四类赛事首次参赛，由各二级院部指定的赛事指导教师在线提出新赛项申请，经教学院部、职能部门审核后，报分管校领导批准。非首次参赛可以直接提交参赛队申请。

（四）在组织、培训学生参赛时，团体赛项中同项目参赛队原则上安排指导教师数不超过2名，个人赛项中参赛选手原则上只安排1名指导教师。世界技能大赛（含选拔赛）、全国职业院校技能大赛、中国“互联网+”大学生创新创业大赛、“挑战杯”全国大学生课外学术科技作品竞赛和中国大学生创业计划竞赛（以下简称“五大赛事”）可以申报辅助指导教师团队，辅助团队成员数1—2人。

二、学生参加专业竞赛的奖励办法

为鼓励学生积极参赛，学校对学生参加专业竞赛给予奖励，具体包括：比赛优异成绩奖励、比赛优秀表现奖励和训练奖励。

（一）比赛优异成绩奖励。

1.学校对在专业竞赛中取得优异成绩的学生进行奖励和表彰，奖励标准由学校统一规定（见附表）。其中参加世界技能大赛（含选拔赛）、全国职业院校技能大赛的学生，所在学期没有违纪违规行为，且比赛后及时参加教学活动，均可以申请课程免修，不申请则视为正常参加课程考核。申请课程免修的，课程学分具体置换如下：

获得一等奖，所有非实习实训类课程均认定95分，实习实训课均认定为优秀等级；

获得二等奖，所有非实习实训类课程均认定90分，实习实训课均认定为优秀等级；

获得三等奖，所有非实习实训类课程均认定85分，实习实训课均认定为良好等级；

未获奖，所有非实习实训类课程均认定80分，实习实训课均认定为中等等级。

同一系列的比赛按最高等级奖励，不重复奖励；以个人成绩决定团体名次时，只奖励个人名次。

2.由指导教师提交获奖证明材料（获奖证书等）后申报奖励，经教学院部、职能部门审核，分管校领导批准后，公示后发放奖励。

3.根据《安徽省教育厅关于印发安徽省普通高职（专科）层次升入本科教育培养工作实施方案的通知》（皖教高〔2020〕2号）精神，凡在校期间，获得省教育厅等部门联合主办的全省职业院校技能大赛一等奖或教育部等部委联合主办的全国职业院校技能大赛三等奖及以上的高职

(专科)应届毕业生,符合普通专升本考试招生报考条件并报考相应专业的,经本科院校面试通过,可直接录取。

(二)比赛优秀表现奖励。对于外出参加比赛并在比赛期间表现优秀的学生给予奖励:参加一类赛事比赛期间每人每天180元,其他比赛每人每天100元。

(三)训练奖励。对学生参赛训练给予训练奖励。训练天数综合赛队申报时间、比赛时间和训练计划计算。学生训练奖励费分别为:一类赛事每人每天40元,二类赛事每人每天20元,对于外出参加比赛集训与交流的每人每天100元。原则上给予学生的训练奖励费不超过一个月(人数不多于4人),对于不足一个月的,按实际训练天数计算。学生配合老师完成全国职业院校技能大赛教学能力比赛视频录制,每生每天补助20元,不超过7天;学生配合老师完成安徽省高等职业院校教学能力大赛视频录制,每生每天补助15元,不超过5天。

三、教师指导学生参赛获奖奖励办法

学校对在专业竞赛中指导学生取得优异成绩的指导教师和辅助指导教师团队实行奖励。比赛结束后,指导教师提交获奖证明材料(获奖证书等)后申报奖励,经教学院部、职能部门审核,分管校领导批准后,公示后发放奖励。同一个赛项中既有团体赛又有个人赛,以团体赛获奖等级为准,同一系列的比赛按最高等级奖励,不重复奖励。具体奖励标准为:

(一)一类赛事。

参赛选手获一等奖,指导教师个人一次性奖励15000元;参赛选手获二等奖,指导教师个人一次性奖励10000元;参赛选手获三等奖,指导教师个人一次性奖励5000元。

其中,针对“五大赛事”,参赛选手获一等奖,指导教师一次性奖励25000元/人;参赛选手获二等奖,指导教师一次性奖励15000元/人;参赛选手获三等奖,指导教师一次性奖励8000元/人。同时,设立“辅助指导教师团队奖”“蝉联奖”“进步奖”“突出贡献奖”“优秀教练”和“金牌教练”荣誉称号。

辅助指导教师团队奖:参赛选手获一等奖,辅助指导教师团队一次性奖励5000元;参赛选手获二等奖,辅助指导教师团队一次性奖励3500元;参赛选手获三等奖,辅助指导教师团队一次性奖励2000元。

蝉联奖:对当年国赛成绩继续保持一等奖的项目,指导教师团队(含指导教师)一次性再奖励10000元。

进步奖:当年国赛成绩比往年成绩有提升的项目,每上升一个等级,指导教师团队(含指导教师)一次性再奖励5000元。

突出贡献奖:奖励在赛项训练组织安排方面有创新,以赛促教成效显著,并在本年度全国职业院校技能大赛中荣获一等奖2项以上(含2项)或对当年国赛成绩继续保持一等奖的教学单位(不重复计),给予奖励10000元,具体获奖人员名单由教学院部(或职能部门)确定。

优秀教练:指导学生参加全国职业院校技能大赛获得二等奖的指导教师,学校颁发证书。

金牌教练:指导学生参加全国职业院校技能大赛获得一等奖的指导教师,学校颁发证书。

(二)二类赛事。

参赛选手获一等奖,指导教师个人一次性奖励5000元;参赛选手获二等奖,指导教师个人一次性奖励3000元;参赛选手获三等奖,指导教师个人一次性奖励2000元。

(三)三类赛事。

参赛选手获一等奖,指导教师个人一次性奖励2000元;参赛选手获二等奖,指导教师个人一次性奖励1500元;参赛选手获三等奖,指导教师个人一次性奖励800元。

(四)四类赛事。

参赛选手获一等奖,指导教师一次性奖励500元/人;参赛选手获二等奖,指导教师一次性奖励300元/人;参赛选手获三等奖,指导教师一次性奖励200元/人。

四、教师在指导学生或自己参加“五大赛事”过程中,每人每周16课时(不超过4周)纳入省赛或国赛奖励一并发放

五、我校在岗教师参加相关比赛并获奖,相关奖励参照本办法执行

六、本办法自文件发布之日起执行,与本办法不一致的以本办法为准,解释权归学校赛项主管职能部门。原《安徽商贸职业技术学院学生专业竞赛管理与奖励办法(修订)》(商职院字〔2019〕36号)同时废止

安徽商贸职业技术学院专业技能竞赛获奖学生奖励标准

奖励等级 比赛级别	一等奖 （元/人）	二等奖 （元/人）	三等奖 （元/人）
“五大赛事”	2000	1600	1200
一类	1000	800	600
二类	600	500	400
三类	400	300	200

安徽商贸职业技术学院印章管理规定

商职院字〔2021〕180号

第一章 总 则

第一条 为进一步规范和加强学校印章管理,维护学校合法权益,推进依法治校,根据国务院《关于国家行政机关和企业、事业单位印章的规定》(国发〔1999〕25号)和教育部《印章使用和管理的暂行规定》,结合学校实际,制定本规定。

第二条 本规定适用于学校党委、行政印章、学校钢印,学校法人代表签名章,各二级教学单位、处、室党政印章和科研机构印章的管理。

第二章 印章的种类和规格

第三条 本办法所指印章包括:

(一)学校党委印章、学校行政印章、学校钢印;

(二)学校法人代表签名章;

(三)各二级单位党组织、行政印章及内设机构印章;

(四)各级各类业务专用印章;

(五)其他经学校批准的印章。

第四条 印章一般为圆形,依性质中间刊党徽或五角星。业务专用印章的形状、样式根据需要并兼顾传统习惯刻制,应含“用途+专用章”字样。

第五条 学校法人代表签名章指校长的签名章,具有法人效力。

第六条 印章所刊单位名称应为学校公文发布的名称全称。除签名章外,印章所刊文字使用国务院公布的简化字,字体为宋体。

第七条 印章的尺寸和材质依据国务院《关于国家行政机关和企业、事业单位印章的规定》(国发〔1999〕25号)及其他相关规定执行。

第三章 印章的刻制、启用和注销

第八条 学校印章由学校上级主管部门批准刻制。

第九条 学校二级机构印章由学校批准刻制。凡经学校批准新设或更名的二级机构如需刻制印章,可向学校办公室提交刻制印章申请表,附学校批准成立(调整)该机构的公文,经办公室主任审核批准后,由办公室到公安部门指定单位统一制作;凡印章损坏不能继续使用的二级机构,可向学校办公室提交刻制印章申请表,经办公室主任批准后,到公安部门指定单位统一制作。

第十条 学校科研机构印章刻制须向科研与校企合作处提出申请,报分管校领导审批后,附该机构成立公文,到公安部门指定单位统一制作。

第十一条 二级机构印章刻制完成后,应先由学校办公室登记启用新印章,同时收回旧印章。旧印章由学校档案室统一保管。

第十二条 停用的二级机构印章必须及时交学校办公室办理注销手续,由学校档案室统一保管。

第四章 印章的管理与使用

第十三条 学校党政印章、学校钢印、法人代表签名章由学校办公室指定专人保管。学校各部门(含学校批准设立的中心、院所、基地等研究机构)印章、业务专用章由各部门指定专人保管,部门主要负责人对本部门公章使用负责。印章管理人员必须政治素质高、保密观念强,要坚持原则,富有责任心。印章保管场所必须安全可靠。

第十四条 印章管理人员不得将印章随意委托他人代管、代取、代用。印章不得带离保管地,如因特殊情况需在保管地以外的地点使用印章,必须经学校或办公室主要领导批准,印章管理人员必须在用印现场盖章。

第十五条 印章管理人员用印时,必须审核用印内容,检查审批手续,发现审批手续不全或批准权限不当,应拒绝用印。

第十六条 严格控制学校党政印章、学校钢印的使用范围,凡用各部门、单位印章和有关专用章可以办理的事项,不得使用学校印章。

第十七条 学校印章使用的范围和程序：

（一）以学校党委或行政名义上报下发的正式文件用印，经学校主要负责人签发后，方可用印；

（二）各类上报材料，有关部门负责人审核签字后，经分管校领导审批后，方可用印；

（三）以学校名义印制的各类证书、证件、奖状等，须经承办部门造册、编号、负责人审核，经分管校领导签字后，可一次性加盖学校印章或校钢印；

（四）补办毕业证明书、学生证，须经教务处、学生工作处、继续教育与社会培训学院审核，方可加盖学校印章；

（五）毕业证书、学位证书复印件、翻译件，需加盖学校印章时，须持证书原件，经教务处、学生工作处、继续教育与社会培训学院核查，方可用印；

（六）各类合同、协议书、意向书、备忘录、鉴定证书、聘书等，须经承办部门、单位负责人签字，报学校办公室审核出具法律意见，根据合同涉及金额分别由分管校领导、学校主要负责人签批后方可用印；

（七）申报科研项目、科研成果、科研奖励及专利申请等，须经科研与校企合作处审核，报分管校领导签字，方可用印；

（八）各类证明，须经所在部门签署意见，有关部门负责人审核后，方可用印。个人身份证明原则上不予出具；

（九）其他特殊情况，须经分管校领导签字，方可用印。

第十八条 使用学校党委、行政印章、钢印、法人代表签名章，应遵循一事一报、逐级审批的原则，严格执行先审批后用印，谁经办谁首责，谁审批谁负责的要求。

第十九条 校级印章使用申请以纸质申请为主要形式，特殊情况可由申请人应按相应形式的程序要求，清楚填写用印日期、种类、事由、数量等信息。

第二十条 各部门用印应由部门主要负责人审批，审批人审批前应审查用印材料的合规性、完整性和准确性，并承担相应的审批责任。

学校办公室主任负责审查印章管理人员提交的重要的用印材料，提出审查意见，承担该材料相应的审查责任，并定期督导校印使用工作。

校级印章管理人员应核对用印材料及申请审批情况的一致性，如用印内容较为重要的，应报学校办公室主任审查后方可用印。申请审批手续及流程不齐全的，一律不得用印。

第二十一条 学校法人代表签名章的使用由用印申请人提交申请，由所在单位审批后，报校长审批同意后方可用印，学校办公室记录用印日期、事由、数量及批准形式等信息。

第二十二条 各级各类印章使用完成后，印章使用单位印章管理人应如实记录所管印章的用印日期、种类、事由、数量、经办人员及其他需要说明的事项，一事一号进行编码，立卷留存相关申请表单、登记册本、电子记录等材料。

重要材料使用校印的，申请单位应留存文本原件，副本交学校办公室备案，该备案文本应与其他用印申请材料一并留存。

各部门应存档本部门印章刻制和使用校印的相关审批材料。

上述材料保存期限根据档案管理相关规定执行。

第二十三条 各部门印章使用的范围和程序参照学校印章管理执行。

第二十四条 下列情况之一的，印章管理人员不得用印：

（一）涉及个人财产、经济、法律纠纷等方面的文件、材料；

（二）未经部门、校领导签发批准的文件、材料；

（三）非本校教职工或与本校工作、业务无关的文件、材料；

（四）空白介绍信、空白证件、空白奖状等；

（五）其他法律法规规定的不得用印情况。

第五章 附 则

第二十五条 学校学术组织和各类委员会印章管理参照本规定执行。

第二十六条 本规定由学校办公室负责解释。

第二十七条 本规定2021年12月17日起施行。

立德树人　提质培优　奋力推进“双高计划”建设

——在学校第四次党代会第三次会议上的党委工作报告

党委书记　章顺来

（2021年1月20日）

各位代表、同志们：

现在，我代表校党委向党代会第三次会议报告工作，请各位代表审议。

一、2020年主要工作回顾

2020年是极不寻常的一年，在省委和省委教育工委坚强领导下，学校党委深入学习贯彻习近平新时代中国特色社会主义思想，贯彻落实党的十九大和十九届二中、三中、四中、五中全会精神，深入学习贯彻习近平总书记考察安徽重要讲话精神，坚持疫情防控和建设发展“两手抓”，推进全面从严治党，全面加强和改进思想政治工作，全面推进“双高计划”建设，全面深化综合改革，学校党的建设和事业发展取得了新成绩。

一年来，学校党委统筹推进学校党的建设和事业发展，重点抓了五件大事。一是认真做好巡视整改工作。校党委把巡视整改工作作为一项重大政治任务，多次召开会议对照省委巡视督办问题深刻剖析、举一反三，抓住关键环节集中发力，将督办函中的17个问题细化为24个小问题，建立整改台账，明确责任单位，同时加强警示教育，通过多种途径通报整改进展和整改中发现的典型问题，主动听取师生员工意见。经过近一个月真改实改，整改工作取得明显成效，24个小问题中的21个已经完成并销号，另有3个基本完成，切实以巡视整改促进了“双高计划”建设。

二是大力推进“双高计划”建设。“双高计划”建设是当前学校工作的重中之重。学校加强领导，成立“双高计划”项目建设组织管理机构，几经论证、数易其稿，高质量完成学校建设方案修订和任务书编制工作，顺利通过教育部审核。根据方案，统筹设立18个“双高计划”建设项目，并进一步分解为70个建设任务，采取部门和项目负责人共同负责制，落小建设内容，落细建设措施，落实建设责任。同时出台建设计划管理办法、资金管理办法等系列文件，为项目建设提供了制度保障。

三是顺利完成诊改复核任务。作为安徽省首批诊改试点院校，学校按照诊改复核要求，进一步完善质量保障制度体系，搭建“五纵五横一平台”运行框架，从两链打造与实施、螺旋建立与运行、引擎驱动与成效、平台建设与应用等四个方面发力，开展常态化的自我诊断，累计采集预警数据288条，审核诊改报告4670份，完善253项制度，形成了“常态诊改+周期性诊改”的诊改运行模式，有力推动了办学水平的提升，省教育厅专家组以“有效”结论通过了诊改复核。

四是稳步推进两级管理改革。为适应“双高计划”建设需要，“以群建院”组建了电子商务学院等7个二级学院、马克思主义学院和基础教学部，形成了“学校—学院—专业教研室”三个层级的布局框架。选优配强二级学院领导班子，完成了原有13名副处级、8名正科级干部的岗位调整，为稳步推进管理政策提供了组织保证。完成二级教学单位岗位职责汇编，厘清二级学院和学校相关职能部门的管理权限与责任，促进二级教学单位规范运行。学校治理水平进一步提高，入选“2020全国高等职业院校治理体系建设优秀案例50强”。

五是积极做好疫情防控工作。面对突如其来的新冠肺炎疫情，学校把师生的生命安全和身体健康放在第一位，坚决贯彻落实党和上级的各项疫情防控决策部署，加强组织领导，强化督查督导，制订“两案八制”，建立四级防控工作联系网，形成校园疫情防控合力，各项防疫工作得到当地政府部门的肯定和表彰。省教育厅在我校召开高校返校条件准备督查专项工作会议，并对我校防控工作予以了充分肯定。学校顺利通过验收，成为芜湖市第一所疫情后返校复学的高职院校，体现了防控成效和责任担当。

一年来，学校各项工作稳步推进，呈现良好势头。

——全面从严治党纵深推进。召开党建工作会议和从严治党工作会议，制订印发学习贯彻十九届四中全会、五中全会精神工作方案，成立全会精神宣讲团，安排15次教职工理论学习，进一步把党员干部思想和行动统一到党中央的重大决策部署上来。全面落实“三会一课”等制度，深入实施“对标争先”和“领航”计划，顺利通过全国和全省党建工作“标杆院系”“样板支部”建设中期检查验收，同时加大选树典型力度，遴选2个校级“标杆院系”和4个校级“样板支部”。优化基层党组织设置，完成全校11个总支、3个直属党支部和32个基层党支部新一届委员会的选举工作。全年共完成党员发展279人，开展党员组织关系排查，我校无一例失联党员。全年新选拔副处级干部3人、正科级干部5人、副科级干部14人。124名干部参加了“双带头人”“干部视野”专题等各类培训，宗旨意识、理论水平和业务能力进一步提升。组织开展深化“三个以案”警示教育、“五个一”廉洁文化教育活动以及警示教育专题讲座，以高校违纪违法典型案件警醒教育干部。组织新提任各级干部集体廉政谈话，运用好监督执纪“四种形态”，严肃查处违规违纪行为，对巡视整改中发现的11名干部典型问题进行了通报，对6名干部予以严肃批评教育，对16名干部进行集体谈话批评教育。

——思政工作得到加强改进。制定课程思政建设实施方案，申报省级思政工程项目21项，获批省级课程思政建设先行高校和课程思政建设示范中心2项。开展校领导进课堂，党委委员与思政课教师同宣讲。启动课程思政一体化共建平台，制定辅导员队伍管理规定和工作考核办法，推进辅导员“八个一”育人量化考核管理，深入推进一体化协作育人，获安徽省辅导员职业能力大赛一等奖1项。完善“第二课堂”活动学分认定办法，全年发布线上线下活动5628个。直面疫情创新育人工作，通过同上一堂疫情防控思政课，举办云毕业、云开学典礼，开展“思政舍区 舍区思政”育人活动，组建疫情心理援助团队等举措，营造了三全育人的浓厚氛围。开展意识形态工作任务专项督查，修订管理办法，加强报告会和校内媒体平台规范管理。举办师德标兵评选、教师节线上表彰、教师入职退休仪式等，引导教师争做“四有”好老师。发布学校关于开展劳育和美育实践活动的通知，线上线下开展高品位文化活动，促进学生全面发展。强化新媒体平台建设，学校新媒体工作室荣获安徽省“十佳校媒”。持续推进校园文化建设，制作学校官方卡通形象，打造安商标识。召开学校第三次学生代表大会，不断深化学生会和社团改革。1个团总支荣获2019年度安徽省五四红旗团支部称号。落实“五大发展行动聚力工程”重点任务和项目，完善统战工作格局。广大“五老”在关心下一代舞台上老有所为，发光发热，学校获安徽省关心下一代工作先进集体荣誉称号。

——人才培养质量稳步提高。连续四年实施全员招生，2020年录取全日制批次学生4320人，综合报到率97.08%，再创历史新高。初次就业率达90.54%，高于全省平均就业率6个百分点，被评为2019年全省普通高校毕业生就业工作激励支持高校。72名学生入伍，超额完成2019年征兵工作任务。积极适应经济发展需求，新增设虚拟现实应用技术、家政服务与管理等4个新专业。与安徽师范大学开展专升本联合培养，会计、物流管理两个专业共招生300余人，迈出探索实践本科层次人才培养的第一步。落实“停课不停教、停课不停学”，8172名学生进行了疫情防控期间在线学习，被评为安徽省省级线上教学示范高校。大力推进“三教”改革，修订教师教学质量考核办法，强化基本教学活动标准化建设，被评为省级“双基”建设示范高校。文秘专业国家教学资源库线上教学使用成效明显。我校财经商贸大类12本教材入选“十三五”职业教育国家规划教材，在全省高职院校中处于首位。获第三批10个“1+X”证书制度试点项目，联合企业开展7个“X”项目的牵头培训，提升了学生职业技能水平，学校获得全国职业院校技能大赛改革试点赛二等奖、全国啦啦操联赛公开青年组冠军。加大对外合作力度，留学生招生工作通过审核，预录取来自4个国家的11名国际留学生。与泰方共建的中国语言文化交流中心在线汉语教学开班，首批参加泰国学生550余人。

——产教融合校企合作不断深化。成立校企合作工作委员会，对学校校企合作工作进行指导。举办"双高计划"建设专题报告会、"长三角"区域金融人才培养高峰论坛暨校企"双元育人"模式创新研讨会，形成良好社会影响。依托安徽省财经商贸职业教育集团，与南陵县政府、企业单位、优质中职学校开展合作，推进政校企协同育人。挂牌成立洲际英才培养学院、芜湖市家政服务类产教融合基地，先后与6家企业签约建立校企合作，推动紧密合作企业申报获批省级产教融合企业5家、省级校企合作示范基地1个。

——人才队伍建设成效显现。有效利用省编制"周转池"试点政策，获得189名专任教师周转编制，制度红利开始释放，全年晋升中级职称及以上职称教师61人，较往年取得大幅提高。积极打造高层次人才队伍，修订《高层次人才引进与管理暂行办法》，推进高水平教学创新团队培育。新增3个省级教学创新团队，1名教师入选安徽省百名卓越教学新秀，1名教师通过博士后进站考核。创新教师发展，加大培养力度和扶持青年教师，构建"四层次、五阶段"教师发展体系，对新进教师开展了弘扬陶行知精神专项培训，全年共安排教师331人次外出参加各类进修培训。学校获得省教学能力大赛一等奖5项。

——科研与社会服务水平明显提升。集中精力补短板，改革完善科研与社会服务管理模式，科研立项获得较大突破，获批教育部辅导员项目专项1项、省社会科学联合会规划课题2项、省教育厅重点项目18项。横向课题立项大幅增长，全年横向课题立项10项，立项经费到账180余万元，较2019年增长3倍。专利转让5件，取得零的突破。教师全年发表论文共计364篇，论文发表数量和质量均显著提升。政府采纳研究咨询报告26项，中小企业采纳45项。开设"新型职业农民"大专班。完善技能鉴定和培训平台建设，完成4万余人次鉴定考试和培训任务。学校文创中心加强校地合作，与政府部门合作完成疫情防控动画宣传片等社会服务项目，得到省市领导充分肯定。服务国家脱贫攻坚战略，落实漆铺村对口帮扶资金近100万元，学校支援的扶贫产业为该村集体经济取得净收入14万元。

——管理服务和支撑保障工作得到加强。党委领导下的校长负责制运行机制进一步完善，"三重一大"决策制度有效落实。梳理整合现有制度，同时加大宣传解读力度，确保改革发展任务顺利推进。开展资产管理问题排查及专项整改，强化预算执行监督和绩效评价，我校预算执行率继续名列省属高职院校第一，并获得省厅400万元奖励额度。完成2020年年鉴编纂。学报办刊水平和档案管理信息化水平不断提高，图书资源建设不断加强，学报第三次被评为"RCCSE中国核心学术期刊"，图书馆获得安徽省高校图书馆先进集体、优秀馆长、先进工作者等荣誉称号，是全省高职院校中唯一囊括三项荣誉的院校。升级"数字安商"基础信息平台，进一步整合各类信息化系统、应用和服务。综合实习实训中心主体结构封顶并通过验收，一批改造修缮项目稳步推进。校园综合治理持续推进，食品、卫生、消防、交通、实习实训等安全管理更加规范。全年共发放各类资助金额近1500万元。及时、足额发放一次性工作奖励，学校发展成果得到共享。

一年来，全校各级党组织和广大党员、师生员工团结一心，积极克服新冠肺炎疫情给各项工作带来的影响，紧紧围绕推进学校党的建设和事业发展积极探索、辛勤工作，许多师生以实际行动为地方疫情防控做出贡献，展现了商贸风采。学校领导班子连续五次获得综合考核"优秀"等次。校党委评选表彰了一批先进基层党组织、优秀共产党员和优秀党务工作者。在此，我代表校党委，向在座代表，向全校广大党员干部和师生员工，表示崇高的敬意和衷心的感谢！

在充分肯定成绩的同时，我们也清醒地看到学校当前面临的挑战和工作中的不足，主要是：党建和思想政治工作在力量汇聚、创新推动和成效显现等方面仍存在薄弱环节；学校整体发展不充分，一些制约发展的问题和短板还没有得到根本解决，与当前职业教育改革发展的要求相比仍有距离；专业群建设和社会服务创新能力、人才培养体制机制和质量水平、对外合作水平和成效等，与国家以及长三角区域经济社会发展的客观需求还不相匹配；师资队伍体量不够大，高层次人才及团队仍较缺乏；办学资源汇聚能力、配置使用效益有待提高；内部治理水平与“双高计划”建设需要相比仍然不完全适应，调动广大党员干部和师生员工干事创业的积极性，在制度、政策、工作上尚显不足。对此，我们必须采取有效措施切实加以解决。

二、学校发展面临的形势和任务

不久前召开的党的十九届五中全会，对我国开启“十四五”征程作出了新的战略部署，发出了夺取全面建设社会主义现代化国家新胜利的伟大号召。在新的历史条件下，我们要充分把握新时代学校发展所面临的新形势，登高望远，继往开来，奋力开创学校党的建设和事业发展的新局面。

首先，我们的使命十分重大。十九大以来，习近平总书记就职业教育提出了一系列重大理论和现实问题，为职业教育改革发展指明了方向。特别是习近平总书记在甘肃考察山丹培黎学校时提出的“职业教育大有可为”，更表达了对职业教育发展的殷切期望。十九届五中全会审议通过的《中共中央关于制定国民经济和社会发展第十四个五年规划和二〇三五年远景目标的建议》，明确提出建设现代职业教育体系，推进产教融合校企合作，对职业教育提出了更高要求。作为“双高计划”入选学校，我们要牢记总书记嘱托和期盼，进一步提高政治站位，充分认识学校“双高计划”建设工作的重要性，将“双高计划”建设作为参与构建现代职教体系的战略工程、打造人才培养高地的质量工程、激发办学活力的创新工程、实现跨越发展的强校工程，在更高的站位上重塑目标、担当使命、奋力推进。

其次，我们的机遇十分难得。经过“十三五”发展建设的不断积累，学校成功进入“双高计划”建设行列，迈入国内高职教育第一方阵，已经成为我省高职教育的一支重要力量，奠定了学校面向未来发展的重要基础。“双高计划”广受社会各界关注，含金量高，入选实属不易，机遇要倍加珍惜。教育部等联合印发的《职业教育提质培优行动计划(2020—2023年)》(以下简称《行动计划》)对“职教20条”改革任务进行再分解、再落实，同时提出了“双高计划”建设单位试办职业教育本科专业等一系列重大新举措。随着长三角一体化发展战略深入实施，《长三角一体化教育协同发展三年行动计划》签署并明确27项任务，推动区域教育协同发展。这些为“十四五”期间学校创新发展、提升办学层次提供了前所未有的机遇。我们要把握难得的发展机遇，分别在整体推进建设、补强短板和体现高水平上下功夫，不等不靠，大胆探索，引领全校师生奋勇向前。

再次，我们的任务十分艰巨。当前职业教育进入提质培优、增值赋能的新时代。在新的发展起点上，学校面临的发展任务十分艰巨。一是“双高计划”建设的任务艰巨。“双高计划”建设具有典型的项目特征。教育部、财政部刚刚出台了《中国特色高水平高职学校和专业建设计划绩效管理暂行办法》，明确了绩效评价、学校自评以及专家评价等，强调因重大问题而退出“双高计划”的学校将不得再次申请。今年“双高计划”建设周期将过半，我校即将迎来中期绩效评价，各项目建设特别是电子商务专业群建设任务重、标准高、时间紧，一定要加压紧逼、全力以赴推进项目建设。二是提质培优的任务艰巨。《行动计划》突出了提质培优、增值赋能这条主线。落实好《行动计划》，关键要把握好“提质”和“培优”这两个关键词。即围绕思政教育、“三教”改革、产教融合校企合作、治理能力提升等重点难点进行攻坚提质，提高发展内涵质量。围绕优势特色专业群、实训基地、教学团队建设等，在标志性办学成果上进行突破培优，打造商贸职业教育品牌。三是人才培养升级的任务艰巨。当前社会发展对优质职业教育的需求日益强烈，面对《深化新时代教育评价改革总体方案》出台带来的评价方式变化、经济体系优化升级带来的岗位需求变化、新一代信息技术带来的教学方式变化、社会扩招带来的生源结构变化，学校必须积极适应各种新变化、新要求、新挑战，进一步更新教育理念，探索推进“互联网+”思政、专业、课程、校企合作平台建设，打造凝练人才培养的2.0升级版，实现人才培养模式、教学方法及评价方式的蜕变，培养更多满足行业企业需求的高素质技术技能人才。

2021年是学校“十四五”发展的开局之年，也是推进各项改革任务的攻坚提质之年。在前期调研、研讨和建议征集的基础上，学校召开“十四五”规划编制工作推进会，进一步明确了规划目标、发展思路以及学校、专项、学院规划编写体例。“十四五”学校发展的目标是：把学校建成“特色鲜明、优势突出、国内领先、国际有影响”的中国特色高水平高职学校，力争进入本科试点。学校发展能不能进一步大见成效，“十四五”规划目标能否实现，关键看今年的基础能不能打得好、打得牢。不管是党建思政、“三全育人”、“双高计划”建设，还是“三教”改革、标志性办学成果培育、内部治理等，都有大量富有挑战性的工作需要我们去突破。我们一定要时刻牢记使命与担当，牢牢掌握“双高计划”建设这一发展主动权，认真做好2021年的各项工作，为建设中国特色高水平高职学校和专业创造更大空间、奠定坚实基础。

三、2021年的重点工作

2021年，是我国现代化建设进程中具有特殊重要性的一年。今年，我们将迎来中国共产党百年华诞；今年，我们将正式宣布全面建成小康社会；今年，我们将迎来“十四五”开局，开启全面建设社会主义现代化国家新征程；今年，我们将迈好构建新发展格局的第一步。2021年已经到来，我们所说的奋斗，不是明天，而是当下的每一天。

2021年学校工作的总体要求是：以习近平新时代中国特色社会主义思想为指导，贯彻落实党的十九大和十九届二中、三中、四中、五中全会精神，全面贯彻党的教育方针，落实立德树人根本任务，按照“党建引领、改革创新、提质培优、增值赋能”的基本思路，以加强党的建设为引领，以改革创新为动力，以提质培优、增值赋能为主线，全面推进“双高计划”建设，着力打造人才培养高地，为实现“十四五”时期学校事业高质量发展开好局、起好步。

为此，我们将全面抓好以下四个方面主要工作：

（一）全面加强党的建设，着力引领学校事业高质量发展。

坚持把政治建设摆在首位。旗帜鲜明讲政治，牢固增强“四个意识”，坚定“四个自信”，做到“两个维护”。严格遵守政治纪律和政治规矩，进一步增强坚持社会主义办学方向的自觉性坚定性，推动实现学校党内政治生活严肃规范、党内政治文化积极健康、党内政治生态风清气正。

强化思想建设的基础地位。以习近平新时代中国特色社会主义思想特别是习近平总书记关于职业教育的重要论述和考察安徽重要讲话精神武装头脑、指导实践、推动工作。坚持不懈推进“两学一做”学习教育常态化制度化，把“守初心、担使命，找差距、抓落实”的主题教育总要求作为深化全面从严治党的永恒课题。推动习近平新时代中国特色社会主义思想进教材进课堂进头脑，推动全校党员师生更加自觉地为实现新时代党的历史使命不懈奋斗。

深化基层党组织标准化建设。突出政治功能，以提升组织力为重点，以“对标争先”和“领航”计划为抓手，把基层党组织建设成为贯彻党的决定、推动改革发展的坚强战斗堡垒。优化党员队伍结构，加强双带头人队伍建设，加大在优秀青年教师中发展党员力度。改进教育培训方法，拓宽党员受教育渠道，不断提高培训质量。

加强干部队伍建设。坚持党管人才原则，把校内外各方面优秀人才集聚到“双高计划”建设中来。坚持正确选人用人导向，结合干部调整，突出政治标准，更加注重干部在育人一线的经历和实际工作中的表现。完善考核评价和管理监督机制，创新教育培训方式，着力培养“黄山松”式干部。

推动从严治党向纵深发展。持续深入推进巡视整改工作，对已经完成的整改任务做到举一反三，进一步巩固成果。对于尚未全部完成的整改任务，加强督办，争取全部“对账销号”。完善党委主体责任、纪委监督责任以及党委书记第一责任、班子成员“一岗双责”的工作机制。贯彻落实中央八项规定精神，健全进一步加强作风建设的措施办法和制度规定。强化执纪问责，加大对发生在重点领域、关键环节的查处力度，推动管党治党走向严紧硬，营造风清气正的干事创业环境。

（二）全面加强思政工作，着力培养德智体美劳全面发展的时代新人。

优化育人内容。统筹推进课程育人，着力推动习近平新时代中国特色社会主义思想进教材进课堂进头脑。打造课程思政一体化共建平台，实现思想政治教育与专业知识教育的有机统一，推动学校思想政治工作与“双高计划”建设共进共享。深入开展中华优秀传统文化、爱国主义教育，践行和培育社会主义核心价值观。探索将劳动教育纳入人才培养方案，设立劳动教育必修课程，加强艺术类公共基础必修课程建设。加强“第二课堂”素质教育，推进第一、第二课堂衔接。落实意识形态工作责任制，牢牢掌握意识形态工作领导权。持续推进文明校园建设，谋划校园文化建设“一校一品”，打造商贸特色文化品牌。精心设计开学典礼、毕业典礼、教职工入职退休、表彰大会等具有特殊意义的庆典仪式，提高师生对学校的认同感、归属感。

丰富育人载体。创新推动“互联网+育人”，推动思想政治工作与信息技术高度融合，加强对校内各类新媒体规范管理，运用好“易班”、新媒体工作室、网上党建思政平台等，传播主旋律、弘扬正能量。积极推动实践育人，着力构建“学校主导推动、学院主体实施、校内各方联动、社会广泛参与”的实践育人机制，广泛开展社会调查、生产劳动、社会公益、志愿服务、科技发明、勤工助学等社会实践活动，强化学生实践体验，促进学生全面发展。

创新育人路径和方法。促进心理育人，落实心理健康教育人员配备，建立健全学校、院（部）、班级、宿舍四级预警防控体系，推动心理健康教育常态化、体系化。强化管理育人，进一步健全学生管理的制度体系，有效规范学生行为，保障学生权益。深化服务育人，切实做好学生日常生活关怀、学业帮扶、就业指导服务，解决学生实际问题，加强学生感恩教育、诚信教育，引导学生回馈社会。推进资助育人，进一步构建发展型资助育人“5C”模式，打造具有商贸特色的资助育人新体系。优化组织育人，发挥工会、共青团、学生会、学生社团等组织的联系服务、团结凝聚师生的桥梁纽带作用，把思想政治教育贯穿各项工作和活动。

（这里强调一下，《中国特色高水平高职学校和专业建设计划绩效管理暂行办法》明确了两条重要的“红线”：一是违背立德树人根本任务，学校在思想政治工作上出现重大问题；二是偏离国家总体目标、社会贡献度显现较弱或学校建设任务没有如期完成、目标实现未达预期，只要出现以上一种情形的学校将停止建设，退出计划。加快双高建设的任务十分繁重，做好党建与思想政治工作是完成学校各项工作的思想保证和精神动力。全校各级党组织和广大师生员工，要自觉把贯彻落实中央有关精神，切实加强和改进学校党建和思政工作作为重要工作来抓，要立足于疫情防控中涌现出的我校师生先进典型和感人事迹，从厚植爱国情怀、加强思想引领、完善平台建设、推进课程思政等方面抓好今年的思想政治工作。）

（三）全面推进“双高计划”建设，着力打造高素质技术技能人才培养高地

加快“双高计划”项目建设。“双高计划”实施绩效管理，具有明确的经费、任务和时间周期等要求。要按照紧盯引领、强化支撑、凸显高、彰显强、体现特的要求，对标对表党的十九届五中全会的部署要求，对接国家战略需要，对接学校办学实际，结合学校“双高计划”建设方案，进一步设定绩效目标，细化各项指标。加快项目建设进度，组织开展各类信息采集，做好自评、迎评工作。完善“计划—项目—任务”的三级管理模式，把责任落实到个人，细化任务、明确分工、对标考核。同时要以项目为抓手，通过建立灵活高效的运行机制，推动项目建设与日常工作有效结合，力争以项目建设带动学校强化内涵建设，提高育人水平，实现整体发展。

推进“三教”改革攻坚。坚持教学工作中心地位，结合诊改反馈意见，加大教师、教材、教法改革攻坚力度。用好编制“周转池”，完善编制及岗位管理，扩大师资规模。加强高层次人才引进和青年教师培养，为“双高计划”建设集聚一批高水平教学创新团队、科研服务创新团队。以双向流动为目标，完善聘任兼职教师制度，加大教师工作站、“双师型”教师培养培训基地建设培育力度。创新用人机制，完善职称评审、晋升和评价机制，提升人才队伍活力。持续推进全员招生，切实改进社会扩招学生教学管理。围绕新需求、新岗位、新技术，校企合作开展人才培养方案修订，开发专业课新教材。与安徽师范大学联合做好2个专业本科班的培养工作，构建理论与技能课程衔接的教学体系，提高教学水平。适应生源变化，加大课程改革力度，推进“互联网+”“智能+”教学变革创新，培育“课堂革命”典型案例，满足多样化学习需求。加强专

业教学资源库建设，持续推进“1+X”证书制度试点工作制度建设，加强宣传指导，完善激励机制，发挥更大示范引领作用。完善三级比赛机制，组织参加国赛、教学能力大赛、“互联网+”创新大赛等重大赛事，力争取得新的突破。完善人才培养数据采集和人才培养质量年度报告制度。

加大开放办学力度。面向长三角区域行业重点，进一步完善专业群建设发展机制，集中力量和资源重点建设电子商务专业群、会计专业群，提高专业群集聚度和供给服务能力。以构建校企命运共同体为方向，拓展产教融合校企合作的深度与广度，推进现代学徒制、混合所有制等成功模式推广。谋划推进特色产业学院建设，促进产教资源的深度整合。构建合作长效机制，提升与行业企业在人才培养、技术创新、就业创业等方面的合作水平，培育建设示范性职业教育集团、高水平专业化产教融合实训基地，力争入选国家级项目。充分运用校企合作、校友工作等方式和渠道广泛拓展办学资源，为学校发展谋求更好的外部发展环境。对接“职业教育服务国际产能合作行动”，积极拓展国际交流合作，开展留学生招生和培养工作。瞄准“中文+职业技能”，积极开展论坛、研修访学、师生交流等活动，提升职业教育服务“一带一路”水平。

增强科研社会服务能力。进一步完善考评和激励机制，有针对性地设置考核指标，促进论文、科研项目和科研成果等方面取得新的提升。打造高水平社会服务团队，依托技术技能创新服务平台，扶持一批科研基础好、创新意识强、学历层次高的中青年科研骨干组建应用研究创新团队，重点培育社会服务典型项目。主动融入服务长三角一体化建设发展，面向行业企业开展技术开发、咨询和服务，承接应用型研究课题和社会服务项目。坚持学历教育与培训并举并重，面向学生和社会人员大力开展职业鉴定和培训，实现年培训人次达到在校生规模2倍以上。推进标准化培训实训基地、示范性职工培训基地建设，与合作企业共同研究制订培训方案、培训标准、课程标准等，打造重点培训项目。拓展社区教育和终身学习服务，扩大“新型职业农民”大专班办学规模和影响力，助力脱贫致富。加大扶贫工作力度，推动对口帮扶村全面脱贫。

（四）全面深化综合改革，着力提升校内治理水平。

增强办学治校本领。以“双高计划”建设任务为核心，进一步谋划学校“十四五”发展规划和改革举措。规划编制要站得高、看得远；要研判形势，吃透“上情”、了解“外情”、把握“下情”；要坚持目标问题导向，具体目标设置要对照标志性办学成果和关键办学指标，考虑培育学校的核心竞争力和特色，集中资源和力量有效攻坚克难。加强规划与学校第四次党代会精神、“双高计划”建设方案以及“职教20条”、《行动计划》等重大政策文件之间的对接协调，确保目标一致、相辅相成，使规划成为落实立德树人根本任务，推动学校高质量发展的行动纲领。健全校领导联系学院（部）、联系师生制度。党委班子要带头按照各自分工认真思考，围绕目标寻找思路和办法，着力解决突出困难和问题，指导有关单位把各项工作落到实处。

加强规范管理。要充分把握2021年这一学校“双高计划”建设、“十四五”规划发展和综合改革三大任务交汇的重要时间节点，抓好工作统筹，做好协调衔接。完善年度综合考核，将“双高计划”建设、“十四五”规划发展和综合改革的推进落实情况作为考核的重点内容，厘清责任，明确重点，强化监管，提高成效。继续开展规章制度汇编工作，加强规范性文件管理，严格制度制定、执行和监督，健全按制度办事的运行机制。

落实综合改革各项举措。贯彻落实《深化新时代教育评价改革总体方案》，及时转变观念，积极引入第三方专业机构，在学校、教师、学生三个方面构建更加科学的评价体系。深刻把握“提质培优”背景下学校内部治理的新要求和新特点，积极组织参加各级各类培训，打造适应“双高计划”建设需要的高素质专业化管理队伍。持续深化两级管理改革，进一步理顺学校与学院的责权利关系，转变部门工作职能，发挥学院作为办学实体的基础作用。

强化支撑保障。加强校园大数据研究，推进数字校园建设、图书电子化建设，新增电子数据库等公共资源，切实保障信息数据安全；进一步优化校区功能定位，加快建设综合实习实训中心等重点基础设施；加强校园综合治理，抓好疫情防控常态化下的安全保卫工作，关心教职工身心健康，进一步改善教职工工作和生活条件，推进安全稳定、文明和谐校园建设。

同志们，举全校之力推进“双高计划”建设，开创发展新局面，机遇难得，使命重大。让我们以习近平新时代中国特色社会主义思想为指导，坚决贯彻省委、省委教育工委部署，不忘初心、牢记使命，进一步解放思想、抢抓机遇，开拓创新、苦干实干，奋力实现学校“十四五”发展良好开局，以优异成绩迎接中国共产党成立100周年！

实施五大行动计划　打造五大美好商贸

——在学校第九届教代会暨第十届工代会上的工作报告(讨论稿)

党委副书记、校长　李　忠

(2021年5月29日)

各位代表、同志们:

下面,我代表学校向大会作工作报告,请予审议。

一、五年来的主要工作回顾

五年来,我国经济社会和职业教育事业发生全面深刻变革,学校紧紧围绕奋斗目标,把握发展机遇,全面贯彻落实"内涵发展、特色发展、创新发展"三大战略,聚焦改革发展"机遇点、根本点、闪光点、薄弱点"四个着力点,制定了地方技能型高水平大学建设、创新发展行动计划等一系列方案,形成"规划引领、项目驱动"的发展体系,有力推动了"十三五"规划各项目标的顺利完成,学校成功入选中国特色高水平高职学校和专业建设计划,位列高水平专业群建设单位A档,跨入高职院校高质量发展的第一方阵,事业发展迈上了新的台阶,为学校新一轮发展奠定了坚实基础。

——人才培养质量得到新提高。学校坚持人才培养中心地位,牢牢抓住质量这条生命线、培养这个根本点。在规模和结构方面,学校普通专科学生规模为12000余人,新生报到率稳定在94%以上,保持了结构合理的办学规模。坚持教学中心地位,推进内部质量保证体系诊断与改进工作,打造"目标链"和"标准链",初步建立了校情数据智能分析平台。修订教师教学质量考核办法,强化基本教学活动标准化建设,被评为"双基"建设示范校。获批教育部"1+X"证书制度试点项目17个,成立试点院校工作联盟,发挥了示范作用。入选"十三五"职业教育国家规划教材12种,位列省内高职院校首位。建立质量报告制度,每年发布人才培养质量年报,形成了比较完善的质量评价机制。学校获各级各类技能大赛奖项100余项,其中国赛一等奖10项,"会计技能"赛项六年五次获得全国团体一等奖,"云计算技术与应用"赛项连续三年获得全国团体一等奖。2018年获得全国数学建模比赛创新奖,为安徽省高校的历史最好成绩。积极推动创新创业教育与专业教育相结合,成功获批省级创业学院。在"互联网+"大学生创新创业大赛中,获国家铜奖2项。建设校内校外两个大学生创业园,累计入驻创业团队50多个。毕业生初次就业率稳居98%以上,位居全省高校前列,获评安徽省2019年度毕业生就业工作激励支持单位。积极发展继续教育,成人教育、自考助学工作成效明显。

——"三全育人"工作取得新进展。立德树人是教育的初心使命和根本任务。学校针对职教学生学习特点、行为习惯和思维模式,打造"教师热爱、学生喜爱"的思政理论课,荣获全国高职高专院校微课教学比赛一等奖、安徽省高职院校教学能力大赛一等奖,学生对思政课教学的获得感不断增强。实施十大"筑梦"育人工程,电子信息工程系获批安徽省"三全育人"综合改革试点院系,并以优秀等次顺利通过中期评估,为全省高职院校试点院系中唯一获得优秀等次的单位。推进辅导员工作与思政理论课教学一体化合作平台建设。创新开展晨读经典、钢笔字练习等活动,强化中华传统文化教育。学校共青团建设不断改革创新,被评为全国"五四红旗团委"、全国高校践行社会主义核心价值观"示范团支部",在全国第五届大学生艺术展演活动中获艺术实践工作坊二等奖,"喜迎党的十九大,庆祝祖国68周年华诞"快闪活动获中央电视台报道。学校涌现出全国百佳团支书谷光辉、全国优秀青年志愿者孟繁锦等一批先进青年典型。

——专业建设取得新成效。学校强化特色发展的意识,不断巩固和发展办学特色和优势,着力打造办学的闪光点。建立专业结构动态调整优化机制,着力打造以电子商务与物流管理为主的商贸流通类专业群、以会计和金融管理为主的财经管理类专业群，构建了“以服务现代服务业为主体、以服务新一代信息技术与文化艺术产业为两翼”的专业格局。学校现有招生专业42个，其中国家级重点建设专业4个、国家级骨干专业4个、省级重点建设专业19个。与安徽师范大学合作联合举办物流管理、会计本科专业2个。主持“文秘专业教学资源库”，获批国家职业教育专业教学资源库项目，取得了零的突破。获批各类省级质量工程项目200余项，获得省教学成果特等奖2项。牵头组建安徽省财经商贸职业教育集团，不断完善“三层次双元”校企合作长效机制。引企入校共建“松鼠新商业学院”“迪科金服学院”等一批优质校企联合体，积极探索混合所有制办学和现代学徒制试点，形成了具有典型示范效应的校企协同育人模式10余个，第二批现代学徒制试点“松鼠新商业学院”项目建设以优秀等次顺利通过教育部验收。

——人才队伍建设迈上新台阶。学校始终坚持把教师队伍建设作为基础工作来抓。2020年专任教师数，由2015年的449人增加到524人。聘请12名企业专家型专业带头人。通过举办入职、退休仪式，开展教师节表彰大会、“师德标兵”评选等活动，营造尊师重教的良好风尚。建设教师发展中心，构建“四层次、五阶段”教师发展体系，与陶行知纪念馆共建教师培训基地，面向全体教师开展“弘扬陶行知精神”轮训，引导教师以求真求善求美，修身立范，做陶行知精神的传承者。大力开展教师“双培养双考核”，加强教学技能和实践技能的双向培养，强化教学业绩和育人业绩的双重考核，高素质“双师型”教师队伍正在加速形成，获批认定“双师型”教师195人，中级以上职称教师通过“双师型”教师认定的比率达90.8%，获得教学能力大赛国家级奖项6项。遴选与培养专业带头人62名、中青年骨干教师144名，资助专业领军后备人才项目10项。不断加强对中青年教师的支持和培养力度，选派国内访问学者5名，教师学历进修取得博士、硕士学位的18人。大力推进辅导员队伍建设，获全国辅导员年度人物提名奖1项，安徽省辅导员年度人物、优秀辅导员等荣誉称号6项。

——科研和社会服务能力实现新提升。科研和社会服务工作始终是职业院校功能定位中最大的短板，学校抓住这一薄弱点，出台多项激励措施，完善科研管理办法，成立应用研究创新平台3个和研究基地2个，组建一批应用研究所和研究团队，初步形成了具有我校特色的科研与社会服务体系。“十三五”期间，科研成果总量和层次不断提升，获批各类课题立项由“十二五”期间的190项增加到500余项；发表论文1152篇，获得专利数由“十二五”期间的26项增加到528项；各类获奖由“十二五”期间的312人次增加到335人次；尤其值得一提的是，政府采纳研究咨询报告26项，中小企业采纳45项，承接横向课题19项，横向课题到账额217万元，实现了零的突破。2020年科研经费，由2015年的145万元增长到965万元，2020年社会服务到账额，由2015年的100余万元增长到529万元。学报蝉联全国高职院校优秀学报和“RCCSE中国核心学术期刊”。积极开展多种形式的继续教育和社会服务，开办非学历培训班60多个，完成省培和国培共计406人次，完成技术服务项目40余项，承担各类社会化考试和技能鉴定工作近百项，社会服务收入达1200余万元。积极开展新型职业农民、退伍军人、企业管理干部培训，总结出的“新型职业农民大专班+新农商培训”经验广受社会好评。先后选派6名干部开展扶贫工作，高质量完成潜山县漆铺村脱贫摘帽，对口支援黄山职业技术学院、西藏山南市第二中等职业技术学校、金寨职业学校等单位，得到当地政府、学校充分肯定。学校文创中心加强校地合作，与政府部门合作完成疫情防控动画宣传片等社会服务项目，得到省市领导高度肯定。

——国际交流得到新拓展。学校积极响应国家政策和“一带一路”倡议，开展国外学生来华短期文化交流项目，首批13名泰国职业院校学生来我校学习交流，举办“一带一路”人才培养论坛，推动学校与泰国、马来西亚等国家在职教领域的合作，传播了中华优秀传统文化和安徽文化，促进了学校国际影响力的提升，受到主管部门的充分肯定。持续开展海外师生交流学习和学术夏令营活动，选派教师、干部赴境外访学进修34人次，学生参加海外交流和学术夏令营活动19人次，丰富了师生海外学习实践。与英国南埃塞克斯学院开展合作办学，中英合作班获得英国5级高等教育文凭毕业生57名。与9所高校签订校际交流合作框架协议或合作备忘录，其中与美国布莱诺大学签订“3+2”中美合作办学项目协议，并合作组建海外师资培训基地，国际交流合作的领域和范围不断扩大。

——治理水平提到新提升。职业教育新的角色定位需要高职院校加快推进治理现代化，学校坚持依法办学，加快补齐治理体系的短板和弱项，正式发布学校《章程》，修订完善规章制度200余项，完善学术委员会及其专门委员会、专业建设委员会和教材选用委员会等委员会组织机构和配套制度建设，规范办学行为，健全了以《章程》为核心的现代大学制度体系。落实党委领导下的校长负责制，严格执行“三重一大”决策制度。全面推进纪检监督与审计监督、财务监督贯通协调。推进审计全覆盖，开展中层干部经济责任审计，强化审计意见或建议的执行力。审减金额210余万元，提高了资金使用效率。加强预算及政府采购管理，连续三年获得预算考核专项奖励累计800万元。有序推进两级管理改革工作，根据“以群建院”原则，成立了8个二级学院、1个教学部，选优配强二级教学机构中层干部，下移管理重心。优化学校内部组织结构，明确部门岗位职责，强化重大事项督查督办，管理体制和运行机制进一步优化。以突出传统文化、百年商贸办学文化为主要特征，加强校园人文景观建设，制定校园环境建设总体方案，推进绿化、维修和改造工程近百项，新增改造绿化面积2.2万平方米，极大改善了校园人文环境。积极开展高雅艺术进校园等高品位校园文化活动，打造出一批校园文化活动品牌，育人环境不断优化。

——办学条件实现新改善。快速发展需要良好条件支撑，学校顺应“互联网＋职业教育”发展趋势，对照高校基本办学条件指标，重点强化数字校园建设以及生均建筑面积、生均图书等关键指标提升。投资1.5亿元建设5万平方米综合实习实训中心，2020年教学仪器设备总值，由2015年的5046.5元增长到9778.48元，各项教学条件得到改善。实现校园无线网全覆盖，完成18个信息化建设项目，夯实了智慧校园建设基础。加强图书资源建设，开通试用资源库28个，2020年图书总量，由2015年的80.72万册增长到104.14万册，第四届书香江淮阅读活动学校获奖总数量在全省高校排名第一。推进档案资源数字化建设，提高了档案资源利用效率。后勤运行效能进一步提高，荣获第一批省级“节约型公共机构示范单位”称号。以“奖、贷、助、勤、补、减”等方式资助学生，5年来共发放奖助资金5626万元。建设完成大学生事务中心和大学生心理发展教育中心，学生公寓空调安装、多功能文化餐厅等一系列暖心工程落实有力。及时落实教职工工资福利待遇和奖励性绩效，全校教职工收入水平得到一定提升。关心关爱教职工身体健康，持续提高标准、完善体检项目，人均体验标准高于兄弟高校水平，师生获得感、幸福感和自豪感持续增强。

——疫情防控取得新成效。面对突如其来的新冠肺炎疫情，学校积极贯彻落实党和上级的各项疫情防控决策部署，坚持把师生的生命安全和身体健康放在第一位，坚决打赢疫情防控阻击战。强化督查督导，制订“两案八制”，对师生员工开展网格化管理，严格按照要求完成信息报送。建立四级防控工作联系网，形成校园疫情防控合力，防疫工作得到当地政府部门的肯定和表彰。省教育厅在我校召开高校返校条件准备督查专项工作会议，并对我校防控工作予以了充分肯定。学校顺利通过验收，成为芜湖市第一所疫情后返校复学的高职院校，体现了防控成效和责任担当。

——党建工作开创新局面。学校牢牢把握社会主义办学方向，把党和国家重大决策部署落实到办学治校全过程，深入开展“三严三实”专题教育、“两学一做”学习教育，统筹抓好从严治党、战略规划、综合改革、依法治校等重点工作，党委总揽全局、协调各方的能力不断增强。严格落实意识形态工作责任制，大力培育和践行社会主义核心价值观。积极开展基层党组织标准化建设和质量提升行动，全校基层党组织通过达标验收，电信系第一党支部被确定为全国党建工作样板支部，艺术系党总支和经贸系第一党支部分别被确定为省级党建工作标杆院系和党建工作样板支部，实现了党建工作的重要突破。新提拔中层干部32人次，选人用人的公信度进一步提高。健全中层正职及以上干部述职述廉和干部个人有关事项申报等制度，切实加强干部的监督管理。贯彻落实中央八项规定精神和我省实施细则，制定修订全面从严治党规章制度16项，强化重点领域和关键岗位工作开展的事前、事后监督。认真做好省委巡视组巡视反馈意见的整改落实，制订整改任务52项、整改措施176条，确保全部问题整改到位。积极开展“讲严立”专题警示教育、“三个以案”警示教育，得到上级部门的充分肯定。

五年来，全体商贸人积极顺应职业教育发展新形势，牢牢把握稍纵即逝的发展机遇，在探索中实践，在实践中创新，在创新中发展，在发展中提升，在推进地方技能型大学建设和高等职业教育创新发展行动计划的进程中，成效明显、成绩喜人，谱写了百年安商建设发展中可圈可点的历史篇章。学校的全国排名不断提升，办学影响力不断提升，全体师生的精气神不断提升，干事创业的积极性不断提升。学校成为国家优质专科高等职业院校，获得全国高职院校实习管理50强，全省“高职发展标杆校”“技能大赛标杆校”等称号，综合办学实力位居全省高职院校前列。学校党政领导班子连续五次获得综合考核“优秀”等次。中央电视台、中国教育报、安徽电视台、安徽日报、新华日报等媒体对我校教育教学闪光点先后进行了宣传报道。

各位代表、同志们：安徽商贸职业技术学院是全体商贸人的共同家园，成绩的取得离不开省委、省政府和省委教育工委、省教育厅的正确领导，离不开各级政府、行业企业的鼎力支持，更离不开全校广大师生员工的努力付出。特别值得一提的是，在项目申报、国赛集训、扶贫支援以及疫情防控等重点工作中，很多教职工舍小家顾大局，加班加点、夜以继日、任劳任怨，展现了商贸人热爱教育、执着奉献的情怀。在此，我谨代表学校，向长期以来所有关心支持学校发展的各级领导和社会各界人士，向辛勤工作在教学、科研、管理和服务一线的全校师生员工，向离任的党政领导、退休老同志和广大校友，表示衷心的感谢和崇高的敬意！

二、事业发展面临的形势、挑战与任务

党的十九大以来，党和国家对职业教育的重视程度之高前所未有，推动职业教育改革发展的力度之大前所未有，同时党和国家赋予职业教育的角色定位也发生了前所未有的根本性变化。全国职业教育大会进一步强调了优化职业教育类型定位，对增强职业教育适应性，加快构建现代职业教育体系，建设技能型社会进行了一系列部署。职业教育正处于大改革、大发展、大作为的历史最好时期。在此背景下，学校的发展机遇与挑战共存，责任与使命同在。我们要进一步提高认识，认清形势，既要及时抢抓发展中难得的机遇，又要理性分析学校面临的挑战，主动适应国家战略需求、区域经济发展趋势和行业发展需要，结合学校发展实际，审时度势，顺势而为，以更开阔的视野和更长远的眼光谋划未来发展。

国家战略需求为学校发展提出了新使命。“十四五”期间，我国经济由高速增长阶段转向高质量发展阶段，国家将大力推进建设制造强国、质量强国、网络强国、数字中国，需要职业教育满足新时代要求，向着“类型教育”与高质量的方向发展。党的十九届五中全会审议通过《中共中央关于制定国民经济和社会发展第十四个五年规划和二〇三五年远景目标的建议》，明确要求建设高质量教育体系，增强职业技术教育适应性，培养更多高素质技术技能人才、能工巧匠、大国工匠。我们必须主动对接国家战略需求，在服务中广集办学资源，在服务中求得发展动力，在服务中开创发展空间，积极承担经济社会高质量发展赋予的新使命。

经济优化升级为学校发展提供了新视野。当前，产业转型升级和经济结构调整不断加快，虚拟现实、人工智能等新一代信息技术正在由点及面、从易到难实现应用创新，新职业、新业态、新模式不断涌现，2019年以来国家先后发布4批56个新职业，一批现代服务业重点领域新专业相继设置，行业企业对技术技能人才需求的层次、结构和素养方面日新月异，这些都为学校发展提供了新视野。我们必须用发展的眼光，重新审视，切实增强人才培养的适应性，大力推动政行企校协同育人，培养更多满足行业企业需求的高素质技术技能人才。

技能型社会建设为学校发展提供了新机遇。党和国家推出一系列重大举措，把加快发展现代职业教育的要求纳入“长三角一体化”发展等重要区域规划中，密集出台了系列政策法规,对职业教育作出明确部署。《长三角一体化教育协同发展三年行动计划》签署实施。我省拟与教育部合作共建技能安徽,推进职业技术教育一体化高质量发展,为建设新时代美好安徽提供强大技能支撑,为建设技能中国提供安徽方案。学校所在地安徽省芜湖市着力推进省域副中心城市和自贸区建设,着力打造产教融合发展创新实验区。这些都为学校发展注入了强劲动能,提供了新的机遇。我们必须积极融入长三角“经济一体化、人才一体化、产业一体化”发展,提供相应的人才、技术和智力支撑,为长三角一体化发展和技能安徽建设贡献商贸力量。

当前面临的问题为学校发展提出了新任务。在全体商贸人的共同努力下,学校“三全育人”、招生就业、技能大赛、实习实训等多项工作省内领先,财经商科类优势专业国内知名,学校的发展进步是明显的。同时我们也要清醒认识到前进道路上的问题与挑战:党建工作还需进一步强化,人才培养的适应性还需进一步增强,高水平师资队伍建设还需进一步加强,科研和社会服务能力还需进一步提高,国际化办学还需进一步拓展,商贸精神还需进一步凝炼和弘扬,办学支撑条件还需进一步改善,内部治理水平还需进一步提升。我们必须理性分析、坚定信心、接续奋斗,聚焦补短板和锻长板,以更加执着的顽强意志,更加有为的工作业绩,实现学校高质量发展的新跨越。

我们要进一步树立自觉使命意识,进一步抓好建设发展的机遇点。建设中国特色高水平高职学校,力争跻身本科层次职业学校行列,是学校“十四五”发展规划确定的奋斗目标,是时代赋予我们的使命与责任,是全校师生员工和广大校友的共同梦想,已成为全体商贸人的思想共识与行动自觉。部省合作共建技能安徽,拟单独或整合资源设置3—5所以高水平高职学校为主体的本科层次职业学校,我校成功进入“双高计划”建设行列,为学校未来办学层次提升赢得了主动,奠定了基础。机遇千载难逢,需要我们倍加珍惜。我们必须更加紧密地团结起来,把握机遇、凝聚力量、乘势而上,倍加自觉、倍加努力地创造无愧于时代、无愧于全校师生员工的业绩。

我们要进一步树立强基固本意识,进一步抓好建设发展的根本点。教书育人是大学的根本使命,需要我们保持定力,不忘初心,永葆学校教书育人的质朴本色。要始终把立德树人贯穿人才培养全过程,秉持“为学生成长成才赋能添彩”的育人理念,不但要让学生掌握系统的专业知识、融汇技术技能,更要让学生坚定理想信念、提升道德品质,努力使其成长为德智体美劳全面发展的社会主义建设者和接班人。我们要充分认识职业教育是一种面向人人的终身教育、面向市场的就业教育、面向能力的实践教育、面向社会的跨界教育,树立第三方视角的人才培养质量观,积极探索“岗课赛证融通”,把好融入行业标准的人才培养质量关,按照职业教育的规律去办学,着力打造人才培养高地。

我们要进一步树立创新超越意识,进一步抓好建设发展的闪光点。当前学校事业发展进入最好的历史机遇期,再加上“十三五”以来积累的办学基础,使我们不仅有必要,而且有条件、有能力迈出更大步伐。我们必须保持信心、勇于创新,适应持续动态深化的新常态,聚焦重要领域和关键环节,加大改革深度和创新力度,持续加大与地方政府、行业企业、国内院校、科研机构等单位的交流合作力度,深化专业群、人才培养模式、“三教”改革,形成具有引领和推广价值的商贸经验;着力于关键改革和标志性成果攻坚,探索创新商贸范式,打造引领职业教育的闪光点,以重大项目的高质量实施来支撑学校高质量发展,彰显学校作为“双高计划”建设单位的贡献度。

我们要进一步树立自省危机意识,进一步抓好建设发展的薄弱点。五年来,我们集中精力补短板、强弱项,在科研和社会服务、国际交流合作、信息化建设等方面实施了一系列强化举措,解决了编制“周转池”等一些长期以来制约学校发展的问题。但与兄弟院校特别是“双高计划”A档建设单位相比,差距仍然存在。同时随着职业教育进入提质培优、增值赋能的高质量发展新阶段,训育并举、专业群建设管理、专业数字化改造、产业学院建设等方面的新问题相继出现,校园建设面积等办学制约条件也一直现实存在。“提质培优行动计划”全面实施、省部共建职教高地蓬勃发展、职业教育本科大力推进、兄弟院校之间的激烈竞争都在激励着我们，师生员工的热切期盼也在鞭策着我们，不进则退，形势逼人，时不我待。我们只有时刻保持自省，正视建设发展中的差距、短板和薄弱点，痛下决心克服不足，才能在缩小差距和解决问题的过程中加快学校事业发展。

各位代表、同志们：今天，学校事业发展进入重要的战略转折期，建成"特色鲜明、优势突出、国内领先、国际有影响"的中国特色高水平高职学校，力争跻身本科层次职业学校行列，挑战艰巨，任重道远。我们要一天天积累，一年年奋斗，一代代付出，全体商贸人要勇于担当，艰苦奋斗，奋勇拼搏，走出一条质量更高、结构更优、引领彰显的发展新路，使商贸事业绿树常青。

三、今后五年的奋斗目标和主要任务

学校在客观分析学校面临的发展形势、肩负的办学使命基础上，经过多次调研论证，提出了"十四五"期间学校事业发展的奋斗目标和主要任务。

今后五年学校建设与发展的奋斗目标是：立足安徽，辐射长三角，积极适应产业转型升级和区域经济发展，以"双高计划"建设为抓手，以提质培优、增值赋能为主线，打造高素质技术技能人才培养高地和技术技能创新服务平台，不断增强职业教育适应性，实现学校办学水平、服务能力和国际影响力的显著提升，把学校建成特色鲜明、优势突出、国内领先、国际有影响的中国特色高水平高职学校，力争跻身本科层次职业学校行列，为技能安徽建设贡献商贸力量。

围绕这一奋斗目标，未来五年学校事业发展，要以习近平新时代中国特色社会主义思想为指导，认真贯彻落实习近平总书记关于职业教育的重要指示和全国职业教育大会精神，以"十四五"规划为统揽，落实立德树人根本任务，大力实施"职教本科、'双高'建设、师资提升、协同育人、创新服务"五大行动计划，努力打造"人文商贸、质量商贸、特色商贸、开放商贸、幸福商贸"五大美好商贸，全面提升学校综合办学实力和核心竞争力。今后五年学校建设与发展的主要任务是：

（一）实施职教本科行动计划，全力推动学校跨越式发展。

开展职业本科教育，是国家加快构建"纵向贯通、横向融通"现代职业教育体系的重要组成部分，是现代职业教育发展的必然趋势，也是学校"十四五"期间改革发展的目标所在、动力所在。要顺应改革潮流，坚定信心，乘势而为，建立系统思维、重塑知识结构，突出职业教育本科的类型特色，实现内涵建设根本性转变，推动学校办学层次再上台阶。

——探索本科教育内涵建设。对标本科层次职业教育专业设置管理办法，围绕国家和区域经济社会产业发展重点领域，对接新职业、新业态、新模式，高标准建设国家级特色高水平专业群、省级特色高水平专业群，确保相关专业在教师队伍、专业人才培养方案、技术研发与社会服务、办学条件等方面达到设置标准。进一步更新人才培养理念，聚焦应用型、技能型、复合型，总结提炼与安徽师范大学联合举办本科专业培养经验，及时调整人才培养规格，瞄准技术变革和产业转型升级方向，调整培养方案、更新培养内容，落实本科层次培养标准，建设高水平、高层次技术技能人才培养体系。探索中高本贯通人才培养改革和长学制高职人才培养试点，畅通技术技能人才成长渠道。

——加大高层次人才引进力度。围绕开展职教本科试点复合型人才需求，对照师生比、"双师型"教师数、高水平教师教学（科研）创新团队、省级及以上教学名师、高层次人才担任专业带头人等关键指标，着力补缺提升，加大博士人才引进和选送骨干教师攻读博士学位力度，至"十四五"末，博士学位教师规模达60人以上，为职业本科教育储备师资。采用选送参加国内外高层次培训研修、牵头重点项目申报建设等途径进行重点培训，打造高水平教学创新团队。

——拓展办学空间。积极争取上级主管部门及地方政府支持，进一步拓展办学空间，努力提高生均建筑面积、占地面积等办学条件指标，改善实习实训教学条件，以满足学校未来发展需求。

——加强文化建设。大学文化凝聚着学校的办学理念、优良传统和大学精神，是学校办学中师生员工共同培育形成并遵循的价值取向和行为规范。增加投入，加强校史、校园文化和优秀传统文化研究，总结挖掘百年安商精神的丰富内涵。以社会主义核心价值观为引领，着力写好商贸历史，讲好商贸故事，构建徽商文化与职教文化相融合的文化治理体系，切实将以商贸精神、校训、优良的校风教风学风为主要内容的商贸文化融入各项工作之中，真正成为全体师生的行为准则、精神动力和价值追求。加强校史馆、图书馆等文化阵地和校园文化景观建设，深入开展校史校情教育，不断增强师生对学校的认同感、自豪感、责任感。开展高品位、富有商贸特色的文化活动，厚植校园技能文化，传播中华优秀传统文化，积极打造“人文商贸”，提升师生审美能力和人文素养。广泛发动师生校友及社会力量积极参与，办好学校120周年校庆，进一步增强学校的凝聚力和影响力。

（二）实施“双高”建设行动计划，全力推动学校提质培优。

“双高计划”建设和“提质培优行动计划”是当前国家对职业教育改革发展做出的重大部署，是学校强化内涵建设的重要平台，也是学校全面提升办学实力的主抓手。要坚持项目引领、重点突破、优势培育，建设特色鲜明、具有引领示范作用的优势专业群，打造“特色商贸”，形成职业教育的商贸品牌，不断增强学校的核心竞争力。

——推进双高项目建设。按照紧盯引领、强化支撑、凸显高、彰显强、体现特的要求，对标对表党的十九届五中全会的部署要求，对接国家战略需要，对接学校办学实际，进一步设定高绩效目标，细化各项指标。提高项目建设质量，做好自评、迎评工作，确保以优异的成绩通过验收并力争入选第二轮“双高计划”建设学校。推进70项目标任务落实落细，完善“计划—项目—任务”的三级管理模式，把责任落实到个人，细化任务、明确分工、对标考核。以“双高计划”项目建设为抓手，结合地方经济社会发展转型升级的要求，拟定整体方案，建立灵活高效的运行机制，推动项目建设与日常工作有效结合，进一步提升学校的整体实力、服务能力、发展潜力，为本科层次职业教育奠定基础。

——推进“提质培优行动计划”项目建设。积极落实学校承接的《职业教育提质培优行动计划（2020—2023年）》建设任务，加强顶层设计，与学校“十四五”规划、双高计划等同部署、同规划、同实施，着力推进打造示范性课程思政认证中心、构建职业教育“三全育人”新格局、构建以新商科特色产业学院为纽带的校企命运共同体、推进高水平专业群建设、构建中高本贯通人才培养体系、打造“双师型”教师创新教学团队、提升服务乡村振兴发展水平、打造职业教育信息化标杆学校、打造“中文+职业技能”国际交流职业教育品牌、构建体现商科办学特色的现代职业院校治理体系等十大工程建设，进一步提升学校内涵发展水平，增强职业教育适应性，服务区域经济社会发展。

——推进专业改造升级。对接新版职业教育专业目录，落实“四新”要求，认真分析学校当前专业建设现状，围绕人工智能、大数据，推动专业升级和数字化改造，对专业人才培养方案、培养标准、课程体系、评价体系等方面进行赋能升级改造，拓宽专业发展路径，提高专业现代化发展水平。对接长三角一体化经济发展、产业结构调整和升级方向、企业人才和岗位群需求，进一步优化专业群逻辑结构，健全专业群动态调整机制，以中国特色高水平电子商务专业群为引领，带动9个专业群达到省内领先、国内一流，形成中国职业教育品牌。建立专业群协同发展机制，重构“基础共享、核心分界、拓展互选”专业群课程体系，开发模块化课程，组建结构化教学团队，实现专业课程资源、师资、实训基地共建共享。依托“弘商技术服务创新园”等技术技能服务平台，实现群内专业协同发展，提升群内专业服务创新能力。

（三）实施师资提升行动计划，全力建设一流师资队伍。

人才是推动学校改革和发展的第一资源。一流师资队伍是学校建设中国特色高水平高职学校，乃至开展职业本科教育最关键、最核心的要素。人才基础薄弱是一直以来制约我校发展的瓶颈之一，要树立正确的人才观，把师资队伍建设作为学校最重要的基础性工作来抓，坚持引进与培养并重、数量与质量并举，提升师资队伍整体素质。

——建设一流师德师风。完善师德师风激励管理制度体系，开展师德师风主题教育，通过“师德标兵”等标杆选树和表彰活动，营造争创师德典型的良好氛围；加强人才引进、职称评审、岗位聘任、干部选拔、评奖评优、年度考核等重要环节和关口的师德师风考察，落实师德师风“一票否决”，形成新时代师德师风管理长效机制。发掘百年安商职教精神，融入新徽商思想精髓，传承陶行知教育情怀，塑造新时代校本师德内核，贯穿教师培育和管理的全过程，树立以德治学、以德施教、甘于奉献、创新进取的共同价值取向，创新百年安商师德风尚，培养教师从教爱教、献身职教的远大理想。

——建设一流创新团队。实施“领军人才”计划，从新商业前沿引进“管理精英”“技能大师”等行业领军人才，遴选专业和专业群带头人，采用选送参加国内外高层次培训研修、牵头重点项目申报建设等途径进行重点培训。实施“金牌双师”培育计划，遴选高级“双师型”教师重返行业、企业实践锻炼，引育结合，培育专业群建设急需、行业有权威国内有影响的关键人才，建设“大师引领、带头人牵头、金牌双师支撑”的国内一流教学创新团队，建设省级教学创新团队4个以上，争创国家级教学创新团队。

——打造一流双师队伍。围绕职教类型变革，引进熟悉新商业最新科技、标准的专业课教师160人，建成400人的兼职教师库；创新校企共育共享、互兼互聘机制，从深度合作企业遴选优秀人才和能工巧匠更新兼职教师库；强化教师实践进修，选送中青年教师进入政府机构、行业协会和企业实践基地脱产锻炼，打造一支数量充足、专兼结合、师德高尚、技艺精湛的高水平双师队伍，至“十四五”末，“双师型”教师占比达95%以上。联合政府部门、行业协会、培训咨询机构和相关高职院校，构建安徽省财经类职教双师共育平台，总结实践经验和成果，联合制定并大力推广新商科双师标准，形成新商科“双师型”教师培育的安徽体系。

——建设一流师资培养培训基地。联合“安徽省高师培训中心”，对接国家级教师培养培训基地标准，建设省内一流、国内先进的新商科职教师资培养培训基地。采用自主兴办、合作举办、对外承办的方式，通过举办专题培训、选送攻博、政府和行业以及高校挂职、企业进站、国内外研修访学等渠道，结合本校及本省高职师资队伍建设和发展需要，服务新时代职教强省建设目标，全方位开展高层次、系列化教师职业素养、专业技能和发展能力培训，为本校教师成长、本省高职师资队伍建设提供有力支撑，为新商科职教发展增智赋能。

——建设一流管理队伍。高素质专业化管理队伍建设是学校发展的重要方面。修订岗位设置方案，细化各类岗位具体设置。修订学校岗位聘用管理规定，制定校内转岗规定等制度，以岗位管理为基础，完善按合同管理的用人机制，开展专业技术岗位新一轮聘用工作。探索建立辅导员职务职级“双线”晋升通道，推动辅导员专业化、职业化发展。在调结构、补人员的基础上，充分利用“提质培优行动计划”管理干部培训项目，全面加强管理干部培训，有计划地开展校内轮岗、校外挂职等培养锻炼活动，每年选送3—5名教师挂职锻炼，打造政治过硬、品德高尚、业务精湛、治校有方的一流管理队伍。

（四）实施协同育人行动计划，全力提高人才培养适应性。

立德树人是学校教育的根本任务，人才培养是学校的中心工作，不断提高人才培养质量是学校发展的第一要务。要树立第三方视角的质量观，探索以学生为中心的教育教学新生态，多维协同强化人才培养，切实增强人才培养的适应性，打造“质量商贸”，培养具备“立德重信、贾而好文、开拓共享、崇善尚美、吃苦耐劳”新徽商工匠素养的社会主义建设者和接班人。

——大力推进“三全育人”。落实立德树人根本任务，紧紧抓住培养中国特色社会主义事业接班人这一育人之魂，坚持德智体美劳“五育”并举，促进学生全面发展。打造“思政课程”与“课程思政”同频同向育人，建设学生真心喜爱、体现职业教育特点的思政课程，将思政教育全面融入人才培养方案和专业课程，发挥学校国家级课程思政示范课程、教学名师和教学团队的示范作用，带动辐射全校课程思政工作。培育国家级思想政治课教学创新团队、思想政治课示范课堂和课程思政教育案例等项目。发掘徽商精神时代价值，形成“三全育人”和谐生态。积极推进省级“三全育人”综合改革试点院校和试点院系建设，力争创建国家级“三全育人”典型学校。

——积极探索“岗课赛证”融合。对接产业需求和最新职业标准，重构人才培养方案，将新理念、新需求、新技术和徽商精神融入人才培养全过程。以课程体系改革为突破口，瞄准岗位需求，更新、优化课程内容，构建充分体现岗位技能、更加科学的课程体系，实现“底层共享，中层分立，高层互选”，打造一批精品示范课程，力争实现国家级在线开放课程突破。紧扣岗位技能标准设计实践教学，不断完善实践教学过程，编制岗位实践指导手册与教学评价标准。完善“1+X”证书制度实施方案，推进学分制改革，满足学生多元化学习需求。完善三级竞赛体系，力争教师教学能力大赛、学生职业技能大赛、“互联网+”创新创业大赛取得新突破。

——着力推进“三教改革”攻坚，加强教材建设，组建“工匠+专业教师”一体化教材开发团队，开发一批校企双元开发的职业教育规划教材。推进教学方式变革，大力推行项目教学法、案例教学法等符合职业教育特点的教学方法，打造“课堂革命”典型案例。持续推进教学诊断与改进工作，加强人才培养工作状态数据管理系统的建设与应用。进一步深化评价改革，提升全校质量意识，完善质量标准体系，线上线下公开发布人才培养质量年度报告、就业质量年度报告和适应社会需求能力自评报告等，主动接受社会、行业企业以及毕业生等第三方评价监督。

——推进校企双元育人。在“实践主导、能力本位、校企合作”总培养模式下，针对不同专业的特点，进一步创新人才培养模式，提炼各专业培养模式特色。校企共同制定专业群人才培养方案，共同开发课程标准和课程资源，广泛开展“现代学徒制”“订单班”人才培养等校企双元育人项目建设。总结推广电子商务专业“现代学徒制”工作经验，持续、稳步推进迪科金服学院“混合所有制”办学试点，不断优化办学体制机制。面向长三角区域现代服务业，建设特色产业学院，探索建立现代法人治理模式，每个产业学院对接合作稳定的规模以上企业3—5个，构建“专业群＋产业学院”人才培养群落，实现专业全覆盖。

——拓展中外合作办学。围绕“三引三传”，加强中外合作办学项目师资队伍建设，派遣教师前往职业教育发达国家或地区高校开展专题研修培训。多渠道提升中外合作办学专业群教学团队的学历结构、科研能力和教学管理水平，推进中外合作项目师资队伍国际化建设。不断拓宽“一带一路”交流合作领域，推进海外语言文化中心项目建设。建立徽文化研学基地，开展“国外学生来华短期文化交流项目”，宣传中国文化和徽商文化精神。培养具备跨文化交流能力和国际竞争力的优秀毕业生，为企业“走出去”提供人才技术支撑。加强留学生教育，逐步形成以“语言+职业技能+资格证书+素质拓展”为特色的留学生教学模式。与行业龙头企业联合开展专科层次留学生培养项目，形成以“校企协同、学历融通”为特色的留学生教育品牌。

（五）实施创新服务行动计划，全力推动学校增值赋能。

职业教育提质培优的落脚点在增值赋能，就是要通过高质量发展为产业增值，为学校、教师、学生赋能。要激发创新活力，搭建产教融合平台，促进资源协同与集聚，着力打造“开放商贸”，为产业和区域经济发展增值，更好服务长三角一体化发展和技能安徽建设。推进内部治理创新，建设智慧、绿色、和谐校园，营造安全、有序、美丽、和谐的校园环境，着力打造“幸福商贸”，为广大师生员工赋能。

——激发科研和社会服务活力。建立“政行企校”四方协同联动运行机制和师生组建科研与技术技能创新服务团队激励机制，完善科技成果转化管理办法和教科研奖励激励办法以及社会服务管理办法等制度，激发全体师生科研和社会服务活力，加速知识扩散和转移，提升学校科研创新、技术技能和社会服务能力。开展技术技能服务、商业产品研发设计与决策咨询服务、创新创业项目孵化、商务文秘及法律咨询服务。落实乡村振兴战略，建设4个以上“新农商”人才培养基地，实现年度新农商职业技能培训1000人次以上。

——搭建全方位融合新平台。推动校企共建一批“技能大师工作室”“协同应用技术中心”等，开展技术培训、技术创新、社会服务、文化传承等全方位合作。主动参与行业企业供需对接和流程再造，对应新零售产业链构建“新零售产教融合平台”和“新商业综合实战平台”。联合三只松鼠、旷视科技、凡臣电子、安徽晓庄等企业建设“商科+”产教融合实训基地、企业教师工作站，进一步扩大产教融合资源。

——打造创新服务品牌。通过建设国家级水平的技术服务中心，培养高水平技术团队，组建科研与社会服务团队，服务中小微企业，在技术研发和产品升级、科技攻关、智库咨询、英才培养、创新创业等方面发挥重要作用，服务区域发展和产业专业转型升级，努力为产业增值。创建科研服务品牌团队，“政行企校”共建“新徽商”技术技能创新服务平台生态系统。加强现代服务业应用技术服务，推动中小企业技术研发和产品升级。坚持育训结合，积极面向社会开展职业培训。强化继续教育功能，落实“职业教育服务终身学习质量提升行动”。

——推进管理体制创新。以学校章程为统领，进一步理顺和完善管理制度，建立健全各种办事程序、内部机构组织规则、议事规则等，形成相互衔接、系统完备的学校制度体系。进一步完善学校决策机制及相应执行与监督机制，强化学术委员会、教学委员会、教师专业技术职务评审委员会等学术组织建设，健全以学术委员会为核心的学术管理体系与组织架构。持续推进“两代会”、学代会、团代会等组织的建设，健全师生表达诉求、参与学校民主管理的制度。深化两级管理改革，进一步厘清职能部门与二级教学单位的职责边界，建立各自对应的权力清单、责任清单和负面清单，促进职能部门职能转变及管理服务效能提升。合理设定二级教学单位办学与管理权限，强化二级教学单位的办学主体地位。

——推进人事体制机制创新。完善分类评价体系，修订专业技术职务评审办法、专业技术人员聘任办法，针对不同类型、层次教师，按照不同专业领域，建立科学合理的分类评价标准，坚持把师德师风作为教师素质的第一标准。进一步完善高层次人才引进和管理制度，构建惜才、爱才、容才的人才生态环境。完善深化收入分配制度改革，健全和优化“重保障、强绩效、促发展”的收入分配机制，积极探索与中国特色高水平高职学校和专业建设相适应、激励作用明显的薪酬分配体系。

——加强智慧校园建设。紧跟技术变革，适应智能化服务新需求，推进智慧教学、智慧服务和智慧治理建设，建设智能数据中心，构建校本全量数据中心库，以大数据建设与应用助力提升学校管理决策和现代化治理水平，争创全国职业教育信息化标杆校。加快推进文献资源建设数字化转型，不断提升数字图书馆服务质量，实现生均图书(含电子图书)120册以上。加强档案信息化工作，提升档案应用服务能力。

——推进绿色和谐校园建设。秉持可持续发展理念，开展绿色教育，力争创建安徽省第一批绿色校园。加强财务管理，强化审计监督，完善内控机制，持续推进节约型校园建设。根据学校实际和发展需要，切实做好校区功能配套与环境整治工作。开展校园及周边综合治理，积极构建与中国特色高水平高职学校和专业建设相适应的校园安全保卫工作体系。建立完善符合学校实际、体现岗位绩效和分类分级管理的教职工收入分配制度和合理增长机制，持续提高教职工福利待遇。以服务教学科研一线为导向，以提升服务质量为目标，加强校内公共服务保障体系建设，切实提高综合服务效能。健全师生利益诉求和反馈机制，建立完善困难师生帮扶体系，关心学生健康成长，着力解决事关教职工切身利益的实际困难，切实维护师生合法权益。高度重视师生身心健康，提高医疗保障水平，推广全民健身运动，不断提升全体师生的获得感、幸福感和安全感，实现学校事业发展质量不断提高与师生员工幸福指数不断提升的和谐统一。

坚持党建工作统领地位，全力保障学校高质量发展。

——建设中国特色高水平高职学校，关键在党，根本在人。要始终坚持“党要管党、从严治党”的方针，增强管党治党意识，落实管党治党责任，全面推进党的建设，增强党组织的凝聚力、战斗力和创造力，为学校高质量发展提供强有力的思想、政治和组织保证。

——全面落实党建主体责任。贯彻落实党委领导下的校长负责制，紧紧抓住“三重一大”决策运行程序，推进民主管理，深入推进依法治校。深化制度建设，进一步完善各项内控制度，切实抓好制度的落实和执行，促进工作制度化、规范化发展。进一步健全和完善新形势下的党代会年会制度。筹备召开学校第五次党代会，做好党委换届工作。抓牢抓实校领导“五个一”

联系制度、党建责任分工联系制度，继续推进党组织书记抓党建述职评议考核全覆盖，以“党建赋能”带动事业发展。

——加强思想政治建设。认真学习领会习近平新时代中国特色社会主义思想，持续深入开展“不忘初心、牢记使命”主题教育、党史学习教育活动。认真贯彻落实全国全省高校思想政治工作会议精神，坚持把立德树人作为中心任务，把思想政治工作贯穿教育教学全过程。进一步强化意识形态领域工作，严格落实党委意识形态工作主体责任，持续加强意识形态的监督管理，牢牢把握意识形态领域工作的领导权、管理权和话语权。坚持正确舆论导向，加强正面宣传，全面汇聚发展正能量。

——加强党的基层组织建设。把加强党的建设贯穿“双高计划”建设和学校事业发展全过程，加强学校党委“四个过硬”、院(系)党总支“五个到位”、基层党支部“七个有力”建设，形成一级抓一级、层层抓落实的工作格局。构建适应职业教育类型和产教融合的立体交叉式党组织，推进基层党建品牌化、特色化。强化教师党支部书记“双带头人”在履行党的建设和教育教学中的双重责任，并通过建设“双带头人”后备人选库形成合理的梯队，实现“组织建设、党性教育、教书育人”无缝对接。深入实施基层党组织“对标争先”建设计划，推进示范创建和质量创优工作，实现基层党组织建设“提质增效”。

——加强干部队伍建设。以“讲忠诚、敢担当；能抗压、善开拓”为内核，选树“黄山松”式干部典型，选配适应“双高计划”建设需要的创新型干部团队，建设科学合理的干部人才梯队，有针对性地加强年轻后备干部的教育、培养、选拔和使用工作。进一步完善党员干部教育培养机制，开展干部“黄山松”精神培养培训，组织中层干部赴全国十大红色教育基地轮训。以“黄山松”精神为引领，强化学校各级党组织和领导干部的责任意识，实现从严治党向从严治校、从严治教、从严治学拓展。改进领导班子和干部考核评价体系，全面客观评价干部，合理运用考核结果。坚持从严管理干部，严格落实对领导干部进行提醒、函询和诫勉制度，严格干部人事档案管理，规范领导干部社会兼职，从严落实和完善干部述职述德述廉、个人事项报告、出国(境)审批备案等制度，营造风清气正的干事创业环境。

加强党风廉政建设。落实全面从严治党纪委监督专责，推动不同监督方式有机贯通、相互协调，把党委全面监督、纪委专责监督、党的工作部门职能监督、党的基层组织日常监督、党员民主监督等结合起来，融为一体，突出政治监督，加强日常监督。充分运用监督执纪“四种形态”，持之以恒纠正“四风”。坚持开展纠“四风”工作，力戒形式主义、官僚主义。

各位代表、同志们：百舸争流，破浪者领航；千帆竞发，奋勇者争先。过去的五年，我们抢抓机遇，开拓进取，学校事业蓬勃发展，迈上了新的台阶。今天，我们站在“十四五”事业发展的新起点，绘就了建设中国特色高水平高职学校的美好愿景。让我们以习近平新时代中国特色社会主义思想为指导，深入贯彻党的十九大和十九届二中、三中、四中、五中全会以及全国职业教育大会精神，坚定发展自信、凝聚发展共识、聚合发展力量，乘势而上、攻坚克难、提质培优，为全面建成中国特色高水平高职学校，实现职教本科商贸梦而努力奋斗！谢谢大家！

四、党建工作

加强校园文化建设顶层设计,认真落实《安徽商贸职业技术学院校园文化建设规划(2018—2020)》。加强校园人文景观整体规划,面向社会公开招标,开展校园中心广场文化建设工作,对校园入口十二块地面浮雕、中心广场地面三十五个"商"字变形地面浮雕、二十四组浮雕坐凳、中心广场银杏大道徽商主题雕塑二个、阿商商妹儿IP形象雕塑、校园植物实训指示系统等进行设计并且已经开始施工。凝练百年安商深厚历史底蕴中包含的丰富文化教育资源,开展校史文化项目招标。

按照"校级活动精品化、系部活动品牌化、社团活动全覆盖"的思路,与团委、工会等相关部门一起开展"春之声"校园文化艺术节、"阳光体育"文化节、"师德师风演讲比赛"等活动。做好学校的"七五"普法和宪法学习、宣传和教育工作,通过开展宪法知识竞赛、演讲比赛等方式加强社会主义法治宣传教育,培养广大师生知法、懂法、普法的意识,营造三全育人和"大思政"教育的浓厚氛围。

【基层党组织建设】 按照控制总量、优化结构、提高质量、发挥作用的要求,严格党员发展程序,制定年度发展党员指导性计划,在年中和年末认真开展发展学生党员工作专项检查。扎实做好入党积极分子、发展对象和党员培训工作,全年培训入党积极分子1400人,培训发展对象860人,发展党员664人。完成2021届486名毕业生党员和46名新进师生的党组织关系转移工作。完成党员信息系统的录入、核对和网上组织关系转接工作。做好党员党费的收缴、管理、使用和党员活动经费的预算编制与日常管理工作。组织开展元旦、七一、春节慰问困难党员和老党员等工作。认真完成2021年党内统计及会审工作,截至2021年底,学校共有11个党总支、3个直属党支部、32个基层党支部,共有党员1008名,年内发展教工党员6名、学生党员658名。完成对2个校级"标杆院系"和4个校级"样板支部"的验收工作。组织开展2次基层党务工作者业务能力专题培训,提升基层党组织党建工作水平,1名党员获安徽省高校"优秀共产党员"称号,2名党员获安徽省高校"优秀党务工作者"称号,1个党总支获安徽省高校"先进基层党组织"称号。

开展"七一"表彰工作,集中表彰先进基层党组织8个、优秀党务工作者9人、优秀共产党员44人。开展基层党组织书记述职评议考核工作,完成对13位同志的考核认定和结果归档工作,认真组织开展组织生活会、民主评议党员以及民主生活会等相关工作。

【干部队伍建设】 围绕"双高计划"建设重点任务推进和完善学校治理体系需要,进行了行政管理机构设置调整、整合,统筹抓好干部选拔和轮岗交流,对14名干部进行了调整,新选拔副处级干部1名、正科级干部13名、副科级干部12名,遴选了2批19名"黄山松"式干部标杆,进一步完善了"黄山松"式干部选拔培育机制,在全体干部中营造了奋发向上、担当作为的氛围。

做好各级干部培训,组织开展"黄山松"精神"干部担当"等线上线下专题培训4次,共培训167人次,提升干部的宗旨意识、理论水平、业务能力和奋斗精神。

加强干部个人事项报告填报和及时报告事项填报培训,完成了年度个人事项报告填报、系统录入及抽查和重点查核工作。加强领导干部社会兼职管理,对16名新提任领导干部社会组织兼职情况进行了摸底排查,对3件新增兼职事项进行了审核和备案登记。加强干部审计监督,委托监察审计部门对29名干部开展了经济责任审计。

【纪检监督工作】 2021年,学校纪委坚持以习近平新时代中国特色社会主义思想为指导，在省纪委监委驻省教育厅纪检监察组和学校党委的坚强领导下，全面贯彻落实党的十九大和历次全会精神，按照十九届中央纪委五次全会和省纪委十届六次全会部署，以党的政治建设为统领，协助党委推进全面从严治党，强化对权力运行的制约和监督，深入开展专责监督，不断优化日常监督，提高监督执纪工作质效，推动学校纪检工作高质量发展。

党风廉政建设。协助党委召开2021年全面从严治党暨党史学习教育动员部署会议，认真贯彻落实《党委(党组)落实全面从严治党主体责任规定》，推动党委主体责任、书记第一责任人责任和纪委监督责任协调贯通、层层落实。明确二级单位的党风廉政建设责任，压紧压实"一岗双责""党政同责"，组织签订《党风廉政建设责任书》共37份，协助党委开展了2020年度基层党组织书记抓党建述职评议；协助党委开展新一轮深化"三个以案"警示教育，警示教育期间，编印《新闻媒体关于形式主义官僚主义典型案例通报摘编》1本，召开案例通报会3次，通报典型案例12个；制定制度8项，修订制度1项；对近年来审计发现的17个问题进行整改落实情况督查。协助上级纪检监察机关开展专项督查，驰而不息纠正"四风"。2021年，上级纪检监察机关对我校开展了2次专项督查，发现疑似问题11个，经纪委办公室认真核实后，牵头开展了整改落实工作，未发现违纪违法问题。

强化监督执纪。坚持把纪律挺在前面，精准运用"第一种形态"。针对政府采购项目的风险防控，约谈招标代理机构、发布风险提示；规范教科研项目设备使用，召开2次项目主持人集体提醒谈话会；规范办公用房的使用管理，对中层干部开展了1次集体提醒谈话。对新提任的各级领导干部进行集体廉政谈话，严明纪律规矩，打好廉政"预防针"。召开中层干部会议，通报上级纪检监察机关专项督查反馈的问题，提出风险防控要求，防微杜渐抓预防，抓早抓小"治未病"。学校纪委紧盯重要节点正风肃纪，发送廉洁过节提醒通知，对节假日公务接待、公务用车、公务差旅等情况进行明察暗访和监督检查，督促相关部门进一步加强日常管理，强化作风纪律新要求。不定期监督检查学生食堂用餐和节约粮食宣传情况，坚决制止餐饮浪费行为。

加强日常监督。2021年，学校纪委持续加强对重点领域和关键环节的监督力度，针对疫情防控、后勤服务保障项目、政府采购项目、零星维修、人才招聘、职称评审等，有针对性地实施重点督查、程序监督、备案检查，共计开展现场督查3次、程序监督6次、专项督查7次。监督过程中对相关部门工作流程不规范、工作人员履职不尽责的，坚决予以纠正。纪委办公室对部分财政专项资金的使用开展监督工作，重点关注学校在乡村振兴、助学扶困等方面是否存在违规违纪问题。

廉政文化建设。2021年，学校纪委通过开展专题讲座、定期在校园网发布警示教育资料、组织观看警示教育片等，教育和引导各级领导干部、教职员工坚定正确的政治方向，树立正确的价值观，弘扬高尚师德，切实增强廉洁自律意识、提升拒腐防变能力；组织开展"五个一"廉洁文化宣传教育月活动，进一步加强党规党纪和革命传统教育，教育引导广大师生员工切实增强"四个意识"，坚定"四个自信"，做到"两个维护"，坚定不移正风肃纪；大力弘扬新风正气，推进校园廉洁文化建设，引导党员干部修身律己、廉洁齐家，巩固发展风清气正的校园政治生态。

信访举报。严格执行《中国共产党纪律检查机关监督执纪工作规则》，按照信访举报工作程序规范处理信访问题，对重要检举事项集体研究，召开信访件研判会8次。全年共收到信访举报12件，其中检举控告类8件，占信访总量的66.67%，诉求建议类4件，占信访总量的33.33%，上级纪检监察机关转办2件，占信访总量的16.67%。12件信访问题，均进行了认真核实并逐一回复，回复后无异议。

【宣传与思想政治工作】

新闻宣传工作

认真落实《安徽商贸职业技术学院校园网新闻宣传管理办法》，加强校园网新闻审稿力度，持续推进对习近平总书记七·一重要讲话精神、党的十九届六中全会、党史学习教育、学校师德师风建设等的宣传报道，形成了强劲的宣传声势。截至目前，全年校园网发稿850余篇，其中安徽教育网首页显示50篇，比2020年增加

9篇;“学习强国”平台发布文章4篇,发布视频3个;《中国青年报》7次宣传报道我校,比上年增加6次;《中国教育报》报道我校杨琴老师先进事迹1次;《安徽日报》10次宣传报道我校,比上年增加6次;今日头条、《安徽青年报》、芜湖电视台、《芜湖日报》、《大江晚报》等媒体多次报道学校教育教学的改革发展。

新媒体方面,学校新媒体工作室在学校党委领导下,立足校园,面向师生,建立了微博、微信和抖音、哔哩哔哩、快手、QQ等多平台的校级官方新媒体矩阵,总关注量达160000+。2021年,学校官方微信发布1028条、官方微博2168条、官方QQ空间发布3000余条,官方微信2020阅读量超25万,官方微博2021阅读量超2000万,官方今日头条、抖音、快手等其他媒体发布300余条各类推送。开展2021年新媒体及各类QQ群、微信群登记备案及网评队伍的日常维护工作,进一步加强网络舆情引导与监控。

聚焦新媒体质量建设,我校新媒体工作室蝉联2020“全国百强职院校园媒体”、2021年入选教育部中国大学生在线“全国高等职业院校官方视频号综合影响力百强榜”、推选新媒体工作室成员获评安徽省好网民一等奖、《拒绝浪费时刻不忘》短视频作品获安徽省高等院校后勤协会开展的制止餐饮浪费作品征集三等奖。

积极利用新媒体服务学校工作:拍摄《飞翔的拇指姑娘》在中国教育电视台播放,拍摄高校接力讲述党史故事《“空中董存瑞”毕武斌》,利用微信、微博、QQ空间等开展党史学习教育及十九届六中全会专题宣传;开学季制作迎新相关内容,组建新生解答小分队在资助、报道、转专业、住宿等方面进行解答;教师节期间,制作《致敬——商贸筑梦人》宣传片以及利用橱窗展示2020—2021学年度校内先进工作者(优秀教师)和校内疫情防控工作先进集体、先进个人;疫情常态化下,配合招就处、学生处、艺术学院、文法学院等开展线上直播宣传活动,有效扩大活动的宣传和解决线下不可大型聚集等情况。

思想政治工作

印发《中共安徽商贸职业技术学院委员会2021年党委中心组及教职工理论学习计划》《中共安徽商贸职业技术学院委员会关于学习宣传贯彻十九届五中全会精神工作方案》,充分利用各种宣传形式和载体加强宣传造势,为深入学习贯彻习近平新时代中国特色社会主义思想和党的十九届五中、六中全会精神,营造良好舆论氛围。紧紧围绕党的十九大决策部署,着力加强思想政治建设,以党委理论学习中心组学习带动全院党员干部、教职员工的思想政治理论学习,坚持集体学习与个人自学相结合,日常学习与支部“三会一课”学习相结合,多种形式开展理论学习活动,组织师生收看十九届六中全会精神宣讲报告视频会议及热议党的十九届六中全会精神,扎实推进学习常态化建设,切实增强学习实效。印发《中共安徽商贸职业技术学院委员会2021年党委中心组及教职工理论学习计划》,截至目前,全年组织15次党委中心组扩大学习会,安排教职工理论学习18次。

制定《中共安徽商贸职业技术学院委员会关于党史学习教育的工作方案》,明确党史学习教育目标任务、主要内容、工作安排和有关要求。通过党委理论学习中心组学习、专题研讨会、读书班、宣讲报告会等形式有序推进党史学习教育。组织开展“学党史,勇担当”党史知识云答题专题活动,学好用好《论中国共产党历史》《中国共产党简史》等学习资料。组织学校广大党员干部群众、党外人士收看收听庆祝中国共产党成立100周年大会实况,认真聆听习近平总书记重要讲话,深刻领会重要讲话精神。用好宣传阵地,在校园网开设“学党史·建双高”专题宣传报道,发布党史学习教育相关稿件230余篇;在官方微信公众号开设“党史百年天天读”专栏,进一步增强宣传实效性和影响力。加强氛围营造,充分运用校刊、宣传栏、橱窗,以及校园广播、电子屏、各系部网站、微博、微信等宣传阵地,及时、全面、深入地做好党史学习教育宣传工作。深入各党总支、直属党支部开展党史学习教育督查工作,确保党史学习教育有力、有序、有效推进。

2021年召开4次意识形态工作协调小组会议,认真贯彻落实党中央及省委决策部署,扎实推进意识形态巡视反馈问题整改工作。印发《关于开展2021年网络意识形态责任制落实情况专项督查的通知》,加强督查力度,切实解决本单位师生在意识形态和思想政治工作中存在的突出问题。印发《2021—2022学年度意识形态工作责任书》，落实意识形态工作“一岗双责、党政同责”要求，增强抓好意识形态工作的主动性。加强阵地监管，印发《关于开展安徽商贸职业技术学院加强论坛讲坛等阵地管理的通知》，进一步加强对哲学社科类报告会、讲座、论坛类活动的规范管理。深入学习宣传贯彻习近平总书记关于网络强国的重要思想，印发《关于组织开展教职工网络安全宣传教育活动实施方案的通知》，不断加强网络安全宣传教育，落实网络安全工作责任制，同时依托网络“舆情监测”平台，完善学校安全防范机制。加强宗教工作，严格落实《牢固树立马克思主义宗教观和防范抵御非法宗教在校园渗透工作方案》。开展全校信教情况大摸排，台账化管理信息，全面了解和掌握师生思想动态。编印《大学生宗教知识手册》《大学生安全教育手册》，线上线下合力加强宗教政策法规和知识学习宣传，开展反邪教宣传活动和安全教育，筑牢抵御和防范宗教向校园渗透的思想防线。

【统战工作】 认真贯彻落实“五大发展行动聚力工程”重点任务和重点项目，充分发挥统一战线人才荟萃、智力密集、联系广泛的独特优势作用。根据中国民主促进会芜湖市委员会印发《关于表彰2016—2020年度先进集体、先进个人的决定》，民进安徽商贸职业技术学院支部被授予先进基层组织，其成员李亚华、周平、胡艳被授予社会服务工作、参政议政、宣传理论工作先进个人。

面向统一战线成员开展学习解读《中国共产党统一战线工作条例》专题讲座，并组织民主党派人员、知联会成员、归国留学人员开展学习贯彻习近平总书记“七一”重要讲话精神专题学习会。召开归国华侨联合会成立大会暨第一次会员大会并开展学习贯彻党的十九届六中全会精神宣讲报告会，进一步加强对侨联会成员的思想政治引领。

（供稿单位：办公室、纪委办、组织人事处、宣传统战部）

五、教育教学工作

（一）教学情况

【人才培养与专业（群）建设】 组织各专业（群）负责人按照社会调研、人才培养方案制定、人才培养方案专业建设委员会评审、人才培养方案修订、学校审核全流程执行，顺利完成2021级人才培养方案制（修）订工作。大力推进学校专业群内涵建设，瞄准高端产业和新职业岗位群，对接“三地一区”“长三角一体化”产业发展需求，新设或调整群内专业，调整人才培养定位，推动专业优化升级。停招了3个专业，新增3个专业，新申报1个专业，现开设专业44个。形成了以“双高计划”立项建设专业群电子商务为龙头，省级专业群会计和物联网为两翼，带领学校十大专业群共同进步的发展态势。

【“双基”建设】 教务处始终以“双基”建设为指引，紧密结合学校各专业实际情况，狠抓“基本教学组织”“基本教学活动”不放松。年度完成33名教研室主任的考核工作，完成42名新一届教研室主任（负责人）的聘任工作。举行了“离任不离心，离岗不离情——学校举行教研室主任离任仪式”，开展了“筑牢‘双基’建设，培养多面能手”的全校基层教学管理人员专题培训。完成教师教学质量考核工作，组织开展期初、期中和期末教学检查，做好教学日常巡查工作，不断加强教学过程管理和质量监控。更新单元教学设计模板，进一步推动课程思政教学改革，转化教学能力大赛成果。

【“课程思政”建设】 出台《安徽商贸职业技术学院“课程思政”建设实施方案》，创新“课程思政”一体化共建平台工作，开展“课程思政背后的学理逻辑”等线下线上各类培训讲座6次，举办专题比赛1次。学校与新华网共建课程思政教学研究中心，建立了省级课程思政示范中心，成为安徽省“课程思政建设先行高校”，4门课程入选安徽省课程思政示范课，并有2门课程入选国家级职业教育课程思政示范课程、教学名师和团队。初步形成了国家项目为龙头、省级项目为核心、校级项目为基础的三级立体交叉式课程思政教改格局。

【教材建设】 依据《安徽商贸职业技术学院教材管理办法（修订）》，积极发挥教材在人才培养中的基础性作用。学校共获批“十三五”职业教育国家规划教材12本，占省内所有高职院校入选教材比例达到了21.43%。教务处荣获“全国教材建设先进集体”，会计学院丁增稳荣获“全国教材建设先进个人”称号。

【质量工程项目建设】 严格对质量工程项目的检查和验收，进一步完善包括国家重点建设专业、省级质量工程、院级质量工程等在内的三级质量工程体系。精心组织2021年省级教学质量与教学改革工程项目的申报和评审工作，获批省级质量工程项目55项，其中学校推荐的5个教学成果奖，获得了省级特等奖1项、一等奖2项和二等奖2项的好成绩。

【入选国家级职业教育教师教学创新团队】 教务处与电子商务学院、组织人事处等部门通力合作，积极探索实践高水平教师教学创新团队建设，推动教师、教材、教法“三教”改革，示范引领高素质“双师型”教师队伍建设，最终学校电子商务团队成功申报国家级创新教学团队。

【扩招人才培养质量保障工作】 教务处协同信息中心持续探索社招管理平台端口，将社会扩招管理平台入口融入“安徽商贸职业技术学院”微信公众号，厘清了平台入口的搜索逻辑，让社招生学习更高效。丰富了社招管理平台的功能，新增学习进度查看、课程类型标识、学分查看、退学办理等功能，增强了管理效能和学习体验。教务处积极推动二级学院开展“直播”教学，共有86门社招课程开展“直播”教学，覆盖社招学生1335人；建立了社招课程教学检查制度，期初、期中和期末均检查线上授课情况，对课程缺失或不达标的课程予以及时处理，确保社招教学正常运行。

【实训资源建设】 学校逐年增加校内实训相关资金投入，相较于2020年度，教学仪器设备新增1394.91万元，新改扩建实训室12个，教学仪器设备总值达11169.88万元，全校共有实训室112间，工位数5720个，本年度全校校内实训基地使用频率5932328人时。教务处统筹谋划，细化分工，与电子商务学院共同合作，新零售虚拟仿真实训基地成功入选职业教育示范性虚拟仿真实训基地培育项目，树立实训资源建设新标杆。

【“1+X”证书制度试点工作】 2021年共申报了30个“1+X”证书试点，其中新增审计信息化应用、个税计算等第四批证书12个，涉及32个专业，“1+X”课程模块的专业覆盖率达到了84%；同时，为了满足“1+X”证书考培建设的需要，学校共遴选出Web前端开发等6个高质量师资团队，并设立了传感网应用开发、财务数智化“1+X”平台等8个工学结合的职业技能等级考培中心，进一步提升了“1+X”证书工作质量和培训服务水平。

【教师教学能力大赛】 学校高度重视全国职业院校教学能力大赛，教务处联合其他部门共同修改了《专业技能竞赛管理与奖励办法》。学校选送参加安徽省高等职业院校教学能力比赛的12件参赛作品全部获奖，共获一等奖6项、二等奖2项、三等奖4项，再创历史新高。4支教师团队入围全国职业院校技能大赛教学能力比赛，获得国赛二等奖2项、三等奖1项。

全国职业院校技能大赛教学能力比赛获奖情况一览表

赛　事	赛项（作品名称）	获奖等级	参赛教师
全国职业院校技能大赛教学能力比赛	明大德守公德严私德	二等奖	翟森、谢婧、王培、杨卫宏
全国职业院校技能大赛教学能力比赛	国内定制游业务操作	二等奖	段文忠（东西合作）
全国职业院校技能大赛教学能力比赛	新媒体营销内容、创作与呈现	三等奖	汪贞叶、李仁霞、徐诗瑶、胡计虎

【承办全国电子商务技能大赛】 教务处与电子商务学院紧密配合，提前谋划，成功承办2021年全国职业院校学生职业技能大赛（高职组）电子商务赛项。本次大赛是财经商贸类电子商务专业规格最高、水平最高、参与范围最广的一项全国性赛事，来自多个省市、新疆生产建设兵团的32支参赛队128名选手展开多方位的能力比拼。本着公平公正的原则，此次大赛获得省级领导与参赛师生们的一致好评，做到了0投诉0异议。

【学生职业技能大赛】 学校2021年全国职业院校技能大赛共有5支参赛队入围国赛，取得一等奖一项、二等奖一项、三等奖三项，竞赛成绩稳居安徽省高职院校前列。

全国职业院校技能大赛获奖情况一览表

赛事	项目名称	获奖等级	参赛学生	指导教师
全国职业院校技能大赛	电子商务技能	一等奖	李家诚、张慧儿、陆漫玉、黄圆园	王召义、汪琪
全国职业院校技能大赛	市场营销技能	二等奖	鲁鹏、潘伟、张雅晴、薄欣洁	张京洲、刘松
全国职业院校技能大赛	会计技能	三等奖	周奥、熊晓霞、孙松、黄炎	郑兴东、弋兴飞
全国职业院校技能大赛	网络系统管理	三等奖	章百辰	周　洋
全国职业院校技能大赛	信息安全管理与评估	三等奖	陈宇、李龙、许凌志	何军、黄飞

（二）成人教育教学情况

【概 况】 安徽商贸职业技术学院继续教育与社会培训学院前身是"安徽商业职工大学"，成立于1984年，2000年6月经省政府批准，教育部备案，与百年老校——"安徽省商业学校"合并升格为公办全日制专科层次的高等职业院校，隶属于安徽省教育厅直接领导和管理。学院设有中层机构成人教育处，2009年改为成人教育学院，2014年6月更名为继续教育学院，2021年1月更名为继续教育与社会培训学院，负责全校继续（成人）学历教育与社会工作。继续教育与社会培训学院拥有1500平方米独立的办公和教学区域，多媒体教室、机房、网络等教学硬件设施先进；设有大数据与会计、金融管理、电子商务、市场营销、投资与理财、财务管理、物流管理、电子信息工程技术、计算机信息管理、旅游管理等专业；学院配备了一支结构合理、力量雄厚、素质较高的师资队伍，承担继续教育与社会培训学院的教学任务。鲜明的办学特色和较高的办学质量，使我院成人高等教育的毕业生受到社会的普遍欢迎，得到了用人单位的赞赏，许多毕业生走上了领导工作岗位，成为单位的骨干，为地方经济建设做出了贡献。同时，我院自1999年还先后与湖南大学、江南大学、华东理工大学强强联合，举办专科升本科的学历教育，迄今已经送走了多届本科毕业生，不少毕业生还取得了学士学位。

继续教育与社会培训学院在安徽商贸职业技术学院党委的领导下，全面贯彻党的教育方针，继续稳步发展学历教育，积极开拓多种形式的继续教育与社会培训，不断深化教育教学改革，培养具有创新、创业精神和实践能力的高级技术技能型人才，构建"学历教育+技能培训+终身教育"教育培训体系，不断提高服务于地方经济建设和社会发展的继续教育能力。

【成人高等学历教育】

（一）成人高等学历教育基本建设情况。

安徽商贸职业技术学院成人高等学历教育共设专业10门，分别为：大数据与会计、金融管理、电子商务、市场营销、投资与理财、财务管理、物流管理、电子信息工程技术、计算机信息管理、旅游管理专业。其中大数据与会计、市场营销、电子商务、旅游管理为主导特色专业。截至2021年12月底，成人高等学历教育专科在籍学生568人。

继续教育与社会培训学院成人高等教育的授课教师、辅导教师、管理人员共计98人，其中校内教师98人，占100%，"双师型"教师占78%。教师结构中，教授5人，副教授41人，讲师35人，聘请能工巧匠9人。良好的师资队伍，保证了学校继续教育教学和管理的需要。

继续教育与社会培训学院成人高等教育的教学资源建设与全日制学历教育的教学资源建设同步发展。建有会计信息教学系统1套、应用软件财经类综合实训平台和全真模拟训练平台软件1套、智胜国赛软件1套，并建有网上教学资源库。生产制造信息化企业CDIO实践基地，信息类卓越技能人才培养基地，可同时满足72人的实习实训。

依托学校专业设置，我院成人高等学历教育专业结构与地方产业发展吻合度不断提升，专业建设成效进一步凸显。其中，市场营销专业获全国商业教指委人才培养方案评选"优秀"等级，电子商务专业跃居"全国高职院校物流电商专业竞争力100强"第10名，旅游管理专业获批全国职业院校旅游类示范专业点。

（二）规范管理，标准建设。

2021年度，继续教育与社会培训学院严格执行省教育厅相关政策和规定，成立了成人高等教育招生工作领导小组，依据各专业人才培养能力、报考情况和市场需求等综合因素，拟定分专业招生计划，开展招生宣传和咨询，网上远程录取，向社会公布分数线，接受社会监督。

修订《高等学历继续教育学生管理规定》，加强对学生学籍管理、教育教学、奖励与处分等过程性管理的制度约束，增加了考核纪律和终身学分银行的成果转化等内容。

加强成人高等教育教学过程和考核质量管理。考核分由考试和出勤构成，考题出卷分A、

B试卷，缺勤50%以上的学员不得参加本课程的正常考核。毕业作业有目标、形式、格式等要求，组织管理有动员，指定专门老师进行指导，在审定开题提纲、完成三稿的基础上，在学院教学计划规定时间内完成，成绩全部合格者准予毕业。

学习支持服务管理制度建设标准化、规范化。从招生到教学，再到学籍管理、学生管理和工学矛盾处理，都初步建立了规章制度。对校外教学点制定专门的管理办法，从教学点的设置条件、设点程序、主要职责、日常管理等环节进行规范管理，严格执行内部质量保证体系建设，全面落实教学督查、任课教师参与监考等工作，牢牢把握学校办学权、教学权和招生权。各教学点实施效果显著。

【高等教育自学考试】 安徽商贸职业技术学院高等教育自学考试学习服务中心2021年度继续与安徽师范大学、安徽大学、安徽财经大学、安徽工程大学四所自学考试主考院校合作，共计开办大数据与会计、市场营销、人力资源管理、金融、艺术设计、法律、英语教育与新闻学等8个本科专业。完成2021级成人高等教育198名专科新生的录取、报到、学籍注册等工作，截至2021年12月底，在读自考本科617人。

2021年度学院根据自考辅导的需求，经报学院批准，成立了"安徽商贸职业技术学院自考本科学历教育领导小组"，集全校之力对自考本科学历教育的教学计划、辅导课程、招生专业等宏观问题进行统一管理、决策，为自考本科学历教育的进一步发展奠定了良好的组织基础。

为提高自考助学过程的教学效果，我院自考助学服务中心在2021年度开展了加强终结性考试的规范化管理工作。2021年度辅导工作开始前，自考助学服务中心通过召开课前准备会，对到会的班主任、任课教师提出明确考核要求，同时，召开学生动员大会，提出以"真学，真考"为标准，端正学风、考风，树立"终身学习，培养良好学习习惯"的观念。组成了以院领导领班，各二级教学单位负责人、教务处、学生处等共同参与的巡查组，对辅导过程进行监督，使到课率得到极大提高，为进一步提高合格率奠定了良好基础。

【教学实绩】 截至2021年底，学院有三种类型、两个层次的学历教育学籍学生1310人。其中：业余成人专科568人，网络专升本125人，自考本科617人（自考助学）。

（一）成人专科学历教育工作。

1. 完成了年度招生计划，实招144人。

2. 完成了本部及4个教学点的教学管理任务。

（二）自考助学服务中心教育工作。

1. 通过召开辅导员会议，2021级新生班干宣传会等直面学生的宣传形式，2021年新招生234人。

2. 根据自考辅导的需求，经报学院批准，成立了"安徽商贸职业技术学院自考本科学历教育领导小组"，集全校之力对自考本科学历教育的教学计划、辅导课程、招生专业等宏观问题进行统一管理、决策，为自考本科学历教育的进一步发展奠定了良好的组织基础。

3. 强化终结性考试的规范化，2021年10月份，我院按照省教育厅文件，首次组织了标准化考试，得到省厅巡视员的高度认可。

4. 加强辅导过程的管理，今年辅导开始前，我们通过召开课前准备会，对到会的班主任、任课教师提出明确考核要求，同时，召开学生动员大会，提出以"真学，真考"为标准，端正学风、考风，树立"终身学习，培养良好学习习惯"的观念。组成了以院领导领班，各系部负责人，教务处，学生处共同参与的巡查组，对辅导过程进行监督，使到课率得到极大提高，为进一步提高合格率奠定了良好基础。

（三）学生工作

【思想政治教育】 推进三全育人，提升立德树人新水平。一体两翼协同完成省级三全育人综合改革试点申报，以构建"两环三感四举五维浸润，共育十全十美安商学子"为育人工作导向，全面统筹学校办学治校各领域、教育教学各环节、人才培养各方面的育人资源和育人力量，进一步夯实“五维十育并举 培养新时代徽商工匠”的育人工作模式。2021年2月，成功获批安徽省三全育人综合改革试点校，电子商务学院、国际商务与旅游学院成功获批安徽省三全育人综合改革试点院系。协同攻坚顺利推进校内三全育人各项工作试点，成立了以书记、校长为组长的“三全育人”综合改革试点工作领导小组，推动形成“党委统一领导、部门分工负责、学院主抓落实、全员协同参与”的育人体系，选树了1个学院为三全育人示范学院、1个学院为三全育人试点学院，开展了名辅导员（班主任）工作室、名思政课教师工作室、校级教书育人、管理育人、服务育人引领项目等培育工作，持续营造我校围绕学生、关照学生、服务学生的教育氛围，全面提升我校新时代立德树人工作水平。

做好思想引领，践行社会主义核心价值观。部署2021年大学生思想政治教育工作实施方案，组织学工骨干、辅导员等认真学习贯彻习近平总书记在庆祝中国共产党成立100周年大会上的重要讲话精神、十九届六中全会精神，引导广大学生培育和践行社会主义核心价值观。持续5年开展在校大学生思想政治现状调研工作。深入开展开学典礼、毕业典礼、辅导员入职宣誓等有仪式感的活动，升华师生爱校情感。配合相关处室开展了“大国工匠、劳模进校园”“徽商精神大讲堂”等系列活动，开好劳育、美育等第二课堂实践课程，拓宽大学生五育提升新路径。

围绕双高建设，传承好学校百年育人谱系。在双高建设工作中，提出构建“新徽商工匠素养评价”工作。通过与校内外专家、校内徽商研究和学生管理研究的老师的共同研究以及多种途径与广大学生进行座谈，提炼出3个维度、6个要素、18个要点、36个宏观与微观兼具的新徽商工匠素养评价标准。牵头在全校近270个班级中全面开展“百千万师生聚双高”主题班会教育活动和学生诊断改进工作，在新生班级中开展了“一站到底暨双高应知应会知识竞赛”活动，让全体学生了解双高、感受双高、融入双高。

积极探索合力育人，宣传学校育人成果。2021年由1名专职辅导员主编、校内35名思政课教师、专兼职辅导员合力参与编撰的《高校辅导员学生工作实践手册》正式出版发行。该书收录了来自河海大学、延安大学、中国美术学院等几十所大学百余名思政队伍一线老师们的育人心得，成为我校实践育人向理论育人的一次有益初探，向社会彰显了我校的育人举措，向读者和学子传递了我校的育人成果。曾接受习近平总书记多次接见的时代楷模、全国道德模范、全国最美奋斗者曲建武教授在书中对我校思政队伍的育人工作给予了高度肯定和点评。

我校马麒龙同学荣获“2019年度安徽省大学生年度人物入围奖”称号。2月，安徽省委教育工委下发《中共安徽省委教育工委关于公布2019年度全省大学生年度人物评选结果的通知》，我校2018级物流信息技术1班马麒龙同学获“2019年度安徽省大学生年度人物入围奖”。马麒龙同学在校期间任全国学联二十七大代表，班级班长，校广播台副台长。他政治立场坚定，理论素养突出，主动利用学习强国平台和各类思想引领活动，学习党的方针政策，获得党校“优秀学员”、青马工程培训班“优秀学员”等荣誉称号，并成为一名预备党员。疫情期间，他主动向社区报到，协助开展入户排查登记、人员车辆检查、小区安全巡逻和防疫知识宣传等志愿服务工作，2018年至今，先后赴安庆市潜山龙潭乡小学、芜湖市鸠江区湾里街道“雏凤学堂”和无为市范庄村进行爱心支教。暑假期间，积极参加芜湖市“明日鸠兹”大学生政务实习活动，勤勉务实的作风，得到了实习单位的充分认可。马麒龙同学还积极参加长三角峰会、安徽省青年职业技能大赛等志愿服务活动，展现了勇于担当的青春风采。

榜样的力量——我校青年学子观看《感动中国2020年度人物颁奖典礼》。校团委于2月18日组织各团学组织的青年学子线上观看《感动中国2020年度人物颁奖典礼》。伟大时代呼唤伟大精神，崇高事业需要榜样引领。一位位年度人物的生动事迹感染了每一位商贸学子，同学们在感到敬佩和震撼的同时，纷纷通过留言表达自己的感想。本次活动，加深了同学们对于以爱国主义为核心的民族精神和以改革创新为核心的时代精神的理解，进一步引导青年学生做社会主义核心价值观的坚定信仰者、积极传播者和模范践行者，肩负起时代赋予的责任和使命，积极投身于社会主义现代化国家建设新征程，为中华民族伟大复兴的中国梦不懈奋斗。

“青春耀百年 永远跟党走”主题团日系列活动。4月，校团委组织开展“青春耀百年 永远跟党走”主题团日系列活动，活动内容主要包括“党”“团”并举——坚守线上线下学习阵地、“图”“形”合一——记录青春印象 献礼建党百年、“影”“音”同行——重温党的光辉历程、百花齐放——群团活动精彩纷呈几个模块，主题鲜明、内容丰富、形式多样，引导广大团员青年了解党的光辉历史、感悟党的初心使命、领会党的创新理论、体认党的精神谱系、传承党的红色基因，更加自觉地以习近平新时代中国特色社会主义思想武装头脑，为全面建设社会主义现代化国家、实现中华民族伟大复兴中国梦贡献青春力量。

举办第24期“青马工程”团学骨干培训班暨“学党史 强信念 跟党走”专题学习班。5月，校团委组织开展第24期“青马工程”团学骨干培训班暨“学党史 强信念 跟党走”专题学习班开班，面向200多名2021级团学干部开设理论讲座、业务培训、素质拓展、汇报研讨等课程，通过此次培训深入学习贯彻习近平总书记在党史学习教育动员大会上的重要讲话精神，充分发挥党史学习教育对团员思想武装和团的思想建设的重要作用，引导广大团员青年厚植爱党、爱国、爱社会主义的情感，让红色基因革命薪火代代传承。

青春向党 奋斗强国——我校学子积极参与高校红歌联唱接力活动。为庆祝建党100周年，讴歌新时代，启航新征程，表达广大青年大学生爱党爱国的真挚感情，我校学子积极响应团中央、全国学联的号召，联合校级学生组织成员一起参与高校红歌联唱接力活动。“没有共产党就没有新中国，没有共产党就没有新中国。共产党辛劳为民族……”5月30日的商贸校园内党旗飘飘，红歌嘹亮。沐浴着奋进百年新征程的骄阳，我校青年学子精心编排，统一着装，挥舞着鲜艳的旗帜，打卡校训石、图书馆、笃学楼等标志性建筑，以饱满的热情，嘹亮的歌喉，歌颂党的辉煌历程，献礼党的百年华诞。活动视频通过校学生会QQ、微信、抖音等新媒体发布，进一步展现商贸学子奋发有为，昂扬向上的精神风貌，营造唱响经典红歌，传承红色基因的热烈氛围。以音乐回望党史，用歌声铭记初心。商贸学子用红歌接力的方式献礼建党100周年，不仅让党史学习教育“活”起来，还唱响了爱党爱国的时代主旋律。歌声终会停止，但商贸学子接续奋斗、奋勇向前的决心将永不落幕。

祭民族之殇 筑复兴之梦——学校举办2021年国家公祭日缅怀活动。12月13日，校学生会、校社团联合会、学校各社团和校国旗班等多个学生组织举办国家公祭日缅怀活动，通过多种追思纪念活动，追忆民族灾难，缅怀为国捐躯的先烈和遇难同胞，表达护卫和平的愿景。12月13日清晨，在教学楼广场，国旗护卫队成两路纵队，踏着整齐而统一的步伐护送国旗走向国旗杆，举行升旗仪式。19时整，校团委全体老师、校院团学组织、2021级各班团支部及学生代表七百余人共同参加户外追思祭奠活动。活动在集体朗诵《和平宣言》中拉开序幕，在志愿者带领下，同学们举起右拳，郑重宣誓，表达青年学子不忘国耻、矢志复兴的坚定信念。铿锵有力的宣誓声响彻广场，激荡心底。活动结束后，同学们将亲手折好的纸鹤粘贴在和平许愿墙上，一只只白色纸鹤化身成白鸽，表达对遇难同胞的哀思祭奠以及对和平的向往和坚守。庄严的默哀仪式让同学们更加认识到和平生活的来之不易，大家将铭记沉重历史，珍视和平，以更加昂扬的精神状态拼搏奋进。

“奋斗百年路 启航新征程”主题团日系列活动。11月，各级团组织充分利用青年大学习、主题研讨、榜样宣讲、学习强国等线上学习平台，主动搭建党史学习教育基地、红色教育资源等学习平台，扩宽党史学习维度。各班级团支部利用多媒体教室集中观影，重温习近平总书记“七一”重要讲话、观看系列爱国影片，回顾建党百年峥嵘岁月，进一步激发广大青年学生爱党、爱国、爱社会主义的巨大热情。此次活动将常态化党史学习教育落实到育人工作的全方位全过程，持续教育引导广大青年学生从百年党史中坚定信念、凝聚力量、奋力前行。

举办第25期“青马工程”暨十九届六中全会精神专题学习班。12月，组织开展第25期“青马工程”暨十九届六中全会精神专题学习班。本期培训主要面向2021级各班团支部书记、校团委及二级学院团总支下设部门的负责人、各学生社团会长。在班级管理上，设置学干、团干、社联三个小班，采取集中培训和分班指导的形式进行有针对性的培训，进一步提升了学生干部的思想认识和工作水平，引导青年学子切实增强“四个意识”、坚定“四个自信”、做到“两个维护”，自觉做习近平新时代中国特色社会主义思想的坚定信仰者和忠实实践者。

【文体素质拓展】 学校举办第九届“挑战杯”安徽省大学生课外学术科技作品竞赛校内选拔赛。今年是“十四五”开局之年，也是中国共产党建党100周年。为深入学习贯彻习近平新时代中国特色社会主义思想以及党的十九大、十九届二中、三中、四中、五中全会精神，进一步引导青年大学生努力培养科学精神和科学态度，积极学习科学知识和科学方法，为促进科技自立自强，加快建设科技强国贡献青春力量，学校举办第九届“挑战杯”大学生课外学术科技作品竞赛校内选拔赛。自2021年1月启动比赛以来，在广大同学的积极参与下，共收到全校7个学院报送的60组作品参赛，作品内容涉及发明创造、乡村振兴、中国之治、社会养老、战疫行动等多个方面。经过校外专家线上评审，共评选出15组优秀作品参加校赛决赛。经过激烈角逐，《基于多光谱成像和人工智能技术的便携式水果成熟度检测系统》《一种小型电磁继电器的衔铁自动加工设备》等8组作品将代表学校参加省赛角逐。获得省赛一等奖1项，二等奖2项，三等奖5项，其中省赛一等奖作品推荐参加国赛。

学校举办第五届“谁是达人”全民健身大挑战活动。4月21日，校学生会举办第五届“谁是达人”全民健身大挑战活动。在活动内容上，选取了跳绳、投篮、仰卧起坐、平板支撑等5个常见的运动项目，同时兼顾了趣味性和运动性。由于活动形式创新，内容贴近学生，得到广大青年学生的积极响应和广泛参与，据统计，全校近800人次参与。活动现场如火如荼，精彩不断。选手们不断追求更快、更强的体育精神感染了现场所有同学，运动达人们骄人的成绩更是赢得了现场同学们阵阵掌声与喝彩。

学校举办“健康新风尚，水果也疯狂”创意水果拼盘活动。4月28日下午，创意水果拼盘大赛在多功能文化餐厅三楼举行，后勤管理处为此次活动提供了资金、材料、场地支持。在这个小小的舞台上，选手们通过食材选取、色彩搭配、雕刻造型等方式打造独具一格的水果拼盘，展示属于自己的创意和美感。经过选手们的巧妙构思，精雕细琢，普通的水果摇身一变，有的变成了栩栩如生的花鸟鱼虫，有的变成了柳暗花明的山水田园，有的变成了充满童趣的童话世界。每一件作品都是创意与美感的结合。生活中充满了智慧和哲理，希望大家通过自己的努力让生活更美好，把日子过成诗，最后活动在充实而愉快的氛围中圆满结束。

“声”在中国“音”为梦想——学校举办校园歌手大赛。4月28日晚在大学生活动中心举行歌手大赛总决赛，校党委委员、学生工作处处长兼团委书记郑伟与全校300多名师生共同观看了比赛。大赛自启动以来，得到同学们的广泛关注和热情参与。经过海选、初赛、复赛层层选拔，最终有17组选手成功晋级决赛。决赛现场，选手们倾情献唱、各施才华，一首首歌曲或清新自然，或慷慨激昂，或空灵深邃，或婉转悠扬，为观众们带来了一场视觉、听觉的盛宴。本次比赛邀请了各个二级学院热爱音乐且具有文艺特长的青年教师担任评委。比赛结束后，苏曹骢对大赛进行点评。本次大赛，不仅为全校有音乐才华和音乐梦想的学子提供了广阔的舞台，同时让广大师生感受到音乐的魅力，为进一步丰富校园文化生活，营造健康、高雅的校园文化氛围发挥了积极作用。

巧手匠心展风采——学校举办手工艺品制作大赛。2021年5月，校学生会举办“纯手工 真大牌”手工艺品制作大赛。活动一经发布，得到手工爱好者们的热烈响应和广泛参与。大家充分发挥聪明才智，各展所长，在他们的巧妙改造下，看似简单的原材料，变化成精美绝伦的作品，不仅给人带来美的享受，同时也给生活增添了不一样的色彩。经过征集、整理，全校共收到近300件参赛作品，作品类型包括纸艺、编绳、针织、雕刻、旧物改造、黏土等。为进一步提升活动效果，确保评选结果的客观、公正，学校特邀请各二级学院教师代表担任评委，对作品进行评审。评委们看到作品后赞不绝口，他们时而点评、时而细赏，经过深思后，依据作品的技术含量、精美程度、创新性和艺术性，为他们喜欢的作品投出了慎重的一票。学校一直以来重视美育和劳动教育，通过此次活动的开展，为我校学子提供了展示才智、发挥创意、投身环保的广阔平台，进一步丰富了校园文化生活，陶冶了学生的审美情操和提高了学生的人文素养。

井盖变“景”盖 处处彰显美——学校开展主题手绘井盖活动。6月，为进一步加强美育教育，营造人文商贸氛围，校团委组织30余名志愿者开展了“飞扬中国梦 彩绘商贸情”主题手绘井盖活动。本次手绘包括徽商文化、动漫卡通、消防安全、预防诈骗、低碳环保等多个题材，绘制区域集中在环形机动车道、笃学楼、宿舍楼及食堂小广场，共绘制井盖柱墩100余个。活动开展当日气温31度，地表温度接近40度，同学们汗流浃背，没有一丝畏难，圆满完成了既定任务，也体现了我校学子吃苦耐劳、爱校奉献的优良品质。此次手绘井盖是美育系列活动之一，学校将进一步加强美育工作，以美育人，以文化人，促进学生德智体美劳全面发展。

“百年峥嵘岁月 留声颂扬伟业”配音大赛。6月，举办“百年峥嵘岁月 留声颂扬伟业”影视配音大赛，以中国共产党成立100周年为契机，让同学们在经典影片的魅力和配音的乐趣中追忆党的峥嵘岁月，传承党的优良作风。来自各学院选送的十支队伍，通过完美的配合、细致的情感，用声音深情演绎，淋漓尽致地展现了一部部极具鲜明时代特征的电影片段。此次活动，不仅是一次语言技能的切磋，更是一场加强版爱国主义教育思政课，更促进了同学们团队之间的沟通交流，提高了表演能力和内在文化素养。

舞动青春风采 献礼党的百年华诞——学校隆重举办第十九届“春之声”校园舞蹈大赛。6月9日晚，学校在笃学楼广场隆重举办了第十九届“春之声”校园文化艺术节暨“争做时代新人 舞动青春风采”校园舞蹈大赛。校党委副书记、纪委书记朱光应，校党委委员、学生工作处处长、校团委书记郑伟，各二级学院党、团总支书记出席了现场活动，全校近千名师生共同观看了比赛。在这个青春与梦想交织的舞台上，青年学子们相聚在党旗下，用一首首红歌、一支支舞蹈表达着爱党爱国的真挚情感。活动开始前，各观众方阵开展红歌接力活动。接着，来自各个二级学院选送的11支舞蹈节目整装待发。巧妙的舞蹈编排，精致的服装搭配，精益求精的舞姿以及绚丽的舞台效果，为大家呈现了一场精彩纷呈的文化大餐。一直以来，学校高度重视美育工作，旨在提高大学生认识美、爱好美和创造美的能力，为提升广大师生幸福感，打造五大美好商贸注入内涵。此次舞蹈大赛节目形式多样，主题突出，注重传统与现代结合，坚持思想性与艺术性统一，不仅为热爱舞蹈的学子提供了广阔的舞台，展现了我校学子坚持梦想、奋发拼搏的青春风采，同时也让广大师生感受到舞蹈艺术的魅力，进一步提升了当代大学生的审美素养和艺术修养。

军训慰问演出。9月，为打造其乐融融的军训环境，营造温馨的军训氛围，帮助新同学尽快融入大学校园生活，艺术团特此举办一场形式简单的新生军训慰问演出，为新生送去一抹清凉。通过喜闻乐见的形式，带给新同学放松体验的全新感受，让同学们能感受到艺术团的风采。

特色活动“一周talk”、商韵梦之声夜读。10月，校园之声广播台通过微信公众号推出一系列特色活动，其中“一周talk”节目，向全校师生普及节气、传统节日、民风习俗、地方特色、娱乐赛事等有趣且温馨的小知识；商韵梦之声夜读活动，让同学们聆听到治愈心灵的声音；每周六上传的经典美文，让同学们以梦为马，执笔归心，以文会友。以上活动让学生们寻找到心灵深处的灵魂伴侣，加强学生对于传统文化知识的了解，提高高校学生和广大青年对广播电视节目的浓厚兴趣。

弘扬新徽商精神 构建节约型校园——校学生会举办第六届“跳蚤市场”活动。11月9日—17日，校学生会在食堂广场举办第六届“跳蚤市场”活动。为了确保活动取得实效，校、院实践公益部的同学们秉承“始于公益，忠于实践”的宗旨，精心筹备活动内容，热情做好宣传动员、收集整理、财务管理等工作，为此次活动提供了热情周到的服务。此次活动受到广大同学的欢迎，活动现场摆放了各种各样的二手物品，大到吉他等乐器，小到钥匙扣，品类齐全，应有尽有。琳琅满目、物美价廉的物品很快吸引了“顾客”的目光。同学们纷纷驻足选购心仪的商品。经过为期三天的售卖，活动交易金额达到19468.13

元。我校“跳蚤市场”活动已连续举办6年，每年场面都十分火爆，成为符合同学需求，深受同学喜爱的品牌活动。活动不仅为同学们搭建了闲置物品交易的平台，也促进了同学之间的交流，培养了学生们勤俭节约的习惯。如今，该活动不仅仅是每年毕业季的传统，也成为校园文化的一部分，为弘扬“新徽商精神”，实现“三全育人”发挥了积极作用。

携手共美育 书信传真情——校学生会举办书信活动。11月21日，校学生会开展“携手共美育 书信传真情”书信活动。在工作人员的指导下，同学们认真完成了信封封口、填写寄件信息、粘贴邮票等操作。短短3天时间，学生会便收到近千份情真意切的书信。有的是写给未来的自己，这些信件将由学生会珍藏，一年后再交回写信人手中，由此打开时间的闸门，收获意外的惊喜；有的写给亲爱的同学、敬爱的老师，用特殊的方式倾诉心声，表达祝福；还有的是写给校外的亲友，粘上邮票，跨越距离，在彼此分离的日子里也能见字如面，知晓近况。此次活动通过书信这种特殊的表达方式，使同学们体会到“书信很慢 情谊满满”的感觉，为平凡的生活中增添了一抹色彩，相信这些书信将载着时光的浪漫，蘸上冬日的暖阳，带去不一样的感动。

学校举办“冬奥梦·我的梦”大学生冬奥主题征文展示活动。2022年北京冬季奥林匹克运动会开幕进入倒计时，为深入贯彻习近平总书记关于“三亿人参与冰雪运动”的重要指示精神，落实“青春爱运动 康强中国”全国健身活动要求，在全校学生中广泛普及奥林匹克知识，营造奥林匹克校园文化氛围，感悟发扬奥林匹克精神，鼓励青年学生积极参与记录奥运、讲好奥运故事，校团委于2021年11月26日—12月10日开展了“冬奥梦·我的梦”主题征文比赛，并经各二级学院考核推荐，校级评审组进行评审，最终评选出12个优秀作品获得校级奖励。并向获奖同学发放冬奥会纪念品，鼓励同学们积极关注奥运，讲好奥运故事。在校园内掀起了迎冬奥的浓郁氛围，更好地构建了学校“三全育人”和“五育并举”一体化的育人体系，提升了育人成效。

社团风采展示晚会暨学生才艺汇报演出。12月28日，校团委在大学生活动中心举行了社团风采展示晚会暨学生才艺汇报演出。22个社团和社团联合会准备了24个精彩节目，为同学们送上了一场文化盛宴。殊瑾汉服社、石如书法协会等文化类社团向大家展示了中华传统文化的魅力，FD街舞社、纹路吉他社、社交礼仪协会、MSA动漫社等艺术类社团以喜闻乐见的方式展示了百花齐放的多元文化，活动现场流光溢彩，精彩纷呈，为推动实施美育熏陶行动，营造以美育人、以美化人、以美培元的校园文化氛围发挥了积极作用。

奋斗有我 为梦发声——学校举办第六届“金话筒”主持人大赛。12月，为致敬百年风华，勇担时代使命，展现青春风貌，学校第六届“金话筒”校园主持人大赛在大学生活动中心举行。本次“金话筒”校园主持人大赛决赛分为三个环节，分别是自我介绍加才艺展示、即兴评述以及辨析讨论。十名参赛选手依次亮相，进行了别出心裁的自我介绍和异彩纷呈的才艺表演。比赛过程中，选手们台风稳健，出口成章，根据选题娓娓道来，展现了商贸学子积极向上的学习态度和朝气蓬勃的精神风貌。

【公益实践】 我校在芜湖市第二届青年志愿服务项目大赛中获二等奖。由芜湖团市委、市文明办、市民政局、市青年志愿者协会共同举办的芜湖市第二届青年志愿服务项目大赛于3月4日在芜湖市海螺酒店举行。此次比赛共收到来自各高校、县区团委的73个项目参赛，经过前期专家组进行项目初评，共25个项目进入终审决赛，我校《皖藏情缘——两地两校助力西藏脱贫攻坚》项目以第三名的成绩获得二等奖，位列芜湖高校第一名。此次决赛采用路演答辩的方式进行。项目负责人段文忠老师从项目目标、服务内容、项目管理、运行保障、社会影响力等方面进行陈述，由于汇报逻辑清晰，数据翔实，体现了很好的专业支撑和社会价值，获得评委一致认可。《皖藏情缘——两地两校助力西藏脱贫攻坚》项目源起我校对口支援西藏山南二职的支教行动，旨在传播电商火种，以职业教育促电商扶贫。该项目充分发挥我校电子商务专业优势，联合山南二职，开展公益培训，培养本地电商扶贫人才；通过直播、电商平台开展公益销售，助力山南农特产品产销一体化，帮助农牧民增产增收。我校将持续推动青年志愿服务项目化、专业化、社会化发展，引导学生在志愿服务、社会实践等活动中培育新徽商职业素养，为学校“双高计划”建设汇聚青春力量。

我和春天有个约定——校学生会开展植树节系列活动。为持续践行“绿色、共享”的发展理念，增强大学生环保意识，构建美好和谐校园，3月12日，校学生会积极组织开展植树节系列活动，在活动中拥抱春天，传播绿色，增强大学生“关爱自然”的人文情怀，为倡导环保理念、创建文明校园汇聚青春力量。此次活动通过美丽商贸我来拍——感受春天之美、手绘植树节卡片——倡导环保理念、教室大扫除——共建美丽校园三个方面展开，引导同学们用心去感受校园之美、用行动去美化环境。让大地山川绿起来，让人民生活环境美起来，是每一个人共同的“绿色中国梦”，需要我们每一个人牢固树立绿色意识，身体力行地宣传贯彻新发展理念。植树节活动虽然短暂，但爱护树木，保护环境的路却很长。商贸学子将传承雷锋精神，勇担青春使命，做绿色环保的宣传者和践行者，为建设青山常在、绿水长流、空气常新的美丽中国贡献力量。

政校合作谱新篇——我校与火龙街道四联社区携手开展“三定”志愿服务。为深入贯彻落实党的十九届五中全会精神，弘扬“奉献、友爱、互助、进步”的志愿服务精神，加强政校志愿服务共建共融共享，拓宽青年大学生服务基层新渠道，为构建和谐社会增添助力，3月28日上午，校团委与火龙街道四联社区签订“三定”志愿服务合作协议。弋江区团委书记、火龙街道党工委副书记顾帆，弋江区文明办葛海琼、校团委副书记虞昌亮以及火龙街道机关、在职党员同志，四联社区工作人员，芜湖职业技术学院和我校师生志愿者代表共同参与此次活动。此次签约仪式是弋江区志愿服务的开篇之举、试点之举，政校双方以“三定”志愿服务为起点，本着合作共赢的原则，充分发挥高校志愿者们专业性强，素质高的特点，为社区治理和乡村振兴注入青春活力。结束后，志愿者们和社区在职党员一起走访看望困难老人。志愿者们为困难老人送去粮油等生活用品，帮助他们打扫卫生、整理房间，并与老人聊天，了解其生活状况，鼓励老人乐观对待生活，用实际行动践行志愿精神。

传承红色基因，弘扬时代新风——我校志愿者前往四联社区开展系列活动。我校与火龙街道四联社区签订“三定”志愿服务合作协议以来，在框架协议的指导下，保持密切联系，不断充实活动内容，进一步促进了政校双方深度合作。4月21日下午，我校志愿者赴社区开展系列活动，用实际行动践履知行合一。通过党史学习教育，传承红色基因为主题的红色演讲，同学们无不为解放军英勇无畏、刚强不屈的精神所感染，并踊跃发表唱谈感想。随后志愿者们特开展环保宣传和清洁环境的志愿服务，践行绿色低碳生活方式，呵护好我们的地球家园，守护好祖国的青山绿水贡献出自己的力量。学校一直以来注重加强理想信念教育，紧密联系社会实际，以政校合作为载体发挥高校服务地方的职能，拓宽培养模式和学生发展路径，为学生提供更多的思想引领教育。通过此次活动的开展，同学们对党史精神、红色记忆有了更加深刻的理解与感悟，更加地认识到保护环境的紧迫性，进一步增强了自己的使命感和责任感。

大手牵小手 永远跟党走——我校志愿者赴四联社区开展关爱儿童活动。5月26日下午，我校志愿者来到四联社区开展关爱儿童活动，活动现场，志愿者们冒雨接送小朋友们上学、放学，带领小朋友们一起合唱国歌。接着，志愿者们带小朋友一起画画、捏黏土、做手工。志愿者们一边手把手耐心地教小朋友画国旗，一边亲切地和他们聊天，用质朴的语言传播红色知识，使小朋友们明白没有共产党就没有新中国的道理。最后，志愿者和社区工作人员一起向小朋友们赠送六一儿童节礼物，活动在欢声笑语中圆满结束。此次活动也是一次传承红色基因、弘扬革命传统的生动实践，为进一步拓宽党史学习教育的广度和深度，推进党史学习教育深入人心，丰富党史学习教育活动方式提供了有益探索。

蓝莓庄园首届黄桃采摘文艺汇演。6月，校镇基地项目的品牌活动“黄桃采摘节”在繁昌县马仁奇峰蓝莓庄举行，我校大艺团、广播台30余名学子头顶烈日，耐受34度高温表演歌伴舞《唱支山歌给党听》、朗诵《火种》、歌唱《失落沙洲》等节目，用实际行动助力乡村振兴，为活动现场注入青春活力！

浣衣节活动。6月，为培养商贸学子的责任

心与奉献意识，展现新一代大学生的干净、淳朴积极向上的风貌。以“浣衣节”浣洗活动为契机，将大艺团600件日常表演衣物进行浣洗，这既锻炼大学生的动手劳动能力，生活自理能力，也增加大家的生活趣味，丰富生活体验。

永远跟党走 奋进新时代——学校2021年暑期“三下乡”社会实践活动全面展开。学校自6月起筹备开展2021年暑期“三下乡”社会实践活动。本次“三下乡”方案与“青年红色筑梦之旅”“我为群众办实事”“安徽省大学生暑期法治实践活动”、芜湖市扬帆计划产业实习实践活动等相结合，体现活动融合度，立足构建常态化、长效化的实践育人工作格局。7月8日下午，在大学生活动中心就业多功能厅举行2021年暑期“三下乡”社会实践活动培训动员大会。会上，校团委副书记虞昌亮、校团委卢菊老师、带队老师路贺龙、志愿者李烁分别发表动员讲话。截至7月12日，6支实践团队完成岗位对接工作，火热的暑期大学生“三下乡”社会实践活动全面启航。暑期“三下乡”社会实践活动是全面提升青年学生综合素质的重要载体，也是加强和改进大学生思想政治工作的重要途径。学校将继续做好统筹管理，拓展实践平台，注重传承与创新，将线下积极开展与线上加强传播相结合，提高活动的覆盖面和影响力，为进一步提升学生职业素养、推进“三全育人”工作发挥积极作用。

学校开展暑期“三下乡”社会实践慰问交流会。7月25日下午，校团委于弘商楼三楼会议室开展了暑期“三下乡”社会实践慰问交流会。校党委委员、学生工作处处长、团委书记郑伟，团委副书记虞昌亮以及相关指导老师与“三下乡”学生代表进行座谈交流，调研社会实践过程中的各方面情况，收集相关建议，为同学们送去慰问和关心。会上，同学们踊跃发言，汇报了近期的工作内容、心得体会以及后期工作计划，讲述了自己在工作和生活中遇到的困惑与问题。相关指导老师就前期工作情况进行了梳理总结，并对下一阶段工作进行了具体布置。座谈会后，领导老师给同学们送上了慰问品和学校的关心，提醒他们在特殊时期加强自我防护，在确保自身安全的前提下圆满完成实践任务。暑期“三下乡”社会实践的有序开展，引导了我校广大青年学子扎根大地、了解民情、办好实事，为构建学校“大思政”工作格局发挥了积极作用。

我校团学组织开展教师节送祝福活动。从9月10日清晨的第一缕芬芳开始，我们迎来了第37个教师节。当日，同学们早早到达学校门口，为老师们精心准备了鲜花和精美的礼品。校园内，大家手举温馨的手牌，以各种方式向老师表达祝福与感谢，向老师表达诚挚的敬意。一声声“老师，祝您教师节快乐”让进校门的老师们脸上洋溢出幸福的笑容。学校创业的学生、后勤管理部门也结合自身实际为老师准备了小礼品。整个校园弥漫着温馨的节日气氛。“十年树木，百年树人；插柳之恩，终生难忘。”此次活动充分表达了我校学生对老师的感恩之情和真切祝福，以实际行动展现了我校尊师重教的优良传统。

【学生组织建设】 学校举办“赋能自我管理——2021级新生班团干部素质能力提升线上研修班”。学校于10月17日至10月24日举办了“赋能自我管理——2021级新生班团干部素质能力提升线上研修班”。2021级各班团支书、班长等近200人参加了本次培训。本次研修班主要围绕高校班团干部的职责使命、核心素养、领导能力、执行力等，帮助同学们成长为一名高情商具有感恩心、包容心、同理心、积极心和思考心的，受人欢迎的优秀班团学生干部，从而有效开展班级活动，提升班级凝聚力，推动班级文化建设和良好班风建设等。本次培训通过课程学习、分组研讨、提交课程笔记、线上考试、总结表彰等方式来巩固同学们的学习成果，更好地促进理论转化，从而夯实2021级新生班级团干的理论素养，强化基层学生队伍建设，增进班级之间的交流。

“百团大战”社团招新活动。10月20日—22日，学校开展了新学期社团招新活动，各社团积极利用新媒体平台开展宣传动员。招新现场，48个社团别出心裁，根据自身特色花式招新，通过展板、海报和表演等方式展现社团特色风采，上演了一场精彩的“百团大战”。本次招募新生会员共计7000余人次，人数创历史新高。其中摄影协会、电影爱好者协会和青年公益协会分列招新人数前三名。

学校召开第四次学生代表大会。11月3日，安徽商贸职业技术学院第四次学生代表大会在学术报告厅召开。校党委委员、学生处处长、团委书记郑伟，校团委副书记虞昌亮以及各学院团总支书记出席了开幕会。133名学生代表肩负我校一万两千多名青年学生的期望和重托，认真履职参会。虞昌亮为大会致开幕词。郑伟代表校党委在开幕会上讲话，校团委指导老师卢菊主持开幕式。大会听取了李烁代表上一届学生委员会作的题为“勇担新使命 奋进新时代 在学校双高计划建设进程中谱写学生会工作新篇章”的工作报告，听取了《安徽商贸职业技术学院第三次学生代表大会提案工作报告》，审议并通过了《安徽商贸职业技术学院学生委员会章程修正案(草案)》，选举产生了新一届校学生委员会委员、主席团成员。大会在嘹亮的团歌声中闭幕。

学校召开第五届学生委员会第一次会议。第四次学代会召开以来，经过层层选拔、推荐，选举产生了第五届校学生委员会。为了进一步加强学生干部队伍建设，提升学生干部参事议事的能力，完善学生参与学校民主管理的机制，11月30日下午，校团委召开第五届学生委员会第一次会议。校团委副书记虞昌亮参加会议。会议听取了新一届委员近期工作报告。各位委员结合部门实际，依次汇报了学代会召开以来，在志愿服务、校园活动以及学生干部培优等方面所做的工作，充分体现了团学组织服务学生成长成才和维护学生权益的职能。此次会议是学生组织融入学校重点工作，参与校园民主管理的重要体现，进一步增强了学生组织服务同学，发挥模范作用的信念和决心。新一届学生委员会将始终坚持“服务大局、服务同学”的工作宗旨，为学校“双高建设”和“三全育人”贡献力量。

团省委一行深入我校开展共青团学生会组织改革评估复核工作。12月9日下午，团省委学校部副部长张国栋、团芜湖市委副书记钱彬彬等一行7人深入我校，就共青团学生会组织深化改革情况进行评估复核。校党委副书记、纪委书记朱光应，校党委委员、学生处处长、团委书记郑伟，校团委全体人员、二级学院团总支书记及校学生会组织负责人共同参加评估复核。会上，朱光应代表学校对工作组的到来表示热烈欢迎，概要介绍了我校办学历史和人才培养情况，希望学校共青团工作实现新发展、改革取得新突破。郑伟对标改革要求的具体指标，围绕“政治教育机制、实践教育机制、组织建设机制、保障支持机制”四个方面进行自评报告，重点汇报了我校团学工作的亮点和特色做法。会后，工作组查阅了团学组织改革相关材料，开展了师生代表访谈，并实地参观了学校相关实训室、“青年之家”等团学活动阵地。实地复核后，张国栋代表工作组向我校进行了情况反馈，肯定了我校在共青团和学生会组织改革工作中的经验成效和特色亮点，并对改革推进中存在的问题和进一步努力的方向提出了建议和要求。

【心理健康教育】 提供心理教育课程和培训。心理健康教育必修课共16个学时，对2020级和2021级学生普及心理健康知识。2021年12月初对2021级心理健康委员进行了为期5天的专业培训，就心委工作的性质和职责、朋辈心理辅导、团体辅导、危机干预等方面进行指导。对各寝室的心理健康信息员进行了7场心理危机干预培训。

开展心理健康主题活动。在“5·25”和“12·5”心理健康月中分别开展了主题为“百年辉煌路 启航‘心’征程”和“美，塑造心灵”的系列宣传活动。受理学生个别咨询611人次，接待辅导员咨询53人次，印发咨询服务宣传材料900余份。一系列寓教于乐的心理宣传教育活动进一步推进心理健康教育工作，为学生搭建优化心理素质、提高心理承受能力的平台，营造关注心理健康、重视心理健康的氛围。

构建心理咨询多层平台。对2021级新生开展心理普测，共检出一类学生442人，共检出一级风险学生442人，严重心理问题学生663人，组织辅导员对1105名重点关注学生完成了约谈筛查。心理危机干预36人次，配合各二级学院与40多名学生家长进行交流。搭建医校平台，做好危机干预预案，与芜湖市第四人民医院心理危机干预专家就学生的危机情况进行了29次深度交流，为保障维护全体学生的心理健康和整个校园的安全稳定提供了稳固的支持系统。

【辅导员队伍建设】 夯实辅导员队伍，提升育人工作质量。2021年新增在编专职辅导员20名，辅导员力量进一步充实。选派了9人参加安徽省高校辅导员岗前培训，2人参加安徽省高校思想政治工作骨干高级研修班；首次与学校教师发展中心合作，将新辅导员培训纳入新进教师入岗培训中，全方位助力新辅导员在专业化、职业化道路上自信开篇。举办了以“以德辅学，以爱导生”为主题的第六届辅导员素质能力大赛，全校7个学院的34名辅导员同台竞技，交流经验、展示风采；持续开展辅导员工作“八个一”管理，常态化科学掌握辅导员日常管理教育情况。1名辅导员获得安徽省优秀辅导员荣誉称号，12名辅导员获安徽省“三全育人”综合改革试点省建设暨高校思想政治工作能力提升项目激励支持。

【学生管理】 优化学生管理信息化建设，开放为学生服务的最后一公里。在确保信息安全的基础上，进一步优化学生管理信息化建设，整合学生服务信息化的各类资源，提升服务便捷性。积极完善学生在线业务处理流程，通过迎新系统、辅导猫管理系统、智慧资助系统、综合测评系统等系统间的协同，提高业务处理能力，通过数据和信息的共享，提高协同工作能力，提升学生工作各部门的工作效率和水平，促进学校科学决策。大学生事务中心在线服务和奖助业务数字化建设等方面取得明显成效。

规范“6S”宿舍管理，提升学生生活质量。积极开展创建评比“6S”标准化宿舍活动，以“6S”标准化宿舍创建工作为突破口，充分挖掘“舍区思政 思政舍区”项目中蕴含的育人元素，在学生舍区充分体现事事育人、时时育人、处处育人的和谐生态育人格局。与组织人事处协作遴选了150多个“学生党员示范宿舍”，宿管员队伍“严督实导”，定期组织物业人员开展“我为学生办实事”活动。在宿舍资源空前紧张的状况下，开展宿舍改造，如期完成4100余名新生的入住工作。每周不定期对宿舍学习氛围与纪律、环境卫生等情况进行抽查，对学生宿舍管理系统的信息进行维护。定期清洁和消杀宿舍楼栋，将宿舍楼栋防疫工作落实到位。

营造健康积极氛围，选树好先进典型。全年共有117名学生获评安徽省优秀毕业生，15名学生获评芜湖市三好学生、15名学生获评芜湖市优秀学生干部、4490名学生获评校级奖学金、1096名学生获评校级三好学生、752名学生获评校级优秀学生干部、2个班级获评芜湖市先进班集体、10个班级获评校级“校园十佳”先进班集体、18个班级获评校级先进班集体。组织开展了年度优秀学生、优秀毕业生、先进班集体表彰工作，宣传先进事迹，激励争优创先。

发挥榜样示范作用。做好各类工作基础性材料的收集、汇总，对创新性的工作做好总结、提炼。加大对各类先进事迹的宣传报道。联合有关部门开展校园“十佳大学生”“优秀学习标兵”评选工作，做好省、市级三好学生，优秀学生干部、品学兼优毕业生的遴选工作，通过优秀学子宣讲、优秀学子风采展示等方式，充分发挥榜样的示范引领作用。

完成各类学生管理工作。完成2022年度6979名学生的医保参保工作；组织完成2021级4075名新生军训。完成865名同学的无偿献血采集工作。

【学生资助工作】 探索建立“经济资助、教育浸润、能力拓展、实践活动”相配合的资助模式。开展了“培训＋助学”的育人活动，帮助学生不仅在经济上有所得，更在技能上有所获。2021年评定经济困难学生人数为3393人。报送国家奖学金13人，国家励志奖学金388人，国家助学金3167人。完成应征入伍学费补偿代偿102人，退役复学学生学费减免63人，退役士兵学费减免386人，退役军人助学金665人。1493人成功办理生源地助学贷款，勤工助学学生人数209人，临时困难补助资助学生80人。全年共评出校内奖学金获得者4490次，三好学生、优秀学生干部共1870人。

附1:2021年度国家、社会奖助学金设立情况

2021年国家、社会奖助学金设立情况

1. 国家奖学金:

设立者 教育部

奖助范围 品学兼优的在校学生

奖助金额 8000元/年·人,13人,10.4万元

2. 国家励志奖学金:

设立者 教育部

奖助范围 品学兼优的在校家庭经济困难学生

奖助金额 5000元/年·人,388人,194万元

3. 国家助学金:

设立者 教育部

奖助范围 在校家庭经济困难学生

奖助金额 人均3300元/年·人,3167人,1045.11万元

4. 文亮奖助学金:

设立者 安徽文亮教育咨询有限公司

奖助范围 在校全日制学籍的学生

奖助金额 1000元/年·人,50人,5万元

国家奖学金:

缪研 徐欣 叶露露 黄圆园 方玉琴 左慧 张奎祥 郎雪婷 奚美霞 徐路路 虞慧玲 任前程

国家励志奖学金:

于倩倩 姜二文 马克 焦文婕 李佩瑶 沈滢 韦艳 张新宇 张松 陈果 檀子燕 任小晴 王刁 刘光宇 范莹莹 周梦碟 鲁结霞 杨乐 高慧 张宁 卢敏燕 曾佳宝 尤雨辰 李巧 胡新波 马可可 王娇娇 张延钱 立扬 陈斯楠 李帅 邹小玉 张文妮 江颖 王丹丹 王丽文 何云霞 黄亚亚 杨龙 丁涛 宋庆 许静雯 朱曼曼 曹志云 汪玲娟 方庆宝 沈佳 李雪芹 方航天 张雅晴 陆云 王佳康 刘详 常梦娟 黄孝帆 赵小雨 尹玲珑 孟文雅 吴孔椿 高明慧 胡海迪 马妮娜 迟俊美 潘宗强 王敏 王苗苗 强梦洁 滕香 陈心茹 潘伟 杨孝坤 范伟嘉 刘世强 朱振洋 王余晨 张少文 张江玉 修兵慧 左仕凤 李倩倩 李启祥 左智明 程红 文倩 张海涛 李泽旭 王心雨 王园园 胡莹莹 李莉 唐亚芳 陶李 李天祥 吴心月 解亚静 梁稳稳 孙玥 梁燕 许燕霞 李豪豪 李桃红 林佳银 袁竹芳 毛威 唐建华 陈天乐 李梦瑶 张帅帅 巩桂利 何金轩 鲁玲 徐金喜 杨香香 安静卫 刘晓雨 罗青云 王蕾 周梦婷 王芯 李成利 刘腾飞 胡婷婷 平文斌 王子哲 许诺 田云开 张乐乐 张斌 丁梦晴 包晓倩 汪铁洲 韦国 薛洁诺 左云峰 吴桐 卞云龙 陈扬 陶彪 张梦芹 胡炳 赫婉玉 朱文静 吕双凤 余承龙 阮明 余丽蓉 谢红贺 哲 吴光钰 张宇倩 周星雨 许月 蒋思雨 张文丽 马雪莲 刘子豪 李凉凤 钱雅娴 夏瑞瑞 吴文艳 丁德迎 吕忍忍 朱广停 刘丹 韩雨婷 戴甘露 史紫伟 范文静 胡景 李芮 张海侠 张青春 王利群 周方圆 李云龙 张治国 李梦丽 郭静雅 姜群 朱萍萍 何婷 张佳妮 陶馨雨 邵珊 牛庭庭 胡倩 侯孟丽 蒋晨晨 孙远远 潘瑞琦 吴娜娜 崔雨叶 赵玲 吴丽萍 王妮妮 程荣欢 张豹豹 刘语嫣 付静静 郑智文 王琳慧 储金徐 杰 熊晓霞 马皓薇 雷城 程燕妮 王翔宇 卫红 李振龙 王欣悦 纪回想 马宁宁 郑莉娟 吴莹 余敏 汪蝶 王思雨 王梦莉 李斐斐 刘安宁 吴世杰 乔珊 孙国芳 何太月 张孜琼 王莹莹 许舒凯 周婷 周梦雨 金华朵 杨宇婷 潘云 刘云 郑春菊 张婉 周维军 李萍萍 王晶晶 包雨微 吴芹 侯薇薇 邓子涵 王静静 都颜颜 王盼盼 陶君怡 张露 杨梦琴 刘洁 施紫竹 王欢欢 朱勇强 郑李珍 董文静 李子俊 黄嘉懿 王蓓 丁红 陈慧 周亮 涂广飞 张尹尹 宣雯雯 马雨娇 郑旺 李尔豪 常宣南 许帆 雷金桂 周滢 陆杰 洪雅 齐正好 钟小燕 陈京京 郑琳琳 刘梦晴 倪裳 龚佳

佳 杨博成 孙倩宇 李 湘 周文惠 王 杰 马子慧 江阳彬 聂梅婷 陈雅琳 杨奥翔 孙阳 宋仁丹 王旭宁 韩盼盼 高 瑾 刘 怡 魏崇凌 卢景景 高天语 吴萍萍 赵 薇 贾晴晴 徐心悦 黄文慧 王雅静 何紫维 李缓缓 潘润萍 吴美玲 杨 娟 张 露 郭婧璇 訾雨晴 高 颖 彭 娟 王楚楚 许 鹏 常雪婷 汤佳佳 马甜甜 王发梅 朱 娜 王 刁 张明昭 张子迪 张 丽 张新月 王凯婷 杨 想 李亚如 张 雪 孙子宜 阮雯婷 张乐乐 戚秀芝 刘 梦 杨思婧 朱婉露 聂凤姣 梅伟杰 米圣洁 杨 旭 杨守森 刘 静 刘星维 史延宇 张文旭 潘梦倩 周利凤 李 娟 何雅丽 吴亮亮 胡圆圆 夏文倩 张露萍 钱梦洋 詹先林 周登亚 王可洋 张立静 许周涵 闵 琴 许晴 凌常诗 王春远 杜 庆 周瑶瑶 刘灿琴 吴 颖 陈思颖 李亮亮 陈言言 张 苗 年雨欣 张红丽 朱庆文 李晶晶 李 娟 顾琪琪 汪唯佳 胡 蝶 李静如 唐雨贞 贾雨洁 叶琳 刘佳佳 杨 洋 曹佳宁

2021年文亮奖助学金：

安树雪 沈 玉 阮梦闲 夏 琼 李 想 张霆玉 孙明旖 张雅慧 汪玲玲 薄欣洁 方文艳 周 旭 褚雨兵 丁浩浩 孙兴锐 周俊彪 洪 阳 江王百慧 赵若彤 徐 梅 胡惠玲 张睿 南 昊 孟 冉 雷叶峰 宋张丽 胡经钊 张心雨 周 玉 王雨涵 叶萍萍 周应珍 张锦 刘明智 张烁妮 汪佳俊 杨静静 晋怡智 刘雨婷 张 燕 赵子聪 何晓阳 马计收 徐宇 靳雪晴 李柯盈 韦剑波 邵章会 王 蕊 代海迪

附2：各学生组织主要干部名单

2021—2022学年各级学生组织学生干部人员名单

隶属组织	序 号	职 务	姓 名	班 级
校学生会（指导教师：卢菊）	1	主席团	李 烁	文秘201
	2		张京顺	法律事务192
	3	办公室部长	李前进	法律事务201
	4		张方杰	会计信息管理203
	5	宣传部部长	徐文锦	电子商务技术191
	6	实践公益部部长	胡佳丽	文秘201
	7	体育部部长	武苗苗	连锁经营管理202
	8		韩飞宇	移动应用开发201
	9	文艺部部长	汪海娟	会计信息管理203
	10		洪方宇	投资于理财202
	11		蒋澳敏	商务英语202
社团联合会（指导教师：周赟）	12	主 席	邱佳佳	移动互联应用技术202
	13	副主席	徐永超	财务管理204
	14		许慧娴	数字媒体技术201
	15	秘书处部长	袁天一	财务管理204
	16	秘书处副部长	李雨佳	会计205
	17	组织财务部部长	章圆洁	跨境电子商务201
	18	宣传纪检部部长	龚 慧	广告策划与营销203
	19	文史类管理办主任	徐 丽	金融管理203

续 表

隶属组织	序 号	职 务	姓 名	班 级
社团联合会（指导教师：周赟）	20	理工类管理办主任	于梦苹	法律事务202
	21	素拓类管理办主任	汪 永	国际经济与贸易202
	22	体健类管理办主任	许 春	移动应用开发202
	23	素拓、体健管理办顾问	李 慧	文秘202
	24			
	25	理工、文史管理办顾问	华一帆	移动互联应用技术201
	26			
校广播台（指导教师：路贺龙）	27	台 长	宋梦男	房产201
	28	副台长	魏玉康	会计201
	29		张剑萍	数媒201
	30	办公室主任	刘 璇	电商204
	31		黄恩意	国贸201
	32	播音部部长	戴缘缘	文秘202
	33	播音指导	唐 沛	云计算202班
	34		张 文	会计202
	35		张兴茹	市销202
	36		邓美菱	旅管202
	37	编辑部部长	湛婷婷	文秘201
	38	编辑部指导	张 丽	文秘202
	39	技术部部长	刘奥成	法务202
	40	技术指导	常浩天	财管202
	41	媒体部部长	赵倩倩	文秘201
	42	媒体指导	孟文雅	物管203
	43		侯文龙	数媒202
校大学生艺术团（指导教师：路贺龙）	44	团 长	郝宇馨	艺术设计201
	45	副团长	魏 杰	物流管理203
	46	办公室主任	胡豪倩	会计201
	47	办公室顾问	张柳叶	财务管理204
	48		曹悦荷	电子商务201
	49	宣策部部长	韩雨婷	法律事务202
	50	宣策部顾问	张 磊	数字媒体艺术设计201
	51	演艺部部长	钱 漫	法律事务201
	52	演艺部顾问	龚佳佳	建筑装饰201
	53	声乐部部长	赵晓阳	会计208
	54	声乐部顾问	郑 冰	房地产201
	55		甘 恒	移动互联网技术201
	56	器乐部部长	许思雅	审计202

续 表

隶属组织	序 号	职 务	姓 名	班 级
校大学生艺术团（指导教师：路贺龙）	57	器乐部顾问	王世瑞	财务管理203
	58	礼仪部部长	凌 平	建筑装饰202
	59	礼仪部顾问	刘安宁	会计201
	60	舞蹈部部长	陈 杨	金融管理201
	61	舞蹈部顾问	胡雨欢	建筑装饰201
	62		梁佳乐	艺术设计201
校学生工作助理总队（指导教师：吴昕玥）	63	队 长	谢张孟	人资201
	64	副队长	汪华珑	审计202
	65		罗青云	移动应用开发202
	66	办公室负责人	王心悦	人资202
	67	综合部负责人	陈婷婷	酒管202
	68	纪检宣传负责人	金伟棋	物流管理203
	69	学建部负责人	闫 璇	文秘201
	70	勤工部负责人	宋梦萍	电商201
	71	宿管部负责人	程 蕾	文秘202
	72		李 娜	广策201
校治保队（指导教师：徐永强）	73	队 长	张少文	市场营销203
	74	副队长	欧彭龙	会计207
	75		王紫佳	房地产经营与管理201
	76	纪检中队队长	石蓉蓉	连锁经营管理202
	77	消防中队队长	廖 鑫	跨境电子商务201
	78		邢如加	物联网应用技术201
	79	信息收集部部长	杨 琪	市场营销201
	80	宣传中队队长	王卓伟	物联网201
	81		王雪寒	电子商务203
	82	治安中队队长	王 磊	会计201
	83		马文静	人力资源管理201
	84	国旗班班长	陈 龙	财务管理204
	85		王玉昆	文秘202
电子商务学院学生会（指导教师：徐影）	86	主席团	李 涛	连锁经营管理202
	87		马乐乐	电子商务201
	88		马清秋	市场营销201
	89	学习部部长	陆元轩	电子商务203
	90		滕 香	电子商务201
	91	生活部部长	李 帅	商务数据分析与应用201
	92		赵银银	电子商务201

续 表

隶属组织	序 号	职 务	姓 名	班 级
电子商务学院学生会（指导教师：徐影）	93	组织部部长	黄鸿宇	电子商务203
	94		赵小雨	物流管理202
	95	文艺部部长	王 建	电子商务201
	96		蔡 燕	电子商务201
	97	办公室部长	桂家骏	电子商务203
	98		马凯凯	房地产经营与管理201
	99	体育部部长	曹志豪	市场营销202
	100		王 舒	市场营销202
	101	实践部部长	鲁雨娜	电子商务202
	102		褚雨兵	市场营销204
	103	纪检宣传部部长	柏俊卿	广告策划与营销201
	104		卢雨歌	电子商务202
	105	公益志愿部部长	刘友志	电子商务201
	106		徐晓榕	电子商务202
国际商务与旅游学院学生会（指导教师：符牛、吴莉莉）	107	主席团	吴子彤	人资202
	108		刘媛梦	酒管204
	109		李亮亮	旅管201
	110	办公室部长	王小考	酒管201
	111	纪权部部长	赵 倩	人资202
	112	实践部部长	胡浩然	旅管202
	113	宣传部部长	许 颖	酒管201
	114	青志部部长	王晨晨	商英202
	115	组织部部长	邹若冰	商英202
	116	生活部部长	高莉莉	国贸202
	117	学习部部长	顾琪琪	国贸201
	118	体育部部长	汪 玉	人资202
	119	体育部副部长	张安琪	商英202
	120	文艺部部长	王政君	酒管204
	121	文艺部副部长	王 菊	人资201
会计学院学生会（指导教师：程硕）	122	主席团	薛万明	会计信息管理201
	123		徐 璇	财务管理204
	124		曹荣昌	财务管理203
	125	办公室部长	陆欣玥	财务管理202
	126	体育部部长	徐世林	财务管理203
	127	社团部部长	丁昊宇	会计207
	128	宣传部部长	杨文静	财务管理203
	129	文艺部部长	任晴晴	财务管理201

续 表

隶属组织	序号	职务	姓名	班级
会计学院学生会（指导教师：程硕）	130	组织部部长	徐　璇	财务管理204
	131	实践公益部部长	刘　博	财务管理202
	132	学习生活部部长	刘硕硕	财务管理202
	133	素质拓展部负责人	陈　慧	会计信息管理201
	134	大学生美育中心部部长	夏玲玲	会计208
	135	团属媒体中心部部长	杨文静	财务管理203
	136	青年志愿者部部长	薛万明	会计信息管理201
	137	青年纪律检查与权益维护中心部部长	刘硕硕	财务管理202
	138	顾　问	魏安琦	财务管理204
	139		陈仁华	财务管理204
金融科技学院团总支学生会（指导教师：娄婧璇）	140	主　席	孙子宜	金融管理201
	141		徐玉婷	金融管理204
	142		章慧珑	投资与理财201
	143	办公室部长	詹　莹	金融管理201
	144	文艺部部长	邱紫文	投资与理财201
	145	体育部部长	程　珂	投资与理财201
	146	实践部部长	刘　楠	金融管理203
	147	纪检部部长	陶雨婷	金融管理201
	148	学习部部长	刘天翔	投资与理财201
	149	宣传部部长	奚　慧	投资与理财201
	150	组织部部长	阮雯婷	金融管理203
	151	美育中心部部长	黄晓彤	金融管理202
	152	素质拓展部部长	訾雨晴	金融管理204
信息与人工智能学院学生会（指导教师：王倩倩）	153	主席团	何志远	移动互联应用技术202
	154		张家慧	大数据技术与应用203
	155		丁　健	电子信息工程技术202
	156	办公室主任	刘腾飞	移动互联应用技术202
	157	宣传部部长	张健柱	大数据技术与应用203
	158	文艺部部长	刘加豪	大数据技术与应用202
	159	新媒体	崔　灿	移动应用开发202
	160		陈　桥	移动互联应用技术202
	161	青年纪律检查与权益维护中心	孙　玥	大数据技术与应用201
	162	体育部部长	刘晓雨	移动应用开发202
	163		崔聪聪	移动互联应用技术201
	164		朱文宇	物联网技术与应用202
	165	实践公益部部长	端木鸿智	移动互联应用技术202
	166	组织部部长	王晓婕	大数据技术与应用202

续 表

隶属组织	序 号	职 务	姓 名	班 级
信息与人工智能学院学生会（指导教师：王倩倩）	167	学习生活部部长	周家顺	大数据技术与应用202
	168	素质拓展部部长	卢锲怡	移动互联应用技术202
	169		张宇行	云计算技术与应用202
	170	大学生美育中心	邱冰燕	移动互联应用技术202
	171		王 浩	移动互联应用技术202
	172	青年志愿者部	杨 慧	移动互联应用技术201
艺术设计学院学生会（指导教师：汪级顺）	173	主 席	唐国顺	建装202
	174		张 睿	数媒202
	175		高 瑾	视传201
	176	组织部部长	张玉玉	数媒应用202
	177	素质拓展部部长	徐梦芹	视传201
	178	素质拓展部副部长	吴昌昊	数媒202
	179	青年志愿者部部长	柯心雨	艺术设计201
	180	青年志愿者部副部长	孟 冉	艺术设计202
	181	青年纪检部部长	魏崇凌	数艺201
	182	青年纪检部副部长	王佳慧	数艺201
	183	团属媒体中心部长	葛瑞凡	视传201
	184	办公室部长	刘青青	产品202
	185	办公室副部长	卢秋月	艺设202
	186	大学生美育中心部长	范雨馨	视传201
	187	宣传部部长	张剑萍	数媒201
	188	宣传部副部长	刘 怡	数艺201
	189	文艺部部长	郝宇馨	艺术设计201
	190	文艺部副部长	梁佳乐	艺设201
	191	体育部部长	江阳彬	数媒202
	192	体育部副部长	王宏伟	数媒202
	193	实践公益部部长	张 磊	数艺201
	194	学习生活部部长	王天然	数艺201
文化与法律学院（领导老师：徐小东）	195	副书记（兼学生会主席）	焦光豪	文秘201
	196		胡菲靓	法律事务201
	197	执行主席	姚文冀	法律事务202
	198	纪检部部长（兼学生会办公室主任）	邢佳敏	文秘202
	199	组织部部长	夏雨凡	法律事务202
	200	宣传部部长	史孙正	法律事务202

续 表

隶属组织	序 号	职 务	姓 名	班 级
文化与法律学院 （领导老师：徐小东）	201	素质拓展部部长 （兼学生会学习生活部部长）	王强强	文秘 202
	202	青年志愿者部部长 （兼学生会实践公益部部长）	张欣然	法律事务 202
	203	体育部部长	桂 花	法律事务 202
	204		王梦琴	法律事务 202
	205	文艺部部长	陈剑宇	法律事务 202
	206		高颖超	法律事务 202

（四）招生就业工作

【概 述】 2021 年，招生就业处以习近平新时代中国特色社会主义思想为指导，学习贯彻党的十九大和十九届二中、三中、四中、五中、六中全会精神，坚持立德树人，围绕学校党政工作要点，圆满完成招生和就业工作任务。在学校双高建设大局中找准发力点，招生工作大局稳定，就业工作再创佳绩，荣获两项教育部荣誉。

【招生工作】 学校 2021 年合计录取新生 4808 人，实际报到 4621 人，其中普招新生 2279 人、分类 1673 人、三二分段 215 人、高职扩招 444 人、新生入伍 10 人，综合报到率 96.1%。与安徽师范大学联合培养专升本学生报到 258 人。

线上线下协同联动，招生宣传统筹推进。学校统筹谋划 2021 年招生宣传工作，解放思想，竖立“大宣传”理念，改进工作方式方法，通盘统筹谋划分类考试招生、普通文理科、艺术类、省外、高职扩招等批次招生宣传。根据批次特点，从资料准备、人员安排、培训动员、路线选择等方面有针对性规划。实施线上线下协同联动宣传思路，通过图文单页、视频、直播等多种形式，展示学校教育改革发展成绩。

线上宣传：会同二级学院完成“说专业”视频更新拍摄 9 个，目前仍有 30 个专业正在更新拍摄中。通过学校官方微信平台，开展安徽商贸职业技术学院 2021 年招生季等专题活动，全年发布推文 30 条，并投放腾讯社交广告 30 万条。开通考生咨询 QQ 群 6 个，安排专人及时回复考生咨询。开展线上高招咨询会 3 场，充分发挥新媒体优势，弥补传统招生宣传的不足。

线下宣传：在疫情防控期间，学校各级党政领导带队赴省内开展片区走访活动，共组建 44 支片区宣传队伍，120 多人参与，覆盖学校近百所。依托第三方机构，派出 9 个线路宣传队伍，深入省内 35 个县区、100 余所中学开展了交流活动。重点做好了分类招生、高考前、填报志愿、征集志愿等阶段的宣传工作，确定重点宣传学校，以点带面确保各项工作有序开展。全院教职员工充分参与招生宣传，主动开展联系进入中学，涌现出了一批优秀的宣传工作人员，为今年完成招生计划做出了重要贡献。

牢固树立责任意识，录取工作有序规范。学校坚持深化高职院校招生制度改革，初步形成了分类招生、综合评价、多元录取的考试招生模式，在招生过程中一是坚持把教育部、教育厅的文件作为根本遵循，严格按照规章制度开展招生工作。二是坚持关键环节和结果按照既定程序会议审批、网站公示、及时归档。三是坚持考生成绩合成、录取等环节采取双人“背靠背”完成，再由第三人校对，从工作流程上杜绝失误错误，连续多年实现零错误、零投诉。四是坚持主动接受监督，学校纪委派员进驻录取现场，全程监督，适时检查，及时纠偏，确保各个环节的公平公正公开。

积极响应扩招百万，规范开展社会扩招。2021 年学校共有 14 个专业参与社会扩招，招生计划700人，3054人考生报考，实际录取491人，最终报到444人，报到率90.6%。今年是高职扩招最后一年，报考人数众多，生源复杂，资格审查任务重，难度大。为此学校组织专人加强资格审核，严格审核考生资料，严防资格造假，在对相关材料的真实性不能确定时，还积极通过与劳动合同单位联系，寻求帮助，确保万无一失。

坚持以生为本理念，转专业工作稳步有序。学校自制定《安徽商贸职业技术学院新生入学转专业实施办法》以来，新生转专业工作稳步有序。新生报到后，开展新生转专业工作，各学院积极宣传政策，严格按照学校新生转专业相关制度，通过学生自主申请、学院审核、公示等环节，全校共有转专业新生187人，最终批准177人，并对不符合条件的新生做了后期政策解释工作，整体转专业工作稳步有序。

及时调研分析总结，提前谋划招生宣传。为更好地推进招生宣传工作，招生就业处召开了新生座谈会，广泛听取学生意见。并根据座谈会反馈意见，撰写了《招生宣传调查问卷》，并通过辅导猫平台面向新生发放问卷4557份，最终形成招生宣传调研报告，为下一年度宣传提供了科学支撑和参考方向。召开学校2021年招生工作总结会，从生源区域分布、专业录取指标、考生志愿构成等方面对学校2021年招生工作进行详细总结，并对招生录取关键指标进行了横向比较。

【就业工作】 （一）稳中求进，就业工作再创佳绩。

1.打造“二维三纵三横”就业导师矩阵，建设成果被教育部遴选为2020届毕业生就业创业工作典型案例，省内仅有2个案例入选。

2.学校成为教育部第一批“全国高校毕业生就业能力培训基地”，依托基地举行“宏志助航计划”毕业生就业能力培训项目，来自芜湖职业技术学院、安徽扬子职业技术学院和我校的200名学员接受培训并顺利结业。

3.顺利完成2021届毕业生派遣工作，毕业生初次就业率为94.74%，较去年稳中有升，在教育厅2020年度全省普通高校毕业生就业工作激励文件中再次受到表扬。

4.编制发布2021届毕业生就业质量年度报告，毕业生和用人单位对学校就业指导和服务的满意度均在97%以上。

5.承办第十五届安徽省大学生职业生涯规划设计大赛皖南片区半决赛，学校荣获优秀组织奖。

（二）精准对接，创新就业服务模式。

1.开展“直播带岗”系列活动。邀请诚信规范、薪资待遇高、生产条件好、生活环境优的企业，组织用人单位以直播形式向毕业生进行岗位推介，动员参与求职应聘。

2.结合就业信息网、微信、QQ等媒介平台，及时向毕业生宣传升学政策，组织学生报名和备考，学校2021届毕业生专升本报名2637人，考取1508人，录取率为57.19%。

3.整合校内外就业服务资源，用好教育部新职业网、各类线上公益课堂、学校SPOC平台，为学生提供就业形势分析、政策解读、求职技巧和生涯规划等线上指导。

4.积极动员二级学院就业专员对毕业生进行就业帮扶，开通就业咨询热线。“线上+线下”方式全方位为毕业生提供咨询、答疑等服务。

（三）聚焦双高，推进职教集团建设。

1.2021年9月，安徽省教育厅公布安徽财经商贸集团为2020年度运行综合评价为A档。2021年10月安徽省财经商贸职业教育集团作为示范性职业教育集团入选安徽省职业教育创新发展实验计划。

2.2021年12月，会同科研与校企合作处、教务处等部门共同举办安徽省财经商贸职业教育集团二届一次理事会，政、行、企、校百余名专家学者参会，并参与我校新徽商人才培养方案论证会，为我校就业工作提供有力支撑。

（四）多维并举，稳定学生就业市场。

1.组织毕业生参加教育部“全国中小企业网上百日招聘高校毕业生活动”，引导和鼓励毕业生到中小企业工作，优化中小企业人才结构。实施“安徽商贸职业技术学院2021届高校毕业生就业促进周系列活动专项方案”，组织毕业生通过“24365互联网+就业指导”平台收看直播。

2.“线上+线下”开展招聘活动。统筹规划二级学院专场招聘会7场，企业宣讲会25场，网络招聘会1场，共有近600家用人单位参加招聘活动，为毕业生提供3万余个工作岗位。

（五）落实政策，持续推进就业帮扶。

积极贯彻教育部、省委对促进高校毕业生就业创业通知的精神，进一步做好我校就业困难群体的帮扶工作，促进困难毕业生实现更加充分、更高质量和更加积极就业。组织应、往届未就业残疾人学生参加“就有未来”残疾人大中专毕业生就业专场网络招聘会。为312名特殊困难毕业生直接发放生均500元的求职补助，共计15.60万元。帮助729名2022届毕业生申领安徽省求职创业补贴109.15万元，有效缓解毕业生求职择业经济压力。

六、师资队伍

（一）概　况

学校将师资队伍建设作为学校发展的核心竞争力。近年来，学校为了推进高校综合改革试点工作，积极吸引人才、稳定人才，为学校建设、创新和发展提供人才保障，以优化资源配置为目标，以建立健全制度体系为重点，全面实施“人才强校”战略，通过“充实数量、提高素质、优化结构、稳定骨干、造就名师”的师资队伍建设过程，初步建成一支数量适当、结构优化、素质优良、工作高效的人才队伍。

截止到2021年12月31日，学校共有教职工598人；其中，专任教师472人（含行政兼课教师）。近五年来，具有博士、硕士学位的教师比例持续增长，学校专任教师中具有博士、硕士学位者450人，占总人数的95%。在专任教师职称结构上，教授22人，副教授127人，分别占总人数的4.7%和27%。在专任教师年龄结构上，35岁及以下青年教师221人，36—50岁的中青年教师222人，51岁及以上的教师29人，分别占总人数的47%、47%和6%。

学校现有教职工598人，其中正高职称21人、副高职称127人，拥有博士学位6人，硕士学位445人，专任教师472人（含行政兼课）。

省级教坛新秀、教学教师名录

序　号	姓　名	名　称	获得时间
1	吴　昊	教坛新秀	2008
2	刘　宝	教坛新秀	2008
3	郑晓明	教坛新秀	2010
4	吕立新	教坛新秀	2010
5	孙颖荪	教坛新秀	2010
6	齐莉莉	教坛新秀	2013
7	吴松飞	教坛新秀	2013
8	陈　诚	教坛新秀	2014
9	胡增芳	教坛新秀	2014
10	翟　淼	教坛新秀	2015
11	段文忠	教坛新秀	2015
12	卜天然	教坛新秀	2016
13	王从辉	教坛新秀	2016
14	许贤丽	教坛新秀	2018
15	陈　辉	教坛新秀	2018

续 表

序　号	姓　名	名　称	获得时间
16	王海生	教坛新秀	2019
17	何　军	教坛新秀	2019
18	许美珏	教坛新秀	2019
19	胡计虎	教坛新秀	2020
20	王松林	教坛新秀	2020
21	张　黎	教坛新秀	2020
22	赵春宇	教坛新秀	2020
23	虞昌亮	教坛新秀	2020
24	张春想	线上教学新秀	2020
25	王　睿	线上教学新秀	2020
26	张平平	线上教学新秀	2020
27	杨　欣	教学名师	2009
28	王　炜	教学名师	2013
29	秦宗槐	教学名师	2013
30	刘　宝	教学名师	2014
31	杨文兰	教学名师	2015
32	丁增稳	教学名师	2016
33	王珠强	教学名师	2018
34	朱光应	教学名师	2018
35	孙颖荪	教学名师	2020
36	夏名首	教学名师	2020
37	郑晓明	课程思政教学名师	2020
38	王锦坤	课程思政教学名师	2020
39	段文忠	线上教学名师	2020
40	胡增芳	线上教学名师	2020
41	鲁学生	线上教学名师	2020

省级专业带头人名录

序　号	姓　名	名　称	获得时间
1	郑承志	市场营销	2008
2	杨　欣	会　计	2008
3	季学芳	财务管理	2008
4	王　炜	资产评估与管理	2009
5	汪　伟	计算机信息管理	2009
6	阮进军	计算机应用技术	2009
7	骆泽敬	物流管理	2009
8	朱光应	会计专业	2010

续表

序　号	姓　名	名　称	获得时间
9	刘　宝	旅游管理	2010
10	秦宗槐	市场营销	2010
11	丁增稳	投资与理财	2010
12	夏名首	电子商务	2011
13	王珠强	会计电算化	2011

院级专业带头人名录

序　号	姓　名	名　称	获得时间
1	杨克玉	计算机信息管理	2007
2	汪　伟	软件技术	2007
3	汪永太	国际经济与贸易	2007
4	秦宗槐	营销与策划	2007
5	夏名首	电子商务	2007
6	郑承志	市场营销	2007
7	徐　翔	旅游管理	2007
8	刘　宝	商务管理	2007
9	郑承志	市场营销	2008
10	杨　欣	会　计	2008
11	季学芳	财务管理	2008
12	王　炜	资产评估与管理	2008
13	丁增稳	投资与理财	2008
14	王珠强	会计电算化	2008
15	阮进军	计算机应用技术	2008
16	疏　靖	应用电子技术	2008
17	骆泽敬	物流管理	2008
18	高道友	连锁经营管理	2008
19	刘　宝	旅游管理	2009
20	汪　伟	计算机信息管理	2009
21	贾成海	税　务	2009
22	张　毓	电子信息工程技术	2009
23	刘知国	商务英语	2009
24	钱立静	涉外文秘	2009
25	陈立弘	财务管理	2010
26	周　平	法律事务	2010
27	黄义兵	市场营销	2010
28	孙颖荪	物流管理	2010
29	郑晓明	商务文秘	2010

续 表

序 号	姓 名	名 称	获得时间
30	王 卓	计算机网络技术	2010
31	吕立新	软件技术	2010
32	王守龙	资产评估与管理	2011
33	陈 诚	动画设计	2011
34	汪圣佑	国际经济与贸易	2011
35	张 强	计算机多媒体技术	2011
36	黄义兵	市场营销	2013
37	冯春林	房地产经营与估价	2013
38	王从辉	电子商务	2013
39	唐文菊	国际贸易	2013
40	吴木林	营销与策划	2013
41	赵春宇	会 计	2013
42	曹方林	会计电算化	2013
43	夏菊子	财务管理	2013
44	李 刚	金融管理与实务	2013
45	徐 红	资产评估与管理	2013
46	孙颖苏	物流管理	2013
47	齐莉莉	旅游管理	2013
48	黄 亮	连锁经营管理	2013
49	芮坤坤	计算机网络技术	2013
50	吕立新	软件技术	2013
51	唐云龙	计算机多媒体技术	2013
52	王松林	电子信息工程技术	2013
53	周正贵	物联网应用技术	2013
54	陈 诚	动 画	2013
55	陈雪影	视觉传达艺术设计	2013
56	叶 兴	商务英语	2013
57	钱立静	文 秘	2013
58	周 平	法律事务	2013
59	胡朝晖	法律文秘	2013
60	芮坤坤	云计算技术与应用	2018
61	汪 晔	物流管理	2018
62	吴木林	广告策划与营销	2018

（供稿单位：组织人事处）

正高级职称人员名单

序　号	所在部门	姓　名
1	书记校长室	章顺来
2	书记校长室	朱光应
3	书记校长室	郑承志
4	书记校长室	王　炜
5	纪委办公室(监察审计处)	吴松飞
6	宣传统战部	汤　飚
7	教务处	黄义兵
8	科研与校企合作处	刘　宝
9	学生工作处(学生工作部)	郑　伟
10	国有资产管理办公室	杨　欣
11	电子商务学院	夏名首
12	电子商务学院	冯春林
13	会计学院	王珠强
14	会计学院	丁增稳
15	会计学院	鲁学生
16	会计学院	王守龙
17	国际商务与旅游学院	秦宗槐
18	国际商务与旅游学院	孙颖荪
19	信智与人工智能学院	阮进军
20	文化与法律学院	朱吉玉
21	基础教学部	赵小平

(供稿单位:组织人事处)

副高级职称人员名单

序　号	部　门	姓　名
1	书记校长室	李　忠
2	办公室	张　强
3	办公室	陶绍兴
4	办公室	杨克玉
5	办公室	叶　兴
6	纪委办公室(监察审计处)	王　奇
7	教务处	李春秋
8	教务处	胡计虎
9	教务处	何　军
10	教务处	卜天然
11	教务处	杨玉龙
12	质量保障处	俞木传
13	质量保障处	吕立新

续　表

序　号	部　门	姓　名
14	质量保障处	汪　伟
15	质量保障处	吴思佳
16	科研与校企合作处	殷西祥
17	科研与校企合作处	陈晓燕
18	科研与校企合作处	翟建华
19	学报编辑部	汤太祥
20	团　委	虞昌亮
21	招生就业处	鲁　楠
22	工　会	黄家宏
23	后勤管理处	汪正法
24	保卫处	徐明友
25	图书馆	季学芳
26	继续教育与社会培训学院	胡传山
27	继续教育与社会培训学院	疏　靖
28	继续教育与社会培训学院	李正义
29	后勤管理处	张　波
30	信息管理中心	韩成勇
31	创新创业学院	王从辉
32	电子商务学院	汪　晔
33	电子商务学院	段文忠
34	电子商务学院	郭　伟
35	电子商务学院	孙礼辉
36	电子商务学院	胡以一
36	电子商务学院	吴木林
38	电子商务学院	王召义
39	电子商务学院	韩媛媛
40	电子商务学院	何兴旺
41	电子商务学院	汪　琪
42	电子商务学院	关堂春
43	电子商务学院	魏　力
44	电子商务学院	杨雪青
45	国际商务与旅游学院	汪圣佑
46	国际商务与旅游学院	张　黎
47	国际商务与旅游学院	陈大文
48	国际商务与旅游学院	陈小云
49	国际商务与旅游学院	赵根良
50	国际商务与旅游学院	程张根

续 表

序 号	部 门	姓 名
51	国际商务与旅游学院	曹 琳
52	国际商务与旅游学院	张启全
53	国际商务与旅游学院	唐文菊
54	国际商务与旅游学院	齐莉莉
55	国际商务与旅游学院	黄 亮
56	国际商务与旅游学院	刘 超
57	国际商务与旅游学院	史 薇
58	会计学院	赵春宁
59	会计学院	李海燕
60	会计学院	牛永芹
61	会计学院	郑兴东
62	会计学院	叶苗苗
63	会计学院	吕能芳
64	会计学院	杨 琴
65	会计学院	苏任刚
66	会计学院	夏菊子
67	会计学院	曹方林
68	会计学院	贾成海
69	金融科技学院	徐 翔
70	金融科技学院	胡增芳
71	金融科技学院	丁 婷
72	金融科技学院	汪玉桥
73	金融科技学院	李 刚
74	金融科技学院	胡 艳
75	金融科技学院	陈立弘
76	金融科技学院	许贤丽
77	金融科技学院	蒋 武
78	金融科技学院	朱芬华
79	金融科技学院	姜 涛
80	金融科技学院	王 伟
81	信息与人工智能学院	郑晓明
82	信息与人工智能学院	王松林
83	信息与人工智能学院	周正贵
84	信息与人工智能学院	张 毓
85	信息与人工智能学院	王 卓
86	信息与人工智能学院	芮坤坤
87	信息与人工智能学院	颜莉莉

续 表

序 号	部 门	姓 名
88	信息与人工智能学院	侯秀丽
89	信息与人工智能学院	秦晓安
90	信息与人工智能学院	陈 军
91	信息与人工智能学院	樊妍妍
92	信息与人工智能学院	刘 斌
93	艺术设计学院	吴 昊
94	艺术设计学院	孙 湛
95	艺术设计学院	曾先国
96	艺术设计学院	王茵雪
97	艺术设计学院	王 超
98	艺术设计学院	陈雪影
99	艺术设计学院	陈 诚
100	文化与法律学院	王锦坤
101	文化与法律学院	陈 辉
102	文化与法律学院	钱立静
103	文化与法律学院	秦晓梅
104	文化与法律学院	胡朝晖
105	文化与法律学院	安中业
106	文化与法律学院	许 鹏
107	文化与法律学院	汪 注
108	文化与法律学院	季 敏
109	文化与法律学院	周 平
110	基础教学部	魏建和
111	基础教学部	周震宇
112	基础教学部	刘知国
113	基础教学部	叶迎春
114	基础教学部	陆邦慧
115	基础教学部	张文英
116	基础教学部	赵 谦
117	基础教学部	龙志勇
118	基础教学部	石先彬
119	基础教学部	潘尚莲
120	基础教学部	贾昌凤
121	基础教学部	张 甦
122	基础教学部	刘育江
123	马克思主义学院	杨卫宏
124	马克思主义学院	翟 森

续 表

序 号	部 门	姓 名
125	马克思主义学院	王宏伟
126	马克思主义学院	王民强
127	马克思主义学院	朱景平

（供稿单位：组织人事处）

（二）培养培训

【校本培训】 学校进一步补充、完善岗前培训内容，实施新教师“1＋1＋1”岗前培训模式，为2021年31名新进部分教职工开展了长达1年的校内岗前培训。帮助新进教师了解我校校情校史、现状及相关制度政策，帮助他们掌握教育教学、科学研究的方式方法，促进新进教师教育教学理论水平、教科研能力的提升。学校自从与陶行知纪念馆合作建立教师培训基地以来，开展了“弘扬陶行知精神”专题培训，激励我校全体新进教师学习并坚持陶行知先生“教人求真”的理念。通过教育情感的熏陶，传承爱岗敬业、严谨治学的优良师德，进而提高新进教师育人能力、职业认同感、敬业精神，帮助他们尽快适应职业角色，以实际行动传承陶行知精神，在日常工作中努力践行“四有”好老师标准，早日成为一名优秀的高校教育工作者。

【在职培养】 2021年我校积极选派教师参加各级各类培训，提高师资队伍的整体水平。为2021年31名新进教职工开展了长达1年的校内岗前培训；选派26人参加安徽省高等职业院校教师素质提高计划2020年度国家级项目；选派49名教师参加“弘扬陶行知精神”教师轮训第一期培训班学习；举办了为期三天的第五期教师基本功强化培训班，参加培训班的教师共34人；全年共安排教师351人次参加各类进修、培训、交流项目。尽管我校师资数量匮乏，但是仍以长远的眼光，鼓励教师参加学历学位进修，进一步优化师资队伍的学历层次。2021年印发《教师赴海外攻读博士学位管理办法》，选派27名教师攻读博士学位。

（三）职称评聘

【职称工作】 根据省厅最新文件精神，结合学校实际状况，在组织全体教师认真学习省教育厅、人社厅及学校相关文件要求的基础上，有序开展我校2021年各系列专业技术职务评审工作。先后完成申报人述职与系部公示工作、职能部门审核工作、召开各系列专业技术职务任职资格评审专家委员会、评审结果公示及上报省厅备案等工作。最终晋升教授职称1人，晋升副教授职称20人，晋升讲师职称38人，晋升中级实验师职称1人。在其他系列评审工作中，聘任图书馆员1人，聘任高级政工师2人。

（四）师德师风建设

【概 况】 积极引导广大教师深入学习习近平总书记关于师德师风的重要论述，加强师德养成教育，强化师德师风在干部选拔任用、职称评定、评优评先等方面运用；学习教育部网站公布的典型案例，持续开展警示教育。深刻认识立德树人、教书育人的时代使命与职业责任，践行“四个相统一”，争做新时代“四有好老师”，当好学生“引路人”。

（供稿单位：组织人事处）

七、科学研究

【加强科研氛围营造】 举办高水平科研项目和成果座谈会，开展各类学术培训和专利讲座，规范科研项目经费使用和报销，发布教科研项目经费使用负面清单等。本年度新增文件9项，修改文件1项，废除文件1项，废改立文件共计11项。新建科研与校企合作处网站畅通信息发布渠道，新增钉钉工作台教师实践进修模块实现线上办理功能，修改科研项目和经费报销流程方便教职工业务办理等。通过一系列文件的制定、发布与实施，一系列功能的新增、完善与优化，进一步营造良好的科研氛围，激发教师科研和社会服务积极性。

【科研项目管理】 项目申报与立项：学校组织申报各级各类项目21次，立项140项。安徽省哲学社会科学规划项目立项1项，安徽省社科联攻关项目立项1项，安徽省高校人文社科重大项目立项2项、重点项目立项8项，安徽省自然科学重点项目立项4项，校级一般项目立项37项，校级重点项目立项22项，技术技能平台项目立项44项，安徽省职业与成人教育学会项目立项15项，其他各类学会项目立项6项。项目结项验收：2021年度申报科研项目结项共89项，其中省教育厅重点项目结项8项，平台基地和校级重点项目结项37项，校级一般项目结项29项，安徽省职业与成人教育学会项目结项15项。

【商贸论坛】 通过“请进来、走出去”的方式，我校全年邀请校外专家开展商贸论坛学术交流活动7场，分别是：（一）邀请北京师范大学职业与成人教育研究所所长、国家职业教育研究院院长和震教授作题为“面向未来的职业教育人才培养模式创新”专题讲座。（二）邀请江南大学副教授、南京航空航天大学博士刘勇作题为“教育部人文社科项目申报建议”学术讲座。（三）邀请安庆职业技术学院科技处处长、高职教育研究所所长吴一鸣研究员主讲“教育部人文社科项目的选题与申报”。（四）邀请上海大学历史系二级教授、博士生导师，上海大学三线建设研究中心副主任徐有威作“开拓‘四史’研究和教学的新领域：以安徽小三线建设为中心”专题讲座。（五）邀请星空书院周凌波教授及其团队作“长三角地区‘新零售’技术技能人才需求调研报告”讲座。（六）邀请芜湖思诚知识产权代理有限公司张福敏主讲“专利基础知识与技术交底书的准备”“专利基本概念及挖掘实务”。

【科研经费管理】 全面落实我校科研经费管理办法，进一步规范科研经费使用行为，通过一系列文件的制定、发布与实施，一系列功能的新增、完善与优化，进一步增强了科研经费管理工作的规范性。加强科研经费的管理与监督，推行科研经费预算管理、公务卡结算或转账结算方式，严格执行审批报销制度和固定资产登记制度。做好全年科研项目到账经费下单建账工作。借助钉钉平台，实现科研经费预算和报销流程的信息化，提高工作效率。

【科研成果与获奖】 2021年我校教师发表论文360篇，其中一类6篇，二类2篇，三类核心7篇，三类普通本科学报85篇，本校学报23篇，省内国家示范骨干高职院校学报9篇，四类222篇。2021年先后组织我校教师参加了2021年度中国职业教育学会优秀论文评选、安徽社会科学界联合会优秀论文评选等10多项征文和评选活动，共53位教师获奖。

安徽商贸职业技术学院2021年度安徽省高校人文社科和自然科学研究重大、重点项目立项一览表

序　号	项目名称	主持人	项目来源	项目批准号	资助经费（万元）
1	基于语料库的徽州文化海外社交媒体传播研究	程张根	人文重大项目	SK2021ZD0113	5
2	乡村振兴战略背景下安徽省城乡融合发展研究	鲁学生	人文重大项目	SK2021ZD0114	5
3	忙碌董事会与上市公司IPO业绩变脸研究——基于内部控制微观机制检验的视角	何亚伟	人文重点项目	SK2021A1050	2
4	乡村振兴视角下的安徽省城乡融合发展试验区建设路径及对策研究	张平平	人文重点项目	SK2021A1051	2
5	芜湖自贸试验区与区域经济联动发展的机制研究——基于产业链制度创新的视角	陈大文	人文重点项目	SK2021A1052	2
6	皖江城市带与长江经济带协同集聚发展，构建区域一体化研究	鲁　楠	人文重点项目	SK2021A1053	2
7	明末清初徽商艺术赞助及其现实意义研究	王　超	人文重点项目	SK2021A1054	2
8	长三角地区旅游业协同发展的影响因素及对策研究	程质彬	人文重点项目	SK2021A1055	2
9	安徽省制造业企业数字化转型的动力、过程与对策	刘　超	人文重点项目	SK2021A1056	2
10	皖南乡村旅游地宅基地三权分置改革的农户响应与绩效研究	何　丹	人文重点项目	SK2021A1057	2
11	基于多阶段随机序贯博弈的多渠道医疗服务供应链协同运作机制研究	杨　阁	自然重点项目	KJ2021A1480	6
12	3C产品负面在线评论的线上服务补救研究——基于文本情感分析的方法	薛晨杰	自然重点项目	KJ2021A1481	6
13	基于膜计算的图像结构特征检测暨在运动匹配中的分析与研究	钱　江	自然重点项目	KJ2021A1482	6
14	机器视觉技术及其在课堂异常行为感知系统中应用研究	朱先远	自然重点项目	KJ2021A1483	6

安徽商贸职业技术学院2021年度省哲社科和省社科联项目立项一览表

序号	项目名称	主持人	项目来源	项目批准号	资助经费（万元）
1	“兼收并蓄”——民国茶叶包装艺术风格研究	刘方义	省哲社科规划项目	AHSKQ2021D133	2
2	社交媒体语境下徽州文化海外传播研究	程张根	省社科联攻关项目	2021CX131	1

安徽商贸职业技术学院“技术技能创新服务平台”2021年应用研究项目立项一览表

序号	项目名称	主持人	项目来源	项目批准号	资助经费（万元）
1	大数据技术在地方政府全面预算绩效评价中的应用研究	曹方林	高水平科研项目培育类课题	2021ZDG01	1
2	机构投资者及其异质性与上市公司盈余质量研究——基于内部控制缺陷修复视	何亚伟	高水平科研项目培育类课题	2021ZDG02	1
3	数字人文背景下红色档案资源的开发与利用研究	秦　垒	高水平科研项目培育类课题	2021ZDG03	1
4	“课程思政”背景下当代高职大学生政治价值观的现状及其培育研究	沈　静	高水平科研项目培育类课题	2021ZDG04	1
5	基于时空轨迹数据挖掘的位置预测与推荐研究	陶　健	高水平科研项目培育类课题	2021ZDG05	1
6	复杂网络视角下电商平台农产品竞争策略研究	凌　洁	高水平科研项目培育类课题	2021ZDG06	1
7	基于电商平台的绿色产品制造商销售模式选择研究	张　敏	高水平科研项目培育类课题	2021ZDG07	1
8	大数据环境下位置轨迹隐私保护方法研究	潘洪志	高水平科研项目培育类课题	2021ZDG08	1
9	数字普惠金融助力长三角一体化高质量发展的机制与溢出效应研究	朱芬华	高水平科研项目培育类课题	2021ZDG09	1
10	政府补助、研发投入与企业价值关系研究	程四明	高水平科研项目培育类课题	2021ZDG10	1
11	市场分割与经济增长的关系研究	赵宝山	高水平科研项目培育类课题	2021ZDG11	1
12	思想政治教育可接受性研究	林霁月	高水平科研项目培育类课题	2021ZDG12	1
13	后小三线时代职工群体研究：以皖南小三线为中心	方锦波	高水平科研项目培育类课题	2021ZDG13	1
14	中国共产党精神谱系的核心要义与时代价值研究	谢　婧	高水平科研项目培育类课题	2021ZDG14	1
15	基于数据挖掘的校园无线网用户行为分析	舒　升	高水平科研项目培育类课题	2021ZDG15	1
16	基于校园文化建设视域下的高校法治实践式教育研究	杨　丽	高水平科研项目培育类课题	2021ZDG16	1
17	数字经济驱动下物业公司数字化转型研究——以祥胜物业为例	刘超 150701	企业技术需求（咨询服务）类课题	2021ZDQ01	1
18	共享经济背景下芜湖市家政服务业灵活用工动力机制、现实困境和路径创新	赵根良	企业技术需求（咨询服务）类课题	2021ZDQ02	1

续表

序号	项目名称	主持人	项目来源	项目批准号	资助经费（万元）
19	基于区块链技术的税收征管模型的构建与应用研究	鲁静	企业技术需求（咨询服务）类课题	2021ZDQ03	1
20	城市形象宣传片文化内涵挖掘与表现研究及应用	唐云龙	企业技术需求（咨询服务）类课题	2021ZDQ04	1
21	芜湖市投资环境综合评价报告2021	陈立弘	企业技术需求（咨询服务）类课题	2021ZDQ05	1
22	芜湖市即时配送外包服务质量改进方案	刘存	企业技术需求（咨询服务）类课题	2021ZDQ06	1
23	零售实体门店数字化运营路径研究	刘超10179	企业技术需求（咨询服务）类课题	2021ZDQ07	1
24	骆山村美丽乡村规划与设计	曾先国	企业技术需求（咨询服务）类课题	2021ZDQ08	1
25	在线评论在数据化营销中的应用	江楠	企业技术需求（咨询服务）类课题	2021ZDQ09	1
26	旅行社导游服务质量提升策略研究	程质彬	企业技术需求（咨询服务）类课题	2021ZDQ010	1
27	“三地一区”背景下物业企业助力居家养老，共建智慧社区路径研究	曹莹	企业技术需求（咨询服务）类课题	2021ZDQ11	1
28	移动机器人SLAM与路径规划方法研究	许美珏	企业技术需求（咨询服务）类课题	2021ZDQ12	1
29	中公教育中文类课程一体化咨询和设计服务	童玉	企业技术需求（咨询服务）类课题	2021ZDQ13	1
30	电商直播在乡村振兴中的发展路径研究——以农产品为例	薛晨杰	企业技术需求（咨询服务）类课题	2021ZDQ14	1
31	基于用户体验的企业App设计与应用研究	吴莹莹	企业技术需求（咨询服务）类课题	2021ZDQ15	1
32	基于近联网模式的“花海类旅游景区”产品开发	张启全	企业技术需求（咨询服务）类课题	2021ZDQ16	1
33	智能装备产品测试研究	胡以一	企业技术需求（咨询服务）类课题	2021ZDQ17	1
34	基于徽商文化的现代企业文化建设研究——以安徽康祥新材料有限公司为例	杨楠	企业技术需求（咨询服务）类课题	2021ZDQ18	1
35	基于SOR视角的芜湖电竞行业用户消费研究	刘松	企业技术需求（咨询服务）类课题	2021ZDQ19	1
36	长三角城市群电子商务人才需求预测研究	高蕾	企业技术需求（咨询服务）类课题	2021ZDQ20	1

续表

序　号	项目名称	主持人	项目来源	项目批准号	资助经费（万元）
37	高职财经商贸类毕业生就业促进研究	汪贞叶	企业技术需求（咨询服务）类课题	2021ZDQ21	1
38	基于博弈论视角的管理层特质与代理成本研究	陈云磊	企业技术需求（咨询服务）类课题	2021ZDQ22	1
39	中小企业法律风险防范机制研究	洪　媛	企业技术需求（咨询服务）类课题	2021ZDQ23	1
40	智能物流装备及信息系统开发研究	孙培英	企业技术需求（咨询服务）类课题	2021ZDQ24	1
41	以党建社会服务为导向的金属产品设计研究	张　军	企业技术需求（咨询服务）类课题	2021ZDQ25	1
42	当代综合绘画中宣纸媒介研究	王茵雪	企业技术需求（咨询服务）类课题	2021ZDQ26	1
43	高职策划类专业学生毕业顶岗实习适应研究	李仁霞	企业技术需求（咨询服务）类课题	2021ZDQ27	1
44	旅游城市茶文化空间市场调研与运营设计	孙　莉	企业技术需求（咨询服务）类课题	2021ZDQ28	1

安徽商贸职业技术学院2021年度校级科学研究项目立项一览表

序　号	项目名称	主持人	项目来源	项目批准号	资助经费（万元）
1	“三全育人”背景下高校学生党建与思想政治工作协同融合研究	程　慧	党建一般项目	2021KYD01	0.5
2	双高计划下高职学生党建工作的路径与机制探索	袁　方	党建一般项	2021KYD02	0.5
3	基于AHP方法的高职院校辅导员绩效考核研究——以安徽商贸职业技术学院为例	潘　乐	辅导员一般项目	2021KYF01	0.5
4	新时期高职学生心理危机的特点与干预策略研究	徐小东	辅导员一般项目	2021KYF02	0.5
5	三全育人理念下基于易班平台下的“1234+1”网络思政育人体系的构建与实践	王淑娴	辅导员一般项目	2021KYF03	0.5
6	部落主义与SIPS模式下皖南古村落徽文化短视频传播与创新	刘学玲	人文社科一般项目	2021KYR01	0.5
7	基于购后在线评论挖掘的汽车后市场消费者满意提升研究	江　芳	人文社科一般项目	2021KYR02	0.5
8	绿色信贷政策对高污染企业债务融资的影响研究——基于浙江上市公司的经验数据实证	何秀秀	人文社科一般项目	2021KYR03	0.5
9	长三角地区非物质文化遗产旅游开发研究	蒲白翎	人文社科一般项目	2021KYR04	0.5
10	高管激励、研发投入与企业绩效关系研究	程四明	人文社科一般项目	2021KYR05	0.5

续 表

序　号	项目名称	主持人	项目来源	项目批准号	资助经费（万元）
11	企业规模视角下供应链关系型交易对企业创新效率的影响研究	胡勇强	人文社科一般项目	2021KYR06	0.5
12	“双循环”发展格局下银行资产质量提升研究	陶　然	人文社科一般项目	2021KYR07	0.5
13	资产证券化对商业银行盈利能力影响研究	弋兴飞	人文社科一般项目	2021KYR08	0.5
14	新冠肺炎疫情对安徽省亲子游市场的影响及演化机理研究	章　鋆	人文社科一般项目	2021KYR09	0.5
15	长三角城市群城镇化与区域电子商务的耦合协调发展研究	张　敏	人文社科一般项目	2021KYR10	0.5
16	分类考试招生视野下思想政治理论课教师亲和力研究	于晓霞	人文社科一般项目	2021KYR11	0.5
17	大数据环境下农村电子商务物流服务能力评价研究	邹　辉	人文社科一般项目	2021KYR12	0.5
18	基于网络文本分析的芜湖市夜间旅游发展研究	孙希瑞	人文社科一般项目	2021KYR13	0.5
19	社交媒体时代老字号文化融合与传播研究	李仁霞	人文社科一般项目	2021KYR14	0.5
20	高职学生心理弹性现状及提升研究	陶星宇	人文社科一般项目	2021KYR15	0.5
21	老字号企业档案的多重价值及其实现路径研究——以芜湖张恒春药业为例	秦　垒	人文社科一般项目	2021KYR16	0.5
22	人工智能时代主流媒体的舆论引导研究	胡晶晶	人文社科一般项目	2021KYR17	0.5
23	毛姆小说中的创伤叙事	韩　娟	人文社科一般项目	2021KYR18	0.5
24	以Trados和雅信CAT为例的翻译记忆库在产品说明书翻译中的应用研究	李金霞	人文社科一般项目	2021KYR19	0.5
25	社区首诊环境下居民对医生、机构、政府三者信任关系的研究	杨　雯	人文社科一般项目	2021KYR20	0.5
26	传播学视野下阅读推广工作模式研究	宋亚萍	人文社科一般项目	2021KYR21	0.5
27	“双高”建设背景下打造新商科“留学安徽”国际品牌的路径研究	钱　亮	人文社科一般项目	2021KYR22	0.5
28	皖江城市带视角下互联网金融发展对产业结构升级的影响研究	盛红有	人文社科一般项目	2021KYR23	0.5
29	基于专利文本分析的中美电商技术比较研究	高　蕾	人文社科一般项目	2021KYR24	0.5
30	区块链技术在会计领域的应用模式研究	姜　晨	人文社科一般项目	2021KYR25	0.5
31	高质量发展视角下长三角物流产业绿色发展绩效评价和提升路径研究	关堂春	人文社科重点项目	2021KZR01	1
32	治理现代化背景下的乡规民约推广问题研究——以安徽省为例	王　培	人文社科重点项目	2021KZR02	1
33	自贸区背景下安徽跨境电商创新发展路径研究	朱　方	人文社科重点项目	2021KZR03	1
34	加快构建对外开放下的安徽省粮食安全评价指标体系建构、测度及保障措施研究	张平平	人文社科重点项目	2021KZR04	1
35	“兼收并蓄”——民国茶叶包装艺术风格研究	刘方义	人文社科重点项目	2021KZR05	1

续 表

序　号	项目名称	主持人	项目来源	项目批准号	资助经费（万元）
36	业财融合视角下企业财务共享中心构建研究	姚　琳	人文社科重点项目	2021KZR06	1
37	陈之佛书籍装帧设计的图案思想研究	张　莉	人文社科重点项目	2021KZR07	1
38	乡村振兴视域下宅基地“三权分置”改革的农户行为响应研究	何　丹	人文社科重点项目	2021KZR08	1
39	乡村振兴战略下农村电商创业生态体系建设研究	虞昌亮	人文社科重点项目	2021KZR09	1
40	基于RNN循环神经网络的金融风险预警研究——以安徽省为例	夏佳佳	人文社科重点项目	2021KZR10	1
41	基于平衡计分卡的高校内部审计绩效评价研究	王　睿	人文社科重点项目	2021KZR11	1
42	安徽自由贸易试验区金融创新及其影响研究	许贤丽	人文社科重点项目	2021KZR12	1
43	重大突发公共卫生事件的跟踪审计研究	吕能芳	人文社科重点项目	2021KZR13	1
44	后扶贫时期农产品直播运营的可行路径研究	汪　琪	人文社科重点项目	2021KZR14	1
45	生态命运共同体视角下的爱德华·福斯特小说研究	刘知国	人文社科重点项目	2021KZR15	1
46	市场分割对服务业全要素生产率的影响	陈大文	人文社科重点项目	2021KZR16	1
47	基于人工智能在校园监控视频异常行为分析算法研究	舒　升	自然科学一般项目	2021KYZ01	0.5
48	云环境下隐私保护密度峰聚类及其应用	慈　尚	自然科学一般项目	2021KYZ02	0.5
49	基于LoRa的中医家庭医生服务系统研究	罗青青	自然科学一般项目	2021KYZ03	0.5
50	基于交互设计视角下产品B端C化的研究	朱丽进	自然科学一般项目	2021KYZ04	0.5
51	带Beddington-DeAngelis功能反应和具时滞的捕食者——食饵系统的动力学研究	董冉冉	自然科学一般项目	2021KYZ05	0.5
52	空气质量监测数据预测与校准研究	吴　杰	自然科学一般项目	2021KYZ06	0.5
53	基于JAVA+OCR的高校职称申报管理系统	赵子洲	自然科学一般项目	2021KYZ07	0.5
54	基于PLC的电厂化水处理智能控制与优化研究	侯秀丽	自然科学重点项目	2021KZZ01	1
55	基于机器学习的行政事业单位预算支出内部控制智能预警研究	牛永芹	自然科学重点项目	2021KZZ02	1
56	基于SOA的高校人事管理系统探究与设计	陈　刚	自然科学重点项目	2021KZZ03	1
57	基于语音控制智能节能系统的研究	汤义好	自然科学重点项目	2021KZZ04	1
58	面向移动终端的智能交通系统研究	殷西祥	自然科学重点项目	2021KZZ05	1
59	基于虚拟化集群的网络安全实验平台研究	黄　飞	自然科学重点项目	2021KZZ06	1

八、社会服务

（一）产学研合作

【概 况】 根据学校"十四五"发展规划和"双高计划"建设、职教本科建设的总体思路，以服务当地经济社会发展和科技创新需求为导向，依托我校技术技能创新服务平台，充分发挥我校科研创新人才的服务能力，全面调动我校教职工的社会服务积极性。现已打造出一批特色鲜明和势头良好的二级应用研究机构，培养出一批技术技能成熟、具备市场竞争力的教师，初步形成了学校推进、平台培养和个人发展的产学研良好局面。

【产学研合作】 强化政行企校科技创新合作，深化产学研用深度融合，积极为政府、企业、行业开展技术咨询、技术开发、技术服务和成果转化等服务，2021年学校共开展横向课题35项，立项金额共计519.8万元，实际到账额共计416.8万元，同比增长123.7%，占学校社会服务总到账额的64%。

（二）知识产权管理

【知识产权管理】 重视学校师生科技创新和专利申报工作，加强专利申报管理和监督，紧密联系北京风雅颂专利代理公司和芜湖思诚知识产权代理有限公司两家专利代理公司，做好学校师生专利申报管理与服务工作、专利基础知识培训与宣传。全年获得专利授权165项，其中发明专利14项，实用新型专利62项，软件著作权专利78项，外观设计专利11项。积极组织师生参加第十届芜湖大学生专利创新大赛，最终我校获得一等奖1项，二等奖4项，三等奖6项，优秀奖5项。

安徽商贸职业技术学院2021年授权专利一览表

序 号	申报人	专利权人	专利名称	专利号	专利类型
1	吴竞鸿	吴竞鸿，杨东	一种生鲜电商配送箱	ZL202120241376.7	实用新型专利
2	刘羽天	刘羽天	一种便于调整高度的课桌	ZL202121614943.5	实用新型专利
3	刘羽天	刘羽天	一种背靠可调节椅子	ZL202121496023.8	实用新型专利
4	汪 晔	汪 晔	社区教育服务管理系统 v 1.0	2021SR1861153	软件著作权
5	胡计虎	胡计虎，杨玉龙	人才培养方案管理系统 v 1.0	2021SR0345976	软件著作权
6	孙握瑜	孙握瑜	第二课堂素质教育管理系统 v 1.0	2021SR1060062	软件著作权
7	孙握瑜	孙握瑜，周正贵	中小型加工企业智能管理系统 v 1.0	2021SR1057638	软件著作权
8	陈 辉	陈 辉	基于微信的通知信息播报管理系统	2021SR0996009	软件著作权
9	陈 辉	陈 辉	成绩管理系统	2021SR0996009	软件著作权

续　表

序　号	申报人	专利权人	专利名称	专利号	专利类型
10	王海生	王海生	中小企业管理会计信息化风险评估系统v1.0	2021SR1769834	软件著作权
11	张　黎	张　黎	长江经济带城市经济发展数据分析系统	2021SR1546452	软件著作权
12	张京洲	张京洲,周艳丽,杨娟娟,马可可	财务报销发票查验自动识别与填写系统v1.0	2021SR0437279	软件著作权
13	张京洲	张京洲,周艳丽,张言明	“校企政行”多维协同育人评价系统v1.0	2021SR0741359	软件著作权
14	张京洲	张京洲,周艳丽,郑歆,陈忠良,杨娟娟,马可可	餐饮业顾客评价智能诊断小程序系统v1.0	2021SR0145073	软件著作权
15	张京洲	张京洲,周艳丽,郑歆,陈忠良	零散工招聘智能推荐系统v1.0	2021SR0567907	软件著作权
16	王　超	安徽商贸职业技术学院	一种画布用的分切装置	2019104425588	发明专利
17	周艳丽	周艳丽,张京洲	语音识别模式成绩录入分析系统v1.0	2021SR1437682	软件著作权
18	周艳丽	周艳丽,张京洲	基于大数据挖掘技术的职业导向型人才成长规划系统v1.0.	2021AR1452459	软件著作权
19	周艳丽	周艳丽,张京洲,刘松,李仁霞,潘伟	老字号大数据智能推荐系统	2021SR0536905	软件著作权
20	唐云龙	唐云龙	摄像头动作捕捉数据互动系统v1.0	2021SR0715499	软件著作权
21	唐云龙	唐云龙	专业摄像机元数据高端管理系统v1.0	2021SR0716006	软件著作权
22	史一鸣	安徽商贸职业技术学院	高职院校数字教育资源共享管理系统	2021SR0390730	软件著作权
23	史一鸣	安徽商贸职业技术学院	高技术产业耦合度分析软件	2021SR0928808	软件著作权
24	史一鸣	安徽商贸职业技术学院	高科技产品个性定制管理系统	2021SR0929096	软件著作权
25	史一鸣	安徽商贸职业技术学院	智能产品顾客评价管理系统	2021SR0934301	软件著作权
26	史一鸣	安徽商贸职业技术学院	数字孪生服务化管理系统	2021SR0929097	软件著作权
27	史一鸣	安徽商贸职业技术学院	一种继电器衔铁运输装置	2021209471373	实用新型专利
28	史一鸣	安徽商贸职业技术学院	一种继电器衔铁辅助加工装置	2021209471392	实用新型专利
29	史一鸣	安徽商贸职业技术学院	一种搬运叉车	2021209480118	实用新型专利

续 表

序 号	申报人	专利权人	专利名称	专利号	专利类型
30	郑 兴	安徽商贸职业技术学院	一种存钱盒	ZL201910452108.7	发明专利
31	陈雪影	安徽商贸职业技术学院	一种采血试管的标签自动打印装置	202121101319.5	实用新型专利
32	陈雪影	安徽商贸职业技术学院	一种塑料袋快速打开装置	ZL202121285260.X	实用新型专利
33	陈雪影	安徽商贸职业技术学院	一种天牛诱捕装置	ZL202121032625	实用新型专利
34	陈雪影	安徽商贸职业技术学院	一种防震博物馆通柜	ZL202121482466.1	实用新型专利
35	陈雪影	安徽商贸职业技术学院	一种包装机接膜装置	ZL202121101305.3	实用新型专利
36	陈雪影	安徽商贸职业技术学院	一种玻璃运输用防护包装箱	ZL202121032714.2	实用新型专利
37	陈雪影	安徽商贸职业技术学院	手机壳	ZL202030726913.8	外观专利
38	陈雪影	安徽商贸职业技术学院	环保袋	ZL202030726910.4	外观专利
39	杨 丽	杨丽,邵登华	党建信息综合管理平台 v1.0	2021SR1647254	软件著作权
40	吴竞鸿	吴竞鸿	一种饼状图绘制装置	ZL202121374052.7	实用新型专利
41	程志永	安徽商贸职业技术学院	一种多功能健身器	ZL201910567731.7	发明专利
42	程志永	安徽商贸职业技术学院	一种回收再刨桶	ZL201910657989.6	发明专利
43	程志永	安徽商贸职业技术学院	一种净水器	ZL201910657988.1	发明专利
44	程志永	安徽商贸职业技术学院	一种跑步登山机	ZL201910442560.5	发明专利
45	程志永	安徽商贸职业技术学院	一种森林灭火装置	ZL202010373382.8	发明专利
46	李 路	安徽商贸职业技术学院	基于LoRa扩频通信的葡萄园精准滴灌控制系统	ZL2021213102761	实用新型专利
47	陈 诚	安徽商贸职业技术学院	一种具有隐藏结构的文件柜	ZL201910439311.0	发明专利
48	陈 诚	安徽商贸职业技术学院	一种自动裁切纸巾盒	ZL201910452104.9	发明专利
49	李 阳	安徽商贸职业技术学院	一种气泡混凝土砌块制备装置	ZL202011123792.3	发明专利

续 表

序 号	申报人	专利权人	专利名称	专利号	专利类型
50	李 阳	安徽商贸职业技术学院	一种自动化收获机	ZL202011518380.X	发明专利
51	凤 麟	凤 麟	税务绩效考核软件v1.0	2021SR1172065	软件著作权
52	夏菊子	夏菊子	财务会计大数据分析管理系统v1.0	2021SR0524498	软件著作权
53	夏菊子	夏菊子	财务审计分析报表数据系统v1.0	2021SR0523643	软件著作权
54	夏菊子	夏菊子	财务信息管理系统v1.0	2021SR0523623	软件著作权
55	夏菊子	夏菊子	税收智能申请流程管控系统v1.0	2021SR0523644	软件著作权
56	梅海峰	梅海峰	软件著作权	2021SR0345977	软件著作权
57	王 睿	王 睿	一种智慧交通出行App	2021SR1499976	软件著作权
58	魏菲娅	安徽商贸职业技术学院	一种定量取茶的茶桶	ZL202120652426.0	实用新型专利
59	魏菲娅	安徽商贸职业技术学院	一种偏于更换灯泡的路灯	ZL202121095332.4	实用新型专利
60	魏菲娅	安徽商贸职业技术学院	包装袋(毛滩村吊瓜子)	ZL202130113206.6	外观专利
61	魏菲娅	安徽商贸职业技术学院	茶叶包装袋(黄山毛峰)	ZL202130113195.1	外观专利
62	夏菊子	夏菊子	一种可调节财务教学显示屏	ZL202120410743.1	实用新型专利
63	孙 湛	安徽商贸职业技术学院	包装袋(徽雕)	ZL202030649817.8	外观专利
64	孙 湛	安徽商贸职业技术学院	包装袋(勿忘我花茶)	ZL202130018108.4	外观专利
65	孙 湛	安徽商贸职业技术学院	毕业纪念册	ZL202130151499.7	外观专利
66	孙 湛	安徽商贸职业技术学院	帆布袋(徽雕祥纹)	ZL202130175630.3	外观专利
67	孙 湛	安徽商贸职业技术学院	素描速写本	ZL202130151516.7	外观专利
68	孙 湛	安徽商贸职业技术学院	包装盒(铜陵白姜)	ZL202130151503.X	外观专利
69	孙 湛	安徽商贸职业技术学院	新年红包(生肖牛年)	ZL202130069135.4	外观专利
70	孙 湛	安徽商贸职业技术学院	一种可弯曲的摄影棚背景支架	ZL202120317362.9	实用新型专利

续　表

序　号	申报人	专利权人	专利名称	专利号	专利类型
71	孙　湛	安徽商贸职业技术学院	一种摄影用鱼线固定支架	ZL202120317568.1	实用新型专利
72	殷西祥	殷西祥	寻食App	2021SR0996007	软件著作权
73	殷西祥	殷西祥	办公用品管理系统	2021SR0979032	软件著作权
74	殷西祥	殷西祥	高校招生宣传系统	2021SR0956860	软件著作权
75	殷西祥	殷西祥	学校专业咨询系统	2021SR0979033	软件著作权
76	殷西祥	殷西祥	基于Android平台的高校毕业生系统	2021SR0979141	软件著作权
77	殷西祥	殷西祥	一种智能婴儿摇床	ZL202121072658.5	实用新型专利
78	关堂春	关堂春	一种容积可调的物流箱	ZL202022826461.8	实用新型专利
79	阮进军	安徽商贸职业技术学院	毕业论文管理系统	2021SR0707373	软件著作权
80	洪　凤	安徽商贸职业技术学院	一种工业设计模型用夹持件	ZL202022437160.6	实用新型专利
81	洪　凤	安徽商贸职业技术学院	一种灯光位置可调的展示柜	ZL202022437169.7	实用新型专利
82	洪　凤	安徽商贸职业技术学院	一种工业设计模型用涂胶装置	ZL202022728388.0	实用新型专利
83	洪　凤	安徽商贸职业技术学院	一种工业设计用打磨装置	ZL202022743161.3	实用新型专利
84	洪　凤	安徽商贸职业技术学院	一种工业设计用打磨防尘装置	ZL202022748109.7	实用新型专利
85	黄　飞	黄　飞	基于微信小程序的党支部党建业务管理系统v1.0	2021SR0567483	软件著作权
86	黄　飞	黄　飞	高校社会化考试考务管理系统v1.0	2021SR0567482	软件著作权
87	陈　刚	陈　刚	一种高校人事管理系统v1.0	2021SR0818887	软件著作权
88	陈　刚	陈　刚	"1+X"证书数据集成汇总系统v1.0	2021SR0203228	软件著作权
89	陈　刚	陈　刚	"1+X"证书数据统计分析系统v1.0	2021SR0203227	软件著作权
90	李春秋	李春秋	一种计算机外接线路排线辅助装置	zl202120849523.9	实用新型专利
91	李春秋	李春秋	一种计算机主机摆放支架	zl202120847697.1	实用新型专利
92	李春秋	李春秋	学分认定转换管理系统v1.0	2021SR0619768	软件著作权
93	李春秋	李春秋	实训设备保修管理系统v1.0	2021SR0608881	软件著作权
94	李春秋	李春秋	教师教学工作量核算管理系统v1.0	2021SR0619769	软件著作权
95	王　敏	王　敏	财务会计报表录入软件	2021SR0339754	软件著作权
96	殷聿明	殷聿明	企业物流智能监控管理系统v1.0	2021SR0689443	软件著作权
97	殷聿明	殷聿明	物流车辆运输预约管理系统v1.0	2021SR1661245	软件著作权
98	王光跃	安徽商贸职业技术学院	一种防松动的新能源汽车电池夹紧装置	ZL202021604721.0	实用新型专利

续　表

序　号	申报人	专利权人	专利名称	专利号	专利类型
99	王光跃	安徽商贸职业技术学院	一种方便收集的水果冲洗装置	ZL202021859570.3	实用新型专利
100	王光跃	安徽商贸职业技术学院	一种具有新型驻车系统的电动自行车	ZL202120538688.4	实用新型专利
101	王光跃	安徽商贸职业技术学院	一种具有新型供电装置的电动自行车	ZL202120544316.2	实用新型专利
102	王光跃	安徽商贸职业技术学院	一种新型电力取暖装置	ZL202120544342.5	实用新型专利
103	王光跃	安徽商贸职业技术学院	一种新型智能花盆	ZL202120544875.3	实用新型专利
104	陈　军	陈　军	一种校园应用微信小程序	2021SR0795982	软件著作权
105	叶　兴	安徽商贸职业技术学院	一种英语单词拼写检测装置	ZL202022982604.4	实用新型专利
106	叶　兴	安徽商贸职业技术学院	一种英语口语发音测评器	ZL202022982588.9	实用新型专利
107	江　宏	江　宏	出行 App	2021SR0345983	软件著作权
108	刘方义	刘方义;马雨情;梅秀芬	一种照明角度可调的路灯	2021210049556	实用新型专利
109	刘方义	刘方义;张翀;魏菲亚	一种嵌入式壁龛展柜	2021210297895	实用新型专利
110	何　军	安徽商贸职业技术学院	一种基于区块链的交易系统 v1.0	2021SR1192381	软件著作权
111	何　军	安徽商贸职业技术学院	基于区块链的数字档案管理系统 v1.0	2021SR1192311	软件著作权
112	何　军	安徽商贸职业技术学院	基于区块链的学分认证系统 v1.0	2021SR1192310	软件著作权
113	汪　伟	汪　伟	教学测评综合管理系统	2021SR0345978	软件著作权
114	芮坤坤	安徽商贸职业技术学院	一种夜间防失火手机盒	ZL202022591667.7	实用新型专利
115	陶　健	陶健,殷西祥,张斌	音乐播放器 App	2021SR1599988	软件著作权
116	刘　存	刘　存	物流下单实时在线跟踪系统 v1.0	2021SR1209076	软件著作权
117	刘　存	刘　存	物流配送智能化数据调度系统 v1.0	2021SR1265397	软件著作权
118	刘　存	刘　存	货运物流匹配算法优化软件 v1.0	2021SR0518941	软件著作权
119	刘　存	刘　存	网络货运车货匹配计算软件 v1.0	2021SR0517957	软件著作权
120	刘　存	刘　存	一种物流转运装置	ZL202120166585.X	实用新型专利
121	张　波	张波,李路,陈刚	基于云平台的实训室综合管理系统	2021SR0345974	软件著作权

续　表

序　号	申报人	专利权人	专利名称	专利号	专利类型
122	张雪梅	张雪梅	党建信息备案管理服务平台v1.0	2021SR2016843	软件著作权
123	赵子洲	赵子洲	大数据集成调度信息化服务管理系统	2021SR1631241	软件著作权
124	陈　平	陈　平	实训室管理仿真交互信息系统	2021SR1107145	软件著作权
125	陈　平	陈　平	实训室管理档案维护服务系统	2021SR1101962	软件著作权
126	朱先远	安徽商贸职业技术学院	一种基于共享机制的最小通讯负载平衡方法	ZL201810826512.1	发明专利
127	朱先远	安徽商贸职业技术学院	一种基于物联网技术的智能打印机App	2021SR0004938	软件著作权
128	朱先远	安徽商贸职业技术学院	都好教育管理云平台	2021SR0523057	软件著作权
129	朱先远	安徽商贸职业技术学院	三单制志愿服务平台小程序	2021SR0346073	软件著作权
130	赵子洲	赵子洲	基于JAVA+OCR的高校职称管理系统	2021SR1623897	软件著作权
131	梁雪纯	梁雪纯	一种工业设计用展示柜	ZL202022449489.4	实用新型专利
132	梁雪纯	梁雪纯	一种冰激凌展示柜	ZL202022433153.9	实用新型专利
133	梁雪纯	梁雪纯	一种多功能讲台	ZL202022813243.0	实用新型专利
134	梁雪纯	梁雪纯	一种工业设计用工作台	ZL202022453866.1	实用新型专利
135	梁雪纯	梁雪纯	一种计算机显示器	ZL202022806404.3	实用新型专利
136	梁雪纯	梁雪纯	一种教学用课桌	ZL202022813228.6	实用新型专利
137	梁雪纯	梁雪纯	一种教学用展示台	ZL202022813340.X	实用新型专利
138	梁雪纯	梁雪纯	一种折叠式黑板	ZL202022437165.9	实用新型专利
139	张　莉	张　莉	一种工业设计台	ZL202022753848.5	实用新型专利
140	张　莉	张　莉	一种工业设计用产品轮廓采集装置	ZL202022753735.5	实用新型专利
141	张　莉	张　莉	一种工业设计展示车	ZL202022754042.8	实用新型专利
142	张　莉	张　莉	一种用于电梯内的广告展示装置	ZL202022753772.6	实用新型专利
143	刘羽天	刘羽天	一种具备消毒功能的玄关柜	ZL202020477086.8	实用新型专利
144	刘羽天	刘羽天	一种环保家庭用垃圾桶	ZL202020510505.3	实用新型专利
145	刘羽天	刘羽天	一种立式花架	ZL202121562504.4	实用新型专利
146	许美珏	许美珏	一种小型电磁继电器的衔铁自动加工设备	201910730269.8	发明专利
147	潘洪志	潘洪志，章百辰	基于安卓智能手机的应急报价系统软件	2021SR0795981	软件著作权
148	杨　帆	杨帆，刘斌	移动互联应用技术专业兴趣小组App	2021SR0346035	软件著作权
149	杨　帆	杨　帆	信智课表App	2021SR0346034	软件著作权
150	杨　帆	杨　帆	一种电子画板App	2021SR0346033	软件著作权
151	杨　帆	杨帆，吕立新，夏慧彧	基于光谱成像和声学技术的便携式水果成熟度无损检测App	2021SR0707363	软件著作权
152	杨　帆	杨　帆	一种基于物联网和人工智能的精准滴灌控制App	2021SR1252062	软件著作权

续 表

序 号	申报人	专利权人	专利名称	专利号	专利类型
153	刘玉林	刘玉林	一种电商在线评论训练集特征的筛选判断方法及系统	ZL201910068266.2	发明专利
154	张 敏	安徽商贸职业技术学院	一种手套箱检具	ZL202022136623.5	实用新型专利
155	张 敏	安徽商贸职业技术学院	一种汽车后保险杠安装支架	ZL202020947386.8	实用新型专利
156	张 敏	安徽商贸职业技术学院	一种高强度汽车前端模块框架总成	ZL202021983242.4	实用新型专利
157	张 敏	安徽商贸职业技术学院	一种尺寸可调置物架	ZL202021985190.4	实用新型专利
158	张 敏	安徽商贸职业技术学院	一种儿童爬爬垫	ZL202023219866.1	实用新型专利
159	张 敏	安徽商贸职业技术学院	一种撑衣杆	ZL202023117981.8	实用新型专利
160	张 敏	安徽商贸职业技术学院	网店运营岗位核心技能体系系统v1.0	2021SR1318879	软件著作权
161	张 敏	安徽商贸职业技术学院	网店运营推广过程性评价系统	2021SR1324304	软件著作权
162	王 睿	王 睿	一种教学用互动式教学用具	ZL202020534027.X	实用新型专利
163	朱建帮	朱建帮	校园安全视频终端监控系统	2021SR0923030	软件著作权
164	朱建帮	朱建帮	计算机网络大数据智能集成管理系统	2021SR0927098	软件著作权
165	朱建帮	朱建帮	电子信号传输过程智能化保护系统	2021SR0925781	软件著作权

【实训资源建设】 学校逐年增加校内实训相关资金投入，相较于2020年度，教学仪器设备新增1394.91万元，新改扩建实训室12个，教学仪器设备总值达11169.88万元，全校共有实训室112间，工位数5720个，本年度全校校内实训基地使用频率5932328人时。教务处统筹谋划，细化分工，与电子商务学院共同合作，新零售虚拟仿真实训基地成功入选职业教育示范性虚拟仿真实训基地培育项目，树立实训资源建设新标杆。

(三)社会化考试工作情况

【"1+X"证书制度试点工作】 2021年共申报了30个"1+X"证书试点，其中新增审计信息化应用、个税计算等第四批证书12个，涉及32个专业，"1+X"课程模块的专业覆盖率达到了84%；同时，为了满足"1+X"证书考培建设的需要，学校共遴选出Web前端开发等6个高质量师资团队，并设立了传感网应用开发、财务数智化"1+X"平台等8个工学结合的职业技能等级考培中心，进一步提升了"1+X"证书工作质量和培训服务水平。

【教师教学能力大赛】 学校高度重视全国职业院校教学能力大赛，教务处联合其他几个部门共同修改了《专业技能竞赛管理与奖励办法》。学校选送参加安徽省高等职业院校教学能力比赛的12件参赛作品全部获奖，共获一等奖6项、二等奖2项、三等奖4项，再创历史新高。4支教师团队入围全国职业院校技能大赛教学能力比赛，获得国赛二等奖2项、三等奖1项。

全国职业院校技能大赛教学能力比赛获奖情况一览表

赛　事	赛项(作品名称)	获奖等级	参赛教师
全国职业院校技能大赛教学能力比赛	明大德　守公德　严私德	二等奖	翟淼、谢婧、王培、杨卫宏
全国职业院校技能大赛教学能力比赛	国内定制游业务操作	二等奖	段文忠(东西合作)
全国职业院校技能大赛教学能力比赛	新媒体营销内容创作与呈现	三等奖	汪贞叶、李仁霞、徐诗瑶、胡计虎

【承办全国电子商务技能大赛】 教务处与电商商务学院紧密配合，提前谋划，成功承办2021年全国职业院校学生职业技能大赛(高职组)电子商务赛项。本次大赛是财经商贸类电子商务专业规格最高、水平最高、参与范围最广的一项全国性赛事，自多个省市、新疆生产建设兵团的32支参赛队128名选手展开多方位的能力比拼。本着公平公正的原则，此次大赛获得省级领导与参赛师生们的一致好评，做到了0投诉0异议。

【学生职业技能大赛】 学校2021年全国职业院校技能大赛共有5支参赛队入围国赛，取得一等奖一项、二等奖一项、三等奖三项，竞赛成绩稳居安徽省高职院校前列。

全国职业院校技能大赛获奖情况一览表

赛　事	项目名称	获奖等级	参赛学生	指导教师
全国职业院校技能大赛	电子商务技能	一等奖	李家诚、张慧儿、陆漫玉、黄圆园	王召义、汪琪
全国职业院校技能大赛	市场营销技能	二等奖	鲁鹏、潘伟、张雅晴、薄欣洁	张京洲、刘松
全国职业院校技能大赛	会计技能	三等奖	周奥、熊晓霞、孙松、黄炎	郑兴东、弋兴飞
全国职业院校技能大赛	网络系统管理	三等奖	章百辰	周　洋
全国职业院校技能大赛	信息安全管理与评估	三等奖	陈宇、李龙、许凌志	何军、黄飞

九、对外交流与开放办学

【校际交流和合作】 2021年1月26日，我校与海外合作院校开展“云签约”活动。与日本龙马学院、法国里昂社会经济发展高级学院签署合作协议和谅解备忘录，拟开展各类师生交流活动。与泰科技集团签署教育合作协议，双方施行学分互认、互建职教中心、互免学生学费就读、互派教师学习交流。

9月3日，学校参加了由教育厅组织的“安徽马里兰高校项目对接会”（在线），向马里兰州各高校介绍了我校的基本情况和国际交流项目。11月22日，与马里兰州美国古御学院开展校际交流见面会，双方同意开展包括文化交流在内的各类交流活动。

12月8日，我校与泰科技集团联合开展了“中泰友好学校文化交流活动”。双方师生展示了丰富多彩的具有民族特色的文艺节目，增加了对彼此文化的了解和认同。

【留学生教育】 2021年我校陆续招收一年制基础汉语（春季和秋季）留学生共计21人，学生来自摩洛哥、乌克兰和巴基斯坦等国家。与泰科技集团实施的“1+2”合作教育学历留学生项目已完成首批13名学生的遴选，组建了“丝路电商班”，这批学生即将于2022年春季开始接受我校的学历教育。

留学生教学管理工作方面：举办了开学典礼，校领导与留学生温馨互动，勉励学生认真学习，争做中外友好的使者。召开留学生新生班会，向留学生介绍课堂纪律和课程学习规则等；开展了留学生座谈会，了解留学生对教学和管理的意见和要求。

同时，管理人员参与留学生课堂听课，按时检查授课教师的课程标准、讲稿教案、教学计划和学生的作业等教学资料。经期末问卷调查，留学生对教学和管理满意度均达90%以上。

2021年学校完成20间留学生公寓的改建工程，做好了疫情后学生来华的准备工作。

【文化交流和“中文+职业技能”项目】 2021年2月—3月，学校成功举办由教育部中外语言合作交流中心主办的“汉语桥”外国学生线上夏令营项目。该项目包含40%的“汉语”课程和60%的“中国文化”课程，包括徽商文化、徽州建筑、戏曲等特色文化课程。项目共开展13天，140名外国学生参与学习。

2021年8月—2022年1月，我校面向泰科技集团开展了“中泰旅游与酒店汉语课程”，该项目提升了泰国学生的专业汉语水平，使他们了解到中国旅游和酒店行业相关知识和从业经验，掌握一定的职业技能。

2021年9月，我校与芜湖市外办共同举办“芜湖市外籍人士汉语公益培训”，培训科目包括“商务汉语”和“中国文化入门”两个模块，主要包含商务汉语基本对话、商务汉语礼仪、中国茶文化、剪纸艺术、武术习得、书法写作、中国歌曲、舞蹈学习、芜湖市情推介等内容。

上述两项活动累计参与外国学员41人，累计培训164课时。

【中外合作办学项目】 2021年7月中英合作班毕业生26人获得由英国南埃塞克斯学院颁发的英国level 5高等教育文凭。

学校与新加坡南洋理工大学国立教育学院合作开展中外合作教育项目，将引进12门国际课程，由新加坡国立教育学院教授和企业高管担任教师，面向电商学院学生开展教学，提升专业教学水平。

【教师国际化能力提升项目】 2021年1月学校开展了教师国际化教学能力提升培训，共有30名教师参与，邀请了安徽师范大学国际教育学院陈海生、荆莉、黎洪、俞燕等专家团队入校指导，开展了“对外汉语语音教学”“汉字与汉字教学法”“对外汉语语法教学”以及“汉语词汇与词汇教学技巧”四门课程的讲解。该培训提升了教师的国际化教学能力，增加了学校国际教育教学人才储备。

2021年6月—10月期间，学校开展了教师国际交流能力提升培训，共有57人参加。该项目有力提升了教师的英文学术水平，便于教师阅读英文文献、查找资料，学习借鉴国外优质教育资源、教学方式，促进教学和科研工作开展。

十、后勤保障与管理工作

基建工作

【基建工作】 1.完成综合实习实训中心项目主体内外装饰工程,附属雨污水管道及道路景观工程基本完成。大楼整体质量可控、造价可控,没有发生任何安全事故,计划竣工节点在7月份,实际竣工是年底,进度滞后约半年。

2.确定大楼清单控制价。经过多方努力、沟通,双方最终确认的无争议施工图控制价为1.49亿元,最终决算金额交由决算审计单位核定。

3.落实综合实习实训中心三大空间二次装饰前期准备工作。为保证大楼尽快投入使用,将内部三大空间的装饰工作前置,2021年陆续完成二次装饰的考察调研、方案设计、施工图设计、清单控制价编制、监理招标、工程招标等前期所有工作,2022年开学具备进场施工条件。

【维修工作】 1.完成日常零星工程项目共31项,共计54023.58元。(备注:零星维修承包单位于2018年2月通过公开招标的方式确定,服务期三年,合同一年一签,截止到2021年3月1日服务期满)

2.完成10万元以内的零星修缮工程项目共三期64项,金额共计1696682.32元。其中一期审计价款504993.86元,已完成工程款支付工作;二期合同价款为594291.39,项目审计中;三期合同价款597397.07元,已完工待验收。

3.完成应急抢修项目共两项,合计140939.66元。

4.负责10万元以上的工程公开招标项目共5项,共计5022507.59元,已全部完成工程款支付工作。

5.完成2021年学校水电费及服务费用支出。2020年12月1日至2021年12月1日电费共计5686894.73元(其中学生宿舍插座用电1180101.43元);较上一年度增加597583.14元。水费共计2776611.16元,较上一年度减少748771.68元。至2021年12月15日,服务类项目支出共728321.01元(含监理、设计及清单编制费等)。

【生活服务工作】 1.在学校各级领导及相关部门的关怀和支持下,通过各食堂托管企业的共同努力,本年度我校没有发生过一起等级以上食品安全事故。截至2021年11月底,我校食堂营业额为17059530.82元,与去年同期相比增长了35%。其中一楼食堂营业额为9804202.44元、二楼食堂营业额为6294164.11元、三楼食堂营业额为961164.27元。

2.完成新一轮洗衣机、开水机、超市的招标工作。利用暑期完成了洗衣机房的改造工作,新一轮的洗衣服务综合价格与上一轮相比下降了35%。对三楼浴室进行增容扩量,新增65个淋浴位,有效缓解学生淋浴位紧张、冬季洗浴水温不足的问题。利用国庆假期完成国际留学生公寓20间洗浴设施安装工作。

3.协调各餐饮企业积极落实上级关于“高校消费帮扶采购”的要求,截至2021年11月,我校各食堂累计向贫困地区采购农副产品135吨,金额达62.23万元。

4.充分发挥食品安全第三方监管机构的作用,累计在日常检查中纠正食堂一般违规行为1330条,下达《食品安全隐患/生产安全隐患整改通知书》10余份,并按照一事一复查的原则对整改情况进行复查,发现的问题整改率达到100%。

5.继续完善食堂每周工作例会制度。2021

年共召开食品安全工作例会22次，发布食堂信息简报22期，对检查中频繁出现的问题建立动态分析机制；对于每月违规次数排名靠前的窗口建立负面档案，并启动食品安全风险约谈，要求涉事食堂负责人及窗口负责人立即按照要求整改，避免发生食品安全事故。

6.协调成立学生生活服务监督委员会，组织在校学生参与到学校生活服务的管理工作中来，监督委员会自成立以来，已开展三场以"光盘行动"为主题的活动。

7.委托校团委针对食堂服务开展"千人问卷调查"活动，参与此次问卷调查人数2233人，其中一楼食堂满意率为91.69%、二楼食堂满意率为91.57%、三楼食堂满意率为92.61%，数据反映了广大师生对餐饮保障工作的认可。此外，生活服务质量得到省厅领导的高度评价，安徽省教育厅后勤服务项目专项审计组对我校食堂服务情况进行现场调查，综合满意度结果为85%。

8.修订管理制度，落实疫情防控工作。以《高等学校食堂新型冠状病毒性肺炎疫情防控工作指南》《校园生活服务工作方案》《安徽商贸职业技术学院学生食堂疫情防控手册》等制度为抓手，明确各企业责任，狠抓落实，确保服务保障工作万无一失。严格监督各驻校经营企业执行晨、午检制度，员工在工作前要进行温度检测和病情询问，无症状者方可进入食堂工作。各食堂每天严格落实《防控手册》《工作方案》要求，对餐厅、设备、专间及与手部密切接触的公共部位进行消毒。充分发挥食品安全第三方监管机构的专业优势，每天高频次巡查食堂操作过程，对食堂每日采购的原材料进行快速检测，在食堂显著位置公示当日检测结果。

【校医院工作】 1.加强思想政治理论学习。全面学习领会和认真贯彻党的十九届六中全会精神，进一步学习国家"十四五"规划和二〇三五年远景目标。积极深入学习贯彻习近平总书记关于教育的重要论述和全国职业教育大会精神，加强学校五大行动计划、五大美好商贸的学习、宣传、落实工作，努力做好医疗保障工作。

2.严格落实疫情防控工作。受六安、南京、芜湖等地市疫情影响，在学校领导的强有力指挥下，本年度校医院妥善处置新冠肺炎密接人员1例，次密接人员257例，临时医疗观察人员300余人次。完成全校师生新冠疫苗接种13260人次，接种率达98.57%，位居在芜高校疫苗接种率前列。为保障校园秋季开学和贯彻上级疫情防控文件要求，全年规范科学组织核酸检测近30000人次，并以"我为群众办实事"为出发点，创建校内核酸检测点一处，方便师生因公外出疫情防控需要。

3.稳步推进基本医疗工作。科学设置预检分诊，积极落实首诊负责制，全年门诊就诊17000余人次，发出药品共计3829份3万余元。坐诊医生仔细甄别发热、干咳等症状患者并按照疫情防控要求进行转诊，共完成相关症状转诊3000余人次，发热患者送诊200余人次。完成了新生入学报道、赛事会议、社会类考试等大型活动的28场医疗保障工作。全年未发生医疗事故和医疗纠纷，有效保障了师生的生命健康安全。

4.积极开展健康教育工作。通过发放健教处方、橱窗展板、咨询义诊、课堂讲座、新媒体等方式为师生员工传播健康知识，提高健康知识知晓率，增强防病能力。全年开展"预防艾滋病知识竞赛"等健康宣教活动3场，更新健康橱窗6期，开展"爱牙日"等户外宣教6场，发放健康处方10种5000份。深入课堂，开展健康教育课及健康讲座30场，共计8000余人次。利用线上教育资源，完了4000余名学生线上健康知识普及工作。

5.有效开展传染病防治工作。全年校医院共发现结核病1例、水痘35例，均在第一时间对密切接触者进行健康宣教和流行病学调查，并配合疾控部门做好防控措施，有效地遏制了结核病等传染病在校园的传播。规范组织大学生健康体检工作，完成了4400余名新生的体检及体检结果审核，建立学生健康档案，对有身体疾患的学生进行分类医学指导并提出处理建议。

6.认真做好师生医保工作。积极完成全校教职工的门诊和住院医疗费用报销工作以及参保学生门诊医药费报销工作。在新生入学期间，选派专人负责新生的参保与学生医疗政策宣讲工作，每周固定一天时间为参保学生办理门诊医药费报销工作，完成了约2500人次学生普通门诊医药费报销工作，报销总额70余万元。

完成30000余人次新冠排查用报销工作。

【综合管理工作】 1.物业管理。严格执行招标文件要求，完善物业考核办法，增设员工季度考核奖励，并核实物业服务企业落实情况。成立物业服务中心党小组，以促进双方共同发展为目标，构建“校—企”党建共建，并积极开展互动活动。落实教师免费自助洗车服务，自助洗车设备已于5月正式使用，目前在用教职工四百余名。依据招标文件收缴物业服务企业电费共计9822元。定时召开物业管理工作会议，沟通解决日常巡查发现的突出问题。召开后勤服务师生座谈会，听取师生意见和建议，反应相关企业并逐条完成整改。

2.校园绿化。完成草坪修剪、色块修补、树木移栽工作，针对前期已损坏的草坪、因病虫害等原因导致缺失及损坏的色块苗进行补栽修整。本年度栽植面积约2000平方米，草坪修剪面积约30000平方米，杂草清除面积约5000平方米。喷洒杀虫药、除草剂等，校园内所有色块、乔灌木和部分草坪等分季节分种类喷洒杀虫药，喷洒面积约60000平方米。依据时节完成校园内草花播种，共计播种面积约为400至500平方米。完成校园内各处室、二级学院办公室绿植养护，及行政楼景观盆景更换工作。

3.校园办公用品。完成本年度学校办公用品采购、保存与管理工作，及时与校财务处进行账务核对。本年度共采购办公用品总额166832.74元，各部门、各学院共领出办公用品共计145153.24元。

4.校园节能降耗。按时完成能耗统计报送工作。完成绿色校园创建工作，由后勤管理处牵头，办公室等各处室、二级学院共同完成绿色学校创建工作，并于九月完成上报工作。持续开展节能减排宣传教育活动。本年度有计划地开展4次有关节能减排和垃圾分类主体宣传教育活动。依据能源监测平台的数据分析，查找夜间用水问题，及时更换宿舍和笃学楼电子阀，调整电子阀角度。依托第三方专业机构检测我校用水情况，并积极整改。

日常零星工程项目

序　号	项目名称	项目金额(元)
1	学生公寓9至10号楼入口马路旁雨水井	共计:54023.58
2	体育馆北面混凝土路面	
3	艺术系403教室更换彩铝窗	
4	录播室不锈钢折叠门	
5	学生公寓9号楼洗漱间窗户更换	
6	行政楼东水泵更换及水管	
7	励能楼4号楼二层办公室维修	
8	学生公寓12号楼西岗亭电源铺设	
9	行政楼西下水不通	
10	教学楼修消防水管303、304教室对面	
11	教学楼消防水管混凝土包管	
12	励能楼4号楼敲外墙及垃圾	
13	励能楼2号楼抢修消防主管涌水	
14	学生公寓9号楼安装路灯	
15	图书馆电缆沟开挖	
16	浴室旁修复路面	
17	学生公寓8、9号楼卫生间窗户	

续　表

序　号	项目名称	项目金额(元)
18	图书馆一层内自习室玻璃门	共计:54023.58
19	体育馆一层玻璃门破碎更换	
20	行政楼三层更换蹲坑维修	
21	学生公寓6号楼房顶漏水修缮	
22	校医院疫苗接种点安装电源102、106房间	
23	体育馆三层天棚维修	
24	食堂四层安装防盗网	
25	二开电房搬运物品	
26	图书馆西一层玻璃幕墙更换玻璃	
27	图书馆三层西边墙破修	
28	校医院自来水改造	
29	学生公寓10号楼南边晒衣场维修	
30	老校区48套化粪池清理及疏通维修	
31	食堂三层电表箱更换空气开关	

10万元以内的零星工程项目

序　号	项目名称	项目金额(元)	工程状态
1	砺能一号楼会议室及办公室改造项目	504993.86	已完成支付
2	艺术设计学院办公室改造项目		
3	教学楼主水管道改造项目		
4	7#8#宿舍楼污水改造项目		
5	7#宿舍楼北化粪池改造项目		
6	西边湖水系塑木地板维修项目		
7	北侧水系挡土墙修缮项目		
8	篮球场钢槽雨棚油化项目		
9	技能大赛线路铺设	594291.39	已完成支付
10	大学生活动中心传烟道封堵		
11	行政楼三层大会议室改线路		
12	学生宿舍1#2#7#8#连廊防护网		
13	弘商楼办公室窗帘清洗		
14	弘商楼卫生间灯具及洗漱台盆更换		
15	校团委316办公室改造		
16	心智学院办公室隔墙		
17	厚德馆国赛电源铺设		
18	厚德馆中庭防腐木修缮		

续 表

序 号	项目名称	项目金额(元)	工程状态
19	厚德馆屋面漏水修复	594291.39	已完成支付
20	高压电房更换电子门锁		
21	心智学院及大学生活动中心办公室纱窗制作安装		
22	艺术设计学院安装窗帘		
23	砺能2号楼铝合金百叶修缮		
24	学术报告厅沙发套更换		
25	砺能四号楼外墙空鼓粉刷		
26	学校大门清洗		
27	教学楼洗漱台面加固		
28	专升本宿舍头顶扇		
29	10号宿舍楼下水改造		
30	基础教学部办公室涂料		
31	洗车场改造		
32	砺能4号楼东南侧出口外墙修复		
33	砺能四号楼东侧楼梯外墙涂料出新		
34	9-10号学生宿舍楼连廊改造	597397.07	已完成支付
35	弘商楼前水池修缮		
36	光炯大道两侧铺设下水		
37	光炯广场花池大理石砖修复		
38	西边湖防腐木坐凳油漆		
39	学术报告厅北侧门头修复		
40	酒店管理中心客房吊顶及外门头制作		
41	学生公寓屋顶渗水维修		
42	校医院墙面粉刷及窗帘制作安装		
43	食堂二层外围顶拆除		
44	工会更换电子门及玻璃顶棚		
45	弘商楼办公室超面积隔墙		
46	后勤两个办公室墙面出新		
47	食堂下水抢修		
48	泵房抢修		
49	浴室周边井盖板维修更换		
50	厚德馆空调电源铺设		
51	学生宿舍弱电间电源铺设		
52	艺术设计学院会议室改造		
53	大学生活动中心更换玻璃		
54	砺能2-3号楼安装消防阀门		
55	砺能四号楼二层办公室空调移机安装		

续　表

序　号	项目名称	项目金额(元)	工程状态
56	光炯广场路灯灯头制作	597397.07	已完成支付
57	大学生活动中心南侧下水改造		
58	体育看台地台制作		
59	大学生活动中心四楼做地台		
60	信智学院301静电地板修缮		
61	教学楼二楼封隔墙		
62	体育馆场地划线		
63	大学生活动中心二楼铺设空调线		
64	学生宿舍安装电表		
共　计:		1696682.32	

应急抢修项目

序号	项目名称	项目金额(元)	工程状态
1	学院5号学生公寓楼电力抢修项目	90939.66	已完成付款
2	食堂下水管网抢修项目	50000	已完成付款
	总　计:	140939.66	

公开招标项目

序号	项目名称	项目金额(元)	工程状态
1	职业生涯与双创教育模拟室项目	152798.37	已完成付款
2	新数据中心电力改造项目	576030.68	已完成付款
3	留学生公寓改造项目	326691.5	已完成付款
4	2020年校园文化广场改造(一期)	2944058.84	已完成付款
5	2020年墙体及玻璃幕墙维护项目	1022928.2	已完成付款
	总　计:	5022507.59	

服务类项目

序号	项目名称	项目金额(元)	工程状态
1	2020.8.1——2021.7.31智能控电维保项目承包合同	176000	已付款
2	2020年供电设施维保及电房值班	150000	已付款
3	定点监理单位服务费	106810.9	
	装修改造涉及定点单位服务费	273860.15	
	清单控制价编制服务费	21649.96	
	总　计:	728321.01	

教代会、工会工作

【教代会工作】 教职工积极参与学校民主管理，按期召开“两代会”，落实教代会职权。

筹备、召开“两代会”，圆满完成换届选举工作。5月30日，成功召开学校第九届教代会暨第十届工代会第一次会议，会议听取并审议了党委副书记、校长李忠所做的题为“实施五大行动计划 打造五大美好商贸”的校长工作报告、《安徽商贸职业技术学院“十四五”教育事业发展规划(2021—2025年)(草案)》编制说明，听取并审议了工会主席杨克玉所做的《教代会 工会工作报告》，审议了《财务工作报告》《教代会提案工作报告》。与会代表对上述报告、办法进行了充分酝酿和讨论，提出了建设性意见和建议，并选举产生了新一届选举教代会执委会、工会委员会、工会经费审查委员会委员。

校教代会执委会讨论和审议学校重大事项。学校及时组织召开有关教代会执委和教代会代表座谈会，讨论校内教职工普遍关心的各种重大事项和方案等，确保教职工参与学校民主管理。代表们对学校建设提出的不少意见和建议被吸收和采纳，广大教职工积极建言献策、参与学校民主管理的积极性得到有效发挥，主人翁地位得到保证，进一步推动了学校管理的科学化、民主化，从而确保学校决策的有效执行。

做好教代会提案征集、办理工作。第九届教代会暨第十届工代会第一次会议征集到提案18件，校工会对提案进行了跟踪督办和落实，及时将提案送达给各分管领导进行签批，提案涉及学校多个职能部门，均做到事事有回音，件件有落实，通过召开提案办理答复会，职能部门负责人向提案人回复提案的办理情况和结果，提案回复率达到100%，提案人对提案处理结果的满意率达90%。

【校工会工作】 校工会围绕学校中心工作，认真履行工会四项职能，维护和关爱教职工利益。

弘扬劳动精神、劳模精神、工匠精神，开展劳动和技能竞赛。以“当好主人翁、建功新时代”为主题组织教职工开展劳动竞赛，积极组队参加安徽省教育厅和安徽省总工会举办的“安徽省第五届普通高校青年教师教学竞赛”。

践行服务，提升教职工的获得感和幸福感。对全体教职工开展节日慰问工作，想方设法增加慰问品的品种，提高教职工的满意度，同时为教职工送上生日祝福，全年发放慰问品和生日蛋糕共83万余元，其中消费扶贫产品42万余元；对生病的教职工及时看望慰问，对困难的教职工及时帮扶，全年完成多人次生病住院、生育、荣退慰问、结婚祝贺等工作；不断完善体检项目，2021年重新进行招投标工作，确定两家医院，教职工的体检有了更方便的选择，更好地服务全体教职员工；积极做好教职工重大疾病、女职工特殊疾病和意外伤害互助计划，为教职工健康保驾护航，2021年为全校555名在职教职工办理了住院互助计划；推选1名优秀教职工参加省教科文卫体工会组织的疗休养活动，2名同志参加省直及中央驻皖单位第七批驻村扶贫干部开展疗休养活动的工作。

围绕建党百年主题，开展各具特色的文体活动，增强凝聚力、归属感。校工会结合学校实际，围绕建党100周年主题，在全校积极营造共庆百年华诞、共创历史伟业的浓厚氛围，组织开展了“红歌献给党，经典咏流传；努力建‘双高’，奋进开新局”教职工大合唱比赛；“喜迎建党100周年，活力商贸滨江行”教职工健步走活动；举办“庆祝中国共产党诞辰100周年”教职工男子篮球赛、教职工羽毛球赛等活动；积极参加省教科文卫体工会举办的以“中国梦·劳动美·心向党”为主题的庆祝中国共产党成立100周年系列活动。

开展政治理论和业务知识学习，促进工会自身建设。组织工会专兼职干部学习习近平总书记关于工人阶级和工会工作的重要论述、中国工会十七大报告等，认真学习传达贯彻学校党委和省教科文卫体工会的各项精神。加强工会组织信息化建设，充分发挥工会网站、QQ群、微信群作用。认真做好工会会员信息登记和统计工作。积极吸纳新会员，认真做好工会会籍的管理工作。参加省教科文卫体工会经审财务工作培训，认真执行有关财务规定，支持各分工会和女工委结合自身特点开展各项活动，发挥先进教工之家作用，为教职工开展各类文体活动提供优良服务。

【获奖情况】 1.在安徽省教育厅和安徽省总工会举办的“安徽省第五届普通高校青年教师教学竞赛”中高理想、鲁静、吴杰、朱先远获得三等奖，学校获得优秀组织奖。

2.2021年江南片高校第二届教职工气排球比赛，男子队获二等奖，女子队获三等奖。

3.江南片高校、附院第十九次工会教代会工作论文交流会上，文法与马院分会的陈灵雯、李方芹老师撰写的《应然与实然：劳模精神融入校园文化建设的路径思考》荣获一等奖并做大会交流发言；孙湛、张宝、钱韦文繁、胡瑾老师撰写论文荣获二等奖。

4.在安徽省教科文卫体工会举办“四史”知识测试中获先进单位，征文活动获得一、二、三等奖各一名。

5.文化与法律学院朱吉玉老师的《毛泽东诗词》以第一名好成绩荣获芜湖市总工会、市书法家协会、美术家协会联合举办“永远跟党走 奋进新征程”全市职工庆祝建党100周年书画展活动一等奖。

财务工作

【工作概况】 2021年，按照省教育厅、财政厅的总体部署，在校党委的坚强领导下，深入贯彻落实习近平新时代中国特色社会主义思想，围绕“双高计划”“提质培优行动计划”等重点任务部署，继续强化“服务、规矩、责任、进取、团队、风险”六大意识，切实履行部门职责，不断增强服务意识，坚持改革创新，依法合理理财，规范财务管理，认真细致地做好资金收支、会计核算、综合管理和服务支持工作。

【收入情况】 2021年学校总收入26198.24万元。一是财政拨款18657.29万元，占收入的71.2%；二是事业收入6964.82万元，占收入的26.6%；三是其他收入576.13万元，占收入的2.2%。

【支出情况】 2021年学校总支出30190.98万元，其中当年资金形成的支出为26198.24万元，以前年度结余资金形成的支出为3992.74万元。在资金使用上，一是按照国家相关文件精神，加大对困难学生的奖补助力度；二是重点支持“双高”建设、“1+X”证书试点、综合实习实训中心建设等项目建设；三是进一步提高资金利用效率。

【资产负债】 截至2021年12月31日，学校资产总计62970.25万元，其中：固定资产原价60480.32万元，已提折旧21672.29万元，净值38808.03万元；负债总计1678.74万元，均为流动负债；净资产总计61291.51万元。

【财务信息化】 2021年，一是开发了网报短信推送功能，实时告知教职工报销单据状态，在方便老师办理报销业务的同时，也进一步提升财务工作效率；二是开发了学生款项发放查询功能，便于学生及时知晓款项发放信息。

【预决算管理】 一是全面发挥预算对学校各项活动的引领保障作用，2021年实行了“定额+分项”的预算编制方式改革规范了日常基本支出，保障了重点项目建设资金需求。按期完成2020年度部门财务决算和政府部门财务报告编报、2021年校内预算编制执行调整、2022年省级预算编制。二是随时跟踪监督各类预算执行情况，定期通报部门预算和项目预算执行进度。2021年我校财政预算执行率继续名列省属高职院校第一，再次获得省厅400万元的考核奖励。三是继续开展项目绩效评价，提升资金使用效率和管理水平。

【收费管理】 严格执行国家各项收费政策、学校规定的财务管理制度，坚持原则，按章办事，严格执行先核定后收取的标准。严格执行教育收费公示制度，将批准的收费项目和标准制成公告牌在收费的办公场所、校园网络和招生简章上向学生和社会公示，主动接受学生、家长和社会的监督。圆满完成年度各项学杂费收缴工作。

审计工作

【财务收支审计】 2021年，监察审计处完成2020年度预算执行与财务收支审计1项，重点审查三公经费、会议费、培训费、差旅费、专家劳务费、教科研经费的使用情况以及合同执行情况。本次审计，发现管理不规范资金1.45万元，提出加强管理、提高效益的审计建议3条。通过审计，在进一步规范内部控制管理、防范财务风险、提高资金使用效益、加强反腐倡廉等方面发挥一定的作用。

【党费管理审计】 2021年，监察审计处完成党费收缴、使用和管理情况审计1项，重点审查日常党费是否专款专用、履行审批手续是否严格、财务管理是否规范等。本次审计，发现问题2个，系党费报销填写不规范和党费报销附件不齐全问题。

【经济责任审计】 2021年，根据学校党委对内部管理领导干部经济责任审计的具体部署，监察审计处完成对学校29位中层干部原任职期间经济责任履行情况进行审计。截至2021年底，共出具正式审计报告8份，共发现问题16个，提出加强管理、提高效益的审计建议3条。

【项目造价审计】 2021年，监察审计处组织完成零星维修和小型工程审计40项。其中送审总金额1470.27万元，审定金额1360.13万元，审减110.14万元，审减率7.49%。

【其他审计工作】 一是为进一步加强对重点领域、关键环节的监管力度，督促相关部门全面落实审计整改责任，加大审计整改力度，切实提高审计整改成效，推动各项制度落实落细落地，2021年，监察审计处牵头相关职能部门，开展对以前年度审计发现问题整改落实情况“回头看”工作，共梳理出以前年度审计发现问题17个，均已落实整改任务，并建立长效机制；二是根据《安徽省教育厅关于开展高校后勤运行管理与服务保障项目审计调查的通知》要求，监察审计处作为学校联络部门，配合安徽省教育厅监审处对我校开展后勤运行和服务保障专项审计调查工作。

信息化建设与管理

【网络安全】 按照信息安全等级保护要求和教育行业网络安全建设规范，持续开展网络安全建设和管理工作，提升网络安全工作水平，保障校园网和信息化应用安全平稳运行。2021年对数字化校园平台、人事系统和图书管理系统3个重要业务系统进行漏洞检测和整改工作，并全部通过信息安全等级保护二级测评。按照省教育厅统一安排，组织开展了教育系统网络安全攻防演练，学校顺利通过此次网络安全攻防演练。同时，协助芜湖市公安局弋江分局在我校组织开展了弋江区企事业单位“网络安全攻防演习”活动。落实“省直各单位党委(党组)网络安全工作责任制”，组织开展网络安全宣传教育和网络安全专业技能培训工作。组织了15个职能部门从事信息化和网络安全建设和管理岗位人员参加网络安全专题培训，同时依托学校政治学习、网络安全宣传周等学习宣传平台，开展网络安全全员宣传教育，引导各部门和师生进一步增强网络安全意识和网络安全防护技能。坚持不懈做好学校网络安全常态化防护，为学校网络和信息化应用平稳运行提供了良好的网络环境。做好全年重大节假日、重要节点等重要时期网络安全保障工作；持续开展网络安全巡检、专项安全渗透测试等网络安全日常防护工作，不定期按照省委网信办短信通知及时处理相关网络安全工作。

【信息化制度建设】 为适应网络安全和信息化工作需要，进一步明确网络安全和信息化职责，制定并印发了《安徽商贸职业技术学院关于成立网络安全与信息化工作领导小组的通知》(商职院字〔2021〕39号)。为进一步落实“省直各单位党委(党组)网络安全工作责任制”，统筹做好网络安全建设和管理工作，提升网络安全管理水平，制定并印发了《安徽商贸职业技术学院落实党委网络安全工作责任制实施细则》（商职院字〔2021〕40号）。为深度推进“一网通办”师生办事服务建设，制定并印发了《安徽商贸职业技术学院关于推进“一网通办”建设工作的通知》（商职院字〔2021〕51号）和《安徽商贸职业技术学院推进师生服务和校务管理“一网通办”建设意见》（商职院字〔2021〕138号）。为推动建立校本数据中心，加强数据治理，提升数据质量，规范数据使用，促进数据共享，制定并印发了《安徽商贸职业技术学院数据管理办法（试行）》（商职院字〔2021〕150号）。

【数据中心机房】 完成学校260平方米的数据中心机房建设并投入使用，并完成了旧机房的搬迁工作，提升数据中心机房的先进性、稳定性和安全性，为进一步推进信息化资源整合、提升信息化基础支撑能力打下了坚实基础。

【基础信息平台】 促进信息技术融入管理服务全过程，优化管理、提升绩效，变管理为服务，方便师生办事，全面启动学校“一网通办”服务建设，依托“数字安商”基础信息平台，进一步整合各类信息化系统、应用和服务，优化统一办事门户，建立师生服务清单。截至2021年12月，全校20个直接面向师生的业务系统完成对接升级，12个职能部门通过“一站式服务大厅”建立了84个服务事项指南，其中能够在线办理的事项有53个。开展校本数据资产管理平台建设，初步建立校本“全量共享数据中心库”，启动数据治理工作，推进校本数据采集、管理、分析和开放共享，为探索校本大数据建设和应用奠定数据基础。

【校园网】 持续优化校园有线无线网络，提升校园网的安全性、稳定性和可靠性，保障各类信息化应用需要，学校教学和实训区域单用户互联网带宽统一提升到100Mbps上下行对等速率，学校行政办公区域网络出口带宽由原来的700Mbps升级至3.2Gbps，有效提升网络访问速度，改善了教学、实训和行政办公网络条件。按照统一建设、统一管理、按需配置原则，对“私有云中心”进行有序扩容，保障“私有云中心”资源全面支撑学校教学、管理和生活服务信息化建设与发展需要。截至2021年12月，校私有云平台总存储容量124TB，中央处理器总核数330核心，内存总量为3.22TB，虚拟服务器共计141台，共支撑了21个部门各类业务系统88个。

人事管理工作

【概 况】 2021年，围绕“双高计划”建设重点任务推进和完善学校治理体系需要，进行了行政管理机构设置调整、整合。充分利用“双招双引”和“编制周转池”政策加大专兼职教师引进力度。积极推进教师发展工作上水平，突出教育情怀和业务能力双重培育、双向提升，形成了“一中心四仪式”“四层次五阶段”教师发展体系，组织开展“弘扬陶行知精神”教师轮训，隆重举办教师入职、聘任和荣休等仪式，出台《进一步加强和改进师德师风建设实施办法》，深入开展师德师风主题教育和师德师风建设专项整治活动。破除“五唯”，积极探索教师评价改革。继续做细做实劳资工作，稳步推进绩效工资改革工作。认真做好校内行政人员奖金核算工作、午餐补贴等核算工作；完成了2020年度新进校教职工的转正考核、定级工作；完成了在职人员职称晋升，岗位调整等工资调整、兑现工作；及时做好伤、残、亡教职工、遗属的抚恤工作；完成了其他工资福利的核算发放工作。完成2021年度一次性工作性奖励发放工作。截至12月31日，我校在编教职工404人，人事代理144人，劳务派遣人员16人，合同制工作人员34人，离退休77人。

【人才引进和稳定工作】 围绕学校高水平大学和“双高校”建设这个核心，指导编制年度人才引进计划，重点向教学一线倾斜、向发展前景好的重点专业倾斜，以专任教师为重点做好人才引进工作。严格实行“三公开”，进一步规范了人才招聘工作流程，继续推进考核模式改革。2021年共发布人才招聘公告5个批次，接受应聘资料2502份，开展了3轮人才招聘考核工作，共录用91人，进一步优化师资队伍结构。高度重视高层次人才的培养与引进工作，积极落实学校职教本科行动计划和师资提升行动计划，2021年引进博士1名，完成博士学业返校工作1人，新增国内攻博2人。制定《教师赴海外攻读博士学位管理办法》，遴选45名教职工赴海外攻读博士学位，其中24人已经入学在读，8人被海外高校预录取，教师中博士（含在读）人数达到了41人。出台《高层次人才激励管理办法》，进一步激发高层次人才的工作热情和创造力。

【人才项目申报工作】 为加快建设一支高水平的优秀拔尖人才队伍，提升我校核心竞争力，服务推动学校“双高计划”建设，2021年，我校积极申报高校优秀拔尖人才培育项目，获批高校学科（专业）拔尖人才学术资助项目1项，省高校优秀青年骨干人才国内访学研修项目3项，省高校优秀青年人才支持计划重点项目2项，高校优秀青年人才支持计划一般项目3项。

【综合考核工作】 2020年度综合考核中，参加考核教职工共计547人，其中教职工优秀等次75人、合格等次441人、不定等次31人；二级机构考核中，信息与人工智能学院、马克思主义学院、组织人事处、学生工作处（部）、招生就业处、团委为优秀等级。

【工资福利工作】 按照国家工资新制度及时完成了全院教职工工资、津贴、补贴的调整核算工作。2020年1月起共有457人兑现了新的薪级工资标准。除集中调整以外，2020年度因职务职称变动、岗位调整、学历学位晋升等原因还累计为44位教职工完成工资调整和兑现工作。完成了2020年全年驻村扶贫、挂职锻炼、支教等干部的待遇核算发放工作。完成了校内行政人员奖金核算工作、午餐补贴、交通补贴的核算工作；完成了2019年度新进校教职工的转正考核、定级工作；完成了在职人员职称晋升，岗位调整等工资调整、兑现工作；及时做好伤、残、亡教职工、遗属的抚恤工作；完成了其他工资福利的核算发放工作。完成了退休人员基本养老金的调整。从2020年1月1日起，对2019年12月31日前已退休人员养老金进行调整，共计为符合条件的71位老同志调整了养老金，调整后月人均增资180余元。完成了2019年度一次性工作性奖励发放工作。

【考勤奖惩工作】 根据安徽省人力资源和社会保障厅、安徽省扶贫开发工作办公室《关于在全省事业单位集中开展脱贫攻坚专项奖励工作的通知》、安徽省教育厅《关于开展脱贫攻坚专项奖励评选推荐工作的通知》精神，经学校研究，决定对在脱贫攻坚工作中做出突出贡献的计宏亮、高道友、程振鹏、魏强4名同志予以通报嘉奖。评选表彰了4个先进基层党组织、36位优秀共产党员、8位优秀党务工作者和47名校内先进工作者、优秀教师，并予以公开表彰。

【人事档案工作】 开展干部人事档案专项审核行动，对全校479名教职工的档案进行了逐一审核和确认。完成91位新进教师档案立卷工作。

【其他日常管理服务工作】 按质、按时、按量完成了《事业单位人员统计报表》《全省机关事业单位工资统计年报》《机构和人员编制核查》《从业人员及工资总额季报和年报》等各级各类报表的填报工作。

安全保卫工作

2021年，学校政治稳定，没有发生治安、消防、交通等重大安全责任事故和恶性案件。校园秩序良好，全体教职员工安全感持续保持。

【严格落实校园常态化疫情防控措施】 依据国家、省、市及学校防控办要求，严控“疫情输入关”。落实管控措施，最大限度地为师生员工及校外访客工作、学习、交流上的方便，全力以赴做好校园疫情防控各项工作。荣获学校2021年疫情防控工作先进集体，徐永强、王飞鹏荣获防疫工作先进个人。

【阶段性完成校园电动车整治】 在学校党委，各部门支持下，校园电动车整治在前期调研、座谈、问卷基础上制订《校园电动车综合整治工作方案》，发布《校园骑乘电动车安全文明出行倡议书》，开展校园电动车整治宣传，取得阶段性成果。

【做好政治敏感时期校园安全稳定工作】 配合公安机关、学生管理部门做好政治敏感期的安全值班和校园巡查工作，加强敏感时期校园安全管理。全年未发生师生员工罢工、罢课、罢餐和非法集会游行示威等影响到学校安全稳定、社会大局稳定的群体事件。

【及时处置各类安全事件】 2021年全年，保卫处共处置各类安全事件67起，提供录像查阅78次。

【开展常态化“反电诈”宣传活动】 在学校多功能文化餐厅广场常态化开展反电诈宣传，结合阶段性工作特点，组织开展两会期间校园快递点安全检查、第六个“全民国家安全教育日”等宣传教育活动、应急避险疏散演练等活动9次。

【发挥校园安全文化育人功能】 结合学校文化艺术节活动安排，组织开展校园安全小品大赛、“安全在我心中”主题演讲比赛。引导同学们关注自身安全，营造安全校园环境，发挥安全文化育人功能。

【完成学校重大工作、重要活动的安全保障工作】 完成2021年电子商务赛项全国技能大赛、第十五届大学生职业规划设计大赛半决赛（皖南片）、新生入学等16次活动的安全保障工作。

【完成2021年大学生征兵任务】 2021年，应征入伍达177人，其中应届毕业生81人应征入伍，往届生和在校生77人，入学新生19人，应届毕业生应征入伍完成率达165%，创历史新高，圆满完成年度征兵工作任务。

【开展校园周边环境整治工作】 积极与公安、交警、城管沟通，对校园周边环境进行综合治理；摸排师生反映强烈以及各类安全隐患问题，突出重点，把涉及安全稳定的问题要摆在前面，找准问题原因，确定整改目标和完成时限，建立校地校警环境综合治理沟通机制，深化校地校警合作，统筹协调推进校园周边综合整治工作，努力营造健康周边环境。

【常规工作稳步推进】 严格按照《学校党政工作要点》的相关要求和部署，确保学校安全稳定工作的各项规定和工作任务落到实处。加强政治与意识形态等安全教育，开展消防安全隐患的排查与治理工作，加强校园治安、交通管控，做好外来流动人口的管理。

离退休工作

加强离退休工作，服务好离退休老同志。及时传达了学校和省市退教协有关会议精神；统一为21名参加老年大学学习的老同志办理了报名登记缴费等工作，为47名老同志订阅了《安徽老年报》，组织有近50名老同志参加手机培训；组织老同志到王稼祥纪念馆重温入党誓词，接受革命传统教育，到无为观音村开展关心支持乡村振兴建设活动，到三只松鼠总部基地参观了解企业振兴学习活动；举办了中国麻将和掼蛋比赛，组队参加芜湖市退教协中国牌麻将比赛；以及老同志的体检和生日和传统节日慰问品的发放工作等。

图书工作

【概 况】 2021年，图书馆聚焦学校事业发展“十四五”规划中心任务和年度党政工作要点，以提升党建引领事业发展，以改革创新推进内涵建设，不断强化“资源为本、服务为王”理念，积极开展对外交流，全面推进馆员队伍建设、文献资源建设、读者服务和书香校园建设等工作，圆满完成各项工作任务。

【文献信息资源建设】 资源建设理念方面。从学校教育教学改革和人才培养需求出发，探索“四维一体”理念，增强文献资源体系保障力度。首次提出“场域——馆、校、社、院”“介质——纸、电、网、媒”“内容——思、教、经、艺”“方式——阅、荐、享、用”四个维度打造新型资源体系不断完善、配套人文素养教育资源，转变了重“专业”轻“人文”资源建设理念，明确了人文教育的现实需要和人文教育在图书资源建设中的重要地位，加大了哲学思政、教育学、国学经典、艺术理论、美学等经典文献资源的采购比重，从多层次、多角度对学生进行人文素养教育；制订《考试资源服务中心建设方案》，将资源分为2个专题、27个主题，首批入藏图书4500余册，并于4月正式对外开放，成为我校首个集“学习考试、文化休闲”于一体的主题特色阅览空间，深受学生欢迎。

纸质文献建设方面。一是在采购之前，通过校园网、图书馆微信公众号、图书馆QQ资源服务群、科研处钉钉服务平台多渠道面向师生广泛征集书目，积极响应“我为师生办实事”号召，首次为我校教工0—12岁子女采购适龄儿童读物600余册，所有书目均为我校青年教师推荐并经采购负责人遴选审核，确保所采图书符合教科研需求和阅读需求；二是邀请馆务会成员、校内外专家共同参与验收，对所采图书的品相、纸张质量、印刷质量、出版社信息等进行严格审查，对图书加工环节的馆藏章、条码、书标、磁条等进行严格检查，保证图书加工质量符合馆藏要求；全年采购图书11670种、23254册，已全部典藏入库。

数字资源建设方面。进一步加快资源数字化转型步伐，资源购置经费同比增长50%；采用末尾淘汰制，注重师生评价和需求调研，开展CSMAR、万得等专业数据库的分析研究，将近年来各种资源的使用情况、资源内容变化和报价变化提交至馆务会与专家论证会，形成包含26个正式采购数据库的采购方案，为数字资源的采购与推广提供客观依据；完成18个电子资源数据库的采购，其中爱思唯尔SD、美国经济学会数据库、希施玛等数据库首次填补了我校外文顶尖学术期刊资源和重点专业研究数据资源库的空白，为广大教师提升教科研水平提供坚实的文献保障。

【读者服务建设】 数字资源服务方面。一是强化疫情期间线上服务，为了按照疫情期间“停课不停学”要求确保师生顺利使用数字资源，积极与校网络中心沟通，开发“网络VPN访问图书馆数字资源”新途径，并在门户网站上及时发布了使用方法，方便师生使用；二是以师生需求为导向，积极开通免费、试用资源20余个，截至12月31日，全馆各类可使用的免费数据库43个，基本上可以保障师生多种类型的文献信息服务需求；三是进一步加大宣传力度，利用“砺能微课堂”平台进行线上电子资源的推广，通过微视频的方式介绍图书馆的资源和服务，截至发稿前已完成中国知网、万方智搜服务平台、维普智立方、超星期刊平台等5期，进一步拓宽了读者对图书馆资源和活动的了解渠道。

线上服务方面。①在后疫情时代，坚持以“信息战疫”为主题，以深化服务为主线，不断优化常规服务效果，拓展教科研支持服务和线上服务功能，充分利用多种线上平台，如QQ、抖音、语林云、SPOC平台和腾讯会议等新媒体，创新开展线上讲坛、线上读书会、线上荐书、线上沙龙、线上真人图书馆等活动，线上参与人数近万人。②开设微信公众号新栏目《每日一句》。以新媒体团队学生为创作主体，通过摘抄书籍中的名人名言、有感悟、有思想、有灵魂的句子，达到推荐书籍、鼓舞学生、转变学生思想，激发读者思维的目标，获得学生们大批留言，直击他们的心灵。③利用线上平台开展“图书馆，我想对你说”图书馆阅读推广调查问卷活动，对我校图书馆的阅读推广活动、学生喜好参与程度、学生阅读现状、互动效果等进行调查研究，发放回收有效问卷1104份，并对有效问卷进行了100%线上复核，并完成了调查数据分析报告，满意度高达91.9%。

空间服务方面。①在厚德馆南面三个阅览室（仓库）进行全面改造基础上，二楼学习资源中心家具、网络和基本设施已配备齐全，于2021年3月正式投入使用。②为配合学校现代服务业应用研究院挂牌，图书馆对二楼西侧公共区域的布局和研修学习空间进行全面优化，该研究院成为我馆服务的首个常驻团队。③为全力配合举办2021年全国职业院校技能大赛高职组“电子商务技能”赛事，图书馆成立专门工作组，按照大赛场馆要求，通过赛前预演，摸排出场馆整改事项43个，经过近一个多月的逐项整改，高质量完成场地服务支持工作。④图书馆研修间等空间服务有序开展，场地接受预约使用为50余场次，接待技能大赛视频拍摄、培训讲座、读者沙龙、各类会议、信息素养教育培训等活动，总人数约1500余人次。⑤良好的人文内涵和优美的学习环境吸引了众多校内外访问团队，全年接待校外访问团队20余个。2021年5月,安徽省教育厅厅长赵振华来馆调研,对我校图书馆精致优雅的环境和富有特色的工作给予高度评价。

育人创新方面。①坚持"以书育人、以文化人"理念,广泛采用"赛训一体化"教育方法,在信息素养教育、读书征文、资源培训等工作中注重过程培育、注重培育优秀种子选手,有侧重地培养特定能力和素养,进行持续有效的正向引导,或产生潜移默化教育作用,或提升可评测的素养能力,各类赛事成果丰硕,进一步提升广大师生的阅读创作能力与水平,形成了独具特色的育人"第二课堂"。②为配合学校的"1+X"证书试点工作,举办了初级会计考试及财会专业大学生职业规划讲座,帮助我校财会专业学生更好地进行专业学习,了解考试相关知识、解析历年考试题型、更高效地复习备考初级会计资格考试,助力我校考生更加明确自己备考的方向,掌握考试技巧。③为组织我校师生参加2021年全国高职院校信息素养大赛,图书馆组建信息素养大赛培训队,对经过校赛选拔的15名同学进行了2个多月的培训,最后挑选10名同学代表我校参加了"万方杯"全国高职高专信息素养大赛安徽省赛学生组比赛,共获得一等奖8名、二等奖2名,图书馆获得优秀组织奖,有效增强了学生信息意识,提高了信息素养能力,为学生在校学习及至今后职业生涯发展打下了良好基础;由于出色的组织工作,学校图书馆获得全国高职高专信息素养大赛"最佳组织奖"称号,这也是我校连续第二年获此殊荣。④顺利完成了读者协会的招新以及换届工作。招入新会员162名,选拔一批优秀干事30名,并对新任会长部长等进行了成长式交流谈心,每月定期召开交流分享会,随时了解干事们的动态,做好了学生团队的稳定性,激发学生团队工作的积极性。读者协会凭借出色的工作组织能力,在2021年图书馆杯安徽省大学生红色电影英文配音大赛中荣获"优秀组织社团奖"。⑤针对学校2021年学生的专升本热潮引发的图书馆自习室占座现象,指导读者协会志愿者团队开展了值班、宣传、提示、清书等劳动教育活动,成为强化大学生劳动实践、提高大学生劳动技能的有益尝试。⑥指导学生新媒体团队开展好资源宣传、活动预告、荐书、阅读笔记等宣传项目,在服务于微信公众号的同时,自身的写作能力、策划能力、表达能力得到显著提升。

【书香校园建设】 线上活动方面。①开展"晒晒枕边书"活动。以阅读时你与书的合影或推荐书籍的照片,再加推荐语,激发学生的阅读热情,并为其他读者推荐书籍,共沐书香之海,收集到作品近百篇,受到读者的大力支持和欢迎。②开展"百年荣光 薪火相传"庆祝中国共产党成立100周年知识竞答活动。深入学习贯彻习近平总书记在党史学习教育动员大会上的重要讲话精神,庆祝中国共产党百年诞辰。③开展"我和我的图书馆"主题摄影作品征集活动,活动征集200余份优秀作品,打造校园文化风景名片,丰富阅读推广形式,带领读者们感受图书馆与阅读之美。④开展"走进经典"诵读作品创作征集活动。通过开展活动,倡导以青春之信仰弘扬和传承中华文化,供手机同学们诵读演绎的古今经典文学作品50多份。⑤开展"书写百年美好画卷"师生书画作品征集活动:通过开展活动,书写对中国共产党百年诞辰的祝福、对祖国壮美山河的赞美,团结凝聚广大师生听党话跟党走,勇担复兴使命,共收集作品200余份。⑥开展"永葆初心 虎跃新程"生肖邮票设计比赛,征集师生作品80余份,激发了同学们继承和弘扬中华民族的国粹文化艺术的热情,提高了当代大学生的艺术修养、审美情趣。⑦开展"讲述百年奋斗梦想"主题阅读音视频征集活动。征集师生在学习《论中国共产党历史》《习近平新时代中国特色社会主义思想学习问答》等有关中国共产党历史读物的基础上进行创作的音视频作品,持续推动党史学习教育工作做深做细,确保广大师生学有所思、学有所悟、学有所得。⑧开展"新青年·新创作"原创诗文创作征集活动,收集我校学生诗歌、散文的文字创作作品40余份。⑨开展"字短情长——三行诗征集"活动:共收获作品200余份。

品牌活动方面。①开辟全新品牌"好书精读"。为配合学校"双高"建设,鼓励学生阅读经典、交流思想,提升人文素养,图书馆以学生为分享主体,开辟全新品牌——"好书精读",第一期活动邀请物流211桂佳彬同学担任主讲人,与大家共同分享《万历十五年》的阅读感悟,展示了安商学子的阅读成果以及良好的学风，达到了交流共享、互促共进的目的，激起了我校学生的"读书热"，起到了较好的教育引导意义。②创办"阅读笔记创作"品牌。为培养学生阅读创作能力，营造校园"爱读书 勤习作"的良好风气，2021年连续开展4期"阅读笔记创作活动"，活动征文类型为原创读书笔记，通过阅读好书，记录发现，抒发感想，内容可以是书评、感想、内容分析、续写等，共吸引3000余名学生报名参与，学生活动参与认可度较高，并通过图书馆微信公众号进行优秀作品展出。③开展多期"读者沙龙"活动。2021年9月，我校读者沙龙依托"千师讲堂"成功开展了四期"深入学习党史，牢记初心使命"主题沙龙活动，先后邀请学校马克思主义学院王宏伟、朱中原、陶绍兴、方锦波等四位教师担任主讲嘉宾，为我校师生深入讲解"四史"，详细梳理了四史发展脉络，介绍了现代中国一路走来的光辉历程，将学习党史与新中国史、改革开放史、社会主义发展史相贯通，推动"四史"学习教育入耳入脑更入心，传承红色基因，厚植爱国情怀，展现商贸名师风采；举办《真人图书馆之专升本经验分享会》，创新采用"真人图书馆+抖音"直播的方式，增强我校专升本同学的自信心，明确学习方向、增强学习动力；邀请国际商务与旅游学院吴帅老师，为学生们讲述《安徽行政区划及方言文化》，以互相交流的方式，感受地方方言的魅力。④举办多期"弘商讲坛"。2021年"弘商讲坛"走向了线上，先后邀请华中科技大学图书馆信息咨询部主任、副研究馆员施亮和南京中医药大学教授、主任中医师、博士生导师郭立中老师，利用我校智慧课堂平台，先后做了《文献检索 科学研究之助力》《传统文化与中医养生》讲座，进一步丰富广大师生的校园文化生活，在线观看人数近6000人，为"人文安商、书香安商"的文化品牌注入新的活力和内涵。⑤组织多场"观影读书会"活动。联合读者协会先后举办了《阿甘正传》观影读书会、《建国伟业》观影读书会、《建党伟业》观影读书会等，鼓励学生走出宿舍、走进图书馆，锤炼了学生品德修为、坚定学生理想信念，在交流分享中遇见美好，培养学生"爱阅读、爱分享、会阅读、会分享"的好习惯。⑥开展"行知读书会"活动。邀请图书馆阅读推广部宋亚萍老师分别担任第四期、第五期主讲，以《品读苏轼》为题讲述宋朝大才子苏轼的一生，以《"完美逆袭"曾国藩》为主题讲述曾国藩的逆袭人生。

红色主题活动方面。①组织参加"品读红色经典 书写红色篇章"微阅读创作大赛。2021年3月，为鼓励本校师生通过阅读红色经典著作，组织我校师生参加了"品读红色经典 书写红色篇章"微阅读创作活动。活动前后历时近3个月，共计吸引了700余人报名参加。学生们围绕《红岩》《摆脱贫困》等经典图书进行了阅读创作。2021年6月，组织校内专家评委对征文作品进行评审，评选出一等奖1名，二等奖2名，三等奖3名，优秀奖5名，并将优秀获奖作品上报参加省赛。②组织参加"讲述百年奋斗梦想"主题阅读音视频征集活动。2021年5月，为激发师生"以史为镜，以史明志；知史爱党，知史爱国"的行动自觉，组织我校师生参加了"讲述百年奋斗梦想"主题阅读音视频征集活动。活动围绕"读党史、守初心、担使命"主题，征集我校师生在学习习近平《论中国共产党历史》《毛泽东邓小平江泽民胡锦涛关于中国共产党历史论述摘编》《习近平新时代中国特色社会主义思想学习问答》《中国共产党简史》等有关中国共产党历史读物的基础上进行主题演讲的音视频作品。通过校内初选培优，共计向我省高校智慧思政平台报送教师视频作品1项，学生音频作品5项。③组织参加2021年"图书馆杯"安徽省大学生红色电影英文配音大赛。为传承红色基因，厚植爱国情怀，组织我校师生参加了"红色百年 留声记忆"红色电影英文配音大赛活动。在校赛中，共计有747人通过第二课堂报名参与，61队在活动网站成功报名，收到配音作品41件。作品数量在省内高校中遥遥领先。为确保参赛作品质量，组织专业指导教师进行指导培优。最终经过校内专家的评审，评选出校赛一等奖1队，二等奖2队，三等奖3队，优秀奖5队，最终挑选出了5位种子选手参加了省赛决赛。在省决赛中与全省本科高校选手同场竞技，取得了来之不易的省赛三等奖，充分彰显了我校优秀的组织能力和协同育人的优势。④举办喜迎中国共产党成立100周年主题图书展。2021年6月底，向全校师生"四史"学习教育提供文献资源支持，进一步丰富"四史"学习教育形式，学校图书馆、宣传统战部在“七一”联合举办以“书香润初心 百年恰芳华”为主题的图书展。主题书展持续开办10余天，分为跟习近平总书记学读书之道、习近平总书记谈读书、跟习近平总书记学读书三个部分，采用文字展架、有声视频、图书展柜相结合的方式全方位、多途径地为读者们进行展示，先后有各级基层党组织10余个前来参观，师生共1000余人，获得了全校师生的热烈反响。

【党建与管理工作】 党史学习教育方面。根据《中共中央关于在全党开展党史学习教育的通知》《中共安徽省委关于开展党史学习教育的实施意见》《中共安徽商贸职业技术学院委员会关于党史学习教育的工作方案》部署要求，图书馆党员精心研究制定学习方案，大力开展“通读原著学、及时跟进学、研讨交流学、丰富形式学”党史学习教育活动，先后组织开展和参加党史学习教育活动20余次。通过集中购买《中国共产党简史》《论中国共产党历史》《关于中国共产党历史论述摘编》《习近平新时代中国特色社会主义思想学习问答》等指定学习材料，组织学习习近平总书记在庆祝中国共产党成立100周年大会上的重要讲话和中国共产党十九届六中全会《决议》，组织开展“学习贯彻七一讲话”专题知识测试等学习方式，着眼“学思用”贯通、“知信行”统一，认真学好党的理论和历史，全面提升素养，强化责任担当，以务实、过硬的作风认真完成学习教育各项任务，同时围绕部门中心工作，压实工作责任，注重落细、落实解决实际问题，推动部门业务高质量发展，确保党史学习教育取得实实在在的效果。期间，图书继教党支部组织开展了“党史主题作品分享交流会”，每位参会党员畅谈对学习《觉醒年代》《建党伟业》《中国共产党简史》《焦裕禄》等党史主题作品的心得体会，在一部部鲜活、生动的党史学习教材中汲取奋进的力量。

组织学习方面。每单周三坚持开展部门教职工政治学习，深入学习贯彻习近平新时代中国特色社会主义思想和党的十九届五中、六中全会精神，引导全体馆员回顾建党100周年的光辉历史，进一步坚定在中国共产党领导下建设中国特色社会主义、实现中华民族伟大复兴的信念和决心，带领全体馆员学习党中央和上级有关部门的重大方针政策和制度文件30余个，并围绕学院的中心工作和重点任务展开学习研讨，进一步增强共产主义理想信念和践行习近平新时代中国特色社会主义思想自觉性，筑牢全体馆员政治理论根基，不断提高馆员思想素养、理论水平和工作能动性。

科学管理方面。2021年，图书馆新进馆员3人，均有硕士学位，极大地补充了图书馆干事创业力量。充分发挥馆员专业技术特长，帮助年轻馆员制定职业生涯发展规划，不断优化以部门职责为主的岗位分工模式，实行岗位多定、一人多责，年轻馆员在参与图书馆管理与建设中的核心作用越来越突出；定期召开部门工作会议和馆务会。在会上公开讨论各项图书馆事务，鼓励全体馆员积极参与到图书馆建设中来，形成“全馆动员、全馆参与”的工作格局。在馆务会带动下，全馆一盘棋，全体馆员拧成一股绳圆满完成各项工作任务，取得了较好的成绩，进一步增强了馆务会引领的核心馆员团队团结进取、干事创业的文化氛围。积极申报先进集体荣誉。图书馆组成跨部门协同专门团队，在申报2021年安徽省高校图书馆先进集体和安徽省第五届校园读书创作活动优秀组织单位等工作中，全面系统地梳理了我馆近年来的工作理念、创新举措和各级各类成果，最终形成结构合理、内容充实、支撑材料完备的申报书，为进一步明确“十四五”时期图书馆发展理念和“书香安商”品牌定位积累了宝贵的经验。

【学习交流】 组织馆员参加学术培训和业务交流方面。采用“线上线下相结合”“会议与活动相结合”等方式，积极参与学校、图工委主办的各级各类学研活动，组织学习了“职业教育提质培优行动计划”“教育部图工委成立40周年成果展”“行政管理人员综合管理水平专题网络培训”“第四届安徽省高校图书馆服务创新案例大赛”等学习活动20余场，在会前认真准备、会中积极讨论、会后认真总结，确保提升理论学习效果。邓国家、程振鹏赴武汉参加了第五届中国未来智慧图书馆发展论坛，并实地调研了武汉大学图书馆、华中师范大学图书馆和国家网络安全学院图书馆，通过学习了解未来图书馆智慧发展的方向和趋势，为我校图书馆智慧化建设指明方向。流通部利用授业和翻转的培训学习模式相结合的方式组织开展了2次工作培训，一方面提升了馆员在新形势、新要求下的业务工作能力，创新举措，规范服务行为；另一方面通过学习引领不断转变理念、强化馆员服务意识，有力地推动部门“以服务求发展、以贡献求支持”工作理念落实、落细、落地。密切关注安徽省图工委关于填报教育部高校图书馆事实数据库数据的通知，组织专门馆员负责做好相关数据的统计、核实、填报工作，按时高质量完成2020年本馆事实数据采集工作，全面、准确反映本馆建设实际和办馆水平，为图书馆和相关机构的研究和科学决策打下良好的基础。全馆发表学术论文7篇，完成校级课题结题3项，1人被聘为馆员中级职称，1人具备中级职称资格。由邓国家老师申报的《“双高”背景下高职院校信息素养教育的实践研究》获得安徽省高等学校图书情报工作委员会基金项目立项。刘亚平老师在参与第四届安徽省高校图书馆服务创新案例大赛高职高专组中，荣获二等奖，创下了我馆在该项赛事中的最好成绩，展示我校图书馆人的积极进取与创新精神。

组织师生参赛获奖方面。①在“万方杯”2021年全国高职院校信息素养大赛教师微课赛中，图书馆刘亚平老师以全国排名第七的成绩勇夺国赛一等奖，创下我校图书馆在该项赛事中的历史最好成绩。②在安徽省高校图书馆2021年度评比中，季学芳凭借出色的工作业绩和领导能力得到评委专家高度评价，获评“优秀馆长”荣誉称号，成为我省高职高专院校图书馆中唯一连续第二次获此殊荣的个人。③在安徽省第五届校园读书创作活动中，我馆扎实开展校园读书创作活动，获得组委会评委专家高度肯定，在全省各级教育主管部门、各高校以及省技工院校中脱颖而出，荣获“优秀组织奖”称号，这也是我校图书馆首次获得由安徽省委教育工委颁发的集体奖项。④组织“世界读书日，一起读党史”党史答题活动，荣获小阅榜样奖2项，小阅标兵奖1项，机构先锋奖1项。⑤组织参加第三届超星杯“品读红色经典 书写红色篇章 追寻红色足迹”微阅读创作大赛，鼓励师生通过阅读红色经典，撰写心得体会的形式，用阅读来感受建党百年来的历史，荣获优秀奖3项。⑥组织参加图书馆杯安徽省大学生红色电影英文配音大赛，荣获季军1项，优秀奖3项，优秀指导教师2项，我馆读者协会荣获优秀组织社团，刘亚平荣获优秀组织个人，图书馆荣获优秀组织单位。⑦组织第七届书香江淮读书创作活动，本次比赛共有省内107所高校参与，我校喜获征文比赛二等奖1项，三等奖1项，最美阅读摄影作品奖1项，朗诵20强作品1项，学校图书馆获得“最佳组织单位”荣誉称号。⑧组织参加第五届“EBSCO杯”文献信息获取体验大赛，荣获一等奖3项，二等奖2项，三等奖11项，图书馆荣获最佳组织奖。⑨参与“e博在线”杯第五届诵读经典·飞扬青春校园读书创作展示活动，荣获优秀指导老师一项。

档案工作

【概 况】 学校档案科成立于2011年，档案工作由校长分管，隶属于学校办公室。档案科配备专职档案员2人，兼职档案员30人，档案库房面积190平方米，档案办公区域35平方米。档案室存放了学校1949年至今共十一大类，10809卷，38779件的综合档案，实现了门类齐全，结构合理，管理科学，方便利用的工作目标。档案科坚持贯彻落实《高等学校档案管理办法》和《安徽省高等学校档案管理实施办法》等档案法律法规，依法治档，以学校“十三五”发展规划为依据，为学校党政管理、教学改革、科学研究、人才培养、基本建设、迎接检查等各项工作提供了重要的参考资料，充分发挥档案“记录历史、传承文明、服务学校”的重要作用。

【档案收集与征集】 2021整理各类档案1717卷(件)。同时继续开展2019年度合同及审计档案实时归档工作，以及2019年度照片档案实时归档工作，最大可能地扩大声像档案收集的范围。

【档案编研与利用】 2021年度档案科继续热情周到地开展多种形式的档案查询利用，接待查阅利用90人次，查阅档案量753卷(件)，为审计、征兵入伍、职称评聘等工作提供有力支持,充分发挥了档案服务学校的作用。

【制度建设】 2020年学校档案工作以《档案法》《高等学校档案管理办法》为依据,认真贯彻执行《高等学校档案管理办法》和《安徽省高等学校档案管理实施办法》等法律法规和相关文件精神,并印发《安徽商贸职业技术学院档案安全工作应急预案》。

【业务指导】 指导财务处做好会计档案部门立卷工作。根据《高等学校档案管理办法》及《安徽省会计档案整理要求及案卷格式》的相关规定,指导财务处兼职档案员做好会计档案整理、条目录入等工作,确保财会档案的规范整理。

【档案安全管理】 档案科严格按照"九防"要求,做好档案库房安全管理、维护及检查登记工作,对档案安全设备和档案资料的保管情况进行定期和不定期的检查。

【业务交流】 开展"6·9国际档案日"宣传活动。档案室围绕"档案话百年"主题,于6月9日下午在笃学楼二楼举办了校史档案和外事档案展。展览期间安排了三个场次的现场讲解,还开发了反映学校文化的档案文创产品。

出版编辑工作

【概 况】 《安徽商贸职业技术学院学报》是经国家新闻出版总署批准,安徽省教育厅主管,安徽商贸职业技术学院主办的社会科学期刊,国内刊号为:CN 34-1242/Z,国际刊号ISSN 1671-9255。本刊于2002年3月创刊,季刊,每季度末月下旬出版,主要刊登经济类论文,同时兼及人文和其他社会科学类论文。本刊已加入中国知网、万方数据、重庆维普等多家数据库,并已实行网络优先数字出版。本刊设有以下栏目:社科理论研究、安徽经济研究、商贸服务研究、财税金融研究、思政法律研究、文学艺术研究、徽商文化研究、职业教育研究等,提倡就这些方面提出理论上的新观点、改革上的新思路、管理上的新做法、实践中的新经验。本刊尤其欢迎商贸服务、财税金融和安徽经济发展方面的争鸣文章。

2021年,学报编辑部坚持正确的办刊方向,遵守国家有关法律、法规和规章以及学术规范和编辑出版规范,认真执行国家有关编校质量的规定,以繁荣科学研究,推动物质文明、精神文明、政治文明、学校学科建设为宗旨,加强了选题及约稿方面的工作,不断提升学报的学术水平、出版质量与社会影响。进一步明确了学报编辑部工作理念为"以论文质量为根本,以学科建设为路径,以学术发展为旨归",年度工作重点为"通过制度建设,提高学报学术质量,扩大学报社会影响"。

【制度建设】 学报编辑部已经形成一系列制度,如《安徽商贸职业技术学院学报编审制度》《安徽商贸职业技术学院责任编辑工作职责》《安徽商贸职业技术学院学报编辑部主任工作职责》《安徽商贸职业技术学院学报组稿工作规范》《安徽商贸职业技术学院学报印刷发行工作规范》等。2020年,学报编辑部严格执行上述制度,确保了学报质量的稳步提升。

一是严把审稿质量关,继续坚持双向匿名审稿制度,并严格执行"三审三校一通读"制度,确保学报质量。二是编辑部工作人员都不发人情稿、关系稿。三是继续向教授约稿,例如今年第四期,学报编辑部向安徽师范大学教授梁仁志教授约稿,其稿件的刊发,必将进一步提升学报的品位和知名度。四是最大限度地多发基金项目文章,2021年所发基金项目稿比往年有明显的上升。五是发扬编辑部优良传统,从收稿到印刷每个环节都认真把关,编辑部全体同志工作严谨,一丝不苟。

【刊文情况】 2021年学报共收到稿件2267篇(截至2021年12月16日),全年4期学报共发表文章73篇,用稿率约为3.9%。在发表的70篇文章中,外稿43篇,约占61%;内稿27篇,约占39%。全年共收到教授来稿(含研究员)26篇,刊发9篇;各级基金项目来稿685篇,其中国家社科基金来稿刊发12篇;博士来稿(含在读博士和博士后)43篇,刊发11篇。

与2020年相比，学报收稿量总体上有所上升，其中教授（含研究员）、博士（含在读博士和博士后）等高职称、高学历人员来稿明显上升，各级基金项目来稿的刊发率和往年基本持平，可以看出今年所刊发的论文质量越来越高，学报在高层次作者群中的影响力越来越大。

2021年刊发的内稿比例达39%，而学报总用稿率仅为3.1%，充分反映出学报立足学校、面向社会的办刊宗旨和导向。27篇内稿共标注了44项各种类别的教科研项目，上至教育部一般项目，下至本校科研项目和质量工程，为各位作者项目的顺利结项，为本校教职工的教科研工作的有序开展，做出了很大贡献。

【重要活动与事件】 2021年1月，我校学报编辑部成功当选安徽省高等学校学报研究会第四届常务理事单位，汤太祥同志担任安徽省高等学校学报研究会第四届常务理事，这是安徽省高职学校唯一一家学报编辑部和编辑部成员获此殊荣的，充分说明了安徽省高等学校学报研究会对我校学报办刊质量的肯定。

2021年5月，安徽省新闻出版局和省期刊协会发出通知，要求全省期刊界迅速掀起学习贯彻习近平总书记给《文史哲》编辑部全体编辑人员的回信精神，深刻领会其重大意义和深刻内涵，联系实际，推动工作。全省共有177家期刊社报送学习体会文章。后经专家评选，共评出33篇优秀体会文章，我校学报编辑部汤太祥老师撰写的心得体会文章名列其中，我校学报编辑部荣获学习《习近平给<文史哲>编辑部全体编辑人员的回信》先进单位。据悉，全省高职院校学报编辑部仅有两家获此殊荣。

国有资产情况

【概　况】 学校占地面积44.92万平方米，校舍建筑面积28.02万平方米，资产净值61291.51万元。

2021年对学校所有房屋使用面积进行了丈量、对使用情况进行统计；对45间办公用房进行了改造；重新调剂分配9间办公和教学用房；对各部门和二级教学单位内部用房进行了合理调整配置。

2021年组织开展全校个人用固定资产使用情况清查核实。核实报废资产1681项，原价425万元；核实报损资产1017项，原价21.68万元。

办理本年度新入账固定资产登记4284万元；办理低值耐用品登记41.56万元；按期完成2020年资产清查和资产年报；及时完成2021年资产月报。

处置2020年资产清查报废报损资产69项，原值238万元；处置2003年之前待报废报损老旧资产792项，原值96.72万元；处置本年度个人用固定资产使用情况清查核实中报废报损资产2687项，原值445.71万元。

规范校园内通讯运营场地及设施管理，对校园内通信设施和电线、电缆布线进行整改，对欠收房租进行催收，对校园内通讯运营场地进行公开招租。

全年共完成政府集中采购项目28个，合同金额3420万元；组织非集采项目52个，除以单价或费率中标外，合同金额935万元；协助相关部门完成自行采购项目22个，除6个以单价成交项目外，合同金额48.76万元；完成徽采商城采购项目91个，采购金额505万元。

组织专家验收政府采购项目24个，合同金额2839万余元，非政府采购项目25个，合同金额309万余元。完成了中国政府采购统计报表的填报工作。

创新创业学院

【概　述】 创新创业学院在2021年工作中，以落实部门工作职责以及学校2021年度工作要点为目标，着重围绕学校“双高计划”建设任务，通过深化创新创业教育改革，以全面推进素质教育和提高学生创新创业能力为主旨，系统化开展“感知徽商、体验徽商、践行徽商、代言徽商”系列活动，有效完成了年度工作目标，并取得了一些建设成果。

【创新创业教育】 实体化建立创新创业教研室。在学校创新创业工作委员会指导下，创新创业学院进一步完善体制机制建设，依托原有创新创业和大学生职业生涯规划与就业指导教学团队，申报并批准设立了“创新创业教研室”，主要负责创新创业类课程和大学生职业生涯规划与就业指导类课程的教学实施与检查、课程建设、师资队伍建设与管理，以及组织开展相关课程教学研究，组织实施创业模拟实训等。

改革双创必修课的教学安排。根据双高计划安排，把原《大学生创新创业基础》课程改为《徽商与创业》。针对当前创新创业课学程短（5周），教学时间安排不合理等情况，与教务处协同优化《徽商与创业》课程安排并从2021级开始编制进入人才培养方案。《徽商与创业》总课时24课时，学分为1.5分，作为全校公共必修课在第2学期开设，开课方式为每周2节课，以每生提交创业计划书为成果考查。在教学安排上，将《徽商与创业》纳入教务处统一教学安排下达二级学院，探索建立创新创业学院统筹指导下的二级学院管理机制。

优化《徽商与创业》课程资源建设。一方面依托创新创业教研室，调研、优化课程内容，修订《徽商与创业》课程标准，以“70%公共基础+30%专业特色”模式建立涵盖所有专业的《徽商与创业》课程标准集。鼓励以“专业群”为单位建设特色课程标准。另一方面，以《徽商与创业》课程标准为指导，以“全国高校就业创业金课推荐标准”为指引，进一步建设标准化教案（单元设计）、教学课件、教学资源等。在资源建设中兼顾教学中“学校共性”与“专业（群）个性”需要，积极实施“体验式”“项目化”“问题探究式”教学。

“校院联动”建设创新创业师资团队。以满足创新创业教育教学、创业项目孵化指导、提升大赛成绩为目标，在各二级学院推荐基础上，由创新创业学院统筹聘任，建立校内、外多来源的创新创业导师团。2021年6月面向校内优秀辅导员和专业教师等，遴选新增了双创课程和大学生职业生涯规划与就业指导教师11人。同时，面向行业专家、优秀创业校友、知名企业家等开展“邀请聘任制”双创老师遴选，选聘双创导师22人。另组织优秀教师参加人社局相关培训，获认证“网络创业培训师”4人，完成SYB基础班师资培训4人，进一步增强了我校创新创业培训师资队伍。

继续开展“创业模拟实训”。根据芜湖市人社局相关政策，继续面向在校生开展“创业模拟实训”，全年完成300人次的创业模拟训练。通过创模培训，有效提升了参训学员的创新创业能力，实现了在园孵化项目的全员参训，有效提升了其经营能力。

开展“徽商筑梦”系列活动。以“创新创业学院统筹、二级学院主导、多部门联合”的方式组织开展“徽商筑梦”系列活动，邀请校内外创新创业导师、优秀创业校友、知名专家等进校开讲，年度完成讲座、沙龙等活动8场，积极通过直播、录播等方式巩固、提升活动价值；发挥我校优良传统，继续组织“迎新生创业实践活动”，设经营摊点70个，参与学生达300余人。

【创新创业各类大赛】 组织完成了院校两级创新创业大赛。根据国、省“互联网+”创新创业大赛规程和学校相关制度，以“课赛融通 院校联动；全员参与，鼓励创业”为原则建立“互联网+”创新创业大赛训练与组织机制。2021年4月启动第七届中国国际“互联网+”大学生创新创业大赛选拔赛暨安徽商贸职业技术学院“徽商筑梦”创新创业大赛，分创意组、创业组、红旅赛道，开展了二级学院、学校两级大赛活动，全校7个学院完成院级比赛，推选了313个项目参加校赛评选（其中职教和主赛道152个，红旅赛道161个）。全校累计参赛学生达5632人次，参赛项目达1322项。

创新创业类竞赛屡创佳绩。以创业模拟实训或全员参与的创新创业课等课程成果为基础，同时面向在校学生和毕业五年内毕业生的创新创业项目，遴选了优秀项目48个备战省赛。积极联系省内外优秀行业专家、大赛评委等，为优秀项目组织“训练营”4期，经过多轮打磨提升，使得我校在各类创新创业大赛中取得了突破性成绩。先后获得国赛铜奖3项，获省赛金奖4项、银奖（或二等奖）12项、铜奖（或三等奖）13项，另获得南京都市圈、芜湖市等主办相关赛项奖项19项。

创新创业类竞赛获奖情况汇总表

赛　项	竞赛类型	奖　项	数　量
第七届“互联网+”创新创业大赛	一类	国赛铜奖	3
	二类	省赛金奖	4
		省赛银奖	8
		省赛铜奖	12
第二届安徽省中华职业教育创新创业大赛	二类	二等奖	2
		三等奖	1
		优秀奖	3
2021年全国技能大赛国赛选拔赛创新创业赛项	二类	二等奖	2
第三届全国林业草原行业创新创业大赛全国半决赛	三类	特等奖	2
		一等奖	2
		二等奖	6
		三等奖	1
2021年芜湖市智汇中江创新创业大赛	三类	铜奖	1
		优秀奖	2
		鼓励奖	2

开展创业校友调研走访活动。联合学生处、招生就业处、团委，以各二级学院为单位组织历届毕业班辅导员开展毕业生创业情况问卷调研，摸底建立“毕业生创业数据库”，现已初步完成62名创业校友入库，并持续关注更新相关企业经营数据。启动遴选优秀创业案例编制“校友创业风采录”。对于其中有较强互联网基因的高成长性企业加强互动，为创新创业大赛遴选和储备优质创业项目。

【创业园管理】 提升了校内创业园软硬条件。在校内大学生创业园中新建创业模拟实训室1个；利用现有场地改建“大学生众创空间”1个；以“感知徽商、体验徽商”为主题，设计优化校内创业园文化标识，统一制作了创业项目的门头灯箱、店招等。

获批网络创业培训定点单位。根据安徽省人力资源与社会保障厅发布的《安徽省创业培训管理办法》和《关于开展网络创业培训工作的通知》相关要求，我校积极申报网络创业培训资质，获芜湖市人社局认定为“网络创业培训定点单位”。

创业园运营管理更加规范。创新创业学院建立“创业园管理办公室”，完善园区日常管理规范，设专人进行日常园区管理、巡查，每月开展园区项目经营状况统计，定期开展业主座谈会，及时了解园区业主经营状况和诉求。与保卫处、物业等部门联动，加强园区卫生、安全等方面管理。

遴选优质项目入园孵化。盘整校内、外创业园店铺入住情况，充分利用创业园公共空间、创客咖啡等场地，面向在校生遴选优质项目入住校内、外创业园，遴选了18个项目入驻校内大学生创业园，推荐1个项目入驻校外创业园。

十一、二级教学单位工作

电子商务学院

【概 况】 电子商务学院下设电子商务、现代物流管理、市场营销、连锁经营与管理、全媒体广告策划与营销、跨境电商与商务数据6个教研室，开设电子商务、现代物流管理、市场营销、连锁经营与管理、全媒体广告策划与营销、房地产经营与管理、商务数据分析与应用、物流信息技术、跨境电子商务、物流管理（本科）10个专业，现有学生3600余人。专任教师80人，其中具有高级职称21人，“双师型”教师占比90%以上。

学院获批省“三全育人”综合改革试点院系，电子商务专业获批国家级职业教育教师教学创新团队立项建设，学院有安徽省省级教学团队5个、安徽省省级专业带头人3人、安徽省教学名师5人、安徽省教坛新秀6人。

【专业荣誉】 电子商务专业群入选双高计划专业群建设（A档）；新零售虚拟仿真实训基地为国家级虚拟仿真实训基地培育基地；电子商务专业为教育部“现代学徒制”试点、安徽省地方技能型高水平大学建设项目重点建设专业、省级高职高专教育专业教学改革试点专业；物流管理专业为国家骨干高职院校重点建设专业、省级特色专业、省级教学改革综合试点专业，拥有中央财政支持建设的物流实训中心；市场营销专业作为国家骨干高职建设项目重点建设专业，以“优秀”等次通过教育部财政部验收；连锁经营管理专业为中央财政支持重点建设专业、省级特色专业和省级教学综合改革试点专业。

【党建工作】 坚持以习近平新时代中国特色社会主义思想为指导，围绕学校党政工作要点，认真落实学院年度工作计划，聚焦政治、思想、组织、作风和制度建设，全面加强党的建设，提升学院综合治理能力，统筹推进安全和发展，实施“党建+”工程，建设“温暖学院”，以党建和中心工作深度融合推动学院建设高质量发展，有序开展各项工作，取得较好成绩。

党总支顺利通过校级党建工作“标杆院系”验收，总支、学生第一党支部获得校“先进基层党组织”称号，学生第二党支部被推荐申报全国党建工作样板支部。在“十大筑梦育人工程”的基础上，推进工作“质感”提升。开展“百千万师生聚双高”活动、庆祝建党100周年活动、观影活动、新发展党员入党宣誓等活动。举办了第39、40期入党积极分子培训班、发展对象培训班，培训入党积极分子315人，发展对象256人。严格党员发展标准，积极做好学院党员发展转正工作，全年发展学生党员168人，转正41人。

【专业群建设】 “双高计划”建设稳步推进。10月成立双高建设专班，每月召开项目推进会并形成工作简报。“双高计划”专业群9个项目进展顺利，完成了专业群人才培养方案编写与论证；编写了20门课程标准，完成2门专业素养课程和6门专业核心课程资源制作及验收工作；成立新零售教材建设委员会，组建15本教材编写团队，成立企业教室、企业学区，推动活力课堂和双元教学；与全国电子商务职业教育教学指导委员会共同成立长三角电子商务师资发展研究与服务中心；完成新零售产教融合基地规划并进行论证，创业培训覆盖1000人次；为政府、企业提供各类咨询、技术服务20余项，横向课题经费到账80万元，成立两个大师工作室，引进企业技术专家8人；持续完善育训结合社会服务体系，建设8门开放课程，完成社会服务到账额120余万元；助力国家“一带一路”倡议，完成泰国留学生招收及留学生专业标准制定，引入海外高层次人才2人，建成海外师资培训基地1个，海外教科研项目立项2项；开展专业群质量追踪、质量改进以及质量保障评价活动，发布了年度人才培养质量报告。

专业建设影响力进一步扩大。学院承办了2021年全国职业院校技能大赛高职组“电子商务技能”赛项、安徽省选拔赛和芜湖市快递职业技能竞赛。召开了电子商务专业群建设委员会年会，受电商行指委指派，担任电子商务（高职）、物流管理（职业本科）专业标准建设副组长单位，参与专业调研和专业标准的撰写，进一步扩大专业群建设影响力，同时，参与留学生丝路电商人才培养方案编写，积极推进“丝路电商”特色留学班建设，提升专业国际影响力。

【教育教学】 学院积极开展人才培养方案论证，完成了学院2021级各专业人才培养方案的修订工作。3人参与教育部电子商务专业（高职）、物流管理专业（高职）、跨境电子商务专业（本科）国家专业标准的编制工作。“1＋X”证书工作扎实推进，共有“1＋X”网店运营推广、物流管理、品类管理师、数字营销（中级）、数据营销（中级）、电子商务数据分析、跨境电子商务多平台运营等8个证书先后完成本年度考核，牵头校作用发挥明显，获“‘1＋X’网店运营推广”突出贡献奖、“‘1＋X’物流管理”模范考核站点、“‘1＋X’呼叫中心客户服务与管理”优秀试点院校奖和最佳牵头院校奖，1名优秀辅导教师荣誉称号。

【学生管理】 加强思想引领，不断挖掘第二课堂育人功能。规范组织学生的政治学习、主题班会、主题团日和第二课堂活动。开展纪念戴安澜、汉服表演、“国旗下讲话”、匠心风情月、清风进校园等50余项“学党史，忆初心，承传统，建双高”学院特色主题活动。加强心理健康、美育、劳育实践教育，开展新生心理健康普查、“5·25”“12·5”心理健康节系列活动，积极组织学生参加“春之声”艺术节、阳光体育文化节，获得“春之声”舞蹈大赛一等奖，主持人歌手大赛一等奖等奖项，开展了五四歌咏比赛、传承民族情等10余项活动。

不断拓展资助育人途径。将资助宣传、感恩、励志教育和育人工作有机结合起来，扎实做好各项学生资助工作。全年共认定家庭经济困难学生833人。国家奖学金3人，国家励志奖学金获得者95人；727人获得国家助学金，完成307名重点保障对象学生的帮扶工作，实现困难学生国家助学金帮扶全覆盖；学院奖学金745人，学院三好学生266人，学院优秀学生干部174人。全院资助总金额近343.78万元（其中，国家助学金240万元；国家励志奖学金47.5万元；国家奖学金2.4万元；校内奖学金53.88万元）。采用“线上+线下”相结合的走访形式，完成线下、线上走访，11位教师共走访受资助家庭33户，涉及宣城、黄山、池州、宁国、芜湖等多地。

全面提升学生就业创业能力。提前筹划，全员参与，在学院实行毕业班就业率三级通报制度和党员老师对接帮扶制度，全面提升就业指导的针对性和服务的有效性，并引导教师依托创新创业类竞赛，全面提升学生的创新创业能力。学院2021届毕业生1043人，就业人数991人，就业率95.01%，其中建档立卡、孤残毕业生就业率100%，自主创业3人。

【教科研】 教师的教科研、论文、省教育厅质量工程、科研项目等工作有序推进，实现了新突破。学院教师编写教材20余本，获安徽省“十三五”规划教材2本，“电子商务专业新形态教材开发研究”获得教育部立项。教师发表学术论文60余篇，完成专利、软著申请10余项，省级科研项目立项10余项等。教师参与中广协“1+X”直播运营标准和教材的编写。

【校企合作】 学院持续加强校企合作，产教融合，发挥协同育人功能。新零售虚拟仿真实训基地获国家级立项建设。学生在三只松鼠、顺丰、晓庄、邻几等企业稳步开展实习实训。电商产业学院建设稳步推进，组建松鼠直播班，完成了三只松鼠股份有限公司“企业教师流动工作站”授牌及18名企业导师聘任工作。成立三只松鼠直播班，松鼠班、顺丰班2个高端学徒班顺利开班，完成跨境双师工作室建设，形成产业学院专业群落发展格局。

【技能竞赛】 2021年，学院师生积极参赛，获得省级以上奖项20余项。教师在全国职业院校技能大赛教学能力比赛获国赛二等奖1项，三等奖1项，省赛一等奖4项；获得“鸿科经纬杯”全国商贸类专业教师教学能力大赛特等奖1项；学生获全国职业技能大赛电子商务赛项一等奖1项、市场营销赛项二等奖1项，第七届“互联网+”大学生创新创业大赛国赛铜奖1项，省赛金奖1项，省赛银奖3项、铜奖2项；第三届全国林业草原行业创新创业大赛全国特等奖1项，一等奖1项；全国大学生房地产策划大赛全国一等奖1项；全国市场调查大赛国赛一等奖1项；第九届“挑战杯”省赛二等奖1项、三等奖2项等。

【师资队伍建设】 2021年，学院有3人（夏名首、高道友、郑承志）当选为全国电子商务职业教育教学指导委员会、全国商业职业教育教学指导委员会、全国供销职业教育教学指导委员会委员；学院引进博士1人（杨阁），硕士10人，其中，新进8名教师（杨阁、连辰馨、慕芬芳、李仁霞、汪贞叶、薛瑞昌、虞雅雯、殷聿明），2名专职辅导员（王静、严涛）。学院共有3人（何兴旺、汪琪、胡以一）晋升副教授、7人（刘松、江楠、孙培英、李仁霞、汪贞叶、彭光磊、薛瑞昌）晋升讲师、3人（耿雪婷、高蕾、蒋立恒）晋升助教。“双师型”教师得到进一步优化。在读博士10人（彭光磊、刘玉林、史一鸣、孙建辉、金成龙、凌洁、刘存、汪晔、胡以一、汪贞叶）。薛瑞昌在芜湖市经济和信息化局挂职、陈忠良在芜湖市商务局挂职，胡勇强在鸠江区商务局挂职，关堂春在浙江大学访学。

【重要活动与事件】 1月7日上午，上海科学技术职业学院常务副校长韩芳一行7人来学院考察交流。

1月11日下午，电子商务学院党总支魏力与国际商务与旅游学院党总支秦宗槐一行前往江湾社区，探索基层党建共驻共建共发展模式。

1月21日上午，合肥工业大学管理学院教授、博士生导师许启发应邀来学院作题为“漫谈高水平论文的写作和发表”的学术报告。

1月21日，电子商务学院党总支芜湖市弋江区澛港街道江湾社区党委为居民书赠春联。

1月25日上午，电子商务学院召开“双高计划”电子商务专业群工作推进会。

1—2月寒假假期，电子商务学院开展假期“第二课堂”网络教育新模式，举办一系列促进学生自主化、高效化学习的活动。

3月，电子商务学院开展了“学党史、忆初心、承传统、建双高”系列活动，庆祝建党100周年，助力学校双高建设，推动“三全育人”。

3月，在砺能楼四一楼大厅举办了雷锋作品展览。

3月，在学校操场举办了“清风进校园，家风传万代”廉洁文化教育活动。

3月4日上午，电子商务学院党总支召开2020年度领导班子民主生活会。

3月10日下午，电子商务学院就智慧教学和专利申报组织开展了两场专题培训会议。

3月11日下午，电子商务学院党总支在学院会议室召开2020年度党支部书记抓党的建设述职评议会。

3月12日下午，毕节职业技术学院财政经济系党总支书记、主任罗丽一行4人来我院考察交流。

3月17日下午在会议室召开2020年组织生活会暨民主评议党员会议。

3月24日下午，电子商务学院在学院会议室召开2020年度教师企业进修成果汇报会。

3月25日，合肥工业大学何建民教授应邀在学术报告厅作题为“大学生创新创业宝典”的专题讲座。

3月26日下午，绍兴职业技术学院范蠡商学院党总支书记、院长吴世玲一行6人来我院考察交流。

3月31日下午，电子商务学院召开了教研室主任任期考核工作会议。

4月，电子商务学院开展以缅怀英雄先烈、学习模范事迹、传承振兴中华遗志为主题系列活动之清明祭英烈活动。

4月，电子商务学院学生会开展了廉洁文化主题的黑板报评比活动。

4月，电子商务学院开展了百千万师生聚双高系列宣讲活动，谱写学校创建职教本科的新篇章。

4月，与校企合作单位（德力西电气有限公司、安徽顺丰速运有限公司、三只松鼠股份有限公司）“共建、共管、共育”3个企业学区，深入探讨“企业学区”建设方案。

4月6日晚，电子商务学院在笃学楼213教室举办学党史上党课之我来讲党课主题汇报活动。

4月8日上午，电子商务学院党总支召开中央巡视整改暨新一轮深化“三个以案”警示教育专题民主生活会。

4月13日下午，电子商务学院党总支书记魏力、广告策划与营销教研室主任吴木林、广策203班辅导员吴昕玥等三人，走访新百大厦实习的学生。

4月14日下午，电子商务学院围绕“黄山松”式干部精神开展交流研讨会。

4月24日，学院承办2021年全国职业院校技能大赛高职组省级选拔赛“电子商务技能”赛项。

5月，电子商务学院举办了庆祝“母亲节”暨“5·25”心理健康月系列活动。

5月，心理健康节期间，电子商务学院党总支组织心理情景剧表演比赛，提高大学生心理素质，塑造健康身心，丰富校园文化。

5月15日上午，受共建单位中央城社区委员会邀请，电子商务学院部分教师党员赴王能珍纪念馆、新四军第三支队在西河纪念馆，开展党史学习教育。

5月15日和18日，电子商务学院党总支书记魏力前往滣港街道江湾社区、中央城社区，参加社区主题党日活动，并为社区党员同志上党课。

5月26日下午，电子商务学院在会议室召开“三全育人”工作暨辅导员工作会议。

6月，继续开展“学院百千万工程计划”，思政老师、辅导员、专业课老师同上一节课。

6月，电子商务学院各班级相继开展诚信教育主题系列活动。

6月，电子商务学院领导班子秉持着对学生高度负责的态度与情怀，组织开展期末安全隐患排查工作。

6月，学院教师指导学生参加第九届“挑战杯”比赛，获省赛二等奖1项、三等奖2项。

6月8日，学院党总支书记魏力、院长夏名首、副院长段文忠一行看望备战2021年全国职业院校技能大赛的师生。

6月9日，学院党总支书记魏力以“坚持和加强党对高校的全面领导，为培养社会主义建设者和接班人提供坚强组织保证”为题，解读了《中国共产党普通高等学校基层组织工作条例》。

6月18日—19日，学院承办了2021年全国职业院校技能大赛高职组“电子商务技能”赛项。

6月18日—19日，电子商务专业学生张慧儿、李家诚、黄圆园、陆漫玉组成的参赛团队不畏强手，在王召义、汪琪两位老师的指导下，以优异成绩荣获2021年全国职业院校技能大赛高职组电子商务技能赛项一等奖。

6月20日—22日，电子商务学院张京洲、刘松两位指导老师带领鲁鹏、薄欣洁、张雅晴、潘伟四位同学作为安徽省代表队参赛，最终成绩得分为89.67分，荣获2021年全国职业院校技能大赛高职组市场营销技能赛项二等奖。

6月23日下午，电子商务学院召开2021年安全工作会议。学院党总支书记魏力主持会议，全体教师参加了此次会议。

6月26日下午，电子商务专业“松鼠直播班”签约暨揭牌仪式在三只松鼠股份有限公司松鼠孵化园举行。

6月29日下午，电子商务学院党总支书记魏力给全体教师讲授题为“光辉的历程”的党史学习教育专题党课。

7月1日下午，电子商务学院党总支开展党史学习教育主题党日活动，组织全员教职工在柏庄电影院观看党史题材电影《1921》。

7月3日上午，电子商务学院党总支书记魏力给学院2021届毕业生党员上了在校最后一次党课。

7月3日，电子商务学院2021届毕业典礼在大学生活动中心四楼举行。校党委书记章顺来、电子商务学院党政班子成员、毕业班辅导员及部分老师参加了典礼，1043名“追梦人”走向工作岗位。

7月6日下午，校党委书记章顺来以“深入学习贯彻习近平总书记‘七一’重要讲话精神，奋力开启第二个百年宏伟篇章”为题，为学院党员教师讲授了一堂生动的专题党课。

7月7日下午，电子商务学院党总支以“学习贯彻习近平总书记‘七一’重要讲话精神，奋力推进‘双高计划’建设”为题开展了一次专题学习课。党总支书记魏力、院长夏名首、支部书记吴木林、何兴旺、王淑娴和张素敏，共同为大家上了一堂专题党课。

7月9日上午，电子商务学院校企合作签约仪式在学校第一会议室举行。会议由汪晔主持。

7月12日，电子商务学院“筑梦扬帆”队赴池州青阳开展为期三天的暑期社会实践活动。此次活动由专职辅导员何孔鑫和王静带队，共6名学生参加。

7月13日—15日，电子商务学院“青春向阳”志愿服务团队一行8人，赴青阳丁桥镇农村开展暑假“三下乡”社会实践活动。

7月14日，电子商务学院党总支与芜湖市镜湖区赭山街道办事处进行党支部共建签约仪式，探索结对共建新模式，用实际行动践行“我为群众办实事”。电子商务学院党总支书记魏力与赭山街道办事处党工委书记夏彬与共同签署了《党支部共建协议书》。

7月18日，电子商务学院“知史爱党”志愿者团队对接赭山街道，于芜湖市周边开展了为期一周的暑期三下乡社会实践活动，此次活动由梁月锋老师带队，共四名学生参加。

7月—11月，为有效完成“双高计划”电子商务专业群建设中的“重点人群万人圆梦”计划，电子商务学院以学历教育和职业培训为目标，成立职业培训独立团，与芜湖市弋江区澛港街道江湾社区、镜湖区赭山街道等多个社区共建“社区教室”。并先后两次为社区教室开展专题讲座，通过线上线下结合的方式为社区居民进行法律知识普及。

8月，“新零售虚拟仿真实训基地”入选职业教育示范性虚拟仿真实训基地培育项目名单。

8月，电子商务教学创新团队成功入选教育部“第二批国家级职业教育教师教学创新团队”立项建设单位和培育建设单位立项。

8月，学院获批省“三全育人”综合改革试点院系立项。

8月，电商学院微信公众号开设党史学习教育专栏，围绕《习近平新时代中国特色社会主义思想学习问答》《中国共产党简史》《论中国共产党历史》和《毛泽东邓小平江泽民胡锦涛关于中国共产党历史论述摘编》四本党史学习教育用书，发布十二篇党史文章。

8月16日下午，电子商务学院党总支书记魏力、院长夏名首、副书记兼副院长汪晔等一行深入学生宿舍，慰问留校“互联网+”省赛备赛和专升本学生，并与留校学生进行沟通交流。

9月15日下午，电子商务学院召开师德师风建设专题教育暨师德师风问题专项整治工作动员部署会。会议由学院党总支书记魏力主持，全体教职工参加了此次会议。

9月17日上午，电子商务学院2021级迎新工作正式拉开帷幕。

9月29日下午，电子商务学院党总支举行了“学习贯彻习近平总书记‘七一’重要讲话精神”专题党课，此次党课由学院党总支书记魏力主持，全院教职工参加。

10月，电子商务学院组织开展“三全育人”系列活动，以推动学院师生践行“学史明理、学史增信、学史崇德、学史力行”。

10月9日上午，专业群建设推进会议在砺能楼4-109召开。校党委委员、副校长郑承志，双高办主任汪伟出席会议，专业群项目负责人、学院双高专班工作人员等参加会议。

10月15日，我校电子商务学院现代物流管理211班、213班，智能物流技术211班的班委相继展开了一场关于“班级如何管、班风如何建”的内部讨论会。

10月16日，学院承办芜湖市第一届职业技能大赛——快递行业职业技能大赛，比赛由芜湖市邮政管理局、芜湖市人力资源和社会保障局、芜湖市人才办主办。

10月16日，电子商务学院党总支组织全体党员教师收看《党课开讲啦》系列节目第1期《党的光辉历史》专题党课，各支部也积极组织党员同学开展集中学习。

10月16日—20日，电子商务学院学生党员和学生会干部开展了为期5天的芜湖轻轨志愿服务。志愿服务期间，身穿橙色马甲的志愿者们一大早便来到鸠兹广场轻轨站点，为前来参与试乘的市民发放试乘券，引导他们领取电子试乘券以及兑换纸质券。

10月20日，电子商务学院党总支开展三全育人系列活动之观红色电影《长津湖》活动，支部教师、学生党员、学生会及新媒体干部干事参加了此次活动。

10月27日，电子商务学院试点班级治理服务项目汇报会在笃学楼316教室举行，电子商务学院辅导员严涛，现代物流管理211-213班、智能物流技术211班班委会成员共同参与。

10月27日，电子商务学院在砺能楼四号楼录播厅举行第二次学生代表大会。

10月27日下午，电子商务学院在励能楼四号楼一楼录播厅召开学生会换届大会。

10月27日下午，电子商务学院围绕“黄山松”式干部精神内核开展研讨，学院全体教师参加研讨。

10月27日下午和28日晚，电子商务学院分别组织全体党员师生开展党史知识测试，旨在以考促学，以知促行，查缺补漏，营造浓厚的党史学习氛围。

10月29日下午，南京信息职业技术学院数字商务学院院长刘东风一行5人来我院考察交流。

11月，学院教师指导学生参加第七届“互联网+”大学生创新创业大赛，获国赛铜奖1项，省赛金奖1项，省赛银奖3项、铜奖2项。

11月3日，电子商务学院班级治理服务项目立项会在笃学楼310教室举行，本次会议由严涛老师主持，电子商务学院现代物流管理211-213班、智能物流技术211班的班委集体参与。

11月4日，电子商务学院班级治理服务方案民主评议会在各班顺畅开展。本次会议由各班班长主持，各班同学积极参与，反响热烈。

11月5日下午，电子商务学院邀请芜湖职业技术学院国有资产管理处招标投标办公室主任施吕蓉副教授来我校作“高校采购能力提升与风险防控”专题培训。

11月10日，党委副书记、校长李忠前往三只松鼠股份有限公司看望参加“双十一”活动的实习学生。学生处处长郑伟、教学处处长黄义兵、电商学院院长夏名首、创业学院院长王从辉、团委副书记虞昌亮、电商学院副院长段文忠以及实习指导老师一同前往。

11月10日下午，电子商务学院邀请芜湖职业技术学院创新创业学院院长、中国青年创业导师彭定教做了题为“基于‘四个融合’的创新创业教育思考与实践”的专题报告。

11月10日—11日，电子商务学院副院长段文忠一行赴三只松鼠股份有限公司、安徽中联茶叶进出口有限公司、芜湖倍思网络科技有限公司等三家芜湖当地新零售企业走访调研。

11月11日，电子商务学院院长夏名首、副院长段文忠以及电子商务、跨境电商与商务数据教研室的专业教师一行，赴电子商务学院校内外实习基地看望实习学生。

11月12日，电子商务2020级、2021级各班级组织召开“学生安全教育”主题班会。

11月17日，电子商务学院学生会在笃学楼211教室举办了“安全在我心中”主题演讲比赛。

11月17日下午，电子商务学院党总支召开师德师风专题教育。会议由学院院长夏名首主持，学院副院长段文忠、纪检委员宋林作主题发言，学院全体教师参加。

11月17日，电子商务学院与人民邮电出版社联合举办“新零售”书展，推进电子商务专业群教材与教法改革项目建设，本次书展共展出涉及电子商务、物流管理、新媒体营销、门店管理等新零售系列图书200多种。

11月24日下午，电子商务学院学生会文艺部在笃学楼光炯广场举办了“请党放心，强国有我”主题朗诵演出。

11月24日晚，电子商务学院党总支举办了2020—2021年度的班级展示暨评优活动。

11月29日上午，电子商务学院党政领导班子魏力、夏名首、汪晔、段文忠一行来到电子商务学院大赛各个集训点，看望慰问备战2021年安徽省高职院校技能大赛的团队。

12月，电子商务学院院长夏名首主持申报的教研课题“电子商务专业新形态教材开发研究”成功入选第二批国家级职业教育教师教学创新团队课题研究项目立项。

12月1日、8日，电子商务学院分工会结合工作实际，深入开展了学习贯彻党的十九届六中全会精神专题活动。12月1日下午，党总支书记魏力带领大家进行《党的十九届六中全会精神》专题学习。12月8日下午，电子商务学院分工会开展了知识竞赛，围绕党的十九届六中全会精神和党史学习教育应知应会，以考促学。

12月3日，电子商务学院组织大一各班班长、团支书、学生代表以及学院学生会、新媒体成员参加了以“缅怀革命先烈弘扬民族精神”为主题的国家公祭日纪念活动。

12月8日，学院开展“最好的我们”拼图活动。

12月15日，学院于食堂门口组织开展“赠人玫瑰，手有余香”活动。

12月15日下午，学院分工会组织投飞镖、1分钟投篮、1分钟跳绳等趣味活动。

12月17日，学院将心理健康主题与学生日常兴趣爱好相结合，开展“父爱无声”剧本杀比赛。剧本选用父爱主题的情感本，学生们通过代入角色，将自己带入不同的心境，完成了一次对自我的理解和情感的宣泄。

12月21日，学院开展“同一屋檐下”脱口秀吐槽大会。

12月22日下午，学院分工会组织桥牌比赛。

12月26日，电子商务学院顺利组织完成1+X跨境电商多平台运营职业技能等级证书（中级）考试，跨境电子商务专业2020级47位学生参加了考试。

12月28日，电子商务学院召开2021—2022年度第一学期电子商务专业群专业课“课堂参与度和课程满意度”专题座谈会。

12月28日下午，现代职业教育研究所段文忠、马静、徐诗瑶、束静、虞雅雯一行5人赴安徽师范大学教育科学学院开展职业教育学术研讨活动。

12月30日，电子商务学院在大学生活动中心隆重举行2022年元旦晚会暨迎新晚会。

12月30日—31日，校党委副书记、纪委书记朱光应，招生就业处处长孙握瑜、电子商务学院院长夏名首、电子商务学院教学秘书宋林一行，调研我校学生的实习与就业工作。

会计学院

【概 况】 会计学院成立于2020年8月，其会计专业起源于1912年的安徽公学商科，至今已有100多年的办学历史，为我国经济建设输送了数以万计的优秀会计人才，毕业生曾以“一把算盘、一支笔”的办学特色享誉大江南北。1999年，学院在原会计教研室基础上组建成立会计系。2014年，为了专业发展的需要，学院在原会计系的基础上将会计系拆分为会计系和财务金融系。2020年8月，学院二级机构改革，将会计系调整为会计学院。

会计学院现有在校生3387人，设有大数据与会计、会计信息管理、大数据与审计、大数据与财务管理等4个专业。其中，会计专业2002年被批准为校级重点专业，2003年被批准为省级教学改革试点专业，2008年被批准为省级示范专业，2011年被学院列入国家骨干院校重点建设专业，并于2014年以“优秀”等级顺利通过教育部验收，2016年被列入安徽省地方技能型高水平大学建设项目，2018年获批安徽省高水平高职专业，在2019年公布的《高等职业教育创新发展行动计划（2015—2018年）》项目认定（教职成函〔2019〕10号）中，会计专业获得国家级骨干专业认定。会计信息管理专业设立于2017年，为学院国家骨干验收奖励资金重点资助建设专业，其前身为会计电算化专业。会计电算化专业2010年被批准为省级特色专业，2011年被列入中央财政支持高等职业学校提升专业服务产业发展能力的建设项目（教职成厅函〔2011〕71号），2013年被批准为省级专业综合改革试点专业。财务管理专业设立于2006年，先后被省教育厅批准为省级特色专业、省级综合改革试点专业、省级教学团队和高等职业教育创新行动发展计划项目——财务管理生产性实训基地。审计专业于2018年首次招生。

会计学院现有国家级课程思政教学团队1个，省级教学团队3个，专任教师57人，来自行业企业的兼职教师39人。专任教师中，教授5人，副教授13人，讲师（含实验师）30人，省级教学名师3人、省级会计先进工作者1人，省级专业带头人3人、校级专业带头人3人，省级教坛新秀2人，省级线上教学名师1人，省级线上教学新秀1人。

会计学院非常重视人才培养模式改革，在多年的专业建设历程中，围绕培养会计职业人才，不断整合课程体系，精心组织教学安排、优化资源配置，进行人才培养模式方面的创新和改革，先后总结和凝练出“精核算，善理财，能经营，懂公关”“教学做统一，岗证学一体，能力与素质并重”的应用型会计人才培养模式，并不断加以改进和完善，逐渐形成了“一个中心、双向嵌入、三层递进”智慧财经人才培养模式。并在原有培养模式的基础上，不断探索新的人才培养模式，推动和促进会计转型改革，探索拓展了“中英合班”“账道会计班”“跟岗实习班”“财务数据班”“平安财务共享班”等新的办学模式。在坚持传统办学特色的基础上，引进新理念、新事物，创新办学模式，让学生在校园内接触最新的会计行业发展动态和国外的教学理念，培养出具有时代气息和国际化视野的优秀毕业生，在未来的职业发展中能够脱颖而出。经过多年不懈努力，学院毕业生质量稳步提升，得到了用人单位的好评，毕业生一次性就业率连续多年达96%以上，真正实现“进口旺，出口畅”。会计学院2021届毕业生共计912人，首次就业率95%，其中就业443人，专升本录取442人，占毕业生总数46.3%。

在职业技能大赛方面，学院自2008年以来在安徽省举办的14次全省会计职业技能竞赛中，我校代表队获得12次第一名，13次一等奖。在全国职业院校技能大赛高职组“会计技能”赛项竞赛中，会计团队在2014—2021年，共计获得“五金一银一铜”的辉煌成绩，该赛项金牌数位居全国首位。

【党建与管理】 坚持把党的政治建设摆在首位，制定并严格执行学习教育计划。一是认真贯彻政治学习制度，定期召集教师集中学习。二是成立党史学习教育领导小组，定期召开总支会议，深入开展党史学习教育，巩固深化“不忘初心、牢记使命”主题教育成果。三是听取专题报告和讲座，提高思想政治理论素养。四是推进会计学院校级“三全育人”试点建设，促进学生政治理论学习，引导学生深入学习习近平新时代中国特色社会主义思想。

加强基层党组织建设，着力打造高素质干部队伍。党总支始终坚持政治标准，自觉遵守《会计学院党总支会议议事规则》《会计学院党政联席会议议事规则》，严格执行民主生活会制度和其他相关制度，严肃党内生活，提升党员组织观念。召开党史学习教育专题民主生活会，选树“黄山松”式干部2人，做好“黄山松”精神培育和党史学习教育的结合。学院学生第一党支部完成校级“样板支部”建设项目验收，获校级“先进基层党支部”称号。

牢牢把握意识形态工作领导权，加强政治建设的方向引领。党总支深入学习领会习近平总书记关于意识形态工作的重要论述，夯实意识形态工作的思想基础。增强正面教育，落实制度要求，加大监督问责力度，强化意识形态工作的执纪问责。面向一线教师，加强“课程思政”的教学引导，激发专业课程学习与思想政治教育的合力。

强化党风廉政建设，推进全面从严治党。党总支坚持“标本兼治、综合治理、惩防并举、注重预防”的方针，反复学习《中国共产党廉洁自律准则》《中国共产党纪律处分条例》，狠抓党风廉政建设责任制落实，加强党风廉政宣传教育。进一步推进校园廉洁文化建设，开展严肃考风考纪主题班会、廉洁创意作品征集、廉洁文化教育宣传等系列活动，唱好廉洁教育“三部曲”。

严格党员发展程序，确保党员发展质量。党总支坚持标准、规范程序，严格审慎地开展学生党员发展工作。2021年，学院党总支成功举办39、40期分党校培训班，发展学生党员161名（其中14名为师大联合培养会计本科班学生），转正教师党员1名，学生党员45名（其中6名为安徽师范大学联合培养会计本科班学生）。

发挥党员在学院各项工作中的先锋模范作用。依托支部党日活动，组织开展就业指导讲座、专升本备考经验交流会、党员迎新生、重阳节敬老、专场招聘会、毕业生简历修改、“课程思政专业课程建设辅导”等“我为师生办实事”系列志愿服务活动，将党史学习教育与立德树人工作本职工作紧密结合，提升服务教师、服务学生的能力。遴选优秀教师党员参加教师教学能力大赛，指导学生参加创新创业大赛和职业技能大赛，获国家级三等奖1项，省级一等奖6项。教师党员杨琴在安徽省教科文卫体工会开展的道德先进个人评选活动中，被授予“师德先进个人”荣誉称号，其家庭荣获芜湖市“最美家庭”称号。教师党员鲁学生、程硕荣获校园疫情防控工作"先进个人"称号。

形成党建带团建联动机制，党总支发挥领导和核心作用，指导团学工作开展，逐渐形成以"创新、团结、服务"为指导思想的工作模式，不断拓展丰富团学活动内容，为广大青年营造良好的学习和生活环境。本年度共发展青年团员7人，接收转入团员565人，完成毕业班团员转接332人，学社转接率97.6%，青年大学习数据每期参与率都在90%以上。组织志愿活动20余次，志愿者参与600多人次，累计服务时长超过200小时。

强化辅导员队伍建设，提升育人工作水平。针对自主招生班、"3+2"班、社招生班、专升本班学生特点，党总支精心安排专职辅导员和有丰富经验的老师承担辅导员工作。强化辅导员入职培训，定期召开辅导员工作例会，组织学习《辅导员 工作考核办法》《辅导员队伍建设管理规定》，落实"八个一"辅导员工作考核制度。鼓励辅导员及时总结学生工作案例，梳理工作思路，积极从事相关的科学研究，申报辅导员专项、党建工作专项课题。2021年，辅导员获批校级科研项目2项，获批2021年"三全育人"综合改革试点攻坚项目3项，获"优秀党务工作者"称号1人；获"优秀共产党员"称号2人；获校"优秀辅导员"称号3人。

严格日常管理，狠抓学风建设。党总支定期召开辅导员工作例会，坚持请假三级制管理、课堂双轨考勤、晚自习查寝、周日晚点名、宿舍"6S"管理等制度，依托主题班会、宿舍走访、谈心谈话等工作形式，加强交流沟通，及时掌握各班级情况，加强班风、学风建设。2021年，会计学院2020级3个班级荣获校园"先进班集体"荣誉称号，其中会计201班荣获全校十佳班级第一名。

认真开展奖、助学金评定工作。2021年会计学院共认定家庭经济困难学生745人，获得国家助学金737人，学费减免101人，资助金额共计2434000元。评选国家奖学金3人，国家励志奖学金97人，校内奖学金785人，奖励金额共计615500元。获得安徽省普通高等学校优秀毕业生称号26人，芜湖市"三好学生"荣誉称号3人，芜湖市"优秀学生干部"荣誉称号3人，校级"三好学生"荣誉称号共262人，校级"优秀学生干部"荣誉称号177人。此外，安徽师范大学联合培养会计本科班学生评选校内奖学金37人，认定家庭经济困难学生59人，评选国家励志奖学金7人。

高度重视心理健康教育，党总支多次召开辅导员工作会议，强调对心理异常学生的关注与关爱，并及时做好普通学生的学习压力、恋爱烦恼、人际交往、求职实习等方面的心理教育。依托各班级载体，围绕自我认识、自我悦纳、珍惜生命等主题，充分发挥心理朋辈的力量，组织20级心理信息员培训、2021级心理委员培训，开展"3·25""5·25""10·25""12·5"心理健康教育系列活动，完成2021级新生心理健康普测与心理危机筛查、初访工作，做好二级学院学生心理健康台账，取得了较好的育人效果。

疫情防控常态化，安全教育无死角。党总支高度重视安全教育工作，加强新生入学、毕业生离校、节假日放假、冬季消防等特殊时间段的安全教育，积极关注学生动向，引导学生文明上网，不刷单、不借贷、不信邪教，不参与传销活动。疫情防控期间，落细落实各项防控工作方案，先后组织2019级和2020级共计1900多名学生赴海螺医院接种新冠疫苗；做好师生的疫情防控信息统计、筛查，途径或接触疫情中高风险地区人员的信息排查，并对留校学生进行多轮核酸检测筛查；落实学校疫情期间辅导猫"晨午晚"检打卡制度，在疫情防控工作中找好切入点，加强对学生的思想政治教育。

【教育教学】 认真学习贯彻《国家职业教育改革实施方案》《高职扩招专项工作实施方案》《中国特色高水平高职学校和专业建设计划项目遴选管理办法（试行）》《关于在院校实施"学历证书+若干职业技能等级证书"制度试点方案》、教育部关于职业院校专业人才培养方案制订与实施工作的指导意见等文件精神。紧紧围绕着提升人才培养质量、建设地方技能型高水平大学的目标展开工作，依托国家产业转型升级战略和长三角区域一体化发展规划，主动适应市场对智慧化、信息化财会金融人才的需要，按照"共同服务重点领域、职业岗位高度相关、专业基础互补互通、教学资源持续共享"的原则，运用"服务产业高端"的岗位链、"协同人才培养"的能力链构建会计专业集群，申报中国特色高水平专业群。

学院立足于学校商科办学优势，以及在全国职教领域的办学影响力，与省市国税、财政等政府部门，代理记账、注册会计师等行业协会，以及北京航天信息、用友新道、北京中联、北京正保、税友软件等知名企业开展深度合作，建设安徽商贸职业技术学院数智财税产业学院。产业学院获批校级产业学院，包括智能财务中心、数智税务中心、智能审计中心，进一步拓展产教融合、工学结合的办学道路，构建符合职业和时代发展需要的会计专业群人才培养模式，打造数智财税领域的技术技能人才培养高地和技术技能服务创新平台。

强化教学管理，开展教学新模式。2021年度学院遴选了张春想、张之君、张梅、胡甜予四位老师进行课堂革命探索，成功申报了我校提质培优项目中的课堂革命子项目。通过课堂革命探索，将专业课程教学改革推向纵深，完善以学习者为中心的专业和课程教学评价体系。同时，鼓励教师团队对接职业标准和工作过程，探索分工协作的模块化教学组织方式。

进一步推进双基工程建设。学院日常教学工作以“基层教学组织”和“基本教学活动”为抓手，一方面，巩固已有的省级示范教研室和省级示范课堂项目成果，发挥示范引领作用。另一方面，鼓励教研室和课程项目团队积极争先创优，系统谋划、多措并举，强化标准意识和规范意识，加强信息化手段的应用，积极推进“双基”建设，为打造高水平专业，培养高素质技能型人才奠定基础。

加大教材改革力度，取得丰硕成果。针对会计专业群核心专业课的内容变化撰写或修订了相关教材，共有6本教材获批“十三五”职业教育国家规划教材，其中包括丁增稳的《会计综合实训》(第三版)、《会计综合实训》(第二版)、《财经法规与会计职业道德》，牛永芹的《ERP财务业务一体化实训教程》《ERP财务管理系统实训教程》，以及鲁学生的《税法基础》。院长丁增稳获国家级“教材优秀个人”荣誉称号。这一系列优秀教材为我们专业群建设提供强有力的保障。

持续推进“1+X”证书制度，成果显著。学院组织开展了财务共享服务、智能财税、财务数字化、金税财务应用、个税计算、审计信息化应用等6项“1+X”证书的培训考证工作，每个证书50名同学，共300名同学。通过师生的共同努力，取得了喜人的成绩，考证通过率分别为：财务共享服务97.62%、智能财税100%、财务数字化100%、金税财务应用100%、个税计算100%、审计信息化应用92%。

【科研与社会服务工作】 2021年会计学院学术氛围浓厚，整体教科研水平日趋稳定，全年共公开发表论文42篇，其中北大中文核心3篇，获批立项各类教科研项目14项，完成项目结项22项。在会计学院院长丁增稳的引领下，学院2021年申报的《纳税实务》课程获批教育部课程思政示范项目，8位团队成员荣获教育部课程思政教学名师和教学团队。公开出版主编教材11本，其中“十三五”职业教育国家规划教材6本，院长丁增稳荣获首届全国教材先进个人称号，党总支书记王珠强荣获首届全国教材建设奖全国优秀教材(职业教育与继续教育类)二等奖。2021年横向课题和社会服务获得重大突破，全年共立项横向课题9项，实现到账经费超过94万元，比上年增长一倍多，创历史新高。经过2017—2021年的建设，会计学院圆满完成“三平台两基地”所属应用研究创新团队、应用研究与服务机构的期满考核，其中会计信息服务应用研究所考核结果为优秀，会计信息服务应用研究创新团队考核结果为良好。在科研处统一部署下，会计学院组建智慧财税研究中心。研究中心下设数字财税技术发展研究所、智慧审计研究所、财务大数据应用研究所三个技术技能创新服务平台二级研究结构，其中数字财税技术发展研究所为培优型，形成了“一心三所”的平台架构。

【师资队伍建设】 2021年，会计学院引进专任教师7人、专职辅导员3人，均为研究生学历。学院选拔攻读海外博士教师9人，为职教本科建设做好人才储备工作。学院教师职称结构得到进一步优化，其中晋升副教授4人，讲师实验师6人。荣获学校“第一批学术专项人才”称号10人。

学院强化“双师型”教师队伍建设，在教师专业技术职务晋升的基础上，增加高级双师3人，中级双师5人，初级双师2人。通过寒暑假实践进修、教师工作站、“1+X”证书培训、职业资格证书、双师培训、职业技能大赛等手段，提升教师职业技能水平。

【重要活动和事件】

1月7日，校党委副书记、纪委书记朱光应，工会主席杨克玉，纪委副书记吴松飞，会计学院党总支副书记兼副院长鲁学生，纪检监察审计处王奇科长一行5人赴安徽金寨职业学校，慰问会计学院支教教师牛永芹。

1月14日，会计学院举办“十四五”发展规划建设研讨会。会议将学院“十四五”发展规划放到区域经济发展的社会背景中去思考，坚持高标准对标、高起点谋划、高水平推进，全面提升学院人才培养质量。

3月3日，会计学院党总支组织全体党员教师深入学习贯彻习近平总书记在全国脱贫攻坚总结表彰大会上的重要讲话。

3月10日，会计学院邀请校外专家对实践教学项目进行评估，促进产教深度融合。

3月11日，会计学院党总支召开了2020年度领导班子民主生活会。“五个一”联系点的校领导、校长李忠到会指导，学院班子成员、总支委员参加了会议。

3月12日，会计学院党总支召开2020年度党支部书记抓党建述职评议会。学院党总支委员、党支部书记及党员代表参加了会议。

3月22日，会计学院举办2019级账道会计班开班典礼。北京安平融信财税管理集团有限公司董事长杨树军、北京账道会计管理有限公司总经理张梅玲、常州苏越会计服务有限公司总经理吴昊、安徽照亮会计有限公司总经理赵亮、南京霖银财务管理有限公司总经理魏林、企业驻校导师和账道会计班46名同学参加了此次大会。

4月7日，会计学院“会计基本功技能大赛”颁奖典礼在学术报告厅隆重举行，学院300余名获奖学生参与了此次典礼。

4月10日，会计学院丁增稳院长出席由安徽工商职业学院、用友网络科技股份有限公司、新道科技股份有限公司共同主办的“构建新时代特色职业教育体系”高峰论坛，并主持教师教学能力大赛论坛活动。

4月16日，会计学院志愿者服务队在乐青荟·浩研彩虹园颐养院举行挂牌仪式。

4月21日，会计学院召开“十四五”发展规划座谈会。校党委副书记、校长李忠莅临指导，部分职能部门领导、学院领导班子成员、教研室主任和骨干教师代表出席座谈会。

5月10日，会计学院党总支召开新一轮深化“三个以案”警示教育专题民主生活会。

5月15日，会计学院教师党员受共建单位中央城社区委员会邀请，赴王能珍纪念馆、新四军第三支队在西河纪念馆，进行党史学习教育。

5月14日—17日，会计学院院长丁增稳教授带队一行五人参加由高等教育出版社主办、四川财经职业学院承办的“名师谈课程与教学系列活动”。

6月，郑兴东、弋兴飞两位老师指导的黄炎、周奥、孙松、熊晓霞学生团队获2021年全国职业院校会计技能竞赛三等奖。

6月25日，会计学院举办2019级会计专业校外跟岗实习上半年总结会暨下半年双选会。会计学院副书记兼副院长鲁学生、副院长赵春宇、财会行业19位企业负责人、实习指导教师以及跟岗实习的全体同学参加了本次会议。

6月30日，会计学院组织全体分工会会员参加了学校举办的庆祝中国共产党100周年教职工大合唱比赛，分工会46位教师倾情合唱了《灯火里的中国》《红星歌》两首歌曲。

7月1日，会计学院召开2021年度会计专业群专业建设委员会。会议邀请北京安平融信财税管理集团有限公司董事长杨树军、安徽中电兴发与鑫龙科技股份有限公司财务总监陶黎明、安徽新中天会计师事务所有限公司所长徐天军、安徽机电职业技术学院工商管理学院院长吴邦雷、安徽师范大学经济管理学院财务管理系主任罗昆等五位校外专家参会，校党委副书记、纪委书记朱光应、会计学院党政领导班子、专业负责人及部分骨干教师参加了本次会议。

7月2日下午，会计学院举办“2021届希施玛财务数据班”结业典礼暨颁奖仪式。

7月3日—4日，会计学院举办2021届毕业生毕业典礼。

7月15日，校党委副书记、纪委书记朱光应、会计学院党总支副书记兼副院长鲁学生、学生工作处章立毅、会计学院辅导员陈飞一行四人，先后赴凤阳县枣巷镇、怀远县淝河乡走访慰问了会计学院贫困学子。

8月，曹玉敏、张之君、姜晨、赵春宇教师团队获安徽省教师教学能力大赛一等奖，王海生、谢玲芳、陈丹文、曹方林教师团队获安徽省教师教学能力大赛三等奖。

9月，会计学院完成了分工会换届选举工作，推选党总支副书记、副院长鲁学生担任分工会主席，团总支书记程硕为分工会组织委员，专职辅导员胡瑾为分工会文体委员。

9月，夏菊子、张雨两位老师指导的学生团队获2021年大学生企业管理技能大赛一等奖1项、三等奖1项。

9月17日，会计学院与厦门网中网软件有限公司、新道科技股份有限公司、中联集团教育科技有限公司等校企合作单位召开产业学院建设推进会，共同探讨数智财税产业学院建设方案。

10月，夏菊子、黄艺杰两位老师指导的学生团队获2021年安徽省财税技能大赛高职组案例赛一等奖1项、二等奖2项、三等奖2项；夏菊子、黄艺杰两位老师指导的学生团队获2021年安徽省财税技能大赛高职组技能大赛一等奖2项。

10月27日，会计学院举办学术专家讲座。安徽师范大学会计系主任徐飞副教授应邀做了题为“财务会计类学术研究分享”的专题报告。

11月，张春想、何亚伟两位老师指导的学生团队获安徽省大学生创新创业ERP管理大赛二等奖。

11月，学院院长丁增稳受新华网、安徽e会学教育平台、江苏财经职业学院、淮南职业技术学院、徽商职业技术学院等单位邀请做课程思政建设专题报告，分享课程思政建设经验。

11月2日，会计学院召开学院第二次学生代表大会。党总支书记王珠强、党总支副书记、副院长鲁学生，团总支书记程硕出席会议，会计学院各年级、各专业共计69位学生代表参加会议。

11月3日，会计学院召开2021年安徽省职业院校技能大赛赛前动员会。学院院长丁增稳、副院长赵春宇、各专业负责人及指导老师和参赛学生约50余人参加会议。

11月3日，会计学院举行安徽省教科文卫系统的师德先进个人证书颁发仪式。校党委委员、宣传统战部部长、工会主席汤飚，校党委委员、组织人事处处长高道友，校工会副主席黄家宏出席了颁发仪式。

11月3日，会计学院举办2021年首场秋季校园招聘会。安徽新中天会计师事务所、上海美满人生生物科技有限公司、加思酷（南京）财务咨询有限公司安徽分公司和江苏天行税务师事务所等来自省内外共计23家公司受邀参加。

11月14日，中国商业会计学会职业教育分会成立大会暨第十六届职业教育改革研讨会通过云端在线上举行。会上，校党委委员、总会计师王炜当选职业教育分会副会长。

11月25日，会计学院举办2019级账道会计班结业典礼暨就业推荐会。北京安平融信财税管理集团有限公司董事长杨树军、北京账道会计管理有限公司总经理张梅玲、驻校实操老师和2019级账道会计班全体同学共同参加了此次大会。

11月25日，会计学院举办2020-2021学年先进班集体评选活动。经评审，推荐会计201班、会计202班、会计206班、会计207班、审计201班、审计202班参加学校先进班集体评选活动。

12月，张梅、姜晨两位老师指导的两支学生参赛队伍分别获2021年安徽省大学生财会技能创新大赛一等奖、二等奖。

12月10日，学院党总支与芜湖市向日葵财务咨询有限公司党支部签署共建协议，积极构建立体交叉式党建工作新格局。

12月15日，会计学院召开2021级专业（群）人才培养方案专家论证会。专业（群）建设委员会专家小组、学院领导班子和教研室主任参加了此次会议。

金融科技学院

【概 况】 金融科技学院目前设有金融管理、财富管理、经济学三个教研室。专兼职教师

51名，其中校内专任教师31人。校内专任教师中，高级职称教师11人，持有“双师型”证书的教师19人，聘请全国知名企业高管、行业专家及专业技术人才14人。省级教学名师4人，省级专业带头人2人，省级教坛新秀4人，金融服务与管理专业、财富管理专业教学团队均为“省级教学团队”。

教学成果突出，荣获国家“十三五”规划教材4本，新编校企合作双元开发教材1本，曾获教师教学能力大赛国赛一等奖、省赛一等奖多项，获得多个省级教学成果奖。安徽省职业技能大赛“银行综合技能”赛项连续多年荣获“团体一等奖”，全国职业技能大赛“银行综合技能”赛项多次荣获“团体二等奖”；全国金融行指委主办的各种金融类竞赛均获得的“团体一等奖”“团体二等奖”的优异成绩。我院学子竞赛成绩在业内具有较大影响力，为学生提供了“专升本”免试和直接就业的机会。

金融科技学院紧跟现代服务业金融类产业升级，借助国家大力发展“金融科技”“普惠金融”“金融大数据”的政策导向，与合作的行业协会、企业深度融合，逐渐探索出从行业企业文化培训、岗位认知讲座到跟岗实习、真实业务操作的全流程紧密贴近岗位的人才培养模式。成立了全省第一个公办体制下混合所有制的二级学院“迪科金服学院”，组建了侧重于境外证券交易（港股、美股、新加坡股票）的“哥伦布量化金融班”，开设了主要面向上市公司财务、金融数据采集和分析的“希施玛金融数据处理班”，让学生在校期间能够“学习求真务实做人之道理，提升科技金融生存之技能”。

【党建与管理】 2021年，金融科技学院党总支在校党委的领导下，坚持习近平新时代中国特色社会主义思想，努力贯彻十九届五中、六中全会精神，积极开展“学四史”教育活动，加强党建和思想政治教育工作，着力做好党员教育与发展工作，加强师德师风建设，服务学生，引导学生成长成才，做出了积极探索和不懈努力，圆满完成了各项工作任务，并取得较好的成绩。

加强政治学习，不断提高政治素养。组织开展“学四史”教育活动，深入贯彻落实习近平新时代中国特色社会主义思想，全面学习贯彻党的十九届五中全会精神、十九届六中全会精神、《中共中央关于党的百年奋斗重大成就和历史经验的决议》、习近平总书记“七一”重要讲话、习近平对职业教育工作作出重要指示、习近平给全国高校黄大年式教师团队代表的回信、《中共中央关于制定国民经济和社会发展第十四个五年规划和二〇三五年远景目标的建议》、十三届全国人大四次会议上作的《政府工作报告》等重要会议、讲话和文件精神，并积极开展师德师风建设。

加强学生的政治教育，学生素养不断提高。为切实履行意识形态工作责任制，加强课堂及各类思想文化阵地建设管理，结合我院学生实际情况，强化思想引领，开展青年大学习活动，聚焦庆祝中国共产党成立100周年，党的诞生和发展史，深入开展学生思想政治教育，做到以学生为本，全心全意为学生成长成才服务，把社会主义核心价值观有效融入大学生思想政治教育活动中。做好创先争优活动，开展形式多样、丰富多彩的活动，吸引学生广泛、深度地参与学院各项活动。

加强党员的政治学习，紧扣主题，以任务驱动的形式，先后组织全体党员认真学习《中国共产党普通高等学校基层组织工作条例》《安徽省委关于高校党建和思想政治工作的意见》，十九届六中全会精神的宣讲，全面落实党风廉政建设，抓好廉政教育，严肃党风党纪，组织学习《中国共产党纪律处分条例（试行）》《中国共产党党员领导干部廉洁从政若干准则》《中国共产党党内监督条例》，落实党建工作“找差距、抓落实、提质量”专项行动实施方案和领导班子成员全面落实党的教育方针、党建工作责任制，实行“一岗双职”，加强意识形态工作责任制多次进行排查，并组织党员教师学习、自查。按照上级要求，扎实开展以案促改专项活动。要求每个党小组开展专题小组会，每名党员进行“十自查”，深刻剖析，找准不足，列出清单，把解决问题贯穿以案促改的全过程，会后撰写心得体会。

大力开展我为群众办实事，让党旗更鲜艳。各支部结合专业特点，给学生开展廉洁教育——纳税实务专题宣讲活动。督促帮助毕业生就业，帮学生邮寄资料，专业教师结对班级指导学生专业学习，走访跟岗实习的同学，召开

“专升本同学座谈会”和“跟岗实习学生座谈会”,解决学生的思想疑惑,了解学生学习和生活中遇到的问题,为他们排忧解难,为学生解惑答疑。与社区共建,让党旗飘扬在社区,深入社区,为社区服务,到鲁港社区街道帮助老人、农民工下载“反诈App”“金钟罩”等活动。

【教育教学工作】 教育教学成果丰硕,我院金融管理教研室教师指导学生参加2021年“银行业务综合技能”国赛省级选拔赛,获得二等奖一项、三等奖一项;组织师生积极参加第六届“国元证券杯”安徽省大学生金融投资创新大赛,指导学生获得了第六届“国元证券杯”安徽省大学生金融投资创新大赛的股票仿真交易一等奖一项、三等奖一项。成功聘请金融服务与管理专业专家型专业带头人、信用管理专业专家型专业带头人各一名。完成第六届迪科金服班、第一届希施玛金融大数据处理班跟岗实习招生及为期四个月的跟岗实习,拓宽学生实习就业渠道。

财富管理教研室教师指导学生参加第六届“国元证券杯”安徽省大学生金融投资创新大赛,获得了第六届“国元证券杯”安徽省大学生金融投资创新大赛的股票仿真交易一、二、三等奖各一项;指导学生参加2021年“黄炎培杯”全国大学生投资理财技能大赛获三等奖一项。完成第五届哥伦布量化金融班跟岗实习招生及为期四个月的跟岗实习,拓宽学生实习就业渠道。积极申报新专业“金融科技应用”并获批,9月“金融科技应用”专业顺利招生。校企合作积极申报承办安徽省职业院校技能大赛“金融科技应用赛项”并获批。

【科研与社会服务】 2021年我院申报并成功获批“‘1+X’金融大数据处理”职业技能等级证书试点院校,组织我院90名学生参加金融大数据处理职业技能等级证书考试,考试通过率为99%,获批校级第一批职业技能等级证书师资团队,我校被“1+X”证书培训评价组织评为优秀院校代表。进一步提升科研及社会服务能力,扩大社会服务收入。

2021年我院继续牵头“‘1+X’人身保险理赔”职业技能等级证书试点院校,组织我院50名学生参加人身保险理赔职业技能等级证书考试,考试通过率为96%,获批校级第一批职业技能等级证书师资团队。进一步提升科研及社会服务能力,扩大社会服务收入。

2021年获批省级提质培优项目2项,横向课题1项,校级科研项目2项,发表论文11篇。成功申报省级教坛新秀一名、信用管理专业省级教学创新团队以及省级课程示范课程《金融基础》。

【师资队伍建设】 全年新进专任教师2人,行业企业知名人士、兼职教授4人,产业导师1人,专任教师中新晋升副教授职称2人,讲师职称4人,助教职称1人。组建金融服务与管理教学团队1个,新增高级“双师型”教师1名,初级“双师型”教师2人,2位教师进入教师工作站并顺利出站。全年教师参加各项专业培训57人次,较好地提升了教师的理论与实践能力。

【学生管理工作】 目前,我院共有学生总数1031人,有团支部21个,团员数705人。党史学习教育覆盖率100%,平均各支部理论学习次数10次。学生会成员35人,团总支工作人员35人,建立明确的进出机制,包括两进两出两争制度[学有余力进、热心服务进,挂科者(包括综测30%后]出、违纪者出,争当学生榜样,争当干事之星);例会制度,每学年一次学生代表大会,每月一次学生会例会,每周一次部门会议。各项制度的确立与实施,提高了团干部的综合素质,保证了共青团组织工作的质量。

开展了“奋斗百年路,启航新征程”主题团日系列活动、“与xin相约,倾听心声”心理月系列活动,一院一品“魅力校园·‘金财’有你”首届金融技能竞赛系列活动,赴镜湖区大垄坊街道开展“我为群众办实事”实践活动,“关注安全始于心、消除隐患践于行”安全教育宣传月活动,“党徽耀我新、梦想金科院”元旦晚会等活动,让团员在活动中锻炼了意志,也展示了自己的风采。在响应上级部门方面,我们严格按照上级部门的要求,圆满完成了校团委和院党总支下达的各项任务:例如学社衔接、青年大学习督促、学生政治学习组织开展、团员管理、团费缴纳、“6S”宿舍评比、院先进班集体优秀团支部评选等各项校级赛事的学院初选。

【重要活动和事件】

1月18日,为贯彻落实教育部等九部门印发的《职业教育提质培优行动计划(2020—2023

年)》文件精神和学校"双高计划"建设相关任务要求,由金融科技学院、学校教师发展中心联合举办的"金融科技类师资专业能力提升培训班(第一期)"如期开展,金融科技学院全体教职工(含行政兼课)及其他有关专业的教师参加了此次培训学习。

3月15日下午,校党委委员、副校长郑承志在金融科技学院副院长丁婷和投资管理教研室主任李慧君的陪同下,前往深圳哥伦布数据科技有限公司走访慰问顶岗实习学生和往届毕业生。

3月19日,我校党委委员、总会计师王炜,资产管理处处长杨欣、金融科技学院院长胡增芳、教师张盼、迪科数金总裁助理钱颜娇与财务经理王金萍一行共赴台州职业技术学院交流混合所有制办学、资产管理等事务的经验。

4月7日下午,为推进新时代"互联网+教育"事业的发展,实现信息技术与教育教学的深度融合,金融科技学院邀请雨课堂技术培训人员开展了"雨课堂"应用技术专题培训,金融科技学院全体教师参加了此次培训。

4月21日下午,学校金融科技学院与中国农业银行芜湖分行、平安银行芜湖分行、安徽繁昌农商行、太平产险芜湖分公司、国寿产险芜湖分公司等多家银行业保险业单位在校学术报告厅开展银行、保险业金融消费与专业知识教育活动。中国农业银行芜湖分行高级专员宗雯雯、中国人寿财险高级讲师孙慧及金融科技学院院长胡增芳、金融管理教研室主任胡艳、教学秘书陶然等参加活动。

4月24日下午,为深入推进学校"双高计划"建设工作,进一步统一思想、凝聚共识、狠抓落实,金融科技学院在学院会议室举行"双高计划"建设宣传贯彻会议。学院院长胡增芳主持会议,金融管理、投资理财与经济学三位教研室主任做了补充发言,学院全体教师参加会议。

5月,"金平果"第二次发布高职专业竞争力排行榜,对全国1488所职业院校、735个专业展开综合评价。我校金融科技学院信用管理专业以全国第二的优异成绩入选榜单。

6月16日下午,金融科技学院成功举办了第一届"科技金融基础知识大赛"。全院175名学生经过初选后参加了此次比赛。

7月2日下午,迪科金服学院第二届发展决策委员会会议在学校召开。校党委副书记、校长李忠,安徽迪科数金科技有限公司总裁吴福全,校党委委员、副校长郑承志,安徽迪科数金科技有限公司副总裁李乐,学校质量保障处处长、双高办主任汪伟,学校科研与校企合作处处长、学报编辑部主任刘宝,金融科技学院院长胡增芳,安徽迪科数金科技有限公司总裁助理钱颜娇,学校财务处副处长李金传,金融科技学院副院长丁婷等出席了会议,会议由郑承志主持。

7月21日—22日,为了推进专业建设更加符合社会产业结构调整及未来发展趋势,进一步加强校企联系,调查企业用人要求及高职毕业生培养目标达标情况,推动金融类专业群建设和人才培养模式改革,我校金融科技学院调研组在院长胡增芳老师带队下赴亳州药都银行利辛支行开展就业与校友工作调研。

9月6日,第五届哥伦布量化金融班和迪科金服学院第六届学员跟岗实习开班典礼如期举行。

9月19日,金融科技学院分别在录播室、笃学楼202同步举行了金融服务与管理、财富管理、信用管理专业介绍会以及专业讲座。2021级专业新生参加了讲座。

10月28日,金融科技学院院长胡增芳、财富管理专业带头人马静、教师李星星、廖晗一行4人赴安徽省互联网金融协会、安徽迪科数金科技有限公司、安徽佰泰金融服务外包有限公司开展产业学院建设等相关事宜交流。

11月15日下午,金融科技学院举行2019级毕业论文答辩会。参与此次答辩的专业有2019级金融管理专业、投资理财专业、信用管理专业全体学生,共202人。校领导王炜、金融科技学院中级以上(含中级)职称教师参加了此次答辩会。

11月20日,金融科技学院组织金融管理专业、投资与理财专业、信用管理2020级、财务管理专业2019级的90名学生参加金融大数据处理职业技能等级证书(初级)考试。

11月24日下午,2021年"黄炎培杯"全国大学生财富管理(投资理财)知识技能大赛圆满落下帷幕。我院余迎昕、李星星两位老师指导的投资与理财专业的彭金红、李婷婷、刘玉龙三位同学参加了理财规划团队赛，获得了团体三等奖的好成绩。

11月25日下午，根据迪科金服学院建设计划，我院召开了迪科金服学院后续建设事宜的会议。此次会议主要讨论迪科金服学院2021年度工作进展及未来计划，同时邀请第三方战略投资者洽谈投资事宜。

12月7日下午，合肥学院经济管理学院院长、知识产权研究所所长陈江华教授一行来我院调研交流混合所有制办学经验及金融类实验室建设情况。金融科技学院相关领导和校企合作单位有关领导陪同参观。

12月12日，由全国金融职业教育教学指导委员会、安徽省互联网金融协会指导，安徽商贸职业技术学院、芜湖市银行业协会、安徽迪科数金科技有限公司主办，安徽省财经商贸职业教育集团、合肥市服务贸易与服务外包行业协会、安徽佰泰科技服务外包有限公司协办的2021年"技能安徽"金融职业教育高质量人才培养高峰论坛在安徽商贸职业技术学院学术报告厅举办。

信息与人工智能学院

【概 况】 信息与人工智能学院成立于2021年，其前身是成立于2000年的电子信息工程系，现拥有移动互联应用技术、云计算技术与应用、电子商务技术、电子信息工程技术、物联网应用技术、大数据技术与应用、移动应用开发、虚拟现实技术应用等8个专业，形成了以"云智大物移"为突破的专业结构新格局。其中，国家高等职业教育创新发展行动计划骨干专业1个、协同创新中心1个；安徽省高水平专业群1个，省级地方技能型高水平大学重点建设专业2个，省级综合改革试点专业3个，省级特色专业2个，省级精品专业1个。拥有省级计算机应用示范实验实训中心1个，省级校企合作实践教育基地2个，卓越人才教育培养基地2个，省级教学团队1个。

学院目前拥有专兼职教师90余人，其中专任教师56人，占62.2%，长期外聘的行业企业的兼职教师34人，占37.8%。专任教师中拥有省级专业带头人2名、省级"教坛新秀"4名、院级专业带头人5名。专任教师中具有副教授以上职称20名，98%具有硕士学位，92%的专职教师具有"双师"素质。近3年来，累计发表学术论文130余篇。目前，累计获得省级质量工程项目41项、教学成果奖29项，省级重点自然科学项目5项、一般项目2项，高等职业院校创新发展行动计划项目1项，专利获批逾96项(其中发明专利9个)，技术服务创收达170余万元。现拥有Apple iOS开发、云计算、计算机网络、图形图像处理、电子生产工艺、生产制造企业信息化CDIO等33个实验实训室，实验实训设施在同类院校中具有领先水平。

学院先后与相关企业联合成立了安徽商贸职业技术学院——鼎捷软件信息化学院、华三(H3C)网络学院、思科网络学院、ADOBE数字艺术中心、ATA一级行业考试中心、微软课程合作院校等校内实验实训基地，将企业标准、企业项目、企业职业情境、企业工程师引入学校直接参与人才的培养。学院积极推进"1+X"证书制度试点工作，2021年度申报了4个"1+X"职业技能等级证书的376人培训与考核计划，涉及7个专业。学院现为安徽省第三批"大数据平台运维"职业技能等级证书牵头单位。

【党建与管理】 2021年，信息与人工智能学院党总支在学校党委的领导下，积极提升学院党建及思想政治工作水平，圆满完成了年初制定的目标任务。

坚持抓党建促发展，获得省委教育工委表彰。学院党总支积极履行党建工作责任，开展基层党组织"对标争先"创建工作，今年9月学院党总支通过校级党建工作标杆院系验收工作，现正积极申报教育部第三批全国党建工作标杆院系建设单位；在党总支指导下，学生第一党支部已完成全国样板支部验收准备工作；学院积极开展"黄山松"式干部典型活动学习，选树两名"黄山松"式干部典型；结合专业特色，利用VR沉浸式的学习模式创新开展党史学习教育，使党史学习真正做到入眼入脑入心，圆满完成庆祝建党100周年系列活动。学院党总支今年被安徽省委教育工委评为“先进基层党组织”，一名党员同志被评为省级优秀党务工作者。

通过省级验收，构建“三全育人”工作新格局。4月份，顺利通过安徽省首批“三全育人”综合改革试点院系答辩验收，并被学校立项为校级“三全育人”示范院部建设单位。学院积极构建“三全育人”工作新格局，申报的“基于立德树人根本任务的学生社区三全育人协同路径创新与实践”获批学校提质培优计划“三全育人”典型案例培育建设项目。

持续实施“一年级计划”，推动精准育人落地生根。为进一步构筑精准育人工作体系，提升精准育人工作成效，在全面总结2020级“一年级计划”实施经验的基础上，11月，学院2021级“一年级计划”启动。仪式结合疫情防控需要，除主会场外，以线上直播的形式辅导员带领全体2021级学生线上同步参与，引领学生牢固树立学习目标，尽早进行生涯规划，在成才的道路上以昂扬风貌和优异成绩走好脚下的征途。

以册呈意奋战“二年级”，以心蓄力聚能“毕业季”。持续推进精准育人战略落地生根，在“一年级计划”基础上，进一步强化对学生的精准培养，针对进入二年级后学生对学业规划的新需求，制作“二年级攻略”，助力2020级学生走好“启”“承”“转”全程，在“承”的关键期聚能发力，为打响“三年级战役”做好充分准备。

团组织建设开花结果，获“安徽省高校百优团支部”荣誉称号。团省委、省学联9月公布安徽省“高校活力团支部”遴选及风采展示活动结果，电子商务技术191班团支部获评“安徽省高校百优团支部”荣誉称号。展现了学院基层团组织建设和省“三全育人”综合改革试点院系建设成效，激励基层团支部学习先进、奋发有为、再创佳绩。

【教育教学】 专业群建设成效显著。2021年，信智学院围绕办好新时代职业教育的新要求，集中力量建设物联网应用技术高水平专业群，打造技术技能人才培养高地和技术技能创新服务平台，积极探索基于专业群思维的专业人才模式改革，落实学校“以群建院”方针，推行“协同育人、平台共享、项目贯穿”的人才培养模式改革，将学院现设专业全部纳入专业群建设范畴，围绕物联网专业群人才方案，对其他各专业人才方案进行了整合融入，构建了“基础通用、核心分立、拓展互选”的专业群课程体系，初步体现了学校为我院专业群建设“非商融商、技术赋能”的总体定位。围绕物联网高水平专业群建设，学院组织专业教研室主任、专业带头人及专业教师深入合肥、北京等地的行业企业累计调研6次，对现代信息服务业人才需求情况进行了摸底，进一步明确了各专业的职业岗位、职业领域以及职业能力方面的要求。在学校“双高”建设框架下，聚焦人才培养质量的提高，将市场供求比例、就业质量作为专业群内各专业人才培养目标调整和培养方案与规模调整的重要依据。同时，经过一年建设，物联网应用技术专业群直接促进了学院教师、环境、资金等资源的整合集聚，实现了办学资源效益的更大化。

人才培养成果丰硕。在专业群内继续实施“1+X”制度，构筑“分年级、分层次”的双创教育模式，共申报4个“1+X”职业技能等级证书的376人培训与考核计划，覆盖了全院所有专业，创建3个学校首批职业技能等级证书师资团队（云计算平台运维与开发、Web前端开发、传感网应用开发）。组织学生参加技能大赛荣获国家级三等奖2项。教师指导学生参加各级各类竞赛成果丰硕：获得第九届挑战杯安徽省大学生课外学术科技作品竞赛一等奖1项、二等奖1项、三等奖5项；获得第十八届“振兴杯”全省青年职业技能大赛金奖1项、铜奖1项；获得第七届安徽省“互联网+”大学生创新创业大赛暨中国国际“互联网+”大学生创新创业大赛选拔赛金奖2项、银奖1项、铜奖2项。

校企合作深入推进。依托人工智能产业学院，以创新管理和运行机制为重点，围绕区域（行业）发展需求，整合校内外资源，加强科研团队和平台建设。先行先试，以产业学院为平台，积极开展科技创新社会服务，累计授权使用新型专利21项，软件著作权8个。产教融合呈现更加深入的态势，团队教师联合企业联合申报5个横向课题，到账额较往年有了很大提高，累计达40.25万元。

专业结构持续优化。在推进物联网应用技术高水平专业群建设的同时，学院积极响应市场需求，紧盯产业发展趋势，深入开展调查研究，在我国对于虚拟现实产业发展支持力度加大、政策推动明显的背景下，抢抓机遇，于2021年新开设了虚拟现实技术应用专业并顺利招生，力争第一时间满足各行各业对VR技术日益旺盛的需求。同时，积极谋划专业布局优化，主动适应经济社会发展需求，成功申报备案了人工智能技术应用专业，组织申报了工业互联网技术专业。

【科研与社会服务工作】 2021年，学院组织教师参加教学能力大赛，获省级二等奖1项、三等奖1项，获奖等次与排名连续两年上升；教师获批省级产教融合实训基地1个，省级教学名师1人，省级教学团队1个，省级教学研究项目2项(重点、一般各1项)，省级精品课程1门，校级质量工程项目2项；获批省级高校科学研究项目1项(重点)、校级科研项目9项(其中4项重点，5项一般)。

积极拓展校外技术服务。充分发挥专任教师专业技能特长，协助继续教育与社会培训学院面向社会，开展终身教育及培训2场。与芜湖小记者中心联合主办“芜湖小记者进高校——机器人编程体验活动”3场次，为小记者介绍了机器人科普知识，营造了浓厚的科技探索与实践氛围。依托人工智能产业学院，以创新管理和运行机制为重点，围绕区域(行业)发展需求，整合校内外资源，加强科研团队和平台建设，积极开展科技创新社会服务，累计授权使用新型专利21项，软件著作权8个。产教融合呈现更加深入的态势，团队教师联合合作企业共同承接横向课题3项，社会服务(不含计算机水平考试)到账额达62.8万元，同比增长441.4%。

【师资队伍建设】 2021年信智学院1人晋升教授，2人晋升副教授，8人晋升讲师。新增报8名教师为“双师型”教师，其中5人申报高级“双师型”教师，2人申报中级“双师型”教师，1人申报初级“双师型”教师，师资队伍年龄、学历和职称结构得到了持续改善，为“双高”专业群和职教本科建设奠定了坚实人才基础与智力支撑。在学校“双高”建设的政策支持下，学院在高层次人才培养上取得了历史性突破，共统筹选派了7名教师攻读菲律宾科技大学的技术博士学位，从根本上解决了师资队伍中高学历瓶颈问题；选派1名专业教师到企业教师工作站进行为期半年的顶岗实践，12名专业教师赴企业进行寒暑假实践，提升了教师职业能力；通过外引内培、柔性引进等方式，培养专业群带头人1名，教学型专业带头人3名，教学型专业带头人后备人选1名，专家型专业带头人3名；线上培训与线下培训相结合，支持教师利用假期参加各级各类培训达43人次，累计投入培训经费逾30万元(含国培项目)，不断提高教师技能水平；获批组建1个省级技术技能大师工作室，为高技能人才开展技术研修、技术攻关、技术技能创新和带徒传技等创造了积极条件。

【重要活动和事件】 2月2日，学院和弋江区南瑞街道李巷社区进行了2021年度合作共建签约，并开展了社区疫情防护宣传和送温暖活动。弋江区南瑞街道李巷社区书记王阳、主任王艳，学院部分党政领导、各党支部书记和教师党员代表参加活动。

3月4日，学院学生第一党支部召开2020年度组织生活会，校党委书记章顺来以普通党员身份参加

4月13日，我校信息技术协同创新中心基地揭牌暨中锐蓝狮工坊班成立。中锐网络股份有限公司作为项目建设企业方全程参与了中心项目的规划、设计和实施。在深度合作的基础上，校企双方共同完成了学生的选拔，经过初试、复试和面试三个环节，从2019级云计算技术与应用专业中遴选了24名同学入驻信息技术协同创新中心中锐蓝狮工坊班学习。

4月30日，为指导帮助二级教学单位解决办学以及教育教学中的实际问题，着力做好“两级管理改革”后半篇文章，校党委委员、副校长郑承志，校党委委员、组织人事处处长高道友来学院开展走访调研。

5月22日，第三届CCF职业教育发展委员会换届会议暨“课堂革命与课程思政”专题论坛在济南隆重召开，学院院长阮进军和副院长王松林应邀参会，阮进军当选为第三届CCF职业教育发展委员会委员。

5月28日，校党委委员、副校长郑承志以“落实全国职业教育大会精神，服务技能型社会建设”为题给学院全体教师上党课。

6月2日，应学院邀请，学校质量保障处处长

汪伟在录播教室为我院教师做了题为"推进'三教改革'建设优良学风"的专题报告，使广大教师进一步明确了"三教"改革的重要意义，获得了进行"三教"改革的一些经验做法，为建设学院优良学风，促进学院育人质量，为培养服务地方经济发展的高素质技术技能人才奠定了基础。

7月10日—14日，学院院长阮进军、副院长王松林等教师应邀参加2021年度CCF职业教育大会。鉴于学院在学生培养、校企合作等方面受到了业内的持续关注，应大会主办方邀请，阮进军在"产教融合新形态与信创人才培养"分论坛上做了题为"信息类专业'学习工坊'建设的探索与实践"的主题报告，并赴兰州职业技术学院分享建设与发展经验，提高了学校社会的影响力。

9月，团省委、省学联公布安徽省"高校活力团支部"遴选及风采展示活动结果，我院电子商务技术191班团支部获评"安徽省高校百优团支部"荣誉称号。此次评选展现了学校基层团组织建设成果，也是学院省"三全育人"综合改革试点院系建设成效的良好体现。

10月17日，2021年安徽省高校物联网应用创新大赛"工业互联网技术"竞赛在安徽机电职业技术学院举行，来自全省25支队伍75名选手参加竞赛。我院大数据技术专业的何博宇、汪雪梅、周瑜佳等6名选手参加了此次竞赛，以优异成绩荣获团体一等奖和二等奖。本次大赛由安徽省教育厅主办，安徽省电子学会、安徽省计算机学会承办。

10月23日，受安徽省教育招生考试院委托，巢湖学院主持召开了安徽省计算机水平考试大纲修订暨《信息技术》课程标准、课程教学研讨会，学院院长阮进军、副院长王松林参会并做了发言。

11月13日，应学院邀请，芜湖市经济和信息化局二级调研员陈传宏来校作题为"工业互联网芜湖的探索和实践"的专题报告。信息与人工智能学院院长阮进军、副院长王松林及全体专业教师共同聆听了报告。报告解答了广大教职工日常工作中的一些困惑，拓宽了视野为今后开展教科研工作提供了有益思路。

12月3日，学校招生就业处处长孙握瑜，学院院长阮进军、副院长王松林，云计算技术教研室主任芮坤坤一行4人赴安徽辰图大数据科技有限公司进行考察调研。校企双反拟将联合成立冠名班。

在2021年全国职业院校技能大赛(高职组)的比赛项目中，学院获得"网络系统管理""信息安全管理与评估"三等奖各1项。学院先后获得第九届挑战杯安徽省大学生课外学术科技作品竞赛一等奖1项、二等奖1项、三等奖5项；获得第十八届"振兴杯"全省青年职业技能大赛金奖1项、铜奖1项；获得第七届安徽省"互联网+"大学生创新创业大赛暨中国国际"互联网+"大学生创新创业大赛选拔赛金奖2项、银奖1项、铜奖2项。

国际商务与旅游学院

【概 况】 国际商务与旅游学院现有旅游管理、酒店管理与数字化运营、人力资源管理、国际经济与贸易、商务英语5个教研室，开设旅游管理、酒店管理与数字化运营、人力资源管理、国际经济与贸易、商务英语、国际商务、现代家政服务与管理7个专业，形成大旅游管理、国际贸易两个专业群。旅游管理专业群为校级重点专业群。旅游管理专业为全国旅游类专业示范点、省级精品专业、省级特色专业和省级教学综合改革试点；酒店管理专业为省级地方技能型高水平大学重点建设专业、高等职业教育创新发展行动计划骨干专业；人力资源管理专业为校级优先发展专业；国际经济与贸易专业为省级特色专业；商务英语专业被列为省级特色专业，其教学团队被评为"省级教学团队"。学院现有教职工53名，在校班级35个，在校生总数1660人，社会招生班级6个，学生人数110人。

【党建与管理】 坚持以党史学习教育为抓手。成立党史学习教育领导小组，建立微信公众号"学党史"专栏；建立"我为师生办实事"实践活动项目清单、台账，列出具体事项2项，制定具体工作举措6项；开展系列党史学习教育实践活动，以“学党史 建双高”进行专题报道累计近20次，《中国青年报》5月24日第7版在《安徽共青团：线上线下互动 党史学习走深走实》一文中报道了我院创新线上产品形式，打造青年喜闻乐见的党史学习教育。坚持以党组织作用发挥工程为抓手。对照基层党建重点工作进行自查，形成整改台账，共查找出整改问题11个，制定整改措施25条。整改已完成10个、基本完成1个，24条整改措施已完成，修订或制定相关制度办法4项。坚持以党建工作“找差距、抓落实、提质量”专项行动为抓手。开展专项行动，深入开展自查自纠工作，制定专项行动整改清单，总结问题清单5项，任务清单14项，具体措施22条。

切实履行管党职责，建立健全机制体制。主持修订议事规则2项；制定党总支书记和院长经常性沟通协调制度1项；成立工作领导小组3个；全年召开党总支委员会理论学习8次，带头学习十九届五中、六中全会精神2次；召开党政联席会议共30次；召开全院教职工政治学习会议22次，把广大党员干部的思想和行动统一到党中央要求上来，统一到学校“双高建设”各项工作部署上来。

【教育教学】 培养模式改革。学院修订2021级各专业人才培养方案，明确人才培养目标，建立“底层共享、中层分离、顶层互选”的课程体系，初步形成专业群“大平台、分方向、特色化”人才培养模式，通过院级、校级两级专业建设委员会评议。继续开展酒店管理、旅游管理专业中高职衔接教学实践，获批安徽省创新实验区建设“酒店管理专业中高职贯通”建设项目。继续扎实日常教学工作，顺利完成2018、2019、2020、2021级四个年级各专业各班教学任务，做好2021届毕业生毕业证发放与文明离校工作，同时做好2019级学生毕业论文（设计）、毕业顶岗实习等工作。人力资源管理专业购入数字化人力资源管理软件1套，已进入教学阶段，安徽省人力资源虚拟仿真实训基地建设基本完成。商务英语专业首次完成学生6个月跟岗实习。

实现产教融合新突破。派出陈大文老师进入自贸区挂职一年，签订自贸区与学院合作框架协议。陈大文被芜湖市自贸研究院聘为研究员，立项省级项目2项、横向课题1项，撰写论文3篇。对接芜湖市跨境电商综试区建设需求，派出程张根老师进入芜湖市商务局挂职一年，主要承担外商在芜登记。旅游管理专业群与芜湖市家政协会合作建立家政人才培养基地，获批省教育厅创新实验区建设项目“家政行业产教融合基地”建设项目。与开元森泊旅游投资有限公司成立开元旅游产业学院，校企联合开展童玩师、民宿管家等定制人才培养。开元森泊产业学院获批首批校级产业学院建设项目，同时完成“高水平专业群”建设的绩效指标。

提升校企合作新层级。与安徽省自贸区、安徽惊艳传媒有限公司三方合作成立短视频直播工作室，开展樊登读书、松鼠小镇和奇瑞途居等项目的联合拍摄、直播工作。直播工作室运营获得中国青年报的认可和宣传。金陵酒店管理学院将合作开展员工职业技能鉴定纳入酒店管理学院合作方案。芜湖新百金陵大酒店获批安徽省产教融合型企业、安徽省教师实践工作站，金陵酒店管理实训中心获批安徽省教育厅创新实验区“旅游管理专业群实训基地”建设项目等省级建设项目3项。依托金陵酒店管理学院、洲际英才学院和开元旅游产业学院，推荐申报安徽省酒店管理专业学徒制人才培养建设项目。酒店管理专业、人力资源管理专业通过安徽省地方技能型高水平大学建设9个项目验收，全部验收合格。获得省级重点建设专业2个，申报省级教学成果奖1项。

五育并举，三全育人。学院获批安徽省“三全育人”建设单位，在全校师生合作下，围绕“十大育人”主体，开展卓有成效的各项育人工作，形成典型工作案例2项，上报省教育厅。学生省级B类竞赛（含职业技能竞赛）获奖5项，其中一等奖3项，其他等级竞赛获国家级奖项2项。

【科研与社会服务】 主持立项教科研项目11项，包括省级5项。其中程张根老师获得我校唯一省社科联攻关项目1项、教育厅重大科研项目1项；教师共发表论文32篇，三类18篇；撰写校企合作教材2本。

学院成立国际商务与旅游研究院，下设国际商务研究所、公共服务与管理创新研究所和旅游应用创新研究所。评选校级科研领军人才

2人、科研新星1人。教师主持完成技术服务/横向课题5项。学院专业教师积极参与学校中外交流教学活动。张启全、法义滨主讲中泰“旅游与酒店汉语”课程项目。孙莉老师主讲芜湖市外籍人士汉语公益培训“中国茶文化”课程。

【师资队伍建设】 开展师德师风建设。制定师德专题教育实施方案，对照师德师风建设问题专项整治责任清单逐项整改，营造良好师德师风氛围；加大人才引进和培育力度，人才队伍结构得到进一步优化。依据人才标准引进周转池编制专业教师4名（丁希芬、鲍珊珊、蒲白翎、孙希瑞），聘用新教师2名（谢琴银、李晓琴），专职辅导员3人（张爱兵、周华、包士于），学院教师获职称晋升7人（陈大文、张黎、曹琳、刘慧娟、蒲白翎、丁希芬、杨雯）。开展教师队伍学历提升和培训工作。共选派4名教职工攻读海外博士学位，选派了教师参加教育教学、心理健康教育等相关技能培训6人次。做好政治吸纳工作，发展1名优秀青年教师入党。

国际贸易教学团队和旅游管理教学团队均入选省级质量工程项目，推荐申报省级教学创新团队。程质彬、张启全、张艳和蒲白翎团队获得安徽省教学能力比赛一等奖、陈静、李金霞、张心宇和戴艳团队获得安徽省教学能力比赛三等奖。刘学玲、蒋敏获得学校课程思政比赛二、三等奖。

【重要活动与事件】 1月，举办国际商务与旅游学院教师赋能系列专题培训。

1月11日，党总支书记秦宗槐一行前往江湾社区，开展“共驻共建”签约活动。

3月2日，家政服务与管理专业产教融合首届年会顺利召开。

3月15日，党总支召开了2020年度领导班子民主生活会，“五个一”联系点校党委副书记、纪委书记朱光应到会指导。

3月19日，召开2020年度党支部书记抓党建工作述职评议会。“五个一”联系点校党委副书记、纪委书记朱光应到会指导。

3月30日，召开2018—2020年度教研室主任述职汇报会。

3月31日，学院举办课程思政教学能力比赛。

4月，酒店管理专业芜湖南京新百大厦有限公司酒店分公司获批“省级校企合作示范基地”。

4月16日，举办2019级人力资源管理专业学生跟岗实习双选会。

5月7日，召开新一轮深化“三个以案”警示教育专题民主生活会。“五个一”联系点校党委副书记、纪委书记朱光应到会指导。

5月31日，召开省级“三全育人”综合改革试点工作启动与推进会。

6月25日，新团员入团宣誓仪式暨第39期国际商务与旅游学院分党校学员重温入团誓词仪式。

6月30日，在学校举办的“庆祝中国共产党成立100周年教职工大合唱比赛”中，荣获三等奖。

7月3日，举办国际商务与旅游学院2021届毕业典礼。

7月8日，举行国际商务与旅游学院2021专业建设委员会年会。

7月13日下午，举行国际商务与旅游学院杭州开元名都大酒店实习点临时团支部主题团日活动。

8月，程质彬、张艳、蒲白翎、张启全团队荣获安徽省高等职业院校教学能力比赛一等奖。

9月15日下午，召开师德师风建设暨专项整治工作动员布置会。

9月18日、19日，召开2021级新生专业介绍会。

9月29日，召开2019级旅游管理专业跟岗实习总结及表彰大会。

10月20日，举行“开元旅游产业学院”签约受聘仪式。

10月23日，与学校招生就业处联合举办的学校首场2022届毕业生专场招聘会。

10月23日—24日，商务英语专业闵琴、马梦绮同学在2021年“外研社杯”全国高职高专大学生英语演讲和写作大赛（安徽赛区）获得专业组三等奖。

11月，芜湖新百金陵大酒店产教融合型企业、旅游管理专业群高水平产教融合实训基地、酒店管理专业中高职贯通人才培养项目入选安徽省职业教育创新发展试验区项目培育库。

11月3日，国际商务与旅游学院在院会议室召开“三全育人”综合改革试点工作推进会。

11月3日，召开2022届毕业生就业工作会议。

12月，全院范围开展专业技能交流系列活动。

12月15日，旅游管理201班获得校园“十佳班集体”荣誉称号。

12月20日，我院代表队斩获国际贸易综合技能大赛一等奖，位列高职参赛院校第一名。

12月25日，举办2022年“光辉百年 逐梦奋进”主题元旦联欢晚会。

艺术设计学院

【概 况】 艺术设计学院前身是艺术设计系，成立于2003年，2020年8月更名为艺术设计学院。目前学院教学单位设有数字媒体技术、景观与建筑装饰、视觉传达、数字创意四个教研室，开设艺术设计、建筑装饰工程技术、产品艺术设计、视觉传播设计与制作、动漫设计、数字媒体艺术设计、数字媒体应用技术等7个专业。截至2021年12月，学院在校生1560余人，教职工44人，其中专职教师31人，高级职称7人，“双师型”教师占比90%，毕业生初次就业率达95.8%，名列全校第一，艺术类新生录取分数线继续保持省内高职院校最高。

学院现有国家骨干高职院校重点建设专业1个，省级特色专业1个，安徽省地方技能型高水平大学暨高职创新发展计划重点建设专业1个，省级综合改革试点专业3个，安徽商贸职业技术学院创新平台建设专业1个，省级实验实训中心项目1项。

经过多年教育教学改革，艺术设计学院已构建了符合高职艺术设计教育规律和本质要求的多渠道、多层次、多学科交叉渗透、协调发展的开放式办学格局，在多年“大平台、多方向、工作室”制人才培养模式探索的基础上，推行“三站两室一坊”工学结合人才培养模式，致力于培养适应改革开放市场需求的、适应经济发展需要的复合型、高素质、创新型设计人才，目前下设教师工作室8个。

【党建与管理】 艺术设计学院现有教师党员33名，设立一个党总支，韩飚同志任书记，总支委员5名。党总支下设教师第一党支部、学生第一党支部两个党组织。2021年，艺术设计学院党总支在学校党委的领导下，以习近平新时代中国特色社会主义思想为指导，紧紧围绕学校的中心工作，以开展党史学习教育、庆祝中国共产党诞辰100周年、省级标杆院系创建等工作为抓手，以质量提升为准绳，落实立德树人根本任务，推进基层党建、“三全育人”等工作走深做实，领导小组成员明确分工，压实责任，加强对师生的政治引领，抓学习氛围营造，先后开展了党史学习教育指定材料学习、网络平台学习，利用网络资源在“七·一”、国庆节等重要时间节点开展网上祭英烈等教育活动，利用学院网络平台开展微党课、学习心得交流讨论、竞赛等活动。党总支中心组共开展14次学习，组织教职工开展21次学习，参加网络培训2次。学院党员教师深入开展“我为群众办实事”29项，直接受惠人数近4000人次，其中解决创新工坊建设难题、解决教师反映的“三全育人”工作难开展2件工作入选学校报省教育工委教育厅材料，部分活动被多家媒体报道。教师第一党支部和学生第一党支部校级“样板”支部顺利通过验收。

学院本年度成功承办“安徽商贸职业技术学院庆祝建党100周年原创艺术作品展”，党总支成员结合专业特长，创新推出经典艺术作品中的党史党课，共开设专题艺术党课6次。教师党员工作室由2个增加到6个，发展教师党员1名，培育教师发展对象1名，204名同学成为入党积极分子，113名同学被列为发展对象并参加学校发展对象培训。

学院严格执行总支支委会、党政联席会、书记和院长经常沟通、“三重一大”决策、联系群众等工作制度，加强工作公开和公示、群众监督、通报批评，签订相关工作责任书，为立德树人工作提供思想保障。

学院提升辅导员工作质量，推行初任辅导员教师导师工作制，加强学生干部队伍培养，创新新生入学教育工作，学院学生和班级获奖数再创新高，田婷婷老师在学校第六届辅导员大赛中荣获一等奖，洪凤老师被评为征兵先进个人。

依托省标杆院系创建发力，施行“党建+”工作模式，打造“爱生学院”，着力构建具有艺术设计学院特点的“三全育人”工作机制，“艺路逐梦”“艺路心语”“奔跑吧青春”“梦想设计师”四轮驱动育人体系已具雏形。有401名学生分别荣获国家奖助学金，351名学生获得学校奖学金，2人获市级表彰，207人获校级表彰，2个班集体被评为学校“十佳班集体”、1个班集体被评为“先进班集体”，13个新生班级有8个班级在学校2021级新生广播操比赛中获奖，其中一等奖、二等奖各3名；学院招生就业工作名列学校前列，荣获征兵先进单位和多个活动优秀组织奖，学院开展的多项工作和学生志愿服务活动被学习强国、中国文明网、安徽省教育厅网站首页、安徽日报客户端等多个媒体报道。

【教育教学】 艺术设计学院各专业建设立足安徽，辐射长三角地区。2021年度持续推进“三站两室一坊”建设，精细木工实训室建成并全面投入使用，艺术设计创新工坊暨校匠心金属工艺研发中心校企合作基地揭牌，目前已正常投入使用。学院注重人才培养质量，推进课程思政建设工作，多门课程成功举办课程思政成果展览，多名专业教师开展经验交流。教师指导学生在中国包装创意设计大赛、全国大学生工业设计大赛、中国大学生计算机设计大赛、安徽省原创动漫大赛、安徽省环境艺术设计大赛等各类竞赛中获奖120余项。教师教科研成果36项，教师在安徽省高等职业院校教学能力大赛、安徽省职业院校信息化大赛等比赛获一等奖，立项省级质量工程项目5项，申报省级教学成果奖1项，校级课程思政项目立项1项，“1+X”证书试点工作稳步实施。完成抗疫、扶贫等社会服务项目多项，并与芜湖市地震局合作成立防震减灾科普宣传志愿者队伍，与芜湖市委政法委合作共建“芜湖市反邪教文创中心”，政校企合作得到进一步巩固。

【科研与社会服务工作】 2021年，学院获省哲学社会科学规划项目立项1项，省级人文社科重点项目立项1项，省职业教育创新发展试验区立项1项，校级科学研究项目立项2项，校级技术技能创新服务平台项目立项6项，地方技能型高水平大学结项8项，其他项目结项7项，申报并授权各类专利48项，完成各类社会服务项目30余项，申报横向课题3项，到账额近70万元；成立创意设计研究中心，发表论文30余篇，其中三类10篇；教师以建党百年为主题创作的艺术作品分别入选国家级和省级美术作品展，被学习强国安徽平台采用，在地方媒体展播，获得政府部门扶持。

【师资队伍建设】 2021年度，教师个人获校级、省级奖项12项，3名教师获得了安徽省职业院校信息化大赛一等奖，5名教师晋升为中级职称，2名教师晋升为高级职称。

【重要活动与事件】 1月4日，教师第一党支部组织“‘建党100周年’主题课程作品展”活动。

1月6日，学生第一党支部开展参观学习“十九届五中全会主题图文展”党员活动。

1月18日，学院召开“创新工坊校企合作项目”对接会。

1月25日，校党委委员、总会计师王炜深入本学院和基础教学部，参加学校领导班子民主生活会征求意见座谈会。

1月29日，学院党总支组织开展寒假社会实践活动。

2月2日，学院副院长吴昊组织召开学院“十四五”建设标志性成果暨2021年重点工作推进会，听取各教研室发展规划，组织各专业认领重点工作任务。

2月2日，学院学子在“第二届安徽省大学生环境设计大赛”“2020年安徽省大学生原创动漫大赛”中获奖多项。

2月5日，学院党总支开展社会服务对接工作。

2月6日，教师第一、学生第一党支部联合开展写春联、送春联活动。

2月9日，学院发布由党总支牵头制作春节慰问片《笃行》。

2月18日—3月3日，学院开展在线爱国主义教育活动。

3月5日，学生第一党支部开展“光辉的100年”主题征文活动。

3月5日，学院党员师生观看并热议两会。

3月15日，学院党总支召开2020年度民主生活会。

3月18日，安徽省委政法委专项检查组来校文创中心检查指导工作。

3月17日，教师第一党支部、学生第一党支部分别召开2020年度组织生活会。

3月19日，学院举办“花艺鉴赏与插花技术”教学讲座。

3月21日，学院党员师生前往中共芜湖县高效农业研究会支部委员会，学习全国劳动模范、全国优秀科技工作者、全国农村优秀人才、芜湖良金优质稻米专业合作社理事长杨良金同志的模范事迹。

3月22日，学院开展课程思政重点建设课程推选工作。

3月24日，学院召开党建引领大学生思想政治教育工作研讨会。

3月31日，学院开展“清明祭英烈，学史强信念”活动。

4月7日，学院召开教研室主任述职考评会。

4月13日，学院举办课程汇报“红色文创展”。

4月14日，学院遴选各专业负责人并发放聘书。

4月16日，校艺术设计创新工坊暨校匠心金属工艺研发中心校企合作基地揭牌。

4月21日，校领导王炜深入学院走访调研。

4月21日，学院举办2021年寒假社会实践暨“教学做”学生艺术设计作品颁奖大会。

4月23日，市中级人民法院赴校文创中心调研指导。

4月28日，艺术设计创新工坊首作出炉。

5月11日，徐州幼儿师范高等专科学校来校艺术设计学院调研交流。

5月12日，学院承接的《防震减灾科普宣传片》在市级各媒体播出。

5月13日，学院副院长吴昊携“艺术设计应用研究创新平台”各团队负责人参加了芜湖市委政法委社会服务项目对接会。

5月19日，校领导王炜到“五个一”工作联系点艺术设计学院上党课。

5月23日，学院党总支召开中央巡视整改暨新一轮深化“三个以案”警示教育专题民主生活会。

5月25日，学院开展第十五届“5·25”大学生心理健康月系列活动。

5月28日，教师第一党支部组织师生赴黟县金家岭村中共黟县县委诞生地纪念馆开展主题为“走进革命历史，重温红色记忆”的党员活动。

5月29日，学院组织腾讯云“1+X”界面设计技能等级证书认证考试。

5月30日，学院师生作品在“芜湖廉洁文化精品工程”作品征集活动中被评为精品并入选“芜湖市廉洁文化精品库”。

5月31日，学院开展“平面广告设计”课程“课程思政”实践探索活动。

6月4日，学院赴芜湖市博物馆对接“双高”建设子项目。

6月8日，学院党总支书记、副院长等一行四人前往芜湖市鸠江区湾里街道、芜湖市鸠江区经济技术开发区管委会、安徽中电兴发与鑫龙科技股份有限公司开展基层党组织结对共建工作

6月9日，学生第一党支部、教师第一党支部组织师生党员参观芜湖王稼祥纪念园。

6月15日，学院开展党员廉洁文化和师德师风教育活动。

6月18日，学院召开期末安全工作会议。

6月23日，学院党总支举办庆祝建党100周年主题党日活动暨“百年壮歌 辉煌历程”音乐艺术党课活动。

6月23日，学院团总支在食堂广场向全校师生举办“学党史 强信念 促力行”暨庆祝建党100周年红歌竞猜答题活动。

6月23日，学院举行“学党史 强信念 促力行”暨庆祝建党100周年校园手机彩铃设计大赛启动仪式。

6月25日，学院开展期末安全大检查。

6月30日，学院承办的“庆祝建党100周年教师原创艺术作品展”在图书馆举办，学校党政班子成员出席活动，并一起观看了展览。

7月1日，学院学生作品入选芜湖市庆祝建党100周年主题美术作品展。

7月7日—7月18日，学院开展提升教师素

养培训工作，校党委委员、总会计师王炜，质量保障处处长汪伟，文化与法律学院院长王锦坤应邀为艺术设计学院全体教师讲座。

7月10日，学院组织开展2021年暑期社会实践活动。

7月11日，艺术设计学院教师第一党支部组织全体教师党员观看党建电影《革命者》。

7月12日，学院举行《习近平关于注重家庭家教家风建设论述摘编》赠书活动，校党委委员、总会计师王炜出席活动。

7月25日，学院多名学子积极参与抗疫志愿服务。

7月26日，学院党支部教师看望假期留校学生。

7月30日，学院学生作品获山东工艺美术学院、《人民日报·讽刺与幽默》、山东省漫画家协会共同举办的2022中国高校生肖设计大赛银奖，学校获优秀组织奖。

8月31日，校党委委员、总会计师王炜赴学院开展困难学生家庭走访工作。

9月3日，合肥市委政法委一行赴艺术设计学院校文创中心调研。

9月5日，学院举行初任辅导员导师聘任仪式。

9月9日，教师第一党支部召开党史学习教育专题组织生活会。

9月13日，学院学子在2021年中国包装创意设计大赛中荣获一、二、三等奖。

9月17日，学院创新开展新生入学教育工作。

9月19日，学院举办第一届迎新生“学长话校园”比赛。

9月21日，学院举办新生“庆中秋 启征程”联欢活动。

9月26日，学院举办学习贯彻习近平总书记“七一”重要讲话精神宣讲活动。

9月29日，学院举办“9·30”烈士纪念日专题党课：艺术经典作品中的党史——音乐艺术党课《绣红旗》。

9月30日，学院举办“9·30”烈士纪念日网上缅怀英烈活动。

10月10日，安徽省春谷3D打印智能装备产业技术研究院执行院长李思文、市场部主任郑兰斌携中国科技大学硕导张林、芜湖镭科智能科技股份有限公司董事长朱俊权、芜湖博锦模型设计有限公司总经理黄文昊来学院考察调研。

10月13日，学院举办课程思政建设工作交流会，陈诚、孙湛、陈雪影等教师作工作交流，校党委章顺来书记亲临现场指导课程思政建设工作并对交流会进行点评。

10月14日，学院学生第一党支部开展《长津湖》主题观影党员活动，支部教师和学生党员30余人参加了此次活动。

10月16日，教师第一党支部、学生第一党支部组织观看《党课开讲啦》第一期《党的光辉历程》专题党课。

10月20日，学院党总支举办“党史知识答题”竞赛活动。

10月20日，学院召开学生座谈会。

10月22日，艺术设计学院在学术报告厅举办2021年暑期社会实践总结表彰大会。

11月2日，学院举办“最美女生——女生健康与安全知识讲座”。

11月3日，学院开展“黄山松”式干部精神学习研讨会。

11月13日，视觉传达教研室举办2022届毕业生交流会。

11月22日，芜湖籍著名画家应天齐教授来我校指导交流艺术创作工作。

11月23日，学院举办2021级“艺路追梦”计划启动仪式。

11月26日，学院举办2021年迎新送老晚会。

12月1日，教师第一党支部赴芜湖市镜湖区海南渡社区开展“我为群众办实事”实践活动。

12月5日—20日，学院开展“12·5”心理健康月活动。

12月8日，学院举办纪念“一二·九”学生爱国运动86周年主题教育活动。

12月8日，学院党总支举办首场“书记请你来聊天”活动。

12月22日，校领导王炜出席学院《习近平关于注重家庭家教家风建设论述摘编》学习总结会。

12月22日，学院学生第一党支部党员志愿服务活动，受到镜湖区委宣传部主办的“文明你我·志愿同行”志愿者文艺表彰。

12月26日，学院举办学生趣味运功会。

文化与法律学院

【概 况】 文化与法律学院(以下简称“文法学院”)成立于2020年8月,是在学校“双高”建设背景下根据专业群建设需要成立的二级学院。现有文秘、法学2个专业教研室和人文素养公共课程教研室,有现代文秘、法律事务、网络新闻与传播3个专业,现代文秘专业为安徽省综合改革试点专业,法律事务专业为省级特色专业,网络新闻与传播为2021年9月新设专业,现有在校生852人。现有校内专兼任教师37人,其中副教授以上职称16人,高级职称占比43.24%;具有硕士学位的教师34人,占比91.9%;博士5人(含在读博士2人),占比13.51%;另有来自企事业单位一线岗位的外聘教师30人。

文法学院注重学生综合素质的培养,注重学生学历的提升,鼓励学有余力的学生通过自学考试或“专升本”取得本科学历;重视学生实践能力的提升,与芜湖市中级人民法院、镜湖区人民法院、弋江区人民法院、中创慧文(北京)科技有限公司、安徽新弋达律师事务所、弋江区司法局、芜湖市市场监督局、三只松鼠股份有限公司等多家政府机关、企事业单位建立了密切的合作关系,共同培养高素质技术技能人才。

近年来,文法学院学生获得全国职业院校技能大赛文秘速录赛项团体一等奖、“讯飞杯”安徽省大学生诗文朗诵比赛二等奖等诸多奖项。教学团队主持文秘专业国家教学资源库等一大批教研、科研项目,其中《中国文化概论》课程获评教育部课程思政示范项目,王锦坤、童玉等老师获评教育部课程思政教学名师和教学团队,周平老师以“优秀”等次完成芜湖市法学会重点课题“习近平法治思想与法治芜湖建设研究”的结项。李忠校长当选教育部教育类专业教指委副主任委员,王锦坤院长牵头制定文秘专业国家教学标准并入选教育部教学标准典型案例,秦垒、胡晶晶、黄蓉老师获得安徽省2021年教学能力大赛三等奖。

【党建与管理】 文法学院现有2个党支部,41名中共党员。学院党总支坚持以习近平新时代中国特色社会主义思想为指导,深入贯彻落实党的十九大和十九届历次全会精神,紧紧围绕立德树人根本任务,坚持党的教育方针,切实围绕学院工作重点,积极开展党建和思想政治教育工作。

党建工作。理论学习得到加强。严格贯彻学校政治学习制度,扎实推进习近平新时代中国特色社会主义思想和党的十九大和十九届历次全会精神的学习。围绕迎接庆祝建党100周年,开展党史学习教育,组织开展“党史学习教育”答题活动,组织学习习近平《在庆祝中国共产党成立100周年大会上的讲话》等重要文献,系统学习《中国共产党简史》等重要著作。全年共组织政治学习19次,院中心组学习12次,党政联席会38次、党总支委员会32次。

加强基层党组织建设。学习宣传贯彻新修订的《中国共产党普通高等学校基层组织工作条例》。文法学院始终把党的政治建设摆在首位,落实“三会一课”等基本制度,制定了文法学院党总支支委会议事规则;党政联席会议议事规则,党总支书记和院长经常性沟通办法。

持续推进全面从严治党工作。认真落实2021年学校全面从严治党工作安排,积极开展新一轮深化“三个以案”警示教育活动,积极贯彻校党委党风廉政建设要求。

加强意识形态管理。全面贯彻落实上级党组织关于加强意识形态工作决策部署,牢牢掌握意识形态工作的领导权。认真落实意识形态领导责任。制定了《网络意识形态工作责任制实施方案》等多项院内文件。充分发挥课程思政一体化共建平台作用,推动思政课程与课程思政协同育人。

加强党员发展及教育。2021年,文法学院党总支认真执行《中国共产党发展党员工作细则》,扎实做好发展党员工作。2021年共发展学生党员32人、转正学生党员7人。完成第39、40期党校工作。按规定完成教师和学生党员的教育工作,超额完成班子成员和支部书记56学时、普通党员32学时的学习任务。

思想政治教育与管理工作。严格日常管理，力求工作的针对性和实效性，开展多项文体活动。全面开展“三全育人”管理服务建设，服务学生全面发展。先后开展了“法制宣传月”“诗文朗诵会”、辩论赛、演讲比赛、心理健康月等特色活动。

组织文法学院师生参加学校、团委、工会等组织的各项文体活动，并取得优异成绩，获得全国秘书专业知识竞赛二等奖、大学生朗诵比赛省级二等奖、“互联网+”大学生创新创业大赛校级一等奖等。现代文秘201班获校级“先进班集体”称号、法律事务202班获校级“优秀团支部”称号。

学生资助工作。文法学院2019、2020、2021级共认定困难生187人，含建档立卡59人。国家奖学金1人，国家励志奖学金18人。国家助学金168人。企业奖助学金3人。优秀学生奖学金100余人。对10名贫困学生家庭进行走访和慰问。

学生就业创业工作。加强招生就业创业工作，精准做好毕业生就业指导服务，加强对困难学生，特别是建档立卡学生人对人的就业帮扶。开展了校园招聘活动，鼓励并组织广大学生积极参与征兵、公务员选聘、特岗等就业渠道。2021届毕业生就业率达95.02%。

【教育教学】 专业建设。文昌秘书事务所持续推进秘书实务工作。2021年11月，文秘教研室与学府社区洽谈建立合作关系，秘书事务所学生参与学府社区活动的服务工作。同时，事务所承接学校各个部门的会议，通过学生参与真实的岗位历练，提升学生的专业实践能力。

开办“网络新闻与传播专业”。2021年9月，“网络新闻与传播”专业开始正式招生，成为安徽省第三家开办该专业的院校。

承担高等职业教育现代文秘专业国家教学标准研制工作。文法学院依托教育部职业院校教育类专业教指委文秘专委会平台，由王锦坤院长主持国家教学标准研制工作，并成功入选教育部典型案例。

现代文秘专业“1+X”证书建设稳步推进。刘飞老师取得“1+X” WPS办公应用职业技能中级师资证书；2021年12月底，童玉、吴思佳老师参与“1+X”中文速录师资培训和考评员培训。

加强专业调研和实践教学基地建设工作。2021年6月，现代文秘专业骨干团队和教师赴湖南司法警官职业学院参与全国高校秘书事务所联盟第三届大会，并进行了专业调研工作。2021年8月，与安徽承义(芜湖)律师事务所达成战略合作；12月，与芜湖市市场监督管理局、弋江区澛港街道办事处及三只松鼠股份有限公司达成政产学研战略合作，在三家机关及企业单位建立法律事务专业实践教学基地。

人才培养方案进一步完善，并通过专业建设委员会审核通过。自2021年5月，2021级人才培养方案修订工作启动后，文秘、法学教研室在原来的方案基础上，结合专业调研与讨论，形成2021级方案。2021年12月，学校举办校企合作理事会第三届一次会议和文法学院人才培养方案论证会，专家们对各专业人才培养定位、课程设置乃至文字表述进行了细致的点评，给出了较高评价。开展法治宣传月、晨读宪法等专业活动，提升学生的综合素养

课程建设。教学资源进一步丰富。法律事务专业周平老师主持建设的“法律文书与写作”线上课程、胡朝晖老师主持的“行政法与行政诉讼法理论与实务”线上课程、方向老师主持建设的“民事诉讼法理论与实务”线上课程均顺利完成拍摄工作并上线运行，法学教研室线上课程教学资源进一步丰富。“大学语文”线上课程建设工作也已经完成。

现代文秘专业资源库建设。完成资源库中的“中国文化概论”课程、“文书与档案管理”课程、“专业文化与专业名师”“行业技能等级评价资源”“企业案例收集”等子项目的建设。

课程思政建设工作。修订了课程标准并融入了课程思政元素。按照学校关于新版课程标准的要求，各专业于年中修订了所有课程标准，融入了课程思政元素。“课程思政示范课程”项目获批教育部示范课程。2021年5月，现代文秘专业课程“中国文化概论”获批教育部“课程思政示范课程”。

教学过程管理。持续推进“导师制”建设试点工作。为落实立德树人根本任务，践行“三全育人”理念，文法学院试点推行专业导师制，为21级现代文秘、网络新闻与传播专业的新生配备导师。

健全内部质量保证体系。根据诊改8级螺旋运行规则，文法学院在广泛调研基础上形成专业、课程建设标准和目标；核心课程均已实现信息化方面的突破；多门课程已经完全达到省级特色专业课程建设要求。

教学成果。持续推进现代文秘专业国家教学资源库（编号2019-65）建设。李忠校长当选教育部教育类专业教指委副主任委员。牵头制定文秘专业国家教学标准，入选教育部教学标准典型案例。现代文秘专业"中国文化概论"课程获评教育部"课程思政示范课程"。现代文秘教师团队获评"教育部课程思政教学名师和教学团队"。周平老师以"优秀"等次完成芜湖市法学会重点课题"习近平法治思想与法治芜湖建设研究"的结项。秦垒、黄蓉、胡晶晶教师团队荣获安徽省高等职业院校教学能力大赛三等奖。

教学实践。加强"双师型"教师队伍建设；鼓励青年教师到相关实训基地或企业挂职锻炼；加强对顶岗实习指导管理；创新毕业设计的形式，继续将创业创新项目与毕业论文挂钩，继续将职业技能竞赛与毕业论文挂钩，促使学生获得更多的成长机会和能力发展空间。此外，2018级毕业生中，有139名学生参加了专升本，74名学生被录取到安徽师范大学、淮北师范大学、阜阳师范大学、池州学院、巢湖学院等本科学校，录取率达53.24%。

【教科研与社会服务工作】 2021年文法学院教师共发表学术论文13篇，其中三类4篇；出版教材或论著5本，其中"十三五"规划教材1本；在研教研科研项目11项。

文法学院教师通过开展普法讲座、法律咨询、经典诗文诵读直播活动等，积极开展社会服务工作，全年共开展24次。

【师资队伍建设】 文法学院全年共有35人次参加进修、交流、培训，其中赵宇峰、汪注2位教师博士后进站深造，王锦坤、刘飞两位老师攻读博士学位，32位老师参加各类业务学习、培训与交流。为新进教师配备教学指导老师；发挥学院督导教学作用，提高青年教师教学水平。

【教指委工作】 作为教育部职业教育教学指导委员会副主任单位、现代文秘专委会主任单位，李忠校长为教指委副主任、文秘专委会主任，王锦坤为文秘专委会秘书长，文秘专委会秘书处设立在文法学院。

参加第三届中国秘书学研究峰会。2021年9月，第三届中国秘书学研究峰会在安徽师范大学举行。校长李忠代表教育部职业院校教育类专业教学指导委员会文秘专委会在开幕式上致辞，文法学院王锦坤、童玉、王婷婷等老师参加会议。

顺利承担高等职业教育现代文秘专业国家教学标准研制工作。2021年9月起，王锦坤牵头制定现代文秘专业国家教学标准及专业简介，联合全国11位专家，依托教育部职业院校教育类专业教指委文秘专委会平台，修改40余次，待教育部2022年发布。

校长李忠出席全国职业教育行业指导工作推进会暨新一届行指委教指委成立大会。2021年12月，全国职业教育行业指导工作推进会暨新一届行指委教指委成立大会在北京线上线下同步召开。我校党委副书记、校长李忠再次当选教育教指委副主任并应邀参加会议。

【重要活动和事件】 3月6日，学院洪媛老师获评芜湖市"三八红旗手"。

4月22日，校党委副书记、纪委书记朱光应，校党委委员、学生工作处处长、团委书记郑伟深入文法学院，调研指导学院"十四五"发展规划并开展专题座谈。

5月18日，文法学院第39期分党校顺利开班。

5月27日，为响应国家职业教育宣传周，周平老师走进滨江社区作了题为"从袁隆平的远见到《反食品浪费法》的施行"的法制讲座。

6月5日—6日，校长李忠率队参加全国高校秘书事务所联盟第三届大会暨2021年"泛大湾区"文秘专业建设论坛。

6月18日，文法学院召开现代文秘、法律事务、网络新闻与传播专业2021级人才培养方案专家论证会。

7月3日，文法学院2021届毕业典礼在学校模拟法庭隆重召开。

9月15日，文法学院全体教师在学院会议室召开师德师风专题教育动员大会。

9月19日，文法学院2021级新生开学典礼及专业介绍会隆重举行，本次开学典礼分别在笃学楼202、教学法庭分两场先后进行。

9月24日—26日，第三届中国秘书学研究峰会在安徽师范大学举办。文法学院王锦坤、童玉、王婷婷等老师参加会议。

10月3日—7日，学校及文法学院顺利承办高等职业教育现代文秘专业国家教学标准线下研制会。

10月16日，由郑晓明、张磊两位老师指导，文秘202班戴缘缘同学夺得第十五届"全省大学生朗诵大赛"非专业组二等奖。学校也获评专科类高校唯一的"优秀组织奖"。

11月1日，文法学院第二次学生代表大会在砺能楼4#102录播室胜利召开。

11月10日，文法学院举办2021年蒋娟娟捐赠奖助学金颁奖仪式。

11月12日，文法学院在教学楼二楼大厅举办了2021年专场招聘会。

11月17日，文法学院第40期分党校顺利开班。

12月3日，文法学院在国旗台开展主题为"尊崇宪法、学习宪法、遵守宪法、维护宪法、运用宪法"的国家宪法日"晨读"活动。

12月8日，文法学院举行现代文秘、网络新闻与传播专业导师制启动仪式。

12月9日，文法学院成功承办学校第六届经典诗文朗诵会。

12月10日，周平老师团队以"优秀"等次完成芜湖市法学会重点课题"习近平法治思想与法治芜湖建设研究"的结项工作。

12月15日，校长李忠在京参加全国职业教育行业指导工作推进会暨新一届行指委教指委成立大会，并再次当选教育教指委副主任。

12月17日，文法学院在会议室举行政产学研战略合作签约、揭牌仪式。芜湖市市场监督管理局、弋江区澛港街道办事处、三只松鼠股份有限公司同文法学院分别达成相关合作意向。

12月26日，文法学院2022年元旦晚会在大学生活动中心隆重举行。

马克思主义学院

【概 况】 马克思主义学院(以下简称马院)是在学校党委、行政直接领导下的独立的二级教学与科研机构，它的前身是2014年6月成立的思想政治理论课教学部。学院下设思想道德与法治、毛泽东思想和中国特色社会主义理论体系概论、形势与政策和心理健康教育四个教研室，主要承担全校的思想政治理论课教学和科研工作以及心理健康教育工作。

【党建与管理】 马院党支部现有党员教师25名，支委五人分别是支部书记杨卫宏、组织委员翟淼、宣传委员蒋巧红、纪检委员朱中原、青年委员王培。支部紧紧围绕年初工作计划开展各项工作：(1)深入学习习近平新时代中国特色社会主义思想，扎实推进党史学习教育走深走实走心。(2)将党史学习教育融入教师科研，创新学习活动形式。(3)将党史学习教育融入教学，提升课堂教学效果。(4)支持教师开展理论宣讲，服务地方经济社会发展。(5)共建课程思政一体化平台，发挥思政课教师对课程思政的带动作用。(6)按照《中共安徽商贸职业技术学院关于印发基层党组织"对标争先"建设计划实施方案的通知》(院党字〔2018〕82号)要求，申报了校级党建工作样板支部。(7)严格落实学校意识形态工作责任制，与全体教师签订意识形态责任书，常态化开展意识形态责任教育，通过同行听课、督导听课等及时发现、处置课堂意识形态领域存在的苗头性问题。

【教育教学】 学院坚持目标和任务导向，认真开展以下各项工作。创新"思政课教师集体备课"制度，实施"备课+说课+展示"集体备课模式，定期开展磨课会。以新修订教材学习培训为契机，通过创新集体备课制度，开展磨课会，参加四次由安徽师范大学马克思主义学院牵头的芜湖市高校"手拉手"集体备课会，进一步统一教学内容，提升备课质量，为保证思政课整体教学效果奠定基础。

实施"新进教师教研室展示、教龄长者学院展示、获奖教师全校展示"的"室—院—校"三级公开课展示活动。经过"全程沉浸式观摩、课后针对性评课、教评教成果促教改"三部曲，全院教师合力推动课堂革命。

将党史学习教育有机融入思政课教学，创新思政课实践教学。先后开展了第五季“讲好党史故事 传承红色基因”微宣讲比赛和第五季“我来开讲——奋斗百年路 启航新征程”大学生讲思政课比赛，引导学生结合课程内容，宣讲百年党史。

组织师生同上“四史”思政大课，坚定师生对马克思主义的信仰、对中国特色社会主义的信念、对实现中华民族伟大复兴中国梦的信心。

将党史学习教育作为《形势与政策》课教学重点，先后推出《习近平总书记在党史学习教育党员大会上的讲话精神解读》《习近平总书记“七一”重要讲话解读》和《党的十九届六中全会精神解读》等党史学习教育系列专题，实行线上教学和线下教学相结合的模式，邀请学校领导作《形势与政策》报告会，圆满完成《形势与政策》课教学任务。

共建课程思政一体化平台，发挥思政课教师对课程思政的带动作用。思政课教师与电子商务学院党员教师和辅导员以三人一课的方式在思政课课堂进行“以党建为引领，推动电子商务专业群建设”的主题教育活动，与艺术设计学院专业教师一起以“平面广告设计”课程为实践平台，以全国大学生广告艺术大赛等高水平专业赛事为依托，从项目前期的开题解析、创意指引到创作中后期的初稿作品点评，全程参与指导。

【科研与社会服务】 成立思想政治教育研究所，搭建科研新平台。思想政治教育研究所先后举办四场学术讲座，研究所成员积极申报平台科研项目，提升科研能力和水平。积极承接提质培优行动计划项目，先后有两个教学创新团队、两个思政课教师培训项目以及三个示范一堂课项目纳入提质培优行动计划项目建设。获得安徽省2021年质量工程项目立项4项。

支持教师开展理论宣讲，服务地方经济社会发展。杨卫宏作为芜湖市委宣讲团成员先后赴湾沚区开展党史学习教育宣讲、赴繁昌区作习近平总书记“七一”重要讲话精神宣讲。林霁月作为芜湖市青年讲师团成员为安徽省“扬青年之声 颂百年华诞”青少年党史学习教育做了主题为“重温‘渡江战役’光辉岁月”的宣讲，中国青年报专门做了报道，同时还受中国邮政集团有限公司芜湖市分公司邀请作了主题为“学习百年党史 汲取奋进力量”党史学习教育宣讲。

【师资队伍建设】 学院现有思政课专兼职教师37人，其中专任教师28人，副教授以上职称11人，占到30%；取得硕士以上学位35人，占到95%；40岁以下青年教师26人，占到了70%。2021年引进专职思政课教师8人，同时，从具有相关专业背景的行政岗位中考核选拔专职思政课教师3人，均为中共党员、硕士研究生，为新引进的初任教师安排教科研能力突出的老师担任导师，指导新进教师开展教科研。组织10余位老师参加2021年安徽省高校思政课教师专题培训，7位老师参加安徽省高校思政课教师岗前培训，安排100余人次教师参加其他各级各类、线上线下培训和学术会议。2位教师晋升副教授职称，2位教师晋升讲师职称，教师职称结构进一步优化。组织4位老师组成参赛团队参加2021年全国职业院校教师教学能力大赛获得二等奖的优异成绩，在四年三获省赛一等奖之后取得国赛成绩的突破，通过以赛促教，进一步提升了青年教师的教学能力。

【重要活动与事件】 4月—6月，组织两期全校一万多师生“同上‘四史’思政大课”。

4月—6月，林霁月作为芜湖市青年讲师团成员为安徽省“扬青年之声 颂百年华诞”青少年党史学习教育做了主题为“重温‘渡江战役’光辉岁月”的宣讲，中国青年报专门做了报道，同时还受中国邮政集团有限公司芜湖市分公司邀请作了主题为“学习百年党史 汲取奋进力量”党史学习教育宣讲。

4月—8月，杨卫宏作为芜湖市委宣讲团成员先后赴湾沚区开展党史学习教育宣讲、赴繁昌区作有关习近平总书记“七一”重要讲话精神宣讲。

4月—8月，选派翟淼、谢婧、王培、杨淑蕊四位老师组成参赛团队参加2021年安徽省教师教学能力大赛，并获一等奖。

6月，在学校第十一届青年教师教学基本功暨第六届教师教学能力大赛中，学院选派两支团队（谢婧、王培、于晓霞和张欣、张雪梅、杨淑蕊）参赛并分别获得二等奖和三等奖。

6月，我校会计信息管理203班的吴仪同学在安徽省大学生党史知识竞赛中荣获二等奖。

6月，陈晓燕老师荣获2021年安徽省高校思想政治理论课教师党史说课及教学展示比赛高职高专组一等奖。

6月—7月，为庆祝建党100周年和深入贯彻习近平总书记在学校思想政治理论课教师座谈会上的重要讲话精神，进一步深化我校思政理论课实践教学改革，在2020级学生中举办了"讲好党史故事 传承红色基因"微宣讲比赛暨思政理论课课内实践教学成果展示活动。

8月—12月，选派翟淼、谢婧、王培、杨卫宏四位老师组成的团队在2021年全国职业院校教师教学能力大赛中获得二等奖第一名的优异成绩，在四年三获省赛一等奖之后取得国赛成绩的历史性突破。

9月—12月，实施"新进教师教研室展示、教龄长者学院展示、获奖教师全校展示"的"室—院—校"三级公开课展示活动。经过"全程沉浸式观摩、课后针对性评课、教评教成果促教改"三部曲，有力推动了课堂革命。

9月—12月，创新"思政课教师集体备课"制度，实施"备课+说课+展示"集体备课模式，定期开展磨课会。以新修订教材学习培训为契机，通过创新集体备课制度，开展磨课会，四次参加由安徽师范大学马克思主义学院牵头的芜湖市高校"手拉手"集体备课会，进一步统一教学内容，提升备课质量，为保证思政课整体教学效果奠定基础。

10月，高理想老师在安徽省第五届普通高校青年教师教学竞赛中荣获思想政治课专项组三等奖。

10月—12月，为庆祝中国共产党成立一百周年，深入学习贯彻习近平总书记"七一"重要讲话精神和党的十九届六中全会精神，持续推动我校思想政治理论课教学改革，在2021级学生中举办了第五季"我来开讲——奋斗百年路 启航新征程"大学生讲思政课比赛暨思政理论课课内实践教学成果展示活动。

12月，选拔并指导学生参加2021年"新时代·新思想·新青年"安徽省大学生学习马克思主义理论成果大赛，并荣获一个二等奖（指导教师：翟淼、杨丽、张雪梅）和一个三等奖（指导教师：张敏、蒋巧红、朱中原）。

基础教学部

【概 况】 基础教学部成立于2020年8月，是安徽商贸职业技术学院二级教学机构，下设数学教研室、外语教研室、体育教研室、体育训练与竞赛教研室、劳动教研室和美育教研室。主要负责开展学校学生的英语教学、英语口语、英语写作等训练和竞赛；高等数学和经济应用数学、数学建模训练与竞赛；体育教学、执行《国家学生体质健康标准》、学校学生高水平运动队建设、组织开展学校"阳光体育文化节"系列活动、体育场馆建设维护与开放。目前，拥有室外运动场地：标准田径场1片、足球场1片、篮球场12片、排球场2片，网球场4片；室内体育馆一座，含3片篮球场，2片排球场，6片羽毛球场，武术教室2个，乒乓球教室2个，健美操教室3个，啦啦操、体育舞蹈教室各1个；负责组织开展学生的劳动教育，培养学生的劳动意识与习惯；开展学生的美育教育，培养学生赏美、鉴美的情趣和能力等。基础教学部现有教职员工48人，副教授以上职称的17人，硕士以上学位的教师占95%，70%的教师为中青年骨干教师。

【党建与管理】 2021年在校党委的关心和支持下，支部以党的十九届三中、四中、五中、六中全会精神为指引；以"不忘初心、牢记使命"和党史学习教育主题活动为契机，按照学院党政工作要点的部署；紧紧围绕学校"创建高水平大学"的工作重点，积极高效推动基础教学部各项工作高效开展。

加强对党的理论知识学习，不断提高教师队伍思想素质、促进师德师风建设。坚持两周一次的政治学习，组织部门教职工系统学习党的十九大精神、习近平总书记系列重要讲话以及相关法律法规文件。努力将理论学习的成果与业务工作相结合，推动思想教育不断深入。

规范落实"三会一课"制度。按计划召开党

组织班子会议和支部党员会议，支部书记为党员做了“党的光辉历程”和“学党史 讲廉洁”专题党课。严格执行党组织议事规则，根据部门发展需要及时召开党政联席会议，落实部门重大事项，按照民主集中原则科学决策。

认真贯彻执行党风廉政建设学习教育常态化。按照要求制定党风廉政建设的学习计划，认真组织相关条例制度的学习。部门党政负责人与全体党员签订部门《2021年党风廉政责任书》。开展了支部书记讲廉政党课、集体观看警示教育纪录片、利用共产党员网知识自测专题进行了党纪、党规测试等主题教育系列活动。

部门在党史学习教育专项活动中，按照学校印发的《关于党史学习教育的工作方案》通知要求结合支部实际情况，开展了对指定四本党史学习书籍及文件的学习和研讨。组织党员观看红色影展、微电影；观看十九届五中全会精神主题图文展、红色文创展等展览活动；支部书记讲建党100周年主题党课；组织党员观看中国共产党成立100周年大会直播；支部以“学党史、践初心”庆祝建党100周年和“学党史、悟思想、办实事、开新局”为主题召开了党史学习教育系列专题组织生活会；开展“我为师生办实事”等系列党史学习教育活动。

【教育教学】 承担学校公共体育课程教学，公共英语教学、英语专升本辅导教学，全校相关专业的高等数学和经济应用数学教学、数学专升本辅导教学。在体育教学中，继续在一、二年级中开始实行并探索体育俱乐部模式教学。主要开设的项目有篮球、排球、足球、武术、健美操、啦啦操、体育舞蹈、乒乓球、羽毛球、网球、大学生拓展训练、健身气功十二个选项课程，探索体育课程评价方法，将学生平时的参与度、学生的身体素质等因素纳入学生体育课程的评价中。在英语教学中针对不同层次的学生开设大学英语和高职高专英语教学及本科班英语教学，加大学生各种英语社团的指导和辅导工作。在数学教学中，在计算机专业大类中开设高等数学；在财经类专业开设经济应用数学，积极开展学生数学专升本辅导教学，专人指导和辅导学生建模竞赛工作。加强常规教学管理，全年共进行2次期初、2次期中、2次期末教学检查，开展6次公开课教学。基础教学部教学督导组共对20人次进行听看课，完成学年教师教学综合测评工作，聘用校外9名教师担任部分课程的教学任务。

2021年按照校常规工作要求，不断加强教学规范管理，认真提交各项教学文件，按质按量完成英语、数学、体育的基础课教学工作。完成劳育教育线上课程、美育教育课程开发及相关活动的开展 。

建成劳动教育线上课程，在课程目标设计上充分体现新徽商“厚德担当”精神，从而帮助学生树立“劳动最光荣、劳动最崇高、劳动最伟大、劳动最美丽”的思想。努力成长为“德、智、体、美、劳”全面发展的全面人才。劳动教育课程共三篇：上篇劳动教育理论篇，包括新时代劳动教育观、新时代徽商精神、新时代劳动精神、新时代工匠精神、新时代劳模精神；中篇大学生劳动教育实践，包括家庭劳动教育与实践、学校劳动教育与实践、社会劳动教育与实践；下篇分为大学生劳动教育交流篇，包括“我”与新徽商面对面、“我”与工匠面对面、“我”与劳模面对面。同时，通过第二课堂引导学生走出校门、深入社会、结合实际，加深学生对劳动教育的理解，提升学生自觉践行劳动教育价值观，增强育人实效，将劳动教育融入校园文化建设中。通过融媒体建设，及时迅速地发布关于第二课堂活动的信息，通过学生浏览量大的学校官微和公众号等多种渠道宣传，让学生们能够准确地从专有渠道获知活动信息，提高第二课堂参与度。结合志愿服务和劳动教育在实践要求、实践目标、教育形态等方面高度契合，努力提高学生的劳动责任意识和服务意识。

美育教育采取建设与引进并举，面授与网络教学相结合的方式，开设了“大学语文”“徽商文化”等通识必修课程。同时组织所有大一新生参观校史馆，旨在培养高雅的文学美商，塑造优秀的人格美商，养成成熟的文化美商；开设“艺术导论”“音乐鉴赏”“美术鉴赏”“舞蹈鉴赏”“书法鉴赏”等线上课程，满足学生多元化的美学课程的需求。将美育教育纳入人才培养体系，在二课学分管理办法中明确了3个学分为文体素质拓展活动学分，每个学分对应16个积分，旨在提高学生参与美育活动的积极性。同时，为了提高活动质量，在二课管理平台发布近百项精品美育活动。例如“晨读经典 暮习书法”“班歌大赛”“彩妆小课堂”等活动模板，规范活动形式、活动内容，提升活动覆盖面和活动效果。2021年全校共开展各项美育活动2000多人次。成立社交礼仪协会、吉他协会、书法协会、朗诵协会等艺术类社团近10个，将兴趣与特长相结合，实现美育活动的普及化，呈现百花齐放、美美与共的文化氛围；院级层面，充分挖掘专业蕴含的美，打造“一院一品”特色活动，探索专业与美学教育的交叉点和融合范畴；校级层面，开展“春之声”校园文化艺术节系列活动39项，由各部门统筹管理，专业教师参与指导，提升了活动水平，形成了歌手大赛、舞蹈大赛、主持人大赛等深受师生喜爱的品牌活动。在大学生艺术展演、全国啦啦操联赛等美育竞赛活动斩获多项荣誉。学校注重通过校园网、微信公众号等进行美育宣传，2021年在校园网发布美育新闻报道30余篇，展示美好品格和先进事迹，弘扬优秀传统文化，宣传美育教育成果，达到以美育人、启智润心的育人效果。

在教学工作拓展上，体育教研室根据高校体育课程建设要求新增“保健气功”课程并做好了开设“体育保健课”的方案和课程开设的各项准备工作。

在教学过程中，每个教学课时安排20—30分钟的身体素质练习片段，加强课外作业的布置(每周不少于三次，每次不少于20—30分钟快走或慢跑等形式的锻炼)和管理，利用keep等软件，通过体育课堂负责人进行监管、收集和统计，作为评价学生平时成绩的重要依据；发挥体育教师的个性化管理，鼓励多样化和细化体育课程教学模式和教学方法。

【科研与社会服务】 成功申报篮球精品资源共享课程一项；申报横向课题“芜湖跞成健康科技有限责任公司健康管理服务合作项目”到账金额10万元，立项金额20万元；省级质量工程项目：教研项目立项2个（重点一项）；教师发表论文30余篇；学校教师教学能力大赛：1个团队参加教学综合能力比赛，获得二等奖；2名教师参加学校课程思政教学设计比赛，获得一等奖和二等奖各1项。编写学校体育《现代高职体育与健康》教材一部。

【师资队伍建设】 成功引进教师6名，8名教师职称职务得到提升，教师参加各项培训20余人次，积极鼓励教师参加各种教学能力大赛，多人的“双师型”级别再次得到提升，3名教师攻读博士学位。

【重要活动与事件】 1月19日，我校刘知国、叶兴、陈静、何燕等四位外语教师获得TESOL(Teaching English to Speakers of Other Languages)国际英语教师职业资格证书，成为安徽省首批具有国际英语教师职业资格证书的教师。

3月16日，为主动适应信息技术发展趋势，掌握智慧教学方式，积极推动课堂教学方式改革，不断提高教师教学水平和课堂教学质量，助力学校“双高”计划建设，基础教学部组织清华大学长江雨课堂在线教学平台应用实践培训，部门全体教师参加了培训，培训会由副主任刘知国主持。

3月24日下午，基础教学部在部门会议室召开2020年暑假和2021年寒假教师实践进修汇报会，外语教研室全体教师参加会议。实践进修教师从进修类型、时间、单位、岗位和主要工作等五个方面进行了具体详细的汇报。

3月31日，基础教学部在系部会议室召开了“大学英语”课程教学研讨会。基础教学部主任魏建和、副主任刘知国以及专升本专业学生代表参加了此次会议，会议由龙志勇主持。

3月31日，基础教学部在部门会议室召开2018—2020年度教研室主任任期考核汇报会。会议由基础部主任魏建和主持，教务处教材科杨玉龙、基础部副主任周震宇、基础部副主任刘知国、基础部教师吴杰及各教研室主任参加会议。

4月9日，为了落实立德树人的根本任务，更好地助力学校“双高计划”建设，推进我校英语教育教学的改革，提高教学质量，我校部分外语教师参加了由教育部职业技术教育中心研究所主办的高等职业教育（专科）英语课程标准线上培训会议。

4月15日，为贯彻落实教育部《高等学校课程思政建设指导纲要》和刚刚发布的《高等职业教育专科英语课程标准（2021版）》，助力学校“双高计划”建设，充分发挥外语学科的育人作用，我校刘知国、赵谦、秦雅琼和何燕等四位外语教师参加了由外语教学与研究出版社主办的题为“职业院校外语教学中的课程思政：理论与实践”线上直播讲座。

5月10日，我校参加了由安徽省教育厅、安徽省体育局主办，安徽职业技术学院承办的2021安徽省大学生体育联赛田径乙组比赛，荣获二等奖六项。

5月19日，数学教研室在砺能4号楼302教室开展了公开课教学活动。公开课由吴杰老师讲授，全体数学教研室教师观摩了本次教学。

5月19日下午，体育教研室开展教评教学活动，周震宇老师上了篮球教学公开课，全体教师进行了听课、评课活动。

5月19日下午，外语教研室在多媒体语音室304开展了公开课教学活动，本次公开课由刘知国老师讲授商务英语专业“综合英语”课程，外语教研室全体教师观摩了公开课教学。

6月2日下午，根据学校“我为师生办实事”工作要求，基础教学部公共英语教研室举办“高等学校英语等级考试解读”讲座。讲座由教研室主任龙志勇主讲，学校2020级各班级学生代表参加了此次讲座。

6月9日下午，为深入开展向黄大年同志学习活动，进一步加强师德建设，基础教学部组织开展了学习黄大年同志先进事迹活动，活动由基础教学部主任魏建和主持。

9月10日，我校组建三支学生建模代表队参加2021年全国大学生数学建模竞赛，我校3支代表队全部获奖，其中荣获国家二等奖1项，省级一等奖1项，二等奖1项。

9月15日下午，为进一步加大师德师风建设力度，弘扬高尚师德，引导广大教师加强师德修养，践行师德规范，贯彻落实教育部、省委教育工委、教育厅和校党委关于师德师风建设专项整治工作的相关文件精神。基础教学部召开了师德师风建设问题专项整治工作动员推进会。

9月29日，为顺应外语教育改革，讲好中国故事，传递中国好声音，助力我校“双高”建设，基础教学部公共英语教研室成功举办全国大学生英语演讲比赛初赛暨我校首届英语演讲比赛。

10月23日—24日，我校电子信息技术202班李梦瑶同学参加了由安徽省教育厅和外研社联合主办的全国大学生英语演讲大赛高职组比赛安徽赛区决赛。

10月24日，我校学生羽毛球代表队取得了男子单打第二名，女双第六名，男双第七、八名，男团女团两项第四名的好成绩，并获得赛会颁发的唯一体育道德风尚奖。

10月27日，为了丰富大学生的课余生活，提高大学生的综合素质，增强团队精神和群众凝聚力，展现大学生积极向上的风貌，由校体育运动委员会主办的第十六届“商贸杯”篮球赛于近日在校体育馆举行，比赛进行了七轮21场比赛，最终国际商务旅游学院代表队荣获冠军，电子商务学院和信息与人工智能代表队荣获第二名和第三名。

10月27日，安徽商贸职业技术学院第十三届“商贸杯”学生男子足球联赛圆满落下了帷幕。比赛采取分组单循环和交叉赛制，经过二十轮角逐、比拼，最终信息与人工智能学院足球队获得冠军，会计学院足球队获得亚军，金融科技学院足球队获得季军，电子商务学院足球队获得第四名，国际商务与旅游学院足球队获得第五名，艺术设计学院足球队获得第六名，文化与法律学院足球队获得第七名。

10月27日下午，为深入学习“黄山松”式干部精神内核(深扎根，迎风抗，顶风傲雪当自强，坚韧不拔显拼搏，不畏艰难毅非凡)，基础教学部开展了“黄山松”式干部精神学习研讨活动。

11月1日—4日，由芜湖市人民政府主办、芜湖市体育局和教育局承办的第十四届市运动会田径比赛在市奥林匹克中心举行。我校田径队共派出16名运动员参加高校组的比赛，经过为期4天的角逐，最终收获银牌三枚、铜牌一枚，并获得团体总分第五名的成绩。

11月1日下午，安徽省大学生体质健康测试专家组到我校对部分学生的体质情况进行抽测，基础部副主任周震宇及体育教研室其他老师全程配合圆满完成工作。

11月2日，由校体育运动委员会主办的第十五届“商贸杯”女子排球赛正式落下帷幕，经过7轮紧张激烈的比赛，最终国际商务与旅游学院获得冠军，艺术设计学院和会计学院分获二、三名。

11月17日下午，为丰富校园体育文化生

活，推进德智体美劳“五育并举”，推动阳光体育运动广泛开展，学校举行了第九届新生广播体操比赛，全体2021级新生参加比赛。比赛现场，80个参赛单位排成整齐方阵，迈着自信矫健的步伐有序登场。随着郑承志副校长宣布比赛正式开始，第九套广播体操的音乐在操场响起，同学们精神抖擞，神采飞扬，从预备节到整理运动，大家动作整齐规范、优美自然，一招一式都刚劲有力、娴熟到位，举手投足间，尽显商贸学子朝气蓬勃、充满活力的青春风采和拼搏进取、团结向上的精神风貌。

11月18日下午，“商贸杯”第七届学生羽毛球比赛在体育馆落下帷幕。此次比赛共有7支队伍参加，本次比赛采取团体赛的形式进行，各队依次派出男单、女单、男双、女双、混双形式进行对决比赛。大局采用五局三胜制，单局采用三局两胜制，每场采用15分制。经过激烈角逐，最终，会计学院获得此次比赛冠军，电子商务学院和国际商务与旅游学院分获二、三名。

12月1日，根据学校教学工作安排，基础教学部数学教研室在笃学楼417教室开展了公开课教学活动。公开课由陈辉老师讲授，全体数学教研室教师观摩了本次教学。

12月1日下午，为进一步提高我校体育教师队伍的专业素养和教学能力，夯实教师教学基本功，基础教学部体育教研室开展了公开课活动，全体体育教师参加了听课活动。体育教研室程桢老师带来了武术公开课——“散打格斗式与前手拳”，程老师通过标准的示范，分步骤讲解，帮助学生快速理解格斗式与前手拳的发力方向，生动有趣的讲解让复杂的技术要领变得通俗易懂。合理安排连贯性动作练习，风趣幽默的课堂氛围让学生乐在其中。

12月4日，2021—2022年全国啦啦操联赛（合肥站）在安徽中医药大学隆重举行，此次比赛由国家体育总局体操运动管理中心主办，合肥市体育局、新站高新区技术产业开发区管委会承办，比赛吸引来自各地的行业体协、有关幼儿园、大中小学校、社会团体、培训考级中心（点）及俱乐部的124支队伍，近3000名运动员参加。我校基础教学部陈辰、陆邦慧、汪正法、石先彬、潘尚莲五位老师组成指导教师团队，选拔2020级陈栩泽、陈梦、张敏和2021级卢振东、程诺、陈心雨等28位学生，代表我院精英啦啦队参加了此次赛事的公开青年组与俱乐部青年组八个集体项目和两个双人项目。经过三天线上线下激烈的比赛角逐，我校精英啦啦队参加的10项比赛全部获奖，以绝对优势斩获9项冠军，1项亚军，王茂、孙显赫、柏晓鹏三名同学荣获全国“啦啦操四好运动员”荣誉称号，创造我校参赛以来历史最好成绩。我校领导一直高度重视学生体质健康发展，积极推进学生体育活动，在各级领导的大力支持下，啦啦操项目顺利完成课程开设、社团成立、训练队组建等工作并广泛深入开展。

12月8日，根据学校期中教学检查的相关要求，同时也为了提高课堂教学质量，助力学校“双高”建设，公共英语教研室在笃学楼312教室开展了公开课教学活动。本次公开课由何燕老师讲授“高职英语”课程，公共英语教研室全体教师观摩了公开课教学。

12月20日，2021年“图书馆杯”安徽省大学生红色电影英文配音大赛总决赛在合肥市落下帷幕。我校基础教学部的外语教师们积极配合学校图书馆，携手学生认真备战、不畏强手，在大赛中喜创佳绩，荣获季军。

12月22日，为了活跃教职工业余文化生活，推进广大教职工的精神文明建设，本着倡导“每天健身一小时，健康生活一辈子”的理念，基础教学部分工会于举办了趣味游艺活动。

十二、大事记

安徽商贸职业技术学院2021年大事记

1月

6日　　我校省级教学质量工程项目建设再获佳绩
　　　　芜湖市侨联主席韩家林一行来我校考察交流
7日　　我校成功举办十九届五中全会主题图文展
8日　　上海科学技术职业学院副校长韩芳一行来我校考察交流
11日　　学校召开中央经济工作会议精神学习会
14日　　芜湖自贸区副主任杨磊一行来我校考察交流
18日　　我校关工委荣获“全省关心下一代工作先进集体”荣誉称号
19日　　国际交流，助推“双高”——我校参与首届中泰合作“中文+职业技能”培训
　　　　副校长郑承志一行参加安徽省“双高计划”专业群建设研讨会
21日　　学校获2020年安徽省普通高校征兵工作绩效考核优秀等次
28日　　“共聚云端”——学校与泰、日、法三国院校开启国际教育合作新篇章

2月

3日　　干部队伍建设的新年“第一课”——学校开展2021年新提拔中层干部任前谈话
4日　　学校召开“双高计划”建设项目年度绩效评价工作推进会
22日　　我校“汉语桥”外国学生线上夏令营活动正式启动

3月

3月2日　　学校积极参与定点帮扶村脱贫攻坚主题活动
3月5日　　我校在芜湖市第二届青年志愿服务项目大赛中获二等奖
3月9日　　国际教育开启新篇章——学校首届留学生正式开课
　　　　我校在安徽省第四届校园读书创作大赛中再创佳绩
3月12日　　汉语为桥，云端共聚——我校“汉语桥”外国学生线上夏令营活动圆满结束
3月15日　　我校在省级质量年度报告（2020）审核中荣获A档
3月17日　　芜湖市商务局何红旗局长一行来我校洽谈政校合作事宜
3月24日　　我校新媒体工作室荣膺2020全国百强职院校园媒体
3月25日　　省教育厅学生资助管理中心领导来校调研指导工作
3月29日　　北京师范大学和震教授应邀为我校做学术报告

4月

4月9日　聆听劳模故事，弘扬劳模精神——全国劳动模范马本萱与我校师生面对面
4月14日　学校举行信息技术协同创新中心基地揭牌暨中锐蓝狮工坊班开班典礼
4月15日　学校召开新徽商精神与商科人才培养研讨会
4月16日　校艺术设计创新工坊暨校匠心金属工艺研发中心校企合作基地揭牌
4月19日　2021年全国职业院校技能大赛高职组省级选拔赛三大赛项在我校举办
4月21日　深化产教融合 拓展校企合作——我校荣获“省级校企合作示范基地”“省级校企合作示范学校”称号
4月25日　2021年全国职业院校技能大赛高职组省级选拔赛“电子商务技能”赛项在我校举办

5月

5月1日　芜湖市中级人民法院与学校联合开展“防范反邪进校园”宣传活动
5月6日　校长李忠参加教育部职业院校教育类专业教指委现代文秘专委会专题讨论会
5月8日　省委教育工委对我校领导班子和领导干部进行2020年度综合考核
5月14日　我校学生代表队荣获2021年全国高校商业精英挑战赛国际贸易与经贸会展比赛一等奖
5月17日　省委教育工委副书记、省教育厅厅长赵振华来我校考察调研
5月18日　我校代表队在江南片高校第二届教职工气排球比赛中取得好成绩
5月20日　芜湖职业技术学院纪委书记一行来我校调研交流纪检工作
5月25日　滁州城市职业学院副校长曹士东一行来我校考察交流
5月30日　安徽国际商务职业学院院长张卿一行来我校考察交流
5月31日　学党史 话初心 谈使命——我校关工委参加芜湖高校关心下一代工作联席会第二十次会议并作专题报告
学校隆重召开第九届教代会暨第十届工代会

6月

6月2日　学校召开2021年安徽省全国职业院校技能大赛省级选拔赛总结会暨全国职业院校技能大赛动员会
6月4日　学校举行2021年全国职业院校技能大赛高职组“电子商务技能”赛项说明会
6月7日　我校与中市云联(上海)家政有限公司签约，拉开共建“企业大学”序幕
6月8日　校长李忠参加全国高校秘书事务所联盟第三届大会暨2021年“泛大湾区”文秘专业建设论坛
6月11日　校领导朱光应送第八批选派干部到村任职
我校与杭州贝腾科技有限公司举行创新创业教育合作签约仪式
6月15日　我校两门课程获批首批国家级课程思政示范课程
6月19日　2021全国职业院校技能大赛高职组“电子商务技能”赛项开赛
省委教育工委高校党史学习教育第一巡回指导组来我校调研指导
6月21日　我校与高等教育出版社联合召开2021年电子商务类专业“三教改革”推进与创新研讨会
学校第七批选派干部圆满完成扶贫任务返校
6月22日　我校在第九届“挑战杯·中国联通”安徽省大学生课外学术科技作品竞赛中获得多项荣誉

我校师生在“芜湖廉洁文化精品工程”作品征集活动中获奖
6月23日　我校荣获2021年全国职业院校技能大赛高职组电子商务技能赛项一等奖
6月24日　我校获得2021年全国职业院校技能大赛高职组市场营销技能赛项二等奖
6月30日　我校学子在安徽省大学生党史知识竞赛中勇创佳绩

7月

7月1日　我校举行“金陵酒店管理学院”授牌受聘仪式
7月13日　我校学报编辑部荣获学习《习近平给〈文史哲〉编辑部全体编辑人员的回信》先进单位
聆听劳模故事，感悟劳模精神——全国劳模宋红伟先生应邀来我校交流
7月14日　大国工匠进校园，匠心筑梦致青春——三只松鼠工匠代表宋振来我校交流分享
我校职工在省教科文卫体工会庆祝建党100周年系列活动中获得多个奖项
7月16日　我校杨琴教师家庭荣获2020年度芜湖市“最美家庭”荣誉称号
7月20日　树人树己，同频提升——学校召开首批赴海外攻读博士学位动员大会
7月30日　我校在2022中国高校生肖设计大赛中获得佳绩

8月

8月9日　学校获2020年度全省高校党委书记抓党建述职评议考核“好”等次
8月11日　我校“新零售虚拟仿真实训基地”成功入选职业教育示范性虚拟仿真实训基地培育项目
省委教育工委综合考核组来校反馈2020年度领导班子综合考核情况
8月18日　以中文为桥，为技能辅路——中泰“旅游与酒店汉语”课程在线开班
8月19日　我校教师原创作品入选第二届“安徽廉洁文化精品工程”
8月22日　我校学子在“2020年度寻访安徽青年好网民”故事征集评选中荣获一等奖
8月24日　我校参加安徽省职业教育集团2020年度工作评议及职业教育集团化办学工作座谈会
8月30日　凝心聚力，再创新高，我校在2021年安徽省高等职业院校教学能力比赛中获佳绩

9月

9月2日　我校在第七届安徽省“互联网+”大学生创新创业大赛中喜获佳绩
9月3日　合肥市委政法委一行赴我校文创中心调研
我校成功入选国家级职业教育教师教学创新团队立项建设单位
9月7日　我校学子在首届全国大学生旅游营销大赛中获优异成绩
9月9日　“松鼠电商产业学院”开训典礼暨产业学院揭牌仪式成功举行
我校杨琴老师获省教科文卫体系统“师德先进个人”称号
9月13日　助力对外开放，共促国际交流——芜湖市外籍人士汉语公益培训在我校开班
9月17日　省委教育工委高校党史学习教育第一巡回指导组来我校指导党史学习教育工作
9月18日　安徽省财经商贸职业教育集团2020年度工作运行情况综合评价获评等级为A等
我校“张强职业指导大师工作室”被认定为首批省级职业指导大师工作室
9月22日　合作共育新徽商人才——我校与芜湖市徽商博物馆举行共建合作签约授牌仪式
9月23日　心中有阳光，脚下有力量——我校娄婧璇老师荣获“2020年度安徽省优秀辅导员”称号
9月25日　我校两名学子荣获“洲际酒店集团英才培养学院奖学金”
9月26日　第十五届安徽省大学生职业规划设计大赛半决赛(皖南赛区)在我校举办

10月

10月8日	学校与中国人民解放军94655部队举行军校共建签约暨大学生素质教育基地授牌仪式
	我校顺利承办高等职业教育现代文秘专业国家教学标准线下研制会
10月15日	我校成功获批“全国计算机应用水平(NIT)考试”考点
10月18日	我校教材建设荣获首届全国教材建设奖两项奖励
	我校选手获得第十五届“全省大学生朗诵大赛”二等奖
10月19日	我校成功举办芜湖市快递行业职业技能大赛
10月27日	我校举行“开元旅游产业学院”签约受聘仪式
10月29日	我校获批教育部“全国高校毕业生就业能力培训基地”

11月

11月1日	学校召开“双高计划”项目建设工作月度推进会
11月5日	学校召开第四次学生代表大会
11月9日	阜阳职业技术学院党委书记、院长一行来我校考察交流
11月12日	我校多个项目成功入选安徽省职业教育创新发展试验区项目培育库
11月17日	我校在安徽省高校第七届“书香江淮——品读经典 对话信仰 弘扬社会主义核心价值观”互联网阅读活动中喜获佳绩
	校领导王炜当选中国商业会计学会职业教育分会副会长
11月22日	马鞍山市委政法委调研团赴我校交流
11月23日	学校组织参加全国普通高校毕业生就业创业工作视频会议
	著名画家应天齐教授来我校指导交流
11月25日	我校在2021年“图书馆杯”安徽省大学生红色电影英文配音大赛中喜获佳绩
11月26日	我校在2021年全国高职院校信息素养大赛中斩获佳绩
11月29日	学校举行全国高校毕业生就业培训基地揭牌仪式暨“宏志助航计划”首期培训班开班典礼
11月30日	我校成功入选教育部全国普通高校毕业生就业创业工作典型案例

12月

12月6日	我校在2021年全国大学生数学建模竞赛中再创佳绩
12月8日	学校顺利完成中共安徽省委组织部社会公益服务项目
	学校“宏志助航计划”全国高校毕业生就业能力培训项目第一期顺利结束
12月10日	我校举办“习近平法治思想与法治芜湖建设研究”课题结项仪式
	学校举行第十九届“春之声”闭幕式暨中泰友好学校文化交流活动
12月13日	团省委一行深入我校开展共青团学生会组织改革评估复核工作
12月15日	学校举办2021年“技能安徽”金融职业教育高质量人才培养高峰论坛
12月16日	安徽省财经商贸职业教育集团二届一次会议暨安徽商贸职业技术学院校企合作理事会三届一次会议成功召开
12月17日	学校召开归国华侨联合会成立大会暨第一次会员大会
	学校召开2021年度诊改数据采集工作会议
	我校与芜湖市市场监督管理局、弋江区澛港街道办事处、三只松鼠股份有限公司举行政产学研战略合作签约、揭牌仪式

我校工会获得安徽省教科文卫体系统工会女职工工作先进集体和个人称号
我校精英啦啦队在全国啦啦操联赛创造参赛最好成绩

12月20日　国际商务与旅游学院学子在安徽省大学生国际贸易综合技能大赛中喜获一等奖

12月21日　我校荣获2019—2020年度物流管理职业技能等级证书模范考核站点
我校国际商务与旅游学院在全国跨境电商创新创业能力大赛、全国外贸从业能力大赛中获得多个奖项
我校学子在第十届芜湖大学生专利创新创业大赛中再获佳绩
校长李忠出席全国职业教育行业指导工作推进会暨新一届行指委教指委成立大会

12月22日　我校金融科技学院学子在"国元证券杯"安徽省大学生金融投资创新大赛中取得优异成绩
我校在高水平科研项目和学术研究中取得高质量进展
我校荣获2020年度呼叫中心客户服务与管理职业技能等级证书优秀试点院校奖和最佳牵头院校奖

12月23日　艺术设计学院师生在"2021安徽省大学生原创动漫大赛" 中再创佳绩
我校图书馆在第四届安徽省高校图书馆服务创新案例大赛中再创佳绩

12月24日　我校综合实习实训中心大楼落成

12月27日　数字徽商博物馆首期建成并投入在线使用

十三、附录

年度教职工名单

2021年度在职教职工名单

序 号	部 门	姓 名	性 别
1	书记院长室	章顺来	男
2	书记院长室	李 忠	男
3	书记院长室	朱光应	男
4	书记院长室	郑承志	男
5	书记院长室	王 炜	男
6	办公室	张 强	男
7	办公室	朱文杰	男
8	办公室	陶绍兴	男
9	办公室	徐 琍	女
10	办公室	杨 楠	女
11	办公室	叶 兴	男
12	办公室	杨 钺	男
13	办公室	杨剑云	男
14	办公室	崔 玫	女
15	办公室	李明君	女
16	办公室	朱 煜	女
17	办公室	戴静雯	女
18	组织人事处	高道友	男
19	组织人事处	孙 标	男
20	组织人事处	王海生	男
21	组织人事处	江 芳	女
22	组织人事处	杨 丽	女
23	组织人事处	汪 悦	女
24	组织人事处	陈 旭	女
25	组织人事处	王 莹	女
26	组织人事处	田雪莉	女
27	纪委办公室(监察审计处)	吴松飞	男
28	纪委办公室(监察审计处)	王 奇	男

续 表

序 号	部 门	姓 名	性 别
29	纪委办公室(监察审计处)	王 睿	男
30	宣传统战部	汤 飚	男
31	宣传统战部	魏 强	男
32	宣传统战部	曹 影	女
33	宣传统战部	杜媛涛	女
34	教务处	黄义兵	男
35	教务处	杨玉龙	男
36	教务处	胡计虎	男
37	教务处	梅海峰	男
38	教务处	李春秋	男
39	教务处	朱静怡	女
40	教务处	何 军	男
41	教务处	陶星宇	女
42	教务处	杜 卉	女
43	教务处	王 鹏	男
44	教务处	卜天然	男
45	教务处	陈 刚	男
46	教务处	李 路	男
47	教务处	陈 平	女
48	教务处	朱建帮	男
49	教务处	赵子洲	男
50	教务处	路晓琳	女
51	学生工作处(学生工作部)	郑 伟	男
52	学生工作处(学生工作部)	计宏亮	男
53	学生工作处(学生工作部)	沈 静	女
54	学生工作处(学生工作部)	章立毅	男
55	学生工作处(学生工作部)	余莎莎	女
56	学生工作处(学生工作部)	罗 佳	女
57	学生工作处(学生工作部)	孙计红	女
58	学生工作处(学生工作部)	吴昕玥	女
59	招生就业处	孙握瑜	男
60	招生就业处	鲁 楠	男
61	招生就业处	詹海朋	男
62	招生就业处	马飞飞	女
63	招生就业处	徐南祥	男
64	财务处	李金传	男
65	财务处	洪 敏	女

续 表

序 号	部 门	姓 名	性 别
66	财务处	曹红梅	女
67	财务处	徐芳芳	女
68	财务处	荣 华	女
69	财务处	浦毓文	男
70	财务处	余 潇	男
71	财务处	潘丽君	女
72	工 会	黄家宏	男
73	团 委	虞昌亮	男
74	团 委	周 赟	男
75	团 委	卢 菊	女
76	团 委	吴勇园	女
77	后勤管理处(含校医院)	汪正法	男
78	后勤管理处(含校医院)	关进国	男
79	后勤管理处(含校医院)	张 波	男
80	后勤管理处(含校医院)	祝 剑	男
81	后勤管理处(含校医院)	戴永进	男
82	后勤管理处(含校医院)	姜少涛	男
83	后勤管理处(含校医院)	毛天赐	男
84	后勤管理处(含校医院)	涂云杰	男
85	后勤管理处(含校医院)	徐晓飞	男
86	后勤管理处(含校医院)	朱 琳	女
87	后勤管理处(含校医院)	牛 琳	女
88	后勤管理处(含校医院)	凌代喜	男
89	后勤管理处(含校医院)	徐 蔚	男
90	后勤管理处(含校医院)	郭 敏	女
91	保卫处	徐明友	男
92	保卫处	孔 剑	男
93	保卫处	张 雷	男
94	保卫处	王飞鹏	男
95	保卫处	俞 兵	男
96	图书馆	季学芳	女
97	图书馆	袁西鹏	男
98	图书馆	程振鹏	男
99	图书馆	王 露	女
100	图书馆	胡跃宗	男
101	图书馆	程卫东	男
102	图书馆	高 健	男

续 表

序 号	部 门	姓 名	性 别
103	图书馆	邓国家	男
104	图书馆	林逸芳	女
105	图书馆	郭新武	男
106	图书馆	李业芳	女
107	图书馆	徐玉珍	女
108	图书馆	石 斌	女
109	图书馆	宋亚萍	女
110	图书馆	刘亚平	女
111	图书馆	朱园园	女
112	图书馆	黄 帅	男
113	图书馆	何盼盼	女
114	科研与校企合作处(含学报编辑部)	刘 宝	男
115	科研与校企合作处(含学报编辑部)	翟建华	女
116	科研与校企合作处(含学报编辑部)	殷西祥	男
117	科研与校企合作处(含学报编辑部)	陈晓燕	女
118	科研与校企合作处(含学报编辑部)	刘玉林	男
119	科研与校企合作处(含学报编辑部)	董冉冉	女
120	科研与校企合作处(含学报编辑部)	汤太祥	男
121	继续教育与社会培训学院	胡传山	男
122	继续教育与社会培训学院	疏 靖	男
123	继续教育与社会培训学院	赵 磊	男
124	继续教育与社会培训学院	李正义	男
125	继续教育与社会培训学院	朱永民	女
126	继续教育与社会培训学院	董梦晔	女
127	创新创业学院	王从辉	男
128	创新创业学院	卫 平	女
129	创新创业学院	陆 娟	女
130	创新创业学院	孙文敏	女
131	质量保障处	汪 伟	男
132	质量保障处	吕立新	男
133	质量保障处	吴思佳	女
134	质量保障处	盛 婕	女
135	信息管理中心	韩成勇	男
136	信息管理中心	张 利	男
137	信息管理中心	钱 江	男
138	信息管理中心	臧 宇	男
139	国有资产管理办公室	杨 欣	男

续 表

序 号	部 门	姓 名	性 别
140	国有资产管理办公室	赵海东	男
141	国有资产管理办公室	荣菊琴	女
142	国有资产管理办公室	鲁恒星	男
143	国有资产管理办公室	秦 蕾	女
144	电子商务学院	魏 力	男
145	电子商务学院	夏名首	男
146	电子商务学院	吴木林	男
147	电子商务学院	何兴旺	男
148	电子商务学院	冯春林	男
149	电子商务学院	黄 丽	女
150	电子商务学院	杨雪青	女
151	电子商务学院	汪 琪	女
152	电子商务学院	孙礼辉	男
153	电子商务学院	胡以一	女
154	电子商务学院	汪 晔	男
155	电子商务学院	韩媛媛	女
156	电子商务学院	李 瑾	女
157	电子商务学院	宋 林	男
158	电子商务学院	郭 伟	女
159	电子商务学院	关堂春	女
160	电子商务学院	王召义	男
161	电子商务学院	孙 晔	女
162	电子商务学院	段文忠	男
163	电子商务学院	金成龙	男
164	电子商务学院	殷聿明	男
165	电子商务学院	吴竞鸿	男
166	电子商务学院	翟勇洪	男
167	电子商务学院	张京洲	男
168	电子商务学院	赵宝山	男
169	电子商务学院	王光跃	男
170	电子商务学院	王孙琳	女
171	电子商务学院	刘 名	男
172	电子商务学院	朱 方	女
173	电子商务学院	刘 松	男
174	电子商务学院	刘 超	男
175	电子商务学院	束 宇	男
176	电子商务学院	史一鸣	女

续 表

序 号	部 门	姓 名	性 别
177	电子商务学院	郑 歆	女
178	电子商务学院	何 丹	女
179	电子商务学院	孙建辉	男
180	电子商务学院	张平平	女
181	电子商务学院	刘 存	女
182	电子商务学院	李 欣	女
183	电子商务学院	谢妍捷	女
184	电子商务学院	徐诗瑶	女
185	电子商务学院	薛晨杰	女
186	电子商务学院	刘 超	男
187	电子商务学院	张素敏	女
188	电子商务学院	凌 洁	女
189	电子商务学院	彭光磊	男
190	电子商务学院	陈忠良	男
191	电子商务学院	梁月锋	男
192	电子商务学院	薛瑞昌	男
193	电子商务学院	徐 影	女
194	电子商务学院	汪贞叶	女
195	电子商务学院	李仁霞	女
196	电子商务学院	江 楠	女
197	电子商务学院	虞雅雯	女
198	电子商务学院	束 静	女
199	电子商务学院	刘山虎	男
200	电子商务学院	王淑娴	女
201	电子商务学院	孙培英	女
202	电子商务学院	邹 辉	男
203	电子商务学院	张 敏	女
204	电子商务学院	钱 亮	男
205	电子商务学院	何孔鑫	男
206	电子商务学院	王 静	女
207	电子商务学院	胡勇强	男
208	电子商务学院	高 蕾	女
209	电子商务学院	蒋立恒	男
210	电子商务学院	耿雪婷	女
211	电子商务学院	汪宇鹏	女
212	电子商务学院	严 涛	男
213	电子商务学院	杨 阁	男

续　表

序　号	部　门	姓　名	性　别
214	电子商务学院	连辰馨	女
215	电子商务学院	慕芬芳	女
216	会计学院	王珠强	女
217	会计学院	丁增稳	男
218	会计学院	鲁学生	男
219	会计学院	程　慧	女
220	会计学院	曹方林	男
221	会计学院	赵春宇	男
222	会计学院	王守龙	男
223	会计学院	李海燕	女
224	会计学院	贾成海	男
225	会计学院	许骅严	男
226	会计学院	谢　伟	男
227	会计学院	曹玉敏	男
228	会计学院	夏菊子	女
229	会计学院	陶克三	男
230	会计学院	牛永芹	女
231	会计学院	刘银楼	男
232	会计学院	王　婷	女
233	会计学院	徐　婧	女
234	会计学院	林　晶	女
235	会计学院	苏任刚	男
236	会计学院	何良启	男
237	会计学院	杨　琴	女
238	会计学院	程四明	男
239	会计学院	陈丹文	女
240	会计学院	吕能芳	女
241	会计学院	凤　麟	女
242	会计学院	王　敏	女
243	会计学院	叶苗苗	女
244	会计学院	郑兴东	男
245	会计学院	程　硕	男
246	会计学院	姚　毅	男
247	会计学院	陈云磊	女
248	会计学院	鲁　静	女
249	会计学院	张春想	女
250	会计学院	姚　琳	女

续　表

序　号	部　门	姓　名	性　别
251	会计学院	何秀秀	女
252	会计学院	何亚伟	男
253	会计学院	汤　倩	女
254	会计学院	张　梅	女
255	会计学院	吴清华	女
256	会计学院	弋兴飞	男
257	会计学院	尹　健	女
258	会计学院	徐　瑞	男
259	会计学院	苏曹骢	男
260	会计学院	张之君	女
261	会计学院	钟鼎丞	女
262	会计学院	杨承承	女
263	会计学院	方徐梦	女
264	会计学院	姜　晨	男
265	会计学院	潘　乐	女
266	会计学院	谢玲芳	女
267	会计学院	刘诗捷	女
268	会计学院	汪　超	女
269	会计学院	胡甜予	女
270	会计学院	黄艺杰	男
271	会计学院	张　雨	女
272	会计学院	史文婷	女
273	会计学院	王　垚	女
274	会计学院	胡　瑾	女
275	会计学院	叶昕柔	女
276	会计学院	邓　蕊	女
277	会计学院	赵　鸣	女
278	信息与人工智能学院	郑晓明	男
279	信息与人工智能学院	阮进军	男
280	信息与人工智能学院	周正贵	男
281	信息与人工智能学院	王松林	男
282	信息与人工智能学院	王倩倩	女
283	信息与人工智能学院	黄　飞	男
284	信息与人工智能学院	张　毓	女
285	信息与人工智能学院	王　卓	男
286	信息与人工智能学院	王　睿	女
287	信息与人工智能学院	颜莉莉	女

续 表

序 号	部 门	姓 名	性 别
288	信息与人工智能学院	刘 斌	男
289	信息与人工智能学院	秦晓安	男
290	信息与人工智能学院	方 生	男
291	信息与人工智能学院	樊妍妍	女
292	信息与人工智能学院	陈 军	男
293	信息与人工智能学院	芮坤坤	男
294	信息与人工智能学院	赵思琪	女
295	信息与人工智能学院	许美珏	男
296	信息与人工智能学院	李素梅	女
297	信息与人工智能学院	侯秀丽	女
298	信息与人工智能学院	姚平芳	男
299	信息与人工智能学院	王彩霞	女
300	信息与人工智能学院	涂 铁	男
301	信息与人工智能学院	李 庆	男
302	信息与人工智能学院	汤义好	男
303	信息与人工智能学院	周艳丽	女
304	信息与人工智能学院	朱丽进	女
305	信息与人工智能学院	秦体德	男
306	信息与人工智能学院	王保敏	男
307	信息与人工智能学院	罗青青	女
308	信息与人工智能学院	朱先远	男
309	信息与人工智能学院	汪 强	男
310	信息与人工智能学院	汪小芳	女
311	信息与人工智能学院	杨 帆	男
312	信息与人工智能学院	江 宏	男
313	信息与人工智能学院	许明星	男
314	信息与人工智能学院	潘洪志	男
315	信息与人工智能学院	舒 升	男
316	信息与人工智能学院	陶 健	男
317	信息与人工智能学院	冯 涛	男
318	信息与人工智能学院	孙解尧	男
319	信息与人工智能学院	路贺龙	男
320	信息与人工智能学院	史贝贝	女
321	信息与人工智能学院	汪祥舜	男
322	信息与人工智能学院	慈 尚	男
323	信息与人工智能学院	黄曼曼	女
324	信息与人工智能学院	丁玉祥	男

续 表

序 号	部 门	姓 名	性 别
325	信息与人工智能学院	刘孝庆	女
326	信息与人工智能学院	周叶凡	男
327	信息与人工智能学院	张 宝	男
328	信息与人工智能学院	周园园	女
329	信息与人工智能学院	冯春香	女
330	信息与人工智能学院	方银银	女
331	信息与人工智能学院	韩海峰	男
332	国际商务与旅游学院	秦宗槐	男
333	国际商务与旅游学院	孙颖荪	女
334	国际商务与旅游学院	汪圣佑	男
335	国际商务与旅游学院	符 牛	男
336	国际商务与旅游学院	刘 超	男
337	国际商务与旅游学院	李 剑	男
338	国际商务与旅游学院	齐莉莉	女
339	国际商务与旅游学院	张启全	男
340	国际商务与旅游学院	戴 艳	女
341	国际商务与旅游学院	程 祯	男
342	国际商务与旅游学院	唐文菊	女
343	国际商务与旅游学院	张 黎	女
344	国际商务与旅游学院	赵根良	男
345	国际商务与旅游学院	陈小云	女
346	国际商务与旅游学院	曹 莹	女
347	国际商务与旅游学院	陈大文	男
348	国际商务与旅游学院	法义滨	男
349	国际商务与旅游学院	曹超轶	男
350	国际商务与旅游学院	徐长勇	男
351	国际商务与旅游学院	史 薇	女
352	国际商务与旅游学院	尤 璐	女
353	国际商务与旅游学院	陈 静	女
354	国际商务与旅游学院	曹 琳	女
355	国际商务与旅游学院	程张根	男
356	国际商务与旅游学院	李金霞	女
357	国际商务与旅游学院	张心宇	女
358	国际商务与旅游学院	黄泽良	男
359	国际商务与旅游学院	杨成兵	男
360	国际商务与旅游学院	吴莉莉	女
361	国际商务与旅游学院	张 艳	女

续 表

序 号	部 门	姓 名	性 别
362	国际商务与旅游学院	程质彬	男
363	国际商务与旅游学院	刘慧娟	女
364	国际商务与旅游学院	朱 丹	女
365	国际商务与旅游学院	黄 亮	女
366	国际商务与旅游学院	孙 莉	女
367	国际商务与旅游学院	蒲白翎	女
368	国际商务与旅游学院	章 鋆	女
369	国际商务与旅游学院	吴建红	女
370	国际商务与旅游学院	孙希瑞	女
371	国际商务与旅游学院	刘学玲	女
372	国际商务与旅游学院	赵 奎	男
373	国际商务与旅游学院	吴 帅	男
374	国际商务与旅游学院	蒋 敏	女
375	国际商务与旅游学院	倪亮亮	男
376	国际商务与旅游学院	杨 雯	女
377	国际商务与旅游学院	丁希芬	女
378	国际商务与旅游学院	张爱兵	男
379	国际商务与旅游学院	周 华	女
380	国际商务与旅游学院	鲍珊珊	女
381	国际商务与旅游学院	包士于	男
382	国际商务与旅游学院	李晓琴	女
383	国际商务与旅游学院	谢琴银	女
384	金融科技学院	徐 翔	男
385	金融科技学院	胡增芳	男
386	金融科技学院	丁 婷	女
387	金融科技学院	陈立弘	男
388	金融科技学院	李 刚	男
389	金融科技学院	汪玉桥	男
390	金融科技学院	胡 艳	女
391	金融科技学院	徐 红	女
392	金融科技学院	颛孙艳	女
393	金融科技学院	李慧君	女
394	金融科技学院	戴 昕	女
395	金融科技学院	许贤丽	女
396	金融科技学院	景 刚	男
397	金融科技学院	姜 涛	男
398	金融科技学院	王 伟	男

续 表

序 号	部 门	姓 名	性 别
399	金融科技学院	朱芬华	女
400	金融科技学院	赵志芳	女
401	金融科技学院	耿 玥	女
402	金融科技学院	马 静	女
403	金融科技学院	余迎昕	女
404	金融科技学院	夏佳佳	女
405	金融科技学院	陶 然	男
406	金融科技学院	刘 璐	女
407	金融科技学院	吴雪萍	女
408	金融科技学院	娄婧璇	女
409	金融科技学院	盛红有	男
410	金融科技学院	蒋 武	男
411	金融科技学院	张 盼	女
412	金融科技学院	刘启佳	女
413	金融科技学院	赵 静	女
414	金融科技学院	朱乐伟	男
415	金融科技学院	李星星	男
416	金融科技学院	陈 雨	男
417	文化与法律学院	朱吉玉	男
418	文化与法律学院	王锦坤	男
419	文化与法律学院	陈 辉	男
420	文化与法律学院	徐小东	男
421	文化与法律学院	张 磊	男
422	文化与法律学院	王婷婷	女
423	文化与法律学院	钱立静	男
424	文化与法律学院	周 平	男
425	文化与法律学院	秦晓梅	女
426	文化与法律学院	董 熠	女
427	文化与法律学院	朱 俊	男
428	文化与法律学院	童 玉	女
429	文化与法律学院	石必亮	男
430	文化与法律学院	季 敏	女
431	文化与法律学院	胡朝晖	男
432	文化与法律学院	安中业	男
433	文化与法律学院	方 向	男
434	文化与法律学院	许 鹏	男
435	文化与法律学院	童 亮	男

续 表

序 号	部 门	姓 名	性 别
436	文化与法律学院	田 芳	女
437	文化与法律学院	洪 媛	女
438	文化与法律学院	赵宇峰	男
439	文化与法律学院	刘 飞	男
440	文化与法律学院	汪 注	男
441	文化与法律学院	李 佳	男
442	文化与法律学院	何茂鑫	男
443	文化与法律学院	曹莉莉	女
444	文化与法律学院	黄 蓉	女
445	文化与法律学院	秦 垒	男
446	文化与法律学院	胡晶晶	女
447	文化与法律学院	邢 景	女
448	文化与法律学院	章芹弟	女
449	艺术设计学院	韩 飚	男
450	艺术设计学院	吴 昊	男
451	艺术设计学院	陈 诚	男
452	艺术设计学院	孙 湛	男
453	艺术设计学院	曾先国	男
454	艺术设计学院	唐云龙	男
455	艺术设计学院	王 岭	男
456	艺术设计学院	吴莹莹	女
457	艺术设计学院	赵晓伟	男
458	艺术设计学院	王 艳	女
459	艺术设计学院	孙 峰	男
460	艺术设计学院	张 翀	男
461	艺术设计学院	王茵雪	女
462	艺术设计学院	陈雪影	女
463	艺术设计学院	牛 牛	女
464	艺术设计学院	郑 兴	男
465	艺术设计学院	王 超	男
466	艺术设计学院	吴永康	男
467	艺术设计学院	洪 波	男
468	艺术设计学院	周文娟	女
469	艺术设计学院	程志永	男
470	艺术设计学院	刘方义	男
471	艺术设计学院	朱 文	女
472	艺术设计学院	刘羽天	男

续 表

序号	部门	姓名	性别
473	艺术设计学院	魏菲娅	女
474	艺术设计学院	张　莉	女
475	艺术设计学院	杨兴胜	男
476	艺术设计学院	张　军	男
477	艺术设计学院	洪　凤	女
478	艺术设计学院	何　麒	男
479	艺术设计学院	梁雪纯	女
480	艺术设计学院	赵　宁	女
481	艺术设计学院	李　阳	男
482	艺术设计学院	张　豪	男
483	艺术设计学院	田婷婷	女
484	艺术设计学院	谷秋悦	女
485	艺术设计学院	马继巧	男
486	艺术设计学院	郭妙笛	女
487	艺术设计学院	王紫仪	女
488	马克思主义学院	杨卫宏	男
489	马克思主义学院	王宏伟	男
490	马克思主义学院	翟　淼	女
491	马克思主义学院	朱景平	男
492	马克思主义学院	王民强	女
493	马克思主义学院	张　敏	女
494	马克思主义学院	朱中原	男
495	马克思主义学院	蒋巧红	女
496	马克思主义学院	林霁月	女
497	马克思主义学院	陈灵雯	女
498	马克思主义学院	谢　婧	女
499	马克思主义学院	高理想	女
500	马克思主义学院	王　培	男
501	马克思主义学院	张　欣	女
502	马克思主义学院	张雪梅	女
503	马克思主义学院	于晓霞	女
504	马克思主义学院	杨淑蕊	女
505	马克思主义学院	项子馨	女
506	马克思主义学院	章　诚	女
507	马克思主义学院	叶　茂	男
508	马克思主义学院	侯永康	男
509	马克思主义学院	方锦波	男

续 表

序号	部门	姓名	性别
510	马克思主义学院	李方芹	女
511	马克思主义学院	方彬彬	女
512	基础教学部	魏建和	男
513	基础教学部	周震宇	男
514	基础教学部	刘知国	男
515	基础教学部	杨庆家	男
516	基础教学部	贾昌凤	女
517	基础教学部	叶迎春	女
518	基础教学部	刘育江	男
519	基础教学部	陈　琦	男
520	基础教学部	潘尚莲	女
521	基础教学部	陆邦慧	女
522	基础教学部	石先彬	男
523	基础教学部	龙志勇	男
524	基础教学部	朱　珩	女
525	基础教学部	周亚琼	女
526	基础教学部	黄婷婷	女
527	基础教学部	赵　谦	男
528	基础教学部	秦雅琼	女
529	基础教学部	韩　娟	女
530	基础教学部	汪明珠	女
531	基础教学部	何　燕	女
532	基础教学部	宋　薇	女
533	基础教学部	许太梅	女
534	基础教学部	赵小平	男
535	基础教学部	张文英	女
536	基础教学部	秦定学	男
537	基础教学部	李亚华	男
538	基础教学部	吴　杰	男
539	基础教学部	陈　辰	女
540	基础教学部	汪雅雪	女
541	基础教学部	钱梦雨	女
542	基础教学部	程　桢	男
543	基础教学部	钱韦文繁	男
544	基础教学部	孙　林	男
545	基础教学部	范　悦	女
546	基础教学部	张佳瑶	女

续 表

序 号	部 门	姓 名	性 别
547	基础教学部	王艳丽	女
548	基础教学部	孙宁丽	女
549	基础教学部	袁 胜	男

2021年度劳务派遣、合同制工作人员名单

序 号	部 门	姓 名	性 别
1	办公室	刘小权	男
2	办公室	黄 飞	男
3	宣传统战部	杨 兵	男
4	教务处	朱吉梅	女
5	教务处	李业桂	女
6	教务处	赵 艳	女
7	教务处	梁晓华	男
8	教务处	吴易江	男
9	教务处	许鹏超	男
10	教务处	周 洋	男
11	教务处	程 才	男
12	教务处	宋晨晨	男
13	学生工作处(部)	宋 林	女
14	财务处	陈 飞	男
15	财务处	杨珊珊	女
16	财务处	张昊蕴	男
17	后勤管理处(含校医院)	许 耀	男
18	后勤管理处(含校医院)	晋毓武	男
19	后勤管理处(含校医院)	钱万勇	男
20	后勤管理处(含校医院)	薛明玥	女
21	后勤管理处(含校医院)	海 迪	女
22	后勤管理处(含校医院)	陈 玮	女
23	后勤管理处(含校医院)	钟晓芹	女
24	后勤管理处(含校医院)	胡才勇	男
25	后勤管理处(含校医院)	王永凤	女
26	后勤管理处(含校医院)	江 欣	女
27	后勤管理处(含校医院)	张琴琴	女
28	后勤管理处(含校医院)	吴 璇	女
29	后勤管理处(含校医院)	管大妹	女
30	后勤管理处(含校医院)	熊 瑛	女
31	后勤管理处(含校医院)	桂 静	女
32	后勤管理处(含校医院)	秦 芸	女

续 表

序 号	部 门	姓 名	性 别
33	保卫处	马庆国	男
34	保卫处	朱秀珍	女
35	保卫处	徐永强	男
36	图书馆	倪 宏	女
37	图书馆	李晨宇	女
38	图书馆	王明凤	女
39	图书馆	邵璐璐	女
40	图书馆	顾荣华	男
41	科研与校企合作处(含学报编辑部)	汪书霞	女
42	继续教育与社会培训学院	季学琴	女
43	金融科技学院	廖 晗	男
44	艺术设计学院	俞 婕	女
45	艺术设计学院	汪级顺	男
46	艺术设计学院	俞明杰	男
47	艺术设计学院	雷 霈	女
48	艺术设计学院	陈 静	女
49	基础教学部	秦枣花	女

离退休人员名单

序 号	姓 名	出生日期	性 别	离退休时间
1	陶永贤	193007	女	198710
2	王仁潮	193007	男	199009
3	邵明浩	193108	男	199204
4	马焕娟	193811	女	199312
5	徐守信	193511	男	199511
6	杨万盛	193511	男	199603
7	汪灿如	193612	女	199611
8	程方金	193706	男	199706
9	孙淑贞	193707	女	199709
10	张华春	194410	女	199909
11	顾克恭	194011	男	200011
12	尹正己	194011	女	200011
13	曹猷木	194104	男	200105
14	唐尚瑞	194104	男	200105
15	程振龙	194112	男	200112
16	汪宗敬	194105	男	200112
17	刘礼珍	194702	女	200202
18	薛国舫	194203	男	200203

续　表

序　号	姓　名	出生日期	性　别	离退休时间
19	王兴社	195107	女	200107
20	韩玲炳	194811	女	200312
21	梁尚贵	194402	男	200403
22	陈春华	194403	女	200404
23	韩菊英	194910	女	200410
24	王　兆	194412	男	200412
25	陶运英	195608	女	200608
26	查贵莲	195701	女	200701
27	孔金水	194902	男	200902
28	丁德才	195006	男	200907
29	黄家珍	194910	男	200910
30	陶永良	195410	女	200910
31	汪　敏	196010	女	201010
32	龙达云	195010	男	201010
33	姚礼萍	195102	女	201102
34	姚永明	195108	男	201108
35	何秀莲	195108	女	201108
36	王芳华	195112	男	201112
37	高祖龙	195208	男	201201
38	寇鲁颖	195202	女	201202
39	周彬琳	195203	女	201203
40	陶和平	195206	男	201206
41	姚国友	195205	男	201209
42	郑春兰	195709	女	201209
43	聂蛇娣	195302	女	201302
44	郑光贵	195212	男	201307
45	袁厚娟	196308	女	201308
46	王季玲	195809	女	201309
47	童强民	195311	男	201311
48	李　萍	195312	女	201312
49	鲍景喜	195403	女	201403
50	龚平延	195406	女	201406
51	黄秀兰	195408	女	201408
52	何浩然	195408	男	201408
53	汤静芳	195502	女	201502
54	喻照喜	195503	男	201503
55	庞开山	195506	男	201506

续 表

序 号	姓 名	出生日期	性 别	离退休时间
56	汪永太	195509	男	201508
57	程善明	195602	男	201602
58	胡德树	195602	男	201602
59	盛桐生	195603	女	201603
60	杨文兰	195603	女	201603
61	曹先海	195611	男	201611
62	毛一峰	195705	男	201705
63	江 健	195707	男	201707
64	朱昌霖	195708	男	201708
65	庄怀应	195708	男	201708
66	武志红	196211	女	201711
67	邵广成	195801	男	201801
68	姚珑珑	195807	女	201807
69	刘幼平	195901	男	201901
70	周其华	195911	男	201911
71	马建国	196001	男	202001
72	鲍广德	196006	男	202006
73	马 创	196012	男	202007
74	张 甦	196602	女	202102
75	刘汉生	196103	男	202103
76	杨克玉	196107	女	202107
77	俞木传	196110	男	202110